中国近代
思想家文库

◎

包世臣卷

刘平 郑大华 主编

中国人民大学出版社
·北京·

总 序

对于近代的理解，虽不见得所有人都是一致的，但总的说来，对于近代这个词所涵的基本意义，人们还是有共识的。一个国家、一个民族走入近代，就意味着以工业化为主导的经济取代了以地主经济、领主经济或自然经济为主导的中世纪的经济形态，也还意味着，它不再是孤立的或是封闭与半封闭的，而是以某种形式加入到世界总的发展进程。尤其重要的是，它以某种形式的民主制度取代君主专制或其他不同形式的专制制度。中国是个幅员广大、人口众多、历史悠久的多民族国家，由于长期历史发展是自成一体的，与外界的交往比较有限，其生产方式的代谢迟缓了一些。如果说，世界的近代是从 17 世纪开始的，那么中国的近代则是从 19 世纪中期才开始的。现在国内学界比较一致的认识，是把 1840 年到 1949 年视为中国的近代。

中国的近代起始的标志是 1840 年的鸦片战争。原来相对封闭的国门被拥有近代种种优势的英帝国以军舰、大炮再加上种种卑鄙的欺诈打开了。从此，中国不情愿地加入到世界秩序中，沦为半殖民地。原来独立的大一统的中央集权的君主专制国家，如今独立已经极大地被限制，大一统也逐渐残缺不全，中央集权因列强的侵夺也不完全名实相符了。后来因太平天国运动，地方军政势力崛起，形成内轻外重的形势，也使中央集权被弱化。经历第二次鸦片战争、中法战争、甲午战争、八国联军入侵的战争以及辛亥革命后的多次内外战争，直至日本全面侵略中国的战争，致使中国的经济、政治、教育、文化，都无法顺利走上近代发展的轨道。古今之间，新旧之间，中外之间，混杂、矛盾、冲突。总之，鸦片战争后的中国，既未能成为近代国家，更不能维持原有的统治秩序。而外患内忧咄咄逼人，人们都有某种程度“国将不国”的忧虑。

“天下兴亡，匹夫有责”，读书明理的士大夫，或今所谓知识分子，尤为敏感，在空前的危机与挑战面前，皆思有所献替。于是发生种种救亡图存的思想与主张。有的从所能见及的西方国家发展的经验中借鉴某些东西，形成自己的改革方案；有的从历史回忆中拾取某些智慧，形成某种民族复兴的设想；有的则力图把西方的和中国所固有的一些东西加以调和或结合，形成某种救亡图强的主张。这些方案、设想、主张，从世界上“最先进的”，到“最落后的”，几乎样样都有。就提出这些方案、设想、主张者的初衷而言，绝大多数都含着几分救国的意愿。其先进与落后，是否可行，能否成功，尽可充分讨论，但可不必过为诛心之论。显而易见，既然救国的问题最为紧迫，人们所心营目注者自然是种种与救国的方案直接相关的思想学说，而作为产生这些学说的更基础性的理论，及其他各种知识、思想，则关注者少。

围绕着救国、强国的大议题，知识精英们参考世界上种种思想学说，加以研究、选择，认为其中比较适用的思想学说，拿来向国人宣传，并赢得一部分人的认可。于是互相推引，互相激励，更加发挥，演而成潮。在近代中国，曾经得到比较广泛的传播的思想学说，或者够得上思潮的，主要有以下几种：

（一）进化论。近代西方思想较早被引介到中国，而又发生绝大影响的，要属进化论。中国人逐渐相信，进化是宇宙之铁则，不进化就必遭淘汰。以此思想警醒国人，颇曾有助于振作民族精神。但随后不久，社会达尔文主义伴随而来，不免发生一些负面的影响。人们对进化的了解，也存在某些片面性，有时把进化理解为一条简单的直线。辩证法思想帮助人们形成内容更丰富和更加符合实际的发展观念，减少或避免片面性的进化观念的某些负面影响。

（二）民族主义。中国古代的民族主义思想，其核心是“非我族类，其心必异”，所以最重“华夷之辨”。鸦片战争前后一段时期，中国人的民族思想，大体仍是如此。后来渐渐认识到“今之夷狄，非古之夷狄”，“西人治国有法度，不得以古旧之夷狄视之”。但当时中国正遭受西方列强的侵略和掠夺，追求民族独立是民族主义之第一义。20 世纪初，中国知识精英开始有了“中华民族”的概念。于是，渐渐形成以建立近代民族国家为核心的近代民族主义。结束清朝君主专制，创立中华民国，是这一思想的初步实现。第一次世界大战爆发，中国加入“协约国”，第一次以主动的姿态参与世界事务，接着俄国十月革命爆发，这两件事对近代中国的发展历程造成绝大影响。同时也将中国人的民族主义提升到一个新的层次，即与国际主义（或世界主义）发生紧密联系。也可以说，中国人更加自觉地用世界的眼光来观察中国的问题。新生的中国共产党和改组后的国民党都是如此。民族主义成为中国的知识精英用来应对近代中国所面临的种种危机和种种挑战的一个重要的思想武器。

（三）社会主义。社会主义作为一种模糊的理想是早在古代就有的，而且不论东方和西方都曾有过。但作为近代思潮，它是于19世纪在批判近代资本主义的基础上产生的。起初仍带有空想的性质，直到马克思和恩格斯才创立起科学社会主义。20世纪初期，社会主义开始传入中国。当时的传播者不太了解科学社会主义与以往的社会主义学说的本质区别。有一部分人，明显地受到无政府主义的强烈影响，更远离科学社会主义。直到五四新文化运动兴起之后，中国人始较严格地引介、宣传科学社会主义。但有一段时间，无政府主义仍是一股很大的思想潮流。中国共产党的成立，从思想上说，是战胜无政府主义的结果。中国共产党把在中国实现社会主义乃至共产主义作为自己的奋斗目标。此后，社会主义者，多次同各种非科学社会主义思想的信仰者进行论争并不断克服种种非科学社会主义思想的影响。

（四）自由主义。自由主义也是从清末就被介绍到中国来，只是信从者一直寥寥。直到五四新文化运动兴起，具有欧美教育背景的知识精英的数量渐渐多起来，自由主义始渐渐形成一股思想潮流。自由主义强调个性解放、意志自由和自己承担责任，在政治上反对一切专制主义。在中国的社会条件下，自由主义缺乏社会基础。在政治激烈动荡的时候，自由主义者很难凝聚成一股有组织的力量；在稍稍平和的时候，他们往往更多沉浸在自己的专业中。所以，在中国近代史上，自由主义不曾有，也不可能有大的作为。

（五）激进主义与保守主义。处于转型期的社会，旧的东西尚未完全退出舞台，新的东西也还未能巩固地树立起来，新旧冲突往往要持续很长的时间，有时甚至达到很激烈的程度。凡助推新东西成长的，人们便视为进步的；凡帮助旧东西排斥新东西的，人们便视为保守的。其实，与保守主义对应的，应是进步主义；与顽固主义相对的则应是激进主义。不过在通常话语环境中人们不太严格加以区分。中国历史悠久，特别是君主专制制度持续两千余年，旧东西积累异常丰富，社会转型极其不易。而世界的发展却进步甚速。中国的一部分精英分子往往特别急切地想改造中国社会，总想找出最厉害的手段，选一条最捷近的路，以最快的速度实现全盘改造。这类思想、主张及其采取的行动，皆属激进主义。在中共党史上，它表现为“左”倾或极左的机会主义。从极端的激进主义到极端的顽固主义，中间有着各种程度的进步与保守的流派。社会的稳定，或社会和平改革的成功，都依赖有一个实力雄厚的中间力量。但因种种原因，中国社会的中间力量一直未能成长到足够的程度。进步主义与保守主义，以及激进主义与顽固主义，不断进行斗争，而实际所获进步不大。

（六）革命与和平改革。中国近代史上，革命运动与和平改革运动交替进行，有时又是平行发展。两者的宗旨都是为改变原有的君主专制制度而代之以某种形式的近代民主制度。有很长一个时期，有两种错误的观念，一是把革命理解为仅仅是指以暴力取得政权的行动，二是与此相关联，把暴力革命与和平改革对立起来，认为革命是推动历史进步的，而改革是维护旧有统治秩序的。这两种论调既无理论根据，也不合历史实际。凡是有助于改变君主专制制度的探索，无论暴力的或和平的改革都是应予肯定的。

中国近代揭幕之时，西方列强正在疯狂地侵略与掠夺殖民地和半殖民地，中国是他们互相争夺的最后一块、也是最大的资源地。而这时的中国，沿袭了两千年的君主专制制度已到了奄奄一息的末日，统治当局腐朽无能，对外不足以御侮，对内不足以言治，其统治的合法性和统治的能力均招致怀疑。革命运动与改革的呼声，以及自发的民变接连不断。国家、民族的命运真的到了千钧一发之际，危机极端紧迫。先觉分子救国之心切，每遇稍具新意义的思想学说便急不可待地学习引介。于是西方思想学说纷纷涌进中国，各阶层、各领域，凡能读书读报者，受其影响，各依其家庭、职业、教育之不同背景而选择自以为不错的一种，接受之，信仰之，传播之。于是西方几百年里相继风行的思想学说，在短时期内纷纷涌进中国。在清末最后的十几年里是这样，五四时期在较高的水准上重复出现这种情况。

这种情况直接造成两个重要的历史现象：一个是中国社会的实际代谢过程（亦即社会转型过程）相对迟缓，而思想的代谢过程却来得格外神速。另一个是在西方原是差不多三百年的历史中渐次出现的各种思想学说，集中在几年或十几年的时间里狂泻而来，人们不及深入研究、审慎抉择，便匆忙引介、传播，引介者、传播者、听闻者，都难免有些消化不良。其实，这种情况在清末，在五四时期，都已有人觉察。我们现在指出这些问题并非苛求前人，而是要引为教训。

同时我们也看到，中国近代思想无比的多样性与复杂性呈现出绚丽多彩的姿态，各种思想持续不断地展开论争，这又构成中国近代思想史的一个突出特点。有些论争为我们留下了非常丰富的思想资料。如兴洋务与反洋务之争，变法与反变法之争，革命与改良之争，共和与立宪之争，东西文化之争，文言与白话之争，新旧伦理之争，科学与人生观之争，中国社会性质的论争，社会史的论争，人权与约法之争，全盘西化与本位文化之争，民主与独裁之争，等等。这些争论都不同程度地关联着一直影响甚至困扰着中国人的几个核心问题，即所谓中西问题、古今问题与心物关系问题。

中国近代思想的光谱虽比较齐全，但各种思想的存在状态及其影响力是很不平衡的。有些思想信从者多，言论著作亦多，且略成系统；有些可能只有很少的人做过介绍或略加研究；有的还可能因种种原因，只存在私人载记中，当时未及面世。然这些思想，其中有很多并不因时间久远而失去其价值。因为就总的情况说，我们还没有完成社会的近代转型，所以先贤们对某些问题的思考，在今天对我们仍有参考借鉴的价值。我们编辑这套《中国近代思想家文库》，希望尽可能全面地、系统地整理出近代中国思想家的思想成果，一则借以保存这份珍贵遗产，再则为研究思想史提供方便，三则为有心于中国思想文化建设者提供参考借鉴的便利。

考虑到中国近代思想的上述诸特点，我们编辑本《文库》时，对于思想家不取太严格的界定，凡在某一学科、某一领域，有其独立思考、提出特别见解和主张者，都尽量收入。虽然其中有些主张与表述有时代和个人的局限，但为反映近代思想发展的轨迹，以供今人参考，我们亦保留其原貌。所以本《文库》实为"中国近代思想集成"。

本《文库》入选的思想家，主要是活跃在1840年至1949年之间的思想人物。但中共领袖人物，因有较为丰富的研究著述，本《文库》则未收入。

编辑如此规模的《文库》，对象范围的确定，材料的搜集，版本的比勘，体例的斟酌，在在皆非易事。限于我们的水平，容有瑕隙，敬请方家指正。

《中国近代思想家文库》编纂委员会

目　录

导　言

包世臣，字慎伯，号倦翁，安徽泾县人，泾县古名安吴，故人称“包安吴”，清乾隆四十年（1775年）出生于一个破落的士大夫家庭。和那时绝大多数人一样，包世臣5岁启蒙读书，8岁便开始学作八股文。其时，清王朝已结束了其繁荣的康乾盛世，开始走上衰败的道路，吏治日益腐败，武备早已废弛，人民生活每况愈下，农民的反抗斗争此伏彼起，嘉庆元年（1796年）的白莲教起义遍及鄂、川、豫、陕、甘五省，参加群众数十万人，绵延近十年。面对如此的历史处境，包世臣深感帖括之业无补于世，于是转而关心探求社会经济问题。据包世臣自己说，他自12岁（1787年）开始，便慨然有志于用世，不肯枉己学那些无用之学。年纪稍长，见百为废弛，贿赂公行，吏治污而民气郁，殆将有变，思所以禁暴除乱，于是学兵家；又见民生日蹙，一被水旱，则道殣相望，思所以劝本厚生，于是学农家；又见齐民跬步，屡遭无辜陷害，奸民趋死如骛，而常得自全，思所以饰邪禁非，于是学法家；又见江南大利，在盐与漕，江北大政，以河工为最，而官吏视为利薮，胥隶恣其中饱，上损国帑，下病齐民，于是又究漕、盐、河之学。[①] 1793年，他在研读各家兵书的基础上写成一部名为《两渊》的兵书，“欲以通先民之志，祛后贤之惑”[②]。1801年，作《说储》上下二篇，以育人材善风俗为上篇，以郡县至为枢要，解说保甲、学政、戍政、课绩、农政五事为下篇，各有五六万言。第二年（1802年）他“游海上，比物察情”，以为举海运则公费大省，而官之困于丁，与民之困于官的现象“可以小纾”，但“无籍以成其说”。两年后（1804年）衡家楼河决，运

---

① 参见包世臣：《与秦学士书》，见《安吴四种》卷4，光绪十四年木刻本。

② 包世臣：《两渊缘起》，见《安吴四种》卷30。

道被毁，天下哗然，他“乃作《海运南漕议》”，主张改河运南漕为海运南漕。嘉庆十三年（1808 年）江督以海口高仰、阻碍河水下注为由，请帑六百万议改河道，他经过两个多月的实地调查，发现海口并不高仰，“于是乃为《筹河刍言》”，认为与其更改河道，劳民伤财，还不如自云梯关以下接筑长堤至海滨，而于运河口筑盖坝导淮（河）溜出黄以减运（河）涨，这样清（大清河）淮（河）安枕而河（黄河）流必不旁溢，并就治河费用提出自己的意见。他的意见后为有关方面所采纳。次年，他入都面谒王公大臣，建议整顿漕务，以减轻江南苏、松、太、嘉、湖地区农民的沉重负担，并提出具体的整顿办法。1810 年，他著《策河四略》，提出治理黄河的整套方案。越十年（1820 年），又著《庚辰杂著五》，首次提出改革传统的“纲盐制”、听任商贩自由运销的主张。道光四年（1824 年），他致书颜漕督，重提自己于嘉庆九年就已提出的海运南漕之议，并力主漕运改革。第二年，他作《海运十宜》，就如何进行漕运改革提出具体意见。道光七年，他佐两江总督陶澍举办吴淞口工程。不久又上书陶澍，极言兴修野鸡墩工程之利。道光十年，他著《代议改淮鹾条略》，提出二十五条改“纲盐制”为“票盐制”的具体办法。

尽管包世臣是当时的著名学者和经济专家，对兵、农、刑、名等各科学问都有精湛研究，但却屡试不第，33 岁（1808 年）才考中举人，此后连续 13 次考进士，都名落孙山。这一方面说明曾经起过进步作用的科举制度，发展到明清之后，由于实行八股取士，对考试的内容和形式都有严格限制，严重束缚了人们的思想和创新能力，加上考场舞弊成风，已逐渐失去选拔优秀人才的功能作用；另一方面是因为包世臣“究心于当时之务”，针砭时弊，主张改革，揭露和批判清朝的腐败吏治，得罪了不少既得利益者，尤其是朝廷中的王公大臣，他们于是从中作梗。据与包氏同时代的桐城姚柬之说，他曾就包世臣会试屡试不第的原因询问过贡院司事者，“言倦翁卷虽发誊然不送内帘，事后乃加派房戳于败卷，以是十余试讫无一遇”①。

科场不顺，包世臣只好长期为人幕僚，直到 1835 年他 61 岁时，才以等签江西。不料是年其母病故，他守制家居三年，道光十八年正式任新喻知县，然而仅仅一年，便因漕务改革而遭陷害去职。包世臣弃官之后，定居豫章，一边整理生平著述，一边仍念念不忘国计民生，忧国忧

---

① 姚柬之：《书安吴四种后》，见《安吴四种》卷 36，光绪十四年木刻本。

民之志未因仕途受挫而稍有更改。道光十九年（1839 年）初，林则徐以钦差大臣的身份赴广东查禁鸦片，路经豫章时，召包世臣至舟中“委问竟日”，听取他对禁烟的意见。包世臣向林则徐建议，“止浊必澄其源，行法先治其内”①。不久，鸦片战争爆发。尽管当时包世臣已年届七十，且体弱多病，但他仍时刻关心着这场反侵略战争，积极为当局出谋划策。鸦片战争后，他以极其悲愤的心情反省战争失败的原因，希望清政府能改弦更张，革除积弊，重新振作起来。但无奈此时清王朝已病入膏肓。咸丰元年（1851 年）爆发了中国历史上规模最大的农民起义——太平天国起义。四年后（1855 年），包世臣于忧愤中逝世。

下面我们对包世臣的主要思想作一介绍：

一、“学以致用”的经世思想

所谓“经世”，就是济世利民，经邦安国，建功立业。经世思想是中国古代文化的精华，也是历代知识分子一以贯之的价值取向和优良传统。这一思想的渊源，最早可追溯到《易经》。在《周易正义》卷一“屯”中，有“象曰云雷屯，君子以经纶”的说法。《周易正义注疏》称：“君子法此屯象，有为之时，以经纶天下，约束于物，故云君子以经纶也。”此“经纶”一词含有“匡济”之义。最早将“经”与“世”二字连用的是《庄子·齐物论》：“春秋经世，先王之志，圣人议而不辩。”尽管据王先谦的《庄子集解》，此处“经世”是“典谟”、“轨辙”的意思，而与今日之“经世”一词的含义不太符合，但后世学者大都援儒入庄，以“经国济世”和“经世致用”来界定“经世”，使“经世”成为中国思想文化中的一个重要概念。到“秦汉以后，除‘经世’外，还常见‘经术’（经世之术）、‘经济’（经世济民）等用语，皆经世之别称”②。

经世思想虽然是中国古代文化的精华，是历代知识分子一以贯之的价值取向和优良传统，但它“用之则行，舍之则藏”，其强弱彰隐直接受外在社会历史环境的制约，“一般而言，社会生活平稳，文化专制强有力，经世观念往往作为一种‘潜质’埋藏在士人古色古香的学术外壳内，隐而不彰；到了社会危机四伏的关口，国家民族面对纷至沓来的内

① 包世臣：《致前四川督部苏公书》，见《安吴四种》卷 35。
② 冯天瑜、黄长义：《晚清经世实学》，2～3 页，上海，上海社会科学院出版社，2002。

部的或外部的挑战，文化专制有所松动，士人的忧患意识便会大觉醒，其学术也在现实生活的冲撞、磨砺下，沿着经世方向发展”①。因此，当历史进入嘉道之际后，在日益严重的社会危机的强烈刺激下，一些思想较为清醒、敏锐的官僚和士大夫，起而重新倡导因乾嘉汉学的兴起久已“隐而不彰”的经世之学，使其勃然再兴，蔚为风气，成为一股强大的社会思潮。当然，除社会危机的刺激外，清初对汉族知识分子所采取的高压政策在进入嘉庆年间后有所缓和，“积威日弛，人心已渐获解放”②，也是经世思潮在嘉道之际出现复兴的一个重要原因。当时，汇集于经世思潮旗帜之下的有二三十人，这些人大致可以分为两类：一是具有经世思想的大吏或朝臣，如两江总督陶澍（1779—1839），两广总督阮元（1764—1849），湖广总督林则徐（1785—1850），先任江苏布政使、后升至云贵总督的贺长龄（1785—1848），署闽浙总督徐继畬（1795—1873），鸿胪寺卿黄爵滋（1793—1853）等。这些人都是进士出身，点翰林，授编修，然后或经御史科道，或历州县知府，由臬司、藩司而巡抚、总督，成为清王朝的封疆大吏或朝臣，他们勇于任事，主张改革，对清除积弊多所建言，并能躬身实际，是经世思潮的实践者。二是一些文人学者或下级官吏，如龚自珍（1792—1841）、魏源（1794—1857）、包世臣、姚莹（1785—1853）、汤鹏（1800—1844）、沈垚（1798—1840）、张穆（1805—1849）、何秋涛（1824—1862）、张际亮（1799—1843）、李兆洛（1769—1841）、徐松（1781—1848）、陈寿祺（1771—1843）、梁廷枏（1796—1861）、夏燮（1800—1875）等。这些人或科举屡挫，官职卑微；或仕途坎坷，屡遭打击；或科举无望，布衣一生。由于长期生活在社会的中下层，他们对社会积弊多有了解。他们怀抱经世之世，究心经世之学，发言著书，献计献策，是经世思潮的倡导者。其中又以龚自珍、魏源、包世臣的影响最大，堪称代表。

择其大端，包世臣的“学以致用”的经世思想主要体现在以下几个方面：

首先，批判宋学、汉学。当时统治思想学术界的是宋学和汉学，宋学又称义理学，亦即宋明理学，汉学又称考据学，它们的共同缺点和危害是对有关国计民生的实际问题，既不闻不问，又无能为力，于世无

---

① 冯天瑜：《道咸间经世实学在中国文化史中的地位》，见葛荣晋主编：《中国实学史研究》，179页，北京，中国社会科学出版社，1992。

② 《饮冰室合集》第8册，专集之34，北京，中华书局影印本。

功，于道无补，借用龚自珍的诗说，是“不论盐铁不筹河”。嘉道时期的经世思潮就是作为宋学和汉学的对立物而复兴起来的。包世臣对只知迂谈性理的宋学和埋首繁琐考证的汉学都十分鄙视，他公开声明，宋学“非性所好”，认为宋学空谈“性命”，无助于国计民生，是为俗学。①他批评汉学“以剽字为学，剿声为文”，其上者仅“能钩稽名物，刻镂风云”，而“正己则失要，治人则无功，师友谬说，聪明锢蔽”②。他在一首说理诗中对“近儒渐好古，一得同饤饾”的乾嘉学风进行了辛辣的讽刺，并质问那些以考据学为学问的汉学家们，“伊谁能决川，回澜导狂溜”③。在包氏看来，当时的社会危机所以如此严重，与宋学和汉学的“空疏”和“迂腐”不无关系。

其次，讲求学以致用。和乾嘉学派逃避社会现实相反，包世臣认为，士人（知识分子）应关心国计民生，过问时事政治，讲求学以致用。他指出，天下之所以贵士，与士之所以自贵，其原因就在于士能“志于利济斯人而已”④。又说：“士者，事也，士无专事，凡民事皆士事也。”⑤ 他再三强调，士大夫的学问经济，不在于时文、楷法，也不在于考据，而在社会现实，举凡现实生活中的一系列政治经济问题，如吏治官风、盐课漕运、河工水利、兵政边防、舆地农政、钱币人口、刑名法律、文教灾赈等都应成为自己所关心的对象。正是从这一认识出发，他对明末清初倡导经世实学的著名思想家顾炎武及其名著《日知录》特别推崇，认为“百余年来言学者必首推亭林，亭林书必首推《日知录》”。《日知录》所以值得推崇，原因就在于顾炎武写作此书的目的，意在拨乱涤污，“启多闻于来学，待一治于后王”。故此，他尽读《日知录》三十卷之后，“叹为经国硕猷，足以起江河日下之人心风俗，而大为之防”⑥。用他的话说：他自己读先圣之书，通今时之制，究生民之利病，验风土之纯硗，“凡以为吾儒分内事耳，求为可知，非以干禄”，但期人生“有益于世耳”⑦。

其三，注重调查研究。包世臣认为，“为学之道，闻而得不如求而得

① 参见包世臣：《族兄纪三先生郑本大学中庸说序》，见《安吴四种》卷9。
② 包世臣：《赠方彦闻序》，见《安吴四种》卷10。
③ 包世臣：《题乌程凌厚堂（堃）注经图》，见《安吴四种》卷22。
④ 包世臣：《旧业堂文抄序》，见《安吴四种》卷10。
⑤ 包世臣：《赵平湖政书五篇叙》，见《安吴四种》卷10。
⑥ 包世臣：《读亭林遗书》，见《安吴四种》卷8。
⑦ 包世臣：《与秦学士书》，见《安吴四种》卷4。

之深固也"①。因此，他特别重视调查研究，认为只有深入社会实际，不耻下问，才能了解国情民瘼。范麟就说他的"造诣，得于学者半，得于问者亦半"。就学而言，他虽博闻强识，但不事饾饤襞积，至人心世道之大防，必三复低徊，推究其极，非彻底弄清不可。就问而言，他"微遇宿士方闻，质疑求是"，虽舟子、舆人、樵夫、渔师、罪隶、退卒、行脚、僧道，邂逅之间，必导之使言，"是者知之，否者不加辩驳，惧其不尽也"。正因为如此，故他"知水陆之险易，物力之丰耗，衙前之情伪，穷檐之疾苦"②。他每提一建议或方案，事先都要做深入的社会调查，了解各方面的情况。如他在提出治理黄河的方略之前，曾和另一位水利专家郭大昌一道，扁舟泛下河，转尖至灌河口，溯莞渎六塘，由中河至徐州渡河，策骑循峰山至盱眙，竭两月之力，以了解黄（河）淮（河）湖（太湖）运（河）的形势。再如他为了建议海运南漕，曾多次到舟山、上海一带调查，对海运船线、上海一带的沙船以及南北商品交往的情况了解得一清二楚，所以他的《海运南漕议》所举海运南漕的理由，有根有据，无法辩驳。包世臣一生有近三十年时间在外出游，足迹踏遍大半个中国，但其出游与一般人的出游不同，每到一地，他都要调查那里的风土人情、物产气候、山川地势。所以"游愈疲则见闻愈广，研究愈精"，对国情民瘼了解也愈透彻。而对那种"贫则谋在稻粱，富则娱于声色，其善者乃能于中途流连风物，咏怀胜迹，所至则又与友朋事谈宴、逐酒食"一类的出游，他颇不以为然，认为"此非惟才易尽也，而又长恶习"③。

其四，主张学术经世。包世臣是嘉道时期名噪一时的著名学者，但他不纯粹为学问而研究学问，除学问外，还为了经世。以史学而论，他认为古今一辙，没有古就没有今，古今之间一脉相承，不可割裂，要通今，则必知古，研究历史的目的，是为解决现实问题提供历史借鉴。正是从这一认识出发，当周济向他请教如何撰写两晋这段历史时，他认为"凡事之无系从违、人之无当兴衰者"，可以略写或不写。"至于人心所趋，视乎初政，心趋既久，遂成风俗，风俗既成，朝政虽力矫之，而有所不可"，这是古今都存在的问题，非唯晋代，因此必须详写。"而拨乱反正，端重人事，人事修，天运变，不善者善之资"，这是历史一再证明

① 包世臣：《复石赣州书》，见《安吴四种》卷9。

② 范麟：《读安吴四种书后》，见《安吴四种》卷36。

③ 包世臣：《小倦游阁记》，见《安吴四种》卷9。

的经验教训，故“《晋略》之志，当在是矣”[①]。就经学而言，他认为通经才能致用，致用必先通经，因此，学经的目的要十分明确，要“先立其大者”，重点学习那些关系“天下之治”、能对国家大政有所指导的经书。学习的方法要运用得当，要精读原著，直观经义，不要借助后世的传注，要“能以己意测古人立言之旨，而穷其义之所止”。他尤其强调学经要联系实际，思考和解决国计民生的重大问题，对于“先王制作之原，亦能以近世人情上推之，而原其终始”[②]。至于写文章，他反对脱离民事，将道抽象化，批评韩愈、柳宗元以来古文家抽象地载道之文是离事与礼，而虚言道以张其军，讽刺“近世治古文者，一若非言道，则无以自尊其文”，认为道附于事而统于礼，“事无大小，苟能明其始卒，究其义类，皆足以成至文”，提倡写“言事之文”和“记事之文”[③]，并且就如何写“言事与记事”之文提出了自己的意见。他认为言事之文，必须先说清所事之条理原委，抉明正义，然后述现事之所以失，而条画其补救之方。记事之文，必先表明缘起，而深究得失之故，然后述其本末，则是非明白，不惑将来。他特别强调作者要介入社会，关心国计民生，“深思天下所以化成者，求诸古，验诸事，发诸文”，多写一些“救时指事之章”，多发一些“防患设机之论”，使人们能“观其文以知其俗，推其俗以知其治”，从中得到一些“劝惩之方”和“补救之术”[④]。

就包世臣的经世思想来看，具有两个显著的特征：一是批判旧学，摆脱汉学宋学的束缚；二是强调学以致用，重视社会实践。这两个特征也正是嘉道时期学风转变的显著标志。如果说批判旧学、摆脱汉学宋学的束缚是嘉道时期学风转变的前提，那么，强调学以致用、重视社会实践则是嘉道时期学风转变的内容。嘉道时期经世派的学风之所以不同于乾嘉考据派的学风，亦就在“致用”二字。

包世臣“学以致用”的经世思想形成之后，产生了较大的社会影响。其途径主要有三条：

一是入幕。如前所述，由于科举不顺，包世臣长期为人幕僚，而在他的幕主之中，不少人具有经世思想，如先后任江苏巡抚和两江总督的陶澍便是嘉道年间经世学派中的重要人物，魏源评价他：“生平所致，

① 包世臣：《与周保绪论晋略书》，见《安吴四种》卷9。
② 包世臣：《十九弟季怀学诗识小录序》，见《安吴四种》卷19。
③ 包世臣：《与杨季子论文书》，见《安吴四种》卷8。
④ 包世臣：《扬州府志艺文类序》，见《安吴四种》卷8。

兴革务，挈大纲，导大窾。”① 陈銮说他“无时不以济人利物为志”②。包世臣为陶澍这样的具有经世思想的地方大员充当幕僚，替他们的兴利除弊出谋划策，这既为他在自己科举不顺、“不能自为”时，提供了一条实现经世抱负的途径，同时也扩大了他的经世思想的影响。他积极参与陶澍所主持的漕务、盐法改革以及一些水利工程，并向陶澍举荐了不少人才。从《安吴四种》和《陶文毅公全集》所记载的情况来看，陶澍对包世臣十分信任，每遇大事必向他咨询，听取他的意见，而且“所言乃听从”。对于包世臣举荐的人才，陶澍也大多能够任用，包世臣在《答族子孟开书》中就无不自豪地写道，陶澍的“委员，多系鄙人指引”③。当然，包世臣对陶澍也是忠心耿耿，尽力为他出谋划策，并能做到知无不言，言无不尽。《安吴四种》中的《中衢一勺》收有包世臣写给陶澍的三封信。第一封信是建议陶澍兴建野鸡墩工程，并保举河南守备卢永盛主持其事。第二封信是劝阻陶澍不要匆忙上马引河工程，因为匆忙上马，不唯现被水占，而且经费亦无从着落，欲就简苟完，则后患无穷，他认为不如先制江门之溜。第三封信是指出陶澍拟采取的“旧局限买”不能解决“票盐之弊”，而只有平坝价、增地价，才能使“票盐之弊”得到根本解决。

不仅陶澍，当时的一些东南大吏，“每遇兵、荒、漕、盐诸巨政，无不屈节咨询，世臣慷慨言之”④。范麟在《读安吴四种书后》中记述了包世臣的如下实绩：嘉庆三年（1798年）冬游湖北，为湖北布政使祖之望画招流亡、开屯田、营战、屯守之策；嘉庆十一年夏居扬州，诱伊太守举荒政，救活灾民三万；嘉庆十三年游袁甫，劝说当局罢徐、扬六府州摊征三百六十万已成之议；嘉庆十六年秋，佐两江总督白龄治河，临工决盖坝之策，旬日间使袁浦板闸，淮安一带百万居民免于水灾；嘉庆十九年游南京，激白龄开仓赈灾，使八万饥民得以活命。“其余当路，多采先生河漕、盐、法之论而行之。”因此，包世臣的社会地位虽不高，但名气很大，江南一带几乎无人不晓，尤其是扬州一带的“好学子弟皆习世臣”⑤。

---

① 魏源：《太子太保两江总督陶文毅公神道碑铭》，见《续碑传集》卷23。
② 陈銮：《太子太保入祀贤良祠两江总督陶文毅公行状》，见《续碑传集》卷23。
③ 包世臣：《答族子孟开书》，见《安吴四种》卷26。
④ 《清史稿》卷486，《包世臣传》。
⑤ 包世臣：《纪三先生九十寿序》，见《小倦游阁集》卷3。

二是交友。作为嘉道时期著名的诗人、书法家和思想家，包世臣一生中结交的朋友相当不少，仅据《安吴四种》的初步统计，上至王公大臣，下至一般百姓，与他有比较密切交往的人就达百人之多，其中不少是那时的著名学者，如常州刘逢禄、李兆洛，武进张惠言及外甥董士锡，阳湖张琦、张敦仁、黄乙生，歙县凌廷堪、恽敬，荆溪周济，吴县沈钦韩、张际亮、李祖陶，嘉定钱坫，以及比他要年轻近二十岁的龚自珍、魏源等人。包世臣常与这些人辩难问答，磋切学术，这使他见识大开，受益匪浅："刘生（即刘逢禄——引者）绍何学，为我条经例。证此独学心，公羊实纲纪。易义不终晦，敦复有张氏（张惠言——引者）。观象得微言，明辨百世俟。私淑从董生（董士锡——引者），略悟消息旨。读书破万卷，能儒沈与李（沈钦韩和李兆洛——引者）。益我以见闻，安我之罔殆。郑学黄（黄乙生——引者）心通，许学钱（钱坫——引者）神解。既得明册籍，又得亲模楷。"① 当然，这种受益是双向的，与这些人交往，无疑也有利于扩大包世臣的经世思想在学术界的影响。比如，他的《说储》成书后，李兆洛、沈钦韩、周济等人都传看过，并作有批语，还向别人介绍过他的变革主张。张琦也曾为他删定过诗稿，和他讨论过写诗的理论和技巧问题。周济向他请教过写作《晋略》的意见。他和凌廷堪关系在师友之间，正是在他的指点和影响下，凌廷堪走上了学术经世的道路。

在朋友中，包世臣与魏源关系最为密切。虽然包世臣比魏源年长19岁，但由于二人经历相似（如都博学多才，却屡试不第，长期为人幕僚；晚年都做过地方小官，也都因人忌恨而遭参劾），志趣相投（都具有经世思想，都对兵、农、刑、名诸学深有研究，都主张漕运、盐法、币制改革和积极治理黄河，也都具有强烈的爱国主义思想，支持禁烟和抗英斗争），而成了忘年之交，包世臣称魏源为"默深老弟"。从现有的资料来看，他们的交往始于魏源充任江苏布政使贺长龄的幕僚、协助贺编辑《皇朝经世文编》期间（1825—1826）。但此间他们只有书信往来，而没有晤面。二人首次晤面是在道光七年（1827年）。这年三月，贺长龄调任山东布政使。四月，魏源受贺的委托，前往苏州拜会包世臣，代询治理山东省的要务。据包氏在《山东西司事宜条略》记载，他告诉魏源为政之道，在自胜以通民情，并建议贺长龄"宜审定缺分肥瘠，使调剂派拨均平，以息物议"；"宜查禁司书弊窦，以纾官困"；"宜

① 包世臣：《述学一首示十九弟季怀》，见《安吴四种》卷19。

督属清厘案件，及自理各词讼，依限结正，以达民隐而崇政体”①。自此以后，二人书信不断，学术、政务、生活无所不谈，友谊良深。齐思和先生写《魏源与晚清学风》一文，中列“讲学诸友”一节，共举魏氏讲学诸友四人，而以包世臣为第二，紧随龚自珍之后。② 李汉武著《魏源传》，在谈到魏源与包世臣的交谊时，认为“魏源关于漕、盐、河、币诸实政方面的思想，得益于包氏之处不少”③。

包世臣与魏源之间的这种友谊是老而弥坚，可举二人相互请对方为自己审定书稿为证。1842 年，魏源有感于鸦片战争的失败，发愤著书，完成《圣武记》十四卷，他成书后的第一件事，就是给包世臣寄了一套，请他“审定”。尽管包世臣当时已年届 70，又忙于整理编辑自己的旧作，但还是“遵嘱”认真地“审定”了这部长达 40 余万言的皇皇巨著。他首先充分肯定了《圣武记》的价值，认为国家武功之盛，且载官书，卷帙多至不可究，魏源竭数年之心力，提纲挈领，缕分瓦合，而二百年事迹略备，其书一定能风行艺苑，流传后世。然后本着老朋友之间要知无不言、言无不尽的原则，就《圣武记》的编排体例提出了自己的意见，他建议在写法上其“匪股”宜各为小传，记其始末和“窜扰”之地，“各帅”则用太史公司马迁的《史记》“卫霍附传”之例，务必切实明白，并且希望能将傅鼐平定苗疆，“鼓众气选锋反战”，先败后胜的“机栝”补入书中。魏源的《圣武记》成书后两年（1844 年），包世臣将其生平部分诗文编辑为《管情三义》和《齐民四术》，并与旧刻《中衢一勺》、《艺舟双楫》合编为《安吴四种》印行。和魏源一样，《安吴四种》编好后，包世臣做的第一件事也是将稿子寄给魏源，请他“为之定正”。那一年魏源正忙于参加会试，但他于百忙中认真地阅读了这部长达 36 卷的巨著，并将其紧要处“摘要签出”，就如何修改提出了自己的具体意见。由于包世臣对于魏源的意见“有改焉有不改焉”，为了尽到朋友之谊，魏源又再次致信包氏，对自己的意见作了进一步阐述。他还写有《题包慎伯文集》诗三首，诗中将包氏比之为西汉的贾谊、北宋的王安石、南宋的陈亮。可见魏源对这位老朋友的推重。

三是著述。包世臣一生勤奋，才华横溢，著述颇丰，先后著有《两渊》、《说储》、《小倦游阁集》和《安吴四种》等书，其中《说储》形成

---

① 包世臣：《山东西司事宜条略》，见《安吴四种》卷 4。

② 参见齐思和：《魏源与晚清学风》，载《燕京学报》第 39 期，1950 年 12 月。

③ 李汉武：《魏源传》，18 页，长沙，湖南大学出版社，1988。

较早，而《安吴四种》是其经世思想的代表作。包世臣曾述《说储》一书的著作来由："嘉庆辛酉孟夏，天津姚承谦从余游，问古今治乱之故，予与极论斟酌损益，可措施补救者，作《说储》二篇。"《说储》的宗旨是倡言改革，内容涉及政治、经济、教育、法律、军事、文化等各个方面。刘师培说该书"篇中多改制之言"①。柳诒徵认为包世臣著作此书的目的，"欲荡积垢，一切与民更始"②。概而言之，他主张在政治上，"重官权，达民情"，广开庶民议政之门，"故宦、儒生、幕客、农民、吏卒皆许言事"，内外官职一律不分满汉畛域，唯能是使，裁撤冗员，精简机构，严惩贪官污吏，不拘一格选拔人才；在经济上，重民生，重本而不抑末，在发展农业的同时，也重视发展工商业，实行"本末皆富"的经济政策，官吏不许参与商业经营，推行漕务、盐法和财政改革；在教育上，改革科举考试内容，以明经术、策时务为主，取士法改为上书、举行、考言三科，用士法改为京折、学折、司折、县折四途；在法律上，精简科条，修订本律，"立法恕，行法严"，重在执行。包世臣对自己在该书中提出的各项改革主张和具体方案也非常自信，声称"苟有用我，持此以往，虽三代之盛不可妄期；汉、唐二宗，必复见于今日"③。

《安吴四种》实由《中衢一勺》、《艺舟双楫》、《管情三义》和《齐民四术》四书合刻而成，内容十分丰富，"举凡宇宙之治乱，民生之利病，学术之兴衰，风尚之淳漓，补救弥缝，为术具设"④。据包世臣在《安吴四种总目序》和他儿子包诚在《安吴四种书前识》中介绍，《中衢一勺》和《艺舟双楫》分别刻于道光乙酉（道光五年，1825 年）及后"数年"，道光甲辰（道光二十四年），包世臣又将生平部分诗文集为《管情三义》和《齐民四术》，与增补过的《中衢一勺》、《艺舟双楫》合编为《安吴四种》，先用聚珍版印行五百部，嗣因讹字较多，咸丰辛亥（咸丰元年，1851 年）重校印行二百部。《中衢一勺》收录的主要是包世臣有关河、漕、盐"诸大政"的文章。他所以要把这些文章编在一起，是因为在他看来，河、漕、盐虽为三事，而"其实"一也，皆与国计民生休戚相关。"唯以三事皆近利，司事久则见利忘义，渐去其本以病

① 刘师培：《说储跋》，见《包世臣全集·说储》，199 页，合肥，黄山书社，1991。
② 柳诒徵：《包安吴说储上篇跋语》，1936 年 11 月陶风楼景印本。
③ 包世臣：《说储》。
④ 范麟：《读安吴四种书后》，见《安吴四种》卷 36。

民，卒至司事之利亦与俱病，则不揣本而务末之故”①。就河事而言，他在总结前人治河经验和实地调查的基础上，提出了筑堤束水、以水攻沙的治河方案；就漕事而言，他主张改河运漕粮为海运漕粮，充分发挥商船的运输能力；就盐事而言，他建议改传统的“纲盐”制，实行“票盐”法，听任商贩自由贩销食盐。

《艺舟双楫》收录的主要是包世臣论文、论诗和论书法的文章。就文而言，他主张讲求文法，尤其要言之有物，关心国计民生；就诗而言，他重视诗的教化功能，诗要言志，反对片面追求华丽；就书法而言，他认为只有指法、墨法二者具备，才能创作出好的书画作品。《管情三义》收录的是包世臣写于不同年代的诗、赋和韵文。《齐民四术》在《安吴四种》中分量最大，内容也最为重要。所谓“四术”，指的是农、礼、刑、兵。其中农 3 卷，礼 3 卷，刑 2 卷，兵 4 卷。在农 3 卷中，包世臣主要阐述了“农商并重”的经济思想，他认为农业和商业都有关国计民生，都应重视，并就如何发展农业提出了自己的具体主张。在礼 3 卷中，包世臣主要阐述了他的礼俗观，内容涉及吏治、民意、道德以及社会风俗等诸多方面，他主张“以礼制俗”，通过礼的教化，以改善风俗，扭转礼俗颓废的局面。在刑 2 卷中，包世臣认为为官者要熟读律文，深明律意，秉公执法，清理积案，并就审案的技巧和程序提出了自己的意见。在兵 4 卷中，包世臣主要阐述了军事思想，他认为争取民心是取得战争胜利的关键，而要争取民心，就必须顺人情，爱民财，惜民力，他还就如何选将、练兵、布阵等问题谈了自己的看法。其中，最有价值和最重要的文章是包世臣于鸦片战争前后写给奕山、奕经、裕谦等人的信以及他提出的歼敌建议。这些信件和建议集中反映了他反对侵略的爱国思想。

《安吴四种》虽然刻印较晚，但其中的《中衢一勺》和《艺舟双楫》于道光初年即已印行，有的文章甚至于印行之前就已在社会上广为传布，产生过较大的社会影响。齐思和先生就说他“每出一文，世人争相传阅焉”②。据记载，包世臣专论漕运改革的《海运南漕议》（写于嘉庆九年，1804 年）、专论河工的《策河四略》（写于嘉庆十五年）和专论漕务的《庚辰杂著三》（写于嘉庆二十五年）等文章写出后，曾风靡全

---

① 包世臣：《中衢一勺·附录序言》。

② 齐思和：《魏源与晚清学风》，载《燕京学报》第 39 期，1950 年 12 月。

国，人们争相传抄，一时洛阳纸贵。《中衢一勺》于道光初年刻印后，也是从风者众，除关心时事的士绅外，不少官员也争相购买，视之为理政秘籍。道光五年（1825年）魏源代贺长龄编辑《皇朝经世文编》，其中就收录了包世臣论漕运、漕务和河工的5篇文章。另据冯天瑜先生研究，包世臣在《艺舟双楫》"论文"中提出的为文要"言事与记事"的主张，"对道咸士人有重要影响，直接孕育了《夷氛闻记》、《中西纪事》等记录鸦片战争史事的纪实性作品产生"①。

包世臣的"学以致用"的经世思想，对于嘉道时期学风的转变起到了承上启下的作用。所谓"承上"，是继承了"清初诸老"的"实用之学"。包世臣对"清初诸老"中倡导"实用之学"的代表人物顾炎武及名著《日知录》非常推重。他最早接触顾氏著述是在乾隆五十九年（1794年），那年他在南京市面上看到新刻的《日知录》，随意翻了翻，便被书中的内容所吸引，但由于当时父亲病重，没钱购买，只好失之交臂。嘉庆七年他游扬州，在阳湖派古文领袖李兆洛家中住了7个月，李氏不仅帮他把一年前刚完稿的《说储》缮写了一遍，而且还将家中所有藏书借他阅读，包世臣终于有机会认真读完了《日知录》30卷。后来又陆续阅读顾氏的《天下郡国利病书》和其他"清初诸老"的著作十余种。从此，顾炎武和其他"清初诸老"就成了他的榜样和镜子，"兹读亭林诗文，按其年月，核其行检，辨进修之日深，信立言之有本，使励志之士，得以倚而自坚。"② 李兆洛就曾说包世臣的很多主张与顾炎武相近。包自己也同意这种说法。在嘉道时期的经世思想家中，较早接触"清初诸老"并明确以继承其"实用之学"为职志的是包世臣。

所谓"启下"，是开启了嘉道时期的"经世之学"。梁启超在《中国近三百年学术史》中指出：嘉道时期学风的转变，最值得注意的是常州学派的兴起，而常州学派的源头有两个：一是由庄存与、刘逢禄开派的公羊家经学，一是由张惠言、李兆洛开派的阳湖派古文，两派合一来产出一种新精神，就是想在乾嘉间考证学的基础之上建设顺康间"经世致用"之学。他认为"开启"和"代表"这种新精神的人是龚自珍和魏源。③ 如果就常州学派的发展而言，梁启超的说法大致不错，但从嘉道

---

① 葛荣晋主编，冯天瑜、周积明著：《中国实学思想史》下卷，44～45页，北京，首都师范大学出版社，1994。

② 包世臣：《读亭林遗书》，见《安吴四种》卷8。

③ 参见《饮冰室合集》第10册，《专集》第75。

时期学风转变的过程来看，梁启超的说法就值得商榷。因为包世臣分别比龚自珍和魏源年长17岁和19岁（龚自珍出生于乾隆五十七年，即1792年；魏源出生于乾隆五十九年，即1794年），他的经世思想的形成也要比龚自珍和魏源早得多，虽然包世臣不是常州学派中人，也非公羊派经文学家和阳湖派古文学家，但公羊派经学的开派人物刘逢禄、阳湖派古文的开派人物张惠言和李兆洛都是他的好朋友，他与这些人的交往要早于龚自珍、魏源大约30年，龚自珍尤其是魏源较多地接受过他的影响。所以，无论在绝对时间上，还是在相对时间上，都是包世臣而非龚自珍和魏源开启了嘉道时期的“经世”学风。我们非常赞同吴则虞、余滋兰先生在上个世纪60年代初提出的观点：包世臣对于嘉道时期“经世”学风的形成，是“上承亭林，下开龚、魏，旁及阳湖派诸子的一个重要人物”①。

二、经济和社会改革思想

作为嘉道年间著名的经世思想家，包世臣以自己广博的学识，对当时存在的严重经济和社会问题做过多方面的研究，并提出了一系列有利于国计民生的主张和改革方案。这些主张和改革方案涉及漕运、盐法、河工、币制、农政、科举等经济和社会方面的内容。

清承明制，继续实行自隋唐以来就已形成的漕运制度，每年都要从江浙等省通过运河运送400万石的漕粮到北京，以供皇室食用、王公官员俸米及八旗兵丁、京城百姓的口粮之需。把几百万石南粮通过运河运到北京，这绝不是一件容易的事情，不仅运费十分惊人，其漫长的运输线和繁琐的运输管理环节，又方便了官吏的贪污中饱，层层勒索。同时，漕运还经常面临河道梗阻，而一旦河道发生梗阻，南粮不能及时运到京师，就要影响清廷皇室、文武百官、八旗兵丁和京城百姓的生活。因此，当时“中外颇忧漕事”，如何解决漕运所面临的问题，保证及时地将南漕运到北京，就成了朝野上下所关注的“大政”之一。

包世臣也不例外。他通过调查了解到，当时云集于上海的商船大约有3 500多艘，其大船每艘可装官斛3 000石，小船每艘也可装1 500多石。这些商船主要是运送关东的豆麦到上海，所以“南行为正载”，而北返时虽然也顺带一些布匹茶叶等南货，但常常“不能满载”，不得已

① 吴则虞、余滋兰：《包世臣的学术思想》，载《光明日报》，1962-05-11。

只好在吴淞口雇人挖草泥压船。鉴于这种情况，包世臣于嘉庆九年（1804年）提出废除官府控制的漕运船队，改由商船北返时装运漕米。同时又鉴于河道经常梗阻，漕米不能及时运到北京，他主张改原来的河运为海运，并规定海运漕米的合理损耗率，以维护商船的利益，认为雇用商船海运漕米好处有四：一是费用减少，运南漕四百万石，开支水脚费用不过一百六十万两，还不到过去漕运所需费用的“十分之三四”；二是需时不多，如果商船中秋开行，九月初即可抵达，往返三次，全部漕粮便能入仓，这比过去河运漕粮缩短时间不少；三是官商两利，雇佣商船运送漕粮既能使私商的“放空之船，反得重价”，增加收入，又可节省大量漕运费用，从而使“官费之省、仓米之增者无数”；四是使地方官吏“不得以兑费津贴旗舵名目，借词浮勒”，有利于减轻粮户的沉重负担。①

虽然改河运南漕为海运南漕有以上诸多好处，但由于“漕为利薮”，改革必然会触及那些利用漕薮贪赃受贿、巧取豪夺的大大小小官吏的既得利益，因而遭到他们的强烈反对，他们对海运南漕的建议提出了种种非难：一曰“洋氛方警，适资盗粮”；二曰“重洋深阻，漂没不时”；三曰“粮艘须别造，舵水须另招，事非旦夕，费更不赀”。面对种种非难，包世臣没有退缩，他认为这些都不过是“书生迂谈”，根本不值一驳。首先就所谓“洋氛方警，适资盗粮”而言，他指出：洋氛在福建广东一带，不仅距离海运所走的北洋沿海遥远，而且洋人所乘坐的都是吃水深的“鸟船”，不适应在“多沙碛，水浅礁硬”的北洋沿海航行，适应北洋沿海航行的只能是特制的“沙船”，所以洋人绝不可能“越吴淞而并，以争南粮也”。其次从所谓“重洋深阻，漂没不时”来看，他指出，上海一带的商船一年往返于关东天津至少都是三四次，对于“水浅风信，熟如指掌”，很少有沉船漂没的危险，据他调查每年漂没的商船只是总数的千分之一，而走运河的漕船漂没的数量“殆数倍于此”。第三，既然是雇佣商船，就根本不存在造船和招募舵手的问题，也就没有增加费用一说。总之，包世臣强调指出，改河运漕粮为海运漕粮，是利国、利民、利商的事情，那些与漕运有关的大大小小官吏所以反对此项改革，并非是他们真的担心海运会“资盗”、“漂没”，增加国家费用，而是他们担心可以从河运漕粮中得到的那些好处，于公可藉资筹款，于私可遂其索费，这才是他们反对此项改革的真正原因。

---

① 参见包世臣：《海运南漕议》，见《安吴四种》卷1。

尽管与漕运有关的大小官吏从一己私利出发，反对海运南漕，但河道梗阻，南粮不能及时运到京师，这是大事。加上道光四年（1824 年）清江高家堰大堤溃决，冲毁运道，运河水势微弱，重运漕船无法运行。于是在大学士英和、江苏巡抚陶澍、江苏布政使贺长龄等开明大吏和经世派官僚的支持下，道光五年，清廷批准江浙漕粮改行海运。得此消息，包世臣又“就情事之尚可言宣者条为十宜，以俟谋国是之君子采择焉”。其主要内容有三个方面：一是如何保障船商的利益，使他们能有利可图，从而踊跃参与运载；二是如何严定章程，采取一切必要措施，“以防科敛染指之弊”；三是如何组织商船运漕，“将各帮沙船花名造册呈送”，以防个别“骄逸成性”的奸滑船商从中捣鬼，同时严选船只和舵手，以保证漕粮的运载安全。据道光二十八年七月他重校此文稿时附记：“是时新抚至吴，茫无津涯，得此稿，依仿定章，海运事乃举，既举之后，船商大利，更邀优叙，米石全无漂失。”① 然而这次海运只实行了一年，便因大小官吏的反对改了回去，直到 1848 年，清政府才又第二次举办海运，并逐渐成为定制。漕运改革的经历说明：任何改革都不会一帆风顺，必然会遇到既得利益集团的强烈反对，因为这些集团决不会轻易放弃自己的既得利益。

清代盐法沿袭明代“纲法”，盐商只有向政府缴纳一定数量的费用（约 1 000～2 000 两白银），即可取得“窝根”，凭此就能垄断指定地区的食盐收购、运销专利。清政府实行“纲法”的目的，是为了便于课收盐税。但随着吏治的日益腐败，盐税的征收变得日益困难起来。由于对盐的产销区域划定了垄断范围，又是官督商销，这就便利了盐官的敲诈勒索。盐商不堪重负，只好“有挟而求”，迫使盐官允许他们在盐斤上“加价”、“加耗”。盐斤加价、加耗的结果，是盐价上涨，老百姓买不起盐吃，被迫偷买非法贩运的私盐，造成垄断的官盐严重滞销，从而导致盐税的大量拖欠。据统计，从道光二年（1822 年）到道光九年，仅两淮就拖欠了 4 862 万两盐税银。“纲盐”的积弊已到了山穷水尽，非改革不可的地步了。

早在嘉庆末年，包世臣就提出了改革“纲盐”的主张。嘉庆二十五年（1820 年）他写了一篇专谈盐政的文章。文章首先批评了那种认为既然官盐滞销是由于私盐充斥，因此应“以缉私枭为治盐之要”，而勿需对“纲盐”本身做任何改革的观点，他指出，私有十一种，枭私仅是其中的一两种，且“为数至少”，为数甚多的是“官商夹带之私”和

① 包世臣：《海运十宜》，见《安吴四种》卷 3。

“邻境官商转卖越境之盐”。所以如果“以缉私枭为治盐之要”，“甚者会酿成巨案，否亦徒增官费，而无成效”。这是治盐的“下策”，不宜采纳。治盐的“上策”是裁撤大小盐官，唯留运司主钱粮，盐场大吏管灶户，不立商埴，不分畛域，通核现行盐课，每斤定数若干，仿照当时所实行的铁硝运销办法，听任商贩领本地州县印照赴场挂号交纳盐课，领票买盐贩运。他认为只要改革盐业专卖的“纲盐制”，听任商贩自由运销，则各项浮收勒索便可以尽除，民间盐价必然会下降十之五六，而盐税也会因私盐的杜绝而数倍于今，这样于国于民都大有好处。① 就笔者所见到的资料而言，这是关于盐业自由贩运的最早主张。

盐税大量积欠“虚悬”，必然要引起统治集团的关注。道光十年(1830 年)，素有“能吏”之称的陶澍被任命为署理两江总督（不久改为实授)。他接任之后，即深入调查，了解“纲盐”之弊，向清政府“疏陈淮盐积弊，请大删浮费以为补救”。清政府即派户部尚书王鼎、侍郎宝兴为钦差大臣，考查两淮盐务，同陶澍会商改革办法。由于包世臣早在嘉庆末年就提出过改革“纲盐”的主张，又在东南一带久负盛名，王鼎等人便派亲信“微服过访”，当面向包世臣征询改革意见。包世臣于是草拟了一份《代议改淮鹾条略》，提出二十五条具体改革办法，其主要内容是：第一，解散盐禁，实行“票盐制”。他建议各地商民只要“赴运司照章纳税，即可领票赴场买盐”，自由贩运，如同米麦，取消“纲盐制”下的“配引”制度，直接“以斤起算，使人易晓”。第二，加强管理，严禁盐船夹带私盐。他建议，恢复北桥散旗旧例，运司于盐厅按船抽称盐捆，每捆浮出六斤以上者，作罚款处理，浮出一成以上者，则依照漏税例严惩。鉴于以往一些“不肖灶户”与客商勾结，来场“私买”，偷运出境，包世臣建议，各场只留一个信道，其余凡能通船之处一律用木桩钉死，从而使盐船并归一路，以易查核。第三，裁减浮费，以轻成本。所谓“浮费”，是在食盐生产运销过程中，盐官和盐商以各种名目征收的杂费，如收盐的场商有“公费”，运到口岸销售的岸商有“匣费”，无督销专辑之责的各省文武衙门有各种“规费”，名目繁多的各种“浮费”是造成盐价上涨的重要原因。为此，包世臣建议，除每一斤盐应摊派正课杂银四厘外，其他一切浮费全部取消，以减轻成本。②

---

① 参见包世臣：《庚辰杂著五》，见《安吴四种》卷 3。

② 参见包世臣：《代议改淮鹾条略》，见《安吴四种》卷 7 上。

包世臣的建议为清政府所采纳。道光十一年（1831 年）十二月，两江总督陶澍在魏源等人的协助下率先奏请推行“票盐制”，先在安徽、河南、江苏等三十一州县试行。第二年又奏请将“票盐制”推行到整个淮北地区。由于“票盐制”打破了“纲盐制”给予“纲商”的垄断特权，减轻了成本，推行的结果不仅使盐税有大幅度的增加，盐商和老百姓的负担也有所减轻，据统计，仅先行推行的三十一州县一年内就运销盐 233 100 多引，较原额增加了一倍多。道光二十八年，湖广总督陆建瀛又将之实行于淮南。同治年间，河南、浙江、福建等省也相继改行票盐制。

改河运南漕为海运南漕，改纲盐制为票盐制，这是道光年间清政府很重要的两项改革。但以往的有关著作和文章在论述这些改革时，往往把功劳归之于魏源，认为他是改革的最早提出者，并襄佐陶澍取得改革成功，而很少提到包世臣。如齐思和先生的《魏源与晚清学风》一文在谈到盐法改革时便认为，“盐法之一大改革，所谓票盐是也。其始终赞助擘画者，则魏源也”。就是魏源本人写的记述这两项重大改革的《海运全案序》、《海运全案跋》、《道光丙戌海运记》和《淮北票盐志叙》也没有提到包世臣。这对包世臣不公平。以漕运改革而言，包世臣是在《海运南漕议》中正式提出改河运为海运、由私商代运南漕之主张的，该文作于嘉庆九年（1804 年），而魏源最早主张海运南漕的文章《筹漕篇》上，写于道光五年，比包氏的文章晚了整整 21 年。包世臣最早提出改革“纲盐”是在嘉庆二十五年，这年他写了篇专谈盐法改革的文章《庚辰杂著五》，而魏源提出类似主张并佐陶澍进行盐法改革是在道光十一年，比包氏晚 11 年。首倡海运南漕和盐法改革的是包世臣而非魏源。与包世臣、魏源同时代人萧令裕在《海上琐言》中记载漕运改革的始末时便明确指出：“泾包孝廉著《海运南漕议》”是海运南漕之议之始。①至于盐法改革，包世臣在《答谢无锡书》中说得非常明白：“今票盐之改，乃当事采仆议一节以筹办淮北者（指陶澍在淮北试行票盐改革——引者），是其事亦发于仆。发其事自深知其利”②。由于魏源提出海运南漕、改革盐法的主张比包世臣晚，其具体改革方案和措施明显接受了包氏的影响。比如，魏源提出的海运南漕的方案是：借商道为运道，雇商船为粮船，雇商人为运丁，道不待访，舟不待造，人不待募，费不待

---

① 参见《寄生馆文集》卷 1，16 页。

② 包世臣：《答谢无锡书》，见《安吴四种》卷 25。

筹，利国计，利民生，利海商。这些也是包世臣《海运南漕议》所提出的方案。他佐陶澍进行盐法改革，改传统的“纲盐制”为“票盐制”，其具体措施也基本上没有超出包世臣在《代议改淮鹾条略》中所提出的措施之外。这里需要指出的是，包世臣的《海运南漕议》、《代议改淮鹾条略》写出后曾广为流传，影响很大。《海运南漕议》还被魏源收入他代贺长龄编辑的《皇朝经世文编》。

此外，和魏源一样，包世臣也为“票盐制”的顺利推行作出过重要贡献。陶澍颁布的《淮盐改革章程》中的不少条款就是根据包世臣的《代议改淮鹾条略》拟定的。① 和任何新生事物一样，“票盐制”推行之初也有不完善的地方，甚至存在着一些弊端，用陶澍的话说，“票盐之弊在场商隐匿自运，把持抬价，使贩本积重……岸价随而益高”。为此，他拟采取“归局限买”的措施来解决这一问题，并写信征求包世臣的意见。包世臣在回信中指出，盐法最难办的是透私，而私所以屡禁不止，就在于科则之征于商太重，场商之待灶户太刻，灶户苦累，非卖私则无以自赡，科则太重，则枭徒买路之费有所取给。票盐的科则尽管比纲盐的科则减轻不少，但小贩仍不得盐而无可告，晒丁仍苦累而莫之恤，小贩不能得盐于场商，则增价而买于晒丁，晒丁不能取给于场商，则匿盐而售于枭徒，陶澍拟采取“归局限买”的措施，虽然能使“小贩有得盐之理”，然而因“坝利太厚，则势豪之侵夺不息，场价太贱，则晒丁之生计不裕”，“票盐之弊”仍然得不到根本解决。故此他认为：“今日欲救票盐之弊，其要在平坝价而增池价而已。”具体建议为，依照票盐一引，钱粮经费合之不及一两五钱的标准来规定池价，并仿佃田之例，使池户与晒丁各半，这样晒丁既“优饶”，“不至冒禁透私”，池户也有利可图，“足以餍其心”。同时明立章程，盐贩到坝，成本每引三两七八钱，出场盐船不许径出只金闸，皆船坝领票缴撤场照，票境之内，听其自由贩卖，不复问其卖价，唯核定坝价，贱则从时，贵不得过每包一两五钱，规定湖贩以五十引起，五百引止，从而使小民皆可合本趋利，以打破势豪的垄断，使他们“不能估岸居奇”，如此“岸价”就自然会比“现行更减”。“岸价平则外私不入，池价增则内私不出”，“票盐之弊”即可根本解决。不久他又写信给被陶澍举荐为票盐总办的谢无锡，进一步阐述了“归局限买”不能解决“票盐之弊”，只有“平坝价而增池

① 参见段超：《陶澍与嘉道经世思潮研究》，179页，北京，中国社会科学出版社，2001。

价”，使晒丁取利于池，场商取利于场，场贩取利于坝，坝贩取利于关，关贩取利于岸，才能将高昂的岸价降下来。① 包世臣的上述意见后来为陶澍所采纳，“票盐之弊”很快得到了解决。

黄河，是中华民族的母亲河，既哺育过古代灿烂的中华文明，但也给中华民族带来过无穷的灾难。据不完全统计，历史上黄河共发生过1 500多次改道和大决口，从清王朝建立到1855年再次改道前的210年中，黄河决口泛滥就达230次之多，而每次决口泛滥不仅给沿黄河两岸人民的生命财产造成无法估量的损失，而且也使横穿黄河的大运河受到严重影响，运道被毁，漕船不能航行。尽管清政府“无一岁不虑河患，无一岁不筹河费”，但河患不仅依然如故，而且有越来越严重之势。因此“河工之事”，亦就成了嘉道年间朝野上下关注的又一“大政”。包世臣力主积极治河，根除水患，而反对那种“汛至旁午，霜后晏息，徒知言防，莫事求治”的消极“防河”思想，认为“言防河之不足为治”②。他先后撰写了《筹河刍言》、《策河四略》等文章，提出积极治河的具体建议，其办法是：修筑御坝，清除积淤，疏通下游，种植芒柳。他还主张“筹盘苇荡，任地惠民，以平料物”③，既保证防洪用料价格平稳无匮，同时又能使营兵和当地农民得到一定好处，从而提高他们治河的积极性。据范麟在《读安吴四种书后》中介绍，包世臣《策河四略》写后的第二年（1811年），百龄出任两江总督，看到了《策河四略》这篇文章，对包世臣提出的治河方略大加赞赏，并采用盖坝方法治河，收效很好，“旬日间使袁浦板闸淮安百万家，得免为鱼而就高枕”。他还主张治理黄河要与兴修水利结合起来，“水有利有害，能去水害者，在能收水利”④。

面对19世纪前期“银价日高，市银日少”，银贵钱贱十分严重的问题，包世臣主张改革币制，其具体主张是：第一，仿“今日之官照及私行之金票钱票”，发行纸钞。纸钞要发行成功，他认为除必须解决好如何使“细民”能信从和如何防“匪人”为奸利这两大难题外，还要以一定的实物作基础，限量发行，而不可像当时另一位主张发行纸钞的代表人物王鎏（字亮生）所主张的那样“造百万即百万，造千万即千万”，以为纸钞为“不涸之源”，可以无限发行，否则，将造成货币贬值，物价上涨，

① 参见包世臣：《答谢无锡书》，见《安吴四种》卷25。

② 包世臣：《说坝一》，见《安吴四种》卷1。

③ 包世臣：《筹河刍言》，见《安吴四种》卷1。

④ 包世臣：《中衢一勺·附录序言》。

这也正是“从来钞法难行而易败”的重要原因。他建议开始时可以“以足当一岁钱粮之半为度”，以后则根据情况“陆续增造，至倍于岁入钱粮之数。循环出入，足利民用，即止”①。第二，“不废钱，一切以钱起算，与钞为二币”。他认为钞虚钱实，二者轻重相反，不相为废，不能因发行纸钞而废弃铜钱，而“一切以钱起自算”，可以防止人们争藏白银，使“银贵钱贱”的问题得到解决。第三，“亦不废银，而不以银为币，长落听之市人”②。具体来说，他建议在“造钞既成”之后，由部发中布政司，转发各州县，州县于水陆大镇各处设立钞局，“卖钞收银”，其价以市价而定，从而使那些藏有大量银两的富贵之家，不致因废银而反对币制改革。包世臣的币制改革主张，虽然不能从根本上解决清政府的货币危机，但他提出的“以钱起算”和“不以银为币”的改革办法，对于减轻农民遭受的白银“与五谷相轻重”的损失有一定帮助。另外，他提出的发行纸币要以一定的实物为基础，限制发行总量的观点，也符合现代货币理论。

中国是一个传统的农业国家，作为经世思想家，包世臣非常重视农业的发展，认为“大政在农”，“天下之富在农”③，并针对当时农业存在的问题，提出了他的改革方案。他认为要发展农业，首先必须使“民归农”，安心于农业生产。而“民归农”的关键是切实保护农民的利益，轻徭薄赋，减轻他们的沉重负担，尤其要整顿吏治，严禁官吏对农民的鱼肉掠夺。他指出，农民所以大量流亡，其原因就在于当官的不讲官德，对他们滥加驱使和掠夺，除两税之外，他们还要负担“丁徭”，一田三征，内外正供，取农十九，而官吏征收，又公私加费，往往及倍，绅富之户，因银米数多，故耗折较轻，而力作之民，因银米数少，则耗折倍至。所以农民终岁勤劳，有幸没有遭遇天灾，但父母妻子已迫饥寒，又竭其财以给贪婪，出其身以快惨酷，“岁率为常，何以堪此?”其结果他们只好背井离乡，成为“游惰”。故此他力主整理漕务，剔除一切浮收勒索，以减轻农民的粮漕负担；改革币制，一切以钱起算，以减轻农民遭受的白银“与五谷相轻重”的损失；革除积弊，清除腐败，严惩那些鱼肉农民的贪官污吏，使农民能安居乐业，致力于农业生产。同时为农“立法”，“修法以劝农桑”，使农民的利益能得到切实保障。④ 他十分重视农田水利的兴

① 包世臣：《再答王亮生书》，见《安吴四种》卷 26。

② 包世臣：《与张渊甫书》，见《安吴四种》卷 26。

③ 包世臣：《说储上篇前序》，见《安吴四种》卷 7 下。

④ 参见包世臣：《农政》，见《安吴四种》卷 25 上。

修，认为水利是“明农之先务”。为此，他不断上书当道，希望在京畿、西北和东南各省修建水利设施，改善当地的农业生产条件，以减轻旱涝等自然灾害对农业的威胁。并且他在总结前人的成功经验和失败教训的基础上，就有关具体的知识和技术问题提出过很好的意见。如他提出兴修水利应于农闲时进行，不可与农业生产争劳力；工程不可贪大图全，整齐划一，而应因地制宜，切合实际；在步骤上应先易后难，循序渐进，力争当年施工当年受益；在资金的筹措上，应充分发挥国家、地方和个人的积极性等。他还主张积极屯田，开垦荒地，认为屯田是“足食之上理”，并特别建议在京畿“开屯”，以便从根本上解决南漕北运，东南各省漕粮负担过于沉重的问题。他算了一笔账：每年征运的漕米不及四百万石，这大约是东南膏田中岁二百万亩的收入，以民间业佃各半计之，有四百万亩则租入可以抵全部漕米。如果以十年时间完成屯田五百二十万亩的任务，以中岁计算，其收入则较南漕之数已有余，“如是，则举事而不惊众，益上而不剥下，百世之勋可集，而东南之困可苏也”①。

包世臣虽然重视农业，但他并不赞成传统的“重农抑商”或“重农抑末”的政策，相反认为“给有无者商”，商业在国计民生中具有举足轻重的重要地位。他概括农工商的作用说：“夫无农则无食，无工则无用，无商则不给，三者缺一，则人莫能生也。”② 根据儒家的传统思想，农业是本，工商业是末，农业关系人们的衣食，工商业不仅与人们的生活无关，而且其奇技淫巧还会导致人们道德败坏。因此，必须严格限制工商业的发展。但包世臣认为，工商业和农业一样，都有关国计民生，对整个社会来说，三者缺一不可。这在某种意义上，是对传统的“重农抑商”思想的否定。正是从农工商都有关于国计民生这一思想前提出发，包世臣提出，要使社会经济进一步发展，就必须实行“本末皆富”的经济政策，农工商并重，而不能像以前那样，只重视农业的发展，对工商业采取严格的限制措施，农工商业“利害倚伏，相待以发”，彼此存在着一种相辅相成的关系。故此，他主张在大力发展农业的同时，积极发展工商业，发挥商人在社会经济中的作用，使农与工商都能富裕起来，只有“本末皆富，则家给人足，猝遇水旱，不能为灾”。并且他指出，这不仅是“千古治法之宗”，亦是“子孙万世之计”③，切不可等闲

① 包世臣：《庚辰杂著四》，见《安吴四种》卷3。

② 包世臣：《说储上篇前序》，见《安吴四种》卷7下。

③ 包世臣：《庚辰杂著二》，见《安吴四种》卷26。

视之，而必须放在重要的议事日程。所以，无论漕运改革，还是盐法改革，他都比较重视发挥商人的作用，注意维护他们的利益。如我们已指出的那样，他提出的漕运改革措施，主要有两点：一是以海代河，丢弃当时河湖淤塞、转载艰难的运河，而改海运。这是运输路线的改革；二是以商代官，利用上海一带的商船北运漕粮，从而使“官商两利”。这是经营性质的改革。他们提出的盐法改革措施，主要是改纲盐制为票盐制，商人只有照章纳税，就一律允许自由运销盐斤。

如果说包世臣重视农业的发展，不过是对儒家传统重农思想的继承，就他提出的改革措施而言并没有超过前人，那么他强调“本末皆富”，重视发挥商人在社会经济中的作用，这是对儒家“抑商”思想的否认，具有鲜明的时代特征，实际上，它是19世纪前期中国资本主义发展要求在思想领域的客观反映。众所周知，早在明朝中叶，中国社会内部已孕育了资本主义的嫩幼萌芽。后来，由于封建统治者“重农抑商”政策的打击，尤其是明末清初的社会动乱，使嫩幼的资本主义萌芽受到严重摧残，但到了19世纪前期，随着社会经济的全面恢复和发展，受到严重摧残的资本主义萌芽又顽强地发展起来，特别是商业资本异常活跃，商人拥有的资本也十分惊人。据包世臣调查，当时在上海一带的船商，一人最多拥有四五十艘沙船，每船造价大约七八千两白银。仅此一项，一个船商拥有的资本就达到四五十万两白银之巨。[①] 这说明商业资本的日益发展已成为不可遏止的历史趋势。当然，人作为能思考的高级动物，在历史趋势面前，有选择行动的自由，是顺应这种趋势，还是逆这种趋势而动，这是由人们自己决定的。面对商业资本日益发展的历史趋势，绝大多数思想家和清朝统治者，或受传统重农抑商思想的影响，或受个人经济利益得失的支配，而要求限制商品流通，遏止商业资本的进一步发展，只有以包世臣为代表的极少数具有经世思想的思想家，才认识到商业于国计民生的重要性，从而对商业资本的进一步发展采取欢迎和扶持的态度，而这也正是先觉与后觉、先进与后进的区别所在。就此而言，包世臣不愧为嘉道时期顺应历史发展趋势的先进人物。

前已提到，曾经起过进步作用的科举制度，到了明清时期，由于实行八股取士及考试内容和形式的僵化，已是弊端丛生，逐渐失去了为国选拔人才的功能。对此，包世臣有深刻认识。他指出，科举制的最大弊

---

① 参见包世臣：《海运南漕议》，见《安吴四种》卷1。

端是以“八比小技取士”，束缚人才，难于择优入仕。因为，科举进身，原其本意，欲因文以见学，使出学以为治。是故领于礼部，以驱率天下之人才，大而封圻，小而州县，十之七八皆出于此。然而，“决得失于一夫之目，且弊端百出，以坏廉耻之防于就傅挟策时，推其究竟，可不为之寒心哉!”① 并且他针对科举制的种种弊端，提出了自己的改革主张：第一，改革科举考试的内容，除“四书五经”外，还考“史事疑义与时务有比附者”，具体而言，“治乱兴衰，唯主《通鉴》，制度文为，唯主《通典》，使学者有所守法”。同时，“于从容造膝之时，详陈利病”，以供“圣明采录”。第二，严格录取程序，头场上堂，主试官不得遂行批中，必候三场并荐，共同校核，方定去取。为防止主考官员玩职忽守，徇私舞弊，主试官还必须将“二三场佳文同头场一并刊行，批明去取之故”②。第三，加强对考生“办挟带”、“雇枪手”和“打关节”等舞弊行为的惩罚力度，凡败露之案，逐节追究，上及其父师，旁及中间牵线人，依律重究。他认为，若能采取以上三条措施，那么，“试弊必除”，而“真才始见”，“绩学之士”就能被选拔上来。③ 我们如果把包氏提出的上述改革主张与同时代其他经世思想家（如龚自珍）提出的改革主张比较，前者可能更全面、具体一些。

三、反对侵略的爱国思想

包世臣生于清朝内忧外患日益深重的年代。自18世纪中叶起，号称“日不落”的大英帝国就以鸦片为武器开始了对中国的侵略。乾隆五十一年（1786年），输入到中国的鸦片超过2 000箱，四年后，即1790年，更增加至4 054箱。鸦片输入的增多，也就意味着吸食者的增多。鸦片已成为中国的一大社会公害。嘉庆五年（1800年）后，清政府曾多次颁布禁烟令，禁止鸦片入口，停征鸦片税，并规定凡外国商船来广东，须先由广东行商具结，保证不夹带鸦片，才准驶入黄埔港。但这些都没有起到任何效果，合法输入不行，鸦片贩子们则改为走私，他们通过贿赂行商和地方官吏兵弁，用“快蟹”、“扒龙”等特制快艇，将鸦片大量走私到中国。据统计，嘉庆皇帝在位的二十五年间，每年走私到中国的鸦片都在

---

① 包世臣：《齐民四书·序言》，见《安吴四种》卷25。

② 包世臣：《却寄戴大司寇书》，见《安吴四种》卷29。

③ 参见包世臣：《读律说下》，见《安吴四种》卷31。

4 000 箱以上，鸦片的贩卖地也逐渐从东南沿海扩及内地各省，乃至京城。

对于鸦片之害，包世臣有比较深刻的认识。嘉庆二十五年，他就论述过鸦片问题，认为鸦片泛滥，造成本末并耗，白银外流，国贫民穷，其害不异于鸩毒。他以苏州为例，指出全城吸食鸦片者不下十数万人，以每人每日耗银一钱计算，一年要耗银三四百万两。以此类推，则各省各城大镇，每年所花费在吸食鸦片上的白银不下一亿两。这些银两最终都流入外国人的腰包之中。而当时国家一年的正供并盐关各课的收入也仅仅四千余万两，鸦片一项每年外流银两的数目就两三倍于国家的一年税收收入，这是造成当时银贵钱贱、物价上涨的重要原因。故此，他主张严禁烟土。有鉴于以前清政府曾颁发过数次禁令、但屡禁不止的教训，他提出了"撤关罢税"的建议。所谓撤关罢税，即撤销海关，取消关税收入，以禁绝鸦片贸易，但西洋夷民所必需的内地之茶叶大黄，则照宝苏局采买洋铜之例，准商人携不禁货物"赴彼回市"。① 虽然由于时代的局限性，包世臣企图以"撤关罢税"来解决英国鸦片输入的问题的主张不尽正确，也难以奏效，因为英国向中国输入鸦片除在正常的贸易中夹带之外，主要靠的是走私。但他对鸦片问题的认识有两点值得我们重视：

第一，他最早认识到鸦片泛滥造成的白银大量外流，是引起银贵钱贱、物价上涨的重要原因。嘉庆年间白银减少、银贵钱贱的问题已经显现，但人们还没有将其与鸦片泛滥造成的白银大量外流联系起来，当时的普遍观点是，白银减少、银贵钱贱是由于购入银元（俗称洋钱、番银等）的减少造成的。人们明确地把白银减少、银贵钱贱与鸦片泛滥造成的白银大量外流联系起来则是道光年间的事。历史学家胡绳在《从鸦片战争到五四运动》一书中写道：嘉庆年间，朝廷在禁止鸦片进口的同时，也禁止"偷漏银两出洋"，但那时还不清楚白银减少、银贵钱贱与鸦片泛滥造成的白银大量外流"是密切相关的两件事"，直到道光十一年（1831 年）监察御史冯赞勋的奏折才将这一问题说清楚。② 日本学者井上裕正认为，"直到道光九年御史章沅上奏，指出纹银流出的原因实为鸦片，这一见解才被一般人接受"③。台湾学者李国祁认为，"大约自粤督阮元于道光元年查获叶恒澍走私鸦片案以后，将鸦片与银漏问题结

---

① 参见包世臣：《庚辰杂著二》，见《安吴四种》卷 3。

② 参见胡绳：《从鸦片战争到五四运动》，28 页，北京，人民出版社，1981。

③ ［日］井上裕正：《关于清代嘉庆、道光年间的鸦片问题》，见武汉大学历史系鸦片战争研究组编：《外国学者论鸦片战争与林则徐》，福州，福建人民出版社，1989。

为一体的看法，方渐兴起"，而江苏巡抚林则徐直到道光十三年与两江总督陶澍议覆给事中孙兰枝所奏江浙两省银贵钱贱商民交困折时，"才提出相类似的看法"。[①] 大陆学者杨国桢也认为，林则徐虽然很早就注意到了鸦片的流毒，但"其始也是从吸食鸦片有伤人心风俗的观点出发的"，直到19世纪30年代初，经过多年在东南地区为官的实际体验，才明确地认识到鸦片泛滥所造成的大量白银外流是引起银贵钱贱的重要原因。[②] 尽管以上学者的具体说法不尽一致，但他们都认为进入道光之后人们才明确地把白银减少、银贵钱贱与鸦片泛滥造成的白银大量外流联系起来。而包世臣在嘉庆年间就认识到了白银减少、银贵钱贱与鸦片泛滥造成的白银大量外流之间的联系，这比一般人要早几年，乃至十几年。第二，他较早提出严禁鸦片。虽然他提出的禁烟措施是"撤关罢税"，认为"一切洋货皆非内地所必须，不过裁撤海关，少收税银二百余万两而已"，反映出了那个时代人们根深蒂固的自然经济观念，但他并不主张断绝与外国的一切往来，相反准许中国商人出洋"赴彼回市，彼货仍可通行"。这在商品经济、尤其是沿海地区的商品经济有一定程度的发展，而清政府顽固地实行闭关锁国政策，严禁中国人出洋贸易的历史条件下，它"曲折地反映了一部分沿海华商的要求……对于促进华商出洋贸易是有利的"[③]。因为当时"华民惯见夷商获利之厚，莫不歆羡垂涎，以为内地人民格于定例，不准赴各国贸易，以致利薮转归外夷"[④]。所以，他提出的严禁鸦片的措施，与后来一些顽固守旧派主张断绝中外一切往来的"撤关罢税"是有区别的，不能一概斥之为保守。

鸦片战争之前，清廷朝野上下，官场士林，都还做着"天朝上国"的美梦，"徒知侈张中华，未睹瀛环之大"[⑤]，只有极少数的"先知先觉"者开始留心夷务，关注夷情。包世臣是这极少数的"先知先觉"者之一。道光六年（1826年），他写信给在粤海关做事的萧令裕，二人在书信中曾就英国在南洋的情况以及可能给中国造成的危害进行了讨论。萧令裕认

---

① 参见李国祁：《由〈安吴四种〉论包世臣的经世思想》，见台湾近代史研究所编：《近代中国初期历史研讨会论文集》下册，1989。

② 参见杨国桢：《林则徐传》增订本，175页，北京，人民出版社，1995。

③ 侯厚吉、吴其敬主编：《中国近代经济思想史稿》第1册，97页，哈尔滨，黑龙江人民出版社，1982。

④ 林则徐：《附奏夷人带鸦片罪名应议专条夹片》，见《使粤奏稿》卷2，北京，中国书店，1991。

⑤ 魏源：《圣武记》，499页，北京，中华书局，1984。

为：英夷占领新埠（即新加坡——引者），招纳福建、广东一带的“逃人”，事深可虑。并且他预感到英国将给中国带来危害，忧心忡忡地指出：“十年之后患必中于江浙，恐前明倭祸复见于今日。”包世臣对英国在南洋的情况也有了解，他自称：“仆入都，就潮、惠、漳、泉计偕解事者问之，多言新埔（即新加坡——引者）夷人，近改名新嘉坡，广刊汉文书籍，兹询墨农，尤详备”。同时他认为英国对江浙“垂涎”已久，希望当局对此能有所防范。[①] 1828年，他致信出任广东按察使的同乡姚亮甫时，又详细谈到新加坡的情况和对广东的影响：“粤海通商夷国十数，以英吉利为最强。闻乾隆四十年间，粤东外洋有封禁地名新埔，距省垣千里而遥，粤之惠、潮，闽之漳、泉，无业贫民私逃开垦。英夷回帆过彼，欲占其地，为闽粤客民所败。数年后，英夷以兵船至，客民降服，英夷遂踞其地。每来粤市舶，返辄留人三分之一在彼，建置城郭房室，迄今几五十年。并招嘉应州之贫士，至彼教其子弟。又召粤中书匠，刊刻汉文书籍。”他不无忧虑地指出：“英夷去国五六万里，与中华争，势难相及。而新埔则近在肘腋，易为进退”，已成为英国走私鸦片和侵略中国的桥头堡。因此他建议当局应派胆识俱优之人“密至新埔，查看得实”，必要时应撤回其地侨民，甚至可以派兵驱逐英人，并依照台湾的例子，改新加坡为郡县。同时要警惕英国可能因中国禁烟而发动对华侵略战争，因为“烟禁真行，则粤、闽之富人失业，而洋商尤不便此，势必怂恿英夷，出头恫喝”。他对“粤中水师，皆食土规，一旦有事，情必外向”也深感忧虑，建议当局赶快采取措施，加强水师建设，否则，恐“十数年后，虽求如目前之苟安而不能，必至以忧患贻君父”[②]。果然不出包世臣的所料，十二年后，英国以中国禁烟为借口，发动了罪恶的鸦片战争。

鸦片战争爆发后，尽管当时包世臣已年近七十，且体弱多病，但仍然时刻关心着这场反侵略战争，尽一切可能收集前线情报，积极为当局出谋划策，先后应邀与路经他住地豫章的奕山、杨芳、奕经举行过晤谈，并多次写信给前线官员，贡献自己的应敌意见。他清醒地认识到英国发动的这场战争与前明的倭寇之乱“事略同而情迥异”，因此，其反侵略的措施也应不同于前明的平定倭寇之乱。首先，他认为与中国通商的各国中，英国最强，其他各国都不独与之为敌，而英国则依仗自己的

---

① 参见包世臣：《答萧枚生书》，见《安吴四种》卷35。

② 包世臣：《致广东按察姚中丞书》，见《安吴四种》卷35。

富强欺凌其他国家，“邻国所产各货皆被该夷于要害处所设关收税”，其他国家皆敢怒而不敢言。中国应该利用其他国家对于英国的不满，联合各国力量，共同消灭英国。这种办法他称之为“以夷狄攻夷狄之策”。具体而言，他建议先封关绝市，然后由当局明告各国，中国所以封关绝市，是因为英国不遵守中国法令，走私鸦片，复又“恃强怙恶”，坚不具结，如果各国能集众弱以为强，共消灭英国于海中，叩关内请，自当论功行赏，仍准通商，并分别功能高下，减免各该国关税，“是谚所谓‘羊吃麦叫猪去赶也’”①。其次，他建议当局要“通筹全局”，不要仅仅注重广东一隅，“计出于头痛医头，脚痛医脚也”，而应于各海口都加强警戒，“备以重兵”，以防“一处空虚”，被英军乘机突破，特别是要加强台湾这一经济、军事要地的军事力量，“增防严守”②，以安定人心。同时他又估计英军可能会溯江而上，切断瓜洲粮道，威胁京师的粮食供应，因此建议加强长江防务，尤其要在长江入海口的咽喉要道图山“安设重兵，以备不虞，使重空粮艘来往无惊，以维国脉”③。第三，鉴于“英夷之长技，一在船只之坚固，一在火器之精巧，二者绝非中华所能”的不利状况，包世臣建议在加强水师建设的同时，招募曾在英夷学堂学习过“制炮之法”的嘉应一带“贫士”，开厂自己制造，从而使“天下物之利者”为我所用，以增强抵抗侵略的军事力量。并建议当局不要听信英国人只善于水战，“一登岸则技穷”，因而不会登岸的谣传，要做好提防他们登岸的准备，准备与他们打一场“短兵相接”的恶仗。④ 另外，他还建议当局开发矿源，筹备军饷，以便长期抗战，尤其强调当局要“以拊循闾阎，苏民困，固民心为先务”，采取措施，切实减轻“民间疾苦”，以改变“官民相仇久矣”的局面。⑤

就包世臣提出的上述反侵略措施来看，最值得我们注意的，首先，是他承认“英夷”有“长技”，并提出了类似于魏源的“师夷长技以制夷”的主张。众所周知，魏源最早是在《圣武记》中提出“以彼长技，御彼长技”之主张的。⑥ 在撰写专门记述鸦片战争始末的《道光洋艘征抚记》中他又提出，要“尽收外国之羽翼为中国之羽翼，转外国之长技为中国之长技”⑦。

①② 包世臣：《与果勇侯笔谈》，见《安吴四种》卷35。

③ 包世臣：《上两江督部裕大臣书》，见《安吴四种》卷35。

④ 参见包世臣：《与果勇侯笔谈》，见《安吴四种》卷35。

⑤ 参见包世臣：《职思图记为陈军门（阶平）作》，见《安吴四种》卷35。

⑥ 参见魏源：《圣武记》卷14。

⑦ 魏源：《道光洋艘征抚记》，见《圣武记》卷10。

到编写《海国图志》时，他更明确地提出了要“师夷长技以制夷”，并对如何“师夷”作了比较完整的阐述。但魏源的《圣武记》、《道光洋艘征服记》和《海国图志》都写于1842年后，即第一次鸦片战争结束之后，而包世臣则是在1841年2月与参赞大臣杨芳笔谈时（杨芳耳聋）提出类似主张的，在时间上至少早于魏源一年。同时包世臣对“夷之长技”具体内容的认识与魏源的认识也基本相同。包世臣认为“夷之长技”有二，“一在船只之坚固，一在火器之精巧”；魏源认为除“战舰”和“火器”外，“夷之长技”还有“养兵练兵之法”。在与杨芳的笔谈中，包世臣还提出了“以夷狄攻夷狄之策”。这比魏源提出的类似主张也要早得多。但我们以前在讲“师夷长技以制夷”和“以夷攻夷”之主张的提出时，几乎没有人提到包世臣。其次，是他对英军的了解。长期以来，受传统观念的束缚，中国知识界对中国周边以外的外部世界很少关心和了解，尤其是对远离中国上万里的“西方”更是知之甚少，那时谈世界，谈西方，颇有些“海客谈瀛洲”的味道，就是到了鸦片战争爆发后，清廷上下虽“震于英吉利之名，而实不知其来历”①。战争进行了一两年，道光皇帝还不知英国的地理位置，有无陆路可通，以及是否与俄罗斯接壤。耆英说英人夜间目光昏暗，分不清东南西北。黄惠田谓英地黑暗，不敢燃火，船行半月始见天日。当时有一种非常流行的观点，说英军因腰腿不能弯曲，只长于水战，而不善陆战。钦差大臣、两江总督裕谦奏称，英军“大炮不能登山施放，夷刀不能远刺，夷人腰硬腿直，一击即倒”，因此不善陆战，并将英兵不善陆战写入他总结的“八忌”之中第七忌。工科给事中骆秉章主张与英军作战时，水战则诱之登陆，陆战则以力取，因为以象皮、铜皮保护身体的英国官兵，身上虽不能伤，但腿不能弯曲，如“以长梃击其足，应手而倒”②。就是思想开明者如林则徐也曾认为英军所恃在船坚炮利，“一至岸上，则该夷无他技能，且其浑身裹缠，腰腿僵硬，一仆不能复起”③。相比较而言，由于包世臣早在鸦片战争爆发之前就开始留心夷务，关注夷情，他对英军的了解也自然要远胜于包括林则徐在内的道光君臣。所以他在与杨芳笔谈时，能一反众议，向杨芳建言：“论者皆谓英夷长于水战，一登岸则技穷，此言断不可信。英夷虽习船，其生长本在地上，何不可登岸之有？且彼舍舟登岸，则已自置死地，而我兵

---

① 《林则徐集·奏稿》中，649页，北京，中华书局，1965。

② 《鸦片战争档案史料》第四册，302页，上海，上海人民出版社，1987。

③ 《林则徐集·奏稿》中，861页。

与之短兵相接，是又兵法所谓‘自战其地为散地’者也，尤宜加意。”① 他以无可置疑的常识和独立思考，否定了人云亦云的谬说，认为英军不仅能于陆上作战，而且由于置之死敌而后生，万不可轻视其作战能力。第三，是他提出的御敌之策，尤其是他认识到“官民相仇久矣”，统治者必须赶快采取措施，“苏民困”，收民心，争取民众对反侵略战争的支持，否则，“民情携贰”，中国将不败自败。另外，他建议加强台湾尤其是长江入口的防务，以防英军溯江而上，威胁运道，使清军处于被动地位。后来的战争进程证明，如果当局能采纳他的建议，战争有可能是另一种结局。

鸦片战争中，清军腐败不堪，节节败退。包世臣对此进行了无情的揭露：清“军政久弛，遇敌辄奔”，广州之役，清军拥兵五万，却“辱逾城下”；吴淞之役，牛鉴统兵二千，则不战而逃，各营武器皆弃。“军官罕自尊重，文吏唯计筐箧”。营员分驻，各领所属，勇怯不一，漫无区别，迨至临事，怯者无以自立，勇者莫肯尽心，则势处于必奔溃。更有甚者，这些“望贼辄奔溃”的清兵，“抢掠齐民”则无比勇敢，而“主兵者复与兵朋比以仇民”，抢劫掠夺，无恶不作，连地方上的官吏对他们都“莫可谁何”，只能听之任之。对清军的种种劣行，他“闻之寒心，言之腐齿”②，愤恨至极。

在揭露清军的腐败不堪、遇敌辄奔的同时，包世臣又向当局提出建议，采取措施，整顿清军以便与英军再战。如他认为兵要有“选锋”，不能“置之一概”，否则必败无疑。故此，他建议凡大帅督师须于各营中精选万分之二三为亲军，其裨将领兵千人以上者，挑百分之五六为亲军，以此类推，下至哨弁。对于亲军有“优其日给，使倍差于侪辈”。这样“设有不逞”，亲军便能“同患难，应缓急”，发挥“选锋”作用，率领全军与敌拼命。他还建议练兵必先教以拳勇，上者练软功，次者练硬劲，使之力长身轻，才可分授营械，否则，如果还像现行营例那样，昕夕操练，只能“徒费火药，终生计，终其身不成技艺也”③。他特别强调上司要奖罚分明，对于那些临阵逃跑作战不力的官兵，一定要严惩不贷。在给两江总督裕谦的信中，他就明确指出，欲改变“军政久弛，遇敌辄奔”的状况，“全视举劾，稍滋弱议，便失人心”④。

---

① 包世臣：《与果勇侯笔谈》，见《安吴四种》卷 35。

② 包世臣：《上两江督部裕大臣书》、《答傅蜀门（夔）书》，见《安吴四种》卷 35。

③ 包世臣：《答傅蜀门（夔）书》，见《安吴四种》卷 35。

④ 包世臣：《上两江督部裕大臣书》，见《安吴四种》卷 35。

和清军腐败不堪、遇敌辄奔相反，鸦片战争中，广东、江浙和福建沿海的广大人民群众则自发组织起来，与侵华英军展开了英勇斗争，并给英军以沉重打击。对于广大人民群众的抗英斗争，包世臣给予了充分的肯定和热情赞扬。他看到三元里、嵊县和南京四十八村群众的抗英杀敌的事迹后，称之为“奇功”，并颇受鼓舞地说：“草泽中固大有人在”①。因此，他建议当局招收潮州壮勇入军，对三元里义民应“鼓其气而用之”，增选他们补充水师，修复被英军破坏了的虎门各炮台；招募怀远炮手、黑风泾“水贼”和杭州轿夫，“精授技仗而厚结之”，充分发挥他们抗击英军的作用和积极性。他相信只要吸收广大民群参加抗英斗争，“则何求不成乎？”凶恶的英军“无不可制其死命”②，抗英斗争也就一定能取得最后的胜利。就目前所发现的资料来看，包世臣是最早提出利用人民群众的力量来反对英国侵略的思想家之一，值得充分肯定。

然而，使包世臣感到愤慨的是，昏庸无能的清政府不仅没有接受他的建议，吸收广大人民群众参加抗英斗争，相反还采取种种倒行逆施的措施对人民群众自发的抗英斗争进行限制、破坏和打击。其结果是自毁长城。1842年8月初，英军兵临南京城下，是月29日，清政府的代表耆英等在南京下关江面的英国军舰上与英国全权公使璞鼎查签订了中国近代史上第一个丧权辱国的不平等条约《南京条约》。就在《南京条约》签订的当天，包世臣看到侵略者“所欲无不遂，所请无不得”，“其所诛求，前无比并”，愤然急草《歼夷议》，为争取最后一战、将侵略者一举而歼之出谋划策。其具体内容是：利用英军的骄横而“益骄之”，使其“尽隳其防”，并派人密求能工巧匠，制造火药桶，待一切准备好后，则设计调虎离山，由清廷大吏在城内摆设“鸿门宴”，宴请英军军官，同时以送菜为名将火药桶夹带上英军军舰上，并乘机将它引爆。由于英军船无主令，人莫自保，必然“仓猝无可措手”，清军则乘势大加剿杀。为了保证全歼英国侵略者，使其“片帆不返”，他建议事先要长江上下游清军配合，堵住英军退路。如此，英军全歼，英船悉焚，《南京条约》则不废自废。为了实现这一歼敌计划，包世臣曾找过当时率兵驻南京城内的河南总统游击陈平川，要陈将这一歼敌计划递呈给两江总督，但未被两江总督采纳。后来，包世臣每言及此，愤怒至极，不胜遗憾。

---

① 包世臣：《致祁大臣书》，见《安吴四种》卷35。

② 包世臣：《答傅卧云书》，见《安吴四种》卷35。

第一次鸦片战争终以清政府签订丧权辱国的《南京条约》而结束。鸦片战争结束后，包世臣以极其痛苦的心情对中国所以失败的原因进行了认真反省。他认为，就当时中英双方情势的对比而言，中国并非没有取胜的可能，因为一方面“英夷去国五六万里，与中华争，势难相及”，处于不利的地位；另一方面“夷人大舶，载兵两千，粮糈即充，薪蔬必藉内地”，只要坚壁清野，英军就会不战自退，特别是经三元里、沈山头两次大败于中国乡民之后，英军“断不敢上岸肆掠。逆夷送死，终必在此”①。中国所以失败，其根本原因“患在封圻节钺，不知既不求，知者复不用，甚至扼塞其志意，沮遏其忠愤，以馁吾士气而张贼威耳”。比如，他举例道：广州三元里人民为保家卫国，“集乡人歼其渠魁”，但“有司”不仅不支持三元里人民的抗英斗争，“反为逆夷乞命，致留遗孽”。再如河南游击陈平川“勇而尚义，廉而轻死”，曾率兵与英军战于吴淞，后奉调入南京守卫，“见夷船有机可乘，力请一战”，而未被上司批准，致使陈气得吐血。就此而言，他指出，“草泽中固大有人在”，“军官中亦未尝无人”，如果“当轴诚能反其道而用之，拔擢英俊，申明法守”，中国哪有战败之理？② 所以，他不同意那种将中国的失败归之于“船炮不坚”、“兵心不固”的观点。在他看来，既不是船炮，也不是军民，而是那些愚昧无知、自毁长城的清朝统治者应对战争的失败负责。应该说，包世臣对鸦片战争失败原因的分析是很有见地的。一百多年之后历史学家胡绳在分析第一次鸦片战争失败的原因时几乎得出了与包世臣相同的结论。③

在反省了鸦片战争失败的原因之后，包世臣进一步指出，英国侵略者虽然因《南京条约》的签订而暂时停止了对中国的武力侵略，但他们的欲望没有止境，更何况通过此次战争他们洞悉了中国实情，知道清政府软弱可欺，因此武力侵略中国之事或许“再有”④，我们一定不能以为战争已经结束而高枕无忧，必须吸取教训，做好再次反侵略战争的准备。他认为“居今日而言补救，唯在收摄人心、物色人材而已。收摄人心者，结良以化莠，省刑薄赋，以固良民之心，则莠民无与助势。物色人材者，举强以劝弱，吊死问疾，以作强者之气，则弱者有以自立”。并且强调指出，统治者如果还不吸取教训，“徒任钩距以锄莠民，恣鞭

① 包世臣：《上安徽徐承宣书》，见《安吴四种》卷35。
② 参见包世臣：《致祁大臣书》，见《安吴四种》卷35。
③ 参见胡绳：《从鸦片战争到五四运动》上册，45～46页。
④ 参见包世臣：《上安徽徐承宣书》，见《安吴四种》卷35。

挞以迫弱兵”，巧取豪夺，鱼肉百姓，继续维持其“官民相仇”的局面，那么，中国在下次反侵略战争中，只能重蹈第一次鸦片战争的覆辙，“是速之瓦解也”①。后来的历史证明，包世臣的预测是多么正确！

四、“为官爱民”的吏治思想

包世臣身处清王朝由盛而衰、内忧外患日益深重的时代，当时的吏治之腐败已达到极点，作为“文成而后学政”的改革思想家，他曾有过“以书生发愤，欲荡积垢，一切与民更始”② 的豪情壮志，“稍长困于奔走，涉世事，读官书，则知求所以致弊之故而澄其源”③。于是他或上书当道，或撰写文章，系统地阐述了他的“为官爱民”的吏治思想。

强调为官必须为民爱民，这是包世臣吏治思想的重要内容。道光三年（1823年）十一月，奉差赴新蔡县补缺的姚伯山，驰书包世臣“问居官之要”，包世臣遂“纤悉相告”。他认为治理一个县，并非难事，问题在于一些人一经为官，即变其素行，很快就营私贪墨起来，稍有政绩，“遂尔自足，旋踪改操，反下杂流”。在他看来，清代的吏治到了嘉道年间所以会“至伙”而“日下”，其主要原因，就在于为官者“居官而不知为民”，未能“爱民如吾身”。故此，他经常告诫他的那些为官的“友生”“印到为官，印去即仍民”，所以计一生，则为官之日少，为民之日多，计一家，则为官之人少，为民之人多，故“欲举一事，发一令”，都必须深思熟虑，看它是否对民有利，并要设身处地抚衷自问，“吾之父母官，以此施于吾身，将以为何如？”他指出，只有为官者认识到对治下的黎庶施行苛政，与“执柯伐柯”是同一道理，这样才能“视民如吾身。于凡害之当除，利之当兴，自有不能已于中者矣”④。

正是从为官者必须为民爱民这一思想出发，包世臣首先反对官吏对人民毫无止境的掠夺，尤其对那些残民好利、鱼肉百姓之徒深恶痛绝。他认为，当官者不掠夺百姓，爱民如子是分内的事情，掠夺百姓就不是好的官吏。因此，他曾多次上书当道，要求整肃吏治，严惩贪官污吏，凡官吏都应该各饬廉隅，以民为倡，“庶几廉尚之俗可见，而顽懦之风可息也”⑤。他

---

① 包世臣：《致前四川督部苏公书》，见《安吴四种》卷35。

② 柳诒徵：《说储跋》。

③ 包世臣：《读亭林遗书》，见《安吴四种》卷8。

④ 包世臣：《答姚伯山书》，见《安吴四种》卷27。

⑤ 包世臣：《为直隶承宣陆心兰通致所属长吏》，见《安吴四种》卷32。

在反对官吏对人民毫无止境地掠夺的同时，强调居官一要“俭”，二要“勤”。所谓“俭”，就是不搜刮民脂民膏，不贪污受贿；所谓“勤”，就是不疏于政事，不积压民案。他在送毕子筠赴知县任时，曾以“俭”、“勤”二言相勉劝：“俭则需次不举人钱，勤则莅任不留民事。”他自己在试令新喻县时，也特别注意“俭”、“勤”问题。他还要求官吏剔除厉民苛政，做到几个“不”字，即：不“专治所部”，不“事封殖”，不“树私人”，不“薄亲民鄙政事”，不“征求无度”。他援引古人旧诗，希望大小官吏，“不必言抚字，但毋增苛政。稍为除强梁，良懦便称庆”①。

其次，包世臣认为为政之道在“通民情”。道光七年（1827年）四月，魏源受新任山东藩司贺长龄的委托当面向包世臣请教“东省治要”。包世臣开门见山就大讲了一通“为政之道在自胜以通民”的道理，他认为只有“通民情”才能“附民”，“民附”才能“从令”②。而要“通民情”，官吏就必须“平易近民”，经常深入民间，了解广大老百姓的需求疾苦，每施一政，应“先察民心之所向，次验民力之所堪”，并注意“因势利导”，发挥广大民众的积极性，从而达到“政成而民安之，乃为善耳”③。包世臣还特别强调居官一定要“为民劳心”，并认为只有心为民而劳，才近于父母，如果心为己而劳，则与盗贼无所区别。

包世臣还提出：不仅官吏为政要“通民情”，考评官吏也要“通民情”，判定官吏政绩的好坏，不是看他有无“赫赫之名”，而是看老百姓对他的评价如何，如果“政声人去后，民意闲谈时”，即人虽已离开旧治之地，而那里的百姓仍然怀念他，谈论他的政绩，那么，这样的官吏就是好官吏。基于这一评定官吏的标准，他认为嘉庆年间的石家绍就是一个好的官吏，因为石在署饶州、赣州知府任内，能以己度人，以情求物，监民折狱，常得其真，无论认识或不认识他的人都称他为“石爹爹”。④“爹爹”，是江西人对父亲的称谓。在包世臣看来，石家绍能恩威并用，爱民如子，深得老百姓的爱戴，是难得的好官。故此他不仅向江西巡抚陈玉生极力举荐石家绍，说其“生性诚笃，好读书，心乎爱民重士”，可以委以重任，处理“紧要难办之件”⑤，而且于石家绍死后，

---

① 包世臣：《复陆蓬莱书》，见《安吴四种》卷27。
② 包世臣：《山东西司事宜条略》，见《安吴四种》卷4。
③ 包世臣：《答陆曹县书》，见《安吴四种》卷27。
④ 参见包世臣：《石公祠碑》，见《安吴四种》卷32。
⑤ 包世臣：《留致江西新抚部陈玉生书》，见《安吴四种》卷27。

为其树碑立传，介绍其政绩，并希望官吏们都能像石家绍那样爱民如子，得到老百姓的真心爱戴。道光年间的张琦在署山东邹平知县期间，“为合邑民请命”，尽力政务，不久另调他任，“乡民饯送万数，以讫其境”。在任山东馆陶知县时，张“以近民为宗”，“察灾势，度民力”，“平粜仓谷”，救济难民，为老百姓办了不少好事，深得当地居民的称颂。后张病逝于馆陶任上，老百姓为之立祠，以示纪念。包世臣认为张能得民心，堪称群僚的楷模，并为之撰写墓表。

第三，包世臣认为官吏要以解除民间疾苦，为民兴利除弊为职责。在《为江苏提刑诚述堂通札所属》的文告中，他要求所属官吏时时刻刻“怀兴利除弊为之心”，无论是现莅之邦，还是旧治之地，只要对解除民间疾苦确有真知确见，可以裨益吏治民风的，如系本使分内之事，一定要“即时采纳施行”，如需详明两院及会同藩司各道，则应即时“据情详咨，熟商办理”，务使民隐得以悉达，襄举善政。并表示，“此系本使司虚怀求治之衷，惟望同舟共信，以期相与有成”①。在《为直隶承宣陆心兰通致所属长吏》的信札中，他引苏东坡的话说：“士大夫莫不爱其同类，然官吾类也，民亦吾类也”，希望所属长吏应怀为民爱民之心，于“民间疾苦”多加注意，“革除积弊，少宽民力”，否则，如果朘民自植，欺压百姓，“上负圣恩，下孤民望”，必将严惩不贷。② 在《答陆曹县书》中，他劝陆曹县“兴水利，劝艺蔬，修保甲，责守望”，“课栽树”，努力为民“兴利除弊”③。还强调指出，“今之长民者”，要是“见利莫为兴，见害莫为除”，他就不是一个好官吏。④

包世臣还就如何为民兴利除弊问题提出了许多建议。在兴利方面，他建议种树植桑，屯田京畿，治理河道，修建水坝水库，增强抵抗自然灾害的能力；在除弊方面，他主张改革漕务，简化征漕程序，除规定的数额外，革除一切杂征杂派，以惠农民。他通过调查发现，当时影响农业生产和农民生活，造成“本末并耗”，以致“民穷而不能御灾”的原因，除腐败的吏治外，还有三个，“一曰烟耗谷于暗，二曰酒耗谷于明，三曰鸦片耗银于外夷”。故此，他主张采用教育与强迫相结合的方法，规劝农民改种烟之地为种粮，改酿酒之谷为食用，改掉抽烟、酗酒的不

---

① 包世臣：《为江苏提刑诚述堂通札所属》，见《安吴四种》卷 32。

② 参见包世臣：《为直隶承宣陆心兰通致所属长吏》，见《安吴四种》卷 32。

③ 包世臣：《答陆曹县书》，见《安吴四种》卷 27。

④ 参见包世臣：《赵平湖政书五篇序》，见《安吴四种》卷 10。

良习惯，同时，严禁鸦片入口，杜绝白银外流的“漏卮”①。

包世臣强调为官必须为民爱民，从其渊源上来说，是对我国“水能载舟，亦能覆舟”之古代“民为邦本”思想的继承。也正因为包世臣强调为官必须为民爱民的思想是对我国古代“民为邦本”思想的继承，所以他反复强调民心的向背决定着一个王朝的存亡兴衰，认为为政先在利民，只有民富了国家才能富强起来。用他的话说“富民”之国，才是“王国”②，而反对与民争利。他针对当时存在的严重社会经济问题，主张“一反五百年之弊”，进行改革。而改革的基本原则，是“上利国而下利民”，使国家和老百姓都能从改革中得到好处，而不能“膏屯于上，泽竭于下”，借改革之名，行搜刮之实。③ 认为只有国民两利，改革才能获得老百姓的支持，也才有成功的可能。④ 他在文章中还多次引用古人的话，阐述“水能载舟，亦能覆舟”的道理。

当然，作为生活在鸦片战争前后的地主阶级改革思想家，包世臣强调为官必须为民爱民，不可避免地带有时代和阶级的色彩。从其思想范畴来看，包世臣强调为官必须为民爱民，不仅渊源于我们古代“民为邦本”的思想，而且长期生活于民间的经历和“经世致用”社会思潮的影响，使他有可能接触到下层人民的痛苦，了解到社会的种种弊端，从而萌生出“为民请命”的信念。从其目的来看，包世臣从当时内忧外患的严重局势中认识到清朝衰落的病根就在大吏及在事人役，“见利忘义之所致也”⑤。因此，他要求整顿吏治，要求官吏为民爱民，使人民群众不至于因生活所迫铤而走险，以谋求清王朝的长治久安。但这其中也不乏有关心黎民百姓，以纾民困，体民情，安民心，拯救人民于水火的目的与动机。从其对象范围来看，包世臣所说的为民爱民的“民”，仅仅指的是那些服从封建王法的“良民”，对于那些敢于犯上作乱的所谓“奸民”，他不仅不主张“为”，不主张“爱”，相反主张严厉镇压。所以，他对那些在镇压白莲教起义和其他农民闹粮漕事件中立功的地方官吏和清军将领是一赞三叹，并为他们树碑立传。包世臣这种既主张官吏为民爱民，又要求他们防民压民的矛盾现象，正体现了他既要维护清王

① 包世臣：《庚辰杂著二》，见《安吴四种》卷 26。
② 包世臣：《说储上篇前序》，见《安吴四种》卷 7 下。
③ 参见包世臣：《安吴四种总目序》，见《安吴四种》卷首。
④ 参见包世臣：《说储上篇前序》，见《安吴四种》卷 7 下。
⑤ 包世臣：《却寄戴大司寇书》，见《安吴四种》卷 29。

朝统治秩序，又要照顾人民群众基本利益的双重品格。从其社会功能来看，包世臣的为民爱民思想，如果能得到实践，一方面在一定程度和范围内会缓和人民群众与清王朝统治的矛盾，另一方面也多少会减轻人民群众的沉重负担，有利于促进社会再生产。基于上述分析，我们应予包世臣的为民爱民思想以积极的肯定评价。

官吏既是封建政府政策的具体执行者，又是人民群众的直接统治者，尤其是州牧县令，执掌着一个州县的政令、赋税、诉讼和文教诸事，史称"亲民之官"或"父母官"，"故其职为至要"①，他们的为政好坏，是为民爱民，还是残民以逞，是兴利除弊，还是贪赃枉法，无不关联着封建统治秩序的稳定和人民群众的切身利益。因此，包世臣把培养和选拔好的官吏特别是州牧县令视为整饬吏治的关键问题，他在致新任江西巡抚陈玉生等人的书信中就一再强调指出："为政在人，劳于求贤，逸于得人，先民之训也"②，"故居今日而言补救，唯在收摄人心，物色人才而已"③，并就如何培养和选拔官吏提出了一些很有价值的建议。

包世臣认为，在学之士子，即明日之官吏，是官吏的来源，因此，培养官吏的工作必须从生童开始。他在《说学政事宜》中提出，生童六岁入学，蒙师首先要教以有关"事内外亲族尊长隆杀之节，书房坐立之次"，以"小学"为教材，"须为讲明其讲义"。如有"不能讲解小学、字义、仪节者，长正稽察，毋许教授"。各级官吏尤其是主管学政的官吏，也要加强其监督和检查，帮助解决存在的实际问题。"凡令丞至乡，皆就近召蒙师劝加勖谕"，对那些"端秀聪颖而力不能终其学"的"下贫人户"子弟，经长正报告后，主管学政的官吏应及时"召验经画培植之"。他还要求知县对全县的生童要做到心中有数，并登记造册，"条记行学举止"，对品学兼优者加以奖励，对品学低劣者则限令改正。同时由藩司主持生员的考试，如果"考核如法，入等者署为贡士，而贡于礼部，礼部试如法，入等者为进士"，一旦成为进士，就具备了出任官吏的资格，"上者立陛侍从，其下乃膺民社"④。因此士子的德才如何，与吏治的好坏有直接的关系。

包世臣尤其强调要对士子进行义、礼、廉、耻的教育。他引孔子的话说："行己有耻，可谓士矣。道政齐刑，民免而无耻。道德齐礼，有

---

① 包世臣：《说学政事宜》，见《安吴四种》卷28上。

② 包世臣：《留致江西新抚部陈玉生书》，见《安吴四种》卷27。

③ 包世臣：《致前四川督部苏公书》，见《安吴四种》卷35。

④ 包世臣：《却寄戴大司寇书》，见《安吴四种》卷27。

耻且格。”在他看来，当时吏治所以腐败的原因之一，是官吏们无“无耻”之心，“无耻则营私而不能奉令”。比如，他举例说：今富民出资财使人司贸易，而其人干没其息，侵吞其本，则无以自比于人，不见容于同业，但吏收钱漕，既已恣欲浮取，又复任意亏空，至于杂项钱粮，征而不解，尤为习常，而皆恬然不以为怪。这是官吏“无耻”之心的表现之一。穷檐匹妇，如有外私，则为族里所鄙弃，为吏而市狱，与妇人外私而无异，然市狱者相环，恬然不以为怪。这是官吏无“无耻”之心的表现之二。士民家用雇工，如所雇之人，不能供其役，则自行求去，为吏而不明吏事以旷其职守，与雇工不能供役无异，但内而六曹，外而郡县，居其官而不能举其所当有事者，盖比比已，而恬然不以为怪。这是官吏无“无耻”之心的表现之三。因此，要整饬吏治，就必须从其源头入手，加强对官吏的来源——士子进行义、礼、廉、耻方面的教育，使他们认识到“利心胜则耻心微，是故利者义之反，而耻者义之源。廉耻不明则礼义路塞”①。这样他们日后从政，就可奉公守法，勤政廉洁。

为了慎选官吏，包世臣主张“仿西汉孝悌力田”的办法，从农民中选拔吏治人才。其具体做法是：饬直省大吏转饬州县，实力访求农民中敦笃力作，数十年不入公门，行谊为族里所称之人，由州县官对他们进行考察，分别详情呈报上级，以“量给职衔”。他建议，“其选不必太精”，但必须“善善从长，拔十得五，使足以劝诱而已”。包世臣认为，这样做的好处，能使从前报捐之职员贡监，日少一日，而孝悌力田得举者，日多一日。如此，则齐民深信非笃行动，莫可邀荣宠。其结果，“父兄教而子弟率，莫不鼓舞振作，以求无忝于圣人之氓”②。

除了主张从农民中遴选吏治人才外，包世臣还对清代的主要选官制度——八股取士的科举制度提出了严厉的批评。科举制兴起于隋唐，并为以后历代王朝所采用，成为中国古代社会的主要选官制度。如果说在明代以前，尤其是隋唐时期科举制对于打破门阀士族对于政权的垄断，为历代王朝选择吏治人才起过积极的进步作用的话，那么到了明清时期，由于实行八股取士及考试内容和形式的僵化，科举制已是弊端丛生。包世臣认为，科举制的最大弊端是以“八比小技”取士，束缚人才，难于择优入仕。他指出：科目进身，原其本意，欲因文以见学，使出学以为治，是故领于礼部，以驱率天下之人才，大而封圻，小而州县，什七八

①② 包世臣：《庚辰杂著一》，见《安吴四种》卷28上。

出于此。然而，“决得失于一夫之目，且弊端百出，以坏廉耻之防于就傅挟策时，推其究竟，可不为之寒心哉！”① 比如，就怀挟而言，他举例道，他本人参加考试十有一次，矮屋相比，莫不携有坊间出的“揣摩连科墨裁”的细字小本，没有怀挟的只有阳湖张琦以及他和他的胞弟世荣等四人，而这四人皆在被屏之列。如此的科举考试不仅不可能选拔出真正的吏治人才，而且会导致吏治的败坏，因为怀挟坊本，规抚时墨，是士之丑行，甘从丑行之人，异日从政，就难免不“剥民以肥家”，“亏帑以要上”②。

在对科举制度的种种弊端提出尖锐的批评之后，包世臣认为，要通过科举制度选拔出真正的吏治人才，就必须革除科举制度的各种弊端。对此，他建议，第一，改革科举考试的内容，除考四书五经外，还考“史事疑义与时务有比附者”。具体而言，治乱兴衰，唯主《通鉴》，制度文为，唯主《通典》，使学者有所法守。同时于从容造膝之时，详陈利病，以便圣明采录。第二，严格录取程序，头场上堂，主试官不得遽行批中，必候三场并荐，共同校核，议定去取。揭晓后，败卷到部，责成堂官，分派司员查核，如分校有于二三场竟不寓目，及使随丁照对读黄点断句舛谬者，严参重处。复奏下，乃发败卷，士子领卷后，有后言得实者兼坐部员主试。为防止主试官玩忽职守，徇私舞弊，主试官还必须将“二三场佳文同头场一并刊行，批明去取之故”③。第三，加大对考生“办夹带”、“倩枪手”和“打关节”等舞弊行为惩罚的力度，凡败露之案，逐节追究，上及其父师，旁及居间说合造作之棍徒，依律重究。包世臣认为，若能采取以上三条措施，那么“试弊必除”，而“真才始见”④，“绩学之士”就能被选拔上来。

出于为国举贤才，为老百姓求良吏的目的，包世臣还特别重视和热心于吏治人才的举荐，如两江总督陶澍所用的“委员”就“多采”他的“指引”⑤。就他所举荐的人才来看：第一是为民爱民之才。如前面提到的石家绍能恩威并用，爱民如子，深得老百姓的爱戴，因此，当陈玉生出任江西巡抚后，包世臣即向陈举荐，认为陈有紧要难办之件，可以委之石家绍，“必能洽民情而蒇公事”⑥。第二是经世实用之才。他曾向两

---

① 包世臣：《齐民四书·序言》，见《安吴四种》卷25。

②③ 包世臣：《却寄戴大司寇书》，见《安吴四种》卷29。

④ 包世臣：《读律说下》，见《安吴四种》卷31上。

⑤ 包世臣：《答族子孟开书》，见《安吴四种》卷26。

⑥ 包世臣：《留致江西新抚部陈玉生书》，见《安吴四种》卷27。

江总督陶澍举荐治河筑坝专家河南守备卢永盛，说卢“练工程，识机宜，世臣与共事五十余日，南河文武无与比方者”，建议将其调赴夏驾浦，委办此坝，得地得人，何事不成？并且他希望陶澍本人能亲自对卢进行考察，“阁下收工时接见之，款询之，自知世臣所言不谬”①。第三是操守清谨之才。包世臣经过多年“访问政事”发现，官吏中有才者不少，但操守清谨者不多，而洁己率属办利民实事者尤少。因此，他主张“为劳民择良吏”②。在举荐人才时，他就十分注重其人操守是否清廉，有无贪赃枉法的前科，凡操守有污点者，他一概不予举荐。第四是政绩卓著之才。他在回答“以人才下访”者时说，自己举荐广东知府罗含章，能与沟洫；甘肃知县周嫌，能兴机杼；新疆降调笔帖式和书，能持大体；新疆放回江巡道朱尔赓额，能任“难矩”。并指出，他之所以举荐这些人，是因为这些人“识力具有本末”，“其政事彰著有征”③。

包世臣认为举荐吏治人才，首先必须“期于归实”④，即根据人才的各自特点，举荐他们担任与之相适宜的职务，以便人尽其才，才尽其能。同时，他提出举荐人才应不拘一格，而不能苛全责备，因为人无全人，金无足赤，所谓全才通才是十分罕见的，精通水利的人，并不见得精通漕务，善于治理地方的人，对于带兵打仗可能一窍不通。所以，一个人只要具有某方面的才能，又大节不亏，就应用其所长，充分发挥他们的聪明才智。他还要举荐者举荐吏治人才必须出于公心，而不应夹带一丝一毫的私人杂念，更不能因此而拉帮结派，结党营私。他在《与秦学士书》中说到他所以不顾某些当道者的“排摈”与冷落，而一而再、再而三地举荐各方面的吏治人才的动机时说：“世臣举尔所知”，完全是为了为国举贤才，为老百姓求良吏，除此“又岂有他意哉?”⑤正因为包世臣举荐吏治人才是出于公心，所以能不避“亲”、“熟”之嫌，光明磊落，一身正气。如他举荐与自己有乡梓之谊的胡玉樵为曹县知县，胡知曹时，“疆吏飞章劾州县数十人，而荐称职者唯胡君”。事后“故人移书诫之曰：因不失其亲亦可宗也”⑥。再如前面提到的朱尔赓额，在治南河时与包世臣是同事，且彼此“相知之深”。包世臣认为朱是治河方

---

① 包世臣：《却寄陶宫保书》，见《安吴四种》卷7。

② 包世臣：《上吴侍郎书》，见《安吴四种》卷29。

③ 包世臣：《与秦学士书》，见《安吴四种》卷4。

④ 包世臣：《筹河刍言》，见《安吴四种》卷1。

⑤ 包世臣：《与秦学士书》，见《安吴四种》卷4。

⑥ 包世臣：《答陆曹县书》，见《安吴四种》卷27。

面的人才，于是积极举荐他出任江巡道。当时，有人攻击包世臣举朱是“推朱君之毂，以为进身地步”。因为在这些人看来，朱习河事，有赖于包世臣，所以，如果朱出任江巡道非得包的襄理“未必有功”。就此，包世臣一方面向当道者说明朱“能独任河事”，可以委以江巡道的重任，并愿为朱担保；另一方面他考虑到朱对自己的信任，“朱君若果起用，势不听世臣他去”，而自己“近年精力衰耗”，已不能像从前那样治文书常至分夜，为朱出谋划策，因此决定先决归计，并于朱正式出任江巡道之前接受了江苏刑提诚公之聘。并表示：“人生但期有益于世耳，身虽不显而所言得行，苍生实受其福，夫复何憾?”① 包世臣以他的行动证明，他举荐吏治人才，纯粹是为国为民，攻击他举荐吏治人是为了自己捞好处，不过是以小人之心度君子之腹而已。

鉴于当时“居其官而不能举其所当有事者”的现象十分严重②，包世臣不仅特别强调为官必须为民爱民，而且还要官吏“明吏事”，努力提高自己的为政能力和统治技巧，并就此问题进行了认真探讨，提出了许多好的意见。他认为“学为政者，必先求民生之要；初任职者，必先求风俗之略”，因为“千里异风，百里殊俗，淳漓相较，去若楹莛”③。而要“求民生之要”，和“求风俗之略”，就必须深入实际进行调查研究。故此，他建议：凡藩司到任，限二月内查清图籍，及访问僚属，究前任得失之概，并遍巡所辖，见各长贰文武官员，问其政治所先，与地方是否切当，同时召见各乡耆老，参问得失，观其城市乡里，币谷贵贱，风俗奢俭，阛阓贫富，畜物盛衰，即时登记册籍，并于阅遍回省之日，向吏、户、兵三部汇报，约陈该地习尚，应如何补偏救弊，孰先孰后之概，以凭参验。凡府到任，限一月外，即遍巡所辖，回署上之司，如司上部法。④ 他特别向藩司、知府和知县建议，他们在巡城下乡时，不仅要“必勤问劳”，而且要“不简细民”，因为百姓的舆论最能反映官吏贪廉勤惰的实情。他还提醒他们在遍巡时要“不骄巨室”，“慎无先于绅富”，因为“绅富”往往与贪吏沆瀣一气，“交蟠互结”，表里为奸。并指出不可忽视对八十以上的长者的“请教”。然后，将从城乡所了解的，“以较错互”，对比研究，则水利设施、耕织现状、课否恰当等诸方

---

① 包世臣：《与秦学士书》，见《安吴四种》卷 4。

② 包世臣：《庚辰杂著一》，见《安吴四种》卷 28 上。

③ 包世臣：《说学政事宜》，见《安吴四种》卷 28 上。

④ 参见包世臣：《说课绩事宜》，见《安吴四种》卷 29。

面的吏治民情，“亦可十得五六矣”。他认为只要官吏“巡辖既周”，对“民生之要”和“风俗之略”能做到胸中有数，“实心谦德，以张信威”，这样“令之下也”就一定会像“流水”一样容易执行。①

包世臣认为，为政应宜“乐易”，避免“烦苦”。他在《送毕子筠分发浙江知县序》中写道：知县为什么既被人称之为“父母官”，同时又被人称之为“强盗”呢？这是因为如果知县以乐易为政，故民爱之如父母。乐之反也苦，易之反也烦，如果以苦烦为政，则民恶之如盗贼。他进一步指出：世代圣贤所恶之事莫过于遇事“不可知”，而近时州县官吏“举事而使人不可知”，无非“是其心深恐人之知也”。这种阴暗卑劣的不端心术，无异“是盗贼之行也”②。

从为政应宜“乐易”避免“烦苦”这一思想出发，包世臣主张“去太甚”，即凡发布命令，执行政策，要做到宽猛相济，张弛有度，否则是“过犹不及”。他在《答姚伯山书》中指出：为官举事唯去其太甚，发令勿骇乎众情，潜更弊俗而不觉，乃为善之善耳。否则，若信未孚于人，而求治太骤，则吾心未足以喻良民，而奸民得以播弄是非，以簧惑听闻，“甚且持吾短长，则吾方自救之不暇，遑言治人乎？”③ 所以他一再强调，为政“举事骇众则败成”，只有“顺人情，去太甚，默运转移”，才能政通人和，“天下晏然”④。为了说明为政必须“去太甚”，而不能一味“持威”，他打了个“用盐”的比喻：威之不可专持，若盐之于味，盐是调味品，用之过量，势必败味。同样，如果求治太甚，专以威势治民，也是不会有善政的，这已被历史充分证明，“数十年来，上游之欲威民甚矣，故任武健之吏以疾其威”，其结果“威之疾至过于乱民，而民之乱未见其有瘳也”⑤。他引用与自己有三十年道义之交的张琦的话说：官吏为政，与医生病治病，事异理同，医诊病得情，而用药过其情，则病解而药伏余毒，常酿巨症；吏听讼得情，而用法过其情，而讼结而人积余憾，常酿巨狱。⑥ 这也就是说，无论是“治病”，还是“治讼”，是用“药”，还是用“法”，都应恰如其分，不能过量，过量就会留下严重的后遗症。

包世臣特别强调为政要“求实效”，不能搞表面文章，哗众取宠，

---

① 参见包世臣：《说学政事宜》，见《安吴四种》卷28上。

② 包世臣：《送毕子筠分发浙江知县序》，见《安吴四种》卷32。

③ 包世臣：《答姚伯山书》，见《安吴四种》卷27。

④ 包世臣：《读亭林遗书》，见《安吴四种》卷8。

⑤ 包世臣：《书饶啸渔文后》，见《安吴四种》卷32。

⑥ 参见包世臣：《张馆陶墓志铭》，见《安吴四种》卷27。

自欺欺人。他在《复陆蓬莱书》中讲了这样一个故事：有一年他的一个朋友路过齐中，见到处张贴着蒙阴县的吴县令所写的种树歌，其“勤民之意流露行间，颇委至可诵”，因而“心仪之”。数年之后，这位朋友又过其境，此时，吴县令已改官而去，而思碑树立道左，上面大书吴县令“治蒙六年劝民种树”的政绩。然而他的这位朋友“行尽百里，一望山原童秃，无可息阴饮马处，不禁哑然”。光秃秃的山无疑是对吴县令劝民种树歌的莫大讽刺。所以他希望新任的蓬莱陆县令应引以为戒，千万不能“饰虚声以博超擢”，而要晓得“为政不在多言，顾力行何如”①的道理。在《答陆曹县书》中，他也希望陆曹县为政能“损名心以求事实”，扎扎实实办一些于民有利的事情，而少图虚名，这样“果有成效，曹虽下邑，舆诵何遽不达远，而必足下自言乃为信乎？”② 作为州县长官，其名声应通过自己的政绩，由老百姓来公认。

包世臣还主张为政要“细心以审真势”③。所谓“细心以审真势”，也就是认真研究不同问题的不同情况，并根据研究所得，采取不同的措施和政策。如他根据曹县的自然条件，就如何发展农桑等问题，向新任的陆县令建议，“北方水利久废，稻田不习，风沙数至，蚕事多碍，审势即可举行，为力殊非旦夕”④。包世臣本人在出任地方官吏期间，就特别注重为政要“细心以审真势”，这也是他做官时间不长而多有政声的重要原因。如他在试令新喻县时，赴任不久，该县因“预为加漕”问题，“致兴大狱”。他在调查收集到实际情况后，即“集绅耆与户粮书吏廷谕之曰：‘漕，正供也，民习输而令习征’”，对于老百姓来说纳漕是应尽之义务，对于县令来说征漕是例行公事，并表示“前此虐民诸政，仆以访悉”，今后他一定力能划除之，一遵漕运则例。经向各方人士晓之以理，申之以法之后，则“邑人踊跃输将”，很快完成了漕粮征收的任务。这表明包世臣能从实际出发，在“细心以审真势”情况下，采取了与以往不同的措施和政策，均徭恤狱，公正严明，使民众翕服，从而收到了很好的效果。通过这件事，包世臣得出结论：“民情大可见，而漕事非必不可办，亦可见矣”⑤。就此，作为包世臣翰墨至交的姚柬之在《书安吴四种后》中

① 包世臣：《复陆蓬莱书》，见《安吴四种》卷27。
② 包世臣：《答陆曹县书》，见《安吴四种》卷27。
③ 包世臣：《说学政事宜》，见《安吴四种》卷28上。
④ 包世臣：《答陆曹县书》，见《安吴四种》卷27。
⑤ 包世臣：《中衢一勺·附录序言》。

写道："读倦翁书惟言漕者，必疑为势不可行，及倦翁自办新喻漕事，则天下人共犯之法，倦翁独不犯，以此知倦翁之言，无不可见诸事实者"①。

包世臣还就如何办案、救荒、治民等具体施政问题提出过建议。就办案而言，他建议，审案之前，须将全卷先看一遍，摘出紧要之人，再将全卷逐人摘出其紧要情节，遇有岔出情节，必须细想前后，看其是否与本案有关。由于岔出情节每有股大于腰，指大于股者，一经挑掣，常至本案不可收拾，因此，此种情节只需于摘略内注明，而不可追究，以免影响正案的审理。摘节略时，务要详明，日后堂讯，但看节略，而无须再查卷宗。摘定节略，把鼻已得，必须细检律例，量罪定刑。堂讯时，如果"真情与卷载迥异"，则"不可执略硬做"，而应该认真地进行勘复，"务求平允而宽厚"，使"问官与犯人两无所憾，而讼师不能簸弄其间"，方为妥帖。② 就治民而言，他认为要治民先须"得民"。所谓"得民"，即得到老百姓的拥戴和信任，而"得民"的方法，"至捷莫如击猾吏，至信莫若革陋规"。因为猾吏在外，"肆其需索"，贪污、勒索和压榨，给老百姓造成了极大的痛苦，"击猾吏"就可以达到惩治"外奸"的目的。陋规，如捐例、进献、亏欠、摊派等，极大地加重了老百姓的负担，陋规改革，则"内馈"可绝。③ 故此，他建议州县官吏上任伊始，就要把"击猾吏"、"革陋规"作为大事提上议事日程。就救荒而言，他建议：第一，宜清理庶狱，以免重累。因为民间雀角，最苦拖延，至遇歉岁，富者以一身护家，贫者以一身糊口，若遇讼累，为害尤甚，所以救荒首先应饬有司将现审易结之案，缮出清单，计日审结，但得实情，从宽发落，使贫富各能归业，良莠俱免怨咨。第二，宜速禁槽坊，以裕口食，不许槽坊酿酒，从而达到迫使他们将所屯米麦自渐粜卖的目的。第三，宜派人密查屯户，以定策应，如果屯户数多，约有四五十万石则可严示平价，其不足者官粜循环，以补亏欠；如果囤积无多，则断不可官定市价，致米商裹足，全城坐困。第四，宜确查极次户口，分别平赈。其具体办法是：根据其收入和人口情况，将贫户定位次极两级，给以票式，该户持票到官府指定的地方购买官米，次贫但准平粜，极贫先以平粜，继以粥赈。第五，宜严巡盗贼，以靖闾阎，因为歉岁盗贼最多，他们既为民害，又为官累，故应加派兵役，督率甲捕，日夜巡

① 姚柬之：《书安吴四种后》，见《安吴四种》卷36。

② 参见包世臣：《与次儿论谳狱第二书》，见《安吴四种》卷31下。

③ 参见包世臣：《说学政事宜》，见《安吴四种》卷28上。

防，以确保地方安宁。①

中国历代吏治中的一个重要弊端是官员腐败，官场中贪赃枉法，贿赂公行，敲诈勒索，横征暴敛，吹牛拍马，鱼肉百姓的现象司空见惯。历史进入乾隆晚年以后，随着政治的日益黑暗，吏治愈加腐败，至嘉道年间达到极点，“政以贿成，蠹国祸民”的现象十分普遍。据时人洪亮吉在《守令》篇中描述，一个官员赴任前，亲戚、朋友都公然替他盘算，此缺出息若干，应酬若干，自己一年里可得若干，至于民生吏治从不过问，官员到任后也是先问一年的陋规收入多少，属员的馈赠有多少，钱粮税务的赢余（贪污）有多少，他的妻子、兄弟、亲戚、朋友以至于奴仆、妪保也都得赶到任上，帮他谋利。离任时往往要用十只船、百辆车来运送财物，比到任时多上十数倍。洪亮吉估计，当时十个官员里头，能稍知自爱，实心为民办事的最多只有一两人，而这一两人常要受到那八九个贪官的讥笑，说是迂腐，不会做官，上面的大官也认为这一两人不合时宜，遇有过失，尽快赶走，其结果是这一两个不贪之人也只好与那八九个好贪之人同流合污，一起腐败。作为“文成而后学政”的改革思想家，包世臣对于这种现象深恶痛绝，认为清除腐败是整肃吏治、缓和当时尖锐社会矛盾的关键问题，并就如何清除腐败提出了自己的主张和建议。

第一，上司要以身作则，成为属吏的表率。包世臣认为上司是清廉，还是腐败，直接关系到吏治的好坏和仕风的转移，上司如果清廉，不贪不墨，属吏尽管难免有贪赃枉法行为，但必有所顾忌，不敢为所欲为；上司如果腐败，贪污受贿，属吏则上行下效，嘉道年间的吏治之所以坏到极点的一个重要原因，就是上司不能正己，带头腐败。因此，他一再呼吁那些朝廷命官，尤其是封疆大臣，要以身作则，洁身自好，遵守法纪，成为属吏的表率，不要贪赃枉法，给属吏树一个坏的榜样。在他看来，署饶州、赣州知府石家绍和山东馆陶知县张琦是能正己的上司，这也是他为这两人树碑立传的重要原因。

第二，惩贪奖廉，加大对贪官污吏的惩罚力度。包世臣认为，“赏罚者为治之大柄”②。但自乾隆后期以来，奖惩则日益不明，为官清廉者不能得赏升迁，为官贪墨者很少被罚降级，更有甚者，由于贪官与上司朋比为奸，他们不仅没有受到惩处，相反还得到重用，委以要职。这

① 参见包世臣：《为秦易堂侍读条陈白门荒政》，见《安吴四种》卷26。

② 包世臣：《庚辰杂著一》，见《安吴四种》卷28上。

是造成嘉道年间吏治日益腐败的另一个重要原因。因为，清官未得到奖赏，不能获得“仁义之利”，这必然会挫伤他们的积极性；贪官未受惩罚，不能得到“应有之咎”，这必然会鼓励他们进一步贪墨。所以，他建议朝廷要“精考课绩”，惩贪奖廉，“优者累考而迁，劣者因事而黜”①，加大对贪官污吏的惩处力度。并且建议朝廷精选京职，使监外郡，既革瞻顾之源，复授举刺之柄，责核名实，“弹劾贪官”，鼓舞廉耻，下愚不移。他甚至认为，惩贪奖廉是“止乱兴治”的“要枢”之一。② 故此，他在回答一些地方官员的问政时，建议他们把惩贪奖廉、弹劾贪官污吏作为一项大事来抓。

第三，提高官俸，以丰养廉。与历代比较，清代官员的俸禄最为苛薄，以一品大学士之贵，其俸禄也不过“二百五十金，二百五十斛米”，远不及“周之上农”，“汉之小吏”。包世臣认为，清代官俸过于苛薄，这是造成吏治腐败的又一个重要原因。因为，“饔飧不给，非所以优尊贤，经费不敷，则无以责廉耻。官贫志污，寖忘本职”③。故此，他建议朝廷“俯愈外官廉俸不敷办公，饬大臣确查向来陋规之不至于病民者，明以予之，使君子受野人之养，而可无愧于心，无患于其后”。并且他相信，如果朝廷能够提高官吏的俸禄，那么“直省臣工，共见圣心之贱货贵德，愧励兴起”，清官更会“日增其修”，贪官也将“立改其行”，这样，“作人之化”就“可计得而成”④，从而使吏治腐败的问题，因官吏无需贪污掠夺也能生活下去而得到解决。

第四，停罢捐纳，纯洁官员队伍。所谓捐纳，就是中国历代王朝实行的卖官制度，一个人只要捐纳一定数量的银两或实物即可获得授予的官衔（虚衔或实授）。据历史记载，秦王嬴政（始皇帝）四年（公元前243年）因蝗虫大疫，准百姓纳粟千石，或自愿徙边者，拜爵一级。汉文景时期，接受晁错的建议，下诏准许民人入粟塞下以拜爵免罪，纳捐之例始此。以后历代王朝多所沿袭。清顺治六年，以军旅繁兴，岁入不给，开始实行监生、吏典的捐纳，非生贡出身欲入仕途者，必先“纳粟入监（国子监）”，但不一定就读。康熙十三年（1674年），为平定“三藩之乱”，实行捐纳以补充军费之不足，至十六年，收入银二百余万两，捐纳知县五百余人。三藩之乱后一度停捐，后陕西灾荒、修永定河及青

① 包世臣：《说储上篇第四目附论》，见《安吴四种》卷7下。

②③ 包世臣：《说储上篇序目》，见《安吴四种》卷7下。

④ 包世臣：《庚辰杂著一》，见《安吴四种》卷28上。

海用兵，又开捐例。雍正时，因西北用兵，耗饷甚巨，财政拮据，开捐纳以补不足，除道府不准捐纳，以下各官皆可捐纳，并扩大到武职。乾隆以后捐纳逐渐成为清常制。捐什么官，要多少银两，皆定有章程，京官郎中以下，外官道台以下，都可以按规定银两数捐得，捐纳和科举考试一起，成为清王朝官吏的主要来源。就此，包世臣指出，“有钱即可做官”，“文自从九以至道府，武自千把以至参游，少者仅数十金，多者二三千金”，这不仅“使民心日趋于争利，而害及廉耻”，严重地毒化了社会风气，而且也是造成吏治腐败的重要根源，因为那些花钱买官的人为官之后，为了捞回买官花的钱，往往不惜一切手段，变本加厉地贪污受贿，敲诈勒索，鱼肉百姓。故此，他希望朝廷能俯念风俗至重，标准攸关，停止常例，废除延续一千多年的卖官制度，并“命内外大吏，将捐班严行考察，罢进献，贷亏欠，数至不资”①，纯洁吏治队伍。

第五，清理亏缺，堵塞贪污漏洞。所谓亏缺，就是官吏因贪污挪用而亏空库银。本来亏空库银是一种违法失职行为，应受到严惩，但当时却出现一种怪现象，官吏“有亏者常进用。偶有谨慎不敢做亏者，则群啄之曰：‘是子发财矣，不发财何以无亏？’上游遂锢之闲散，是以无亏者常废弃”②。之所以会出现这种怪现象，其原因就在于上司与下属同流合污，狼狈为奸，共同贪污挪用库银，他们尽管“洞悉”其下属“不职”，但“以牵掣重大，莫敢轻发，既不能退，则转与为进计，设法弥缝，虽素能自结者，其获上不是过也”。更有甚者，新官上任时，上司还必欲新官接受原任官吏的亏欠，不接不准到任，新官如果胆敢揭发，上司则采取种种手段加以打击，乃至于罗织罪名，诬陷弹劾。由于那些有亏欠的官吏深知上司不敢将自己怎么样，故“因以求利，益肆意于地方”，敲诈勒索，鱼肉百姓，无恶不作，“是以民生日蹙，帑藏日虚，循环相生，遂成沦胥之势”。而那些本来胆小谨慎不敢贪污挪用库银的官员，“见亏缺之无害而有利”，于是也加入到贪污挪用的行列。因此，当时州县几乎是无官不贪，无官不亏，其数目也越来越大。有鉴于此，包世臣认为，要整肃吏治，清除腐败，其当务之急是应清理亏缺，填塞贪污漏洞，而“当此凋敝已极之时”，要清理亏欠，“非截断众流，固无可以言为治者”。具体而言，他主张先审缺分肥瘠，分为三则，仿李悝丰歉敛散之意，明

① 包世臣：《庚辰杂著一》，见《安吴四种》卷28上。

② 包世臣：《答杨承宣书》，见《安吴四种》卷27。

定调济章程。其亏欠较多而贪赃枉法者，察去之，使其不得以人累缺。其亏欠较轻而居官尚可者，如果不符调济之章，则度其缺力，使之力崇节俭，勒限自补，逾期者严惩。为防止道府"以鸩毒为宴安"，与州县官吏狼狈为奸，共同贪污挪用库银，在弹劾州县亏欠严重者时，"于折尾附参道府徇庇，俟定案再行照例摊赔"，这样"道府各知自爱，而无不发之伏亏"。至于分忙解款，则于抵限之时，核其欠数，立提库书户吏到省监追，解足乃释，以保证其掌管司库钥匙的官吏不得挪私库项。包世臣相信，只要采取以上措施，就能使新亏永绝，旧缺渐少，凡属吏之贪酷不可训斥者，可以决意锄去，而无所顾忌。同时"属吏知上游之无可挟也，亦必洗厉濯磨，以自保考成，庶可以培国脉而阜民生，举屏翰之职矣"①。

第六，摒弃幕友，裕官财以教廉。所谓幕友，俗称师爷，是明清地方官署中无官职的佐助人员，分管刑名、钱谷、文案等事务。他们由长官私人聘请，只为聘请者（又称幕主）服务。由于这些人或精通政务，笔下流畅，或善于理财，熟悉律令，正好弥补科甲出身的官员不习政务的短处，所以，他们往往能凭借某一方面的专业知识和办事能力，包揽钱粮，代办司讼，掌握很大一部分实权，乃至操纵把持，以权谋私，巧取豪夺，鱼肉百姓。同时，地方长官聘请幕友，必然要增加他们的开支，因为幕友是无官职的佐助人员，朝廷不给予俸禄，其薪俸由聘请他们的地方长官承担。据包世臣称，当时地方长官给予幕友的薪俸，重者及千，轻者半之，加上其他开支，计一县支付给幕友的费用，一年大概在二千五百两左右。而清代"大县之廉，不过千两"，就是县令自己分文不要，其俸禄也不敷开支幕友。为了弥补不足，其唯一方法，就是贪污受贿，对老百姓进行敲骨吸髓的掠夺。包世臣本人曾长期充当幕友，十分清楚其中的弊端。故此，他认为要清楚腐败，"裕官财以教廉"，就必须摒弃幕友。依据这一认识，包世臣在《说储上篇第四目附论》一文中正式提出了"去幕"的主张，并且强调，这是"人情之大原，而王政之急务"②。他在此文中还批驳了那种认为"去幕"不利于人才任用的谬论，指出，如果幕友有才，朝廷就应罗而用之，而不应听其"伏佐入幕"；如果无才，而使辅助官吏，治理人民，只能使本已腐败的吏治更加腐败。

以上包世臣提出的这些清除腐败的建议和措施，是很有见地的，对

---

① 包世臣：《答杨承宣书》，见《安吴四种》卷27。

② 包世臣：《说储上篇第四目附论》，见《安吴四种》卷7下。

于我们今天反腐倡廉仍有积极的借鉴意义，尤其是清除腐败上司要以身作则，这是不刊之论。

五、文论、诗论及其文学成就

包世臣不仅是嘉道年间著名的思想家，慷慨激昂的爱国志士和经世致用的渊博学者，同时也是一位多才而勤奋的诗人、文学家和书法家。他一生创作了大量的散文、诗词和书法作品，并探讨过文学和书法创作的理论问题。下面我们就对包世臣的文论、诗论和文学成就作一介绍。

（一）文论

包世臣的文论著作主要收集在他的《艺舟双楫》中。《艺舟双楫》分“论文”和“论书”两大部分，而在“论文”中他首先探讨的是文法问题。他认为行文之法，有奇偶、疾徐、垫拽、繁复、顺逆和集散六种，如果对此不甚明了，就很难于古人之文，测其意之所至，而第其悄之所极。所谓垫拽、繁复，指的是“回互之事”；顺逆、集散，指的是“激射之事”；而奇偶、疾徐，则行于垫拽、繁复、顺逆、集散之中。所以，只有回互、激射之法备，文之义才能隐而显见。故此他指出，讨论文章的体势，应以奇偶为先，凝重多出于偶，流美多出于奇。体虽骈必有奇以振其气，势虽散必有偶以植其骨，仪厥错综，致为微妙。比如，《尚书》的用句，是双意必偶，而单意则可奇可偶。

如果说讨论体势应以奇偶为先，那么，讨论气格则莫如疾徐。因为文之盛在沉郁，文之妙在顿宕，而沉郁顿宕之机，操于疾徐。古文就多由疾徐组成，有徐而疾不为激，有疾而徐不为纡。“夫是以峻缓交得，而调和奏肤也”。

包世臣进一步指出，讨论体势虽应以奇偶为先，而讨论气格虽莫如疾徐，但奇偶疾徐必行于垫拽、繁复、顺逆、集散之中。首先就垫拽而言，因其立说之不足从耸听，故垫之使高；因其抒议之未能折服，故拽之使满；“高则其落也峻，满则其发也疾”。而垫之法，有上有下；拽之法，有正有反。其次就繁复来看，繁复虽与垫拽相需而成，但为用尤广。声不过五，五声之变不可胜听；色不过五，五色之变不可胜观；味不过五，五味之变不可胜尝；战胜不过奇正，奇正之变不可胜穷。这是繁。奇正相生如循环之无端，不能穷之，这是复。再次就顺逆而论，文势之振在于用逆，文气之厚在于用顺。因此，顺逆之于文，如阴阳之于五行，奇正之于攻守，其意义是十分重要的。至于集散，或以振纲领，或以争关纽，或奇特形于比附，或指归示于牵连，或错出以表全神，或补述以完风裁，是故集则有势有事，而散则有纵有横。

包世臣对文法的重要意义十分强调。他指出："天下之事，莫不有法，法之于文也尤精而严。"只有"六法备具"，才称得上是好的文章，这就像人莫不具备四体，但形质配合乖互，则贵贱妍凶分焉。所以，他要求人们对于文法要"精而至博，严而至通"①。他本人写文章就特别讲求文法。他还从文法的角度上对古文与时文进行了一番比较区别，他指出，唐以前无古文之名，北宋科举业盛，名曰时文。而文之不以应科举者，乃自目为古文。时文之法，局而隘；古文之法，峻而宽。宽则随其意之所之，或大缅于法。所以言古文者必以法为主，只有以法为主，其言才会有序。所谓"有序"，也就是"使其言为吾所可言，所当言，又度受吾言者，所可受，所当受，而后言之"。这也是古文与时文的根本区别所在。故此，他认为衡量一个人是否懂文、会文的标准，是看他能否"深求古人文法而以吾身入其中"。就为文能遵守文法而言，他认为近世桐城姚氏学派，其造诣实能别时文、古文之限界，所言信为"有序"②。

除了强调为文必须严守文法，做到"其言有序"外，包世臣还特别强调必须"其言有物"。而且就"其言有序"和"其言有物"比较而言，他认为后者具有更为重要的意义。因为文之盛在其言有物，文之成在其言有序，"无序而勉为有序之言，其既也可以至有序；无物而貌为有物之言，则其弊有不可胜说者"③。正是从为文必须"其言有物"这一思想出发，包世臣对宋明以来那些思想肤浅，内容贫乏，只为花卉风月，文人雅事，而很少涉及国计民生的文选提出了严厉批评。他要求人们为文要尽量"言事与记事"，并且就如何为"言事与记事"之文提出了自己的意见。他认为言事之文必须先说清所事之条理原委，抉明正义，然后述现事之所以失，而条画其补救之方；记事之文，必先表明缘起，而深究得失之故，然后述其本末，则是非明白，不惑将来。他还批评了那种认为只有大事才可为文，而小事则于文中不值一提的观点，指出"夫事无大小，苟能明其始卒，究其义类，皆足以成至文"④。

包世臣的"其言有物"的思想，实际上是其文学经世主张的反映，

---

① 包世臣：《与杨季子论文书》，见《安吴四种》卷8。

②③ 包世臣：《雩都宋月台（维驹）古文抄序》，见《安吴四种》卷10。

④ 包世臣：《与杨季子论文书》，见《安吴四种》卷8。

他的一个基本观点是认为，“文字之教”的基本功能或主要功能是“成其俗”。因此，他主张文学家要介入社会，关心国计民生，“深思天下所化成者，求诸古，验诸事，发诸文”，多写一些“救时指事之章”，多发一些“防患设机之论”，使人们能够“观其文以知俗，推其俗以知治”，从中得到一些“劝惩之方”和“补救之术”①。

与“其言有物”思想相联系，包世臣主张为文要“崇实”而反对“致饰”。他在《扬州府志艺文类序》一文中指出，既然“文字之教”的基本功能是“成其俗”，因此人们为文就应“崇实”，而不能“致饰”。“崇实”则“其文质朴，征嗜好之不华；其文清遂，验习尚之不浮”。与“崇真”相反，“致饰”则“藻缋求丽，则缘情有欠；摭采务博，则穷理不真”。他甚至斥责“致饰”是“藻采雕绘之末技”②。他还提出为文要有新意，“不可落人窠臼”，尤其不能模仿抄袭前人，和前人的文章“雷同”。他批评一些人往往“寻绎前人名作，摘其微疵，抑扬生议，以尊己见”的写法，是“蠹生于木而反食其木”③。

为文怎样才能有“新意”呢？包世臣认为，为文要有“新意”就必须“善学”，而“善学”的关键是“博观而约取，厚积而薄发”，努力实践，刻苦学习。他借用别人的比喻说：为文就和种庄稼一样，富人的庄稼，因其田美而多产，所以能食足而有余。田美而多，则可以更休，而地力得完；食足而有余，则种之常不后时，而敛之常及其熟，故其稼少稗而多实，久藏而不腐。为文又和游泳一样，“南人日与水居，七岁而涉，十岁而浮，十五而没（指潜水——引者）”。南方人所以能十五而没，是由于他们日与水居，深得游泳之道。如果“使北方之勇者，问于没人，而求其所以没，以其言试之河，则未尝不溺”。为文也是如此。如果“不学而务求道”，那只好模仿抄袭前人，其结果就像“北方之学没者”一样被水淹死。④ 包世臣认为，为文只有“博观而约取，厚积而薄发”，才能写出“新意”，才能成为好的文章，这是很有见地的。

（二）诗论

包世臣诗论的核心，是儒家的诗教原则。他在《韦君绣诗序》中写道：“夫诗之为教，上以称成功盛德，致形容，为后世法守；次乃明迹

① 包世臣：《扬州府志艺文类序》，见《安吴四种》卷8。
② 包世臣：《文谱》，见《安吴四种》卷8。
③ 包世臣：《与杨季子论文书》，见《安吴四种》卷8。
④ 参见包世臣：《赠方彦闻序》，见《安吴四种》卷10。

怀旧，陈盛衰所由，以致讽喻；下亦歌咏疾苦，有以验风尚醇醨，而轻重其政刑”①。故此，他特别强调诗的教化作用，认为一首好诗可以夺造物之权，变人心之度，使寒燠必能操其舒惨，哀乐不能主其欣戚。他之所以大力提倡写诗，并为朋友的诗集作序介绍，自己还“性癖于诗”，于问农、兵、刑、名诸学的同时写诗上千首，一个重要原因，是因为在他看来，“先王治世之大经，君子淑身之大法，必以礼乐，而礼坏乐崩，来自近古，端绪仅存，唯借诗教”。尽管他也认识到“夫言诗教于今日难矣”，但他认为纪述必得其序，指斥必依其伦，这是礼；危苦者等其曲折，哀思者怀其旧俗，这是乐。“凡所以化下风上，言无罪而闻足戒者，今之诗不犹之古乎？”②

依据儒家的诗教原则，包世臣认为，“诗之用有美有刺”，温柔敦厚，意其主于美。但古今传诗之用于美者什一二，而应制教、希恩泽、充羔雁不足与于诗教者居其大半，其他风云之月露体物即事之章句，苟有善者，亦必出于比物连类，以致寄托。儒家的圣人曾用“言之者无罪，闻之者足以戒”来说诗，然则诗教殆寓于刺，因为诗义六而用在于风与兴，一气相感谓之风，微言谕志谓之兴，而所以妙风与兴之用者，则曰离合，曰隐显。显则与人以可见，隐者与人以可思。可思故无罪，可见故足戒。离合又所以妙隐显之用，是因为隐显之用彰，故其词温柔，故无罪，其旨敦厚，故足戒。己无罪而人足戒，且何愚之有？所以，“以此为教”，为教亦深，“其深者必于温柔敦厚而不愚”。并且他指出，一个人如果对儒家的诗教原则不甚了解，就不足以为诗，甚至不可与言诗，用他的话说：“非惟其教深也，而言之实难。”③

包世臣的上述观点，尤其体现在他对《诗经》之体用的阐述上。他认为《诗经》之体用，曰四始，曰六义。体为作诗之本，用为作诗之法。四始体也，六义用也。故《毛诗·关雎序》以始始之，以义终之，而学者罕能通其学。学者所以不能通其学，一是误于《史记》述夫子正乐之次，因举《关雎》之乱以为风始，而以《鹿鸣》（文王清庙）为雅颂始者配为四，后儒遂援为四始之正训；一是误于以风、雅、颂为体裁之名，使六义止存三，而三经三纬之陋说以起。他指出，按序言后妃之德风之始，所以风天下而正夫妇。所以序言强调，风，风也，教也，风

① 包世臣：《韦君绣诗序》，见《安吴四种》卷10。

② 包世臣：《答张翰风书》，见《安吴四种》卷8。

③ 包世臣：《王海楼（劼）诗序》，见《安吴四种》卷10。

以动之，教以化之者，明未有《关雎》之诗，先有后妃之德，先王所以能风动天下，其原因是以后妃之德实始之，故曰风之始。上以风化下，下以风刺上，而复说之曰止乎礼义。由先王之泽，明风仍自上行，是故一国之事系于一人之本者，风之始；言天下之事形四方之风者，雅之始；人君以盛德致成功而可以告神明者，颂之始；达事变怀旧俗，吟咏性情以风其上者，变之始；总而称之为“四始”。他认为“四始”是诗之灵魂，不明乎此，就不能理解“先王以是经夫妇，成孝敬，厚人伦，美教化，移风俗”的良苦用心。如果对此不能理解，又“安能信《诗》之为至哉?”至于“六义”，他指出也并非体裁之名，因为风之义是“成孝敬，厚人伦，美教化，移风俗”，雅之义是“言王政之所由废兴”，颂之义是“述功德以告神”，故“风雅颂之于《诗》，其用与赋比兴同”，编诗者往往就诗中得其义之多者而别其名，但立义在诗先，定名在诗后，与后世赋物而名为赋是同样的道理。尽管编诗者虽取风、雅、颂之名以名诗，然而实际上“六义”实多互见，而唯《关雎》为备。他认为，如果不明“六义”之用，也是不可“与言诗”的。①

除了强调作诗要遵循儒家的诗教原则，充分发挥其教化社会的作用外，作为嘉道年间的重要诗人，包世臣还特别重视诗的艺术性。首先，他认为写诗要直抒胸臆，“言为心声”②，自己怎样想，就应怎样写，“触景物而情有所寄”，反对矫揉造作，故弄玄虚，言心不一。在他看来只有那些“直摅心意”或“微言相感以谕其志”的作品才是好作品。其次，他主张华实结合，朴质得宜，反对华而不实，秾词丽藻，尤其反对“侈于声色”。在《淡菊轩诗初稿序》中，他对“近世论诗，类以俳色揣声为工。若其出于闺阁，则群诧以为奇”的现象提出了严厉批评，指出在先秦和汉魏时代，人们写诗是为言志，并不过于追求声色，只是到南朝，因“汉魏既远”，专取词藻，到了有唐，才“力穷声调”，从此“俳色揣声之业以日盛。下至以诗为羔雁，而声色之外，殆于无诗矣”③。在他看来，写诗应“沉郁而不激诡，清迴而不促数”④。第三，他虽然反对“侈于声色”，反对“以排比靡丽为工”，但并不反对韵律，认为写诗要讲求平仄，要“求顿挫悠扬，以邕目送手挥之旨”。是故，他尽管对南朝诗人“专取

① 参见包世臣：《书毛诗关雎序后》，见《安吴四种》卷9。
② 包世臣：《答张翰风书》，见《安吴四种》卷8。
③ 包世臣：《淡菊轩诗初稿序》，见《安吴四种》卷10。
④ 包世臣：《方岩夫（轸）诗序》，见《安吴四种》卷10。

词藻”提出了批评，然而对陆机、谢灵运的诗还是很推崇的。在答好朋友张琦的信中，他不同意张“专推阮、陶”，而认为还应“兼崇陆、谢”①。同时，他认为写诗不能千篇一律，过于死板，而应“为境万殊”，形式多样，“或无端矗起，万类惊心；或文外旁情，一缕弥布；或群流迸赴，而束以一峡；或一源下注，而散为众派；或崖勒奔马；或梁绕泛音”②。

基于上述见解，包世臣将诗分成上、次、下三类，认为那些发伦类之淳漓，讽政治之得失，闾阎疾苦，由以上闻，云霄膏泽，于焉下究，言必有物的作品，是“其上也”；那些风云月露，文焕于天，山川草木，文交于地，忧愉欣戚，文成于人，于以发抒抑郁，陶写襟怀，程其格式，平险分焉，是故气盛者，至平流而多姿，势健者，履险隘而不踬，气以柔厚而盛，势以壮密而健，风裁既明，兴会悠畅，故其所作，直抒胸臆，遂感心脾，日选常言，弥彰新色的作品，是“其次也”。那些以形声求工，倍犯为巧，排比故实，以多为贵，搜罗隐僻，以异为高，聊充筐篚之需，比于角牴之尚，虽臻绮丽的作品，“斯下矣”③。

包世臣还指出，作诗就免不了学习和借鉴前人，而“善学者”，必别其流；“善鉴者”，必辨其源。就诗的源流而言，他认为诗本合于陈思，而别于阮、陆，至李、杜而复合，既合而其本末遂分而不可止，“此则同之微异者也”。在所有的魏晋南北朝隋唐诗人中，包世臣最推崇李白和杜甫，认为诗作为一门文学艺术，“极于李、杜，所谓一字一句，若奋若搏，彼建安词人不得居其右者矣”④。

包世臣还探讨了诗与词赋的关系问题。他认为诗是“微言相感以谕其志”；词是“意内而言外”；赋则是“古诗之流”；“诗人之赋丽以则，词人之赋丽以淫”。如果说诗与词有“分疆画界”的话，那么，“岂非以其触景物而情有所寄，托于美人珍宝以为讽喻，虽本兴之一义而流弊有驯致乎？”他指出，诗自汉代分五、七、杂言，迄唐代末温柔敦厚之教荡然无存，于是“倚声乃出，其体异楚俗，袭词名者盖意内言外之遗声也”。然其时流传之章，委约微婉，得骚人之意为多，与其诗大殊，因其引声也细，其取义也切，细故幺而善感，切故近而善入，乃至五代两宋，其能者“并臻兹妙”。从此之后，“靡者沿流扬波而不知其本，俳谐

① 包世臣：《答张翰风书》，见《安吴四种》卷8。

② 包世臣：《读白华草堂诗集叙》，见《安吴四种》卷10。

③ 包世臣：《扬州府志艺文类序》，见《安吴四种》卷8。

④ 包世臣：《答张翰风书》，见《安吴四种》卷8。

谑浪，以为能事”①。

就词的创作而言，包世臣指出，词虽意内而言外，然意内不可强致，言外非学不成，是词学得失可形论说者，言外而已，言成则有声，声成则有色，声色成而味出，三者具则足以尽言外之才。词又称“倚声”，倚声得者又有三：曰清、曰脆、曰涩。不脆则声不成，脆而不清则腻，既脆又清但不涩则浮。在他看来在两宋词作家中，“屯田、梦窗以不清伤风，淮海、玉田以不涩伤格，清真、白石则殆于兼之矣”②。

(三) 文学成就

包世臣的文学成就，主要表现在两个方面，一是文，二是诗。他的文章大致可分为六类：一是政治文章，如《庚辰杂著》、《说储》、《说学政事宜》、《读律说》等；二是替别人写的传记、碑文和墓志铭，如《郭君传》、《皇崇祀名宦浙江余姚县知县张君行状》等；三是给别人文集、诗集写的序，如《齐物论斋文集序》、《乐山堂文抄序》、《方岩夫（轸）诗序》等；四是读书札记，如《论史记六国表叙》、《书史记魏其武安传后》、《读亭林遗书》、《萧何功第一论》、《蒯通论》等；五是信函、说帖、条略、折子，如《上陶宫保书》、《南河善后事宜说帖》、《代议改淮鹾条略》、《代杨桂堂给事上防河折子》等；六是游记，如《娱园记》、《十亩园林记》等。

包世臣文思敏捷，才情横溢，其政论文章写得恣意汪洋，气势磅礴，而又持之有故，言之有理，层层推论，丝丝扣紧，说理严密，颇与战国时的孟子、荀子、韩非和西汉时贾谊的文风相近。同时代的姚柬之便认为：“倦翁之文，义本孟、荀，笔得韩、贾，体势则兼汉魏唐宋，而尤近兰台。少事谨严，老弥健肆，一洗数百年门户依傍之陋。”③ 如他专论漕务的《庚辰杂著三》起笔就写道：“漕为天下之急务者，以其为官吏利薮也。贪吏之诛求良民，奸民之挟制贪吏，始而交征，终必交恶，关系政体者甚巨。”接着他笔锋一转，批驳了那些或以为“漕弊已极，然清厘实无善策”，或以为“州县一年用度，取给于漕，故不能不纵之浮收勒折”，或以为“帮丁需索兑费，盈千累万，裁革此项，则势必误运”等种种观点，指出“凡此皆贪黩州县，造作言语，愚弄上司，以遂其朘民肥橐之私；而为之上司者，或受其愚而不加省察，或利其贿而为之饰词，以致浮勒日甚”。然后，他提出了自己整顿漕务、严禁勒索的措施和主张，

---

① 包世臣：《金筤伯竹所词序》，见《安吴四种》卷10。

② 包世臣：《为朱震伯序月底修箫谱》，见《安吴四种》卷10。

③ 姚柬之：《书安吴四种后》，见《安吴四种》卷36。

并旁征博引反复论证自己的措施和主张的可行性。最后他警告当道，如果不采取有力措施，彻底整顿漕务，“浮收勒折，日增一日，竭民力以积众怒”，那么“东南大患，终必在此矣”①。由于这篇文章气势磅礴，有论有据，因此风靡全国，人们争相转抄，一时洛阳纸贵。其他如《说储》、《小倦游阁杂说》等，也都深得读者的好评。中国现代史上著名历史学家柳诒徵就对包世臣的《说储》评价甚高，专门写了一篇《说储跋》。

包世臣的读书札记也具有类似的特点，如他的《书史记魏其武安传后》独具匠心，以“或问”开篇：“或问史公传魏其、武安，既云魏其不知时变，灌夫无术不逊，相翼以成祸乱。又云武安贪贵好权，则曲直显明，祸源昭著，而复继以祸所从来者，何谓也”？接着他答：“此自序之所谓原始察终，见盛观衰者也。盖忧世之微言，而重斥外戚矣。”通过这一问一答，既点明了文章的主题思想，使自己的立论具有了高屋建瓴之势，然后围绕魏其武安皆以外戚重而被杀层层展开，反复讨论，将汉代统治内部争权夺利的斗争揭露得淋漓尽致。再如他的《蒯通论》开篇就非同凡响：“世人多言汉高帝杀戮功臣，余观高帝之不杀蒯通而决其不然也。”汉高帝为什么没有杀戮功臣？包世臣通过蒯通与韩信、英布等人在西汉王朝建立过程中的功绩以及汉初政治、军事地位比较分析得出结论，杀戮功臣是吕后所为，而非高帝所为，吕后杀戮功臣的目的为日后篡权扫清障碍。整篇文章逻辑严密，说理充分，文字质朴，具有很强的说服力。

如果说他的政论文章和读书札记以说理见长的话，那么，包世臣为别人写的传记、碑文和墓志铭则以情见长，表现了作者是非分明和强烈的爱憎。如他的《郭君传》就远非一般传记文章可比，此文不仅深情地记述了治河专家郭大昌一生的坎坷经历，对传主博学多才，然而怀才不遇，满腹治河良策但却不为当道采纳重用，以致穷困潦倒一生表示出了深切的同情，同时又无情地揭露了清朝大小官吏的无知、无能和腐败，对封建专制统治之下的人才压抑、吏治败坏现象进行了鞭挞和谴责。此文的结尾这样写道：“河自生民以来，为患中国。神禹之后数千年而有潘氏（指明朝治河名臣潘季驯——引者），潘氏后百年而得陈君（指清初助靳辅治河的治河专家陈潢——引者），陈君后百年而得郭君，贤才之生，如是其难。陈君见用而不尽，郭君偶试而竟不见用，而河之为患无虚日。”② 此

---

① 包世臣：《庚辰杂著三》，见《安吴四种》卷3。

② 包世臣：《郭君传》，见《安吴四种》卷2。

文还高度赞扬了郭大昌为民请命、疾恶如仇的高尚品格。文中写了这样一件事：乾隆后期的权臣和珅尚未发迹时，有一天派遣仆人刘全徒步往返五千里，至其外祖父嘉谟家“求资助”。嘉谟时任河库道，郭大昌为其幕僚。嘉谟仅资以五十两白银。和珅因等钱急用，于是私自出都向嘉谟借钱，言语之中顶撞了嘉谟，嘉谟怒甚，欲治以逃人之法。郭见状，劝嘉谟“毋薄其资”，借给和珅银三百两，并且自掏了三百两的腰包给和珅，和珅感激不尽。不久和珅发迹，官至户部尚书、军机大臣，权倾朝野。有一次，和珅随乾隆到江南巡视，专门遣刘全带厚礼到郭处致谢，郭不仅拒之不受，而且要刘全带话给和珅，说昔日自己之所以劝嘉谟资助他，是认为他具有济世之才，能“为天下穷黎乞命”，没有料到他发迹后乃“招权纳贿，为赃吏逋逃薮，毒流生民”，真后悔“尔时不怂恿（嘉谟）治以旗人外遣之罪”①。包世臣还特别善于描写人物的形象，几笔就能将人物的外表特征勾画出来。如他笔下的郭大昌：“为人赤颧披颐，髯长七八寸，连鬓皆苍白”②。一个落魄而品德高尚的士人形象活脱脱地显现了出来。其他如《皇敕授文林郎山东馆陶县知县加五级张君墓表》等文也都高度赞扬了传主勤政爱民、为民兴利除弊的品德，同时对弥漫于官场的腐败现象进行了揭露和谴责。

由于包世臣是嘉道年间著名的思想家、文学家和书法家，因此不少人出了文集、诗集都请他作序，他也乐此不疲，据初步统计，他一生为别人文集诗集写的序或跋不下百什篇。和别人写序不同，他主要是利用写序的机会来阐述自己对写文作诗的看法。我们前面所介绍的他的“文论”、“诗论”，其主要观点就散见于他为别人文集、诗集所写的序或跋中。所以，实际上这些序也是他写的有关诗文创作理论的论文，具有颇高的学术价值。当然，既然是为别人文集、诗集写的序，因此包世臣也免不了对所写序的文集、诗集的内容介绍和评价，但他在介绍和评价文集、诗集的内容时，不像其他写序的人，只说好话、奉承的话，而是实事求是，好就是好，不好就是不好，好的肯定赞扬，不好的提出批评，不为作者文过饰非，即使是他的好朋友，也是如此。包世臣的这种实事求是、秉笔直书的文风，不仅在当时，就是在今天也是难能可贵的。

包世臣一生虽然游历过不少名山大川，但与他替人写的序或跋比较，他创作的游记数量并不多，然而这些为数不多的游记，或依图立论，或

①② 包世臣：《郭君传》，见《安吴四种》卷2。

借景抒情，或状物写景，文采斐然，都不失为优美的散文佳作，具有很高的美学品位。就此而论，他被公认为嘉道年间著名散文家，当之无愧。

与文相比，包世臣的诗的成就或许更高一些，就形式而言，四言古诗、五言古诗、七言古诗、五言律诗、五言长律、七言律诗、七言长律及绝句等诸体在包世臣的诗中赅备；就题材而言，他的诗涉及非常广泛，大致可分为政治诗、山水诗、田园诗、说理诗、爱情诗、咏史诗以及与朋友唱和的应酬诗等类别；就质量而言，虽然受时代风尚和其地位的影响，他写的一小部分歌功颂德的官场应酬及表扬封建节孝的作品内容空洞，思想平泛，但大多数作品尤其是他的政治诗和山水诗则能做到思想性与艺术性的结合，不少堪称优秀之作。总之，无论形式的多样性，还是题材的广泛性，以及内容的思想性与艺术性的统一，包世臣在嘉道年间的诗人中都是一流的，可谓名副其实的著名诗人。下面我们仅就包世臣政治诗和山水诗的内容作一具体介绍。

政治诗：政治诗在包世臣的诗中所占比重不大，但其价值最高。其价值首先就在于他以现实主义精神，相当真实地反映了那个时代人民的痛苦生活。如《丙午春入江宁城见文武各署演土地会剧感赋》描述他在南京一带的所见所闻："去秋地尽赤，冬雪尚存岫。二麦浪翻处，白骨无老幼。孑遗十四五，手足面皮皴。活于赈给者，近复疫疠遘。算到青黄交，尚须百日后。"① 已经一无所有、九死一生的农民又怎么能度过青黄不接的百日呢？等待他们的只能是离乡背井，辗转沟壑！《哀竟陵寄舫斋承宣》描写水灾之后湖北襄江沿岸的难民生活："家产籍神君，捕鱼活子母。鱼随南风起，饘粥尚可取。近日北风多，儿啼已无糗。芦棚依薄洲，寝食蛇虫偶。"②《乙巳杂诗》记录灾荒过后深秋农村的荒凉景象："寒蝉鸣自稠，栖禽啼不喧。晨出望墟落，抵暮无炊烟。长夏既不雨，秋末已严寒。质卖亦略尽，流亡日以繁。灾情既不达，谁贳下忙钱？"③《己卯岁朝松江即事》讲述农民地租、漕粮负担沉重："今年又收十分租，摘（捐）银折漕骨髓枯。石米块八价在市，官漕石折六块四，豪衿交米二石三，民户入仓横笞詈。松漕亩正斗五升，折色倍蓰何能胜。"④ 包世臣的政治诗以其沉重的笔触，给我们描绘了一幅人民濒

① 包世臣：《丙午春入江宁城见文武各署演土地会剧感赋》，见《安吴四种》卷20。

② 包世臣：《哀竟陵寄舫斋承宣》，见《安吴四种》卷21。

③ 包世臣：《乙巳杂诗》，见《安吴四种》卷20。

④ 包世臣：《己卯岁朝松江即事》，见《安吴四种》卷22。

于死亡、辗转沟壑的悲惨画卷。这幅画卷无疑是对千疮百孔、腐烂丑恶的嘉道年间的黑暗现实的揭露和鞭挞。

包世臣的政治诗不仅真实地反映了那个时代人民的痛苦生活，而且还寄托了作者对在苦难中挣扎的下层群众的关心和同情。比如他的《乙巳杂诗》在如实地记录了灾荒过后深秋农村的荒凉景象后写道："哀哉鞭挞余，舍命自投渊。万里成金汤，哀鸿抑可叹。曰余虽孺子，念兹忧如煎。"包世臣多么希望"良臣致忠爱，唯在仁化宣。谁其念灾黎，驰传速一言"，赶快上奏朝廷，请求赈灾，以缓解人民的苦难。在《哀竟陵寄舫斋承宣》一诗中他也希望朝廷赶快采取措施，赈济难民，否则"但恐赈到时，难民骨已朽。又恐安集难，流亡终十九"。他尤其担心"熟田偶被灾，荒弃遂泽薮"。因为要是如此，那么今后广大难民又靠什么生活。这里需要指出的是，包世臣对人民的深切同情与一般文人的即景兴叹、虚假同情、无力呻吟迥然不同，他努力把感情和思想付诸实践，他的许多政治经济活动和改革建议，虽然是从维护清王朝统治出发的，但其中也不乏救民于水火的目的与思想。就是他发明了一种机灌方法，首先想到的也是"推此利吾民，庶几霸者泽"①。

包世臣的政治诗的价值，还体现在对清朝大小官吏的腐败无能和愚庸的揭露上。如他揭露官吏的腐败："赫斯亲民侯，料入乘锦轺。曰吁德无哗，宦况兹萧条。蝇头长亦微，勿谓肆渔牟。居贵岂无心，升阶有处高。爪牙胡假威，血枯朘其骹。入封块作银，量小飧无朝。"② 封侯拜爵的封疆大吏都像苍蝇一样，肆意鱼肉百姓，搜刮民脂民膏，就更不用说那些以鱼肉百姓为能事的州县官吏了。在这种上下齐手的鱼肉之下，广大农民又怎能安居乐业、从事稼穑呢？"民苦渔侵事非一，害稼何须蟊与贼。邻鸡果见月一攘，身后具知堪庙食。"③ 妨害农业生产的不是所谓的蟊与贼，而是各级官吏的腐败和他们对于农民的鱼肉。再如他揭露官吏的无能和昏庸，面对赤地万里的旱灾，南京城内文武百官束手无策，不知道如何领导灾民抗灾自救，而只会"祀神致冥佑"，"演戏为神祷"，祈求神灵的开恩下雨，但结果是雨未下，而灾情更加严重起来，到处都能听到饿死的冤魂在荒野哭泣，然而此时的文武百官不仅没有任何"失职当自疚"之感，也没有采取任何补救措施以减轻灾害造成的损失，

① 包世臣：《机灌》，见《安吴四种》卷21。

② 包世臣：《乙巳杂诗》，见《安吴四种》卷20。

③ 包世臣：《初二莘塔舣舟看中天王令》，见《安吴四种》卷22。

相反，他们仍然在那里歌舞升平，醉生梦死，过着花天酒地的糜烂生活。官吏们的无能和昏庸不能不使包世臣感到愤怒，他厉声质问："饿鬼哭遍地，焉能乐笙奏"。同时这也使他对唐朝大诗人杜甫的名句"朱门酒肉臭，路有冻死骨"有了进一步切身体会："信矣杜陵言，朱门酒肉臭。"①

包世臣的政治诗还比较深刻地表现了当时尖锐的社会矛盾，如嘉道初年先后爆发的川楚白莲教大起义，湖南、贵州苗民大起义以及江南各地风起云涌的农民抗漕抗粮斗争等，在包世臣的政治诗里都有反映。尽管由于时代和阶级的局限性，他把川楚白莲教起义军和湖南、贵州苗民起义军称之为"盗"或"匪"，但他并不赞成清统治者对起义军的一味屠杀政策，而主张"剿""抚"并用，以抚为主，采取轻徭薄赋措施，缓和社会矛盾。对于江南各地风起云涌的农民抗漕抗粮斗争，他则在一定程度上予以同情，希望清政府能整顿漕务，取消勒索，以减轻农民的漕粮负担。概而言之，包世臣的政治诗是那个时代的歌声，通过它们，我们可以对嘉道年间的社会现实有一感性的了解。

山水诗：山水诗在包世臣的诗中数量最多。这有两个方面的原因，第一，他一生大部分时间是为各地封疆大吏做幕僚，流动性很大，这就为他游览各地名山大川提供了绝好的机会；第二，他一生酷爱山水，凡祖国名胜古迹，只要有条件，他都要去游览凭吊，如黄山、庐山、钟山、兵书峡、龙门峡、乐山、峄山、天门等他都游览过，名山大川游览得多，山水诗也就自然写得多。

包世臣的山水诗继承了我国山水诗的优秀传统，南朝著名诗人谢灵运，尤其是唐朝大诗人李白的山水诗对他的影响最大，其作品具有李诗所具有形象飞动、描摹细致、文笔雄深遒劲、气势宏伟奔放的特点。如他的《游钟山》第一首写云、写雾，气势磅礴，形象逼真；写岩、写树，生机勃发，静中见动；写泉、写壑，瑰奇壮观，惊心动魄。全诗对钟山自然景色的描写，雄伟多采，奇美突兀，堪称佳作。

除了气势磅礴、雄伟多采之外，包世臣的山水诗还往往能把大自然的优美景色，写得和谐纯洁，充满生机，气象万千，引人入胜。如他的《山游》二首：

山僻知春好，翠微樵径深。和风交麦气，老壑养云心。
鹿迹留苔浅，松涛出谷沉。此中闻犬吠，接乡任幽寻。

① 包世臣：《丙午春入江宁城见文武各署演土地会剧感赋》，见《安吴四种》卷20。

仄径偏环麓，阴竹几茎生。深云通鸟语，高日听鸡声。
花过山逾静，心闲梦觉清。倚林问牧竖，借我一牛行。

在包世臣笔下，大自然是那样的富有生机和活力，又是那样的和谐秀丽，崇高纯洁，一切都充满诗情画意，这与他在政治诗中所揭露批判的黑暗、腐败、死气沉沉的社会现实形成鲜明的对比。

包世臣的山水诗的另一显著特点是形象饱满，色彩鲜明。不论描写山水的万千形状，还是喧哗的声音，变幻的色彩，都能惟妙惟肖，貌似神合。如他写兵书峡的险："下峡飞擢迅，冈峦不延妙。耳目变澥涾，崩奔更奇峭。平壁三十里，长年忽我诏，是名兵书峡，神师藏剂约。"① 写箬岭的高："箬岭歙北门，黄岳浮领头。望望欲到天，远令行者愁。绕谷及其麓，豁若行道周。始信镂镵功，能汤天地幽。"② 写峄山的云："雨遍不崇朝，云唯泰山有。岌垣既相属，郁蒸气遂厚。跻如一突炊，翕若万马走。此出果不归，殷望成川薮。"③ 写匡庐的倒影："寻山仰齐云，扬帆俯澄练。云虚练影寒，帆转山形变。烟紫火雯朝，镜白月船宴。"④ 从这些诗句中可以看出，包世臣很善于把握自然界瞬息万变的景色，并能形象地把它们描绘出来。当然在形象塑造中，他又给它们涂上了一层浪漫的色彩，从而更增添了他山水诗的艺术光彩。

作为嘉道年间经世致用思潮的著名代表人物，包世臣写山水诗时，还常常好发议论，不但见景生情，而且还因情悟理，借景发挥，不少作品具有很强的哲理和现实主义的特征。如他的《行黄山下》第二首："余雪散穷岩，苍黄互低高。畛陌艺麻菽，粤集流亡曹。聚散均齐民，此政非吾嗃。不以隶编氓，异性驯则劳。何术驭其渠，乃在乡贤豪。礼可维其心，威可制其剽。维制果有素，曲突公无僚。不然有稂莠，与成市井交。山谷倘不登，万口齐嗷嗷。用六戒履霜，山越斯其噍。斧柯竟谁有，引领遂长谣。贤豪信兹乡，行子毋忉忉。"再如他的《龙门渡》，前六句以浪漫主义笔触描写龙门渡口的水及滩险和渡口附近的自然景观，但从第七句开始，笔锋一转，则从写景变为写人，写他在渡口看到的逃荒饥民："顾见呼渡人，男女颀且顽。汹汹百十辈，手刃或长竿。千里避水灾，骨肉弃团圆。"写完他在渡口看到的逃荒饥民后，开始发

① 包世臣：《兵书峡》，见《安吴四种》卷21。
② 包世臣：《箬岭》，见《安吴四种》卷21。
③ 包世臣：《行峄山下喜望大云》，见《安吴四种》卷22。
④ 包世臣：《江上望匡庐》，见《安吴四种》卷21。

议论："以礼食则死，何能苦自完。我本为饥驱，穷岁扳巉岩，况闻流亡言，遂深漆室叹。蚁穴有溃防，善厝故匪艰。寄语专城人，信此涕泛澜。"① 这样的作品堪称浪漫主义与现实主义之结合的典范。

包世臣的山水诗表达了诗人对祖国大好山河的无比热爱，在他的笔下，既有粗犷雄伟、奇特险峻的山峰、老树、飞瀑、巨石，也有肃穆恬静、柔和轻美的月色、江影、篙声、棹歌，还有变幻莫测、蔚为壮观的浮云、晨雾、松涛、飚沙，这一切都构成了我们祖国的丰富多彩、锦绣花簇似的河山图画，如《游钟山》二首、《山游》、《月下》、《拟塞下曲》、《兵书峡》、《江上望匡庐》、《龙门渡》、《行黄山下》二首、《箬岭》、《古朗月下》、《行峄山下喜望大云》等都是这类好作品。

除了政治诗和山水诗外，包世臣的田园诗、说理诗、爱情诗、咏史诗以及与朋友唱和的应酬诗等也都写得各具特色。如他的田园诗深受东晋陶渊明的影响，以其愉悦的心情，写出了田园物景的美好和他对田园生活的热爱。"蔬圃力可胜，邻地幸有隙。方开三十队，租之二斛麦。依墙植山药，瓜藤缘之密。罗芥期御冬，蠖苋永夏日。采采上村市，朝夕无壅积。差足供米柴，余以买药物。书史几荒芜，温故趁暇夕。"② 这些平凡不过的食物和生活，在包世臣的笔下，都充满了诗情画意，让人流连忘返，不愿离去。因此，当他不得不暂时告别田园生活，去实现自己的政治抱负时，他是那样的依依难舍。请看他的《别圃》："种菜且一年，诸菜颇熟习。各种标新名，一一皆相识。父老怜我疲，为我设讲席。明日来圃中，便是路行客，予性最肮脏，与菜情相得。新雨土未坚，足留故人迹。长揖别吾圃，吾菜惨颜色。汝何患无主，暂别漫戚戚。"③ 这首诗无论遣词造句，还是立意构思，与陶渊明的田园诗相比都毫不逊色。其他如说理诗、爱情诗、咏史诗以及与朋友唱和的应酬诗也有不少上乘之作。由于篇幅的关系，我们就不一一加以介绍了。总之，包世臣的诗在清代文学史上占有极其重要的地位。

六、在嘉道经世思潮中的历史地位

人们在研究嘉道经世思潮时，往往是龚（自珍）魏（源）并称，将

① 包世臣：《龙门渡》，见《安吴四种》卷21。

② 包世臣：《租圃》，见《安吴四种》卷20。

③ 包世臣：《别圃》，见《安吴四种》卷20。

他们视之为这一思潮的代表人物。因此，我们评价包世臣在嘉道经世思潮中的历史地位，可以将他与龚自珍和魏源作一比较。

众所周知，龚自珍所以被视之为嘉道经世思潮的代表人物，是因为人们认为他在批判社会和倡导变革两个方面“开风气之先”。梁启超在《论中国学术思想变迁之大势》一文中便指出：“当嘉道间，举国醉梦于承平，而定庵（龚自珍字定庵——引者）忧之，俯然若不可终日，其察微之识，举世莫能及也。”① 与龚自珍同时代的张维屏也认为：“近数十年来，士大夫诵史鉴，考掌故，慷慨论天下事，其风气实定公开之。”② 已故中山大学教授陈胜粦先生同样指出：“龚自珍以‘批判现实，呼唤未来’的特色和贡献，成为道咸经世思潮的开端者，开风气的带头人。”③ 但如果我们把他与包世臣作一比较，“开风气之先”的说法就需重新斟酌。如前所述，由于包世臣比龚自珍年长 17 岁，他的经世思想的形成和发生影响也要比龚氏早得多，这其中也包括对社会现实的批判和倡导社会变革。查阅龚自珍的有关资料，他最早是在嘉庆十九年（1814 年）所作《明良论》四篇中对社会现实进行揭露和批判的。此文曾得到他的外祖父段玉裁的高度赞誉：“四论皆古方也，而中今病，岂必别制一新方哉？髦矣，犹见此才而死，吾不恨矣。”④ 在第二年（1815 年）所作的《尊隐》一文中，他把社会境况比喻为“日有三时，一曰早时，二曰午时，三曰昏时”，认为自己所处的时代已由“人功精英”“府于京师”的“早时”盛世，变为“日之将夕，悲风骤至”的“昏时”衰世，并且预言将有“山中之民”如“大音声起”，起来造清王朝的反。⑤ 继《尊隐》之后，龚自珍又相继在《平均篇》和《乙丙之际箸议》等文中进一步对自己所处“衰世”的种种黑暗现象进行了揭露和批判。而包世臣最早揭露和批判社会现实的文字是乾隆五十年（1785 年）写的一组《乙巳杂诗》。⑥ 这比

---

① 《饮冰室合集》第 3 册，《文集》之 7。

② 《龚定庵全集》，23 页，清光绪三十年，四川官书局刊本。

③ 陈胜粦：《魏源的历史定位》（论纲），纪念魏源 200 周年诞辰国际学术研讨会文集：《魏源与近代中国改革开放》，1 页，长沙，湖南师范大学出版社，1995。

④ 段言见《明良论》附后，《龚自珍全集》，36 页，上海，上海人民出版社，1975。

⑤ 参见《龚自珍全集》，88 页。

⑥ 参见《安吴四种》卷 20，诗中既有对所谓“乾隆盛世”下的农村荒凉景象的描写（“寒蝉鸣自稠，栖禽啼不喧。晨出望墟落，抵暮无炊烟。长夏既不雨，秋末已严寒。质卖亦略尽，流亡日以繁。灾情既不达，谁贯下忙钱?”），也有对清朝大小官吏像苍蝇一样肆意鱼肉百姓、搜刮民脂民膏的揭露和批判（“赫斯亲民侯，料入乘锦韬。曰吁德无哗，宦况兹萧条。蝇头长亦微，勿谓肆渔牟。居贵岂无心，升阶有处高。爪牙胡假威，血枯朘其骹。”）。

龚自珍的《明良论》要早29年。他最早明确指出天下将发生大变、老百姓会起来造反是在乾隆五十八年。① 这也要比龚自珍在《尊隐》中预测“山中之民，有大音声起”早22年。所以冯天瑜先生认为，“以明朗的语言预言天下‘殆将有变’，包世臣是嘉道经世派中的第一人”②。1801年他在《说储》尤其是《说储上篇前序》中又进一步为我们描绘了一幅民生凋敝、社会动乱的“衰世”景象：“今者民无殷窭，莫安其生；吏无大小，各忧其贫。军国告需，上勤宵旰，调发不给，捐输不继，雍、梁、荆、豫，跳梁百万，而兵弁望风逃北，郡邑为墟，淮、泗偶被水灾，数百为群，露刃望食者千里，莫敢谁何。”他继而尖锐指出，面对如此危局，王公大臣们仍然在那里花天酒地，醉生梦死，贪污腐败，而“无肯暂易其营私之智，为国家计深远，或乃骈金约紫，坐观叹息，以告无罪”③。如果说由于受体裁的限制，包世臣的《乙巳杂诗》对社会现实的揭露和批判不如龚自珍的《明良论》和《尊隐》的话，那么，他的《说储》尤其是《说储上篇前序》，无论是批判的范围还是深刻性，都毫不逊色于龚自珍的《明良论》和《尊隐》。就以《说储上篇前序》和《明良论》相比较，前者也要早于后者13年。至于倡导社会变革，龚自珍最早的文字是嘉庆二十至二十一年（1815年至1816年间）所写的《乙丙之际箸议》，他在文中明确提出：“一祖之法无不敝，千夫之议无不靡，与其赠来者以劲改革，孰若自改革？抑思我祖所以兴，岂非革前代之败耶？前代所以兴，又非革前代之败耶？”④ 道光九年（1829年）他在《上大学士书》中再次阐述了改革之议：“自古及今，法无不改，势无不积，事例无不变迁，风气无不移易。”⑤ 而包世臣早在1801年所写的《说储》中就提出了“与民更始”的变革主张，改革内容涉及政治、经济、教育、法律、军事、文化、礼俗等各个方面。概而言之，他主张在政治上，“重官权，达民情”，广开庶民议政之门，“故宦、儒生、幕客、农民、吏卒皆许言事”，内外官职一律不分满汉畛域，惟能是使，裁撤冗员，精简机构，严惩贪官污吏，不拘一格选拔人才；在经济上，重民生，重本而不抑末，在发展农业的同时，也重

① 参见包世臣：《再与杨季子书》，见《安吴四种》卷8。

② 葛荣晋主编，冯天瑜、周积明著：《中国实学思想史》下卷，63页。

③ 包世臣：《说储上篇前序》，见《安吴四种》卷7下。

④ 《龚自珍全集》，6页。

⑤ 同上书，319页。

视发展工商业，实行“本末皆富”的经济政策，官吏不许参与商业经营，推行漕务、盐法和财政改革；在教育上，改革科举考试内容，以明经术、策时务为主，取士法改为上书、举行、考言三科，用士法改为京折、学折、司折、县折四途；在法律上，精简科条，修订本律，“立法恕，行法严”，重在执行。包世臣的《说储》不仅要早于龚自珍的《乙丙之际箸议》14年到15年，而且其变革的内容也更为丰富和具体。龚自珍主要是阐述了改革的意义和必然性，而没有像包世臣那样提出具体的改革主张。所以，对嘉道经世思潮颇有研究的美籍华裔学者刘广京教授就认为，包世臣的《说储》“是中国近代第一本倡言变法的著作”①。总之，无论是批判社会现实，还是倡言社会变革，包世臣都要比龚自珍早得多，是真正“开风气之先”者。

包世臣对“衰世”下种种黑暗现实的揭露和批判虽然要早于龚自珍，但他揭露和批判的言辞却远不如龚自珍的尖锐和激烈。我们翻阅龚自珍的《明良论》、《尊隐》和《乙丙之际箸议》等文，其愤激之词，怒骂之语，俯拾皆是。而包世臣的《乙巳杂诗》、《说储》和《说储上篇序》的语气则要缓和得多，平实得多。就人们的心理而言，尖锐和激烈的言辞更容易引起注意并加以引用，这也许是人们视龚自珍为揭露和批判社会现实之“开风气”者的重要原因。包世臣揭露和批判社会现实的言辞之所以不像龚自珍那样尖锐和激烈，有两个因素需要考虑。第一，包世臣的性格要比龚自珍平和，换言之，龚自珍在性格上较为偏激，不同的性格，影响着他们的行文风格。早在20世纪40年代，生于清末的著名清史专家邓之诚就对包世臣和龚自珍、魏源的性格作过比较，认为“宅心和厚，龚不如魏，魏不如包。文亦如此”②。这是精当之论。第二，包世臣写《乙巳杂诗》、《说储》和《说储上篇序》是在乾隆末嘉庆初，康、雍、乾三朝厉行文字狱给士人造成的心理压力依然存在，乾嘉学派的学风还很盛行，而到了龚自珍写《明良论》、《尊隐》和《乙丙之际箸议》等文时，嘉庆帝已经郑重宣布所谓“但治从贼，不治从教”的信仰自由化方针，指示在今后的社会生活中，若无犯法言行，“何必问其所习何教？”③ 清王朝对思想学术界的严密控制与此前相比有较大

① 黎志刚：《中国近代史若干问题之轴索——再访刘广京先生》，见《近代中国》第九辑，上海，上海社会科学院出版社，1999。

② 邓之诚著、赵丕杰选编：《五石斋小品》，271页，北京，北京出版社，1998。

③ 《清仁宗实录》，嘉庆五年八月己巳谕内阁。

松动。也就是说，包世臣写《乙巳杂诗》、《说储》和《说储上篇序》时的社会环境比龚自珍写《明良论》、《尊隐》和《乙丙之际箸议》等文时的社会环境要险恶得多，包世臣的言辞也就不能不比龚自珍的言辞相对缓和、平实一些，否则，有可能招致不测。

龚自珍对社会现实的揭露和批判虽然尖锐和激烈，但他对未来的呼唤，却显得“浅薄”和“平庸”，对民对“夷”、对工对商的认识均多不足，其社会变革思想尤其是具体主张远不如包世臣。比如，作为嘉道时期的著名思想家，尽管龚自珍针对当时的“弊政”提出过“更法”、“改图”、“变功令”的主张，然而就经济改革的具体主张来看，他仅限于按封建宗法关系来分配土地，即从人的血缘关系出发，划分“大宗”、“小宗”、“群宗”和无血缘关系的“闲民”四个等级，大宗授田百亩，役使闲人五人为之耕种，小宗和群宗各授田二十五亩，役使闲民一人为之耕种，闲民不授田，役使于人为佃户，而没有涉及诸如漕运、盐政、河工、币制等其他社会所关注的热点问题。和龚自珍不同，包世臣对当时严重存在的社会经济问题作过多方面的研究，就漕运、漕务、盐政、河工、币制、农业等“诸大政”提出过改革主张和具体方案，是嘉道年间首屈一指的“善经济之学”的专家和治河专家。在这方面龚自珍根本无法与他相提并论。用邓之诚的话说：“世臣留心事务，尝从田夫野老，究问利病得失，治河为一生精力所萃，刑名实足名家，余多坐言，可以起行，魏（源）、龚（自珍）非其匹也。”① 这里尤需指出的是，包世臣提出的有关漕运、盐政、河工、币制、农业等“诸大政”的改革主张和具体方案不像龚自珍那样“只贩古时丹”，企图从传统的思想和经验中觅寻医治“今病”的药方，依据封建宗法的血缘关系来解决土地兼并日益严重的问题，而是顺应历史发展的潮流，从新的思想和经济因素中寻求新的药方，如他反对重本抑末，主张农商并重，在发展农业的同时，积极发展工商业；主张充分发挥商业资本的作用，通过商业的势力，即上海一带的“沙船”海运南漕，实现“官商两利”；保护商人的利益，只要他们照章纳税，就允许他们自由贩运食盐，取消垄断食盐专卖的纲盐制。

不仅龚自珍，魏源社会变革思想的提出也要晚于包世臣许多年。目前学术界引用魏源论述社会变革的最早文字出于《默觚》。《默觚》虽无写作年代，但据魏源研究专家李瑚先生的考证，其“初稿当完成

---

① 邓之诚著、赵丕杰选编：《五石斋小品》，271页。

于治《诗》及著《诗古微》，以及完成《老子本义》，并广泛阅读诸子等书以后”①。魏源广泛阅读诸子及完成《诗古微》、《书古微》、《公羊春秋古微》、《两汉今古文家法考》、《董子春秋发微》等书是在道光二年（1822 年）前后，因此，《默觚》初稿的写作最早不会早于 1822 年。这要比包世臣的《说储》至少晚 20 年以上。而且《默觚》是魏源论学和论政的代表作，他主要是从理论上对那种死抱祖宗之法不能变的陈腐观念进行了批判，提出了“天下无数百年不弊之法，无穷极不变之法”，法有了弊，就必须变，“变古愈尽，便民愈甚”的观点，并举历史上的赋税制度、选官制度和军事制度的变革，以说明变革为“人情所群便者”，是“天下大势所趋”，有其历史的必然性。这虽然很重要，也产生过重要影响，但他毕竟没有像包世臣的《说储》那样提出一整套具体的政治、经济、教育、法律、军事、文化等改革方案。就漕运、盐政、河工、币制等“诸大政”的思考和改革而言，我也非常同意邓之诚老前辈的意见，不仅龚自珍无法与包世臣相提并论，就是魏源也要稍逊包世臣一筹。如我们在“与嘉道时期的‘实政之学’”一节中所指出，虽然在海运南漕和盐法改革上魏源和包世臣的主张相同，但由于魏源主张海运南漕比包世臣晚 21 年，佐陶澍进行盐政改革比包世臣晚 11 年，其主张明显接受了包世臣的影响。他们虽都主张积极治理黄河，但包世臣早在嘉庆十三年（1808 年）就写有专谈治河的文章《筹河刍言》，嘉庆十五年，在《策河四略》中他又提出了治河的整套方案。而魏源最早专谈治河的文章《筹河篇》写于道光二十二年，比包世臣晚 30 多年。包世臣主张采纳潘季训的“筑堤束水，以水攻沙”的方法，修筑御坝，清除积淤，疏通下游，种植芒柳。而魏源则主张黄河改道，其具体办法是：“乘冬水归壑之月，筑堤束水，导之东北，计张秋以西，上自阳武，中有沙河、赵玉河，经长垣、东明二县，上承延津，下归运河，即汉唐旧河故道。”② 包世臣反对黄河改道，曾于嘉庆十三年阻止过江督请帑 600 万拟改河道的建议。而魏源则认为疏浚旧河道毫无希望，要治理黄河就非改河道不可。由于魏源的建议未付诸实践，很难说它是否可行。而包世臣的建议曾为当局部分采纳过，客观效果相当不错。魏源虽然在治理黄河的具体方法上与包世臣的意见不一样，但在其他水利工程上则经常

① 李瑚：《魏源诗文系年》，见李瑚：《魏源研究》，500 页，北京，朝华出版社，2002。

② 《魏源集》，371 页，北京，中华书局，1976。

征询包氏的意见，直到晚年他出任高邮知州，第一件事也是写信给包世臣，“垂问以清送漕，不治下河而下河自保之法”①。在当时包世臣是大家公认的水利专家。为了解决日益严重的银贵钱贱的危机，包世臣和魏源都主张币制改革。包世臣提出改革币制的主张是在1801年，30年代他又对自己的主张作了进一步阐述和完善。而魏源提出改革币制的主张是在1842年，比包世臣整整晚了40年。包世臣提出的方法是：发行纸钞，但“不废钱，一切以钱起算，与钞为二币”，“亦不废银，而不以银为币，涨落听之市人”。魏源则反对发行纸钞，主张“仿铸西洋之银钱”，并“兼行古时之玉币、贝币”②。应该说，魏源主张“仿铸西洋之银钱”，使货币制度由秤量货币阶段进到计数货币阶段，这不仅对商品经济的发展有好处，也有利于排挤外国银币在中国的泛滥。但他提出的“兼行古时之玉币、贝币”的主张，在白银已经充作一般等价物的情况下又是不现实的，也根本不可能实行。他反对发行不兑现的纸币，以防止清政府利用币制改革对人民进行掠夺，这有其进步意义，但他不懂得不兑现的纸币在发行量不超过它所代表的流通所需金属币的数量时，不会贬值，他更不懂得以纸币取代金属币这是币制发展的方向。所以，魏源关于纸币的理论不能认为是正确的。和魏源不同，尽管包世臣的币制改革主张存在着这样或那样的缺陷，但他主张发行纸币，并且要求以一定的实物作基础，限止发行总量，是符合现代币制理论的。

如果说，论社会改革思想以及对“实政之学”的贡献，包世臣要早于魏源，并略胜魏源一筹，那么，论向西方学习，魏源则要胜于包世臣。魏源最大的历史贡献，是于鸦片战争前后睁眼看世界和提出“师夷长技以制夷”的思想，从而为嘉道时期复兴的经世思潮注入了新的内容，并使其发展到一个新的更高的阶段。虽然，早在鸦片战争前20年，包世臣就开始留心夷务，关注夷情，并至少早于魏源1年提出了类似于“师夷长技以制夷”的思想，但是他没有与时俱进，继续就“师夷”的问题进行探讨。因为在他看来，要战胜侵略者，“师夷”固然重要，但更重要的是争取民心，使“贫者有以为生，富者得以自全，共发其亲上死长固有之良，是与推求炮火之利钝，舟楫之攻苦，功效必相万也”③。所以，鸦片战争后他在总结鸦片战争失败的教训时，认为“居今日而言

① 包世臣：《复魏高邮书》，见《安吴四种》卷17。

② 魏源：《圣武记》卷14。

③ 包世臣：《职思图记为陈军门（阶平）作》，见《安吴四种》卷35。

补救，唯在收摄人心，物色人材而已”[①]，而没有提出任何向西方学习的建议或主张。和包世臣不同，魏源在鸦片战争后所著的《海国图志》中，提出了“师夷长技以制夷”这个近代中国向西方学习的第一个完整的口号，和推动中国从中世纪走向近代的第一个近代化方案——引进西方先进技术，发展中国近代的军事工业和民用工业，改革军事制度，建设一支近代化的海军，第一次对西方作了比较全面的介绍，特别是介绍了资本主义的政治制度，并认为这种制度“可垂亿世而无弊”。

由于包世臣的经世思想形成较早，他提出的改革思想和具体方案涉及当时社会所关切的漕运、河工、盐法、币制、农业、科举等热点问题，加上他又工书法，善诗文，为人能言善辩，精通刑、名之学，因此生前名气很大[②]，其影响远在魏源之上。然而由于他在鸦片战争失败后没有进一步提出向西方学习的主张，所以当历史进入近代、向西方学习成为社会关注的主题之后，他的影响则很快丧失，乃至几乎被人们遗忘。与包世臣的这种命运相反，魏源则因其在《海国图志》中睁眼看世界，并提出了“师夷长技以制夷”的主张以及近代化方案，开近代中国人向西方学习新风，并为后来的中国先进分子继续寻找救国救民的真理指明了前进的方向，而影响日益扩大。

最后，对包世臣的主要著作以及本书的编选原则作一简要说明。

包世臣一生勤奋，才华横溢，著述颇丰，其中《安吴四种》是他的代表作。《安吴四种》是由《中衢一勺》、《艺舟双楫》、《管情三义》、《齐民四术》四书构成。另外，包世臣还著有《小倦游阁集》和《说储》两书。在编选本书时，着重遴选那些能全面反映包氏思想的文稿，由于篇幅所限，其诗词歌赋没有入选。另外他为别人写的序跋、碑文等也只酌情收录。具体如下：

《中衢一勺》：《中衢一勺》收录道光五年以前包世臣写的有关河、漕、盐的文章共20篇，其中言河11篇，言漕3篇，言盐1篇，兼言河漕2篇，言水利3篇，均按年月次序编排。附录4卷，收录文42篇，其中后3篇《外南厅吴城六堡新庙记》、《复魏高邮书》和《复杨河帅书》，作为“续附”，是后来增补的，原书目录没有列入。和正文一样，附录的文章也基本上按年月顺序排列。《中衢一勺》所言的河、漕、盐

---

① 包世臣：《致祁大臣书》，见《安吴四种》卷35。

② 他同时代人姚柬之在《书安吴四种后》评价他“言语妙天下，政事任艰巨。文学冠群流，宇内共知之”。李柏荣在《魏源师友记》中也说他“为人短小精悍，口如悬河”。

三事，不仅涉及国计民生，而且也是当时最重要的改革。因此，本书全部收录，没有做任何删节。但《说储上篇前序》一文，已收入《说储》一书，故此处从略，读者可在本书所收的《说储正文（节选)》中查阅。

《艺舟双楫》：《艺舟双楫》全书分类编排，正文包括“论文”4卷，“论书”2卷。“论文”66篇，其中“论文一”主要是论古文的文章，“论文二”主要是论诗和论史书的文章，“论文三”主要是给别人写的诗集序和文集序，“论文四”主要是给文人写的墓志铭、碑文和传；“论书”26篇，其中“论书一”主要是讲书法理论的文章，“论书二”主要是为书法家写的跋、碑文和传。附录3卷，52篇，是包世臣为一些官员好友写的墓志铭、碑文、行状和传。在《艺舟双楫》中，包世臣主要阐述了他的文学思想和书法理论。本书仅收录反映其论文、论书思想的部分文章。

《管情三义》：《管情三义》共7卷，赋、诗、词等都按年代编排。其中赋3卷，共收录赋30首，韵文16首；诗3卷，共收录诗约150首；词1卷，共收录词26首。另有《浊泉编》1卷，收录他自嘉庆庚申后写的与朋友唱和或官场应酬的诗、赋和韵文。根据《文库》不收录诗、赋的统一要求，本书没有收录《管情三义》。

《齐民四术》：《齐民四术》在《安吴四种》中所占分量最大，内容也最为重要。所谓四术，指的是农、礼、刑、兵。其中农3卷，除“农政”一书外，还收录文章22篇；礼3卷，收录文章34篇；刑2卷，收录文章20篇；兵4卷，收录兵书《两渊》及文章40多篇。这些文章一般分类按年代编排。因篇幅原因，本书收录时多有删略。

《小倦游阁集》：黄山书社出版的《小倦游阁集》根据安徽省图书馆珍藏的清代旧抄本加以整理，剔除《安吴四种》已收录者，同时增补了几篇见于他书的包世臣原作，共110多篇，分8卷，内容较为广泛，农、礼、刑、兵、河、漕等皆有涉及，论文、论诗、论书法也多有卓见，但大多是赋、寿文、题词、传记等，而且其中体现包世臣思想的大多在《安吴四种》中有所反映，故未收录该书。

《说储》：《说储》写于1801年，但问世是在清末。黄山书社以《国粹丛书》本为底本，校以国学图学馆的影印本，重新校对出版。本书依据黄山书社的版本，选录了部分重点体现包世臣思想的文字。

安吴四种总目叙

《中衢一勺》三卷，附录四卷。《艺舟双楫》论文四卷，论书二卷，附录三卷。《管情三义》赋三卷，诗三卷，词一卷，《浊泉编》一卷。《齐民四术》农三卷，礼三卷，刑二卷，兵四卷。共三十六卷。

叙曰：乾隆己亥，先君子抱世臣于膝上，授以句读。壬寅，侍游白门，为八比、六韵。乙巳，再游白门，诵《选》诗而好之。戊申，诵《选》赋又好之。丁未，见调驻防赴台湾，慨然有志于权家，求其书于市，并得法家言，私兼治之。壬子，先君子病甚归里，无生计，艺蔬以易药饵，因究农家利病。甲寅，先君子弃养。丁巳，负笈出游，始见毛郑氏《诗》、郑氏《礼》。戊午入楚，己未入蜀，倥偬戎马间，谓可试所学，而有言不信。辛酉冬游江浙，见官擅漕利，民冒死与官争，心忧之甚。壬戌，世臣避暑浮玉山，洋盗蔡牵犯上海，炮子入城如雨。镇道遣四橹快艇延世臣，而蔡逆于遣使之次日外窜。世臣至，镇道请阅并海岛屿，见北洋沙船数千艘停泊黄浦，因发海运可救漕弊之议。乙丑，游袁浦，河事亟，从司河事者问讯，莫能言其故。后遇郭君，得悉成败之所以然。中间往来扬州，见盐事日否，枭徒常满图圄，而纲日绌；问之司盐事者，惟言缉私不力而已。盖盐系利事，官商伙厮司事者各怀利心，又由灶而场，由场而坝，由坝而所，由所而岸，各司一事，莫能兼通，间有流寓之明者，又以志在攘利，所言率抹铩心得，惟取悦商以遂己求。世臣滞迹既久，分询合稽，略悉其本末。道光甲申，年且五十。高堰决，粮艘不达河北。当事采及海运之议，而举行多不如指，于民仍无益。故有《中衢一勺》三卷之刻。阅数年，扬州柳荫庵住持性恬字碧溪，嗜诗与书，见世臣论文论书诸说，抄录十数首为二卷，付梓人，名之曰《艺舟双楫》，以配《中衢一勺》。二书既出，外间欲得者多，闽、粤、浙皆有翻板，然二书于鄙说实未详备，故校正错误而附益之，较旧刻倍有差。

世臣以乾隆癸丑成《两渊》十六篇，五千余言。搀论古兵事得失，为书五篇，亦五千余言。嘉庆丁巳、己未间，为当路条列时事，又五千余言。谬以知兵名于时。辛酉，教授鸠兹者半年，为姚生论说入长出治之事，始于网罗旷轶，以备急需而杜后患；继之造就烝髦，以育人材而善民俗，为《说储》一篇，五六万言。又以郡县至为枢要，详说保甲、学政、戎政、课绩、农政五事，为《说储》下篇，又五六万言。嗣蓬转江湖，见山川要害，有古今不易者，有随时轻重者，验之已成事，为《形势考异》一书，序说粗就。继见《郡国利病书》、《读史方舆纪要》，其说大都相出入，遂辍业。又见民间红白事，繁简丰俭多失中，且仪节无成式，欲斟酌今古，忖度贫富，为《乡人礼》一卷，再三改窜，卒不敢定其本。复删采自汉迄明正史刑法志，及诏令章奏传记所载，据《唐律疏义》参互错综，审察其世轻世重而衡当否，于以推测人心风俗隆污之源，则是非不谬，而遍求淳熙式不可得，未能排比成书。

世臣奔走数十年，既负米鲜优暇，又精力日衰，乃欲裒生平论说以为《齐民四术》。四术者，农以养之，礼以教之，不率教则有刑，刑之大则为兵。而艰于写定，蹉跎及甲辰，年政七十，不能自已。以《说储》上篇体大事丛，不可分散，唯前后序及序目附论成文者，摘入附录，以示端绪，其下篇，则与旧著类集之。中不无繁碎，姑勿加芟薙，庶备有心世道者采览而已。至诗赋，业之最早，似有得于作者之意，即其辞涉哇靡，要皆义存讽喻，并集录之曰《管情三义》。大凡三十六卷，卷约万余言，总名为《安吴四种》。吾泾本秦县，季汉分安吴，敝居附近其治，故以为名。拟求活字板排出数百部，以防散失。此外，大小杂文与《四种》无可附丽者，尚十数万言，别录清本，与《说储上》并藏于家。

世臣于经则《诗》、《礼》，于史则《国语》、《国策》、马、班、陈、范、《资治通鉴》，于子则孙、吴、孟、荀、韩、吕，于总集则《文选》、《古文苑》，于汇编则《通典》、《册府元龟》、《山堂考索》稍见其深，其余册籍，徒供涉猎，未有具得。敝帚之享，固为有识所笑，然犹贤乎已也。道光甲辰秋九月二十六日，泾包世臣慎伯甫书。

摆成后，同人得书者，多苦句读之难。仆亦病其错误层出，又间有未稳洽处，年来颇加增删薙改。至咸丰纪年，厘订差定，重付梓人，因为离句。倦翁再记。

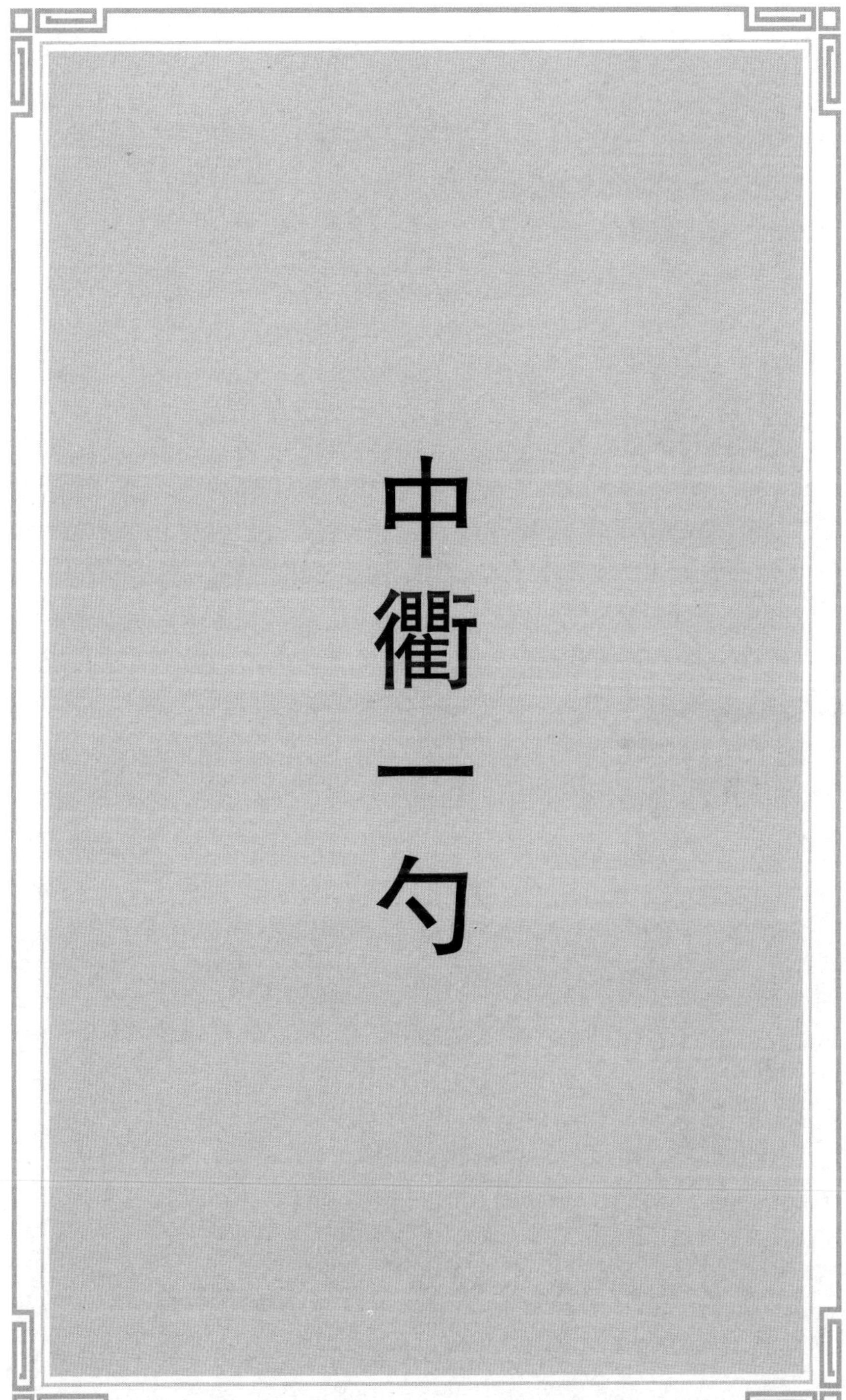
中衢一勺

中衢一勺目录序

叙曰：河、漕、盐三事，非天下之大政也，又非政之难举者也，而人人以为大，人人以为难，余是以不能已于言也。漕难于盐，河难于漕，事难则言之宜详，余是以不能已于言，而于河言之尤多者也。然余有所不能已而言河言漕言盐，其书脱手流布，传写者既苦错误，又或以意窜改，至异事实。然以是被声闻矣，然以是遭唇齿矣，而皆非余作书之意也。

余少小见官民相争必于漕，而无以已之。嘉庆七年游海上，比物察情，以为举海运则公费大省，而官之困于丁，与民之困于官者，可以小纾，而无借以成其说。值八年衡家楼河决穿运，得达于苏抚，卒不见行。乃作《海运南漕议》以为私书。

十三年江督请帑六百万，大修汰黄堤。援东河成案，以什六归滨河之凤、泗、徐、淮、扬、海六府州，分十年摊征归款。予以凤、徐诸郡邑，民瘠而危，数为变，南河例无摊征，似难奉行。又正料为根本至计，南河旧以派厅荡料为正料，各厅领价自购为购料，故有移正作购参案。近则名苇秸为正料，与缆橛名杂料者对举。而荡料余方，俱由库道作收支，料变为纸，几如会子。然黍秸仍名秸料，是恶害去籍之未尽者。苇荡左右营，南河之天府也，近乃专以购价啖工员，库贮倍蓰，库贮犹言额支，系南河名目。而工仍无料，区脱视荡，徒称饷绌，乃为《筹河刍言》，明经费之无假外求，冀当路之或牖其衷也。故相国觉罗长文敏公、戴文端公持节视南河，见其书，遂得罢摊征之议，而采用接筑长堤接长盖坝之策。文端以筹荡非奉使所及事，而心以为善。文敏叹厘淤为经久硕画，以江督系其姻娅，授本使自奏行之。既久不报，文敏遂面陈其略，奉旨饬江督仿靳辅遗法，自筹治河费，一切开例商捐课程诸说，皆不许在筹议之内。江督卒以每食盐一斤增河费三厘具复。芦、浙、闽、粤之鹾贾，并因缘为奸以病齐民矣，而河事愈亟，乃为《策河四略》，以俟能者。

十六年，故节相百文敏公以台长出督两江，在都得《刍言》、《四略》二书，首举盖坝有成效，语在《郭君传》。遂并举接堤筹荡，其《筹荡章程》虽出余手，而发行于十月，为时已缓，又未能先委十万，是以不获符前说，止增采余柴四百三十万束，浮于原定正额过倍而已。而工员奉派正料垛数，已为四五十年来所未闻见，虑嗣后荡事益治，遂停购价，谤语滋起。文敏以筹荡之故，知厘淤事必可行，颇欲究其说。左右见文敏意在修好，乃巧为谣诼以尼之，工员乘机并翻筹荡之局。司事者既获重咎，共幸荡事可已，而庙谟独断，饬仍核实妥办，事得不废。道光纪年以后，河势复否，而奇险迭见，卒保安澜者，垂裕远而正料足也。

十八年豫东之役，故工部尚书苏公得《刍言》，知厘淤事未举，遂于筹议经费案内，列款入告，奉敕交文敏。文敏深忿不自己出，所亲承望风指，减淤数以薄其功，欲苏公舛余言，而亦无不借致富贵矣。

故南督黎襄勤公，十六年春初擢淮海道，即购二书，珍为秘箓，演其说，与河督争堵倪家滩以知名。继识余，就问书旨尤详具，机要多取裁决焉。十七年春，襄勤建议守倪家滩格堤，余以如议则大堤必溃。沮坏全局，驳正其事，始有隙。然是秋超升为督，仍力举束水对坝课柳株验土埽稽垛牛减漕规。南河例价名目。请移束御两坝，一切依二书所言。虽移坝不得请，而滩柳茂密，土料如林，工段修洁，河身深畅，钱粮节省者过半，秩秩改观矣。徒以误创圈堰，构险惊心，遂使志出苟完，计专救败，而救败尤非。上游则以虎山腰减汛水，而归墟于周桥，下游则听叶家社旁泄，不复自守前说。束水坝寻亦罢废。襄勤之言曰："黄涨非人力所能御，凿山腰以减之，无刷塌之虞，而有化险为平之妙。"余见其议虽成而事尚未举，恃旧德以诤之，曰："黄以无溜为至险，攻大埽不与焉。湖以淤底至为险，掣石工不与焉。阁下谓减黄入湖为化险为平，黄缓湖高，吾坐见其积平成险也。两险交至，其祸甚烈。阁下意在及身，然或未能以忧患贻后人已。"自圈堰病发，襄勤常耻见绌，语在《杂记上》，及以危言论山腰，尤衔之，自是为水火矣。会东河屡决，借以少安，马睢并合，河归南境。经行一载之后，交汛则清河、安东、阜宁三县所辖河长且二百里，水势常平堤，而中泓无溜。襄勤忧悴不知所为，惟力疾奔走，遂以道光四年春病瘵卒官。而后人智同宾雀，无睹败征，不数月高堰竟决。余目击巨艰，乃作《漆室答问》，以发因败为功之机，而当路莫能采录者。

于是运道大梗，相国英公据余议为海运之请。而奉行依违，委任胥侩，上海商民被扰，盖与清江之拨船运夫等矣。未几，沮海运者皆败，余意事在决行，乃为《海运十宜》以布之。良以藿食思深，决策廿载之前，天时人事，迫归一术，诚不忍见其或有得失，使唓唓滕口说，以疑众赑成，而汲江嗟其无及，食葵忧其告匮也。夫亲见子云，古人所叹。凫鹄来远，物理所珍。昨闻东督张公请集群议，有自谓无及成于六德之风，圣明嗟赏，饬行所奏。稽其折称汛到旁午，霜后宴息，徒知言防，莫事求治。又谓南河多分泄而致受淤，以及筑做对坝束水，数事则主于《问河事优劣》、《说坝》，而杂取《郭君传》四略以为说。至云用靳辅爬沙船，是未见《辨南河传说》之书也。书不尽言，言不尽意，张公即尽见其书，庸遽尽其意乎？郢书治燕，周官乱宋，夫岂一概而已。

或者曰："君子之思不出位。吾于少禀殊资，弱不好弄，攀跻嬴刘，鞭笞唐宋。千名未闻罗隐，一命不沾李白。孺仲之子蓬头，仲晦之母粝食。食贫而处脂不润，居卑而名津匿迹。先优后乐，矢口嘐嘐。自为则已早，为人则已劳，舍田芸田，毋乃病乎？"余曰："造车合辙，匠氏之方也；明齐知类，雅儒之行也。古之为河为漕为盐而善者，治其事而后苍黄趋蹶贸贸以从之耶？抑其事素立也？手无斧柯，则待其人，亦济世利物也，虽劳何病？"

或又曰："阴用其言，阳弃其身，虽有功而不究，吾子得此于诸公也屡矣。况不乏下石焉者乎？何吾子之不悔而无戒心也？"余曰：众建诸侯而少其力，贾生发策而收公于主父偃，王文成踵其术，以从思田之役，功施到今，贾生借免术疏之诮于后世幸矣！诸公有采余言以效功当世者，余之幸较贾生为大。且君子立言，非以为市也，而何悔乎？古之以言获祸者，皆倾危不诡于中。余言所知能主利济者取则焉，又何戒之有？然而利害倚伏，相待以发。惠以养老，蹠以黏牡，同是饴之见也。故余议海运，将以纾民困也。今海运已举，官不受丁困矣。而其所受之困，虽不至如丁之甚而事加先，是民未困于官而官先困也。官既先困，则民之继困当益甚，是余说之反也，此之不能不戒也，故校录诸书附记更历，以饷有心三事者，题曰《中衢一勺》。为其不足以言尊也，夫设尊于衢，饮者自斟酌之，然或饮之而过节，与性不宜饮，则皆足以致病。然以有致病者而彻其尊，则必有求饮而不得者已，是必如黔敖要于路而自饲之耶？然有不食嗟来者，则速其死，再三求处于无咎之地而不得，是亦未可以不悔也。道光五年十二月八日泾包世臣慎伯甫书于许市舟中。

合注：倪家滩，在云梯关下八九十里。十六年冬，襄勤承办减工下段引河，倪家滩先于是年春漫口，河督不肯堵塞，受淤尤厚。襄勤估挑引河深一丈五尺，以其土于两岸坚筑缕堤，长三千丈，首尾缘以格堤，斜属之大堤，两缕堤相距才九十余丈。十七年春，李家楼合，河归故道，缕堤内身仄，坚守格堤，水无所泄，必旁攻大堤，故驳正之。

虎山腰，系十八里屯旧址。就其基展宽，引水入丁塘湖，凿山腰为减坝，泄入引河，注洪泽湖。坐落铜山县城西三十里，系铜沛厅所辖。

叶家社，在黄河北岸，去海口五六十里。

马工，系马营坝，在河南武陟县，黄沁同知所辖。

仪工，在仪封县，系兰仪厅所辖。

附录序言

叙曰：仆于道光乙酉，刻旧著言河漕盐之书三卷，题曰《中衢一勺》。其言虽切而勿详，又得其书者，大都视三事为三而不知其实一也。河，治水事也，水有利有害，能去水害者，在能收水利。漕为惟正之供，什一而征，法自前古。盐之起也，命曰海王，固以佐军国所不及，而纾沾体涂足者之困。凡皆以奠民居急民事也，唯以三事皆近利，司事久则见利忘义，渐去其本以病民，卒至司事之利亦与俱病，则不揣本而齐末之故也。

河盐二事，仆实能究其深，举而措之，于国于民既大利，而司事者亦沾溉无已。惟漕则大略而已，其细微曲折，可不变法而推行无碍者，颇未能自信。嗣游武林，识故平湖令江阴赵琳圃球，示及政书五篇，唯《说漕》为最善，条列十五事，二万余言。如其说，则民与官与丁，皆取诸宫中而用之裕如，一切依于成案，只须去胥吏之奸而已。因手抄而藏之，欲删要为书以补吾缺，携至都下，遍言于所知，借抄转展，遂失其稿本。赵君老矣，其书刻否并存殁不可知。仆意以漕主江浙，即举赵君法，而民困卒难悉纾，然兴屯以减江浙之额漕，斯事体大，恐未有能见诸实事者。举赵君说，则潜移默运，谨守成法，贪夫无以肆其唇舌，小民已亲受利益，或亦可杜大患于日后。世果有出类之杰，膺圣主笃信重寄者出，一反五百年之弊，以上利国而下利民，则仆说具在。若居得为之地，只有心补苴，以小利斯民于目前，则当求赵说。其书固已至纤至悉，节目备具也。

仆转侧江、淮、燕、齐数十年，时时与当路论说民间疾苦，为补救之方。诸公亦共信其谋不为身，确凿可行而善之，然卒未有能举其事者。至市井小民，偶倡邪说，于事理既无足动听，又其力曾不足以达微员末弁，而近之一二年，远则五六年，其说竟上腾章奏，仰邀俞允。仆经见已屡，窃以为天意欲重困斯民，浸削国脉。积久然后知上利国下利民，则中必不利于蚕蠹渔牟者，故百言而百不用；上病国而下病民，中必大利于蚕蠹渔牟者，故说一出而万口传播，终得达于大有力者。以是知仍关人事，而非彼苍之降割下方也。

仆老而试令江西，权篆新喻者年余。前任倚上游有连，摧折庠序，以预为加漕地，致兴大狱，省垣悉谓其民为比户可诛。需次无肯往者，不得已而及仆。仆受命星驰，未及邑境十五里，居民夹道私语，新喻城必不能入。仆从闻之，皆欲少留。仆中夜驰至，诘朝视事，隶役逃散略尽。而父老督子第催科，勤于粮差。其应审人证，谕父老送案唯谨。及当征漕，仆集绅耆与户粮书吏廷谕之曰："漕正供也，民司输而令司征。至兑军安丁，与上下规费，本属陋规，然议裁减则权不在令，出赔垫则仆无其力。诸君与户书，非族即戚，仆初任贵邑，又向未办漕，诸君与户书取存架十年来旧卷，核算其必不可省之用费，使仆无赔垫之累，贵邑免抗顽之讥，足矣。若前此虐民诸政，仆已访悉，力能尽划除之。一遵漕运则例，花户执挡，余米收回，断不使诸君讥仆行不掩言也。"绅耆与户书公算三日，漕费须库纹万九千三百余两。邑人踊跃输将，米既干洁，而费用毕集。兑军时丁验米色，谓为生平所未见，一切规费皆如向例，而兑付加早。及军船开行后，乃蒙擅变旧章迹涉科敛之严劾，去官待办。漕运则例世莫遵行，以浮收靳折为旧章久已，考曰擅变，夫复何辞？然民情大可见，而漕事非必不可办，亦可见矣。

故集录前后诸文，附原刻《中衢一勺》之后，为附录四卷。卷内反复，皆盐漕河三事，三事虽政之一端，然非具运量全局之识，固不足以察事理之所极，而随时酌剂以有利无弊也，故摘取《说储》上篇，序论举要之词，附之编尾，使览者得悉其指归焉。

海运南漕议并序

嘉庆癸亥，河南衡家楼决口，穿山东张秋运河，粮艘不能行。中外颇忧漕事。上以谏臣言，饬有漕督抚议海运。予曾游上海、崇明，登小洋、马迹诸山，从父老问南北洋事，稔海运大便。然非有所资借而骤改旧章，则疑众难成。既见邸抄，遂委曲告所知。未几，其说达于江苏巡抚，属为论列，巡抚以为然。删润再三，阅月余始缮折①，而浙江巡抚已论罢其事，竟以中止。予以其关系极重，故删为私议，以俟后日之谋国是君子推取焉。

驳海运之说者三：一曰洋氛方警，适资盗粮；二曰重洋深阻，漂没不时；三曰粮艘须别造，舵水须另招，事非旦夕，费更不赀。然三者皆书生迂谈，请得一一折之以事实而后伸正义。

出吴淞口，迤南由浙及闽粤，皆为南洋。迤北由通海、山东、直隶及关东，皆为北洋。南洋多矶岛，水深浪巨，非鸟船不行。北洋多沙碛，水浅礁硬，非沙船不行。小鸟船亦吃水丈余；沙船大者才四五尺。洋氛在闽粤，皆坐鸟船，断不能越吴淞而北，以争南粮也。

沙船聚于上海，约三千五六百号。其船大者载官斛三千石，小者千五六百石。船主皆崇明、通州、海门、南汇、宝山、上海土著之富民。每造一船须银七八千两，其多者至一主有船四五十号，故名曰船商。自康熙廿四年开海禁，关东豆麦每年至上海者千余万石，而布茶各南货至山东、直隶、关东者，亦由沙船载而北行。沙船有会馆，立董事以总之。予尝问其每岁漂没之数，总不过千百分之一，而遇飓风、松仓在其中。松仓者，巨浪入仓，豆见水辄胀大至倍，恐船膨裂，故酌弃其半于海以松之也。今南粮由运河，每年失风，殆数倍于此。上海人往关东、

① “阅月余始缮折”，原作“初缮折”，据清吴熙载手校《小倦游阁集》稿本改。

天津，一岁三四至，水线风信，熟如指掌。关东、天津之信，由海船到者无虚日，此不得以古人之已事为说也。

秦、汉、唐漕粟入关，未尝言官艘，唯《刘晏传》有宽估之说，谅亦杂雇民船。国家除南粮之外，百货皆由采办，采办者官与民为市也。间岁并有采买米粮，以民船运通之事。而山东、江南拨船，皆由雇备，是雇船未尝非政体也。取其便适无他患，何必官艘哉？沙船以北行为放空，南行为正载。凡客商在关东立庄者，上海皆有店。上海有保载牙人，在上海店内写载，先给水脚，合官斛每石不过三四百文。船中主事者名耆老，持行票店信，放至关东装货，并无客伙押载，从不闻有欺骗。又沙船顺带南货，不能满载，皆在吴淞口买人挖草泥压船。今若于冬底传集船商，明白晓谕，无论其船赴天津、赴关东，皆先载南粮至七分，其余准带南货。至天津卸于拨船，每南粮一石，给水脚银四钱。上载时每石加耗米五升，卸载时以平斛收，津丁之加二五米，俱成正供，以增仓储，合计南粮四百万石，不过费水脚百六十万，曾不及漕项十之三四。此合州县津丁兑费而言，非专指粮道库项也。而陆续开行，二月初，江浙之粮即可抵淀。往返三次，全漕入仓矣。船商以放空之船，反得重价，而官费之省、仓米之增者无数，又使州县不得以兑费津贴旗舵名目，借词浮勒，一举而众善备焉。先期咨会浙江提镇，哨招宝、钱陈，江南提镇，哨佘山及大、小洋山，会于马迹，山东镇臣，哨成山十岛，会于鹰游门，以资弹压护送。而淀津有拨船数千号，足敷过载。由淀津抵通二百里，无粮艘沮滞，挽行顺速，唯装卸及发水脚之时，若使吏胥克扣需索，则船商或畏怯不前耳。然悉心筹画，专意了此一节，亦非甚难之事也。至行之有效，然后筹裁撤粮艘、安插舵水、清查屯田，其事皆有条理可循。兹未及具论，谨议。

合注：招宝山，在宁波府；钱陈山，在嘉兴府，俱在海中。佘山在崇明外洋。小洋山，江苏、浙江洋面交界处。大洋山在小洋山东南，入浙洋界。马迹山在崇明南，上有都司营。鹰游门在海州与山东洋面交界处。

筹河刍言

治河者始自下流，下流既畅，上澜自安。自神禹以迄国朝靳文襄，奏绩宣防，莫不由此。自贾让倡不与水争地之说，墨守诸生，群以筑堤激水为非计。而前明潘氏解之曰："导河云者，盖洪水横流时，禹度其高下，以堤束之，引而入海之谓也。"愚证以八蜡祭防，则潘氏之言信矣。潘氏又曰："沙垫底高，但谓旁决之河，不可以论于归槽时也。沙易停，亦易刷，水势归槽，则沙随水刷。故余所筑遥堤，守之十七年而未尝有分寸加高者，诚以水聚则底深也。但底深之后，人视堤为无用而弃之，不加修葺，则有旦夕之急耳。"绎潘氏之论，以验文襄之事，大概可知矣。文襄之督南河也，清口以下涸者且十年，遂于关外接筑长堤，除逼海软淤廿里之外，皆加修防，堵塞决口四十余处，而河以治安者五十年。是故近日之河患频仍，说者共咎海口矣。然而不稽前贤之成绩，不察现在之情形，谬为铁板沙、拦门沙可骇之说。又谓海潮上下，河水不敌，以致淤垫，因有别改海口，及修复爬沙船、混江龙等议。夫改海口之说，潘氏已详言而力排之，今昔一理，无容赘辩。至爬沙等船，乃文襄之舛议。铁板、拦门之名，自前明嘉靖之初已见章奏，其时海口仅在云梯关下，至今海口东徙且数百里，若果系铁板，则当横塞关门，何以竟随水下徙耶？

盖河水下注，海潮上溢，于口门一顶，则潮水锐而中行；黄水曲而两散，黄潮交汇之处，中聚停沙。此不必海口为然也，凡山河入江之处皆有之。愚更谓黄口之潮，实弱而易敌，唯不能为黄厚集其力耳。夫水莫大于江河，海潮入江直上至小孤山，瞬息二千五六百里。海潮入河，仅抵十套，才百五六十里耳。盖海虽周环，而性同就下，地势北高南下，海流趋于南，而山东之成山矶头，横插海中者千余里，挑溜东去，回溜南折，正抵钱塘，故潮为最大。黄浦口次之，福山口又次之。河口近在胶僮之间，正成山之矶窝耳，故潮力甚弱。河源万里，又合五省之支流，此正“同为逆河”之势也。但北岸六套，南岸仁和镇以下二百余里，全无堤束，遇大汛水旺之时，横溢至数百里。流散则缓，潮乘其虚，直入以扼其吭，故河身积淤，屡致不测。愚尝亲至海口，南自射阳湖，北至灌河口，徘徊青淤尖上，度其情势。见潮落之时，拦门沙面水色深白可辨，去口门尚有二三十里，与潘氏所言不殊。夫河既入海，而沙在二三十里之外，其不阻大溜也明甚。诚修培旧有之堤，接长至逼海软淤二十里为止，则河力聚，而海潮上泛，河溜仍自下行，冲刷底淤，不至如今之潮旺时，河水倒流百里，致上游水立矣。再度上游河身漫宽中泓无溜之所，测量水线，镶做对头束水斜坝，激动水头，节节逼溜，导至清口。乃于束清坝下，接长盖坝，逼高清势。于御黄坝外，加做顺黄大坝，挑黄溜北行，导清溜东注。分工赶办，遴选良善之员，期于归实。不过经两大汛，而桃源之高家湾以下，河底可以掣深。河深则淮高，清水下注，助黄刷沙，高堰自不吃重，粮艘永无滞碍，此未然之事，而有必然之理者也。今制府奏请饷六百万，分别动帑及摊征归款两项。南河从无摊征之例，恐骇民听。而户部筹拨，势实不继。内外俱以为忧。愚周旋海滨者月余，详察地势，周咨人情，有深便于民而借资国帑者二事，敬谨述陈，以庶几野人曝背之义焉。

合注：靳公言黄河盛涨时，水面高于平地，自数尺至丈不等。今冬令之河底，且高于平地数丈。盖潘氏之前，遥堤未备，河水泛决漫流，平地亦从而高，故平地与河身不甚相悬，是以终宋之世，河可南北两行。及潘氏汰黄堤成，河水独行，而嗣其事者，不能攻淤以治河底，唯恃继长增高，以幸无患，是以河底日高，竟成筑垣居水之势，有决口即夺流，无复两行之事矣。

高家湾，在桃源、清河交界处，外北厅所辖场庄口门上三十里。

一、拟召买海淤，厘奸杜争，以裕经费。

云梯关下，其北岸自马港河起，东下至现在海口，青红二沙，淤成堆阜，迤北之云台山，已成平陆。地隶海、安、阜三州县，民灶相杂，淤出新地约方二百里。前此乾隆四十五年，因水漫豁粮之民灶地五千七百六十三顷零，今亦淤成沃壤。其南岸北沙以下，至黄河尾闾，长二百余里，宽百里，无赋者十居八九。又鳝鱼港诸处，向因无工，黄河漫水南注射阳湖荡，亦出淤洲甚广。查南北两岸，截长补短，以鸟道开方计之，约方三百里。每里五百三十亩，当得地四十五六万顷。以五六万顷为湖河沮洳之地，又除十万顷为苇营官荡及浅淤、青淤、斥卤不毛，民居、坟墓之地，又三分去其一，当得产稼地二十万顷。此地皆肥淤，其附近海州及关前数十里者，多有大户隐射，其余亦有客户搭棚私种。撒种满野，收成即去，每亩收豆麦至二三石之多。因无粮官地，不敢恋种，即大户隐射者，亦不敢硬占，不过贿嘱吏胥，且前且却。偶有报升在案者，又成讼至十数年莫得咨结。前高文端所谓百里无人烟之处，今人居颇密，为东南富户所集。查乾隆四十年，前升任库道李奉翰，议详制、河二院，将苇营溢地，召民领买。后缘四十五年豁除关外溢地钱粮，召买案以中止。今既淤溢肥饶，出产繁沃，且居民愿得此者，不谋同词，徒以报升费重，莫敢先发。

查文襄治河，共用银二百廿万两而功成。其友陈君为筹钱粮于淮扬居民，谓河治则田可耕，且新淤田肥，出产加倍，共帮修河费银，每顷三十、二十、十两不等，遂以归款，其余以济官吏弁兵。公费饶裕，令行如流，俎豆至今，未尝有议其加派病民者。其“八疏”内《筹画钱粮》一疏具在，可稽也。夫文襄时，以居民己产帮费修河，尚踊跃恐后，况此以官地召民承买，开其财源，永杜争端，岂有不应捷影响者乎？诚明示召买，其先已隐射耕种者，皆准自陈缴价，给与执照。以地高下定价，每顷分三十两、二十五两、二十两三则。以中则为率，可得银五百万两。又带缴接筑护田大堤费银，每亩三分，可得银六十万两。查该州县正粮，每亩岁纳银三分、二分、七八厘不等，除安东一邑无漕外，每亩又征漕一升至四五合不等。今召买之地，旧占者即年、荒地二年后，一体照则摊粮，约以每亩二分为率，岁可得银四十万两。每亩带征接堤岁修银二厘，可得银四万两。三项均归河库。其前此隐射，而示到两月不行陈报者，许他人指买。其同指一段而报买在后者为套报，不准。若所报亩顷之数，丈出不实在十二以内者，但令照数补缴，过此即治以欺隐之罪。

难者或谓：“海滨人悍，大户隐射已久，复使缴价清丈，或至滋事。”此非暗于理而不乐成美，即欲酿民争以便其攘利者也。隐射之户，每年所出规费倍蓰正供，又豢养拳勇以备械斗，倘成命案，常至倾覆。今出示招买，即隐射万亩之家，不过输银三千两而永享丰厚，且谁肯岁费无算，以自蹈危机哉？至素为大户豢养之徒，性非无良，徒以势孤力微，不能自占官地，故依托大户，聊为生计。今既可以指买，各出所积，皆得永业。富者乐其远祸，贫者乐其得生，滋事之虑，诚为过矣。又谓：“海淤地广，附近民稀，召买莫应，徒多一说。”此亦非明于事实者也。关外居民，本皆新植，一由私种官地，一由转贩荡料，致家大万，枌榆相望。且清江文武各员，内外各幕，及彼游客兵目，多拥厚资，共知指买为大利所存，但恐人浮，无忧饷绌。或又谓："王者不与民争利，斥卤之区，宜弛以便民。"此又貌求宽大之经而坐失治平之柄者也。夫弛利与民，所以济贫乏，非以优奸宄。今任大户之隐射，而贫民为其牙爪，道府州县之猾吏，相与为奸，非所以成政体也。召买一行，则奸民不至犯法，而有以自全；贫民皆得食力，而有以自植，是一举而教养之实备焉者也。凡此三说，皆非所忧。但宜简公忠晓事大员一人专司其事，礼致一二贤杰为海隅人所素信服者，招徕晓谕，以消小民不信官府之心，先得数大户及民望为倡，则报买骈集矣，若误任牧羊之狼，而辅以假虎之狐，则百为而百无成，又奚必召买海淤之一事耶？

康熙三十八年，河身创堤，奉旨：此堤不论远近，必与要修。朕业已指示，不用高宽，止用高五尺、底宽二丈、顶宽七八尺以遏水头，钦此。查现今当接筑之堤，除近海沮洳二十里，计之约二百里。北岸创堤，长三万六千丈，顶宽八尺，底宽二丈八尺，高五尺。每丈计土九方，共计土三十二万四千方。南岸较险，临河一面，应筑坦坡。顶宽八尺，底宽四丈八尺，高五尺。每丈计土十四方，共五十四万方。二共计土八十六万四千方。每方宽估作银四钱，水硪在内，取伏淤真土，打碎坚筑，共需银三十四万五千六百两。嗣后递分二年，北岸加高培宽，筑成新口堤。共高八尺，顶宽二丈，底宽五丈二尺。除原创土方不计外，计用新土共七十三万方。南岸坦坡加高帮宽，亦分为二年，新旧堤共高八尺，顶宽二丈，底宽八丈四尺。除原创土方不计外，二年分筑，计用新土共一百万方。两岸续筑新土，共一百七十三万方。每方四钱，共银六十九万二千两。连原堤通共银一百三万七千六百两。先即行委官两岸勘筑封土，领饷兴工，一月可以毕事。其款在买升项下拨还。买升之项不过期月，大势必集，无容虑其不能接济也。再，新堤顶溜陡水之处，须镶做防风以保冲突，归入另款。招买示未发之前，当行各州县提取粮册赤书，日后照册除粮丈地，自无欺隐矣。买升之款，除接筑长堤外，可备修筑砖石各工，及创高家湾以下，河宽溜缓之处，挑水各坝，复建清口顺黄大坝，头坝前接长盖坝至风神庙，及各工帮戗之需。堤成，仍宜修复栽柳种茭之制，派兵与民协护，则久安长治之策也。

一、拟筹盘苇荡，任地惠民，以平料物。

近年河费繁重，皆因料价腾贵，料贩居奇，以致漕规例价不敷。旧例购料七十五两一堆。在十月至正月收生柴九万斤，二月至四月收温柴七万八千斤，五月至九月收干柴六万六千斤。而今不论月日，改收柴三万斤一堆，发价一百四十五两至一百八十五两不等。是今之一堆，昔日两堆之价也；昔之一堆，今日两堆之用也。出入相乘，悬殊四倍，正供有常，何以堪此？查南河皆用海柴，海柴皆产苇荡营官地。凡民间烧烟，旧例皆官料做工之余。今乃奸民串买荡柴，反与河员为市，居奇抬价，以病国帑。且饷或不继，料不至工，常至成事。夫水性有孚，盛涨逼堤，无料加镶，乃至漫刷。是近日南河机宜，探本清源，专在清荡。查连年岁修、抢险二款，用至二百三四十万之多。工程经费正料居六，杂料及夫土居四，则每年购料银，约百六十万两。以新定例牵算百六十两一堆计之，约通工用料万堆，每堆限缴三万斤，且不能足数。以原定每堆七十五方，每方四十束，每束干柴二十二斤计之，则实得漕规料四千四百堆，即可济通工之用。

查苇荡左营原额产柴地五千余顷，右营原额产柴地七千余顷，共万二千余顷。今既淤宽，前升任库道吴坛，曾用绳围荡地一亩，樵得重六十斤柴二十四束。以衰旺取中，每亩樵得漕规生柴三十斤一束者三十束，则万二千顷，可得柴三千六百万束，为料万二千堆。以四千四百堆为加镶春工及防风抢险之需，仍余七千六百堆。官分地设厂，运卖烧烟，每堆取足钱八十千文，比之今日市价，才三分之一耳，其便民岂有既哉？合计卖价，可得足钱六十万八千千文。其樵兵交工四千四百堆，不行给价，外余柴束，每束照正料旧漕规减五厘，照刀本增八厘，见束给樵兵银一分五厘，共银三十四万二千两。每岁八月，即发银十万两，为各兵募雇刀手之本，又发银二千两为搭棚之费。

查左右二营，实樵兵千二百名，每兵自雇刀手五名，合七千人。自霜降日开采，至清明日停刀，共一百六十五日，除十五日为大雨雪停采外，一百五十日。以三千六百万束分计，每人该采五千一百束，每日该采三十五束，堆驮在内。每兵领募本八十两，以雇五人，一切宽裕矣。此项即于给柴价内扣还外，仍余柴价二十四万两。提二万两为停刀后疏沟补种之用，以二万两为本营参守千把协效之公费，以一万两为记名效用百总头脑之酬赏，以一万两调济操防中右二营当差公费，以二万两调济船务营弁兵，以四万两为觅船分运各厂及司事辛食之费，仍存柴价十二万两。分给樵兵，每兵一名可分百两。以厂卖六十万千计之，除去柴价，尚存钱二十六万千，可以助杂料夫土之用。查左营地，各队各兵俱有分界。右营漫滩，并无分址，似应丈清，照左营例分定。使兵知产柴旺，则得柴价多，视如己产，加意护青。且巡守勤慎，堆成时不虑奸人风火也。

然此举商之河堧官幕，则莫乐行之者，何也？官之领帑购料，幕之代官收买，游客之为料贩居间，皆非无为而为。今取诸官荡而有余，且转以卖之于民，则办料之利窦塞矣。常时料价尚有行市，唯抢险急需，则居奇数倍。而幕借以告其居停，官借以白其上宪，皆不能驳价核实。今工积官料，备防无匮，则做工之浮开杜矣。

市虎成于三言，筑舍误于谋道。故曰非言之难，听之难也；非听之难，行之难也；非行之难，断之难也。是唯望当路君子之能断而已！

复戴师相书

师相阁下，辱赐盛馔，捉席垂询，竟至分夜。世臣不材，何足以塞盛意乎？然运量宇宙，不遗微细，世臣虽非其人，称此以求，必可得人任事，天下幸甚！吾道幸甚！承拳拳南河，备问苇荡兴废之由，面对不悉，谨以书陈，伏惟垂察。

康熙中年，海口淤地产苇，材中厢埽。乃以沿河河夫五千名，奏拨千二百余名为苇营樵兵，分隶苇左右二营。余三千七百余名，改为船务营船兵，设立苇荡参将统辖三营。船务守备辖浚船七百五十连，计千五百只，分十队。名浚船者，即靳文襄所设爬沙浚河者也。拨运二营正料，分归各工。其左右二营所辖樵兵，每兵一名，管苇地十顷有余。采捆筏垛，人力不敷，各兵不能出钱雇觅刀手，乃与附近居民议割分柴，公私各半，此沿海居民得有苇柴之始。原例每兵一名，额交三十斤一束生柴三千七百五十束，以三千束为正方，以七百五十束为筹柴。调剂弁目，荡内势难秤收，乃以长五尺围四虎一腰抠为度，颁发二尺四寸箍口，名为揸收。此外余柴，见束发刀本银七厘。该营弁目渔侵无度，始为滩棍挟持短长。地则官营，料为私荡。近年因柴束止重五六斤，又皆苇叶杂草，包夹沙土，不合工用，遂改收五十斤一束净柴六十束为额，现已照行三四年。诚恐后来额柴止存六十束之名，并无五十斤之实，则是徒费俸饷而苇营反为工累也。

闻前河督白公，尽荡搜采之后，查明附近居民，按户卖与官柴，给其烧烟，每束止取银五厘。兵以余柴卖官得银七厘，而民就官买止银五厘，故柴无偷漏，公事举而经费省。乾隆四十五、六等年，连次漫口，皆以白公二堤拦住溜头，得免成事。始知白公二堤皆以苇柴作骨外敷淤土，以此知苇荡官柴，分派各厅名曰正料者，明其足济通工也。今营地淤溢十倍，而料反不及原额什一，《刍言》所云利弊了著，阁下复按决计，无烦疑虑也。左营坐武障河下游，自守底堰，各队皆有深沟，蓄水养青，是以茂产。右营漫地无界，北高南下，闻有居民住居荡尾，放沟取鱼，苇青失养，是以衰耗。又例以清明停刀，为二青渐长，恐被割伤，今闻采过四月。三年之后，苇悉变蒲，蒲于工不适，而卖与淮商，得利倍苇，奸徒之所欲也。宜一切严禁，以复旧规。料足则澜安，阁下但力举此事，可无南顾之忧矣。

至南河库贮，旧止五十二万，今十余倍而不足，疑或误传，此诚阁下实事求是之意也。河厅设堡夫，河营设堡兵，止领月饷无食米者，以各分以滩地，耕种自给，然谷归自赡，秸缴充工。又自霜降至清明，每兵夫一名，课积土七十五方，以充压埽修堤之用。沿堤柳株，霜后科砍，以充桩橛，纻缆即用荡柴，惟杨桩石灰苏缆麻绳乃须购备。取诸宫中，故钱粮节省，而无缺乏之虞。今通工文武，无复知此例案者矣，阁下试检旧档，始信其不谬耳。珍重千万！世臣再拜。

合注：左营分中有车轴河，底堰在其尾。河两岸各有宽平官道，夹河各开宽沟入荡内，犹百足形，以分队界。内各有小沟以分兵界。善治右营者，宜于霜降日起，募集刀夫万余，从八滩开采，由外达内，务于正月底将荡柴樵尽，直达于底。乃分中开一宽河，于河头开一横河，犹丁字形，南达射阳湖，北抵底大堤根，使舟楫可通。再行夹河开沟，分汛分队，约如左营，则荡尾之柴得以采伐，而公事整齐，棍徒不能阻挠。其所费虽多，取偿甚易。旧在荡内居民，悉召充樵兵，兵基地亩，各在本汛，使居民不得入荡居住。开河之土，于两岸高筑宽平官道，使舟车两达，河水充足，既借养青出筏，又资鱼利，以优弁兵。

马港河，即马港口，又名六套，在安东县治东百三四十里，又名大通口，即董安国误打拦黄坝之所。大通者，圣祖皇帝钦赐之名。张文端毁董安国所筑拦黄坝，而黄淮入海之路为之大通，故遂以名之也。

策河四略

南河所辖曰黄，曰运，曰清。其要害曰海口，曰清口，曰高堰。海口不畅，则上游水立，而黄灌入清，清黄相抵则淤垫清口，清水不出则高堰吃重。今海口既兴大工，堵合马港河，浚旧海口，不日启放引河，大溜冲刷，下游定能深畅。然不知黄之受病，实在清口以上之高家湾一带，河宽无槽，中泓溜弱，是以淤浅，而病发清口。淮之受病，在移束清入湖口，移御黄至河沿，而并收窄其金门，遂使清弱黄强，终年滞运。及淮水上游盛涨，而洪湖又以连年启放丰山、祥符各闸，湖底之迤北垫浅过半，水势南掣，五坝不守，坝下引河，渐次湮废，下河民便，什九淤塞。故上坝一启，则下河成灾。自甲子及今七年未安枕已。而今年守湖过旺，遂至西风一日，三坝并通，时将短至，而高邮、邵伯犹昕夕戒严。南河时事，岌岌如斯。加以调拨正供，几遍天下，开土方，增盐价，利源渐穷，而河势更否。率此为常，后将何及？以愚筹之，约有四略：其一曰救敝要略，其目八：曰堵御坝以浚运淤；疏引河以导湖溜；接长盖坝以发清势；补筑顺坝以杀黄怒；截港接堤以敌潮汐；外柳内芭以防漱漫；对坝逼溜以攻积淤；引溜归泓以减险工。其二曰守成总略，其目六：曰课官幕以慎要工；逐倡优以节浪费；核春工以杜虚险；稽垛牛以备黑汛；严守减闸以掣湖底；劝疏便民以备启坝。其三曰筹款至略，其四曰积贮本略。后二略前已详具《筹河刍言》。凡此四略，得实心实力之君子，不挟私，不避怨，举行如指，而三年之后，三河不复潘、靳旧轨者，未之有也。

救敝要略

堵御坝以浚运淤　疏引河以导湖溜

现今回空未竣，春初重艘即来，筹画送运，先务至急。运河自黄水倒灌，而界首以下为高宝湖水抵住，节次停淤，法宜挑浚。盖运河身窄，积淤至百余里，即有清溜下刷，而老淤既坚，水势一大，即防旁溢。故靳公治黄止抽川字沟，而治运必用深浚也。今王家庄口门停堵，以放黄水，免致下游并淤，此法至善。似宜候回空过竣之时，即堵御黄坝，涸出运河，测量灰印，分段开挑，则王家庄东西三口门皆干，撮土封之矣。今年洪湖盛涨，积水至二丈，而清口不过出水三四尺，是湖水必过丈五，方能出束清坝之左券也。

束坝内旧有五条引河，年来黄流并倒入湖，黄影至关帝庙，引河大半淤垫。而三坝掣通之后，湖水陡泄，计俟义坝合龙之后，湖水不得及丈，海口开放新河，黄流必可陡落数尺。现在清口水深二尺余，皆系借黄，使黄水陡落，清流不出，则运河必涸，何以浮送重运？似宜于引河南口，煞坝开挑，内蓄外导，则开春清出东坝，可无误运。此虽寻常共见，然舍此更无他术。

合注：关帝庙，在武家墩直南三十里，去高堰厅治十里。

接长盖坝以发清势　补筑顺坝以杀黄怒

河口旧有顺黄坝，湖口旧有转水墩，是以得免倒漾之患，重空无沮。自改顺黄坝而为御黄，废转水墩而建束清，河事渐不如前。然束清坝建于风神庙之北，当湖流出砖工口，汤汤下注之势已三百余丈，故对坝一束而清力更猛，又其回溜折下头坝，恰符七分刷黄三分济运之数。御黄坝退在汰黄堤里百余丈，当黄水漾入，势宽平行，其怒已杀，而坝御之，故清强黄弱，交汇于彭家码头之下，是虽无转水墩顺黄坝之妙，而为意则无殊也。前河臣进清口图，纯皇帝朱笔于头坝前画出，河臣遵做斜坝，即今盖坝。仰测圣意，诚虑清水出湖，即下运河，故于头坝前以坝盖之，送清水大溜出束清坝，而收回溜入运河，法为至善。前创束御二坝，皆冬筑夏拆；后此奉行渐弛，拆筑不如时，兼盖坝缩短，全不得力。后乃移束清坝于砖工尾，收金门为二十四丈；移御黄坝于汰黄堤，收金门为十五丈。夫洪湖方二百里，水源七十余孔，以二十四丈之金门，而泄水于高仰之太平河，其势不能掣动全湖矣。黄溜傍汰黄堤，而御黄坝束其旁，缺十五丈，是几如口门矣。又进御黄坝口，既宽数十丈至百丈，水过坝而散，力弱停淤，是清黄交病而运道受伤，高堰独当湖冲，淮扬并受黄害也。两坝之移已数年，成案孰敢议者？然将束坝金门拆宽数十丈，以畅湖口，展宽雁翅，下属盖坝，又接长盖坝至旧束清坝址，西岸亦增雁翅，属以缕堤，送水出湖，直注于河，而回溜东折，行百余丈，方下头坝，则五坝三闸皆不吃重，而重空足资浮送矣。

于御黄坝外筑顺黄坝，其长以掩御坝金门为度，挑黄大溜北去，导清水大溜东注，此棒师以拳击腰之术也。盖坝接长，逼出清溜，可长尺许；顺坝补筑，黄溜北下，可落尺许，长落相乘，便可三尺。凡黄与清平则清出，高五寸则相抵，过尺则漾入，过三尺则夺流。十年来黄水盛涨，未有高清水至四尺者也，是助清抑黄至术也。此法行，则清水常出，大溜日掣日深，高堰自不吃重，此古人所谓形禁势格则自为解之术也。舍此不议，而斤斤以加砖工做碎石，以求高堰之巩固，恐未有奏效之日也。

合注：后此收束清坝金门至十丈，御黄坝金门至五六丈，宜太平河之常成平陆也。而周桥长年开放，下河为壑矣。前此太平河本有深槽，湖口水出，势若建瓴，横冲黄腰，故情势如此。近日黄底日高，太平河北高南下，势如仰脸，相平则闷口。清高数寸，犹不能畅出刷淤。故盖坝顺坝两工，尤为目前救敝要务。

截港接堤以敌潮汐　海口情形，系愚十三年春夏间亲到周历数月所得。目前白马港河漫口，兴工两年，想略不同，然亦无大异也。接堤之法，详见筹款略中。*外柳内芒以防漱漫*

筑堤束水，即神禹之所谓导也。潘氏筑遥堤二十万丈而河患息，靳公接筑云梯关外淤地七十余里而患又息，此前事之师矣。但靳公接筑之堤，自高文端以关外无人烟入奏，遂罢修防。其堤既不整，偶有缺处，遂成漫港，水多旁散，至北岸六套、南岸仁和镇以下二百余里，全无堤束。遇大汛水旺之时，横溢至数百里，流散则缓，而海潮乘虚直入，故河积淤，上游水立，每有不测，皆此之由。似宜全修旧有之堤，同于关内，而接长至逼海软淤二十里为止，则河力聚，而海潮上泛，河溜仍自下行，冲刷底淤，日刷日深，此即潘氏所谓沙易停亦易刷，但能以水攻水，断无水底施工之说也。

缘堤种低柳五排，此潘氏法也，靳公加以高柳，后此并有栽柳监生之例。自海口淤洲产苇，设立苇荡营参将，而镶埽改用芦苇，柳禁渐弛，今则柳存者，知晨星相望矣。似宜责令堡兵，派种勤护，以分浪势，免致漱裂堤根。堤以防水，然骤长漫过，亦所难免，堤外有柳以破浪头，而堤内斜分土陡，水过跌塘，辄掣出沟槽，抢护偶懈，遂至成事。宜饬兵种芒，芒形如芦，而性柔根密，巴住土皮，偶遇水冲辄仆身护土，虽陡水抽掣日许，其土不动。又性最易传开，以之镶埽，其用如苇，而烧烟则坚实过之。以堤面斜分空地密种之，既护堤，又生利，于公于私，并为得也。其种徽、宁、池三郡最多，价亦甚贱，若饬下该州县，买其根盘而随时搭解工次，亦费少而益多也。

合注：筑堤御水，以防护田庐，故谓临水者为堤外，近民田者为堤内。

对坝逼溜以攻积淤　引溜归泓以减险工

河身深则安澜，浅则成事；下游深则安澜，浅则成事。河槽窄则流急而深，宽则溜缓而浅，此理易明也，此效易致也。故霜降水落之后，通测黄河身深二丈以上，而海口倍之，则黄治矣；通测引河深丈五尺以上，而清口倍之，则淮治矣；通测运河深丈以上，而江口倍之，则运治矣。若上下皆深，中间一段独浅，此而不治，则成事在即。自海口不畅而黄淤，成事一处，则陡淤百余里，虽挑浚新河不还旧观也。黄淤水高，而清口倒灌，于是运河淤，甚者且淤入湖。然清口之淤，引河之淤，运河之淤，皆可煞坝挑浚，而黄河之淤非人力所及。法唯相度水势，槽宽溜缓之处，镶做对头束水斜坝，以逼其溜，使冲激底淤，节节逼之，则淤随浪起而淦更重，淦重则积淤更易刷矣。

潘氏之法，遥堤相去千丈，中有缕堤相去三百丈，河槽在缕堤之中，急溜东下，日刷日深。故其初每年有大汛一二次，溢出缕堤漫滩直逼遥堤，三四日即退，三年之后，河槽刷深至五丈以外，不复漫过缕堤矣。此潘氏之所以守遥堤十余年未尝有分寸加高也。自缕堤多废，而河身始有坐湾，一岸坐湾，则一岸顶溜，两处皆成险工，岁费无算。宜测水线得底溜所直之处，镶做挑水小坝，挑动溜头，使趋中泓，而于溜头下趋之对岸，复行挑回，渐次挑逼，则河槽节次归泓，而两岸险工可以渐减。率此守之，虽以复潘氏缕堤之旧无难也。运河偶有浅处，用此可以立深。

守成总略

课官幕以慎要工　逐倡优以绝浪费

河工旧例，以文官司钱粮，武官司桩埽。而武官做工之尤要者则曰效用，故有当家效用之名，千把以上，至于参游，皆起于当家效用，故做工者莫能欺。而文官但凭武官工册，发饷稽数而已。后文官知做工系利薮，乃与武官分工。于是延友始有外工小席，而外工必参游所荐，荐主力绵，但以能进，故工程结实。近则工程全归文官，武官几同虚设。而外工皆院道所荐，外工修脯素薄，乐在驻工，院道所荐，则不得不派之驻工。彼既不解工程，而厌欲甚难，于是与库贮大幕内外勾通，彼报此销，循环莫诘。办工真帐各在库贮，居停为其挟持，即能洞知其弊，亦不敢声张更易。似宜申明勒荐幕友之例，集库贮外工而扃试之，能者留之，不能者罢之，则真才得显，而后起专心学习矣。

清江弹丸之地，旧无声乐。近日流倡数至三千，计每人费一金，则合计岁费当百万矣。清江民人不耕不织，衣食皆倚河饷。旧例南河库贮岁修银五十二万，而官俸兵饷与焉。今倍之始足以给娼妓，宜河饷之日告匮乏也，法宜驱绝。

核春工以杜虚险　稽垛牛以备黑汛

河工例于霜降前勘估春工，十月发饷办工购料。若春工照估册实做，断无成事之理，亦复无险可抢。法在埽工掘埽尾，土工量土塘，则无可偷减矣。

旧例备防积料一堆，长三丈，宽二丈，高一丈二尺五寸，为料垛。即间以积土，长宽同料垛而高五尺，为土牛。一垛一牛相间。积土既以备不虞，且以杜延烧。黄河至夏秋之交，或有黑水至者，则其险不测，水立常过四五尺，非有垛牛之备，盖未有不成事者也。

严守减闸以掣湖底　劝疏便民以备启坝

靳公设毛城铺以下减闸十余座，原以防黄河异涨，非苟为济运也。近年每逢清口淤浅，即议减黄助清，黄入清即伏下，水面不浑而湖底实淤，其害至酷，似宜永远严守。但湖溜畅出，清口日深，渐次建瓴，则湖底亦可掣深。靳公初视事，湖心皆涸，三年后而老子山下水深过十丈，其按验也。减闸以备黄涨，五坝以备清涨，下五坝以泄上五坝，法至悉也。

故旧例湖水积至八尺五寸以上，即启一坝，每五寸增一坝，坝下有引河水兜，不使水太急，掣动坝底也。下坝下有便民各河以泄湖水，且以济下河之田亩。今坝脊升高数尺，至丈二乃启，而引河水兜湮废，便民多淤，每至启坝，即幸不跌塘，而下河已为泽国。苟得一二循吏，委曲劝谕，田主出财，佃户出力，而工程则任其乡之贤豪，既纾国帑，工更归实，庶可启坝而无患矣。

合注：下河之受清害，黄贻之也。黄减入湖，湖涨满而清口宣泄不及，不得不开五坝以减入高宝诸湖，而下河遂为泽国。靳公时廷议闭运河堤上诸减坝，以纾下河之困。圣祖皇帝降谕，谓水源来自高堰坝上，因命并高堰之坝闭之。其时陈潢建议，自翟家坝起，历塘埂古沟、周桥闸、高良涧、高家堰等处，于堰堤内东首，离堤一百二十丈去处筑大重堤一道，束堰堤减下一千方之水，使之北出清口，如此则洪湖涓滴不入下河。事将举而中止，论者惜之。然黄河减坝不严守，每岁盛涨分减入湖，湖底必淤。湖底既淤，月积岁累，水无所容，又不得不加高堰工。堰工渐次升高，而堰外之重堤几同赘旒，欲借为重门之障，难矣。况黄减力弱，伏秋一过，河身积高，堰工即无虞，清口保无倒灌乎？清口倒灌，则其下头坝而入运河者，其为害于下河如故也。然则黄河之减坝不闭，淮扬终无安枕之日矣。

一萼红词序

嘉庆十六年孟秋，应百菊溪制军招，自扬州至清江。制军请策，仆谓李家楼漫口之水，涓滴终归洪泽，诚恐五坝吃重，灾及淮扬。宜迅速估挑祥符五瑞闸引河，由洪濉二河分引李家楼之水，仍泄归黄河，可以刷深宿桃河身百五六十里，至减坝迤下。本年系放清水，不必大挑引河，只须将海口新堤接长补缺，于倪家滩以下淤为平陆之处，抽出沟槽，随估随派，集夫抽筑。勒限半月竣事，以中秋为期。开王营拦坝，放水冲刷，虽湖流接长，然大展束御二坝，畅掣入黄，而祥符五瑞又分减来源，则一两月间，新淤必能全刷，五坝不虞过旺。减坝跌塘才四丈二尺，大溜东掣，进占自易，九月望后，定可合龙。计抽沟筑坝所费不过五六十万，可以节省之百万，并力相度李家楼矣。制军颇以为然。而内外之议皆谓湖水断无涨满，祥符五瑞断难疏通。口众我寡，又以事既入告，难以中改，主于内者护短，主于外者怀欲，议遂被搁。

至八月中旬，湖水骤至。于是开顺清沟，拆吴城七堡，启智礼两坝，势犹不减。主于内者惶惑失措，仍以祥符五瑞引河入告，而事已无及。加放仁坝过水太猛，掣动石墙，坝基随跌，遂使高邮、邵伯各坝递启，溢入下河，抢堵颇难，生工无算。节近仲冬，而减坝尚未兴工，湖源已弱，分泄滋多。即李家楼随手堵合，黄归故道，难免倒灌，此局全输，挽颓无术。十月二十一日，朱白泉兵备在安东引河工次来促赴工。车行大堤，自昏达旦。既抵行馆，同舍生有填此曲者，仆因和之，情见乎词。录呈兵备，并寄诸同志，想有心人共此慨叹也。

合注：古法于坝台上密铺大缆，将柳草苇秸平布，加以实土，合卷埽个，牮推入水，得底后，加钉大桩，名曰下埽。近用软箱，其法以大船横于坝台，上用橛系缆，铺至船上，平铺苇料，将船逐渐推出，使缆著水面，再加层料层土，对面松缆，追压到底，名曰进占。其法至为稳实。近亦有与下埽同用，以溜势或有缓急故也。

夜漫漫，恨周桥巨浪，又纵下淮南。七邑生灵，廿场盆灶，竟谁与语冰寒？淮尽泄、黄归犹未，转新漕能否驾轻骖？人在秦庭，谋先曲突，回首辛酸。　　蒿目怀襄八载，究攻沙要术，宣节狂湍。铁集六州，错成一铸，新淤仍露平滩。惭此日补苴何在。说机宜篝火更河干。况念长星照我，怎禁汛澜？

下河水利说

淮、扬、运河东岸州县曰山阳、宝应、高邮、泰州、兴化、东台、盐城、阜宁、如皋、泰兴、通州，其甘泉、江都城在西岸，而地半在东岸，共十三州县。兴化、东台、盐城、阜宁及高邮、宝应、山阳之东北乡为下河；泰州、如皋、泰兴、通州及江都、甘泉之东北乡为上河。上、下河之水，皆来自邵伯迤南之六闸。经仙女庙过泰州、如皋至石港场下海者，上河也；经仙女庙下孔家涵北至兴化者，下河也。兴化城南十余里有河自西而东者，车逻南关坝之引河也。兴化东门外有河直东行名北盐河者，趋东台。兴化北门外有乌金荡，荡内有二泓，一泓东北下盐城，名蟒蛇河，出天妃闸二百余里下海。一泓正北下塘河，过马家荡。荡内又分二支，其北去者入射阳湖下海，东去者入蟒蛇河。又东有范公堤，北至阜宁南门外之龙王庙，南至通州掘港场，堤根之西有串场河，北通射阳湖，东贯蟒蛇河，西南抵泰州盐坝，为东台、盐城、阜宁三县水道通达之川。射阳湖、蟒蛇湖各宽三四十丈，深二三丈，溜势建瓴，北自盐城之娄夏庄，南至兴化城，东自盐城之界河，西至宝应之望直港，方百余里，即马家荡。其中四面有水泓悉东北走溜，荡内茭蒲丛生之处，水深不过尺许。其水来源唯孔家涵一路，若于秋收之后，将孔家涵堵实①，不过数日，善漫之水，便当减退。起田夫于河泓之旁，宽留河道，高筑圩岸，出水五尺，不唯可保田庐，而且河成聚溜，消水更速。

计自兴化城，北至娄夏庄，长一百三十里，沙沟东至界河，长三十里，乌金荡东至蟒蛇河头，长三十里，共一百九十里，长三万四千二百丈，两岸计六万八千四百丈。计堤高六尺，底宽一丈二尺，顶宽六尺，

① “堵实”，原作“下版”，据吴校稿本改。

见丈计土五方四分，共土四十万方。其支河港汊，逐段加筑小圩，约土十万方，共土五十万方。每方价银一钱五分，业食佃力之土方，例价如是，依例估饷，故与筑长堤，价值悬殊。共银七万五千两。蟒蛇河头抵天妃间四十里，娄夏庄抵五泛港一百八十里，堤岸间段加宽。亦计土三十万方。硪价较贵，每方二钱，计银六万两。再于汊港口做砖草斗门约银二万五千两，共银十六万两。计荡内圩出田亩，以方百里计之，可得腴田五万余顷。现在水租，每顷自五钱至一两不等，若圩成熟田按铺大粮每顷当收银二两，米五斗，是借款兴工，不过升科一二年、便可归款，不必再议摊征。两年之后所收银漕，便成盈余。而民间每年可增收米麦千余万石，则下河变瘠为腴，而清江、淮安粮价平减。利既归民，民间日附益之。即遇大水放坝，无虞涝没。司河者亦可以随时节宣，而无所瞻顾，一举而众善备，无有逾于此者矣！

靳文襄虽治河能手，然其论下河①三河六堤之说则大谬。《汉书·地理志》云："江都渠水首受江，北至射阳湖。"可见淮阳地势，南高北下，自古如此。而治下河者，必欲强其水东南行，岂不舛哉？嘉庆癸酉五月，坐小船遍历下河，所见如此，故书以告有志于民瘼者。

> 余侨扬州廿年，见当事挑浚下河者三次，每次皆费帑二三十万两。然皆注意上河，从未有议及下河者。大抵为靳公旧说所误。癸酉夏又议挑浚下河，故著此说以告司事者。司事者甚以为然，而拘泥成案，仍以帑金二十万付之上河。于官于民，无一日之益，徒供工员干没而已。道光二年录稿时，附记以讯后来，或有能举此盛业者乎。

（以上诸篇文章录自《安吴四种》卷1）

① "其论下河"四字，原脱，据吴校稿本补。

郭君传

君讳大昌，字禹修，姓敦氏，世居江苏山阳县南乡之高良涧。祖某考某皆不仕。君年十六，入河库道为贴书，三年习工程销算正杂料作收支之法，过于其师，尤明于水性衰旺，能以意知其溜势所直，遂参吏。及嘉谟为河库道，尤器君，每事取决焉。大学士忠襄伯和珅，嘉公外孙也，少贫，每遣其仆刘全徒步往返五千里，求资助，嘉公率资以白金五十两。君与全饮而欢，语之曰："子且贵，何为人仆从苦如此？"亦资之如嘉公之数。伯相嗣以家累，遣全求嘉公助白金三百，嘉公怒，詈遣之。伯相遂私出都诣嘉公，嘉公怒甚，欲治以逃人之法。君从容白嘉公曰："吏见和郎君贵当在大人上，大人毋薄其贫。且大父以三百两助外孙，事甚小，何苦怒如此？"嘉公曰："汝善和郎君，何不自助之？"君曰："大人不助和郎君，吏不敢先。"嘉公乃出金授君曰："即日为我遣之。"君招至酒楼，握手曰："郎君不日当大贵，贵后愿毋忘今日，为天下穷黎乞命。"既为具鞍马，又自以白金三百助其装。其后，伯相以户部尚书为军机大臣，扈跸下江南，至红花埠，遣全驰诣君，约相见于仲兴。君曰："吾始谓若主济世才，今乃招权纳贿，为赃吏逋逃薮，毒流生民。吾恨尔时不怂恿治以逃旗外遣之罪，若主仆旦夕且无死所，毋累我！"遂与绝。而全以公主府长史，官三品。伯相败，卒谴死如君言。

嘉公自河库道擢漕运总督，开君吏缺，为上客。淮扬道以河方多故，就嘉公求君襄其事。君既客河道署，忤南河总督吴嗣爵，遂赁居清江浦之五圣庙，时乾隆三十九年七月也。是年八月望后，消溜切滩南卧，决老坝口，一夕塌宽至百二十五丈，跌塘深五丈，全黄入运，版闸关署被冲，滨运之淮、扬、高、宝四城，官民皆乘屋。而山东逆匪王伦方滋事，相距才数百里。吴公恇惧无所措，昧爽至五圣庙，排闼敦延君，君拒之。吴公再三谢罪，君曰："大人成见若何？"吴公曰："嗣爵有成见，即不烦先生。然嗣爵意此役必速举，钱粮五十万，限期五十日，何如？”君曰：“如此，则大人自为之，大昌不敢闻命。”吴公曰：“决口虽巨，然五十万不为少，五十日不为速，过此恐干圣怒，罪且不测。”君曰：“山东匪势狓猖，与江南接壤，塞决稍迟，恐灾民惶惑生他变。且圣上见兵水交至，未审虚实，必发重使，大人固欲以堵合事烦使者耶？必欲大昌任此役者，期不得过廿日，帑不得过十万。”吴公再拜请受事。君曰：“有一言不能从，则不敢任也。调文武汛官各一，使得以冠盖刑杖在工弹压，此外如有员弁到工者，大昌即辞事。”吴公敬诺。君又曰：“荡料皆在洪福庄，距工咫尺，宜听调取。仓猝办文稿不可得，大人出图章一付大昌，饬库道见片纸即发帑。”吴公如约，至期遂合龙。共用料土作支并现帑，合计十万二千两有奇。吴公缮折入告。又三日，钦使乃至浦。后余客河督徐公所，取成案阅之，日期银数者皆信。君故善河事，以老坝工尤知名，当事有急辄倚重。然终以省工费拙言语触众怒。嘉庆初，举丰工工员欲请帑百廿万，河督议减其半，商于君。君曰：“再半之足矣。”河督有难色。君曰：“以十五万办工，十五万与众工员共之，尚以为少乎？”河督怫然。君自此遂绝意不复与南河事。

君为人赤颧披颐，髯长七八寸，连鬓皆苍白。余于市肆遇之，遂数从君游。侮之者或目为迷钝。迷钝者，淮人方言，言迷迷钝钝，以讥昏懵不晓事也。嘉庆十二年，南河每岁数决口。一口辄费帑二三百万，户部筹拨不能给，常经年敞口门。南河总督徐端求知河事者甚急。余数为徐公言君，徐公故知君，然卒亦不能物色也。余故未习河事，既从君游，相与讲说，有所解，君辄嗟赏。月余，余还扬州。十三年二月，君买舟访余曰：“制府今入都，通工议改河道，或南出射阳湖，或北出灌河口，给制府请饷六百万，制府以为然，如是则吾淮人类且当尽。吾与吾友张君，念非吾子莫能救此险难者。张君贳钱二百缗，属延吾子。吾携潘、靳诸公书，及手录雍正一年至嘉庆二年南河奏咨各案，与吾子扁舟泛下河，转尖至灌河口，溯莞渎、六塘，由中河至徐州渡河，策骑循峰山至盱眙，竭两月之力，以相度黄、淮、湖、运之形势。吾测制府返浦，必有重使踵至，以吾子辩才，通彻河事，执仳仳者之口，以救亿万人之命，不难也。”余欣然行。君既为指陈水性地势，又解说案牍中未晰者，以四月望抵浦，余已了然于南河今昔成败之故，遂笔记己见为书二篇。

时制府方旋车，而协办大学士觉罗长文敏公、戴文端公奉命视河。未至，君稔漕标副将郑敏与文敏有连，即删润余书为郑公具稿，驰呈文敏。文敏惊叹，飞檄调郑公。君语郑公曰："相国识力口辨，公非其比也，度不能答，即曰安徽诸生包世臣所为，可矣。"郑公至宿迁见文敏，文敏嘱郑公旋浦道殷勤。两相国以五月五日夜分至，初六日昧爽，文敏枉驾余寓。余因为两相国极言海口并无高仰，河身断不可改，云梯关迤下必宜接筑长堤至海滨，而于运口筑盖坝导淮溜出黄，以减运涨，则清淮可以安枕，而河流必不旁溢。历述远近成案以证明之，两相国以为然。遂招余同往海口，属具奏稿。而接筑长堤一事，自乾隆四十七年，高文端以不与水争地奏请废靳文襄云梯关外堤七十里，并禁民间筑埝，载入例册，所议接筑与成案相反，而未可深言。遂止言明河臣潘季驯筑汰黄堤千余里而河治，国朝河臣靳辅接筑七十里而河又治，以此见束水攻沙，为古今不易之法。今云梯关下至海口新淤三百余里，每届大汛，水漫溜缓，淤垫河身，以致上游水立云云。两相国增损之以入告，得旨允行。两相国查工抵陈家浦，登大坝，文端曰："坝西挑坝何长?"徐公曰："总河筑大工十余次，唯此挑坝得力。今春放引河时，实为一快。"余曰："当日故以坝长挑水为快，今则宜拆减二三十丈，以免挺入河心，激溜北去。不然，水长四五尺，上游北岸五十里之内，当有受其患者矣。"徐公默然。七月大汛至，水长才三尺，而陈家浦对岸迤上四十里之马港口溃决。通工又议欲以马港决口即为河身，听其由灌河入海。两相国奏准之案，遂寝不复行。

马港口堤外皆苇滩，去莞渎河尚五十余里。莞渎河宽不过百丈，下注灌河口又百七八十里。河出马港缺口，无水槽，苇根盘结，漫行至莞渎，又迂曲窄隘，泄水不畅，泛滥宽二百余里，深不及二三尺，仍倒灌御黄坝，直入束清坝，黄影至洪泽湖中泓。其由头坝入运河者，才分河水十之二三，而运河不能容。自十三年冬至十五年春，东决山阳之二铺，西决山阳之小舟庄壮原墩，又连决宝应之王家庄及白田铺东西岸，漂没民居以百万计。河既倒灌，湖水不得出，启五坝以泄湖，智仁两坝相继刷塌成口，甘泉之昭关坝亦刷去坝底，兴化、盐城、东台、甘泉之民田常为巨浸。而司河事者，以淮运溃决，处分轻于黄河，又得时时兴大工，每以无伤田庐入告。及州县办赈，则以户册人数为应赈之数，而民多死亡不领赈，得以干没。乃倡为自马港口决黄河安澜之邪说，决计以马港口为河身，灌河为海口，三年不举大工。民苦灾剧诉于都，上乃遣尚书马慧裕持节巡视。马公习闻河员说，颇持不堵马工之议。安东、海州灾民求计于君，君曰："钦使临工，若等以小舟千余，导使者座船至口门下，马公仁人，能不议堵合耶?"从之。马公船行不数里辄胶浅，大怒，乃奏请兴工，仍如两相国所奏。而司事者复裁减工程，接筑长堤，其长短高宽皆不及原奏十之五，以十五年仲冬告蒇。十六年三月桃汛至，刷开倪家滩新堤。道厅请抢护，河督不许，河复旁泄，五月遂决王营减坝。河督以坝上土堤坐蛰过水，河由旧河身归海，无伤田庐入告。上烛河臣奸，命都察院左都御史百文敏公驰驿为两江总督。

先是，两相国奏既称旨，而上复饬枢臣，南河奏悉以此奏核之，不符者议驳。两相国携余所为《筹河刍言》至都，遍示朝贵，朝贵多传抄其书。百公受命，即驰札致郑公，延余至浦议河事。余至浦访君。君戟手再拜曰："自五月盛涨，黄流倒灌，淤垫清口太平河，直入束清坝。淤垫五道引河，及决减坝不畅，逆溢邳州之棉拐山，下穿邳宿运河。而棉拐山下皆顽石，不可刷。昨又逆溢萧南之李家楼成巨口。李家楼迤下向有孟山五湖受水，须一月乃至洪泽。今五湖已成平陆，计李家楼水横溢下行，日可四十里，不半月即达洪泽。洪泽底水虽小，水到后日长尺许，不十日湖即满。而束清坝外入黄之太平河身，高与束清坝等，夹运河居民百余万，自分必为鱼鳖，一夕常数惊。吾子此来，天固以百万生命属吾子，吾子勉之已！"余曰："计将安出？"君曰，"接长盖坝则清淮无恙，接筑长堤则黄流顺轨，吾子已为两相国具奏定案，今但举二事而已，岂有他术哉？"

余既见百公，百公曰："河员皆谓马港口未堵之前，三年无事，既堵而减坝决，以此见海口实高仰不可复用。"余曰："自十三年决马港后，运河决者五六处，皆黄水倒灌所致，非淮之为灾也。马港口下并无河槽，前以欺马尚书不可得，今乃又以欺阁下耶？且减坝既决，果畅行，何以又上决棉拐山，更上决李家楼乎？"语未竟，百公切齿曰："谨受教。"即塞决。百公又曰："河员以太平河淤塞，李家楼水下注洪泽湖，当先筹去路。议挑浚太平河，槽宽四十丈，深一丈五尺，长千三百丈，估银三十万，予限三十日。而工员多以为急迫难集事，莫肯受任，何也？"余曰："李家楼决已十日，去湖不过六百里，黄水指日入湖。湖水故小，然高堰石出水面者止九块，每块尺一寸，黄水到，日涨一尺，再十日必泛漫。运口头坝居束清坝之下，相去才数十丈，头坝金门宽四丈，水深四丈五六尺，而坝外之太平河，淤沙成阜，湖水出束清坝，其不能陟成阜之太平河，而必入深四丈五六尺之头坝，亦明矣。运河宽廿余丈，其不能并受全黄、全淮之冲，亦明矣。清江板闸淮安相距止三十里，沿河居民，户以百万计，急如倒悬，待命于阁下，焉能有三十日暇与工员商榷可否耶？且如众议挑太平河深一丈五尺，而头坝下水深四丈五六尺，高下犹悬绝，滔滔下注之水，其能不下头坝而入太平河耶？计唯急发帑万余两接长头坝外之盖坝，斜掩头坝金门，昼夜兴工，十日可毕。出坝之水如奔马，势无可止，然善乘者谨持缰勒，则东西唯其所使。河水犹马而坝犹缰勒，太平河虽已淤出水面，然浮沙不过二三尺，下皆新淤油泥，见水辄去，水出束清坝，以盖坝挑溜，北由太平河出御黄坝，入黄河，如汤沃雪耳。”百公曰：“谨受教。”而河员皆持盖坝紧当溜头，必不可成，太平河淤厚难刷，且水势尚缓，议挑为善。百公犹豫未决。余曰：“盖坝成则大溜不入运，里河厅属无险工，不利于河员。明日阁下临工次，某请从，指示形势，有持不可者，为阁下面折之。”八月朔日，百公偕余至束清坝，周回审视，计乃决。即日接盖坝，八日而水大至，刷通太平河，达御黄坝。十二日盖坝成而太平河身刷宽三百丈，深二丈八尺，运河水势反减落，清淮人心乃大定。百公既以余言与两相国所奏合，又盖坝有成效，因定议堵减坝，接筑长堤至海边而止，高厚悉如两相国所定。十七年三月，李家楼工亦蒇，河归故道。伏汛后，海口深七丈，长河皆深二丈，秋汛至，竟不出槽。

十八年四月，余至安东存马文昭，君先在。遂策蹇偕行大堤，由云梯关六套渡河，至八滩存张君于其官署。张君者，君之友苇右营把总张楷也。君谓张君曰：“海口高仰之说，自前明已见章奏，吠声者且三百年。其云梯关外南北各数百里，自高文端奏废修防之后，弃为沮洳，而上游每岁辄决口。自十三年君以二百缗资吾二人，济此巨艰，破文端之案，复文襄之绩，天下共知海口之本无高仰，长堤之并非阻碍，黄云遍野，老幼欢呼，岁得二麦千余万石，三人之心，可以慰已。虽当事参以己意，不能尽如吾指，然端绪已得，南河可十余年无事。惟前凿蒋家坝以减湖，今又有查勘徐州虎山腰、段山腰之举以减黄，若人志卑轻物，无利济之心，事在必行，则十年之后，高堰殆且不守，吾不及见矣。”顾谓余曰：“吾子遇有力者，当时时切言之，预杜患萌也。”及与余别，犹执手呜咽，致此意再三云。

张君以君年老，招其子某往侍。后二年病风痹卒，年七十有四岁。君之子亦寻殁。孙逢吉尚幼，未足以世君之业。君呐（讷）于言而拙于文，皆不足以自达，以故君之学无传。知君之学者莫如余，然其精能能自必，尚有非余所能悉者。君之言曰：“前辈堵口门，偶言引河，为大坝例价不敷，借为名耳。今乃有凿河至长数百里，且于决口后先筑拦黄坝，又率待冬令水落，或且于次年冬后乃兴工。又自总兵徐建功堵筑青龙冈，创筑二坝，今遂以为常法，何其舛而且愚也。水力不盛则不能攻沙，沙既老坚则水亦不能攻，及其初决之方盛，以挑水坝拨溜，刷去新淤，由旧槽而下，应手堵合，可以克期。近人善工程做法者惟张君及安东马君耳。马君，吾妇翁王全一之弟子也。王君精于外工，记录所历之迹，为徐河督得其本，即今刊行之《安澜纪要》、《回澜纪要》二书。然验彼行事，亦未见其能与书言相合也。”初，君偕余坐小舟，出射阳湖至五案。余登岸见井泉龙王小庙旁，有木主题曰：“福星郭老爹长生禄位”。土人佥称：吾祖父困时，在清江遇郭老爹，指示至海滨官荒种地、刈苇草、因以起家、立集镇，故奉其禄位。或曰其人盖仙也。有老者言非仙也，吾曾见其人。余告以现在小舟中，皆惊，即相率罗拜，奉酒食。及至灌河、莞渎、马港口，尤多，亲见者不下二三十处。君之功德在民固已久矣。

张君字圣培，桃源人。以其父跳埽落水之难，荫为河营把总，升萧南千总。汛内有关庄坝，张君请加修防，谓遇盛涨必决口。本厅不可，张君争之益力，径呈本道。本厅怒而揭之，徐公知张君能，无以慰本厅，遂于军政案，劾以才力不及，罢职。然于工之巨者，犹必檄张君。张君去任八年，秋涨，关庄竟决。定例有工之所决口，本厅当置重典，遂更地名为李家楼。其实李家楼去决口尚三十里。百公廉知张君事原委，欲翻其前案重用之，复牵于谗说止，以为苇右营把总。阅今七年，未迁一官。马君年六十许，亦以与君厚，为通工所忌云。

论曰：孟子言：“禹治洪水，掘地而注之海。水由地中行，疏九河，瀹济漯。”司马氏言：“禹以河水湍激，难以行平地，乃酾为二渠，北载之高地。”郑氏注“冀州既载”曰：“载之言事，谓作徒役。禹知所当治水，又知用徒之数，则书于策以告帝，征役而治之。”其注“夹右碣石入于河”曰：“禹由碣石山西北行，尽冀州之境，还，从山东南行入河。”注“九河既道”曰：“河水自上至此，流盛而地平，无岸，故可分为九。”注“同为逆河入于海”曰：“下尾合，名曰逆河，言相逆受也。”余始读司马氏书，疑河难行平地，岂可转行高地？因欲破高为膏，谓择膏腴坚实之土以行河水。继乃悟兖州居下游，最受害，而北连冀州，冀州地高无河患。禹由海口碣石山，审视地势，可以导河而北，乃起徒役于冀州高地穿渠。司马氏所谓二渠，盖言副渠也。副渠既成，测渠底深于河底，决而载之。兖州泛滥之水，掣入新渠，其始横决所冲刷，平地有槽数道，水落而槽见，禹因留为杀减之路；又恐河分则善淤，故瀹济漯清流以入之，助其荡涤。冀州新渠之尾，即连兖州旧海口，是以九河至此相逆受。逆，迎也，谓九河前后会合相迎；又海潮上泛，河溜顶出之，如迎逆也。盖河源万里，水势至剽悍，缮堤完防，即极高厚，力仍不敌，载之高地，则以地为岸，河虽湍激，其力固不能胜地，故曰“掘地”，“水由地中行”。此禹所为一治河而千年无患者也。

孟子与司马氏、郑氏，述禹治河之术为详切。后儒莫能通其意，贾让遂倡徙民以纵河之说。黄流浊而善淤，激之则驶而刷河底，宽之则缓而淤河身。让欲弃冀州以潴河，下潴则上溃，患必他及，所论至疏谬。然唐宋诸儒皆是让言，至贾鲁始仿张戎刮空之意，立塞、疏、浚三法。历百数十年而有潘季驯。

潘氏之治河也，宽之而不至于缓，激之而不至于怒。河槽以百丈为率，霜后则滩高于水面五尺。河槽两面各距百五十丈为缕堤，厚五丈，高五尺。缕堤之外，相距三百丈为遥堤，厚十丈，高一丈。两遥堤相距千丈。附遥堤栽高柳五行，附高柳栽低柳十行。遥堤南北共长三千里，中间择地置滚水坝若干座，坝脊高七尺而不封土。汛至，水平滩面，盛涨逼缕堤，又涨则溢而及遥堤，平滚水坝，涨一寸辄溢出一寸。漫滩水不当溜，率浑浆而不浊，漫过缕堤以及遥堤，滩宽足以容纳；有缕堤限之，水停而弱；又以柳行杀风力，滚水坝听其渐溢，出坝之水，平铺而不掣溜。是故其时小汛至则水不出槽；大汛始至逼缕堤，大至乃逼遥堤，盛涨乃过滚水坝。比其过坝也，势已涨极而就消，初消则坝挂口，继消则缕堤露顶，大消则滩唇出水矣。故其缕堤之所御者，百五十丈漫滩之水；遥堤之所御者，三百丈漫滩之水。非如后人以一线柴土之堤，与万里河源斗强弱也。是潘氏两堤一坝，实变通神禹“载高地”、“疏九河”之至意，而合于时势，足为后世法守。故潘氏司河十七年，而遥、缕两堤未尝有分寸加高。今之汰黄堤，仍潘氏之旧址。是故神禹以后，善河事者，未有能及潘氏者也。

国初河事复亟。河臣靳文襄任贤友陈潢，克告成功。而故老尝言文襄忧淮涨，议凿祥符五瑞减其水入黄。陈君曰：“大司马此时减淮，不及百年，人且以此闸减黄矣。黄淮两渎并攻高堰，淮扬不为鱼乎？”文襄卒为之。余尝见陈君手迹于清江浦之潜庵曰：“东去只宜疏海口，西来切莫放周桥。若非盛德仁人力，百万生灵葬巨涛。”又题其后曰：“适与大司马论河事有感，归寓书此。”则知毛城铺、十八里屯、峰山天然各闸，周桥之天然三坝及下河三河六堤之论，皆不出陈君意也。潘氏既有懋绩，复著《河防一览》以诏后人。唯陈君为能深通其意，又得文襄为府主，然卒不能尽其才，以忧患遗近世。郭君所学不让陈君，而无文襄东南之契，又不若陈君之有文采，足以自传于后。而河自生民以来，为患中国。神禹之后数千年而有潘氏，潘氏后百年而得陈君，陈君后百年而得郭君，贤才之生，如是其难。陈君见用而不尽，郭君偶试而竟不见用，而河之为患无虚日。司马氏之说“法后王”也，谓其近己而俗变相类，议卑而易行。故言治河之盛者，以潘氏为后；而言事变之近者，则郭君为后。后之君子，有志于此，绎郭君之言，而明其所以然之故，则可以上推陈君之意，以读潘氏之书。休文有言：“如曰不然，请待来哲。”斯之谓矣。

合注：老坝口，在清江督辕东北五里许，与贴心坝相近，有铁牛及大王庙。

船由内河出海，绕滩而行，新淤在海滨皆成尖形，故土人呼在海滨绕滩行者为转尖。近海之地多以套名者，亦以尖之外必有水套也。陈家浦，在北沙东五十里，南直仁和镇十五里，属阜宁县，今为海阜厅治。再东六十里即八滩，为右营守备治。此堤外指背河一面而言，与四略所言异。前人章疏，其言堤里堤外，亦两说并用，文各有当故也。

孟山五湖，一陵子湖，一崔家湖，一土山湖，一杨疃湖，并孟山为五，通连为一。靳公毛城铺、王家山、峰山诸闸下引河水，皆汇此以入洪泽。

五案，在八滩西南三十五里，临射阳湖，以其地系新淤，居民第五次报升，故名。

此段所述不尽与潘氏陈绩相符，所谓说古以见意。盖作者深非减水坝，而减水坝实托始于潘氏之滚水坝，合说坝之言绎之，法戒并见矣。

《汉书·沟洫志》载张戎言水性就下，行疾而自刮除，成空而稍深。河水重浊，号为一石水而六斗泥。今西方诸郡至京师东门，民皆引河水溉田。春夏干燥少水时也，故使河流迟，贮淤而稍浅，雨多水暴至，则溢决。而国家数堤塞之，稍益高于平地，犹筑垣而居水也。可各顺从其性，无使灌溉，则百川流行，水道自利，无溢决之害矣。河水宜合不宜分，其论创始于此。至明时陈瑄、刘大夏宗其说以从事，功效颇著。迄潘氏而持其论益坚，发其论益畅，功绩伟然，厥施到今。然后人皆知河不两行，为千古不易之言矣。

明时，常居敬请于清河县东北訾家营开支河分引河流，河东入草湾河，出赤晏庙复归大河。潘氏阻之而止。而訾家营之下有鲍家营，河水于此自决为支河入海。潘氏以为此支河为天然之訾家营也，请留之以备分泄。说者谓潘虽力主“不两行”之说，而卒留鲍家营以为支河，则分黄之可以纾祸亦可见矣。不知尔时海口在云梯关，鲍家营去海不远，又堤内堤外高低无多，偶有冲决，漫溢而不夺流，正河不致淤垫，决口不久必行自塞，故潘氏听其分泄而不堵御，为省费也。后人以此欲分减河流，真所谓夏虫不可与语冰矣。

答友人问河事优劣

近人言河者，必归之天幸。天幸者，一年遇值雨雪稀少而已。人事果至，虽遇异涨而可必其无患。是故河臣以能知长河深浅宽窄者为上，能明钱粮者次之，重用武职者又次之。其侈言工程，袒护厅员者，大抵工为冒销纳贿而已。

河水浊而流激，浊则善淤，激则善回，是以南岸坐湾，则北岸顶溜；中间平流，则淤浅无泓。坐湾顶溜之处，非大堤所能抵御，厢做埽工，随溜斜下，溜势偶改，各湾同变，节节生工，耗费无算。是故自潘氏之后，莫能言治河者，其善者防之而已。夫水德旺于冬，归槽之后，其质已清，其流更驶。又土性温酥易刷，水势浅落易制，以坝导溜，逐渐减工。工减则险减，是故能言治河者，用心力于霜后，及汛至则怡然如无事者，心有真识，而事皆预立，故也。今河员无尊卑，皆汛至而奔驰旁午，霜后则群居安坐樗蒲宴乐，舛矣。河工每日有水报，云某日志桩存水若干丈尺寸，比昨日消长若干。而河底之深浅，堤面之高下，问之司河事者，莫能知其数。报有志桩存水之文，测量实水，则与报文悬殊。问之司河事者，莫能言其故，如彼所为，宜其归之天幸也。夫水之行也，常半于驿。上游骤涨之文已至，心计：下游河身是否能容，沿途料土是否无缺，某日当水至，某日当水消，一心运筹，千里合节，此非可幸致而饰说也。余前客百文敏署，拟改水报式，以高深相乘，通札遵办。河员心疑出余手，俟余他去，乃禀请所以改式之故；文敏无以应，遂听仍旧。盛业中沮，良可惜矣。

其明于钱粮者，知分厘皆百姓膏血。求水势致病之源，用力少而成功多。使河底日深，不能减工而能减险，靳、齐、白、高皆其选也。

其重任武职者，能守旧例，以文职主支收，其估计做造，则皆归于武职。故将估春工而道核之，营做埽段而厅察之。武职之小而要者，曰当家效用。料物到工，须当家效用出结，动用料物，须当家效用逐日开折通报，虽不能尽实，然较之近来由厅员事后做帐，则大不侔已。兰康在南河犹有可称者，此也。盖武职局面窄而胆小，偶有错误，立加棍责；文职局面宽而胆大，即有败露，尚可弥缝。大吏以武职率多蠢直，文职工于趋承，专任文职，遂至营汛不过供厅员之指挥奔走，不敢与闻工帐。而河臣之奏单题估题销，部臣莫知将三者逐细核对，是否吻合，一任部胥需索销费。而通工又创为"浮冒罪小，节省失大"之邪说，以荧惑远近。然而溯查统计，凡钱粮节省之时，河必稍安；钱粮糜费之时，河必多事，工拙之效，智愚共见。盖糜费之时，必各工并举，而无一归实，上最苞苴，下贤筐篚，堤加而河身随之并高，工生而水势因之更险，引盗入室，隳败为期，防之不能，尚安望其治哉了？

合注：河之治乱，以河底之高下为定。近时专论河面之涨落，何异梦呓？

治河犹御寇也，强则备之，弱则攻之。何流激悍，伏秋暴发，其强难以驯制，惟有加意防闲，不令横突。至冬令力绵，可以惟我所为，以坝导溜，或东或西，任人驱率，久之而工减底深。汛至则水归槽中，更借其力猛，以刷旧淤，是以盗治盗之方也。不此之务，从事修防，譬如就衰之寇，不知招抚扑灭，反闭城自守，渐至枝结根连，遂肆鸱张，则悔无及矣。司河者曷其三复斯篇。

志桩之说，旧无案可考。惟乾隆中阿文成公查勘高堰，有霜后落定之水，是为底水，其时湖面与高堰志桩之底相平，故志桩存水一寸，即为涨水之奏。其说庶几扼要。近时以顺坝志桩与高堰志桩比较高下，既以顺坝志桩一丈七尺二寸，当高堰志桩之底。或当时顺坝志桩连底水起算，故与高堰悬殊也。

河南陕州有万锦滩，地在河陕道署前，居孟津上游。彼处涨水若干，在南河应涨若干，向有定志。交大汛后，每遇异涨，彼处先期即有急报至，故涨消皆可以预计。今南河有怕见皮纸文书之谚，即指此也。如所改之式，则长河底面之深浅，滩堤去水之高低，河臣皆知之。工员不能虚报险工以侵蚀帑项，宜其沮之也。

旧例，凡属另案工程，动帑至五百两以上者，先行奏明。自嘉庆十一年增改漕规，故以千五百两为率。将应做新工，约估工段钱粮开单奏请，谓之奏单，又谓之清单。动工时，即将工段尺寸钱粮分厘估明确数，造册具题，谓之题估。工竣后，随案报销具题，谓之题销。其库贮岁抢各修之案，则于霜后具题，使库贮另案，各不牵混。今三数十年，有另案大工至四五年后尚未题估者。凡初次奏单，断不敢任意开销，即有续行请增，为数亦难过母。故将别案预请之钱粮，悉挪移于此案报销，贿嘱部书为之掩饰。若部臣将奏题三件，逐细核对，则无能置喙已。

凡堤工加高培厚之案，虽有加培尺寸而无本堤原旧尺寸，难为查核。此法一行，则堤面有志桩硬据，其滩面水面，比堤高下，悉有定准，一切偷减工程伎俩，无可施设。故知长河深浅宽窄者，自能明于钱粮也。然有真识轻重者举行此式，厅营商同虚报之弊必起；访查得实，当与捏报军情同论，不可稍事姑息。

附　改水报式

某厅某汛某工第几段某日志桩存水若干丈尺寸。实测水若干尺寸。埽前顶溜水深若干尺寸。长河中泓水深若干尺寸。埽高水面若干尺寸。滩高水面若干尺寸。堤高滩面若干尺寸。河槽水面宽若干丈尺。堤内河身宽若干丈尺。滩面即滩唇，紧靠河槽，留淤常厚，非谓堤根低洼之滩也。

比较昨日长落若干。上年今日长落若干。上年盛涨日长落若干。

厅总报加上汛河底比中汛深浅若干。中汛河底比下汛深浅若干。堤面比较同。

说坝一

或曰："子言防河之不足为治信矣。请问治要。"答曰："深其槽以遂河性而已。""请问治方。"答曰："相势设坝以作溜势而已。"

潘氏之前，河流歧出，沙分停而不厚。潘氏导而一之，然后河得集力以攻一道之沙，是之谓以水治水。自潘氏至今三百年，司河者工拙悬殊，然所循者潘氏之法也。夫河之败，不败于溃决四出之日，而败于槽平无溜之时。河性激而善回，深与回常相待也。槽浅则溜不激，水无以回而为淤，浅者益浅，激者益平。河性怫矣，能毋怒乎？怒而无以待之，则必成事。成事则河底垫高，而潘氏所创之滚坝，日形卑矮，不能不封土。遇急去土以减水，减水既多，则河仍歧出。其堵合也，常在冬令力薄之时，不能刷去前淤，淤日高则河日仰，溜日缓。故近日虽墨守潘氏之法，仅足以言防，稍弛则防之而不能矣。

故能言治者，必导溜而激之。激溜在设坝，是之谓以坝治溜，以溜治槽。然坝以埽成，埽下而溜争之，则埽蛰。蛰定则埽实，而溜守坝，是生工矣。埽下而溜不争，则淤争之，是弃坝矣。凡平流长河，其势固以渐斜趋于工。工长者或数百丈，短亦数十丈。坝当工之上游，得力则溜势上提，尾段工闭，而首段着险，或更提至工上无工之所，是弃工矣。又或溜经坝头，绕坝啮滩，势成横卧，生工则未有一定之形，弃坝则已成不能之势，是召败矣。故治河必用坝，然以北人试善泅之言，庸医效华佗之方，则不如守继长增高者之尚能暂防于一切也。

合注：相势，谓相溜势之所值也。设坝以御溜，然必有溜而后可以坝激之。若设于溜势不到之处，收置埽于软淤之上，平漫之水，遇坝而止，淤垫更甚。所谓溜不争而淤争之，是弃坝也。

《荀子》水深则回。《管子》凡水之性激则跃，跃则倚，倚则环，环则中，中则涵。故曰：深与回常相待也。

溜非坝则不激，故治溜以坝；槽无溜则不深，故治槽以溜。

溜与埽争则势益激，而攻沙之力更猛。沙既去则埽底空悬，故蛰。蛰之数四，则新淤尽涤，坝基稳而埽自实矣。

坝前深而中泓仍浅，故溜守坝，以斜坝挑溜归中泓，则工减矣。

溜缘岸行之处，恐其激荡伤堤，故做埽工以御之。工前水深，无所用坝，故坝必在工之上游也。

溜势上提，尾段溜所不值，故工闭；首段正当溜冲，故着险。

挑坝逼溜，溜势当于坝外直下。若绕坝内转，横入伤滩。此而不治，渐成倒钩，便妨入袖。治此之法，惟有就坝头再进占，挑溜头外出。若坝基单薄，难任大占，则须于坝外，镶做边埽，帮宽坝台，则免溜提搜后之患。溜提至无工之所，旧工弃，新工生，是糜费。

说坝二

挑水坝，潘氏所创，止用于塞决。盖缕堤成，固无所用坝也。近世善用坝者，推嵇文敏公，世称白堤嵇坝。不及百年，而故老无能指其基、言其法者。嘉庆初，徐属积淤，水常平堤，康茂园为督，修坝十余道，刷出深槽，徐城始安。嗣东河决衡家楼，归咎南河之坝多阻水，舛矣。茂园笃信堪舆家言，庙宇公廨，必亲督修造，至典签不敢白急报，败固自取，然其长不可没也。

对头斜坝，则予所臆创，以语谙习工程之安东马文昭，马君以为善，遂用之于里河。而中河、运河各厅效之，凡遇水浅滞船，皆恃此以济运。十七年，湛溪为督，始用于黄河，刷涤积淤，功效甚著。嗣以对坝逼溜见险，而碎石能止险，乃参用碎石。渐至碎石遍工，而对坝尽废，河亦渐淤。说者归咎于碎石，则又非也。盖碎石斜分入水，能挑溜头，故足止急淦攻埽之险。然不能激溜，故无刷淤之功。坝于水面激溜，溜被激而争坝，回旋彻底，故淤随溜起，用各不同，未可偏废。至于河身留淤，则系减泄力弱之故，非碎石之罪也。然挑坝用于工头，而对坝施于滩唇，坝入水而溜起，溜起坝蛰，或随蛰随厢，或听其蛰走，则相机乘势，无可言诠。是亦至粗而至微，呼吸之间，胜败顿判者矣。盖非对不能逼溜，非斜不能导溜，不可太长，不可太高，务使埽眉迎淦而簸头翻断，不为老滩之害，则得之矣。

合注：溜守工，其险难测，于工头以斜坝挑之，则溜归中泓而工减矣。不能减工，而使溜常守之，偶遇急，则非碎石不能锁护也。

太长则阻溜头，溜阻于坝而横卧搜坝后啮滩，是召败也。太高则溜击坝腰，其力上泛，不能回旋彻底，攻沙之力反减。又防水涨之时，坝阻溜势，更招前患。

辨南河传说之误

说者谓高文定公废爬沙船、拆转水墩而南河坏，自河壖吏民以及朝省士大夫，皆持此说，而其实非也。靳文襄于康熙二十七年，设立浚船，其时南河止十厅，故浚船分十队，而统以船务营守备一员。二十九年于勤恪接任，即调回浚船，改隶苇荡营参将，专运荡柴。文定以乾隆初任河督，去裁撤浚船时，已五十余年矣。且江河巨舰，乘风鼓浪，一锚下即止不行。爬沙船尾系铁篦子一具，其制三角，横长五尺，斜长七尺。着地一面，排铁齿三四十根，长五寸，约重五六百斤。又益以混江龙一具，其制以大木径尺四寸，长五六尺，四面安铁叶如卷发，亦重三四百斤。比之下锚，其势相倍。而谓以水手四名，驾两橹，上下梭织，以爬动河底淤沙，使不停滞，其说盖与儿童无异。嘉庆十年，今大学士戴公以侍郎视河。公习闻爬沙船说，促制成试之于清口太平河，不能行。翌日又试，得行而甚缓，不得力。余就询其主者，主者曰："星使必欲其行，我使人翻铁篦，以齿向上，故勉能移动耳。"或曰文襄时献此策者，欲借官船运私盐赴徐州，文襄受其绐，故勤恪罢之。余每以告人，多稔其故，而当事好名高者，或犹欲举行之。

转水墩在湖口五道引河之外，运口头坝之上。从前洪泽湖口内有引河七道，而黄河大溜傍南岸直指运口，故筑转水墩，分湖溜之七西北行以敌黄，其三则东南入头坝以济运。墩之形不可考，故老言其上可堆料五百垛，则周围盖以千丈计。自康熙之末，吴城砖工外，御坝既成，河溜北趋。湖口积有淤滩，宽至九百余丈，名太平河。其西岸筑顺黄堤以御黄涨，而转水墩仍分湖溜七分使向西北，则恐冲开顺黄堤，接引黄溜南行，为害运河，实有不得不拆之势。转水墩既拆，文定于头坝外加做盖坝，而于太平河中腰风神庙前做束清坝，蓄清水之力，使得聚势以敌黄，而回溜入头坝济运。又于束清坝之北百余丈，筑御黄坝，使黄水盛涨，不得倒灌。至所定冬筑夏拆章程，并皆妥善。以后拆筑不如法。嘉庆九年，始移束清坝于湖口，移御黄坝于河唇，而运道屡梗，其详在《策河四略》。

嘉庆十六年，百文敏公初莅任，惑于浮言，亦以复转水墩入告。余入署乃极言其故，而复奏曰："接长盖坝，已有成效，是虽无转水墩之名，而有其实。"因时立制，不敢拘泥前奏，致失机宜，人亦渐知转水墩之无关枢要矣。余见文定乾隆十六年呈大工二十段图说，简要明晰，使后人守此不变，河事当不致败坏。改靳文襄天然三坝为五石坝，定启放之式，以减下河水患。又曾放石林减坝五次，皆减漫滩浑水，坝下引河不受淤。后人每一开坝，如唐家湾、王营等处，皆掣溜入袖，致成巨口。数十年来司河者，皆出文定下，而反被恶声。文定之犹子文端，奏废云梯关外修防，使河多故，江淮居民之毒高氏或以此。而追诬其先，以致来者不明于全河得失之故，雷同訾说。故明辨其非，以告天下，非为文定鸣冤已也。

合注：《通鉴辑览》第七十七卷，神宗时有选人李公义者，献铁爪龙扬泥车法以浚河。其法用铁为爪形，系舟尾，乘流相继而下，一再过水，深数尺。宦官黄怀信以为可用，而患其太轻。王安石请怀信、公义同议增损，乃别置浚川耙。其法以大木长八尺，齿长一尺，列于水下如耙状，以石压之，两旁系大船，各用滑车绞之，挠荡沙泥。或谓水深则耙不及，浅则滞碍泥沙，人皆知其不可用。惟安石善其法，乃赏怀信而命公义官，以耙法令大名令范子渊与通判、知县共试之。皆言不可用。会子渊以事至京师，安石问其故，子渊意附会，遽曰："法诚善，第同官意不合耳。"安石大悦。按公义所献，与怀信所置，即铁篦混江龙类也。不过小人借以为进身之资，人人皆知其不可，试之又卒无效，止一范子渊附会之，荆公遂为其所愚弄。书之史册，传为笑柄。靳公豪杰，胡亦受此给也？恭读高宗纯皇帝御批曰："铁爪木耙诸法，人皆知其不可用，安石必主其说而力行之，盖好奇而愎，不恤人言，孟子所谓'小有才，未闻君子之大道'而已。向陈世倌曾以混江龙之法入告，欲以疏云梯关下黄河之淤，知其不可，故不用也。"圣训煌煌，当事者竟不之知，而犹欲举行之耶？

南河杂记上

嘉庆十六年六月十八日，余自都返扬州，过清江晤黎湛溪。时湛溪任淮海道，告余曰："吾本不习河事，得君《筹河刍言》、《策河四略》读之，因仿其意，为书与河帅争必守倪家滩新堤，不可得。今竟决王营减坝，致兴大役，可见河事，原有把握。"余曰："非仅此役已也，上游南北两岸应再决。"湛溪曰："何故？"余曰："阁下不见十一年王营减坝决，而复上决郭家防、苏家山乎？减坝下游入海处，东则安东之灌河口，北则海州之黑风口。今黑风口已淤成小沟。灌河口在苇荡东南，苇林茂密，十一年留淤五尺，而云台山麓已淤出水，则此决口之水，行更不畅。回溜上溃，较十一年当更速，不过在半月以后耳。"湛溪曰："所论至精确，然河事花样，或不如是印板也。"七月初，竟决棉拐山，穿运。而望后遂决李家楼。

十七年春，予偕盐巡道朱白泉至清江。时百菊溪、陈竹香皆在李家楼督大工。河库系徐晴圃，湛溪已调淮扬，而杨迈功任淮海，三道事多咨于余。余告湛溪曰："李家楼必可合，然徐、凤、泗积水方五六百里，皆当下注洪泽，再加伏秋大雨，势必开坝。仁、智、义三坝皆无底，信坝虽新而工料不坚实，唯礼坝可放。然坝唇水脊金刚墙皆有病，当请量加拆修，所费不过二万两，便可保全下河七州县不被水。"湛溪未然其说，余每见辄言之，湛溪曰："即修亦无石工好手，如何？"余曰："有已革千总王研夫能胜此任，阁下派工员延王君主之可也。"间日，余以语晴圃、迈功，请共言之以弭此患。晴圃曰："湛溪昨日告吾曰：'慎伯四次劝吾修礼坝，谁知为荐友地也！'"余曰："湛溪识见如此，终必悔之。"及六月湖涨，湛溪在高堰抢护，飞禀请开放礼坝。竹香在清江，菊溪在江宁，皆飞批开放。而菊溪又以六百里咨会竹香云："有阻挠者行军法。"及礼坝放而跌塘成巨口，不能堵。菊溪遂严劾竹香"并无只字相商，擅开礼坝，以致清水力弱，黄仍倒灌，阻坏全河机宜”。而附片保湛溪通晓工程，可任河督。扬道汛地止汤陈工，而湛溪出境七十里，迎菊溪于童家营，遂于童家营发此折。折回，竹香获罪，而湛溪遂以三品衔署河督。余自八滩回清江，贺湛溪，而新升安徽巡抚胡果泉适至。余故不识胡公，避入幕内。果泉谓湛溪曰："清江人皆不晓事，今早群言吾弟不听包慎伯计修礼坝，成此巨案。然吾弟果修礼坝，则今日尚淮扬道耳，安能开府千里耶?"湛溪大惭，为余已备闻其语也。

十七年三月，李家楼既合，竹香回浦，菊溪回江宁。而减坝报险，竹香、湛溪上坝抢护三昼夜。白泉告余曰："减坝必不可守，埽下即蛰，昼夜帮后戗，而坝身转侧如地震，报险五日，已费银七万余两，而不可止，似当急禀制军。"余曰："上年，余告制军，以八月动工合减坝，制军迟至十一月乃开工。八月水报：减坝口门深四丈二尺，及十一月动工时，水面落四尺，而口门水方深二丈四尺，是坝下有淤沙丈四尺，无老土作基，何能不翻?是岂一禀所能济事耶?"白泉曰："且奈何?"余曰："在减坝上游迎溜处作挑坝一道，挑溜向南，则坝下自挂淤，淤久坝身蛰实，即无事矣。所费亦不过四五千两耳。"白泉急以告竹香，竹香曰："此真妙策。然一道恐太吃重。"即日兴工，迭做两道。阅二日挑坝成，而减坝前已淤出滩面数丈矣。

湛溪闻余十三年在陈家浦有当拆挑坝二三十丈之说，不知马港大工后，河势已改。十六年冬，湛溪尚在淮海，告余欲拆去。余曰："此时拆挑坝，则大坝恐吃重，非计也。"湛溪竟拆之。十七年伏汛至，水出挑坝头，南卧刷大坝东滩，塌进圈堰。迈功以本道驻工督堵筑，费银七万两，既合复蛰，口门顿深七丈。余由浦赴八滩，迈功要予于路，偕往相度。余曰："此蛰口若合之，须银廿万。"迈功曰："厅营会估如君言。"余曰："口门下有积水方十余里，与口门水相敌，黄入成清，涨落随而出入，必不成事。若下埽则埽与水争，掣动溜头，溜一得势，恐挤开四坝大堤成巨口，阁下即饬停工，约十日即淤出水面，乃以土迭之，百余缗之事耳。"从之。阅八日而淤见，洎余旋车，圈堰已做成，所费才百五十余两。

十七年夏，有为菊溪画策于清江石码头外筑圈堰，弓处正对王营，上起御黄坝尾，下属之贴心坝。议定而余知之，遂入督辕告冯潮曰："足下若向不是吾言者，则无罪；制军若向不以足下言为是者，亦无罪。今议筑圈堰，河宽千余丈，至此陡束为二百丈，大汛一至，非冲塌御黄坝，即冲开减坝。否则逆流决桃、宿、邳、睢，或迤下攻贴心坝，决钱工、周工。足下速以己意止之。若及余，则彼人且故欲成之，是罪反在余矣。”潮以告菊溪，得不行。

是年冬，湛溪既为河督，而画策者又以告湛溪。余急谒湛溪，切言其不可，湛溪答已入奏。明年秋涨，睢南桃北连决，湛溪跃入河者再，以河南睢工成口夺溜，得不成事。睢工甫竣，而伏汛大至，御黄坝埽蛰塌三次，溜势直趋贴心坝，抛碎石抢护至一月，共费帑九十万，溜势始渐北，得无事。

合注：苏家山，系铜山县迤上北岸，有闸放水，由水线河入微山湖。是次因冲塌闸东墙成口。黑风口，在朐山旁，去海州城十里。本宽七八里，风涛甚险。十一年黄水下注，淤成小沟，才宽二三丈，深三四尺。棉拐二山，在邳州北岸。李家楼，在砀山县南岸。

王研夫之祖系东河守备，以精石工，白敏恪创筑高堰，奏带来南。堰工长百里，名为一八不分，其工并无一丈一尺径平者，能迎浪而柔其势，至为精妙。嘉庆十五年，候补道裘世璘督办风掣堰工五千余丈，延研夫总其事，工竟之后，经大风五十七次，并无片石掣动者。近经数修，道工无复知一八不分之名目者矣。

汤陈工，在清江石码头下十八里，南厅工止此。

词序大溜东掣进占甚易，盖以此次减工，兴于李家楼既决之后。黄水汇入洪湖，沉清以出太平河。而下减坝，系属清水口岸，下游旧河身，虽有淤垫，不能阻遏水头。故开放拦坝，溜自东下。又口门内经清水汕刷，并无新淤，不以进占得占为忌，故言甚易。凡黄河口岸，深忌进占得占者，以口岸坝台之前，大溜所不走，必挂新淤。埽下不能得溜，并无搜蛰，则捆箱迅速。然积至将合龙，口门不过数丈，一面开放引河，一面挂缆合龙。漓头转换之际，攻坝力猛，而首先所进之占，束枯苇于新淤之上，常至搜后刷通新淤故也。然减工既系清水，何以合龙后，又有积淤丈余？盖以仁坝跌翻，东泄畅顺，倒掣全湖之水，其出太平河下口门者，势同平漾。又二坝圈堰，收束已紧，几同池岸。出湖之水，挟太平河一路积沙，以下口门，跌塘既深，溜势停漩，渐次停沙，历经数月，故至于此。

钱周二工，在贴心坝东三五里。十三年堵减工，在北岸茅家嘴开引河改溜，二工皆淤废。

南河杂记中

乾隆末，李芗林为河督。外河厅属汤陈工报险，河督临工，见浪势猛甚，饬邻厅协济料垛抢护。王全一为汤陈工外工友，告居停曰：“此水叹气也，必无事，明早必挂淤。凡浪来软而去硬者，势似轻而正溜伏攻埽根。今浪来硬而去软，是埽根已挂嫩淤，水面乘风力见险势，其实不足畏也。若冒昧动工，埽一入水，则嫩淤刷动，溜头随埽而至，事不可知矣。”竟不动工，明早果挂淤。

河工最苦无土。王全一办丰工，里外皆水，取土须在五里外。王乃以意于口门下左右，各做一小坝，使水出口遇小坝，而回溜入坝外，以挂其淤。每夜所挂，足供明日之用，以是工得速蒇而少费。又尝见钱工土堤渗漏，堤里冒水，穴大已径寸。王急令人以铁锅尽力合之而坐其上，少顷，水不得泄而回，遂淤满其罅隙，堤得不溃。

马文昭骑驴由邳州至宿北，见长河中有三浪没头不起，迤下三里即梁工，梁工正抢险。主者告马曰：“埽前无浪而蛰，已抢两昼夜不止，失埽五，且奈何？”马曰：“吾见长河有三浪甚奇，此浪伏行攻埽也。急至上游长河边，做一鱼头埽，三浪便当隐而见于埽前，则工稳矣。”从之。埽成而三浪隐，梁工乃平。

十六年七月，余应菊溪招由扬赴清江，至宝应，见挑长河土工四十段，内廿九、卅二两段最如法。问土夫，云包做每方钱三百廿文，边锹在外。遂存张圣培于其白田铺厂房，知两段皆圣培所承办。问其领价，曰：“每方领钱二百六十文。”余曰：“足下何堪此赔累？”圣培曰：“方有余剩，何赔耶？吾领二百六十文，而包于夫头以三百廿文，似大赔。然官收方用铜尺，土夫包方用漕尺，铜比漕短一寸。吾包时，言明收漕加一。铜方一尺积漕寸七百二十九，漕加一，方尺积漕寸一千三百卅一，合计加八，每一方合官价四百七十余，除去包价三百廿，又加边锹每方四十，照料供给每方三十，是包一方，实剩钱八十余文。吾承办官工土万二千方，可剩钱五百五十余千。他工员既赔累，又不如法，是在办理工拙。吾子当明告制府，但讲求工程，莫任察访也。”

碎石坦坡，靳文襄公用之于高堰，后纯庙饬用之于瓜洲江工，嘉庆初，兰河督用之于黄河石林工，徐心如任徐道时，用之于铜沛，皆有效。然兰止做两段，徐止做四段，其用之黄河通工者，自湛溪为河督始。谤语四起，以为碎石淤入河底，必为大患。余在扬闻其说而不敢断其是否，后入都经过黄河碎石工，而知其有利无害。湛溪因谤语直达于都，乃为书力陈碎石之善。与余遇于邳州，以书示余。余曰：“阁下历陈碎石之功备矣！然其所以好处，则在碎石入水坦坡而下，其坡唇在水底挑溜，故止险之力，加于厢埽耳。”湛溪曰：“子语容吾思之。”湛溪举事多依傍《策河四略》，惟碎石是其心法，而不能自言其故。史公曰：“能行者未必能言。”亮哉！案碎石工，断不可用于运河及时筑时拆之坝，以运河身窄溜急，恐刷入河心，为漕船之害。碎石得淤乃能闭气，坚如生成，拆时不净，常沮河流也。

余言河臣以能知长河深浅宽窄者为上，能明钱粮者次之。故既为《说坝》以明上治，复为《杂记》为明钱粮者举其凡例。夫言河于钱粮，似属粗迹，然钱粮有冒销，有虚糜，其事与机宜常相待也，视为粗迹，舛矣！厅员职在佐贰，廉俸未优，所辖工段多或十数，长或百里，设厂延友，膳丁役、给书算、犒兵夫、养车马，办公必需之资，岁至盈万。即伺应院道，供馈差委，亦人情所不能免，其取给也必于工帑。而动云实用实销，非解事之说也。真明钱粮者，责七成之工而已。即如南河旧例，库贮止五十二万，其时厅缺十四，每厅牵算库贮三万五六千，以七成责之，每厅做工所余，数皆过万，办公之外，尚可稍资家计。况近日库贮之相倍蓰耶？然使为河臣者，公然以三成之帑，明津厅员，则无以为名，而渐不可长。

不知埽工，首重正料。部例以斤计，三十斤为一束，工例以方计，四十束为一方。部例以九万斤为一垛，工例以七十五方为一垛。皆于做工时，销单长一百。埽工一方，名一个单长。是故以工例合部例，堆一方为料千二百斤，每做一单长，为料九百斤，部价常绌于市价。然实堆正料一方，断不能至六百斤，以溢出之倍斤，益不敷之价，则有盈无绌矣。又料束皆紧捆，做工时拆散平铺，势有浮出。加以半土厢压上料相乘，总不能及七成。其土工部例用铜尺，工员收挑夫之方工，例用漕尺，漕比铜加一，四面乘算，亦尚不及七成。是故工得七成，实已照例如估，而非屈法下徇，曲留余地也。其不及七成者，则谓之冒销。冒销之术甚多，名目难以枚举。然余往来南河二十年，所见工程，有不及二三成者，甚有领帑竟不动工者，皆非别有神术，使管辖官竟不能以意查诘也，故冒销之弊易除也。近年河臣莫不以拆秤料垛为务，然未见有临工先数垛数者，是亦齿决之问矣。且料以做工，果能严核工段，不使以堤身冒埽台，以败埽填坝心，虽不查料垛可也。若临工而不能校核，即料垛斤方如式，一开春工，报明动用，继请防料，虚称垫办，此融彼销，曾何关钱粮之费省乎？

闻之古权家云："东备则西寡，南备则北寡，无所不备，则无所不寡。"近日防河，与此大似。中无定见，普律加培，溜势不到，则篑土束料皆归虚设；溜势所及，则以普防之故，卑薄不足为御，因是虚糜，反致疏失。若夫筹办大工，则情状万端，尤难言喻。故余言河事，专重救弊，而指冒销者常少，戒虚糜者至多，凡以此也。有心人详览余书，类求以得隅反，则河堧劳民，庶其可小息乎？

合注：浪没头攻埽，下与埽争，而激起浪势，故来软而去硬，此而不治，成事在即。须于上游做斜坝，挑归中泓，则险平。浪起时乘风力见险，攻来硬，埽根挂淤，浪伏而不与埽争，故去软。

此堤里指背水一面，与《四略》所言同。浪搜埽底，埽空而浪伏行埽下擎托之，故埽前不见故，而下埽则蛰也。

不知河底之浅深，故无定见。冒销之弊在工员，虚糜之罪在河臣。河臣之虚糜者多，则工员之冒销者愈多。弊端相因，正本清原，由河臣始，放虚糜之戒尤多。河臣之虚糜，其端有三：昧者胸无定见，长河浅深，堤工险易，漠不关心。汛至则不知所措，处处修防，节节加培，饷之虚糜者，一也。贪者与工员为市，好生事端，借国帑以脂润私人，饷之虚糜者，二也。其或稍知慎重，又不能相度形势，私心自用。非险而以为险，生工在无用之地；当为而不知为，失机贻事后之悔。败端频见，救给不暇，饷之虚糜者，三也。然则不识机宜，欲不虚糜，其亦难矣。

壬辰春，予北上，迂道存翰风于馆陶署。翰风言："境内漳神庙，乃直隶、河南、山东三者轮奉旨致祭之大祠。今年庙断不可守，吾子当有法止其冲塌。已具舆马，请前往相度之。"庙去城三十里。予至庙询住持云："漳去庙前旧有二百丈，今山门前仅容一车，大约入夏必圮矣。"予见直庙门二十余丈外，河心有砖墩，周圆四五十丈，乃本庙戏台，被冲入水已三十年。予意砖入水竟能站住。庙左故市甚盛，十年前被大火，市迁河北岸。火场长数里，断砖塞路。予遂相溜势，于庙之上游钉木桩三，返告翰风，“派丁前住庙内，买乱砖每担五六文，即依桩倾倒入河，听其斜分外游，以坝尾平岸为度。计砖坝三道，用乱砖三万担可成，费约百五六十千耳”。翰风即照办。五月，予南返过署，翰风言：“三坝十余日即成，经大水七八次，北滩已塌六十余丈，砖墩已淤与庙连，墩后并积淤二十余丈矣。”是年轮河南主漳河祭，藩司栗公将事后，细询砖坝挑水刷淤之故。次年栗公擢督东河，遂用砖于通工。传所谓有开必先者耶？故因南河碎石而类记之，附告观者。

（以上诸篇文章录自《安吴四种》卷 2）

庚辰杂著三

漕为天下之急务者，以其为官吏利薮也。贪吏之诛求良民，奸民之挟制贪吏，始而交征，终必交恶，关系政体者甚巨。说者皆谓漕弊已极，然清厘实无善策。或以为州县一年用度，取给于漕，故不能不纵之浮收勒折。是无漕州县，其用度又将何出乎？或以为帮丁需索兑费，盈千累万，裁革此项，则势必误运；州县亏空，实由于此。是无漕及有漕而不起运之州县，其亏空又从何来乎？凡此皆贪黩州县，造作言语，愚弄上司，以遂其朘民肥橐之私；而为之上司者，或受其愚而不加省察，或利其贿而为之饰词，以致浮勒日甚，尚复靦颜抗论，自命清官，一唱百和，延害心术。谁复肯揣本齐末，广思集益，使闾阎免渔夺之苦，帮丁祛赔累之病，州县无竭蹶之虞乎？

查州县收漕，有例定耗米，自加一四至每石五升不等，以为修理仓廒、斗级辛食、车脚津贴、旗丁食米之用，办漕有余，即留为该州县办公之资，是清漕本不为州县之累也。合计各卫所，其无屯田者，不及十分之一。多者至每船千亩，少亦数百亩，田随船转，不许典卖。其三年小修，五年大修，十年拆造，所领例价虽不敷用，然逐年撙节屯田租入，则津贴裕如已。头舵水手有工食，家口有月粮，又有轻赍月赠篷席等银。头舵又许土宜免税，帮丁附带客货，海船数百千石不等，得受水脚，岂宜复有赔累？无如十羊九牧，为人择官，多方以耗剥之。各卫有本帮千总领运足矣，而一缺两官，间年轮运。漕臣每岁委本帮官为押重，又别委候补一人为押空。每省有粮道督押足矣，又别委同、通为总运。沿途有地方文武催攒足矣，又有漕委、督委、抚委、河委，自瓜洲以抵淀津，不下数百员。各上司明知此等差委，无济公事，然不得不借帮丁之脂膏，以酬属员之奔竞，且为保举私人之地。淮安盘粮，漕臣亲查米数，而委之弁兵。通州上仓，仓臣亲验米色，而听之经纪。两处所费，数皆不赀，一总运所费万两，一重运所费二三千两，一空运，一催攒，所费皆数百千两。又沿途闸坝有漕夫头，每一船过一闸，需索百般。是故帮丁专言运粮，其费取给于官而有余，合计陋规贿赂，虽力索州县之兑费而尚不足。

善治漕者，先清屯田，责成卫所；督课耕耘，量其所入，以一半给家计，一半备公需。停委重空，责成本帮；裁派总运，责成粮道；尽撤催攒委员，责成沿途文武；裁汰漕夫，责成闸官看守闸板缴关。每一帮船抵闸，听其通力合作，提溜更速。水次则严禁嫖赌及随帮收帐者。盘粮责成漕臣，而使督臣稽察之。通州责成仓臣督同坐粮厅，革退经纪之为积蠹者。则帮丁之办公从容，无须州县津贴。而州县无所借口以诛求于小民；奸民不能激众，以陵辱其长吏。藏富于民，以培气脉，以尊体统。否则浮收勒折，日增一日，竭民力以积众怒，东南大患，终必在此矣。

庚辰杂著四

皇上惠爱黎庶，以谏臣言，饬直隶守土之臣兴水利。幽冀水利，始于宋臣何承矩，以后为此说者尤多，其详在《潞水客谈》。国朝怡贤亲王与阁臣朱轼，经画粗备，《直隶通志》具载其事。然皆未能上筹国计之盈绌，下察民情之疾苦。小民难与虑始，以圻辅千余里之地，悉欲相度形势，以举东南水利之法，导山疏渠，刊阡置陌，尽用官力，则势有不能。劝用民力，则小民安于故习，未见其利，而兴作烦苦，胥吏因缘为奸，心且惊扰闾阎，物议沸腾，善举中止。六百年来，志大心劳，而敷功不奏者，非一世也。

夫南粮三四百万石，连樯五千余艘，截黄达卫，以行一线运河之间。层层倒闸，节节挽纤，合计修堤防、设官吏、造船只、廪丁舵，每漕一石抵都，常二三倍于东南之市价。虽不能知其确数，所费岁皆以千万计矣。是必得明农而善心计者，专司其事，议置官屯以为民倡。夫岁漕米不及四百万石，是东南膏田中岁二百万亩之所产也，以民间业佃各半计之，有田四百万亩，则租入可以当全漕已。开方法：里长三百六十步，方里为田五百三十亩。是方百里，即可得田五百三十万亩。圻辅之西，水自紫荆关来者，千有余里。其东则八沟、滦阳之水，皆西流入长城成大川。南则河南、山东、山西三省南北边之水，循漳滏而汇于淀津，是不患无水也。相度近河之处，土味甘平，有横理能保泽者，或马厂，或旗租，或民地，妥置入屯。其有洼下水占之区，因势消疏而加以圩岸，则尤易集事。召东南习农而无田者，厚资之，使开沟渠，治畔岸。先以方十里之地，画罫而耕，既效则徐扩之，要以十年至方百里而止。以三十万亩，为农官公署、仓廒、官佃居止、场圃，尚余产米之田五百万亩。与佃各半，岁入当五百万石，较南漕之数已有余，可以为旱潦不虞之备。约计召官佃，置农具，安庐舍，给牛种，陆续为之，所费不过及一岁转漕之数耳。如是，则举事而不惊众，益上而不剥下，百世之勋可集，而东南之困可苏也。

然后议减江浙赋重之区，如江广而止。以其减之所剩，量增官俸兵饷营驿马干，使污吏悍卒无所借口以扰吾良民。小民见官屯之利，自必仿而行之，不令而行，不课而勤矣。至虞集原议滨海斥卤萑苇之场，筑堤捍海而引水灌之，此四体不勤之谈也。斥卤之地，类皆碱板，唯苇草借淡水而生长于咸水，则坚韧中材。若虞说以艺谷，即使成田，二三年后，碱气上升，其田旋废。唯粤东有咸水稻种，撒于海滩，不劳而收。恐其地燠暖，与北方异宜。若试行之而有效，则其为公私之利益，有非言语所能赞叹形容者矣。

庚辰杂著五

盐法以两淮为大，请言两淮，而以类推之。说者皆谓私枭充斥，阻坏官引，遂以缉私枭为治盐之要，此下策也。两淮盐境，西尽两湖，北至河南之归、陈、光，而东下尽徐州，南自江宁，沿江上尽江西之域，幅员六省。纲食百六十八万引，俱计口定额。今户口之增无算，而每年常绌销三五十万引，则私畅官滞之说似矣。然私有十一种，枭私特其一二，而为数至少。近时正引，节次加斤，至三百六十四斤，而淮南捆至五六百斤，淮北且及倍，此官商夹带之私也。官盐船户，自带私盐沿途销售者，船私也。灌安、襄、荆、郧者，潞私也。灌宜昌者，川私也。灌宝永者，粤西私也。灌吉建者，粤东与闽私也。灌归陈者，芦私也。灌饶州、宁国者，浙私也。回空粮艘，夹带以灌江广腹内者，漕私也。又有各口岸商巡捕获私盐入店，名曰功盐，作官售卖，而不遵例按斤配引输课者，功私也。其潞、芦、粤东西、闽、浙之私，皆邻境官商转卖越境之盐。漕私亦买自天津公口岸，及淮南之江甘总。唯潞私有枭贩夹杂其中，而川私与淮北凤、颍、泗之私，为枭徒自贩耳。

枭徒之首名大仗头，其副名副仗头，下则有秤手、书手，总名曰当青皮。各站码头，私盐过其地则输钱，故曰盐关。为私贩过秤主交易，故又曰盐行。争夺码头，打仗过于战阵，又有乘夜率众贼杀者，名曰放黑刀。遣人探听，名曰把沟。巨枭必防黑刀，是以常聚集数百人，筑土开濠，四面设炮位、鸟枪、长矛、大刀、鞭锤之器毕具。然相约不拒捕，非力不足也，知拒捕则官兵必伤败，恐成大狱，阻坏生计耳。淮南以深江、孔家涵子为下码头，而瓜州、老虎颈为上码头。淮北以新坝、龙苴城为下码头，而钱家集、古寨为上码头。大伙常五六百人，小亦二三百为辈，皆强狠有技能。犹幸文武吏卒利规贿，缉捕不尽力，上司催促甚，则商之仗头，取其役使数人以盐数百千斤解交，名曰送功。若皆认真巡缉，使枭徒晓然共知私之不能复贩，则解释仇怨，并力以争一旦之命，其为害岂特十百于阻坏盐法而已哉？

官船旧时受载，大者三千引，小者亦千余引。每引水脚银一两，一年受载两三次，故船户不俟为奸而自足。今船一载，需年半乃能回空，而船式如旧。大船才受七八百引，小者三四百引，水脚如旧，而埠头之抽分较前四倍，船户所剩，以酬商伙商厮而犹不足。约计造一船之费五六千两，每年须归船主官利银千余。海船舵水数十人，辛食之费，并篷缆油索，每年又需千余。计年半非得银四千两则不能偿本，皆取给于卖私。官商夹带加斤，十已浮四，益以船私，比水程所载引数，不啻过倍。官船与私枭皆集仪征，仪征改捆之所，妇女扫其脚盐，已敷仪民之食。而大小官吏，皆指老虎颈为私窝，百计设禁而不知其去路。知者以为言，即获咎于商，而为大吏所不容。掩耳盗铃，事同儿戏。灶户烧盐，售与场商。而场商于停煎之时，举钱济灶，比及旺煎，以大桶中其盐，重利收其债。灶户交盐而不得值，非透私则无以为生。故商私之盐本，则浮取于大桶，水脚则隐射于水程，又无官课，故有识之士为之说曰："盐畅而引滞，商赢而课绌。"然官引到岸，先卖商私。而船私则卖于中途，又在商私之前。课既甚绌，盐官不能不诛求于商，赢者终归于绌，畅者终归于滞。病势相因，莫洞其源，而皆曰缉私。甚者则酿巨案，否亦徒增官费而无成效，故曰下策。

善治盐者，有上、中二策。中策有二：一曰稽查火伏，一曰烙验官船。场官有火伏簿扇，以查灶煎之数。灶有定额，一灶一日夜煎盐一镴有定斤，名曰火伏。严禁大桶重利，饬灶户所有之盐，场商尽数收买，则枭徒无所得盐，而私之源清矣。运官盐必以官船，律有明文，官先按船编号排甲，量其载之所胜，烙于船而注于册。载不及九分，则不准开行，而私之委清矣。革除埠头浮费，而于口岸建盐仓，船至即卸盐上仓。不过两月，船自载米煤等物顺流而下，船得倍利，并以便民。是虽不足以杜越境之私，而官商既不能卖无引之盐，又不能使船户带私以代水脚。枭徒无从得盐，则众自解散。是亦可以提行溢课，而无滞绌之忧矣。

若夫上策，则裁撤大小管盐官役，唯留运司主钱粮，场大使管灶户。不立商垣，不分畛域，通核现行盐课，每斤定数若干。各处虽难画一，断不可致悬殊。仿现行铁硝之例，听商贩领本地州县印照赴场官挂号缴课买盐。州县发照后，一面具详运司查核，则场官不能干没正课。

而运司与场员俱有平余，州县亦借盐照纸朱之费，津贴办公。长江大河，转输迅速，民间盐价必减于今十之五六。而私盐十一种皆输官课，课入必数倍于今。枭徒化为小贩，不至失业为盗贼，以扰害闾阎。拨出现行课额，仍归正供，酌提盈余，增翰詹、科道、部院司员之养廉，略如同、通，使京职不为债累；而外放取偿于所属，冲繁州县。量设公费，使廉吏可以不浮取于民，而无赔累。是一举而公私皆得，众美毕具，千年府海之陋，一朝尽革；六马朽索之凛，万世无虞者矣。

复吴提刑书

棣华先生提刑阁下：月前在半壁店行营，承以本年直隶被水至重，身居其官，即未能兴水利，要必先除水害，委问设施之要。世臣多识先达，如是用心，如是立志，殊少其人。阁下蒿目灾黎，不欲负职，苍生之幸也。比以畿东畿北，虽属旧游，而直隶大川皆来自西南，未习地形，不敢摭袭前言，妄行陈说。近就食大名，沿途询问，目验水迹，心测水理，用悉愚见，以备采择。

窃谓燕齐水患与吴越异，吴越灾由于天，而燕齐则造自人。天为之，故害疏；人为之，故害数。夫水有源委，委之深宽必倍于源，乃能宣蓄以备旱潦，不为灾害。今燕齐以运河之故，中地高筑两堤，拦截水路，使东堤以东之水，西流至东堤根，西堤以西之水，东流至西堤根，皆止而不行，无所会合，泛溢田亩，以待渗漏。而燕境西北，又皆大山深谷，绵亘盘互。山间之川，知名十数。诸大川中，其源远性悍而至为患者漳。自乾隆中南决三台，挟洹入卫，东合汶以北迎白河。白河合塞外诸水，至密云会潮河，至通州会海淀，至天津三岔河，南会卫，西会浑，以东出大海。滏阳出磁州，东北合洺水，又合泜水。滹沱出繁峙，东合小水百数，与滏阳会于大陆泊，以北入浑河。唐河、沙河、滋河源皆数百里，东合为猪龙河。涞水、白沟合于易水，会猪龙以入浑河。浑河由东沽出三岔河，与卫、白会。而大清河宽止七八十丈，上承来源，盛于委者十倍，其下游又被海潮顶阻，是以雨泽稍多，无不立致漫浸。故曰造自人而害数也。

为今策者，惟有穿运堤为十字河，使诸大川各自为委，以遂其性，而后可言除害耳。说者谓漕运为国脉所系，连樯五千余艘，出一线之运河，常恐浅阻，焉能穿堤以议泄哉？然粮艘惟江广为重笨，吃水才四尺五寸，若测河底，留水五尺，十字河头为滚水坝，坝脊高于河底五尺，则水虽分泄，而船仍无滞。若谓十字河掣溜，恐碍船行，则每遇大水，两岸缺口常至十数，重空衔尾行走，况此有滚坝以限水力者耶？山东有四女寺支河以减汶。卫河至沧州境，始有减河二道，其坝脊亦高，不能畅泄。按南皮有土名老黄河者，槽颇宽深，上接德州之老虎仓。宜在此处开引河，建滚水坝。而于滚坝上下二十丈之间，各建单孔闸一座，使闸水交于坝下，擎托减水，免致跌塘。有此一坝两闸，则卫河虽西合漳洹，南合汶，可无泛溢矣。南皮之北，沧州之南，其间有五龙堂，系九河故迹，崖岸犹存，去海止数十里。宜于交河、阜城之间，相度地势，开引河抵卫西岸，或为通河，或作滚坝。而于其东岸斜对迤下处所，各建滚坝一座。必在迤下斜对者，恐十字径穿力猛。坝上下俱建两闸，以导滏阳。其青县旧有滹沱支河入卫，宜加修浚，于其对岸迤下，亦建一坝两闸，以导滹沱，使滹沱、滏阳与浑河分流。又相度东安，另开引渠穿白河，达香河境。使浑河分支自入于海，则大清河所受之源无多，而归墟畅顺，上游郡邑，不致阻渟潦矣。

至大陆、宁晋二泊，东西二沽，受淤阻水之处，前哲朱文端、裘文达、高文定、方敏悋经理甚备，稽成案以制时宜，足以收效。昨见《磁州志》载故知州贵郡人蒋擢，于康熙中开渠艺稻，为利至今。其事当可仿行，今送一部。又世臣前有《庚辰杂著四》一篇，专言此间水利事，或有可采，亦抄送一通，伏惟垂察。北风告寒，伏惟为民珍重。道光二年十二月初二日，世臣再拜。

漆室答问

道光甲申十一月十六日，余自济南驰回扬寓，永康熊兵备介兹夹濠而居。余既假西来庵以避高堰下注之水，即走晤兵备，嘱其告当事以部署护城之计。至二十，水大至，而昭关坝跌翻成口，大溜直趋兴、泰、盐、阜，得不入城。又二日，扬城人心少定。兵备过问曰："己卯冬在济南，读吾子旧著《郭君传》，有十年后高堰不守之言，至今竟验。吾子自济南驰返，又与决口之期相值，可谓灼见败征矣。能见败者必能救败。今年祸发仲冬，下游先涸，稍能容受，修复土石各工，岂能如前？若值秋后，覆辙再见，淮扬为鱼，谅非虚语。然工大费巨，内外支绌，其何术以济此？"

余曰："南河所辖，黄淮两渎。淮不为害，其为害者，黄贻之也。故节入长至，高堰志桩积水至一丈七尺五寸，仅能高于黄水五寸，以及此难。今淮害已剧，而黄病尚未发，癸未十月，余自大名南返，过清江，询知船务营弁运料至海防境，即须起剥，是黄河中泓浅处，尚不及三尺。斯民之难果必至，岂一手一足之所能救耶？空言奚补？"

兵备曰："非子固无能济此巨艰者，其用不用则天也，但言之何害。"

余曰："高堰在康熙以前，本属土堤，还石工非急务也。目下所急需者，得钱粮七八十万，便足济事。虽支绌尚可筹议，顾不知所以用之者何如耳。今年九月间，见英协揆奏结以放代盘之案，有各仓旧粮无存之文。去年吴楚大水，减运南粮，不过百万，益以和籴台米十四万石，仅敷明年春夏支放耳。都下翘足而望新漕，尚有暇计议堰工耶？湖身以受黄减淤底而高堰吃重，南河自凿铜沛南岸之虎山腰为减水坝，宽四十丈以减黄涨，十年以来，至五月辄开放，湖心积淤数丈。黄水减以入湖，淤身而水面抬高。故今年至仲冬而黄水不落者，非水大也，河身淤高而不能落也。

下游淤高，则上游著重，明年大汛一至，上自邳宿，下至山海，两岸千里，所在危急。今日虽以全力治之，病深时促，尚难必其万全，加以办堰工，筹济运，务繁则心纷，工多则帑绌，事未可知矣。

“故善谋国者，莫如暂举海运。依余前议而行之，不使人扰漕，不以漕扰河。灼见黄病之源，大举攻沙之策，庶可期其底深溜急，易为消涨。涨消则河低，河低则淮自高，淮高则清出有力，底淤掣动，可以渐深，志桩水少，而堰工自固，斯为上矣。不能举此而言其次，则唯有借黄以蓄清，借土以济水，使全漕不误，然后可徐图治河也。

“洪湖水面，折方百四十里，见寸为水六千万方。十三堡口门，已塌宽百五六十丈，深五六丈，计过水八九千方。堰顶高于二河者数丈，溜势悬涌，日可减水五六寸。自十二日申刻决口，至月杪计十八日，当可减湖水一丈。堰内涸出干地，不下二三十里。凡口门之上，必有深槽，渐远则渐浅。法当急测槽头，密钉排桩，相间尺许，先下竹络。继以船载包土，靠桩抛填，限四五日，出水断流，使志桩仍可存水五六尺。乃用好土坚筑干口，补还堰身。断不可用捆埽追压之法，旷日持久，泄枯湖心，且还石工时，又须拆埽还土，滋靡帑项。计桩土人工，费才二万两耳。即沿涸滩筑土堤，长与堰等，约高一丈，顶宽二丈，底宽六丈。土塘约去堤五十丈，通连成川以便运料。一面搜挖石块，当可得十分之六，工匠即在堰根搭棚錾凿煮汁，无须更筑圈堰月坝。计土堤，见丈为土四十方。每方二钱，为银八两，通长一万八千丈，为银十四万余两。合堵口之费，不过与常例修石工时，筑月坝相等耳。又可以工代赈，惠此灾黎。对岸亦沿滩筑堤，高宽减半，仿潘氏缕堤之意，共费不过二十余万两。盖湖面收窄一半，则蓄水一尺，便高二尺。若收之愈窄，则蓄之愈易。况此堤一成，即遇淮水盛涨，漫堤逼堰，湖心之浪，格于土堤，其力必弱。堤外平滩，加种茭苇，转败为功，在此一举。

“夫以十月杪之黄水，尚与堰志丈七尺相平。又霜节之后，桃南北以上，海、安、阜以下，水皆消退。唯外南、北、山、海四厅，渟缓不落。是病之所中，既深且远。病急则治标，法宜从高家湾迤至云梯关百八十里之内，测量河泓，与埽前志桩较明深浅。乃相溜势，并河槽做对头斜坝，逼溜刷淤，或三里或五里为一道，除有工埽二十里外，两岸约坝六十道。大小牵算，每道用料十全垛，守料五全垛。溜随坝至，或守或否，不可预定，计杂料夫土，约需银十四五万两。从下游做起，勒于十二月初十前，一律完工。又勘寻李工草闸旧迹，李工在杨庄下三十五里，外北、山安二厅交界处。嘉庆十年，曾创做草闸。减黄入莞渎河。修筑引河，集正杂料以备启放，约需银五六万两。此处形势不同减坝，掣黄既属得力，又可必不成事。下减之策，唯此可行。

“其运河自宝应以上，秋初受倒灌者半月，淤垫过半，势必议挑。然议挑之费颇巨，又弃淤于无用之地，非计之得也。法宜于宝应上下，测运河底高于湖滩及丈之处，拆开西堤，镶做草坝，约宽七八丈。于湖滩抽出河形，以其土置三十丈之外，高高下下，以引黄淤，以动帑五七万两为率。黄河对坝既成，间曰测河，俟刷深至三四尺，即於御黄坝口门迤上，镶做盖坝，以杜掣溜入袖之害，长短相其势。一面启坝，放黄入运，紧闭运河闸洞，使掣刷新淤，由草坝出湖。黄水出湖，正溜随河形而下，其漫水平铺遇土山，外逼清水，势必挂淤，不过月许，运河新淤必尽入湖成滩以作纤道。十五年，运淤成陆，决东岸之王家庄，半月后，运深至三丈，积淤全刷，此前事之可证者。至明年二月，于界首迤上，又拆西堤，放粮艘入湖，就滩行纤，至草坝提入正河。盖草坝出水建瓴，则清淮一带水势不至抬高，东岸可期保固。黄河循滩直注湖内，界首倒漾之清水，不致顶溜受淤。湖内有纤道，重运可以遄行，此之谓借土以济水。及至三月，洪湖蓄有丈许，测黄河之高，在二三尺以内，即开放李工以导湖溜。总于五月伏汛未至之前，将全漕趱入杨庄，以安众志，乃煞御坝，此之谓借黄以蓄清。

“仍一面招集工匠，将挖起旧石，六面见光，拆堰到底，加钉马牙新桩，逐层里外铺砌如法。石工向系选四添六，以旧石多出之二成，融于新石，而给錾凿米灰工料诸费裕如矣。所创土堤，必宜严守。湖水盛涨，必至秋令。秋前旧石可以砌完，灰浆经过三伏，渐就老靠。入秋之后，或遇淫雨，酌启蒋坝三河及运河各洞闸，总期不漫新堤蓄济空运，是亦救败之中策也。如是，则新漕可以必达，堰工可以必守，唯邳宿以下是否有事，则不敢知耳。然与其溃邳宿也，愿溃山海；盖溃邳宿则穿运阻漕，为患甚巨。是以不如暂行海运，专力治河之为得策也。”

兵备曰：“吾子此言，虽陈、潘复生，无以易此。吾子心乎济物，何不献之当路，弭此大难？”

余曰：“不敢自秘，南河风气儇薄，当多年不举大工，始遘艰屯；而闻动用无多之说，必多方阻扰于当路，岂能举乎？既闻而不举，则大难必无瘳矣。”

兵备曰："天心仁爱，终当有能举之者，子姑待之。唯恐迟之又久，为力更难而为效更小耳。"兵备去，爰炳烛而记其语。

录稿毕，十九弟世荣季怀，大侄慎言孟开问曰："如当事欲举攻沙之策，其策安在？"曰："其要在《答友人问河事优劣》，其详在《筹河刍言》、《策河四略》，其用在《郭君传》。河事万变，治之不外乎此，前有成书，无烦赘说。"

又问曰："湖中筑堤，西岸高厚，何以必减半？"曰："湖西受淤尤久，地身比东高，虽云减半，其实相平。"

又问曰："何以仅言东堤必守？"曰："湖西滩平，水力不能上攻，无须培筑，非不守也，黄病既除，河水自落。洪泽旧境，宽不过三十余里，今虽夹筑缕堤，湖面仍有八九十里，但能使之北出，其势断无涨满。土能制水，本自五行，圩岸溃决，浸在水内，迨其涸出，常经岁月，然土堤并无损坏。故知土堤御溜不足，而制水则莫能与比也。"

又问曰："海运既行，粮艘无用，舵水人多，如何处置？"曰："西堤之外，地皆膏腴，宽窄虽难悬度，约计总不下百余万亩。略给棚种，随宜安插。漫种二麦，夏收可必。一熟之后，再议开塍分界，资其租税，以助工需。改船为屯，便成水利。"附书以告观者。

合注：白田铺漫口时，黄水入湖淤滩，宽长数十里，今为苇田，此前事之师也。

启颜漕督

尚书阁下，二年孟冬，在大井行营，以拙著《郭君传》得彻钧览，遂荷齿芬，诵遍寮寀。未望霁颜，先承推毂，用心真厚，古人无以加。徇知感惠，今古同情。嗣后由陆承宣署转佐富兵备于大名，兵备量移陇右，世臣以母老不能远游，回扬省视。今年秋初，负米山左，以十月之杪，于役济南。问悉南河情形，窃意高堰必决。家寄扬城，地属下游，风鹤堪虞，星夜驰返，以十一月十三昧爽抵浦，正值成事，人共咤为不幸言中。阁下试思《郭君传》内，所谓十年之后高堰不守，及论中备言黄淮两渎并攻高堰之害，此固较量形势而知，并非远见独识者也。至扬即日移寓高阜，水势稍定，遂赴吴门访诚承宣。以清水泄枯，粮艘必阻，而仓储未实，庚癸劳呼，怂恿承宣预筹海运。承宣是其议而力不能任。返扬未几，得阁下调督漕运之信，望风忭跃。仰测圣意，必为阁下三朝老臣，事变更熟，又秉节通仓，深悉虚实。昔有平江印川，近则文端勤恪，皆以转漕治河，遂使河治漕利。庶几嗣此前徽，能纾巨难者矣。即拟驰迎徐兖之郊，面陈愚悃。岁冗迫促，遣奴上谒，深用歉仄。

节相借黄之请近已奉驳，颇闻星使临浦，与当路计议，兼采蓄清借黄之说，于御黄坝内，节节做对头坝，下抵平桥，以逼黄溜；而于御黄坝外，加做箝口坝三重，外窄内宽，以资钤束。想节钺莅浦，即当会议定策复奏，安危之机实在阁下。夫清非必不可蓄，而蓄清机宜，颇为微妙；黄非必不可借，而借黄控制，尤须把握。若谓从前借黄，重空无阻，不知近日湖水泄枯，黄底垫高，情形大异。箝口坝做于御坝未开之前，是束枯苇于淤滩之上耳，坝启溜行，势必搜根。若钤坝走失，大溜直入，又遇对坝，逼起怒淦，非冲决束清，即刷塌御坝。但分掣半溜，而里扬二厅堤工，尺寸皆险，一有慢口，非两月不能蒇事。无论阻运事大，即三百里内连樯接楫，哀鸿遍野，难免别生得失。议者必谓运河涨满，有减坝可以呼吸关生，然嘉庆十一年大挑盐河，而放坝一日，即成巨口。近修坝脊，升高数尺，尤易跌塘，海、安、沭三州县居民百万，岂可再为尝试耶？若启坝而溜不行，则口门立淤，荡漾平流，沙随水长，磨浅行纤，有似荡舟。捕捉拨船，假手胥役，其为扰累，将遍江淮。磨浅稍久，势必淤断。米多必议盘运，米少必议截留，盘运则无益费生，截留则仓储缺乏。凡是二策，窒碍实多。故为今日计，能举海运以专力治河者，上也。控制黄流以待清长，而不误全漕者，次也。旧作《海运南漕议》，近作《漆室答问》，其言或亦有当情事、可备采择者，谨录送一通，以代犒从。

筹者必谓阁下专主漕运，河非所辖，又系新任，无庸越俎代筹。然大臣忧国，无分畛域，漕事若有差池，河臣岂容坐视？况阻运虽由河道，而滞漕自有责成。为人分过，非所愿闻。凡此全局大计，阁下自有成算，岂芹曝愚忱所能增益？徒以知我逾恒，又高深能容狂简，故不敢用寻常吉语，奉迓旌节也。伏惟垂察，皇恐屏营，不尽欲言。道光四年十二月二十四日，世臣谨启。

海运十宜

海运之便，前议已详言之，本为明白易举。自本年二月奉旨饬查，当事未悉底里，不事咨询，循例委员分投查看，有司更纵吏役，恣意封船，百弊丛生，扰遍滨海。四月复奉明谕，势在必行，而委员不思变计，至苏抚有饬行嘉湖道查复沙船逃匿乍浦之事，船商畏沮之情可想。谚云："医病易，医药难。"加以本年催提粮艘，卸货几尽，搁浅数月，裂渗堪虞。丁舵苦累情形，实为从来未有。承极敝而议创举，应机制变，断非预定绳尺所能赅核，谨就情事之尚可言宜者，条为十宜，以俟职谋国是之君子采择焉。

一、黄河情形既至此极，是来年漕运，舍海更无他道。现在浅沮各帮，若循例截留江北，将来别雇船只转输海口，岂不重为劳费？闻大闸以上已无重船，湖水虽未能导出清口，若在二闸迤下，飞渠借水，抽退尚可为力。查海道自五月至七月，风信靡常，船皆下碇，北洋名为守冻，南洋名为停秋。迨至洋面通行，尚有五十余日，可以筹办一切。筹办既定，乃撤各帮渡江，转至吴淞，卸交沙船，约中秋开行，九月初可必抵淀也。

一、内外库贮，颇非饶裕，本年纤挽盘拨，封雇长短拨船，靡费已属不赀。此时抽退各帮，米数尚在百万以外，筹议水脚，亦非易集，非出无中生有之奇，未能济事。即来年由海新漕，又岂能别议开销？似宜查明节次，奏明州县津贴丁舵成案，照数提拨，以给沙船水脚。如尚不敷，再以漕项正供拨抵。核明拨抵若干，照减运旧章，调剂丁舵若干，此外是否仍有节省，通盘筹画，方免临事周章。

一、沙船十一帮，俱以该商本贯为名，以崇明、通州、海门三帮为大。尤多大户立别宅于上海，亲议买卖。然骄逸成性，视保载行内经手人，不殊奴隶。保载行八家，并非领帖船埠，专为庄客包税，兼及觅船，并不于水脚内抽分行用。海运漕粮，既非税货，未便责令该行保载。其大户有船三五十号者，自为通帮所敬厚。亦有船数较少，而人颇解事，常为同帮居间排解，虽未必无因而求利之心，而为人信服已久。至会馆创于嘉庆初年，虽名通帮公捐，实未能同归一路。董事之力棉薄，各帮大户，多未谋面。似宜确访三大帮之大户，及解事人，礼致而切喻之。使之自合通帮，详议利病，酌其可行者与之兴除。船商有最苦累之事，能兴除之，则可收通帮之心。然预形纸笔，便生格碍。即明立文案，立该商各为本帮领袖，其小帮领袖，则由该商保充。饬令常川在馆，会同董事，将各帮沙船花名造册呈送。有船到埠，即赴会馆挂号。其是否篷缆坚固，商户殷实，堪载官漕，即责成董事、领袖等，出具互结若干番，与本商领状同送，飞咨天津督收官查核。至其揽载南货，或仍由保载行，或即由会馆，各听其便。盖事当创始，官民本未相孚，又值两次骇政之后，更难家喻户晓。非得其帮内敬厚信服之人，从容解说，使通帮晓然知载官漕与揽客货同一利市，难期成效。且大户听从，则事有依靠，解事人顺手，则浮议尽息。然或误用憸人，又足偾事，未可执一论也。

一、大户之船，油舱必精善，耆老舵水必皆著名好手，庄客时常写雇，故富则益富。船少者商本既微，生涯淡泊，船或老朽，贫则益贫。宜饬查明一商止有船五号以内者，非新造新舱之船，不准配运，以昭慎重。

一、沙船揽载关东豆货，水脚长落不一，口争多寡，率难平允。似宜吊取本年现写客货契票，将关石伸为仓石，漕斛，上海人呼为仓石。较明每石水脚银若干，酌量加增。韩昌黎言："凡是和雇百姓，愿为私家载物取钱五文，不为官家载物取钱十文。"增于民价，尚非乐从，何论核减？况天津从成山西转，本为北洋远路乎？又核明客货折交升合之例，酌加耗米。该船所得耗米，抵津交卸。如有余剩，宜仿上年台米之例，酌减若干，官为收买。既遂商情，益充仓贮。

一、粮艘漂失米石，有全赔全免之殊，然皆通帮公摊。沙船揽载客货，其应赔应免想亦必有旧章。宜酌于二者之间，由该领袖等议呈，核定应赔应免，仍照粮船通帮摊赔之例，不至重累一商。其应赔之米，先以剩耗抵补，如有不敷，由会馆议动公费，于次运买米搭交。

一、通州经纪花户，视旗丁为佃客，人所共知。沙船初载漕粮，尤无畔岸，不比关东、台湾采买招商之米，该役等心知其无可讹索者也。

宜奏请轮用天津粮食行内斛手。沙船耆老以南给印斛，与北斛较明，盘交拨船。买卖旧例，过斛人海斛有钱一、二、三文不等，应从其旧，无须禁止。

一、宜饬董事、领袖公议，每载官漕一石，酌提银若干，分帮贮馆，以作公费。使赔补松仓，不必著追本商，或至虚悬。并制官斛若干面，呈请验烙。凡载漕之船，各给一面，到津比较。招斛手若干名伺应过载，一切经费，以及造册取结、监收会议、备办茶饭之类，皆于公费内动支。每一运交竣之后，总计赢余若干，应如何存留公用之处，悉饬该董事领袖等妥议，呈明定案，以防科敛染指之弊。

一、都下官民，除南粮之外，一切食用之具，无不仰给东南。由粮船附载，十常八九。今既改河由海，则向来由粮船附载各货，不能不准其即由沙船附载，以给都下。是海运一行，南货出海者，较前倍蓰。若一概免税，则浒、由、扬、淮、宿、临等关缺额，全无补苴。而海津两关，出入皆免，几同虚设。关系课程，为数颇巨。况沙船以载漕之余，揽载南货，多寡不一，苦乐难均，似宜给足水脚，他货出入，仍旧输税。至海关额征本少，新增货税，数难预定，应列另档，以备抵补各关缺额。

一、实征本色由海运津之州县，皆系滨海近地，又在水乡多船之区，若短运仍用粮船，则津贴仍不能免，海运水脚，势难另筹。似宜由各州县雇船押送至吴淞过载，该州县即在漕耗动用，不至捐赔。而粮船舵水，查照减年分解散成案，于归次时即行妥办，不致多出一番举动。然各州县送粮船只，齐集吴淞，既形拥挤，又多守候。似宜由督办之员，核明在埠沙船受载实数，酌派何州县于何日运淞载，庶免积压弊混，别滋事端。

以上十宜，虽系粗迹，然一心妙其运用，十事植其胠维，则伐柯之则，亦略备于此矣。

是时新抚至吴，茫无津涯，得此稿，依仿定章，海运事乃举。既举之后，船商大利，更邀优叙，米石全无漂失。新造大船五百余号，而督部以漕吏不便奏停。

前年冬，有再行海运之信，船商奔赴院司，请领运者不绝，十宜之说，竟似赘旒已。戊申七月重校记之。

（以上诸篇文章录自《安吴四种》卷3）

袁浦问答

嘉庆十有三年五月，世臣旅袁浦。午日二鼓，星使长、戴两相国按临。世臣与两相国素无渊源，而次日昧爽，长相国枉顾。世臣诣行馆答谢，长相国已招戴相国同集赞化宫。

长相国曰：“老夫在宿迁得吾子言河事书，觉有把握，故欲见吾子，面请其详。然海口高仰，水无去路，其如之何？”

世臣对曰：“海口并无高仰，相国从何闻此？”

长公曰：“制河两节使屡腾章奏，入江境，接见文武，无不为此言。今日吾子谓不高仰，仅一人之说耳，其说亦有征验否？”

世臣曰：“为此言者，不独制河两使及沿途文武也，自前明中叶章奏，已有是谬论。然皆身未历海口，漫信谰言而为之耳。世臣亲历详考，故能坚持此说。数日后，两相国往勘，则持此说者便有三人也。”

戴相国曰：“两节使或未至海口，文武奉差查勘，必有到彼者，岂自明中叶三百余年中，止吾子一人曾历海口耶？”

世臣曰：“世臣何敢谓三百年司河事者皆未至海口乎？以其说海口高仰而意知之耳。且两相国不必俟往勘，试执一人于途而诘之，便知其不高仰矣。”

长相国曰：“吾两人询河壖官吏且数十百人，皆言海口高仰，何吾子言诘之途人便知不高仰，究当诘何人耶？”

世臣曰：“海口高仰，则两岸之失守有因，其咎可薄，而改道之邪说可行。失守之获咎轻，兴工之擅利厚，且谁肯言海口不高仰，又谁肯信海口不高仰乎？相国不问谁何，但言‘吾即当往勘海口，一路起旱已廿日，劳甚，欲用船取水道可乎？若干日可到？’彼必对曰：‘船行中流，则两岸皆见，便勘验。自浦到海口，计程三百里，风顺则必不可行，无风或小逆风，日许便到。’相国再诘之曰：‘船行如是之便且速，吾回浦仍坐船以细察两岸情形可乎？’彼必对曰：‘回浦万不可坐船，无风或小逆风，寸步不能上。即得好顺风，亦必十余日。’相国以此验之，则海口之是否高仰，可以意决矣。”

言未竟，河帅上谒，世臣避席。两相国问水陆难易，河帅答如所言。长相国怒曰：“下水逆风一日便到，上水顺风十日尚不能达，此而以为高仰，天下之冤，未有过于海口者矣。”河帅语塞。次日遂延世臣同勘海口，而复奏河事，颇采及末议焉。

海淀问答

嘉庆己巳三月既望，世臣谒师相戴公于海淀。公曰："去年五月，老夫偕长相国、铁制府、徐河帅登陈家浦挑坝，老夫问此坝何以挺入河心？河帅云：'今年正月开放引河头，全赖此坝挑大溜得力，使正坝合龙顺手，为生平未有之快。'吾子即言：'当日固以挑坝得力为快，至今日则当拆去二三十丈，使大溜缩归中泓。不然，伏秋汛至，水长四五尺，上游五十里之内，北岸当有受其害者。'河帅默然。老夫回京闻河水才长三尺许，而北岸之马港口决，正在挑坝上四十余里，可见此事实有把握。然焉得有先几烛照如吾子者，常在河壖乎？且吾子言之事前，而竟不见信用，恐国家大患，终必在河矣。"

世臣曰："空言滋忌，河患固无已时，然尚非其大者。"

公曰："一决口灾及田庐，关系生民至巨，动帑亦数百万，患岂犹有大于此者乎？"

世臣曰："有。患莫大于漕，漕以江浙为重，而苏、松、太、嘉、湖为尤重。其田分三等九则，唯原系芦课滩租，则科则甚轻，然为数不能什一。平田上则至二斗一二升，下则亦斗二三升。牵中起算，每亩斗七升，开仓收米常加七，乡懦至倍，闭仓开折。其善堂、学租、营田曰公户，大小乡官曰绅户，曾告讦漕弊者曰讼户，三户大约皆完折色，其价率半于民户。军船泊仓门前，旗丁终日在仓内，见官吏之诛求粮户，因挑掣米色，讹索兑费，以苦州县。而沿途催攒员弁闸坝主守，知丁得重费，因而诛求之，以累旗丁。至淮安盘粮，通州兑粮，所费尤为不赀。旗丁累则讹索州县益力；旗丁讹索甚，则州县诛求民户亦益多，诛求无已，则讦控愈多，讦控多则讼户日增。州县但见漕之利，遇凶岁莫肯办灾，丰岁米贱而折不减，良民之苦累盖与凶岁不殊，苏、松各处田租，每亩率糙米一石，看收成定分数，大率不能过八分，以折色三倍计之，亩当输五斗有余。加以两忙条银，先领单，后掣串，无处非费，田租所入，尽敷两税。江河日下，必至垫漕赔粮，田无送处而后已。良民日穷，绅、讼户日增，必至州县以收漕为畏途而后已。每年江浙开漕，闹仓者什而三四，甚则拆仓厅，殴令长。官吏贪利忍辱，上游亦以众怒难犯，唯求了事。吏日贪，民日顽，瓦解之患，斯必其萌芽矣。闻河南、山东征收小米麦豆，折色常至四五倍。然北省亩步本宽，又正供数止升合，即以五倍计之，尚不及苏松额征三之一，民力可胜，所谓多取之而不为虐者也，是未可以之例江浙也。按吏、刑两部则例，多言照贪官例提问拿问，然遍检例案，即贪官本例无文。及恭读宪庙朱谕，乃知为浮收漕粮者，专立此名。盖鬻狱卖法，其为害止及一事一人，而浮收勒折，则害遍编户，而细民之受毒尤甚，敛怨至速，激怒至众，睿虑周密，如豫见近日情事，故也。每届司纂例者，既恶害而去其籍。近则吏之专事浮勒者，自诩为廉，而浮勒日加者，上游尤视为能。载胥之叹，殆将不远。”

师相曰：“吾子言至辨析，令闻者哀穷忧难不可止，且为之奈何？”

世臣曰：“斯有二术，世臣前读《畿辅通志》，见怡贤亲王率朱文端、鄂文端筹办直隶水利，至垦成熟田三百余万亩，卒之慕不与民争利之虚名，召民升科。北人既不习水田，而食性又宜杂粮，未几罢废，唯存文安大城数屯，为今日废员转身地耳。相国果有意杜此大患，物色知农事而解水脉者，于近郊之荒地马厂苇场，相度地势，召江浙老农无业者，划罫开沟。拣廿四旗之丁多甲少而齿稚者，出之学习。屯成后，农师及营趁助力旗民学习者，皆分别给田为永业，量其所出，取什四为租额。旗人半之，以旗籍当有调发，故特减以示优。约岁入租可百万，则细核苏松各处粮极重者，大减之；杭、常、镇各处次重者，稍减之。漕项仍旧，以增给军船经费，则民困顿苏，而长官、运丁皆可相安无事，则久安长治之盛业也。若不能者，则清查现存屯田，力举盗卖盗典之法，反前此发价官赎姑息养奸旧事，严水次嫖赌及随帮索债之禁，并小帮，汰冗员，抉仓督漕督粮道书役之弊，裁沿途营缘催漕之差。使丁之困于盘验催攒，与州县之困于驳米加费者，皆可少纾，虽不能尽去浮勒，民困庶减大半，则亦小补之近功也。”

师相叹息者久。而夜已三鼓，世臣请退，继烛而记之。

与秦学士书

易堂先生学士阁下：日昨纪纲传谕以闭门写节母碑，故十许日未能相过。伏蒲所言，进止非所敢请，然朱君殆必大用，毋轻言出都，以误弹冠之庆云云。以世臣之违世背俗，非阁下固莫能如是垂意推挽者，然惜阁下终不悉鄙怀，未敢默默，伏惟聪察。

阁下甫抵都，握手絮语，以人材下访。世臣比荐广东知府罗含章，能兴沟洫；甘肃知县周嫌，能兴机杼；新疆降调笔帖式和书，能持大体；新疆放回江巡道朱尔赓额，能任艰巨。阁下言朱君功在南河而被倾陷，吾所深知，又吾子之旧居停也。其余三君，何以见知吾子？世臣谓和君素闻其任东厅时事，伉直有风骨，月前遇于友人所，与作剧谈，识力具有本末。罗周皆不相识，其政事彰著有征。是在阁下者，以人事君，非以树德。世臣举尔所知，又岂有他意哉？

世臣自十二三岁时，则慨然有志于用世，不肯枉己以端其基。迄今年逾强仕，读先圣之书，通今时之制，究生民之利病，验风土之淳硗，凡以为吾儒分内事耳，求为可知，非以干禄。若谓世臣诗文追踪先正，难期弋获，非出于荐举不可，此非知命者之所虑也。退之有言："岂能决得失于一夫之目而为之优乐？"世臣所学，虽未敢料看退之，然较其所得，亦颇有不后古人者，何必与南山朝跻者流比哉？自嘉庆庚申至乙丑，六年之间，大兴朱文正公手札十数，招取入都，而世臣株守不行。戊辰之夏，觉罗长文敏公专折保荐，力辞始已。辛未之秋，以不欲登百文敏公剡牍成隙，皆阁下所素悉也。岂有今日反欲因缘阁下，推朱君之毂，以为进身地步者乎？如谓朱君习河事，受之世臣，非得襄理，未必有功，此又不然。朱君如不能独任河事者，则世臣为妄言。况从前在南河，与朱君相处，河事之外，三省巨案及兴革事宜，百文敏悉委朱君，朱君专倚世臣。感其相知之深，治文书常至分夜。近年精力衰耗，不复堪此，朱君若果起用，势不听世臣他去，是以必欲先决归计。昨已就江苏提刑诚公之聘，五六日后便发南辕。人生但期有益于世耳，身虽不显而所言得行，苍生实受其福，夫复何憾？且草稿百卷，多切世用，正欲发箧删润，写定副本，果有名世，必来取法，又何忍厚自菲薄，贻后世君子之指摘，且以人废言也耶？

自去年九月至今，前后所与阁下论说及代属辞事，如公私异指以防猾吏，题奏一辙以抑权臣，刑兵之公费宜设，西北之水利当兴，盐法宜饬以防患，摊捐宜禁以教廉，节读邸抄，多见施用。但恐有司奉行不力，又或潜植根株以养弊薮耳。若复奏时区画未善，原议官置之不问，是近日给谏陋习。原其初意，不过以一纸塞责，本无心于国是。阁下以师傅之尊，当圣主之笃念旧学，虚怀垂听，斡旋机枢，千载一时。而云进止非所敢请，岂所望于萧傅耶？古大臣诤议条画，至再至三，书之良史，阁下读之，其以为固执己见乎？盖爱君之心，发于不能自已也。前呈漕事一书，所关至巨。若仍仅以上达毕事，画地而守，则不如其已矣。耳属于垣，阁下不能自坚，外人测其浅深，将必十议十驳，日后虽欲求进一言而不可得。时乎不再，毋令异日有宝山空手之悔，天下幸甚！吾道幸甚！束装匆匆，十一日当踵辞，是日请必相待，然亦恐急促不能尽意，故先此复布，惟垂鉴察。道光纪年三月八日，世臣再拜。

记直隶水道

道光二年仲冬，就食直隶承宣使署，调阅架存各州县所送地图贴说，及漳河旧卷，将现行水道，撮其大要著于篇，分畿南、北、东三路。其西路迤南者归南，迤北者归北。先畿南者，以漳水最关利害，又所经道里至长也。行箧无书籍可核对，不能悉详其迁徙之故矣。

畿南

漳河，其水劲疾剽悍，迁徙无常。有清浊二源，一出山西平定州，一出山西潞安府，合于河南林县交漳口，会流东至浚县之大邳山，入古黄河。此《禹贡》所载"底绩"故道也。自汉以后，黄河南徙，下流淤塞，始改由直隶境入海。凡有三道，始自磁州、邯郸、永年、曲周，北趋滹沱河入海，是为北道。后又改由肥乡、广平、阜城、东光入海，是为中道。其由大名府之旧魏县元城，至山东之馆陶入卫，初为中道之支流，后遂为南道。康熙中，北流渐绝，后南道屡决，而魏县、广平县两城淹废，北中两道遂绝，而南道益溃败。乾隆中，遂决河南临漳县之三台地方，南决至内黄，挟洹入卫。而漳卫交汇之窦公庄河受淤，卫水不畅。南决内黄之袁村坝，下注直隶清丰县之潭坑地方。直省乃于潭坑下开引河，引水至大名县之岔河嘴，北入卫。而南北两岸，河南之安阳、临漳、内黄、汤阴，直隶之清丰、大名、元城、南乐各州县，民田年年淹浸。

滏阳河，出磁州。由邯郸、永年、曲周、平乡至巨鹿，入大陆泊，合滹沱。

滹沱河，出山西繁峙县。合雁门、五台诸水，至直隶之井陉、平山。又合固关诸水，由获鹿、灵寿、正定、藁城，至束鹿之大陆泊。又合滏阳河，东北由武强至交河分二股，一由献县东至青县入卫河，一东北由文安、大城至天津，由大清河入海。

滋河，出龙泉关。由行唐、无极、深泽，至祁州会沙河、唐河入猪龙河。

沙河，出阜平。由曲阳，新乐，至祁州入猪龙河。

唐河，即山西滱水，出浑源。由灵邱至直隶倒马关，由唐县望都至祁州，入猪龙河。

猪龙河，上合滋河、沙河、唐河，下由安平、蠡县至安州入易水。

易水，出易州。合涞水，由定兴至容城，合白沟河，至雄县合猪龙河，并完县安肃之无名小河两道，由霸州、永清入桑干河。

白沟河，出广昌。流入拒马关，名拒马河。至涿州，与房山小水合流至新城，名白沟河。至雄县入易水。

畿北

桑干河，即永定河，古之无定河，亦名浑河。“浑”言其浊；“无定”，以其河系流沙，倏深倏浅而名之也。出山西朔平府，入直隶西宁，合蔚州诸小水。由怀安至保安，合洋河。至怀来，合妫水。入紫荆关，由良乡、固安至永清，会易水。至东安，会滹沱。又会卫水，由天津大清河入海。

洋河，出山西阳高县。入直隶万全，至宣化合边墙外小水东南至保安，入桑干河。

妫水，出延庆州。至怀来县入桑于河。

畿东

白河，由塞外入独石口。由赤城出边墙，又入密云边墙，至县城南会潮河。由顺义至通州，会京师海淀诸水。由武清、东安至天律，入大清河。

潮河，由塞外入古北口。至石匣镇，会曹家路诸小水，至密云城南入白河。

蓟河，一出平谷，一出遵化州，由玉田至宁河，出直沽口入海。

滦河，受塞外承德府界宜孙河、热河、柳河诸水，入喜峰口至迁安又合塞外诸小水至滦州，由永平至乐亭入海。

大清河，相传为禹时海口，然与碣石东西相去且五六百里，传闻之误无疑。又名三岔河，以白河由北入、浑河由西入、运河由南入也。然浑河又有别道可径入海，则俗以大清河东去当三岔者，近是。

直省潴水之地有三：广平、冀州之间，则有大陆、宁晋二泊，以潴大、顺、广诸水，俗名南九河。顺天、河间之间，则有赵北口，以潴畿西、真定、赵州、定州诸水，俗名北九河，又名西淀。跨淀有十二连桥为中大道。天津则有三角淀，以潴浑河，又名东淀。东西两淀，近多淤塞，而土人占种茭芦，阻碍水道。文安、大城两县，介两淀之间，地最卑下，故有“破了文安洼，三年不归家”之谚。直省水患频仍，多由于此。

代大名兵备富敬斋争堵漳河决口禀戴使相

敬禀者，窃职道于上年除夕，将大名等四县被漳河决口、卫河旁泄各水成灾，及上年水势直趋郡城，恐掣动大溜，害及城池，并应否堵塞冯宿村决口，加宽浚深豆公河各情形，专丁驰呈中堂，并抄稿禀明直督宪在案。新正初四日丁回，接奉中堂钧谕：初六日会同豫抚宪由永和、田市一带，查至楚旺镇等因。职道旋于初八日，督同该管守令，驰至楚旺迎谒，蒙中堂面谕，冯宿村决口以下，并无河槽，现拟将正河挑复，而新决口门且不堵塞，使漳河两行，各走五分溜势，试看一年再商。其豆公河自宜加挑宽深，唯查该处向系盐务自办等谕。伏唯中堂熟谙河防，恭膺特简，自必会同豫抚宪筹画尽善，职道守土下吏，岂容妄参末议？惟是大名地处下游，上年受害，实为切肤。恭读谕旨内，有漳河关系直豫两省民田之语，特遣中堂前来相度，是直省灾民不堪迭浸，下情已蒙圣明洞察。若职道隐忍不言，则无以上对圣主，而下又何颜以见灾黎乎？

职道前禀冯宿村决口之水，淹及大名府附郭两县各村庄；袁村坝旁泄之水，淹及清丰、南乐、大名三县各村庄，共计二百数十村庄者，专指现被漳卫两河水患而言也。其实清丰、南乐上年被水轻重不等，尚有四百余村庄，皆因袁村坡水夺占新开引河，使各村庄积雨无处宣泄，以致被水；而肥乡、广平各县之水，向由大名县境宣泄，亦因漳河横决，顶阻去路，倒流上泛，皆成巨灾。合而计之，上年因漳、卫两河以致失收者，不下二千余村庄。约计抚恤大赈修费，以及蠲缓银米，不下二十余万两。又大名北境之红花堤，被漳水漫决，淹及山东之馆陶等县，尚不知有若干村庄。职道因本境上年麦收尚好，一季被欠，民力尚可支持，是以今年未请展赈。若听冯宿村决口之水试行一年，下游各州县民田，必又试荒一年，迭浸之民，次变为极，势必展赈。不但数百万生灵转展沟壑，蒿目伤心，而赈恤所费，必比上年加倍，公私两困，何以堪此？若竟掣动大溜，东北直趋，贻害郡城，如从前魏县、广平县两城旧事，职道职司守土，岂能当此重咎？

查河不两行，一边掣溜，则一边挂淤。漳河古有三道，北道由磁州、邯郸北趋滹沱河，中道由肥乡、广平东趋东光，南道由魏县迤东趋山东之馆陶入卫，此皆天成河槽。而百余年来，北道先绝，中道继之，南道又徙至豆公河，挟洹入卫。势不两行，已有明验。此时若挑浚正河走溜五分，其余五分听由决口漫行，查正河陡折向南，旁有堤岸约束，断不能如决口直趋东北横溃漫行之畅，是水发之时，大溜必趋决口，正河仍前淤垫，则挑浚之工本，已归虚糜。况往岁袁村旁泄，皆归咎于漳河顶阻，上年漳河北决，卫水独行，而仍由袁村泄入引河，至岔河嘴归道。是豆公庄一带浅窄，卫行不畅，以致贻害大、南、清等三县民田，尤有明证。

职道愚昧之见，冯宿村决口以下至庆丰庄六十里之间，现既一片漫浸，自数里至一二十里不等，断不能筑堤导水，则必宜堵塞决口，挽回正河。将浚出正河之淤，就两岸旧堤加高培厚。其豆公河估挑宽深，亦将浚出淤土，创筑袁村坝一带东西两堤。至漳卫合流之后，河身如有窄狭之处一体加宽，使能容受。其入职道境之张二庄以下至岔河嘴五十里内河身，比较下游一带，皆形窄狭。查河身过岔河嘴，即宽至二十丈以外，从无漫溢之事，而迤上河身止宽十四五丈不等，窃拟加宽五丈，使与下游一律。其豆公河既系盐务随时挑浚，此次若估明土方，移知盐政，筹款归入大工妥办，在盐务并出数年经费，得免岁挑岁淤之烦苦，想亦鹾商所乐从也。唯是展河创堤，经费不无稍繁，然亦断不至浮于续办蠲赈之数。如所禀实有窒碍难行，敢乞中堂明白批斥，以开愚蒙，而职道亦得奉钧示以晓谕灾黎矣。冒昧直陈，临禀惶悚，恭请福安，伏惟垂鉴。除禀直督、豫抚两宪外，职道富祥谨禀。道光三年正月初十日。

记畿南事

道光三年三月，直隶清河县知县周莲，获牛车私盐十八辆。讯系威县商盐二十一辆，有商断带同引目押车三辆前行到店。莲即据供移提引目核验，威县复称实系威县额行官盐，引目业已缴销，残无可移验，请即将所捕之车放行济食。莲以各县例有一定盐路，不由本路，法①同私盐。又盐尚未到岸，何以引目已作残引缴销？即属真情，亦系虚出通关。通禀督、盐两院，布、按、运三司，大名道广平府，请饬认行威县引盐之本商归案。威商系盐政爪牙吏，见莲禀，即日具呈运司，运司据情详盐政，盐政据详咨总督，俱与商呈同日。总督于准咨日，立用六百里发令饬大名道押放盐车。莲留车不发，以无引即私，故纵私盐，吏议綦重，又盐政书吏充商，为势要中盐，并干禁例，仍请饬商赴讯禀复。总督饬道押放后数日，即左迁去官。新督见莲禀，遂将全案提省。莲候代赴省，而新督已列入甄别案内参撤。

时督抚新任，皆有甄别，以虚词列参，一牍常数员，上列衔名，下云或如此或如彼，时人呼为或体。莲同案，一通判、两知县，莲名在第二。参词云："或性耽安逸，或任性妄为，或性耽曲蘖，或舆情不附。"任性妄为，与莲事附近。莲到省，承审官敦劝引咎乞恩，事尚可解。莲云："为上司引咎易，为盐商引咎难；为盐商而菲薄知县易，为盐商而菲薄国法难。"声色并厉，问官不能屈。而原参事须复奏，督臣度莲不易屈，而所事又甚直，遂移"任性妄为"之语于通判，留"舆情不附"语为莲之勘，将三员先复勒休，折尾称莲尚有应讯事件，俟定案再行复奏。问官既不能屈莲，又莫敢挠商，遂以平解定谳。谳上，督臣乃以他事劾罢之。

① "法"，原作"例"，据吴校稿本改。

夫盐商之势张，有自来矣，非仅能左右贪黩已也。其以廉能著声跻显要者，则为之奔走御侮也尤力，故与商为难者无不败。然其敛民怨也亦甚矣。夫为民而设官，顾惟商之是助，而为之分民怨，不亦丧其本心已乎？道光二年夏，大名镇标守备希郎阿，以商刻盐秤病民，印封所市盐，移县讯办。道府遂联衔劾其扰商，禀请提省。镇臣亦恇惧，袒商而下石焉。希郎阿遂引镇臣侵饷事，更数巨公乃定谳，皆谓希郎阿扰商实而讦长官虚。遣戍新疆，先于犯事所枷示三月。而乡民不远数十百里，千百为辈，于枷前涕泣叩头，竟疏枷不绝，并议醵白金万二千两，以资其行。希郎阿亦善自饰，谓士民曰，“吾虽为若得罪，然受若资，是吾嗜利鬻身也。”遂一无所受。民吁馈益力。地方大吏，欲禁之不敢，惧发解时有变，乃先期中夜遣之。民追送不及，多号泣街巷。希郎阿人在下中，徒以与商为难，而民心归附如此，则助商者可知也。莲之治清河也，政事善否不可知，然能持法以挠商，不畏大府之怒，其人盖亦有足多者。故备记始末，使后之知人论世者，有以考镜时变焉。

上英相国书

世臣谨再拜状上中堂年伯阁下：己巳孟夏，戴文端召世臣侍席，得亲德辉，并承询及世臣侨寓扬州，家口较多，手书致阿护军栽植寒畯，铭刻肝鬲。嗣后六赴春明，自惭荒落，重负期望，是以瞻公门而裹足，亦未尝以一纸渎陈，非敢自外，亮蒙垂察。一昨五月十四日，有吴门友人至扬，出示阁下四月初十日通筹漕河一折稿本，如抽退滞运帮船，改从海道，使全漕必达，来年遂停河由海运粮百五十万石，其余改折以资修河，足其费用，宽其岁月。诸条擘画精详，荩①臣用心，天下共见矣。反复诵读，诚欢诚慰！

世臣嘉庆初年，薄游海上，深悉海运之便。嗣以衡家楼漫口，为苏抚具奏草，不果行。因为书以示同志，不知因何得彻左右，竟蒙采摘入奏。高堰决口之时，友人以河事为忧，世臣比作《漆室答问》一书，友人录其稿致浦上当事，莫有能听从者。嗣见敝乡潘学士锡恩剥运奏稿，叹其有心当世，因录稿寄之，想未能遽达钧听。扬州去淮甚近，河道淤阻情形见闻稍切，故知必以暂行海运、专力治河为上策。而阁下居数千里之外，烛照几先，竟主停运治河之说，言举世所不能言。私幸迂儒陋见，有符贤哲，窃欲举其爝火以助容光之照。上年十一月杪，世臣因江苏诚方伯系旧居停，买舟驰往，劝其预筹海运。方伯善其说而力不能举。及十二月望，同年齐郎中彦槐赴浦过问，世臣告以急筹海运。郎中录拙稿以致汪宗伯。嗣于今年二月奉特旨饬查，而当事力持初议，劳费万状，漕河两病。今虽阁下再伸鸿议，未知当事果能以阁下之心为心否也。

夫海运之事，明白易行，而当事难其议者，凡以海关税额为数较

① “荩”，原作“良”，据吴校稿本改。

少，关东豆货登税册者，十不二三，胥吏干没日久，恐以搭运漕粮，致发此复。抚臣道员素被蒙蔽，及其利害切己，不能不饰词护前，故也。然行之不得其术，则亦诚有难焉者，敢为阁下悉陈之：沙船，每一州县之船为一帮，共十一帮。而通州、海门、崇明三帮为大，俱有船五七百号。其船多之大户，性必畏事，每有船数较少，以人稍解事，为同帮排难解纷，致众人信服，因而求利者。若承办之员稍怀自私，则人心不附。其操守清洁者，又或水清无鱼，不得惠以使人之道。夫海运虽少漂复之虞，然斫桅松仓，事属常有，不能不议赔偿章程，以防奸弊。以宜通力合作，通帮分摊。而帮内素称解事之人，无利可牟，微言阻挠，众心便惑。且本年春间，事虽驳阻，而上海、乍浦一带，尚封锢海船数百，颇为忧累。又海中自五月至七月风暴无常，船悉下碇名为守冻。现值其期，船未归埠，其难一也。改河由海，若使弁丁押船交米，强人浮海，实非乐从。且不能移州县津贴旗舵之费以供沙船水脚，自宜仍照该处豆商成例，令船商自管交卸。而经纪花户，需索粮艘，为数不赀，人所共晓，虽有严禁，事同具文。船商畏阻，其难二也。凡是二难，世臣皆筹之有素，策出万全，而谋之其臧，则具是违，殆难以与此间当路语也。

至于治河之道，尤须方略。嘉庆十年之后，岁费千万。阁下莅浦时所目击，费用非不足也。是时犹云为漕事牵制。至如上年减运三分之二，催攒从容，似可稍治河病，而反致决裂。至于东河并无漕扰，而自嘉庆十八年以至道光纪年，溃溢四出，岁月非不宽也。是故河事兴衰，专系人谋工拙，稽之前事，断可知矣。

世臣愚昧之见，欲举海运，必遴派公正通达人员，至上海访明三大帮大户，及解事为众素信服者，礼致而告之。使之自合通帮，详议利病，呈明该员，由该员禀请大府议定入奏。即立该商等为帮目，一切取责成焉。天津收米之时，不用通州经纪人等，即就近调天津各粮行斛手，按日宽给饭食，饬令应差。查买卖旧例，过斛人每斛①有钱二三文不等，宜听其旧，不必禁止。奏奉俞允，广张谕示，则商情踊跃，而行无窒碍矣。无论新漕事在冬底，办理从容，即现在滞运帮船，正在冻期之内，文书往返，无虑匆迫。若其治河机宜，情态万变，非可言悉。世臣旧著河事各文，潘学士皆录副本。从前百文敏、黎襄勤多所采行，无

① “每斛”二字原脱，据吴校稿本补。

不立著成效。或有反其道而用之者，亦即自贻伊戚，浦上父老皆能言之。阁下若不弃刍荛，就近取观，或有可备采择者。如蒙钧裁察核，喻知当路，使之内外一心，将见百废具举，又非但河漕一节之立臻平成已也。若任其泄泄，诚有如钧指所谓稍事拘泥，则其弊不至不可收拾而不止者。世臣虽草茅伏处，原其利害，实亦切身。故取录《漆室答问》旧稿，附敝乡沈廷桂上舍赴试之便，嘱其转呈。临楮皇恐，伏惟垂鉴。道光乙酉五月十八日，世臣谨状上。

读昌黎集书后

道光乙酉仲冬既望，觅食渡江，跼蹐舟中不自赖，步荒市得《昌黎集》，首尾微有漫灭，昼夜诵之，察其笔势生动矫异，与弱冠以前所见大殊。既卒业，因书其后曰：退之读《鹖冠子》，至“贱生于无所用”“中流失船，一壶千金”者而悲之，退之议淮西事得情势，庶几一壶之用矣。然驷猷杀邓析而用其竹刑，袁绍败于官渡曰：“无颜复见田丰”，杀之而后入。是故用其言而有功，则惧人之居其长也；不用其言而致败，则又惧人之形其短也。乌在其以失船而贵一壶哉？

以予所闻近世事，惟故相阿文成公持节堵青龙冈工，副将李荣吉以为进占得占，大工所深忌，宜缓之，得实而后进，以防陡蛰。文成斥其挠众，急趣之。既合龙，文武皆贺，惟荣吉不至。召之，则于坝上再拜使者曰：“为荣吉谢公相，坝实未稳固，荣吉不敢以贺公相故离工，致疏虞。”督土料追压，阅两日竟不守。文成中夜闻坝蛰，驰至，荣吉已挂缆落水。文成令曰：“能生之者，官擢三等，兵吏赏千金。”未几舁荣吉至，文成垂涕，亲去其湿衣，以上赐黑狐端罩护之，良久乃苏。文成遂自劾而荐荣吉。震无咎者存乎悔，蔚为宗臣，岂不宜哉？退之又云：“命与仇谋”，亦文家形容，非事实，果退之而谋命于仇也，则不为前言也已。

宣南答问

道光六年三月十八日，春闱事毕，谒朱虹舫阁学于米市胡同。阁学曰："吾子精熟河事，张芥航往南河阅视海口，单衔具奏，请改河道而不改海口，以北堤为南堤，须饷三百余万，可于大汛前赶紧完工。主上已调芥航为南督，前往办理，吾子以为何如?"余跃然曰："张公真豪杰！南河得此人，大难庶其有瘳。阁下可速出折稿快读之。"阁学曰："未见折稿，有折差赍至手书，略谓自安东东门工起至龙王庙，皆改北堤为南堤，仍归入旧海口。堤外平地低于现在河身丈五尺，再挑河槽丈五尺，便有三丈建瓴之势，可以掣溜倒跌，将安东以上七八十里受病高仰之河掣深，则黄水落低而御坝可启，湖水畅注入河，高堰自不吃重云云。"阁学曰："吾子视其说行之可必效乎?"余曰："其说难行。"阁学曰："其说难行，何以为豪杰?"余曰："张公初历其地，往返间未悉情形及漕规估算，故其为说如此。然所见绝人，非豪杰不能及，如医师见症已真，唯立方尚未稳洽耳。今既调任南督，咨询考核，必能斟酌尽善矣。"阁学曰："以吾子策之如何?"

余曰："南河自十八年春，筑圈堰于清江，大溜被遏。二十年春，凿虎山腰减坝于徐州，分泄盛涨，而清黄交病。至道光四年冬，祸发高堰。御黄坝外河泓深不过四五尺，若其时于高家湾以下至北沙，百七八十里之间赶做束水对坝数十道，导溜攻沙，尚可救药。无奈上下泄泄，又经一载之久，河淤更厚而坚，淤高则堤卑，堤面子堰单薄已甚，非对坝不能逼溜，一用对坝，便恐抬水成事。故此时言治南河，除以北堤为南堤，别无善策。唯北岸六套以下，堤外皆苇滩，老根盘结，挑挖既属不易，且难为跌崖刷宽。倪家滩以下，堤里堤外，高低益减，未能必胜旧河。即以挑深新河丈五尺，宽三十丈，长二百五十里计之，河面三十丈，河底二十丈，牵算二十五丈，见丈为土三百七十五方，每方三钱，为银百十二两零。见里为银二万两零，二百五十里，须银五百万两零。再创筑北堤须取伏淤真土，重水层硪，底宽十二丈，面宽六丈，高二丈五尺，地势离堤愈远则愈低，故堤高须如此数。见丈为土二百二十五方，方价亦作三钱，见丈为银六十七两零。见里为银万二千一百两零，二百五十里，又须银三百余万两。共计八百余万。无论调拨甚难，凡大汛指日经临，一兴大工，钱粮人夫，无暇他顾，万一变出意外，恐致盛业中阻。又道里太长，中多集镇，迁徙绕越，皆费措置，故其说为难行也。

"然御坝不启，非唯公家生盘动之费，丁舵受阻滞之累，南北货物少通流之益已也。全淮之水，汇于洪湖，以注淮扬，下河各州县必成泽国，官民并累，将无尽期。夫清口所以倒灌者，以太平河淤厚底平，唯争清黄水面高低以为出入。河事既至斯极，物穷则变，现今北沙以下，河仍深通，其迂回太甚之处，业经大府据潘兵备所请，开挑引河，逢湾取直，发帑兴办，谅可不日完工，以资畅注之力。其北沙以上至安东八九十里之间，河身本宽，堤岸亦高，尚可设法。唯自安东以上至高家湾，受病至深，宜就其地改北堤为南堤。查高家湾工去中河西堤不过二里，中河宽五六十丈，水深二三丈，以中河河底与黄河河底相较，总低二丈以上。于双金闸下，划堤以达盐河。盐河之宽亦五六十丈，前年欲放减坝，测量坝下低至五丈，不敢开放，是其地势比中河更低，诚可借作河身。中河、盐河皆有遥堤，即留作缕堤，而于其北二三里之外，另筑大堤，导至安东东门工归入旧河。其中不无尚须展宽浚深之处，然较之安东以下生开河道，则减省十七八矣。计其程途不及百里，筑堤之费不过一百二三十万。又中河、盐河皆逼近黄河北堤，近者里许，远者五六里，即拟筑大堤内之地二三里，其间虽有居民，并无集镇，且在河滩不当水路，愿迁者厚资之，田亩则以旧河身拨补；不愿者听之，堤压挖废田亩价买拨补，分别妥筹。就黄河旧身，移太平河口于李工，即借其工以为御坝，使清水出湖，汤汤东注，至三十余里，地势比之五道引河北口，高低相悬，势无可回。放水之后，新河水面，落低可丈五六尺，清水乘高注之，即遇盛涨，亦万无倒灌之理矣。

"先开刘老涧，放中河水入六塘河。乃截河筑堤，挑挖引河头，移中河口于张家河、包家河之间。河身约二三十里，移盐河由南六塘河入总六塘河。移双金闸于崔镇，以通左营料束、淮北盐斥。其河身现完好，稍为浚浅，便敷浮载，是漕料盐三者，皆无阻碍。不过粮艘出太平河入中河，增挽行数里或至十余里耳。约计资迁买地，及在安东开引河接盐河尾，挑上下引河头，挑还中河，并情形较险之处，预做防风，亦不过七八十万。宽为筹备，得三百万，各工皆臻充裕。如是，则黄河南岸有堤两道，而旧河身淤坚，有如平地，清江、淮安，永绝河患，湖水建瓴，必复七分刷黄旧制，则淮扬不受放坝之害，而高堰安枕矣。然而大汛经临，止隔两月，估工拨饷，断非汛前可以集事。此时只宜严督工员，加紧防护，一面确估请饷，务于白露以前解贮河库。一过寒露，立即调派。又于安东以下河身，相机估做对坝数十道，至陈家浦为止。或有应须切滩引溜之处，一并估办，俱于霜期开工，勒限长至前一律完竣。农事早毕，人夫易集，寒冻未至，水硪应手。若谓回空粮艘，断不便再留河北，即于寒露之前，催集杨庄，一交寒露，水落质清，即启御坝借黄南下，不过十日，趱进御坝。运河之留淤无几，煞御坝后，确勘兴挑，老淤并借涤除。俟各工俱竣，测量安东以下河身，刷深若干，相度溜势，加做挑坝，于来年桃汛之初，开放新河，下游各坝得新河大溜冲刷，更见得力。又于上游受病稍轻处所，加做对坝，节节逼之，大汛之前，漕船必可全渡，则上下各坝不必再行议守。果举此策，亦可为必世之计也。”

阁学曰：“仆承乏史馆十年，近又总纂《沟洫志》，于河渠公牍，寻览殆遍，未有如吾子所言之切要明晰者。即日当以吾子意，作书告芥航。芥航为人有魄力，而胸怀空洞，必能择善而执者也。”予谢不敏而退。都下诸公渐闻此说，纷来沓至，口难缕陈，故笔记之以应问者，实四月朔日。

北沙，即海防厅所辖之马起营工，一名大寺。与北岸云梯关相值，西至童家营六十里，东至陈家浦五十里。

集镇人多，迁徙为难，势不得不绕越之以行河。然河道迂曲，则有坐湾顶溜之处，故措置不易。

太平河，自束坝达御坝，平直如衡。面低洼之运河，紧当束坝之下，故御坝外，一被黄水顶阻，清即退回，折下运河，黄势蹑后，故倒灌甚易。双金闸，在中河东北岸。下有引河引水入盐河，以运左营正料。淮北盐引在高家湾下廿里，杨庄上十二里，中河厅所辖。

现在河滩居民甚多，故不愿迁者不必相强。堤压者，创筑新堤，田亩被压也。挖废者，挑挖新河，田亩被废也。

刘老涧，在仰化集西北七里，宿迁县东南乡地。有封土滚水坝。

崔镇，在双金闸西北四十五里，在中河北岸，东北至总六塘河二里许。

新堤里外，须照例留出里四十丈，外六十丈，以为栽柳取土及兵夫耕种之产，故买地价须宽计。

此系在都发策，未悉河泓深浅，滩堤高卑，垛牛虚实，故要期于霜后。若在工亲加衡量，未始不可于汛前赶办也。

此所谓礼言其极，黄水过高则非借黄不可。若高低只尺许，则于御坝外加做顺坝，束坝外接长盖坝，黄溜北去，清势抬高，自足御黄，无倒灌之患，并不须借黄也。

改河成于彭家码头等处，建通船单闸涵洞各一座，下挑引河，分引清水入旧河槽，至茭陵下，劚堤以达东坎之便民河，直抵八滩、五案。则右营荡尾正料，可由内河行走，清水小弱，则闭闸开洞，漕料可以兼济。上下两段引河，工程亦不甚大，而公私利益无穷。将船营分为三汛，一留右营之外河，一留右营之内河，一留左营之盐河，长年运输，永无失耗霉变之患。

是年亡弟季怀同赴春明，仆著此文，季怀即为加注。落第后，季怀先回南，未几物化。录此曷胜悼痛！世臣记。

跋李绂书齐苏勒复奏淮扬运河折子后

穆堂先生以淮、扬、运河淤垫，堤与高宝两城平，议开新河于运河之西，以挑河之土别筑西堤，则东面有堤两道，河身淤实如山，可保不溃。其议确凿可施行。盖西堤外之湖滩与东堤外民田，高低略同，比之河身低且丈数。然以行之今日，则上游宜展至清江迤上之五孔闸，由护城河抵昭关坝，合于邵伯湖以下之瓦窑铺。惟新西堤临湖，宜做内外各五收大坦坡，加栽茭芦以护堤身，不必再做石工，免致年年糜帑。黄浦、白田铺两只闸，即留为减水入旧河之路，则宝应以下之下河田亩，仍可借其灌溉，为费虽巨，为利甚大而可久。然亦必先能治黄，使不倒灌，其效方见。然即有能治黄者，运河身窄淤坚，非水力所能尽刷，仍须大挑。而东堤究险，故此策在今日为当行也。

余往来南河二十余年，所见以谋非己出，寝而不用，致误机宜者数矣。不谓敏恪贤者，乃开其先，掩卷三叹。愚见有与李公稍异者，逐节注明之，复题其后以归默深。默深网罗近世有心世道之文至伙，而河事尤所注意。得李公此文，使余质其是非，故与为深言。道光六年四月七日。

山东西司事宜条略

山东藩署在西城根，臬署在东城根，故藩曰西司，臬曰东司，与各处称谓相反。

道光七年四月，小住吴门，邵阳魏君默深见过，述新任山东承宣贺公代询之意，东省治要，答之如左：

周公告鲁公以治鲁曰："平易近民，民必归之。"齐桓公问如何而可以胜民？管子以为非君子之道。故《记》有曰："圣王所恶，无恶于不可知。邱陵大树，人解衣止息其下，以为期约者，可知也。"又曰："周鼎著鼠以马履之，恶其不阳，郁者不阳也。"故为政之道，务在自胜，以通民情而附民，民附则从令，而不阳之行远，不可知之政除已。当路以不可知为政，求郁民也久矣，而山东为甚。山东民气最淳朴，又饥渴易为饮食。从前州县有稍治民事者，其去任也，无不扶老携幼，扳舆铺饮，垂涕而饯之。则其致结队上控蓦越赴都者，可知也。嘉庆之末，山东疆吏以救弊为说，严盗贼之条，加越诉之科，而其风更炽。近年颇饬吏治，不专事庇属以虐民，而告讦遂为少减，是亦民不可胜而易治之显证矣。予以己卯、庚辰间，就食伊土，略悉梗概，故条列数事以备采择。所言平平，无当远略，况事隔数年，与现情未必符合，聊自附于"俗变相类、议卑易行"之次云尔。

一、宜审定缺分肥瘠，使调剂派拨均平，以息物议也。上游举动难保无误，所属持以为说，若应时改正，所谓更也皆仰。或谓用下持上，有关政体，必欲遂过以胜之，于是不公愈甚，物议滋起，极力周旋，太阿倒持，山东前事，如斯颇伙。查山东旧有十七大缺，今昔情形互异，如胶州、利津本上缺而变为中，临清、滕县且变为下，容城本下缺，潍县、即墨本中缺，皆变为上。而胥吏仍照旧案摊派，苦乐不均，日滋哓渎。又沾化、福山、昭远、新泰、蒙阴、嘉祥、巨野，旧名七大苦缺，免派一切摊捐，仍每年每缺派邻县协济办公银二千两。嗣以议提节省，归于藩库，准该七县以空批抵解。司案有议提节省卷可查。后以各州县批解节省不足停拨，最后并一例仍摊捐款。该七县益至无措，日增新亏。该七缺中新泰、巨野得项较多，而新泰差务，两尖一宿，甲于通省。巨野为教窝盗薮，办公之费，数倍他属。凡此前事之师，核以现在情形，推类可求，应请逐细察核，详定新章，俾派拨平允，而调剂亦有准则。

一、宜查禁司书弊窦，以纾官困也。司书讹索州县，情状百变。其小而显者，如送到册结，以注语不符、册式不合及挖补未盖印信此层尤多司书捏换等情驳换。迨遵驳重造，又寻别端再驳，即继以查取错误迟延各职名，多方恫喝，必饱其欲而后已。又如量地丈杆，部颁碑式，不肯摹发，严饬造送请验。及差送候验，则捺搁不行，来差候久潜回，又复饬提，种种罔利，屈指难数。盖上司官以察属为职，必禁有司之侵帑剥民，尤必先禁书承之剥官，所谓治自内始也。州县重困，非取携于库藏，即取偿于闾阎，司书苛求，亦困州县之一端也。应请逐细查核，刊发成式，俾各属有所遵循，司书不能上下其手。至借给籽种一案，山东从未实放，请提历前届册籍查核，放至累万，收不及两，民即无良，何至如此？皆司书勾串不肖州县，禀办分肥。残废兵丁一案尽系司书干没，以国家有常之经费，填官吏无厌之谿壑，凡似此类，必应截断众流。

一、宜督属清厘案件，及自理各词讼，依限结正，以达民隐而崇政体也。山东讼风素炽，然隶臬司者十之一二，隶藩司者十之八九，故省例于钦交部交案件，每月抚部及藩臬两司，各奏结四五案，谓之月折。良由州县专以钱漕为意，于听断大都怠慢，而佐理之友，更多不谙条例，玩视民瘼，虽雀角细故，常至拖延岁月，迫成上控。上控则发回本县，又迫成京控。京控又发回本省，委员与发审之友商同，置之高阁。每有原告瘐毙押店，具文销息，积习至牢，交恶弥甚。及征收钱漕时，绅民连名控讦，轻则发府，重则提省，原、被数十百人，拖累经年，官民两困。山东条银加耗，本不甚重。银一钱，收钱百八十余文，完正耗银共一钱一分四厘，又有库户书及门印厘头在其中，官余无几。漕米虽重者至两斗八升完一斗，轻者亦两斗四升完一斗，然正漕每亩不过升许，连浮收之数不过三升，民力尚在可胜。非苏松之每亩正米至二斗许，浮勒及倍，终岁田中所收，或至不足偿官税之比也。官除兑费每石七钱，又道府漕规仓费及漕后尽情诸费，每石摊银三四钱之外，每漕一石，尚可赢余银两许。其漕少之处，则取给于卷零，无漕州县，则有集头规费及落地税，除七大苦缺，自非挥霍性成与积累夙重者，办公尽有余剩。故东省官之受累，必以讦告条漕，而讦告条漕之源，则以平日不能受理民事，以郁民气，上控之后，曲意拖累，以积民怒。于是一二棍徒，乘闾阎郁怒之气，出头讦告条漕，合属良懦，敛资以助之，故棍徒讼虽不胜，而所获已多，且得美名于乡里。而上游不明为治之经，以为条漕加耗，关系通省，群谓刁劣梗令，必欲以严法胜之，真大误也。应严饬各属，尽心于户婚田债各细件，迅速结正，以杜讼源，使民情归附，则输将踊跃，而新亏可息，旧欠亦可以渐筹补矣。

再，山东盐商，多系无赖子弟，认岸行销，措课不完，以挟制有司。绌课才数十百两，而鹾使弹章一出，常开缺至三五州县，及其赔课开复，受累已深，亏空之源，此亦其一孔也。又东省有城工银百五十余万两，交商生息，以为逐年修城之用，而本利无偿，至通省无一完好城郭，以地方集腋之项，继奸商之富，可谓耗财于无谓矣。又司书捺案不行，嘉庆十四年恩诏豁免谷石，至廿四年尚未办出。库项胶葛，各科分承，竟有银已上库岁余，而委提尚络绎道路者。己卯七月，予入藩署查出，示革两书有案。州县填解大批，送院挂号，有迟至三四月，尚未发司者。东省批解钱粮，例先期将解役姓名银数日期通禀，竟有虚发一禀，久久不到，及严檄饬查，该州县茫然不知者，己卯冬，经手此事，至七八次。又东西两司，赏识各殊，西司以批解踊跃为上考，东司以断听勤能为上考，自非抚字催科之长，备于一人，则东西常至龃龉，上游俱秉公直，而所属渐成畦町，此不独东省为然，而东省为甚。

书乔徵君纪事文稿后

右宝应乔介夫徵君，记其先侍读与靳文襄争下河开大河事，及侍读被议始末稿本。文义明鬯，书字秀质，近世闻人，罕能至此，可珍也。楚桢于乡先进轶事，网罗无所遗失，既得此稿，装池以示予。徵君在雍正初，以诸生被召称旨。同征者或至卿相，而徵君以老病辞归，是非以私怨肆为污蔑者？大凡功名之士，欲有所树立于世，而为权要掣曳，隐忍就事，常有至得罪名教者矣。唐应德之于严嵩，靳紫垣之于明珠，君子按迹原心，不得不伤其所遭也。

文襄著功南河，以其友陈潢。陈君尝手书“东去只宜疏海口，西来切莫放周桥”之句于潜庵，周桥不放，无所用开大河于下河矣。则是役之不出于陈君意也明甚。仲瑊以贿啖侍读，且指淮扬两郡之田以章其赂。文襄箭在弦上或未可知，而徵君特书仲瑊为陈君母舅，是以此画疑陈君也。世所传《治河方略》，出陈君身后，其言得失相半。文襄之始也，急于求功，继则恐败其成，置下河于度外，乃其本意。予雅信陈君，曾于《郭君传》论详言之。自文襄倡下河形如釜底，东西并高，而三河六堤之说起。侍读所事，乃三河之一耳。以至于今，谬说相沿，减黄入湖，递减入下河，委七邑为全黄之壑而犹不足，卒至洪湖淤浅，高堰漫决，府百万为鱼之狱，文襄其得辞作俑之咎耶？

至谓文襄无奈公论，始议开海口以泄坝下积水。按坝下直东范公堤外淤滩，高于堤内河身，文襄之说，原非虚妄。然直东北之射阳湖、蟒蛇河，既宽且深，实有建瓴之势，能消坝水。不此之谋，而徒以大河可骇之论，自来物议。汤文正又谓开海口一尺，民受一尺之益，剿里巷之谈，绝不身亲心测，俱不可以言智。河员以办工为利薮，诪张为幻，愚弄上下，其来旧矣。所赖士君子定力主持，以破邪说，而居其土受其害。又绩学敢言如侍读者，尚不能研究地形，发救时之策，无怪近日高宝士大夫，竟以长年放坝为得策也矣。楚桢其砻片石以广其传，并附鄙说，以质天下后世之有心河事者。侍读名莱，字石林。徵君名崇修，字念堂，别字介夫，侍读之季子也，于楚桢为四世外祖。道光七年正月廿二日。

仪征相国为宝应刘台斗传，载其议河事，文有云："谓之射阳湖则必如盎如盆，断非如沟如渠。"按射阳湖本宝应地，今属阜宁，湖身长二百里，宽五六十丈至百丈不等，何尝如盎如盆耶？刘君住址去射阳不百里，时铁梅庵为制府，乃刘君座主，刘君借论下河事宜，以招物议。相国博学切究，相距才二百里，又曾任漕督，射阳乃其标境，而持论如此。谚云："一步不到莫言龙。"亮哉！

（以上诸篇文章录自《安吴四种》卷4）

代杨桂堂给事驳奏开放旧减坝折子

礼科给事中臣杨煊跪奏：为开放王营旧减坝，恐滋流弊，敬陈案据，仰祈圣鉴事。

窃照五月初八日，户郎奉上谕：琦善等奏勘明安东改河工程，恐有滞碍，请启①放王营旧减坝，以期掣溜通漕一折。南河黄高于清，以致河湖交敝，运道不通。前次张井建议由安东改河，以为黄水即可掣低，御坝即可启放，现既复勘筹商，多有滞碍，不若开放王营旧减坝之较为得力。著即照该督等所议办理。所有开坝挑河堵合口门并一切土埽工程及抚恤事宜，共需银三百数十万两，著户部预为筹款，俟秋初该督等奏拨时，即可迅速拨解工次，以资应手，钦此。业经该部附片复奏，并行文留协各该省预筹候拨在案。

臣查减坝下游，本有盐河一道，节经请项修浚，预备减黄，今若止为减泄盛涨，无庸先请抚恤。若欲腾空河身，以便挑挖下游，使黄河水面落低，启御坝以达漕船，则是以全河之水，尽由旧减坝口门下注，便与嘉庆十一年、十六年该处两次缺口情形无异。然十一年因放坝跌塘成口，十六年因下渗上漫成口，固由人事失宜，尚属天灾难挽。其时口门下游之清河、桃源、安东、海州、沐阳五州县，田谷将熟，顿付怒涛，淹没坟墓，冲塌房屋。比及堵合，地仍水占，渐次涸出，已过播种之期。是故灾民得归业者，什不五六。即得归业，民气亦难期骤复，虽以抚赈兼施，费帑无算，岂能必一夫之不失所哉？

况安东、海州东境，南北宽百余里，尽系苇滩。迤北又有云台山绵亘五六十里，拦截海滨，阻遏黄流。挂淤倒漾，旬月之间，虽沭阳、桃源、清河各县，地势稍高去口门渐远之处，皆成泽国。泛滥漫行，日形

① “启”，原脱，据吴校稿本补。

顶阻，上游水势，节节抬高。所以十一年减坝成口之后，湖水仍不能外注，冲决运河东岸之荷花塘，灾及高宝兴泰山清盐阜各州县。继漫黄河上游南岸之周家楼，溜势上提，又漫迤上之郭家防，为睢宁全境及宿迁、桃源南岸村庄之害。又复分溜上提，漫北岸之苏家山，淤垫微湖并窑湾一带运道。十六年减坝成事之后，继漫上游北岸之棉拐山，穿运成渠，邳州、宿迁村庄，多被冲没。又逆溢上游南岸之李家楼，灾及河南之归德，安徽之凤泗、江苏之淮扬各州县。下壅上溃，历有明征。是减坝一成口门，不仅为安海五州县之害已也。

况十八年于减坝迤上二里许，审度形势，补还石滚坝之时，因坝上坝下，商低悬绝，增做石闸三座，层层擎托，以资控制。然迭遇盛涨滞漕，逐细较量，卒不启放者，诚以鉴于前事，莫敢冒险以民生为尝试，故也。况该处虚名旧坝，实系长堤，两次成事，后塘深广，每至大汛，加紧帮护，尚形惴栗。今若于该处剮堤成口，放水腾河，在该督等自为斟酌重轻，详计利害，出此变通制宜之策，然坝下五州县居民百万，岂能尽喻苦衷，甘从沦胥而不悔？且上游工段甚长，又岂能必其不重出十一、十六等年之前辙乎？然而该督等，非不计及开旧坝之为害下游、与上游见险也；以御坝不启，运道不通，所关至巨，不能必出万全，是毒蛇螫手、壮士断腕之说也。

臣请又以成案证明之：十一年减坝跌塘之后，司河诸臣，先议就缺口以改河道，嗣见减坝新河断难改成，仍复大挑旧河，挽旧故道。然而经行未久，下游南岸之陈家浦，北岸之马港口，相继溃溢。其时运河清口，倒灌如初。自十二年以及十六年，大半借黄，运河东西两岸，如千根旗杆、百子堂、小舟庄、壮原墩、二铺、王家庄、白田铺等处，漫口频仍，下河为壑。况近日河身受病，又非昔比，是则谓开放王营旧减坝，挑挖下游河身，遂能掣低黄水、启放御坝较为得力者，恐亦系悬拟之辞，未必确有把握。恭读嘉庆十六年九月二十三日睿皇帝谕饬南河诸臣曰：“从古治河，皆以河决为患，未闻有言河决转受其益者。”至哉圣训！诚当为万世之法守矣。臣于前事，见闻颇切，伏乞皇上谕饬内外臣工从长计议，务期漕艘可通，民生无碍，使薄海黎献，共庆平成。则微臣芹曝之愚，钦感无极。臣职在言路，苟有所知，不敢自默，是否有当，伏乞皇上圣鉴。

代杨桂堂给事上防河折子

礼科给事中臣杨煊跪奏：为黄河淤垫日甚，大汛涨满堪虞，应请先事严防，徐图治复，以期安澜利运，仰祈圣鉴事。

窃照东南两河所辖河身，长一千五六百里，于上年六月内，经两江督臣琦善奏明，御黄坝外河身，一年之间，垫高六尺有余。本年正月内，又经前南河臣严烺奏明：外南、外北、山安、海防四厅境内，黄河长一百五六十里，节年淤垫。又于本年三月内，经前东河臣张井奏明：东河之兰阳一带，河身淤垫，中泓深不过六尺。又本年正月，江督臣琦善等据前维扬道潘锡恩禀请：于关家滩等处，开挑引河，逢湾取直；于叶家社一带，补还大堤，于大淤尖一带，接筑长堤；以期河道通利，掣深积淤，请帑六十余万。本年二月，张井于东河任内前赴南河查看海口，请以北堤为南堤，自安东东门工起，至龙王庙止，改挑河道，归入旧海口，使御坝得以早启等情各在案。

臣查改挑河道，事关重大。而张井为此请者，自以御黄坝外上下河身淤垫太甚，人力难施，是以为此改弦更张之策。与潘锡恩所禀，虽工程大小悬殊，其为欲使河道深通，御坝得以启放，长船北达，免盘拨之艰，用意原无殊异。臣窃以为现届五月，大汛将至，改挑河道，工长费多，断非旬月所能集事。即琦善等所请逢湾取直各要工，亦未据有续奏，是否工能速竣，放水顺利，掣溜得力，俱难悬揣。臣查河淤则槽平而消水不畅，槽平则底高而容水不多，底高则堤埽卑矮，堤矮则形势危险。自道光三年以来，陕甘一带微旱，是以黄流未经盛涨。而盈虚消息，天道之常。设遇盛涨，何可抵御？臣闻和缓之方，急则治标。尧舜之知，物求先务。河病已深，汛期至迫，应请饬下两江、山东、河南、东南两河督抚诸臣，转饬道将厅营，无分南北，多集工料，无分雨夜，梭织巡防，防守既严，河无旁泛。怒淦冲突，必可刷动底淤，为以水攻沙之计。即使未能全河一律冲刷通畅，霜期之后，河槽必有变更，再行相机妥筹。自本年霜后，至来年桃汛，有半年闲暇，自可从容疏导，使河防复旧。御坝早启，粮艘直达，共庆平成也。臣虽不习河事，私念黄河来源万里，雨泽多寡，未能预知，为此详慎过当之计，是否有当，伏乞皇上圣鉴。

小倦游阁杂说一

道光七年三月初三日，旧减坝口门合龙。先是于二月二十八日开拦坝，放新河，次日启御坝，打粮艘，清高于黄尚尺许。引河初放，顷刻水行五六十里，抵关孟二滩，新河不能容。黄溜出槽漫土山后，土山悉复于河，溜势阻遏，倒漾上泛，日涨五六寸。初一、二两日，攒渡粮艘三百余只，初三日已形内灌，复堵御坝。信至扬州，群以粮艘为忧。

族子孟开究河事颇力，问曰："汛水未发而黄涨，下壅显然。御坝不启，粮艘似尚可设法，唯河道全坏，不知吾叔有何神术，济此艰虞？"予曰："西烽未息，调拨方艰，河既下壅，上溃堪虞。高堰水志，几及丈五，已逾启坝之则。淮、扬、徐、海，哀鸿未安，设有不测，迭浸之区，次变为极。工赈兼施，动需大万，通盘筹计，善后实难。非仅能议送粮艘，遂称得策也。"

孟开曰："善兵事者，能知战地，能得地利，以迂为直，后发先至。善河事者，黄高能使转而低，船滞能使转而通，又目前之急务也，术将焉出？"予曰："自太平河至清江二十里内，有五坝三闸，每一闸坝，高低盈尺，至清江大闸下，水乃渐平。闻现今大闸水面，低于海漫三尺。海漫高闸口十字街心尺许。嗣于海漫上，加石三层，则高于十字街心几及四尺。自十字街心至石码头卧羊上行，约高五六尺，过石码头下行至万柳园，峻坡斗落，以达马路，与十字街心高下约当。马路旁滩地，低于马路二尺许，略平大闸水面。北抵太平庵圈堰。过圈堰即河槽旁之老滩，略平堰内滩地，而老滩又高于渡船码头二三尺。是王营东头之黄河水面，较低于大闸之运河水面二三尺也。虽据目力，未验旱平，要之不甚相远。彭家码头黄运之间有夹堤，东北抵汰黄大堤，长三四里，宽一二百丈，中有积水深宽，测量可行粮艘，无庸庳涸兴挑。其有浅涩，加估罱捞，即借夹堤为两岸。

“又自大堤东北抵圈堰之兵四堡，长十五六里，宽三四百丈，法当于其中开河，口宽二十四丈，底半之，深六尺，见丈约土百方。深六尺，乃言其大略。新河长至十七八里，法当分为数段，下段较上段低四五寸，以渐低至箝口。势始建瓴。估时斟酌，不可拘执。中贯大堤，上抵奶奶庙北之太平河石工，下抵兵四堡工头。又当彭家码头，开横河，置草闸，使通运河。新河所出之土，各于新口十丈外，坚筑外四里一五牧大堤，堤高一丈二尺，面宽一丈，底宽七丈，见丈约土五十方。河成勾矩之势，两岸约长七千丈，计土三十五万方。其土本属真淤，唯取水稍远，宜先抽河槽见底，以其土平铺堤根，放夹堤内积水入槽，以便灌土行硪，每方连水硪给价三钱，为银十万余两。将束清坝下之盖坝接长，掩过头坝金门，拆展束清坝至三十丈，拆奶奶庙后石工为新河头，劚开圈堰，就兵四堡碎石工为东箝口，别做西箝口，创建彭家码头草闸，五工约共需八九万两。分投派委，同时兴举，限二十日完工。人夫工料，就近易集，断可依限报竣。放水两日，乃开草闸进船。草闸迤下，新河长十七八里，两岸并泊，可容千六百艘，即闭闸以聚水力，不过三次，全漕毕渡矣。此因彭家码头之上游有五坝三闸，恐水面与新河高下殊异，则虞黄涨时顶阻，使新河之水缩退，同于头坝。故必闭闸聚水，分三次出船。若新河挑成，经行有效之后，当以暇时改建两石闸，以板启闭，不过合数年堵闸经费，为一劳永逸之举。

“查太平河内束御两坝，南北相直，平如悬衡。近今太平河内，纤道数重，几迷观者。然平如悬衡之大势固无改也。而束坝下有运河头坝掣溜，故清水行至御坝，被顶不出，即时缩入头坝，黄蹑其尾，是以自平江定策以来，四百余年，皆患倒灌。今大展束坝，引清畅出，以盖坝要截退步，直北走溜，转而东注，悬溜以下新河，滔滔之势历二十里。即遇黄水盛涨，新堤既高且坚，不一二日，即能聚水抬高抵黄外出，此杨庄之所以偶逢闷口，数日即通者也。船由草闸进出，免三闸五坝打溜之费，每船不下七八十千文，合计得数十万千，藏富于丁，不止抵北岸纤挽之用已也。果举此策，非仅救目前危急，倒灌之患，可消弭于必世矣。况以四十余丈之新河，终年畅泄湖水，足消淮源五分有余。下游新淤，亦可倖冀刷涤。运河本容淮水三分，存湖不及二分，则堰水无虞过旺，为淮扬两郡民田场灶之害。又所费止二十万，无难筹议。但运河诸厅，工必大减，或非河员所乐闻耳。本年船竣之后，若以纤挽十余里为劳费，则就双金闸引中河入盐河，至王营迤东出口，使船出兵四堡，顺流以达北运之口，而回空则仍由杨庄出口，顺流以达南运之口，以继文襄未竟之志，此鄙人《宣南答问》中所议之一节也。”

孟开曰："此策可必效，何不以告司河事者？"予曰："是为冯妇，先民所诫，非敢恝然于民瘼也。"望后过吴门，与陶云汀侍郎语及此事，侍郎属笔记之，遂书以俟来者。此策专为济漕，故估计皆用漕尺。

次年八月初四日，在白门晤贺耦耕承宣。因湖水下泛，淮扬危急，再三问救时之策。予以行笈未携此稿，口指手画，曲陈形势，承宣叹绝。少顷，朱虹舫阁学亦至，再为详说。翌日，朱、贺二公各以书致两河督，此事得举与否，固有数存乎其间，非人力所能必，然朱、贺二公不避越俎，可以为有心世事者也。

仆以嘉庆辛未秋初游袁浦，至癸酉春仲而去，阅今三十有七年，中间唯赴春明舍舟登陆一过而已。河事岁异月不同，其最显而甚者，从前顺黄坝志桩，大汛报存水至二丈八尺余，已为异涨。今年夏杪，重游袁浦，顺黄坝盛涨至四丈四尺余。今已霜后，犹存水三丈八尺余，是黄身积淤丈五六尺之明证也。仆以道光丁亥春季在扬州，离袁浦亦已十四年所，以目巧遥度而成此文。文播于外，当事无不见者，然莫肯举也。灌塘法行二十余年，仆未尝目寓其事，今年始得见第四塘灌放之艰险。又下河七邑，昏垫莫安，只争呼吸，非如所说开新河，实无以救此巨艰者。日昨霜节，友人邀过其庄赏菊，庄坐落圈埝里，汰黄堤外老滩上，即仆前议开新河之所。三十年来，垦出腴地百余顷，林落相望，颇为窒碍。归途从鬼神坛北登汰黄堤，见其堤外即窑汪，上抵太平河奶奶庙前石工，下抵汰黄堤上之颓破大王庙。堤长约十七八里，南皆水占，无耕种地，唯荒冢累累，浸泡水内，有没顶者，约计不下二三千冢。存亡均属不安，宜由地方官定期出示，资迁高阜。无主则官迁之。大王庙以西，水占处十居八九，戽涸配平河底，可省土方费大半。即借汰黄堤为新河北堤，别筑南堤，于大王庙上下，劚开接做东西两堤，直抵兵四堡工便处，长不过三四里，挖毁民地无多。现当钱粮支绌，河底可减为十丈，五收放口，共宽十六丈，足敷聚船。堤根去河口各八丈，聚水成河，共宽三十二丈，较运河已宽过半，足以消清刷黄矣。其彭家码头迤上汰黄堤，南距运河北堤较远，可就筑土坝圈为跌塘，以缓湖水悬流下注之势，导入新河。彭家码头开横河既成，即于运河堤北先做草闸，用五寸厚长松板作底，俟闸成，再劚堤做草墙以通运河进船。临黄一面，亦先于圈堰南滩上做松板草闸，以便出船。按《汉书·沟洫志》载张戎言："水性就下，行疾则自刮除成空而渐深，河水重浊，堤壅高于平地，犹筑垣而居水。”至前明潘印川，始坚持张君之论，力主刮空。然其遥缕二堤，仍以筑垣居水聚水力，而求刮空之功。陈平江于高宝湖中筑东西二堤以利漕道，东岸高于平地者数丈，是亦筑垣居水之势也。

国初靳文襄倡挑中河，由皂河下抵杨庄二百余里，引泗、沂之清流入河济运，以避吕梁三百里溯黄之险。其北堤高于平地且三丈，是当时地面低于黄面远甚。文襄以高堤束之，清出粮进，筑垣居水，功施到今。此处新河，正仿文襄中河之意。太平河石工高于窑汪二丈五六尺，圈堰里滩面高于霜后黄河水面二尺许。验本年盛涨水痕，则高于堰里滩面四五尺，而来源甚高，两堤坚束，蓄水至新堤之腰，则无不长年出黄之理矣。新河成后，现在之太平河塘子亦存其旧，遇湖水过旺之年，则启拦清、拦黄两堰，分三路以泄清。或遇豫皖枯旱、陕甘大水之年，湖水太弱，黄水大旺，出湖之水不能抬高敌黄，则仍灌塘以利漕舰，庶乎正供必无阻，下河必有秋矣。至盖坝，前于嘉庆十六年八月，接长至斜掩头坝金门，刷涤太平河积淤，立著成绩。今年湖涨情形略近。七月初前往相度，形势改变，坝迹至无可寻。询悉前以办理倒塘，湖水涓滴不入黄。若使盖坝挺出挑溜，则恐冲塌拦清堰，阻碍灌放事宜。故截盖坝之尾段以益头坝，名头南坝，而盖坝退缩于束清东坝之掖下，置可有可亡之列。今若举办新河，盖坝既无地可容接长，则当稍令斜挺逼溜，而于头南坝厢做迈埽，斜向西北，使出湖之水，分溜入运口及新口者适均，乃为稳善。道光己酉立冬日，倦翁捡阅旧稿加记。他日有能举此策者，河头以高埝志丈七尺为率，河尾以兵四堡本年盛涨水痕为则，比较高下，是为至要。

右新河关键，全在来源之高，可以筑堤坚束，抬清敌黄。难者谓：“本年六月杪，黄河异涨，其时湖水积一丈八尺八寸，而黄高于湖，尚至九尺四寸，是奶奶庙前后之清水，矮黄远甚，何以能蓄抬使之必出黄乎?”应之曰：“水平法：黄水平流每十丈低三分，每里百八十丈，计低五寸四分，自顺黄坝至兵四堡二十里，或云三十里，则高下益多。以平流计之，当低一丈零八寸。清水平流十丈，亦低二分。而下闸煞坝蓄之，可使与奶奶庙前湖水相平，是即以本年异涨，尚可清高于黄一尺四寸。即有湖水较弱年分，或比本年夏间低一二尺，而黄涨不减，亦不过盛夏时闭闸数日，一经消落，仍前外注。粮船沿途严催，端节尽可全渡，回空极早，亦在白露之后，重空断无阻滞。约计每年，总可有三百日出清刷黄，上下坝无庸议启。或遇旱岁，下河需水，启放高宝洞闸，足资灌溉。奶奶庙石工剷开，汰黄堤与高坂头，南北距二里许，迤下窑汪，皆系水占，宽者百余丈，窄亦三五十丈，戽干时，但配平河底，不必与大王庙下新开之河，配齐宽窄。盖上游河宽，则蓄水较多，而兵四堡闸口，不过宽三四丈，泄水入黄，仅止十之一二，源远流长，不至跌低。或竟可将窑汪应出之土，帮培运河北堤，借作新河南堤，则经费更省，而工程亦更坚实。其河头极宽之处，若筑一格堤，划出靠汰黄堤之干地数十丈，以为迁水浸荒坟之地。附近有一小庵，略拨经费业住持，常川呗梵，以济幽冥，尤足慰仁慈愿力也。”后十日再记。

小倦游阁杂说二

道光九年七月，予初归自都门，两淮盐政忽有更替信，运司不到任者阅三人矣。友生借箸新使者自都驰信询近日情形，或有尚出《庚辰杂著》之外，及所以挽颓起僵者，走笔答之如左：

天下事必灼见弊之所极与致弊之源，而后能为救弊之策。两淮弊至今极矣！道光八年春，鹾使奏明旧欠摊带悉与停征，专征本年戊子纲正杂各项钱粮四百余万两，以期年清年款。而奏销届限，征银仍不及六分。己丑新纲开已百五十日，实运纲食额引一百六十万道，滚总才及三十分之一。实征新纲钱粮，并戊子未完之一百九十余万两，才及百分之二。开桥为新纲大典，而其日竟无一重船下桥，江广各岸积滞盐斤，尚可销至辛卯之冬。戊子旧纲之盐已纳钱粮而未捆出场者，尚十之五六。两淮纲食引地，无论城市村庄，食私者什七八。两淮运本须二千万，方敷转输，而各商实本，不及四之一，余皆借贯。贯息重至每月分半，盐去课回，非六百日不可，盐滞本压，贯息日行，完课则无资捆盐。庚寅之春，即届奏销，实征断不能及半。欲设词欺饰，则无可造意；用计弥缝，则无处著手，予《庚辰杂著》所言，已料及此，而犹不意其如是之骤也。

然而钱粮支绌之故，由于不销；不销之故，由于私估；私估之弊，起于官商。《春秋》之法严于治内，内治修而外患自息，非迂疏之说也。两淮弊根，在改堂商为库商，以办赏借。淮商有总有散，散商认行额引，滚于总下，以责考成。乾隆中，两淮设立务本堂，佥总商中殷实知事者数人董堂事，名为堂商。两淮之课，有正有杂有捐有摊带。摊带有三：一则统纲，分年赔课；一则借帑报效，分纲纳还；一则旧商消乏，借给皇本，通纲情摊，代完本息。三者与正杂皆按限报销。其捐款，上则有办贡及交办事件，中则有内外酬酢，下则有辛工周恤，款目纷繁，皆于开征时，约数按引摊派，随正交纳。从前正杂摊带，征存司库，捐则拨归堂柜，官主册籍而商司出纳，其如何动用，悉听官指，故正杂充足，不干吏议，公私裕如，不受商制。嗣后改捐款为随正交库，而堂商改为库商，则司库为官商共管之地，于是赏借办公之弊起矣。院司不能洁己，授意库商具禀，以公事应办。而商力拮据，恳恩借给库款，下纲纳还为词，司详院批，具领出库。官商朋分，其所办何公，则绝无报销文案，官受商贿，有挟而求，于是巧立名目，任意取携，名为噬散，实则噬库。又将该总商承办之月费、月折、普济、育婴诸事务，应领库存捐项者节与作支作收，抵对钱粮。额引时或绌销，而外文概与抵纳，故捐款已支，而正杂无完，是名为动捐，而实则亏正也，库项支绌，于此始基。驯至部拨则无项可解，商领则有款可指，而司库几成商柜矣。

淮纲钱粮，纳分三次，以纾商力，如地丁之分两忙。故商欲下场捆盐，则纳请单，过坝归所，则纳程纲，改子上船，则纳加斤。嗣以部饷紧急而岸滞无需赶捆，因开预纳之例，减数招徕，名为减纳。又以借贳急公，别倡贴色、贴息名目，商欠带还，则推至三四十年之后，并不征息，所欠皇本，并迭请止息，而商纳仅早数月。公行贴息贴色，舞文颠倒，莫甚于此。减而又减，扑给印本。俟捆盐时，送库划算，其累减之课，则加摊于不能预纳之商。及奏销限满，盐则绌而未运，印本存于商手，顾置各商堕销之咎于不问，滚总册成，各商皆有认行额引，行不及额，则坐堕销。而准其抵对下纲。抵对一次，则一银两纳，二次则一银三纳，展转扑抵，银化为纸。且现银出库，众目昭彰，魃扑印本，授受由于袖中，于是勾通书吏，检查远年尘案，有名可指，无关不通，任意洗补，一可改十，虚取商领，实扑印本，银不出库而帑归商橐矣。其尤甚者，据商禀而给照票，虚纸诳贳，未开纲而借印本，空头化帑，骇人观听，视为奇谋。而且办赏借则云不拘何款，先行动垫，问报销则云商用商捐，从不存帐，诘亏缺则云商资现罄于预纳，责奏考则云官意自虚出通关。设官督商，则专以徇商，设商裕课，而专以侵课，言念及此，可为太息。

至于私盐之多，实由官受商制，而纵商夹私，商被船挟，而纵船买枭私随带赴岸。运司又受商愚，引不出库，改用水程开江，及残引缴部，则四角皆由司截。商又弁髦非盐船不准装盐之定律，私用车牌民船装载，枭徒与船户交密，洞悉各弊，五六年来，枭私竟有长船赴岸者矣。枭船与商船同放，冒借水程，过关一两次后，关胥熟悉，费到船行，略无阻滞，而江广水贩，始与枭徒觌面交易矣。枭私价贱色净秤足，凡商之百计病民者，皆为枭作利市。近又重加河费三厘，每斤增价五文，而枭私盖得畅达。枭私盐出无官司之烦，淮商办运，纳请引程纲加斤钱粮，在运司一衙门。投收支广盈架阁承发四房，出入各五六次，遍历经库知巡四首领，皆商厮名走司者主之，故商命每悬走司之手，然后转历分司场员坝员监掣批验子盐各衙门，而后盐得上船赴岸，凡经一署，投一房，则有一次费，合计所费，殆浮正杂，而迂曲备至。课回无压搁之累，近且威胁屯船，强买商捆，以省沿途兵役规费，出费愈轻，则卖价愈贱，私愈畅，官愈滞，则商本占搁而贯息愈重，是商以夹私求利而竟以得害也。听船户带私津贴水脚不敷者，往事也；近则于子包内加夹私斤若干，准折船户水脚者，有之矣。船户于中途卖私者，往事也；近则以停岸太久，明卖官盐者，有之矣。商厮押船，串同船户盗卖，捏报淹消者，往事也；近则本商亲押，效尤奸厮，中途以官作私，盗卖报淹补引者，有之矣。库商夹私所赢，不足以偿贯息，赏借所分，不足以餍欲壑，于是愚弄院司，详奏统销。统销者，例因历年残引积多，统去一年朱单不给，或将已给朱单统销一年，不行捆运，分纲赔纳钱粮，而行新纲也。淮盐向有根窝，如田产之印契。每年赴司呈根请给朱单，名为年窝。年窝之价，部定每引给银一两，而畅销时，值或倍差。故有根窝者为窝商，现行盐者为运商，以己银质押根窝朱单取息者为贯商。院司既奏统之后，顾又另给朱单，填现在总商花名，倡实运朱单名目，出示招贯商质买。总商以无根之单，白得窝价，则噬及窝商，继又将实运朱单奏统，则噬及贯商，然而库商噬散噬窝噬贯以及噬库，所得虽不赀，而不能无所分，又为奸人持长短，且所得皆印本，转卖止可七折，故其卒归于富厚者，盖仅见也。

为今之计，唯有截断众流，奏明现在实情，恳请停拨一年，以下年奏销为期。定完两纲正杂各款，飞饬西北各道，切实查明存盐数目与现卖价值，严禁短秤加色各弊。其自愿减价以求速售者听，严禁岸票。院发令委员赴江广提课，岸商将课付油麻各行，取其会票，到扬私兑。又有贯商索本利不得，取扬商手票，赴岸守卖盐兑银者，皆名岸票。将卖得之课尽数提解至扬，尽发下场。饬本商普收灶盐，筹款借帑收买场盐，皆奸人射利之说，断不可行。嘉庆十一年，初次官收淮北余盐，至今堆贮。因官盐系照例定，比商人自买，价倍斤半，莫肯配运也。嗣后委官买，则官干没之，委商买，则商干没之，上游亦明知故昧，以为调剂。故真欲整饬盐法，必在清场灶，而清灶之法，非提各商已课饬买，断无实效。不拘引额。如有纵容灶户漏私者，即将场员照律参办。制备烙印盐桶，饬发场商将旧用私桶吊销。如有以大桶重利滚剥灶户者，每桶毛盐二百斤，两桶配筑一引，已浮正引，暨加斤耗卤之数。近场商私桶既放，又以两桶八分配一引。即将该场商重究，游示各场。俟停煎封锹，提到岸课，悉数输库。给引下场配捆，屯船出坝到桥，院司亲驻秤掣，如有夹带，立将本商究办。而严参场坝各员，裁淹消补引之条，以绝其望。江路非盐船不能行走，则枭私无从隐射。民食专借岸盐，三月之后，其销必畅。销畅则课多，收盐完课之余，乃付本商。盐船回仪照《杂著》所言，院司亲临验烙。撤退库商，只令自理营运，所有应办公事，由院司临时派委，一切支发。并先期牌示从前所给印本，各归各纲，止准划请引目，不准抵对钱粮。凡后纲开征之后，前纲盐半未出场，各商下场配捆，全凭印本划请引目。若准抵下纲，是前纲盐凭何捆运？奸商所认额引盐斤，先于大斤内夹出，末捆之盐，意图归入绌销，而以印本抵对后纲。此弊不除，库项断无充足之日，场盐断无尽出之时矣。如果统计一纲印本，实已浮于百六十万余引之额，则当核明某商浮纳之数，准算后纲认行之课，不可准其作抵换本，胶葛混淆也。故不准抵对，实系正办，并非苛求。库项出入，皆以现银，尽革商领旧习。然紧要差遣，不能不借助群材。试用员虽累百，大都宦商贾子，策名伊始，已办货身，须于下车时频数接见，察核培植可用可信者五六人，庶几指臂有藉。果能此道，不过一年，场无透私，则枭徒自散，岸能畅销，则转输自速，库充商裕。即官于其土者，亦不必与商一口，而始有沾润矣。俟两纲并奏之后，仍复纳分三限，及捐款归堂之旧。唯收买场盐，不可拘额。岸积既尽，正纲不敷民食，必请提行。溢收课银，应准其抵补清查案内之摊带钱粮。自嘉庆纪年兵兴以来，兵河两项，报效不过二千三四百万，而道光六年清查库项，商欠反至五千余万，可知以报效为说者，皆右商而左帑者也。亦宜奏请准令将报效之项，划抵欠款，追还议叙，以昭核实。陆续拨提行溢课，归补商欠之三千余万。补足后，提行之课，即作正报拨。仍陆续将皇本八百万提回，所需行息经费，所取商息，多系给南河挑浚运道之用，颇关岁额。皆于提行溢课内，案款分解。将借本报效二事，永行停止，以杜商口，庶几中策之得。然当此积重难返之时，非能得其要领，持其要害，痛加惩创，则无以大畏民志。而觊觎库项之心，不能自革，必至连名告退，以挟制于外，买客讥弹，以谣诼于内，效未见而身已危矣。若仍前模棱，则厝薪之火，必一发而不可救，此所为去者接淅，来者埋轮，不涉畏途，而弃如敝屣也。

按乾隆四十二年成本案所定，每引十四两零之数，本属浮多。两淮正引一百九十余万道，除摊课不行盐之三十万道，计实运纲食盐引一百六十余万道，实征正课银一百八十万两零。又织造河饷铜斤卤税银，共约三十三万两，皆入奏销。其杂款如南北引费，减半平余银五万两，各省匣费盐规银，约七十四万两，则归考核，共应征奏考钱粮二百九十余万两，例应按引摊征，归入成本。此外如办贡及交办事件，虽系无定活支，然紧要公事，自应按摊准本。至寻常捐款，本系各商自出赢余，以成公举，若摊入成本，是取之江广士民，何名商捐？故历次报效之项，皆有明文，不准摊入成本，则其余捐款，事同一例。至皇本行息，自应在借领之家征完，参价自应著分受官参之家缴纳。若一体摊入引课，作为成本，尤为事出无名。计正杂所征，每引不足二两，一切办公之项，每引再作两许，约计二百万之数，似已敷用。然自停止摊带之后，每引仍征银五六两，此事之至不可解者也。再者岸盐一畅，商立生心，从前江广畅销时，虽不敢明增官价，而于水贩之银，折成库纹外再加四十八色，垄断病民，至于此极。又纲食各岸，零趸卖盐，皆以库纹折成钱价，而盐秤则用曹砝九折，合库平每斤止有十四两一钱，病民滋讼，开费累散，凡构部院案后，总商即开讼费，按引派出，故三十年来，总商以讼为乐，与堂商之护散息事者殊异。皆事之宜预防者。然必总理不袒商，然后院司能举其职。

赏借者，库商禀恳院司赏借库项，以办急公，与借领皇本办运者迥殊。嘉庆六年，总理费淳，于审办许如金控案复奏内，乃将赏借字抬头缮写，影射皇本，以图朦混。盖赏借数目较多者，必通总理，乃敢禀详，一有控案，总理无不委身袒护。又两淮控案，当其出控之初，皆求输而不求赢。盖赢则现商伏辜，而无益于控者；输则饱其欲壑，而承问各员无不餍饫。此节为两淮根本之弊，而知者绝少，故申言之。

淮商之所以耸听，与谈士之所以护商，必曰两淮先课而后盐。而核实则淮盐几无课，并不得比后课也。故总一岁正课之额，而乘以现在商欠，通计三十年，正供所入或寡矣。然库项所分，不能遍散商，故散商之利，重在卖私，而总商之利，则重在侵帑。又淮境虽广，然出场到岸，皆系长江大河，巨舰直达。其四面之灌淮者，潞、芦则陆路逾千，闽、粤则溪涧换船五七次，又挑负越山岭数百里，以与一水关通者，争利而不可止，其故何也？盖由淮商最巨，中外有力者，一口袒商，既为宽议官价于广前，又为严禁跌价于后，垄断病民，卒所自毙。明乎此，则所以治淮鹾者，推类可见。前书止为佐治者言，若柄政者，固不必迂曲如此也，故又附记数则于后。

小倦游阁杂说三

道光十六年六月，编录旧稿，孟开佐校阅，既毕事，问："吾叔侨扬久，知鹾事深，言鹾之文二篇皆不及缉私，而专清灶，灶果能清乎？灶即清，邻私仍不能净，将用吾叔之术，犹有不尽言不尽意者乎？"予曰："善哉子之问也！夫鹾，利事也；商，利人也，言利悉秋毫，是固其所。然贪贾三之，廉贾五之，事固有远之而后近者。今鹾，商之求利亟矣，而举事与用心适相反，是以如是其岌岌也。两淮场之广，草之丰，卤之厚，皆甲天下。自场至岸，一水直达，长江大河巨舰乘风转万石。其四面邻私灌吾引地者，唯湖北之宜昌一府，逼近川井，浸淫为易。是外则皆支港山溪，盘剥再三，然后牛引人负，或越沙碛千余里，或缘峻岭数百里，以与两淮争，其数不敌至明也。即本境之私出场灶，赁头口，觅舟楫，价皆倍于商。加以咫尺买路而后行，又有盐行盐关邀截抽分，其所费较商纳官课有赢无绌，又非有巨赀副本，以与淮商争，其数不敌至明也。然而湖南则灌于粤私，湖北则灌于潞私，江西则粤、闽、浙私三分各灌其一，河南则灌于芦私，安省之池宁则灌于浙私，腹内则本境之私充斥，以致官引壅滞，帑藏空虚者，则以淮商求利致急，而官又力助之，拦行抬价，与人以不能买；搀和沙泥，与人以不可食；克扣官秤，与人以不敷用，以驱本境之私，使之必达于岸，延邻境之私，使之必通于中而不知止，故也。

"善治淮鹾者，必反其道而用之。先结清前案，截断众流，然后讲求言利之方，厘剔成本，使六省之民，皆食贱盐以畅销路，两淮之商，皆获奇赢以速转输，计六省户口，专销淮商之盐，则一岁无虑必行三纲矣。淮纲百六十万引，每引正杂奏销银一两三钱，杂支考核银五钱，其外支办贡办公，一切公举，每引带征七钱，无不充裕者，三共征钱粮银二两五钱。五六年来，场盐桶价，未尝及六百文。两桶一引，盐斤实为宽裕，是每引盐肉价约银一两，则经手已大有沾润。其大使分司坝员监掣批验子盐各官吏引费，场额盐少者，若一例减费，则不敷办公，法当于减分司坝掣费时取齐，使官缺之肥瘠略同，而商本多寡划一，以昭平允。及运使首领官，司房请发验挂诸费，减浮裁冗，以办公从容为度。共约每引银三钱，场船抵坝约二钱五分，屯船抵所同之，江船抵岸约一两，三共水脚银一两五钱。包索捆工银约四钱，扬（场）店费约二钱，岸店费约二钱，匣费约三钱，三共银七钱。窝价银一两，计江、广纲引，每引共成本银七两四钱。再优加余息银一两，准为岸价，以每引正加共三百七十四斤计算，每斤不过二分三厘零。而商本除完课系库纹外，余皆扬平市纳，又暗赢平色银四钱，是统计商息，已逾二分，较原案之三厘倍蓰矣。其食盐之口岸，成本约减二两，每斤止银一分七厘零，以现在库纹折成加三五制钱市价，邻私本境私粮船私，皆万无可以行售而侵占淮纲者，荀子之不欲，虽赏之不窃，斯之谓矣。行之伊始，尚有存盐搁占，一年之后，程纲断不敷食，然不可仍如前法提行，使奸牙得肆煽构。应即奏明，将本纲缴回，截角残引用纸接角盖印再运，名曰重纲。若能行三纲，则名再重。重纲之盐，既无窝价，杂外二支，又可大减，扬岸店费，无须重科，每引成本又轻二两，更易行销。俟试行三年，成效丕著，然后通盘酌定成本岸价，永为遵守，国家必可岁增四五百万之正课，淮商必有岁入五六百万之余息，而另库闲款充裕，可以百废具兴。且藏富于六省之民者，岁至四五千万，向之以业私死于非命者，岁可保全万计，当事顾何惮而不为此也耶？

“然而兴废之故，系于人而囿于地。自仪河淤塞，江船挂泊老虎颈，池掣改为洲捆，而弊窦百出。必宜挑浚宽深，使屯船抵天池，江船住沙漫洲口内，以复旧制。然旋挑旋淤，劳费无已，必于放生池上首，筑大挑坝，将淮溜逼注仪河，使出口水力，足敌江潮，如瓜洲运口，则淤不能停。然正溜注仪河，而瓜河止分坝头回溜，则瓜口必淤，贻害运道，是不得不筹两全尽善之策也。按七年冬，议开瓦窑铺新河，徐春帆、黄南坡皆从余问利病。予曰：‘此河于河事无益，于盐事有损，堪舆家所谓水入怀而反跳也，若必成，则扬人乞食不远矣。’及八年春河成，而鹾遂大败坏。今新河断不能议塞，唯有相度石廖二沟西南田坂，绝沙河开一深宽越河，分掣二沟之溜，以达高旻寺前，使向东直窜之水，仍湾环弓抱，回绕扬城，并引江潮暗拱，则扬城有两重西流玉带水上堂，形势更胜。所谓扬扬悠悠，顾我欲留者也，是因败为功转祸为福之机也。

且增拓一归江之路，于河事尤为有济，越河尾紧依挑坝，以归正河，上以擎托淮流，下以刷涤瓜口，则运口亦仍前通畅，不忧垫矣。唯是两淮历届兴工，大都调剂官商，意计不及公事。若必举以实心，应咨明河督，调谙习测量估算之员勘估，仍由河督于霜降后，调三道属之干练千把协效，分段实挑，按估确收，庶可一劳永逸耳。嗟夫！言之易，行之难矣！岂行之必难乎？肯行则难矣。”

予乡有贩鬻沚酒者，其父子皆嗜酒，故扣筭以自给。沽者嫌其筭小，开坛数日，其父苦生涯之淡，充水一桶。其子不知也，又充水焉。沽者皆退回原酒，父子犹争执酒好，出坛于盎，则筋斗虫游缸面矣，观者哑然。是淮商之智也。

（以上诸篇文章录自《安吴四种》卷5）

闸河日记

道光九年六月六日戊辰，由馆陶登舟沿卫溯汶入闸河南返。予南北往来十次，从未经行闸河，仅据图籍，终苦不能了达心口，此行庶补其缺。先是八年冬，王氏妹率男家起送女孟仪与馆陶明府阳湖张翰风之次子仲远成礼。予今春入都，约夏间迂道至馆陶偕返。馆陶去临清陆路七十，卫河回曲水程增十之八，而湍流迅疾，申刻发枻，薄暮已抵尖庄，盖去城已五十里矣。

初七日己巳，昧爽抵临清小关，关就河岸老树络竹缆截船。巳刻抵汶口，清溜虽外出，而深才三尺许。卫、汶交汇之处有钳口草坝，坝内有江西粮艘搁浅，冠盖四五事络绎严催，用五六十人引缆，缆绝而船不行，乃于口外提拨船入拨米。予上坝东南行五六十步至头闸，闸外浅船三，闸内浅船四，转南行二里许则二闸，两闸之间名塘子，可容粮艘五十。若并两艘于塘中，名双灌，则容百艘。向例：先下满头闸版，乃启二闸放船，一帮入塘，俟二闸版下，乃启头闸打船出口，名曰倒塘灌放。为汶口溯流至分水龙王庙，水程三百六十里，势如建瓴，节节以闸约水济运，恐敞闸则直泄无余，浅滞重艘故也。

先是汶水微涨，而卫水未发，清溜外注颇旺，刷深口门。五月廿七八日，卫水长尺许，抵注汶水，浊溜漾入头闸口渍沙。江广船身笨重，虽迭经在济宁、东昌、临清卸载，仍吃水至四尺。予见二闸板上，水高于板下五尺许，询知二闸上抵戴湾闸，河路长四十里，现过江西饶九帮，在后止剩八帮，不过四百余艘。相度形势，若先下满头闸板，启放二闸，注水令极盛，乃启版，用长河水力冲刷，不过半日，积沙即可刷通，计泄减水势，不过二三寸，无碍浮送尾帮。否则，于一塘尾船见浅之时，即下头闸，启二闸打船进塘，前后套搭，头闸蓄水高于外河且六尺，虽二闸下版，水力不盛，而乘高下注，闸外坝内之船，自然浮起遄行。打出数十艘，积水宣泄略尽，即将尾船留塘，下头闸版，再提二闸内船进塘，如此钩连打放，一日可两塘半。官吏减守候催督之烦，丁舵免耗米盘船之费，七帮尾船，不两三日，亦可出口矣。来年于初倒塘时，即行此法，必可攒快廿余日，官民两便。而有司皆催漕熟手，实力从公，坐烈日，挥浊汗，手敝唇焦，计不出此，可怪也。又登土山周览，始知闸北有砖城，名旧城，南面套以土城，名新城，两闸皆在新城内，土墙大半倾卸，而阛阓悉在者，以倚河为通商马头故也。酉刻，浅船始出口，予船趁空抢过两闸，抵大关不得过，遂宿关下。

初八日庚午，过关行里许。西岸有新葺佛祠，询知即乾隆甲午秋寿张逆民王伦据为宫以攻城月余之大佛寺也。四十里抵戴湾闸，居民十余户，皆编箕柳为筐斗。三十里至魏家湾，为粮食码头，清平之首镇，而高唐、清平两州县兑漕水次在焉。予酤饮月下，与肆主张老闲话，言及东省兑费，皆头船一丁独得，以办粮道总运卫帮通仓各费，赢余岁三四千两，他船丁止得行月正项而已。又言高唐崔君，长于催科，莅高唐不三年，捐升知府，又为子弟捐知县二、县丞二①，而囊橐尚从容。清平送本府漕规，例三百两，高唐四百五十两，去年本府刘君，改为按漕一石取规库纹一钱，较旧加倍。语俱骇听。是日交小暑。

初九日辛未，开船行八里至土桥闸，十二里至梁乡闸。湖南帮接连过闸，舣舟候至午刻，尾船始尽，俗谓之大扳艄。漕帅朱公押尾船，朱公清操过人，仆从起居至简易，漕委随员座舰，前任已派定者，公皆不变易，然节制之，使不得借公事以讹索丁舵，遇脱空不发令催提，而船行自速，可谓握要而事理者也，然漕弁之谤蜚起矣。吴②闸入堂邑境，过闸五六里，河道渐直。自此至临清口门九十里，河流环曲句倨，水回而湍，足以刮空，又不径泄，因知前此为川者，能明《周官·匠人》之义。士不通经，果不足用，亮哉！

风闻堂邑有草名气不忿，又名公道人，植田头以为界址，或起意欲占邻田，则草反向己田行根，茂不可芟。唯堂邑与冠有此种，故二邑无田土之讼。予以让闸散步，询阡陌间土人，为指田头所种，形略同枸杞，而叶背有芒，释氏谓冥王鞫狱，先吞铁丸，有私曲则铁丸内灼，以

① “又为子弟捐知县二，县丞二”，原作“又为子弟捐官三四人”，据吴校稿本改。

② “吴”，原脱，据吴校稿本补。

此草例之，则其说殆信。安得其种遍植环区，以息讼睦民耶！二十里至新闸，大风雨骤至，惜不久，未能透土，无救旱望。霁后于月下又行廿里，抵东昌府东门闸，住船。

初十日壬申，入城探毕恬溪明府亨信问。恬溪文登人，侨寓东昌，经术湛深，年逾七十，以大挑知县，需次江西，三年未得缺，甚以为念。至其家，知于今年三月，始署上高。又于途中闻推小车者云：昨晚高堂下冷子，大如盎，木棉尽坏，屋宇伤者无算。直隶、山东皆呼雹为冷子。廿里至利和务闸。十三里至周家店闸，丙戌六月，偕亡弟季怀出都，曾驻车于此，食大桃甚甘。今舟子倚槛买桃，予不忍见也，急令解缆。十二里抵七级闸，闸入阳谷境，夹岸俱有市。阳谷、莘、东阿三县，兑漕之水次也。

十一日癸酉，风略定。连日皆逆风溯流，昨日尤旺，纤挽之劳，几如上峡。十八里至阿城下闸。又二里至上闸，闸东阛阓甚盛，土产阿胶。河西三里许有角大寺，寺后百余步即阿井，井宽三尺许，深四五尺，色深黑，出井即清澈，饮之令人坠重，止中煎胶。土性沙松，瓷砖不数年即坏，近唯土围，出水颇涩。阿城古甄治，陈王墓在焉，今属阳谷。唯阿井周围百步属东阿，故东阿有贡胶役。而土人颂之曰："山东有二宝，东阿驴胶，阳谷虎皮。"虎皮今藏阳谷库，土人传为武松所打死于景阳冈者也。景阳冈在阿城东南廿五里。土人又言：明初有阳谷知县武姓者，甚贪虐，有二妻，一潘一金，俱助夫婪索。西门有庆大户尤被其毒，民人切齿，呼之为"武皮匠"，言其剥割也，又呼为"卖饼大郎"，言其于小民口边求利也。说虽不经，足以为戒。闸口为盘盐码头，盐捆重八百斤，为圆球，浮于额引者倍差，而入店仍搀和沙土，扣克斤重。土人皆言有司利其规费，助为奸虐，是天下之通病矣。又言现任陈君，人安静，唯任胥吏过甚，赴诉者常半年不得一面。前任蔡君，年少勤政事，无留狱，判决速而平，唯收漕每升加三文，其时民皆乐输，而今以为例，不可复减。予见丹徒故令周以勋，以办嘉庆十九年旱灾捐赈得民，次年收漕，公议以加二完纳，后任欲援其例，乡民万余围其署，至不通薪水三日，而竟不得减。君子之于取也，当思其事之所止，毋徒畏伤廉已也。

八里至金门下闸。又二里至上闸，水势甚平。旁无民居而作双闸，既扰商，复滞漕，不能测作者用心之所至。十里至张秋闸，闸入寿张境，夹河为城，西半城乃商贾所聚，土产毡货，为天下甲。十里至张家营。嘉庆八年、廿四年两次河决，粮艘皆由此处入湖。中间，东岸有五孔桥石滚坝一座，单闸三座，木桥五垛，石滚坝一座。西岸有木桥两座，为南北沙河口，又木桥一座，为赵王河口。两河头皆在直隶长垣县，经由曹濮一带，其河皆宽廿余丈，两滩为土人占种，止存中泓二三丈①，以故平日则为旱河；一遇大雨，宣泄不及，随地淹没。小民不明大计，全在司牧之加意矣。每年汶涨而西水未至，常有水倒漾入河尾，远者至十余里。自临清至此二百里，乃有支河傍入之水，东岸之坝闸，所以防两河水发，减入东平，东阿一带沟港，引下齐河之大清桥，以保民堰而利运道也。

嘉庆廿四年秋，予客山东承宣松庭先生岳龄安署。时东河马营坝决口，水由赵、沙二河穿运入大清河，黄水北抵阿城，南抵戴家庙，宽五十余里，东省被灾者五十余州县。予告承宣以发赈银，必用两宝，免致印官借口赔垫，开滥遗之渐，承宣以为然，并委解交府库，使委官不得与印官相见，至今以为法。嗣奉部拨饷一百卅万协济马工，承宣仍发两宝。公子伊绵阿告予曰："家君到东半年，已赔三千余两，马工饷若用碎白对搭，可得平余万一千七百两，用资办公。"予以告承宣，承宣曰："极知吾兄见爱，且吾兄首教吾发两宝，非教居停封殖者。唯此银本当解户部，解部例用两宝。今以马工决口，圣主忧勤，小臣曾不能少效棉薄，而反以为利，于心不安。至局员之是否干没，非小臣所敢知也。"予叹服。予出游三十年，所识大吏以百数，见得思义，自大兴朱文正外，唯有岳公矣。公满州正白旗人，出身吏部，调任陕藩而卒于疫，惜哉！

是时也，黄河由利津蒲台入海，而惠民城逼河滨，狂淦啮护堤，至险急。署令陈超诗，苏州进士，予同年友也。岳公许以帑三万，抢护城池。陈君只领八千，曰："若能守者，八千已可，必不能，即三万无济。且恐吏民知有三万，心稍懈，反致贻误。"陈君欲遣其妻子侍太夫人赴省寓，而己身与城为存亡。太夫人曰："惠邑城中七八万户，谁无父母？若能尽迁城中老弱妇女者，我自率妇与孙上省。"卒不肯行，而城亦竟保完固。母义子廉，真不愧恺悌君子之称。

二十里至戴家庙闸，东平州之西境也。庙有丰碑，前明崇祯年物，行书直行颇有法。

---

① "丈"，原作"尺"，据吴校稿本改。

十二日甲戌，三十里至安山闸，即古安民亭，《水经》所谓“汶水西南至寿张县北，又西南至安民亭入于济”者也。临河多楼，墙壁轩棂甚壮丽，亦粮食码头。东平、泰安、莱芜三州县兑漕水次。河中有江西承造直隶初限拨船二百只，篷缆破朽，板缝直裂，前后铁叶脱落十八九，船未到埠而已万不可用，官事往往如此，可叹也。询其长年，自去年五月开行，领川费五十两，匝月有余，尚漂宕闸中，讹索商旅，病官害民。若能通融将川费银加于油舱，由粮道验收，交帮船分带，遇浅既可拨米，船中又可带货，帮船到而拨船亦到，交官收明，可济实用，似亦官丁两利，无伤政体之举也。

三十里至靳家口闸。夹岸皆有市，各长二三里，张秋以南，推为巨镇。天旱甚，自张秋至此，居民皆插柳于门首，击鼓祈雨，严断屠沽。而沿河仍有以柳筐藏肉至船旁为市者，官禁颟顸久矣，私禁亦复不齐，人心风俗，月异日不同，遂至此极耶！自张家营至此，河面宽仅可十丈，较张秋以北减十之六，故溜势尤迅疾。十八里抵袁家口闸，闸为汶上首镇，县漕在此收兑。居民三千户，通商贾百货。船未抵闸五里，而水沫大至，知汶水发，顷刻高三尺许，闸溜急不可上，遂宿闸下。连日雨势甚大，而入土不成分寸，阳谷以南麦田，俱未耕耨，泰、兖两郡亦同。见此甚涨，悬知泰山以西沾足矣。

十三日乙亥，早起，水涨已八尺，闸益不能上，登岸询土人，云：“东南五里许有刘家口，上接王家河，直抵何家坝，坝在汶河旁，盛涨横溢伤田禾，故筑滚水大坝以减水。”去袁家口东南四十里，凡宁阳之兔儿山，曲阜之东山，发水汇入汶河，必先由何家坝，溢下王家河，出刘家口，入闸河。汶河正流，仍由东南迂曲行，且百里，乃至分水龙王庙。南北分下，北有刘家口，倒漾顶溜，庙前水北流者，止由斗门入南旺湖，大溜悉归南闸，俟涨定乃仍“北七南三”之旧。予见水沫已定，乃以三十人两面绞缆挽过。六里至刘家口，口门宽与正河等，溜外出，已不甚驶，与西岸大王庙相直，过口门遂如平水，盖擎托上游得力故也。

十二里至开河闸，闸背出水止二尺，船过若不知者。西岸有小市，舟子维舟大树下，饭纤夫。予息阴树侧，闻纤夫与土人述徐州总兵裘古愚安邦之洁己爱民，勤公戢士，拉杂无伦次。略谓：裘公于嘉庆十八年，署夏镇守备，时本境旱荒，而邻邑窃发，裘公条约富民不得闭粜抬价，穷民不得聚众强取，棍静于市，贼静于乡。及其去任①也，江南、山东两省居民，扳马脱靴，号泣路饯。今年巡阅至沛县，沛令公出，典史出迎，公于马上拱手曰："我入沛境一日，闻百姓无不骂知县、典史者，做官为父母荣，顾以求钱财故，拼父母与人辱骂耶?"少顷，沛令送供给至，公曰："速为我将去！幸告若主，说裘姓人从不吃万人咒骂之物。"予曰："闻人毁裘公者甚多；又闻其用刑太严酷。"众哗曰："裘大人，再说不出他不好处，只有做贼人恨他。我曾经偷过鸡鸭，被获，毒打一次，便改过到于今，但是有良心贼也不恨他。"古愚与予交善久，每晤言，必以居上不宽相劝勉。至其果敢勇往，不争闲气，洵为近日难得者。乙酉夏，嘉兴白粮帮在水次杀人数百，反割截首级悬挂头桅，自嘉兴至淮安，莫敢过问。古愚时为河标副将，购线人知其端末，乃白督、河、漕三院捕之，三院不许。如是者三。古愚拂衣起曰："安邦武人，无大人等局度，白昼杀人，反揭竿号令，过城入市，国法何存?安邦唯候参而已。"遂挈兵二十人至河干，单身上船呼名而检其舱，一一就缚，三日所侦得的名三百人，逸者不及四十，悉缚送浙江归案。而浙江被议之道府厅县，悉冒古愚功以得开复，古愚绝不与校。然予见文武职官无不切齿诋毁古愚者，是故民之所誉，官之所毁；官之所毁，民之所誉也。官民之毁誉相反如此，司进退人才之柄者，良不易矣。

十里至十里闸，闸无板，唯回空过毕，用闸墙作坝基耳。自此北至临清，每年间段估挑，三年普律大挑。然东西两岸长且七百里，绝不见有土山，设官而不能养，河员又不能噬民，乃专噬帑，良用为慨。自此闸以北，水皆北下。

五里至分水龙王庙，庙门正西五汶合流出口处。北下水湍激，以北河斗也；南下水荡漾，以南河平也，三七之分以此。泊舟庙前，谒宋尚书讳礼，字大本，河南永宁人。白老人讳英，字失传，山东东平人。祠，作五言二首：

尚书无人说，琼山有微词。邱琼山去尚书不过三数十年，而刻祠壁诗云：更无人说宋尚书。得毋不与立，谓同柳下知。责贤固贵备，苛求或非宜。白老信先觉，觉民事有涯。所恐不逮事，岂在夸粱肥?尚书祛娼嫉，聪断复兼兹。遏汶贯河卫，公私起疮痍。不然秉麾节，踞床骄如痴。以位色拒人，攘功巧构箕。国是未遑惜，清议安

① "任"，原作"仕"，据吴校稿本改。

足维？不涉世途险，讵知今则微！斯人不可闻，牛渚发哀诗。闭户忧乡邻，愧乏箪瓢姿。

汶水改南流，用良非禹绩。遏其北东性，岂伊龙王力？庙正祀分水龙王？附祀夏禹。老人洞水学，三七分南北。裕源则导泉，就下爰汇泽。湖空纳汶涨，汶弱挹湖汐。齐鲁间谓水入复出者为汐。下游复引泗，擎汶使不激。悬流载高地，正供输上国。于今五百年，远矣食明德。祸福耸愚蒙，榱栋走玉帛。闸河有村落可泊舟处，皆祀金龙四大王。如何祠白公，侧屋仅容席！神不歆虚赛，民宜道其直。典祀谁同符？南有平江伯。成祖八年，白老人筑戴村坝，开会通河。三十年，陈平江筑高家堰，开清江浦，而后南漕得以一水直达。

五里至柳林闸，闸水始南下。例以重船尾帮过竣，即下呆板，俟尾船出卫河，乃起板放民船。

二十里至思贤铺闸，宗圣之故里也，庙在嘉祥城中，去闸西南三十里。

三十里至伙头湾闸，宿闸上。自开河闸至伙头湾闸，水程七十里，两岸之内，大抵皆湖，登舷四望，弥目皆苇苗莲叶，近者逼堤，远亦不越二三里。东岸则蜢蚱蜀山，西岸则南旺。东岸开河闸①，南北各有一闸，北闸名洪仁桥，南闸名新河头，相距约五里，则通蜢蚱者也。蜢蚱湖长十里，宽五里，以形名之也，史谓之马踏湖。柳林闸北有金线闸，思贤闸北有利运闸，南有无名闸，皆通蜀山。蜀山周六十余里。西岸十里闸北有关家闸。分水庙北有常鸣斗门、邢通斗门。南有彭石斗门，又无名斗门，又刘家斗门。柳林闸北有张全斗门、盛进斗门、土地庙闸，皆通南旺。南旺周七十余里，西南距四五十里有两峰耸起而冈峦连接者则梁山。诸湖大都是梁山泊之遗址。盖其地势本洼，又北宋黄河行张秋一带，故漫水至广八百里。荆公常欲决梁山泊以兴屯，有客讥以须别穿一梁山泊乃可。荆公当日如何决？如何兴？是否有成见不可知；然水潴则涨漫，水行则就道，今梁山四面陇亩相望，乌睹所谓“别穿”者耶？书生不解事，每托高议以阻大计，大抵然矣。汶在明初，其水道仍如《禹贡》。自白老人创筑戴村坝于东平州东，以遏北东趋海之路，导之南向入运。蜢蚱蜀山居运河东岸者，上游分汶水支汊，而于汶水经流旁，又置闸座以收下注旁溢之山水入运。复于运河东岸置闸，使涨则灌入，

① “开河闸”，原作“闸河”，据吴校稿本改。

弱则引出。至南旺湖坐落西岸，汶须截运乃能入湖，为力较薄，故西岸斗门闸座，倍于东岸。然遇夏秋少雨之年，湖积水不及定志，而汶源又弱，则恐艰于浮送。白老知东省多泉，故于上游各山，疏导泉源四十五派，以渠引入汶、泗各河，无论沥水衰旺，以泉济河，以河接运，法至详备。闻近年泉河通判莅各县查泉，止取薄规，并不躬履，泉塞渠湮者大半。

十四日丙子，过闸。十里至安沟，南旺湖止于市后。二十里至草桥闸，即济宁州西关。自伙头湾以下，河势趋东。闸上五里，北岸有闸，其下五六十步有坏桥，皆通西湖。西湖长七八里，上接蜀山之尾而不通，专积沥水，亦借运河内灌，为州城胜观。史称宋尚书合马常泊之流以益汶，在济宁州西北与蜀山接，则正西湖也。然西湖水无关损益，若独山则在东南，且与蜀山远甚，段懋堂误以西湖口环桥为泗水之尾，故云泗水至济宁州天井闸入运河。

二里至南门天井闸。怀宁丁怀甫良嗣以贵州知县督运京铅泊舟闸下，急过从一谈，并问翰风近况及宦迹，甚晰。怀甫今年人日在扬州枉过，阅日走答，而船已开行，甚歉，无意中得此良觌，为之大快。怀甫在扬时，见予着川绸袍，曰："吾贵土产亦行到扬州耶?"予曰："此出川中，非贵州物。"怀甫曰："乾隆中，有循吏山东张姓者，忘其名，知遵义府，见其地有橡树，遂遣人归觅蚕种及茧师，教遵人放茧织绸，迄今教行通省，出产甚旺，有京庄汉庄，此尚非其佳者。"予入都遇遵义举人洪应奎，询知始教遵民者为陈公玉殿，山东进士，乾隆中履任，非张姓也，凡今放蚕所皆祠之。因以详告怀甫，"乐只""父母"，陈公当之矣。

一里抵在城闸。以养水送铅船，闸下满板不得过。汶水正涨，无虞浅涩；若谓溜急，用资擎托，则三里之内有闸三座，溜势本平。援例以恣婪索，使来往船只，坐烈日中经日。

闸河以台庄入东境，为商贾所聚，而夏镇，而南阳，而济宁，而张秋，而阿城，而东昌，而临清，皆为水码头，而济宁为尤大，与济南长山之周村相埒。其出产以烟叶为大宗，业此者六家，每年买卖至白金二百万两，其工人四千余名，好勇斗狠，每为守土者之累。西客利债滚剥遍天下，济宁独不能容，贫民之财不外出，宜其殷富也。两河督，南驻清江浦，东驻济宁州，浦上居民皆依河以求衣食，而济宁则否。济宁有卫，辖前后左右四帮，水次在本州者五之二。

十五日丁丑，过在城闸。闸东有板桥通水，乃南岸市河，无关漕运。六里至赵村闸。七里至石佛闸。十八里至新店闸，闸上二里许，北岸有堰水闸，以泄坡水入河。至此，河身复宽至十六丈。八里至新闸。六里至仲家浅闸。仲子庙在南岸，庙后平坡，积水甚宽长，产菅，形略如蒲，而茎方，长三尺许，六月刈之，堪织蓑、编箔、打绳索，结实如香附而有芒，根如茨菰而圆，冬掘之可煮食。予经行南北数千里，所仅见也。六里至史家庄闸，河势又归南北。

八里至鲁桥，两岸皆有市。泗水自东北来，会于沙洲寺前，故土人云："泗水头在泉林寺，尾在沙洲寺"也。鲁桥东南四十里又有白马河，与泗河先后灌独山湖。白马殆即曲阜之沂水也。口内廿余里有美女二坝，拦水入独山湖。运河须水，则挑坝使河水外注，运弱甚，则并引湖。胡朏明谓泗水禹迹，自滕、沛、徐、邳、宿、桃至清河入淮，令徐州以南故道悉为黄河所占者误。明神宗三十二年，尚书舒应龙、侍郎李化龙、曹时聘先后开浚泇河，自邳州东之直河入泇口，上抵夏镇，中凿韩庄，引微山湖水以行运，而避黄河吕梁之险。至胡君著书时，中河容未开，则泗亦于邳、宿之间入河耳，不容徐州以南遂无泗也。东岸自鲁桥以上，至蜀山湖尾之伙头湾，西岸自枣林以上，至南旺湖尾之安沟，长约八十余里。以目力约度，其宽各不下二三十里。西岸自石佛以下，大都水占，自道光三年被灾以后，沥水递积，迄未涸出。东岸虽尚耕种，然亦多水注。堤岸高于平田才四五尺，平田与河内之半槽水相平。土性胶黑保泽，松柔长谷，若得念切民依，畅晓农事，不专为属吏计囊橐之君子莅其土，而河员又不掣肘，相度地势人情，虑熟而后发，要以三年，成效必著，可使同于江南之高邮、宝应。每年约地方所出，粳米不下四五百万石矣，较广平之磁州永年，保定之文安大城，水性土质，皆远过之。法宜先附堤十丈外，开宽深沟，以其土培宽大堤，渐掣积水入沟中；又度积水深处，加围以潴水；计地开子沟，以土培路，四面大沟，略如井字，以通于潴。尤宜先核粮册，将潴水及道路沟渠挖压之地，公同摊认于可耕田内，约扣步数为亩，以免争执。召募江浙之勤农为师，其经费断宜依"业食佃力、借帑摊还"之例。然必须尽除以工程为调济之习气，亦不可使承办人赔累，则行之可必效。若虚慕名高，冒昧举事，则予言将有作俑之恸矣。

六里至枣林闸。六里至新娘河。河在东岸，独山湖出水之小口也。六里至南阳闸。南阳为鱼台首镇，昭阳湖头在其市后。自此以南，乃明穆宗时尚书朱衡所开新河。旧河在独山湖东经谷亭，南至沛县之留城。急雨至，不能登瞭，询土人以纪形势，再作五言一章，寄题《白老人祠》。

> 三日度河湖，伟矣老人绩。予忖忧悯怀，岂仅转漕急。嘉祥济宁间，堤外平如织。百里土涂泥，利可兴沟洫。膏腴不自爱，颇足当漕白。惜哉宋与金，讳纯，字德修，泗州人，官侍郎，佐宋尚书治水者，今配食祠中。未有明农力。或谓转重空，珍水至涓滴。安能问疾苦，更事距川役？不思水利兴，水害乃能革。十年五被潦，秉耒民持畚。相时谨宣蓄，导脉疏湮塞。灌溉与浮送，并行斯两益。谁为后来者，听此言无惑。

十六日戊寅，过闸。十八里至建闸。十二里至桥头闸，闸入滕县境。五十里至宋家闸。三十里至杨家闸。十二里至夏镇闸，镇系滕、鱼台、沛三县分辖，兖、曹两府州县皆在此兑漕，故东省水次，以夏镇为大。

独山湖头在鲁桥，尾在宋家闸，长几百里，其北皆依小山，连绵为岸，自山根至闸河东岸，约宽十二三里。昭阳湖头在南阳，故又名南阳湖，尾至夏镇，与微山湖相接，长百廿里，宽三十里，两三年来皆苦潦，水面至宽七十里，粮地被淹者无算。东西两湖，皆与河隔一单堤，东堤外间有葑田，西堤厚不及丈，临湖一面，砌毛石。长与湖亘，以西湖水逼堤根，又西风浪劲，故也。建闸十八里中，西岸有五里单闸、七里单闸各一座，东岸有小河口一。桥头闸十二里中，西岸有三孔闸一座，又单闸一座。宋家闸五十里中，有小河通独山湖者三，西岸有单闸一座，五孔闸两座，十孔石滚坝一座。杨家闸上二里许，有小河口名鲇鱼涎，通滕邑，各山水发极湍涌，无关济运。东岸湖止于独山。西岸之昭、微两湖，专仗收纳闸河涨水，遇多雨之年，两湖西岸坡水下注亦旺，然不能为源。故西岸闸皆启板收河水，溜势甚急。独山湖则上游自纳泗、白马两河之水，故止用小河港通水济运，平时则以土坝截港口，使闸河余水，专由西岸闸座灌昭、微两湖。

十七日己卯，过闸。市长三里，南头有三孔闸一座，为微山湖受水之始。又双闸两座。十二里至十字河，滕邑青山头一路山水并由此下注，横穿入微山湖，形如十字，故名。发水时，大略汶、泗并涨，水势相顶则喷沙，时时捞浅。司事者捞起即置岸坡，又两岸本系每年积沙，居民占种浮松，一遇暴雨，卸坍梗塞，法宜严禁私耕，而贴以草皮，捞浅方价稍宽，使出土堤外，则官民船只，并受利益，冬春流不绝。

八里至彭口闸，又名滕沛闸，以两县各管一闸墙为名也。二十五里至张吴闸。闸北十里曰赤山镇，粮食焦炭之所聚。微山湖碎石坦坡始于此，下抵韩庄。闸北五里有单闸一座。十五里至朱姬庄。迤北三里之内有单闸两座，旧例空运南下毕，则于朱姬庄前煞坝，截河水尽灌入湖。去年以湖水旺，未筑此坝，今年水势更盛。

十里至韩庄闸，闸入峄县境，江南之丰、沛、萧、砀四县以为水次。过闸，湖岸有十五孔连桥一座，桥外筑草月坝，已十余年不放矣。月坝南即湖口闸，临湖靠闸墙作坝基，筑钳口坝，挺入湖中，以节溜势。闸北金刚墙有志桩，以丈四为足数①，现存水丈二尺九寸，而闸河水面，低于湖面四尺许。故自张吴闸北之西岸闸座，水皆从板上外溢注河，闸河始渐起溜。过湖口闸，河势转直正东，西岸为南岸，东岸为北岸矣。自分水龙王庙至韩庄，共二十四闸，水势颇平，闸座约可减十五六。自五里单闸河水内注，约高三尺许；湖口闸湖水外注，约高四尺许；昭、微两湖，水通面平，约计南阳至韩庄二百里内，河水高低，仅及六尺。自韩庄闸以南至清江大闸，闸皆有漕夫头，司招夫为漕船绞关，闸水斗者，至用关六十盘，役夫千许，漕委督之，而闸官亦稍有沾润，皆取成于漕夫头，盖挽漕不用闸牌子也。舟泊韩庄闸下，时当酉末，日映湖西，而正东有青白气著地起，宽五尺许，上渐阔如放花炮状，直指日轮，盖月欲上之所吐也，而日在云中，亦出白气十数道，斜射东北，长至天半，洵属奇观。

十八日庚辰，廿三里至新闸。六里至六里石儿闸。六里至聚莲闸。八里至万年闸。八里至丁庙闸。十二里至屯庄闸。闸东北岸有大彭口河来合，峄县临城驿西有青云桥，聚各山泉沥诸水下注此河，冬春不绝，汶、泗而外，此河与十字皆接运得力。八里至河心闸。十二里至台庄闸，河势又渐向南。自新闸至台闸，名八闸，闸北皆有越河，头窄尾宽，以闸密溜急，故于越河放水，令其先绕至闸下擎托，免致悬流滞运。且粮艘打闸时，民船仍可由越河径过，亦为利便。

三里至黄林庄，入邳州境，系山东、江苏分界处。而南河、东河工境，亦以为限。闻此有石碑横刻一画，以油朱填之，春间东河挑坝铺水以至油迹为准，不及则误运之咎在东河，及油迹则浅滞之咎归南河，名

① “足数”，原作“筑数”，据吴校稿本改。

曰“红油记”，予以舟行疾未见也。廿里至河清闸，土名梁王城。

十里至王母山。山前有河宽丈许，长接微山湖尾而不通者五里，名小黄河。土人云：乾隆中，南河向东河借水，不可，遂自开小河，欲窃微山湖水。今其河间段淤塞，而伏秋坡水归并，沙砾随下，故江南运河，以王母山为头浅。五里至界口汛，东岸有河宽五六丈，上通北蒙山，水源长二百余里。五里至河定闸，土名大王庙。十里至滩上住舟，是日入初伏。

十九日辛巳，十里至河成闸，土名新河头。滩上开船不三四里，东岸有沙河口，即邳州城前河。过新河头不三四里，有薛塘口，即官湖河。两河皆发源兰山、郯城诸山，冬春通水。二十里至猫儿窝。河入江南境，即宽廿五六丈，至此更宽，而上游不五六里，两岸有三岔河，宽三丈许，系聚铜、邳两界之坡水下注，一入运河，以窄合宽，溜缓沙留，故江南运河，以猫儿窝为二浅。十里至马家营闸。二十里至窖湾。沂河自东北来合，口门内东岸有竹络坝，系骆马湖济运之上口也，春开秋煞。

二十五里至利运闸，闸上十里，西岸有安家双闸，以泄坡水。十五里至皂河，靳文襄开中河，以此为河头。十八里至支家河，西岸有王家沟，骆马湖济运之中口也。十里至董家沟，有三孔石脚木桥，骆马湖济运之下口也。二十里至五花桥，今名永济桥。骆马湖水出尾闾五闸，由桥下至总六塘河。骆马湖头起窑湾，尾至五花桥，北与运河止隔一堤，上承蒙沂诸水甚旺，虽长七十里，而淤浅不能容，非山东水柜之比。十里至宿迁东关，宿船。

二十日壬午，候关。昧爽登岸，存平湖徐春帆司马一麟于钟吾书院，以在扬话别入都时有成约也。过关七里至卧虎闸。二十三里至洜流闸。江南七闸，亦有越河，河口宽并正河，非八闸之善矣。自此下达杨家庄河口，计一百卅五里。洜流闸下五里，有刘老涧新滚坝，减涨水入六塘河。杨家庄上十二里有双金闸，放水入盐河济苇左营正料，及淮北纲盐，俱在东岸。刘老涧下五里仰化集，入桃源境。杨家庄上二十五里豆瓣集，入清河境。

廿一日癸未，抵杨家庄。即晚渡黄觅舟，对渡即拦黄坝。黄涨初消，而埽前及中泓，皆平漾无溜，浊如泥浆，水缓则沙停，停而仍浊如此，可骇也。南河自嘉庆二十年以后，外南北、山安、海防四厅，黄河渐成中饱。近年严守徐、邳减闸，刷深河槽，其土复于下游，以致倒淤上行于桃南北、宿南北四厅，计八厅所辖长河，中饱之病，且三百里矣。拦黄坝内集夫兴挑，因夏间倒塘淤浅，故浚深塘子口，以备回空，并将顺清沟挑通，以备轮换。盖一塘子而两口，黄入停淤，多在口门，有两口，则堵此开彼，旋淤旋挑，可以无虞。倒塘之法，与临清相同，唯彼以上游清水用版蓄高敌卫而出船，此则开坝以纳黄，塘尾筑拦清坝，以塘内清水抵住黄流，黄澄为清，高与黄平，以资出船，系参用河工放淤进黄出清之法，为稍异耳。此法系道光六年外南营千总今升海安营守备卢国昌永盛所创，以送滞运铜铅船只者。次年即用以送漕，七、八、九三年重空船只，专恃此以免贻误。其法可谓巧妙，然遇清黄相平，及黄高不及尺，黄入不能跌深塘口，则坐困矣。后数年，有于御黄二坝东首，劚堤设涵洞两座，放塘内澄清之水入窑汪，至五孔闸南对河之幽明洞入远，无论清水高下，皆可抬黄跌塘，尤为巧中生巧。下拦黄堰至彭家码头夹堤内，见积水涨漫如故。八年夏，清江北岸西头之民居庐墓，被沥水浸没多年，神祠七八座在焉。其地本有积水名窑汪，因入运之洞塞高，故沥水涨出汪外为患。具公呈于当事，当事勘明，恻然动帑数万两，为挑汰黄堤外圈堰内之淤滩为小河，下达山阳县之乌沙河以入运，长三十余里。河成劚开汰黄堤以放积水，水不得出，适遇霖雨，滩内沥水，反灌入夹堤，水面较旧高二尺许，向未被水而今续淹者，又四百余户。当事不得已，又为之展宽加深，积水稍出，刷动帮土，新河间段淤塞，水又不得行。以滩面高下之易明而其难如是，况言长河深浅耶？

廿二日甲申，搬取行李过船。十五里至清江浦，访国昌，以防汛不相值。十五里至淮关，入山阳境。存程禹山虞卿、萧梅江文业，禹山已归天长，与梅江话都中近事而别。十五里至淮安。四十里至平桥，入宝应境。

廿三日乙酉，百里至界首，入高邮境。二十里至六安沟，湖水已间段打破西堤，直注运河，倒漾至界首，河平无溜。四十里至高邮城，溜亦不盛。六十里至甘泉之邵伯镇。宝应、高邮，城皆临河。宝应在高邮上游百二十里，地势高且及丈，故河西虽皆湖堤，而宝应之西堤外有草滩，宽自数里至十数里不等，盛涨尚低于河面五七尺，故宝应城所畏者在黄水入运。高邮之西堤外即湖面，稍涨即与河通，盛涨则漫堤破戗，堤面与城墙略平，故高邮所畏者在高堰开坝。高家堰下为白马湖、汜光湖、宝应湖、高邮湖、邵伯湖，水落分五，涨则合一。南北长几三百里，东西宽亦四五十里。白马等湖，俱为下湖，以洪泽独为上湖也。下湖受盱眙、五河、天长诸山小河，共七十二，而上湖则承河南、安徽十数郡及江苏徐州诸山之水，有名之川亦七十二。自平江伯筑高堰，截淮水出七道引河，由太平河归黄，而开清江浦于太平河东岸，引三分之溜入运河，上下湖始不相通。自清江浦至邵伯东岸，有闸洞七十二座，以济下河之山阳、阜宁、盐城、宝应、高邮、兴化、东台七州县田亩。高邮既与湖平，故西门外有通湖桥，引湖入河，而于南门外十五里之中，设南关、五里、中坝、车逻四滚水坝减湖涨入下河，引归于海。邵伯地势更低，而湖堤止于龙王庙，在邵伯镇北十里，湖河既合，又当五湖之下游，其东岸昭关滚水坝一座，独承五湖，引涨入海，故较高邮四坝更为着重。过邵伯镇二十里，至瓦窑铺，是为湖尾。计三十里内，湖皆无堤，故邵伯镇南设六闸——东西金湾坝、凤凰桥、壁虎桥、湾头闸、沙河桥等口，分泄湖水入江。近年又开新河一道于凤凰、壁虎之间，颇为宽深，然自六闸以下，至沙河桥诸口之水，皆归董、石、廖三沟。董家沟由八达口、石廖二沟合，由深江口入江，受水之口增而出水仍只旧路。况江口积年淤浅，江潮又复上泛，故高邮、邵伯湖西田庐相望，自嘉庆七年以后，迄为泽国。昭关等五下坝，本与高堰之仁、义、礼、智、信五上坝相应，而下坝下之引河，年久湮废，一经启放，则七邑顿成巨浸。自嘉庆十年，移御黄坝于河唇之后，黄底日高，借黄济运，甚至有长年运河无涓滴清水者，运河两岸决口五六，皆借黄之贻害。当事畏黄如虎，于西岸增建双单闸座十数，以减运河水入湖，然入湖之后，仍于下游入运，一经失事，为祸更烈。又将御黄坝口门逐年收窄，仅容粮艘，以求黄入之少。后并于重运毕渡，即闭御坝，专以运河一线，承受淮水，反将黄河上游，增建虎山腰等坝。黄水一涨，即将临黄之新旧各闸坝开放，减黄入上湖，而以高堰五坝为尾闾，泄入下湖，弃七邑为归墟之壑。嗣以上坝迭次跌塘，移仁、义、礼三坝于蒋家坝之上游，新挑三河，将入上湖之淮水，倒钩迤上十数里，依山骨泄归下湖，期以保护堰工。而道光四年，卒至堰决，三河又何益哉？迨借黄不行，变为倒塘灌运，清水涓滴无复入黄之理。又以倒塘时黄水过高则大险，故须蓄高湖水，高堰开坝之志，迭经奏增至一丈三尺，而三四年来岁底湖水，尚高一丈五六尺，然黄水犹高于湖二三尺不等。嘉庆十三、四年间河事最否，然当大汛漫口四出之时，顺黄坝志桩不过二丈七八尺。十数年间，大汛至过四丈，岁底亦不下三丈三四尺，故粮艘一竣，即放三河，而两坝继之，为鱼之痛，其终能免乎？

道光六年六月，高邮四坝悉开，而湖水尚见涨。河营参将持河帅令至邵伯，督开昭关坝。此坝自嘉庆七年跌翻坝底，积年未修，二十年估银六万，扬粮厅领帑承办后，上下如忘。延至道光三年冬，督臣始严饬赶办，而帑项早归乌有，于两月之中，草草贷银数千两①蒇事。四年堰决，水势骤至，十一月十九日辰刻开放，申刻即跌翻。及六年奉令启放，居民谓放坝之所以异于决口者，以有底节水，故也；若开无底之坝，是决防矣。天必欲杀人，止可静听诸天。数万众日夜卧坝上，不能施畚锸。廿二日酉刻大雨如注，守坝民人趋近庄暂避，而堡兵驰白参将，参将立至督开。及雨住，民人赶至，坝已过水。天忽无云而雷，震毙报信堡兵于河堤，万目共见，群以为雷神之有时而事事也。

七年湖涨，河员又议开高邮各坝，知州李君宗颖以一身任之，得不启放，七邑赖以有收。八年，湖涨又甚，李君与河员力争如前，虽卒开放，而借得迟延二十日，七邑得以抢收大半，成灾不甚。七邑民颂李君云：自取十二岁之幼公子置坝上曰："与众百姓为质，若必开坝，则众人先取吾子投坝中。"今擢知太仓直隶州，近年江省超擢之员多矣，如李君者，不可谓非从民望者也。然治河不筹刮空，而专事加堤；治漕不求出清，而专恃倒塘。运河例容淮水三分，今以十分淮水，全数归运，虽李君永守高邮，其智必有所穷，况循良之莫能为继耶？是日大暑。

廿四日丙戌，四十里至扬州便益门。过坝盘城河划船归寓，祝母氏寿辰。询知孟仪宜舅姑，而仲远人材足依，甚乐。母氏命至书房款客，而江都张芰塘、李练江、殷古农、梅蕴生、仪征刘孟瞻、毕春原君辅乔梓、王西御勾生昆季、吴熙载、张司衡、甘泉杨季子皆在，盖扬城之学人才人备于是矣。

（本文录自《安吴四种》卷6）

① "两"，原脱，据吴校稿本补。

却寄陶宫保书

宫保大公祖阁下：新禧曼福！客岁祀灶日，世臣自吴淞江工次返棹，晋谒铃阁，而两司继至，不及畅欲言。小除夕到扬，老母以下俱叨庇平善。献岁以来，天气融霁，想各段工程，俱可攒齐。灯节后，旌节自必临工验收，督开拦潮大坝，使百渎七十二溇水有所归，吴民深庆，而千里之润，旁被越西，世臣亦获免素食之诮，幸甚！幸甚！

此次吴淞江工，估办无不如法，徒以天气连阴，稽延时日，致工员大累。其甚者赔项与领项相称，即地段便利，亦且六成。约计通工，费帑三十余万，赔款亦不下二十万。然一遇大水，则救出苏、松、太、杭、嘉、湖六府州田亩，所得当数千万石，智见远而勇任重，以成已饥已溺之仁。自嘉庆乙丑，吴越会商再四，筑室道谋，倏忽阅廿余年，非阁下谁能收此巨功者？而葛峰将顺匡救，相助有成，为政在人，其不信乎？

世臣返棹，一路体察河形水势，唯野鸡墩一段，地弯槽窄，潮过野鸡墩十余里至王渡而止。江之经流，至四河口，南合淡台湖，北合安亭河，流虽平而势已盛，下注王渡，遏住潮头，故淤留野鸡墩弯窄之处，而上下渐亦淤垫。吴淞屡浚而功卒不垂久者，病皆坐此。自四河口西行三十里，至夏驾浦，河势较陡，而形成“人”字。东北下福山者，分溜什七，下注本江，溜止什三。是以不能畅驱退潮，东出大闸下黄浦，以成水漱之势耳。法宜于夏驾浦西岸，做挑水草坝一道，斜掩北出之口，使正流东下本江，而回溜钩入浦河，则本江力足抵潮。又汇群流建瓴下压，遇窄则怒，遇曲则后推前，是野鸡一段，不唯不为通工之病，且可借其收束，以为激荡刮空之用。

世臣测量估计，此坝约费四千两。公项虽已无余，然必筹四千两以救五十万，方能使以五十万易数千万之效必奏耳，唯阁下垂察。筑大坝所调之南河卢守备永盛，练工程，识机宜，世臣与共事五十余日，南河文武无与为方比者。卢君现在大坝候开，一无所事，可以调赴夏驾浦，委办此坝，得地得人，何事不成？南河游击出缺，例以守备升署，如卢君者不可多得，阁下将来工竣入奏，似宜保以“应升”，为南河位置人材。阁下收工时接见之，款询之，自知世臣所言不谬。至其于大坝之北岸土山上，做小埝五六十丈，日夜督攒，群笑为多事，埝甫成，而十一月初三大潮几平埝顶，以一线新埝，救通工之命，众乃大服。又于大闸海漫石上，撒草累土三尺，以钉桩挂缆。前此筑大坝时，北岸土山，钉七尺大桩三百余，潮至皆拨。世臣见其以新土堆石板上，仅高三尺，亦谓其断难有成，而潮来竟不能拨，应手合龙。皆土人目所见而口能言者，阁下参之舆论，更足证世臣之不阿私好也。

开坝之役，世臣不能躬随旌节，深用为歉。夏浦坝工，关系紧要，然非深明水学，断不解此巧妙。阁下存世臣之说，亲临相度，如可采即便断行，若与余人商榷，恐阻盛业，致贻后悔。手书草率，恃爱尤甚，天气骤暖，伏惟珍重，道光戊子人日，旧部人包世臣顿首谨状。

宫保得此书，临工遍询，多以为不必，遂罢其说，唯如书言力保卢君耳。庚寅大水，各省成灾，唯苏、松、常、镇、太、杭、嘉、湖八府州有收，是吴淞收功实之成效。然丙申予舟过野鸡墩，已苦搁浅，候潮而后能行，深惜盛业有阻，故录此稿以告后来。

代议改准鹾条略

道光十年冬，户部以两淮鹾务宜“改为民运民销，化莠为良”入奏。奉旨命原奏之王尚书、宝侍郎驰驿之江南，会同督部定议。星使与督部皆委亲信人员赴场灶查看情形。委员见予书者，疑予为发踪之处，微服过访。予亦乐千年弊政之庶可革也，走笔书二十五条以畀之。钱粮正杂，每斤六厘者，乃部奏原定之数，故仍之。其实尚可酌减，使与盐本相称，乃行之益无格碍。然鹾贾殊不便此，虽明良契合，意在必行，犹未敢必其定能有成也。十一月二十五日记。

一议灶户岁输折价钱粮，为数至少，尚多拖欠。今若按镢征课，私锅既不可尽，衰旺又难定额，一镢所摊，课至累百，盐卖钱散，断难清款，自以征商为长。然买客赴场纳课，场署坐落海滨，既无城郭仓库，又大使职分较小，旺产场分，岁课且至数十万两，干没亏挪，恐亦难免。自宜令买客赴运司纳课，领票赴场买盐，由场员验明，发照出场。如殷实灶户愿贩盐出场者，仍先赴司纳课领票，与外客一例办理，方于裕课通商，两无窒碍。

一议解散盐禁同米麦，无须再配引目，自宜以斤起算，使人易晓。查两淮现纲盐，每引额配三百六十四斤，每纲额行一百六十八万引零。奏销银，正款一百八十万两，杂款织造、铜斤、河饷三十万两，考核银减半，平余五万两，其盐规匣费七十万两，唯京中、口外各衙门津贴之项，已关定额，自宜一体摊入。至各省文武，既无督销专缉之责，旧设规费，自宜剔除。又帑利九十余万两，断无令新贾代旧商偿欠之理。而款内挑浚运河诸事，实关紧要，亦宜核明银数，别立名目摊入。至奉发参斤，既无额商，自应请停。以上数款，应请并入奏销，删除考核名目，以免参差。约计每盐一斤，应摊正杂课银四厘内外，由运司当堂兑收，归正库存贮。

一议盐义仓系奉世宗宪皇帝特旨建设，以备上下两江饥馑者。应酌核向来动缺买补章程，照州县主守之例，责成运司，不得转派首领等官，致滋亏缺。其建在场下者，即责成场员，宜酌定每年经费若干。

一议御书楼系承高宗纯皇帝特恩，存贮扬州天宁寺、金山江天寺两处，嘉惠江淮士林者。或即交该住持兼管，或遴选淹博勤慎士人数名，分别正副，依时敬谨晒晾。宜酌定每年经费若干。

一议杂支外支，款繁滋弊。查月折堂俸，及挂名书楼、育婴堂、普济堂各董事，实系无事而食，应与文武衙门旧设巡缉经费，皆无庸议。至如育婴堂，现养婴千四百余名，乳妇同之，向设内号、东号、西号，董事逐日收婴、觅乳、验顶、核肥瘦、课勤惰，事颇繁要，应查明实在办事之人，分别在堂久暂，每号酌留三四人。其医生常川在堂诊视者，有每月方簿可稽，合计乳妇婴儿数近三千，应就实诊医士内，试验能否，酌留七八人。所需病饵，应提药铺三年内帐簿，酌中定数，以杜冒销。其徽州书院、扬州恤嫠会所需经费，各有本款交商生息，然追缴存本，完欠难定。应同现行之普济堂、老人堂、救生船、扬仪书院、江宁苏州书院、苏州育婴堂，一体核明，酌加捐款每斤银若干，令买客带纳，以绵善举。

一议淮南串场河，时浚时淤。淮北盐河，双金闸一闭立即断流。故淮北运盐，名曰秋单。此次既改章程，应听由南、北六塘河，归总六塘河，至崔镇九里冈一带盘坝。或由扬庄入御黄坝，或盘过运、黄两河，由包家海子等处上洪湖船。此系长年通行之道，然被西水冲刷，间段不免淤阻。河道通塞，关系商运、民食者甚巨，必应随时官为疏浚。所有经费，应酌定数目，于钱粮内摊带，与前三款一并归入另库，使与奏销钱粮不相混杂。合计每斤，约捐银二厘以内。

一议赴司纳课，资本大小不齐，且多有未到畅洲不习官府者。应照各省藩司之例，于运司署前设立官银号五家，海属一家，通、泰各二家，将钱粮科则，逐条载明，仍将各条归并合算，以杜逐条卷零之弊，刊刻木榜，竖立司前及银号门首。其四首领十五房，应酌核归并以节浮费，从前所有薪水饭食各款，并应删除，使与地方一例。

一议各场去扬，远近不一，买客不习地形，势必就近争买，较远场分，或致积压盐斤。除买梁盐有定产场分外，其余买安盐者，应由司于收课给票时，按场分产盐多寡，轮派标明赴买。各客赴场呈票，照数买足。雇船出场时，请场员秤验给照出场。仍修复北桥散旗旧例，运司于盐厅按船抽秤一两捆，除每捆浮出五斤以内，仍准给旗放行外，自六斤以上，照各关罚倍例，分别办理。北桥散旗事久不行，旗式无考。应酌用阔黄布一副斜裁，上横书衔姓，下直书某商雇某户船，载例盐若干捆，年月日给。其委员所给旗，仍由运司先用空白印旗发交，于日月后加署委员衔姓。场照每客给一张，即分载十船，止用一照。司旗则每船给一面，船多者挨次填第一二三四字样。数客合雇一船，则旗前并列客名，以便稽核。各客所领照旗，于下届赴扬纳课时附缴。如浮至一成，则照漏税例究办。其江广客应出江换江船者，则与淮北转尖之船，皆泊仪征，由运司委员或营或县酌定，秤验给旗。淮北赴安豫各岸之盐，则于淮河口，委泗州称验给旗。

一议变法伊始，必宜广为招徕。查淮境以江广为远路，该省盐斤旧集南昌、汉口，听外府县水贩携银赴买，运回济食。此次即可招使前赴扬州，纳课买盐，直达本籍。其旧商存岸及现在出场改捆上船之盐，计新客遵示来扬，总须数月，旧商减价速售，亦不至大丧资斧。而新客陆续到岸，民食无虑缺乏。至私贩头目多拥厚资，自可立变良贾。而手下附从之人，身外多无长物，应咨查两浙仁钱担商、金衢筹商成例，斟酌定章，将淮北之桃、沭、海、赣，淮南之山、阜、高、宝、江、甘、如、泰，坐落运河东岸地段，听其肩挑售卖，使国课不虚，而口食有赖，不致流为盗贼，扰累官民。若用倒撑小船装盐贩卖者，便当赴扬纳课，由场发照，方准出场，以杜透漏。

一议淮南辰永两帮江船，数至累千，每船不下三十人。因律有不以盐船载非①盐之禁，故其船式样笨大，与他船迥殊，盐法一改，此船不能揽载他货，又向与老虎颈一带私枭同里交好，若奸商欲挠大计，造言煽惑，颇费收拾。查江安地近，转输迅速，用船应听客便。至江广地道既远，买客资本自必稍裕，且江湖巨浪，非大船不可，应饬地方官分帮传集，令其公保信实数人，充当船行，专装江广客盐。除该船主力能营运，自本自客，以及头舵各人，能朋本营运者，不须由行，毋许经纪人等派扰外，余俱照例每两三分抽用，不准丝毫多索，水脚若干，悉听三面照时议值。

一议灶户卖盐，向系运赴场员所驻集镇，住居歇家，与场商交易；况在远客初到，人地生疏，尤不能按户挨收。应听旧业场商及灶户殷实人等，开设盐行，居积引揽，悉听其便。盐客买足报验领照，取该行甘结备案。

---

① “非”，原无，据吴校稿本补。

一议课银较盐价，多寡倍差，难保无不肖灶户，勾串客商来场私买，于可以偷越去处，得规包送。应查明各场通船只不当关津之所，用木桩钉截，使盐船并归一路，易于查核。

一议淮北旧有杠夫千余名，搭盖席蓬，住湖嘴后河北地面，专抬盐捆，别无生业。从前为议改坝，商厮唆使出头，屡成巨案。查总六塘河去运河约三五里，必须搬运，应明示仍用杠夫，令其移家前往，相距一程，事非累坠。

一议仪征沿江一带，老小妇女，多以扫脚盐为生。应查明人家若干，除老废无依，筹设公所，比孤贫收养外，其余分别酌动义仓，给半年口粮，或折给资本，令其营趁迁业。其平日扒偷之徒，宜明示宥其既往，如敢结党把持，自以官法严惩，仍坐所由。

一议仪征埠头捆工箕秤人等，为数虽多，然皆稍有身家，盐务系其熟路。即有赤贫营趁之辈，自可帮同营运，无忧失业。

一议大小单钓屯船，既免坝掣，自可由孔家涵子直达场河，装运盐斤。其安庆以下盐客，或有由各口岸雇船来运者，亦听其由涵子抵场。皆由场员秤验后，于照内填明捆数斤重，由运司抽验给旗，经过各关，验旗放行。如查出捆数比旗载浮多，照逃关例究办。

一议淮境之内，不分南北，假有拦出淮境，自听邻境巡缉弁兵捕究；明示盐客船户人等，毋贪小利，自罹重网。

一议盐既不分纲食，无须改解子捆。然散置船舱，殊难稽核，应定以筑成三百斤为一捆，酌加卤耗包索若干斤，照天池掣马旧例，以二十捆为一马，抽秤一捆，多少照算，而荡蒲亦存销路，不至以货弃地。险远乡邑，势必改五十斤中砠。挑盘零卖，需用小包，盐客自即在场带去也。

一议淮北盐价，较淮南不及一半，北垣向例，盐一挑取制钱八十文，以人力为度，不过秤。而运道艰阻，盘剥较多，应免纳杂支捐款钱粮。唯浚河经费，一例摊纳。

一议淮北临兴一场，产盐最旺，坐落最远，向来从无商贾，全数济私。应听转尖海运至淮南地界售卖，照海船成例，于内外洋汛地挂号，验照进口，凡指明转尖之客，应与南场一体摊纳外杂钱粮。

一议盐既由司纳课，自不能再于各关抽税，而船料在所当征。应核明扬由龙江、芜湖、正阳、九江、田荆等关科则，逐细定章，使船户与买客周知，以安商心。

一议司发之票，场发之照，应酌定程式。司票照芜湖关船票用安抚印之例，盖总督印，场照照地方契尾之例，盖运司印。司票到场，由场员按月径缴总督，以资查核；场照由场官秤验盐捆斤重，填明出场日月，仍将照根按月缴司。

一议新法既行，销盐大畅，所有带纳捐款，数年之后，存积必多。应请积至百万，即报拨一次，以免滋弊。

一议酌定章程入奏后，即应刊刻简明告示，各处张贴。仍将前后筹议条目、告示，票式、照旗各式样，刻印装钉，照宪书及各关木榜之例，盖印壳面，遍行发卖，使穷乡僻坞，大小咸知。凡卖客船户，各带一本，使沿途匪棍，不得捏词讹索。

一议淮北出路，虽改由六塘河，究属盘剥艰难。既不分别南北，若听兴、阜、盐三县各场盐，由宝应望直港过坝，入护城河，直抵蒋家坝，盘堰入淮，则两次换船，已越洪湖之险，又不与粮艘争道，可以减本迅运。其淮北三场，悉听转尖，尤于商、灶俱便。若此，则杠夫须下移，附备一说。

上陶宫保书（一）

部民包世臣谨顿首状上宫保大公祖阁下：七月间奉手谕，旋附均之肃复，谅尘钧座。嗣以小儿姻事，前往剡中，还至武林小住，饱揽湖山，不觉滞迹。至九月廿五日，在旅次晤南河催提浙饷之差弁曹姓，询悉：桃南于家湾盗决口门，塌宽至二百丈，中泓深三丈八尺，高堰志桩积水至二丈一尺九寸，出黄之吴城七堡顺清沟新河，次第拆展，共宽百六十余丈。减清之仁、义、礼三河，智林两坝，启放经月，湖犹见涨，拟加放拦湖坝未定。星使月内可到，河帅飞札江西，追迎制节云云。世臣闻声惊骇，急作归计。窃谓阁下还辙，得以抠谒邗滨，备刍荛之一询。昨过武进，晤姚石甫，知驺从已于月晦抵浦。世臣全家侨寄下游，倚虹园地势尤洿，移寓无资，私计孔迫。一经入门，心力殆无复他及，是以蹋蹐小舟，缕述纤细，悬拟之说，深知无当事实，惶悚惶悚！

按桃南属之高家湾，向以槽宽溜平，为数十年通工受病最早最重之处。于家湾紧当上游，是以掣溜至速，然洪湖异涨，顶托黄流，殊非悬注之势，未必能深跌老土，则正流想未能遂断，下游必受新淤。吴城顺清，虽系减泄要路，然河滩老淤坚厚，冲刷难期顺畅。正流既未断，迤下廿余里，便合吴城之水，又下十余里，复增顺清之水，而扬庄之水又自北来会，占住河身。势必议及硬打拦黄坝，开挑口门以下至吴城廿余里之引河，四面调集正杂各料，俟清黄并消，勒限进占合龙。夫口门宽于河槽，水势又不甚高下，坝前必有挂淤，开工之后，势必进占得占。当事见其易与，不能无欲速之心，是既犯大工所深忌。况下游中饱日久，长且至数百里，挽归故道而水不行，则下蛰旁溃，事在常有。况现在堰志既逾二丈，头坝上下，水面悬殊，必在七八尺以上，粮艘回空，几同转石。在事员弁，经练有人，或能妥筹，不致贻误。而以一草坝当此巨冲，万一失守，清淮顿为泽国。又全黄入湖之后，大溜已散，与清水荡漾，平争湖面。以臆度之，成事四十余日，黄必挤清于高堰关帝庙前，迤北七道引河旧地，皆为黄境。清水退让，南出三河两坝，霜后源弱，黄蹑其尾，度堰志落水五六尺，则黄影必出智林坝口。湖面落低，黄身乘高下压，必且跌深出泓起溜，正溜两旁，各有回溜，停淤至速，则裴家场一带，必且淤出新滩。是今之患太平河水高、头坝吃重者，数月之后，求黄之北出束清，恐或无几矣。且闻智林坝底前已有病，难免跌翻，掣动全黄正溜，入白马、汛光各湖，挟清作势，自走成道。渐且以董，石、廖三沟为尾间，黄淮并合于江，则高宝殆为陆地，粮艘何由北达？至于北水尽数汇南，形家无稽之言，姑弗论也。

闻之危事不可以为安，则无为贵智。因败为功，管子所以为天下才也。胎产者妇人至危事也，然有痼疾难瘳者，常于调治胎产而获除。古来杰士，当至难而举之以易，观成宴如者，诚明其情而握其机也。阁下博综今古，大司空公忠体国，夙有笙磬之契。桃南北、外南北、山、海六厅河身，受病几二十年，起痼观成，其在斯矣。要之，今日形势，欲大开引河，不唯现被水占，亦断无从请此巨帑；欲就简苟完，则后患莫测。是必先掣口门之溜，约以四分入正河，使新淤不积，导吴城、顺清、新河三口之水，冲跌河身，移昏垫淮扬之具，为荡涤症瘕之用，测量缺口迤下，直至海口，宽深皆能逾旧，然后并力进占，则夙病可除，后患可弭。但得河归之水面，与堰志七八尺相平，则亦必世之利也。

然其机全在乘清势方盛，以用我操纵之权，若坐待清弱则踬矣。故用黄率清以北出者，为安为功之势也；非然，则清必导黄以南下矣。此省括不过微茫之间，而程功衡能相万者也。夫水犹马也，骏马固能引重致远，非良御秉策，徒苦踶啮而不效千里之功，聚水自足攻沙，非善水学者，曲为导宣，则见害而不为利。是必环历周咨，乃能得其要领，非可凿空妄说。世臣唯即事理之可必者，略引端绪，自比起予，然其要尤在“节帑”。世臣生平为中外所中伤，在此二字，唯阁下察其愚诚，宥其狂瞽，幸甚！慰甚！

肃请崇安，伏唯慈鉴。道光壬辰闰月八日，部民世臣谨再拜状于云阳舟次。

答萧梅江书

梅江二弟足下：得手教，敬稔侍奉曼福。又稔贤孟在粤有归与之兴，涉春可图良晤，弥用为慰。淮东人士，绩学而有心斯世，无能与贤昆玉参者，至笃念鄙人，片言只字，悉加存录，质问疑义，触类引伸，是其成高成大也必矣。而用情过当，得用为明哲之累？捧缄三复，惭感交并！承示闰月杪在袁浦帅署，见仆云阳道中与陶宫保论于家湾决口笺稿，以为论同蓍蔡。又示及初决时，致书王淮扬，劝其急于门口上首做挑水大坝，以顺为盖，则黄流入湖较少，使御坝内清水，乘高并力，下除河身积淤，此即仆用黄率清以北出之法也。相距千里，识论同符。近日知河事者，唯贤昆玉耳。贤孟远客羊城，非足下其谁审此机宜耶？承询鄙说，见害而不为利之故，与曲为宣导之方，此固仆所欲言而未尽者也，为足下发此机枢，唯足下荣辱之！

夫清水有刷沙之功，其说闻之习矣。然嘉庆十六年减坝决后，李家楼复决，河流全掣入湖，澄清而下河身，出减坝口。及减工合，清水直达于海。至次年二月，清占河身已百余日，黎淮扬招仆同舟打水，自茅家嘴至李工三十余里，比较引河工册，曾未加深尺寸。及三月杪，李家楼合后，黄归故道。经伏秋两大汛，河身通刷深丈许，海口深至过倍，乃悟水非作势翻腾，则旧淤不动也。盖黄挟沙而行，质重性沉，其流迅驶而善洄洑，但无旁泄，即能跌动底淤。清水质轻性浮，其与黄同行，自可助势。若独行则平流荡漾，即遇风起浪，力不达底，反将新淤砾压坚实，此鄙人所为有见害之说也。

至于导宣而加言曲者，言必迫之使不得浮，怒之使不得平也。故善治于工者，先用足下挑坝外顺内盖之法，不可太长，恐大溜挑回，则口门骤闭，无以借除积年二百余里中饱之弊也。一面派员估勘，自口门下至海口，相开川字河。其宽以径二丈为度，其深以较河心低五七尺为度，或一二道，或三四道。其墙壁立而下稍宽，其土不用挑送，皆搭跳支架缒引散推岸旁。两河之间，以能容土山为度。挖土人夫，上下皆由缒引，遇稀淤探之深至数尺则止工。合计挖引河之工，每人每日可出土方余，估价稍宽，使在工人员有润，以止浮议。每挖河五七十丈，则开一跌塘，塘深于河四五尺，宽倍之。河与塘皆愈下愈深，兼较水旱两平，必使节节建瓴。勒限十日集夫，十日毕事。其工将毕，乃进挑坝以挑过大溜少半为度，开放河头，使黄清两水，并争川字河，河窄而水聚，行不半里，又遇塘而跌，跌起又复遇塘，溜以屡跌而激，沙随激溜而翻，墙塌沙壅，水郁而怒，管子所谓则后推前者也。仍先集料于三河两坝减清之处，并力堵闭，使清无旁泄，以厚集其力。接长头坝外盖坝，以发其北出之势。清源二千余里，汇于湖而专北出，则其力故不减黄。且使入湖之黄，不能起溜南趋，以四面害湖，尤为两利。计河身宽不及百丈，加两旁川字河各十数丈，以御坝、顺清沟、新河三口二百余丈之清水入之，以导于工挑回之黄溜，有不应心顺手者乎？是委湖之西北一隅受河淤，而借黄济清，以全力荡涤河身，鄙说所谓移昏垫淮扬之具，为荡涤症瘕之用者，凡以此也。

测量全河跌深二三尺，则进挑坝一两占，及至溜回七分，口门自无劳人力堵筑。其经费必较现事大减，故终之以节帑。然必至河面与堰志七八尺相平，乃可使之闭口。如其未能，即迟至来年桃伏二汛，亦无不可。盖操纵在我，用清制黄，漕运固无虑阻滞矣。安得不急功利、不惜人言、忘私忘家者，听此议而试此效耶？近闻河堧员弁，皆谓全黄入湖为无淤，正河无溜为伏流刷沙，打拦黄坝开挑二十余里引河，为不易成法。犹幸仆言未尽，不致又滋话柄耳。

正作书时，而贤孟书至，知近已抱孙，欣慰无似，并以奉告。书又备言夷船狡悍之由，料测万里，如说家常。方知粤中洋事，与江乡河盐，殊途同归。《春秋》先治内，其不信矣乎？远想慨然，情难自已。雨雪兼旬，而鄙人方欲为沪上之行，无俚可知，诸唯为道珍重！不具。十一月望日。

上陶宫保书（二）

九月六日，部人包世臣谨再拜状上宫保大公祖阁下：月前晋谒铃阁，以初来自海州，略悉票盐底里，怀欲面陈。而阁下因经始司事者，不奉成约，办理错谬；接办印委，又鲜任事，盛有所督责，未获尽言，匆匆返棹。伏念淮北盐务，久已运商绝迹，正课虚悬。自阁下倡改票盐以来，产额颇增。而贩夫负镪报完钱粮，大半拒而不纳，洪湖以南食盐居民，率出贱值得净盐，以为有生所未闻见。是其大体，已属美善，即有小小节目，未餍物情，原可存而不论。而阁下采论风谣，谆饬妥议，诚所谓精益求精，为可久可大之谋者也。若遂默而不悉，是世臣为未奉“上交不谄”、“忠告善通”之教，而阁下略分下交，竟来能收“不离令名”之益也。故复以书陈，唯阁下垂察。

阁下谓：“票盐之弊，在场商隐匿自运，把持抬价，使贩本积重。诚恐岸价随而益高，渐至不能敌私。是以革除场商名目，统号池户，其晒丁则听为池户佃客。所产盐斤，悉数报明，局员司其交易。票贩辐凑，盐斤断不能遍给，唯有归之签掣。掣得有盐之签，准挂一号，赴局买盐百引，掣空无可归咎。唯化枭为良一节，实为未践前言，而计无可出。吾子有高见者，何不吾告。”是阁下之尽心民瘼而自视欿然，古人云：“有君如此，何忍负之。”则尤不可不自竭其愚以备采择者也。按盐法例系核明成本，酌加余息，以定岸价，而不定场价，遇场价腾贵，则奏请暂增岸价。以纲改票，为抉破垄断范围，固不宜拘泥成案。而成本余息，事理不别。新章初定，合盐价钱粮经费，每引仅一两八钱零，嗣增经费，亦不过二两零，加以包索二钱，捆工拨船局秤一钱，水脚三钱，浇裹一钱，成本尚不及三两。而一引四包，西坝价贵至每包二两六分，极贱亦一两六钱。其抵正阳关，又增盘坝及过湖水脚每引八钱，而关价贵至每包二两六钱，贱亦二两一二钱。以坝较场，相距水程二百四十里，而余息倍差，过湖加水程四百里，而获利三倍，虽从前枭徒贩私之利，不能及此。利在则人为贲诸，安得不争？争则必势豪得之。其自度力不能争，而财足以有为者，退而勾串场商，高作盐价，出本合运，以及场商之力能自完钱粮经费给水脚者，隐匿自运，固人情之常，而事势所必至也。势豪盘踞其大宗，场商隐射其奇零，小贩奔凑，实往虚归。在旧业枭徒者，岂有巨镪？醵金为小贩，而盐必不可得，集泮林而无桑葚，几何不取子毁室耶？此化枭为良之言之所以不践也。

彼西坝者，在票盐未行之先，只一沙堤耳。两年间连甍成市，此固非人力所能为，而实淮北旧事也。康熙、雍正时，北商由场运盐至湖口马头镇发贩，名曰内商。河南、安徽各盐客转贩至岸，则名外商。略与今淮南之江广水贩同。嗣北商认岸直达，罔利病民，驯致私充官滞，片引不行。是今之西坝，即前之马头也。阁下前日议及移官于坝换票者，斯得要领矣。夫盐法最苦者透私，而私之所以不可止者，在科则之征于商也太重，而场商之待灶户也太刻。灶户苦累，非卖私则无以自赡，科则太重，则枭徒买路之费，有所取给。今票盐科则可谓轻矣，而私不止者，以小贩不得盐而无可告，晒丁苦累而莫之恤也。小贩不能得盐于场商，则增价而买于晒丁，晒丁不能取给于场商，则匿盐而售于枭徒。枭徒改为小贩以来，既来而钱粮不能纳之于有司，则转而输于巡缉之兵役，重集无藉，以习故业，此枭之所以不止也。归局限买，小贩有得盐之理矣。然而坝利太厚，则势豪之侵夺不息，场价太贱，则晒丁之生计不裕。然则今日欲救票盐之弊，其要在平坝价而增池价而已。票盐一引，钱粮经费合之尚不及一两五钱，宜使池价与之相等。又仿佃田之例，使池户与晒丁各半，则晒丁优饶，衣食足而知荣辱，自不至冒禁透私。池户产盐万引，岁赢七千五百两，是亦足以餍其心矣。唯客池千数，向设垣照百五十有三户，今若禁革立垣，则客池户无力积盐待售，而票贩亦不能朝夕驾船挨池零收。客池户身为晒丁，池业自应得息，宜酌定分数，使客池户与垣户分润，以归平允。如此明立章程，贱从时价，贵不得过两半定章。票贩到坝，成本每引仍止三两七八钱。即以西坝比淮南之汉口，出场盐船不许径出双金闸，皆盘坝领票缴撤场照。票境之内听其所之，不复问其卖价。唯核定坝价，贱则从时，贵不得过每包一两五钱。计其余息，每引仍可二两，以本乘息，尚逾五分，于招徕岂有格碍哉？然人止一号，号止百引，势豪必不利此。则盐多而小贩可遍给矣。又定湖贩以五十引起，五百引止，使小民皆可合本趋利，而不能占岸居奇，则岸价自较现行更减，而洪湖之抢夺自息。岸价平则外私不入，池价增则内私不出，则化枭为良之原议，必可见诸实事矣。且清江、淮安，在行纲之时，盐价自十五文至十八文，票盐初行，骤增至三十六文。近乃以坝为价，每斤二十八文。若坝价不过分半，财清淮才可二十文，较前虽小增，而比二三年来为大减，是亦足以塞清淮居民之浮议矣。

若夫以签掣昭公平，诚为善策，然其弊亦有不可不预筹及者，世臣敢为阁下申言之：阁下深憾场商把持，故绝其名目，使池产之盐报局派买。而签掣之法一行，恐利之归于池户者，较今必倍蓰也。淮北虽曰三场，而中正、临兴，合之才当板浦四之一。板浦居民不及二千户，而大小场商百数十家，其业远者百余年。居民上者为其伙，下者为其厮，什而七八。除池户的名外，所有厮伙，皆得与外贩同掣，外贩集者不过数百人，而池户厮伙不啻什之。又外贩有仆赁守候之费，以与土著争一日之得失。世臣前在板浦，闻各员议掣事，或以为统计盐额，一年两掣，或以为一月一掣。要之，众寡之数既殊，主客之势又别，数掣之后，外贩之得与掣者或寡矣。厮伙无力完粮捆运，势不得不为池户作化身，盐虽归局缴价，其实各池互换，竟成代事，是欲抑之而反以资之，此犹当有烦盛虑者也。

至于平坝价，增池价，限买数，以利小贩，固化枭为良之至计。然必使终年候闸以运秋单，则日久费多，货少转迟，通盘核算，难期踊跃，是又不可不为之设法，使得常川灌输也。盐河之北有南六塘河，上承骆马湖，长年有水，向为走私径路。两年来小贩出其道者，水小则在徐家溜子，盘旱五十里抵坝；水多则上达渔沟，盘旱三十里抵坝。徐家溜子车脚，每引六百文，渔沟四百文，加以抛散，则成本较重。宜于今冬勘估渔沟河头，开一横沟抵盐河北堤，而于渔沟以下浅处，间段浚深，两岸残缺处，培筑高厚。又于崔镇上下，相度六塘河逼近遥堤之处，建一涵洞，开沟引水下注，以助浮送。其蔷薇河下游，淤浅尤甚，一律疏浚，使西水畅注临洪口入海。合计买地挑筑之费，亦不甚巨，不唯足利盐运，且借修其水利，则海、沭二属，可以化瘠为腴，居恒不苦西水，一麦地万余顷，皆可播种秋禾。即遇刘老涧开放，或中河偶有漫溢，有所消纳，不致成灾。而闸下正河，专运苇料，尤为河盐两得。此可于今年票盐溢纳钱粮内借拨兴工，明年于经费外，带纳修河费每引一二钱，便可归款。其响水口之费家窑盘堤溯黄一道，便可钉截，以杜透漏。至附近盐场地方，不设额引，以惠贫难小民，定例之时，具有深意。今虽准行小引，而赴场完纳，赴局报买，赴垣捆运，非数十金不办。贫难小民，何从筹此？且附近村庄，无上门老少盐可买，则盐价增贵，又以票贩云集，百里外内，食用物拖贵过倍，小民不明大计，难免怨咨。其如何确查给筹，又不致积零济枭者，稍扰仁抱，必有妥章。

世臣在板浦，知今冬明春，池产仅敷弥补本纲。截数以后，买卖已停，来年新盐，非入夏不能开市，尽有暇日，熟筹尽善。极知狂简，无当高深，唯以久托帡幪，有所闻知，不敢不尽。临楮惶悚，世臣再拜谨状。

老少盐济枭，乃历办盐案成式。为盐犯不能供明来历，例宜加等；供明来历，则场员被议甚重，故借此为出路，并非事实。若非大慈一视，属吏断难议及，世臣又启。

答谢无锡书

默卿二兄明府足下：赣役至，承手复，深引抑损，劳而不伐，学养益邃，以感以佩。奴子昨在吴中，亲见牌示，为无锡巨邑择贤父母，赣榆已僻，想尚未闻吉语也。前月廿三、廿六，在白门两晤宫保，知以票盐总办之权授足下，而不得不借保署州之头衔，以冠公椟。今既受百里之寄，部复一到即可，无庸保君书纸眉矣。

仆前书云："见足下所议新章十事中，多未能了达，而非尺素所尽，拟泛海奉访面悉。"嗣以移居期迫，匆匆返扬。旋赴白门视新居，因谒宫保，论及票事，宫保大指同足下，仆争之力而未能回意。继念宫保莅江乡十年，兹举至为善政，徒以始任大吏，意主自私，使办法与奏案剌谬，于今为梗耳。故复因李廉访邮呈一书，而足下使适至，录稿寄阅。有书中未及而欲进之足下者，缕陈纸尾，唯希照鉴。

辛卯秋票法初行，足下念仆家食久困，即赐手书言票利之厚，属仆纠约亲友来板浦，可代为力，必能济贫。仆比复以贫富分定，前此召买海淤、倡行海运二案，皆仆始发其事而卒定其章，然两案仆皆置身局外，名利一无所染，足下知之最稔。今票盐之改，乃当事采仆议一节以筹办淮北者，是其事亦发于仆。发其事自深知其利，况重以足下雅爱耶？然仆非乐贫疾富，与人异性也。凡以生平所学，在搀论得失，宣达疾苦，所望当时君子，或加采择，惠我穷黎。其见弃目前者，仍望举于后世。而猜忌排挤，实繁有徒，若复随众行票，必讥仆托名为国为民，实以自私自便，则其说不为无状。将使来者欲取法而鄙夷其人，不屑垂录。区区之心，窃深虑此。幸蒙足下喻意，不以为罪，其手迹想犹在也。足下奉委淮南半年，一反盐委痼习，与运商径庭，屡抉弊窦。调办北票，又疾场商。归并畅岸一案，总办道与都转，皆主以票盐成本行纲盐认岸之法，并力袒商，足下独以佐县微员，专持正义，致失大吏之意。幸宫保深知深信，排大吏之棱，举行尊议。是足下不近利不从众与仆有同病者也。

仆卅年扬州未尝接一运商，则八日板浦，断不至为场商作说客亦明矣。唯以初定票法，盐一引定价六钱，分捆四包，每包重一百六斤，原为淮北场例。本池收盐，筐重九十六斤，给价六十四文，客池收盐，筐重六十四斤，给价九十六文。本池以四筐二分成引，客池以六筐二分成引。其时盐积如山，纲商绝迹，场商晒丁，但求盐有受主，获就口食，本不以价贱为厉。而总办下车，即弁髦奏案，纠合贵显，醵金垄断。淮北印委各员，因而挪移钱粮，作为运本。场商亦复招其淮南故旧，合本自运。三数月后，票贩四集，各挟重镪，而盐则颗粒皆已有主。不得已增价为饭店回葱之举，又不得已增价为预买下纲之举，是短垣之逾，固不得专咎场商也。大凡在市之货，销路宽则价骤长，板浦屋价，较三年前十倍，一切食物皆三倍。即附近食盐，三年前每斤三四文，今则二十余文，足下能与申明旧事，以官法齐一之乎？一切不能而独绳场商，退有后言，亦何怪乎？廿年前仆旧游于彼，其时枭徒至盛，然相约不拒捕。而今半年间，拒捕巨案已四五见。过湖劫夺之案，两年之内已百余起，且有伤官戕兵者。口岸抢夺之案，至不可胜数。此而不思变计，则受累者告讦于外，风闻者交攻于内，实理势所必至。

足下受宫保特达之知，委任之重，自必澄心研虑，博求补救，以归尽善，非一意绝商，自明无所污染，遂足为报称矣。况足下擢大邑以此为功，此事万全，亦自完之要术也。是宫保前次札行革除场商，由足下之痛绝之也。然场商一革，则彼且逍遥以收池利，而分司大使无能过问，办公更从何处着手？宫保之掣空无所归咎，即足下每月派盐三万引，分配三百签，而以五千七百空签下筒同掣之说也。唯先呈资贮库验明，乃听与掣一节，宫保未及，或足下近时始决此策，而宫保尚未悉乎？凡是数策，皆为欲杜场商之弊。然场商运盐，理同业户贩米，本非有干禁令。现在淮南巨商，无不办场，而场商稍有力者，亦皆兼运。即谓票法专以化枭惠民为说，不妨创设厉禁，然亦必因时制宜，使晒丁取利于池，场商取利于场，场贩取利于坝，坝贩取利于关，关贩取利于岸，交易而退，各得其所，如是而犹营非分之利，则执法严惩，亦可无愧于心。若一意行以势分，恐足下意伸而术绌。因人成事，自来不可倚赖，所望足下扩如环之智，使良法得以垂久，是则鄙人之至愿矣。然非于鄙人有纤毫之益也。幸荷体察，不具。道光甲午九月十日，世臣顿首。

畿辅开屯以救漕弊议

水利与屯田，同理而殊势。水利者明农之先务，主于足民；屯田者足食之上理，主于裕国。故水利之兴，多在闲暇之时，民足而国储亦富；屯田之兴，多在有事之秋，国裕而民急亦解。数百年来，兴水田于西北者，何承矩之后，以怡邸、朱鄂两文端为盛。经理数年，垦成稻田至三百余万亩，而不久即废，论者多咎其尚不与民争利之虚名，不开屯而听升科，以致功隳已成，为虑不及远。此固非乐成人美之谈，然详考当日时势，即开屯亦不能以垂久也。南漕岁额平米四百万石，雍正中，曾以运河浅涸，阻滞南粮，至侍郎李绂筹办乃通，事载《穆堂文集》，然未闻当时都下有乏食之虞，是储蓄未急也。经征官多收羡余，特定为贪官例，是当时不以浮收勒折为当然，则民力未急也。运丁稍形竭蹶，尹文端奏增水脚钱每石五十余文，不闻经征官别有津贴，是丁力官力俱未急也。如是，而必责其不能预为今日之地，不亦过乎？惟当日水田三百万，散在数十州县，随处开屯，不能得如许肯任事而通农事之人，一也。运道迂远，转搬滋费，都下既不仰给，则经费疑于虚耗，二也。北人口味皆宜杂粮，粜卖不售，三也。加以选种不精，米多秕稗，粪本不时，收成歉薄，升科之后，业者或难偿本，故旋踵而废，如是，虽开屯，又独能久耶？

今京通两仓存粮，曾不足以支岁半，运河略闻浅滞，则都下人心为之惶惑，万一有如雍正中阻运之事，何以待之？至南漕专藉江浙，尤以苏、松为大。近年吴中民户，田租所入，仅足当漕，而条银必须赔垫。即衿户讼户输纳较轻，亦复倍差额征。苏州漕额，每亩自二斗；一至一斗五不等，牵算为见亩一斗八升。近年民户完折色每石至洋六块，为钱七千有零，而糙粮每石市价不过一千七百文，是四石方敷一石，计每亩完漕，当用米七斗余。苏州佃租，每亩米一石，看收成定分数，通牵十年，断不能及八分，故租入仅敷完漕也。民户朘削不堪，非闹仓不能邀减，众志成城，不谋而集，故抢斛、拆仓、殴官之案，相望而起。从前闹漕皆棍徒，近年则皆力农良民。封圻大吏，知良民闹漕之实出于不得已也，每事姑容，渐不可长。州县开仓收本色，近已及倍，米足兑军，闭廒开折，民户比市价常三四倍，衿户讼户或两倍或倍半。无论平日官声，漕开则怨敛，民户日少，讼户日增。而运丁兑费，每船须洋钱千二三百块，折入之数，常不敷兑费。挪库项、贷利债，漕事幸毕，而奏销限届，公私亏累，十缺而九。旗丁所得津贴，仍不敷沿途闸坝起拨盘粮交仓之费，倾覆身家，十丁而六，是民困官困丁困皆至于不可复加。《记》曰："穷则变，变则通"，漕弊至此固非变不通矣。必有备，事乃有济，"损上益下，民说无疆"。变通之权，惟决于开屯而已。

考今法，每里为三百六十步，计长百八十丈。田每亩积实二百四十弓，计方七丈七尺五寸。每方一里，为田五百三十亩；方十里，为田五万三千亩；方百里，为田五百三十万亩。稻田中岁可得稻四石，计米二石，以民间业佃例各半计之，得好田二百万亩，岁入即当全漕之半。岁积月累，九年之蓄易易耳。宜于畿辅数百里之内，附近河道通舟处，相地脉，开沟渠，招集江浙老农，用安徽早粳七分，苏杭晚香三分，选其佳种，分试地力所宜，度其地可拓至方三四十里处，乃下手。附近畿辅，求方三四十里可开屯者三四处，尚非难事。一有成效，即可将江浙之赋，或减轻，或酌改为本折兼征，则民气得苏，官困亦解，而大吏得以执法齐民，免长不逊之习。上裕国而下足民，盖有非名言所能尽者。虽然，言之易，行之难，行之有效易，行之无弊难。夫举非常之事者，固必待非常之人。然所谓非常之人者，非智勇超群，能持一切之法以威众之谓；必其能询刍荛，察迩言，广思善断，集众人之心思材力而归于一，遇小小窒碍，则又能随时更正补苴，以顺民情而就事理者也。是故有识者言之，有力者以为然而行之，发令之始，莫不承顺风指，而胥吏借承顺之势，以阴求其所欲，国未见利而民已被害，好论议者，因以持其短长，盛业中阻，非一世也。北人既不习水田，又食性不宜稻米，是不惟不可抑勒之也，并不必劝谕之。专力治官屯，成败利病，皆官受之而不及于民，则不生阻挠之端。

或云："一面开官屯，一面劝民习垦，所产稻米，官以厚值收买之，则自乐于从令。"然民从者寡，是徒作一说耳；从者众，收成之后，官何能尽数收买？是不宜预为胥吏筹生计，而自取有言不信之讥矣。至于如何相度土性，如何收并民地，如何疏导泉源，如何安插棚厂，则书不尽言，言不尽意，非议者所当悬断也。

余嘉庆癸酉舟行扬州下河，见马家荡可以成屯，因著《下河水利说》，刻入《中衢一勺》。其时江浙漕政，尚未否极，故止为地方官言为民兴利一层。今若能为官举之，则可纾江浙民困，以上培国脉。然非两江督盐使者，则力不能筹此巨款，以必有成。盖开屯经费，当十倍于原议也。近年盐法更否，每年奏销，搜括不遗余力，尚难赶保处分，再议于盐务筹巨款，真令闻者失笑矣。然得其窍，则事不劳而集，非指空迂谈，但不能明言耳。道光己丑，经山东运河，见旧闸河东岸，自鲁桥至伙头湾，西岸自安沟至枣林，长约八十余里，两岸各宽二三十里，共宽五十余里，土性胶黑，保泽长谷，若以开屯，较马家荡作力为易，因著《闸河日记》，并有五言诗纪之。此事东河督及济宁牧有心者，皆能为之。附记于此，以告有心世道之君子焉。

开河三子说

开河三子，谓子河、子堰、子沟也。土工必坯头分明，乃能帮坦底平。渗水不积，则起土担土，行立皆便。法宜于河心先开子河，宽以四尺以上，搭跳一块为度；深以一尺以上，起土两坯为度。子河成，则两腮渗水沥入，并归水口车出。次傍子河起土，则坯头自能齐乎。起土一坯，子河亦加深一坯，比及完工，验子河之水，头尾并无深浅，则土工之至善者也。然出土太远则苦工费，太近则苦土坍，法宜核明应出土方，分堆两岸。各应占地若干丈，竖木为界，从远处堆起，以渐而近。先于河唇筑一子堰，行硪坚实如老土，使坍土不得入河，则土山必远，而费省工速。子沟者，子堰外抽沟行水，使子堰遭雨而不滑。且新土淋水，由沟引至水口，不致淋损河帮。有子堰以界土，有子沟以出水，土山虽近，断无坍卸入河之患矣。

凡开河最重河身收分。浚旧淤之河，以二五收分为度。若土性沙松已甚，则加为三收。若生地开河，察其土性坚实，则一五收亦可。再减于此，则必有臌墙塌崖之患。二五收分者，河每深一尺，则两岸各收窄二尺五寸。假如河深一丈，底宽三丈，两岸各较底宽二丈五尺，则口宽八丈，以此差之。明于此，则突肚、贴坡诸弊，无所容于其间矣。

凡实土一方重一万斤，每担以六十斤为率，每方计土百六十担。假如开河宽十丈，深一丈，两岸土山，先远后近，牵得十丈，中分河心，牵得五丈，又起土并高深相乘，牵作十五丈，是担土往还为六十丈。一重一空，合三担为路一里，日五十里，一人可出土百五十担。余大小夫头督率，及看篷、造饭、起土、装箕之夫，十分去三，是夫十名，日共可出土六方半。以一月起算，每夫一名，可出土二十方。是二十万方之工，用夫万人，得晴天一月，可以集事。法宜先将工程丈尺核明，见丈为土若干方，安夫若干名。每夫五十名，插为一塘。其棚即搭本塘之旁，以木板写明小夫头姓名，领夫实数，工若干丈尺，土若干方，限若干日完工，竖于塘头。每三日一较分数，以核勤惰，勤者有赏。大都借众力者必得众心，劳其勤动，恤其疾苦，则众心自得。若一任威刑，无不偾事者。

其地形支错，及河在两山之中，不能以子堰、子沟限新土者，则必送土过分水，不可拘子堰、子沟之法。而子河则不可改。凡估河，大率谓配平河底，然必先于两岸较明旱平，悉其高低分寸，乃能得河底之实。底虽贵平，仍宜上浅下深。大约河长三十里，当作为三大段，下段较上段加深一尺。若河尾直达江海，则下段尤宜加深，使水势建瓴，以敌潮汐，而骤溜刷淤也。凡钉桩，必取硬志，使无可移抬作弊，切勿拘河身丈尺。收工时，但就桩较明原估丈尺。其长河是否如式，但看子河水平，一目便了。仍饬每段子河，留一底堰，以较上下段高深之数，则河底自平，而就下之势亦得。徒阳河每三十丈，两岸各钉信桩，河心又加志桩之法，必不可用。河心钉志，必留土墩以候量验，一志留土，少亦数方，为土五六百担，工竣仍须留夫数百名，以备收工后起除志墩。收工之后，人心已散，起除必不能净，是徒使工员多费，而河身反增症瘕。且河心有志墩，占碍子河，不能分中直行，常至河形迂曲，病发坐湾也。十年来江省水利之案，予颇与闻，故条别其利病所亲历者著于篇，以告来者。

江苏水利略说代陈玉生承宣

江苏泽国也，而水利湮废且数十百年。嘉庆甲子大水，江浙两省会议疏浚者累年，竟无成说。道光癸未，水尤甚，苏、松、常、镇、太、杭、嘉、湖八府州被灾，为雍正乙巳以后所未有。其明年，议者以为太湖之源来自湖州七十二溇，宜兴百渎者半就湮；其委归于元和宝带桥、吴江垂虹桥者半就塞。两省会同勘估疏浚，而尾间之吴淞江则估而未办，刘河白茅塘并未议及。乙酉，予出守松江，道经常州，闻孟渎河淤为平陆，民田失灌溉者数万顷。且雨水入江无路，荡漾阡陌间，则又为潦。而徒阳河常为漕占，估舶少此间道，滞累为苦。地非所辖，然心志之不敢忘。既视事，以办海运，日往来沪上，益详知吴淞之为利害。丙戌调守苏州。是年值大挑徒阳河，予虽不司其事，颇探究其得失。此河既为漕运咽喉，而南货附重艘入都，北货附空艘南下，皆日用所必需，河之通窒，则货之贵贱随之。又头舵水手，以身钱置买南方货物，藉为沾润。若回空稍迟，天寒潮耗，则例于江北卸货，而绞关犁泥，伤船仍所不免。所卸货物，多系梨枣年需，失时辄败。水手顿加穷困，则勒丁增身钱，纠伙扰行旅，相因迭至。及重艘北去，春潮未生，并苦磨浅，每帮常带拨船百数，既费拨价，又加抛撒偷扒，深为旗丁之累。丁借口以搜求州县，州县又取偿于粮户，所谓“斧打凿，凿打木”，不必虞及误运，而公私已交困矣。故徒阳一河，似于农田水利无涉，而关系之重，较吴淞诸河为尤甚。

丁亥，宫保陶公命予摄上海道，以松守李君葛峰权苏事。葛峰尤属意吴淞，筹款决策，遂得举行。然予窃怪嘉庆戊寅甫经挑办，何以数年之间，淤垫如是？遍访土人，佥谓：“前次工程，本属草率。且居强两湾，并非河身，以旁溃失道，潮迂回至千余丈，停淤之速，半由于此。”予遂主取直之议。时大坝工方半，面取直系在旱地，即饬安夫开工。比及合龙，架车戽水，而旧河淤沙已见，群议始息。当大坝金门收窄，东潮迅猛，合龙极为棘手。予虔祷太仆祠，沉羊豕于坝上。密侦下游，并无捞获，心知神已昭享，即日追压稳固。及辛卯、壬辰，连年异涨，东南诸省，大半漂没，而苏、杭八郡，独得收成，吴淞一江消水之力也。经今七八年，冲刷宽深，且逾于旧。吴淞工竣，宫保续将孟渎、刘河、白茅各工，先后入告，而经费殊难筹议。予亦以都转赴粤，旋擢浙臬。及壬辰冬调任苏藩，孟渎工已前举，苦雨骑年，不克蒇事。迄予至，乃趣毕前功，而深宽增于原占焉。癸巳秋冬，又复苦雨，客岁濒海，木棉受伤十八九。抚部林公力持以工代赈之议，于今春并举刘河、白茅塘两工。予以从前办理吴淞、孟渎，皆受天时之累，默祷明神，求一月晴霁。开工以后，两月不雨，竟得克期蒇事。七月杪，吴郡西山迸出巨蛟，郡城至悬釜而炊。予飞檄挑开刘河、白茅拦潮两坝，一日夜水消立尽。田禾没头仅两三日，而田借新淤，正当苞秀之时，得此滋培，颖实加倍，为数十年仅见之丰。然入八月至今百余日少雨，江水陡落，抚部驻横闸筹送回空，极苦徒阳枯涩。适故人安吴包君慎伯至苏，予就求良策。

慎伯曰："敷衍目前，买日而处，无所用吾言。若能为拨本塞源、一劳永逸之计者，则请陈其略。徒阳河无来源，全资潮汐输灌，山高河窄，不能以底水济运，一也。横闸顶潮，病发猪婆滩，二也。大工至岁暮乃兴，经费由工员捐赔，舣漕候坝，不能考诘工程，三也。徒阳之例，每年小挑，镇属捐赔且二万，六年大挑，通省捐赔且十万，而公项津贴在其外，仍不得一日之益。不筹变计，何以堪此？《明史》有'京口闸底与虎邱塔顶相平'之说，土人谓'猪婆滩系息壤'，其实皆非也。瓜洲、京口，夹江相望，瓜洲未闻挑浚，从不浅船，京口每年必挑，重空无不磨浅。岂水土之性异乎？盖瓜洲为淮河之委，虽当江潮盛涨，倒流上泛，而淮水仍自下行，潮淤不能达底。京口南至猪婆滩十里。又五里抵横闸，闸外江口，则在京口东三十里。江口至闸门才里许，故横闸之潮常先到闸门，正向运河西岸，潮势横截正河。京口潮尚未到，则正河水低，出闸之潮，南北分行者各半，其北行者常与京口之潮相遇于猪婆滩。潮顶则淤停。故凡小水合大水，河形须成人字，乃顺流无阻。而横闸之形，则成丁字。孟渎江口，亦同此病。故江海闸外，河长四里，昨棹小舟过其地，滞浅者四日。若作小河于镇东圩埂之外，折而南趋，以顺江势，则断不淤；即淤亦不如是之速，是与猪婆滩可例观也。壬辰、癸巳秋冬皆多雨，两年冬底，皆曾乘舟溯流入横闸，至吕城始复顺流。今年七月吴门发蛟，闻其水逆流至奔牛，以此测之，则自京口至吴门，河身不甚悬绝已。是故言治徒阳河，必能变其无源者为有源，乃可为良策也。即善蓄练湖，止足暂济滞艘耳。

“丹阳草堰南门外，有香草河。尹公桥南有金坛漕河。按地图：武进西北隅有洮、滆两湖，其水出宜兴之东氿、西氿，北去金坛漕河及香草河皆不甚远。若南截两氿之路，引其水北注金坛漕河，又北注香草河，相度陵口七里桥之间，建闸以宣节之，使两河长年有水注运，北出横闸，即用横闸江口为运口，而弃丹徒桥以北至难挑浚之运河为市河，以节经费。唯瓜洲协职司相风招度。运口下移三十里，则鬼脸城升旗平旗之例可改，一奉明文，营议自息。然此举必以秋晴之暇，煞坝将徒阳全河，挑成南高北下、建瓴注江之势，益以洮、滆二湖源水汤汤，则与瓜洲情形略同，自不至有淤阻。而漕艘遄行，估舶通达，丁免拨运之费，民受贱货之益，官无岁派之累矣。唯其地未遍历，河形之长短，土性之刚柔，工项之多寡，不敢臆断耳。若果能决策者，来年重运经临，吕城以北断不能不施畚锸。则可先以此法，确估运河，挑浚如式。来年春暇，再行勘估引湖、建闸两节。是此次挑河之工，不为虚费。以丹徒桥北十五里之经费，加于尹公桥以下，使谙练工程者主之，无不集事者。”

慎伯之言如此。予承乏江省十年，水利粗举，唯徒阳河未得要领，故附著其说于篇，以备参验。

江西或问

或有问于余曰："吾子再至西江，前后已将一载。吾子生平游历所至，莫不究民生疾苦，告诸当事，于以起弊救伤者。况兹宦游吾西，又非他所流寓比也。然需次已久，未闻当事有所采择，以幸吾西民。意者，吾西之病实在不起乎？吾西自道光十一年至十五年，水旱洊至，死亡过半。十六年岁事渐好，去年、今年尤丰，而谷价大贱，农不偿本。收成之后，干稻一石至钱四五百文，米价倍之，小民粜稻四石，或不能完条银一两，新旧并征，鞭挞无已。自盐政并入督府，州县考成严急，按粮派销盐斤，盐色掺杂不可食。前年张护道示减价后，每斤仍至五十五六文。西省子包例重七斤四两，以稻一石易盐一包而犹不足。至西盐聚于青山，当事特设卡员督销。小民向商店买盐一包，例给店票一纸；而巡役见小民柔弱者携带盐包，斥为买私，示以店票，随手抢去，即捕盐送官。委官袒役贪功，横加诬枉，民不堪命。西省七十余州县，旧有最优者十数缺，次优者二三十缺，瘠缺不过十余处。近来瘠者更瘠，次优之缺，半已变瘠。约计通省断不能不赔累者，三分居一，余亦仅足自存。向之所谓最优者，所入尚不及前此次优。凡居瘠缺者，必滞留，莫过问，幸遇秉公调剂之举，而瘠亏未补，优亏已生。人之常情，衣食足而知荣辱，追呼外迫，交谪内讧，方寸乱矣，奚暇为廉？于是太阿倒持，书役借手，吏治日荒，民生愈蹙。至西省官盐，商皆视为畏途，各府不立分店，水贩无从招徕。州县不得已自出重利借资，向省商买盐赴县，照省价派民分买。水脚店费，皆出官赔，缺分本瘠，又须剜肉以肥商，官不堪命。通省实亏，本有百万，有一交案必添一摊案，后重推前，载胥及溺。吾子手无斧柯，徒托蒿目，不审亦有奇策，可以济此巨艰否也？"

余喟然曰："空言无补，更滋多口，以吾子数十年垂爱，聊一言之，不足为外人道也。西江事势难矣，言盐法于西江则尤难，然善者常因难见巧，是必有图难于其易者也。淮商莫肯业西岸，以告退恫喝当路久矣。果得大有为者，一力承担，西额每年销盐二十七万引，正杂奏销及考复钱粮，共计不过五十万两。照近年官运之例，先盐后课，将一切肥商外款悉与督盐熟商删除。自道光十一年，江安近江纲食各岸，凡无商领运者，运司委员赴场，领入官盐岭及扬州捜盐厅存贮功盐，配赴各岸销售。其水脚辛工，则领运库间款，一架售完，造册报销。除补完钱粮，归还盐价经费外，盈余充公。近年无官盐可领，亦系运库借款赴场平买矣。西省仿办，断难借动运库，故止言后课也。然行此断不可交各州县捉店设肆，恐酿云南省嘉庆二年之祸。三年来梁盐坝交之价，每引不过平砝银二两三四钱。仪征盐务，用曹平九四兑，名为平砝。今若和雇民船，直至泰坝受载至扬州，由运司掣验，开行直达。或用原包，或照票盐例改为百斤一包，以免子包抛撒，及包索诸费，大约水脚每引五六钱足矣。至奏销之期，由西省委员将一年奏考两项，全数解交运库，以凭报拨，计盐一斤，成本多则一分二厘，以现在钱价计之，每斤才可十七八文。尽撤诸卡巡役，按程途远近，以三十文上下一斤出售，比现在西省私盐价值，尚减十余文。而盐色白净，斤两充足，将见招私亦无肯至者矣。

“西省户口旧三千余万，今虽稍减，以四十人食盐一引计之，总可溢销十余万引，每引除辛工犒奖外，定可赢钱四千文。以四十万引计之，每年可赢钱百六十万千矣。或值淮南场荒，盐产腾贵，则转尖运淮北额外余盐。由盐城天妃闸入口，出孔家涵子，到扬城掣验，仍交南课，则成本倍减。每年三运，每运九万引，合盐价水脚计之，筹出银三十万两，便可辘轳转运。动官帑间款，得此颇难。善筹者，虽倍此可立就，但不可预形纸笔耳。一年之后，先造官船三百艘，如江船式，以受千二百石为度，使可直达各府。每船工料钱一千串，为三十万千。查西省圩田，附近省城四面二百里，每年春水下注，即有破决。其时鄱湖尚涸，而上游业形溃败者，以东鄱阳上承箭江，西鄱阳上承章江，两江入湖之处，各有砂埂数道，拦水不行，倒遏上泛故也。得二十万千，可以浚此积沙，以后则仿古人浅夫之制，设立捞船，使可永护圩田。再，各郡邑圩坝当修筑者，公事当兴举者，皆可次第筹办。分作三四年，先完库亏，其通省瘠缺，实在办公不敷需津贴者，得十五万千，则办公之外，尚可稍余。仍有不称，则执法严惩，在下无可借口，在上无以顾惜矣。又酌提公费，分给上下各署书役，以为纸墨薪水之资，则摊捐可以革除。通省公事，取之盐利，既皆充裕，然后减折色太重之区，锄用刑太猛之人。看年成丰俭，仿李悝敛散之法，以兼利农末。更斟酌分并事简小郡，或改为直隶州，又改一二冲繁之府为题缺，使贤能有升途，可以歆劝。远则五年，近则三年，西省必变为福地矣，何病之不可起乎？”

或人叹悦而退，遂于灯下笔记之。时道光十八年十一月望日也。

（以上诸篇文章录自《安吴四种》卷7上）

答桂苏州第一书

丹盟五兄同年阁下：承来教示以均户收漕，竟能使三月初，属船尽开，固由调和得宜，亦可见民情之当俯顺，不可与之争胜也。去年仲冬下旬，阁下见访白门，世臣备言今岁吴中漕事之难，官民与丁俱有万下不去之势。盖赋重之区，民力本敝，又数十年无此贱米，数百年无此贵银，漕运者米，而费用皆银，不宽民力，则伐国本。然不宽官力，无以宽民；不宽丁力，无以宽官。是必通盘筹画、一无窒碍而后可，非一枝一节所能奏效也。且漕期甚迫，彻底查明，往返札商，时无以及事，故世臣但劝阁下稍缓抵任之期，使视事在开漕后，则可变被为中。凡告漕止告县，而府实为被首。或者上可进言，下可导谕。及阁下以季冬二日受篆，次日开漕，而常熟滋事，大府与以重惩，旋采用鸿议，委员督办，宽民力以散其党。继以昭文，大府志平众怒，不加深究，而所宽仅在常邑，同城环观，焉得不生觖望？惟漕棍畏威远罪，小民不及聚议，是以暂得葳事。转瞬新漕，不可不及闲暇预为之地。

松、太两属，以木棉入优，稍胜苏属。近来洋布盛行，价止梭布三之一，梭布市必减滞。去年木棉客无不折阅，年复一年，亦断难堪此朘削矣。月前有自淮来者，艳述漕帅新政，委员之数既少，又严禁需索以宽丁力，此真足令人闻声起舞也。阁下婉白大府，以漕帅之赤心为国，大府函嘱其沿途细察各丁费用，及抵通一切，核明可省及必不能减者，分别纤悉，以各人皆得下去，而不兴大狱为度。督、抚、漕三院，并力以要仓帅，必可见诸实事，则丁力宽而官力亦宽。官之稍解事者，必可仰体德意以大宽民力，民力宽则棍徒无助，不得不从官令以与小户均。户均之法定，则官可举其职，而棍徒无以持其长短，是人心风俗一转移之大关键也。

原漕弊之始，官以民为鱼肉，故宠任爪牙。大户不甘鱼肉，而非爪牙之所能箝制，不得不输漕规。小民欣羡大户，不得不诡寄大户。大户反得与爪牙比，以噬小民。漕艘泊在仓前，习见官之噬民，不得不诛求于官。而通仓及沿途漕委，知丁之讹索州县甚优，亦从而噬丁。爪牙又密比尖丁，多方恫喝，岁增兑费，以朋分其利。此所以从前官以漕为乐国，而近反视为畏途也。洞悉弊源，乃可披隙导窾以为补救，然必心诚于宽民，始克有济。道光七年，陶文毅为四五六之奏，似亦和盘托出。然其意主于克丁以宽官，又不为丁筹出路，而绝无意及于宽民，是以奏定之后，竟未举行。少穆继之，两次奏与丁争而不胜，大县反增费，岁以万计，皆由不知政本在安民之故也。穷则变，变则通，漕事至今可谓穷矣。得阁下不分畛域，以广宣大府之新政，吾望其有慰乎。拙集《中衢一勺》内之《海运南漕议》、《下河水利说》、《庚辰杂著三》、《四》、《附录目录叙》、《海淀问答》、《闸河日记》、《畿辅开屯以救漕弊》诸篇，皆此物此志也。

至银价日增，中外皆以为忧，惟世臣忧之独早耳。拙集《齐民四术》内农政门有与《张渊甫书》、《答王亮生书》、《再答王亮生书》、《银荒小补说》，皆言救银贵之弊者。三书王亮生已刻入其《钞币集》中。《小补说》，江西各官皆有抄本。近日台谏所言，大都依此以立说。然鄙意不定银价，听长落于市，则可潜移默运，贫富相安；强定价值，恐令而不从，徒多枝节。拙集已排成奉寄，乞加诲削，以济其不及而无误后来。因卷帙颇充，阁下无暇遍阅，故揭其端绪，但检目录以求之为较易。书生匡居之言，未必能取信于人人，阁下见爱逾常，故详及之。

小儿奉命入谳局，得以日日亲炙甚善，唯祈痛加教诲，俾学习有成，心感无极。小儿记性颇可，看卷亦速而能细，唯赋性褊急，世臣屡加诫谕。闻其近来颇知耐烦恕物。问案得情，事非甚难，唯得情后办案，必使曲直不爽，而又不苦牵掣，比附伸缩，殊非易事。阁下授以定南，使效指臂之力，尚可勉为耳。

拙诗过承嗟许，惭悚无已，然实不能自已而有此什，非世俗赠答之谓也。肃泐寸楮，敬问崇安，伏希涵鉴。不具。道光丙午四月望日。

复桂苏州第二书

丹翁五兄同年阁下：前月廿八日，洪梦琴别驾来白门，小儿附到阁下初六日琴川舟中惠书，并刷价廿番，所谓“鲍叔不以为贪，知我贫也”。发缄三复，情词恳恻，非学道爱人之君子，岂易有此？小儿又于信面注云：“顷闻昭文首犯已获。”盖十七日所发，梦琴行抵无锡，闻首犯二人，有廿二请令之说，则昭文巨案庶可了手。若辈趋死如骛，固不足惜，然推曾子“民散”、孟子“罔民”之旨，罪致有由，仁人能不怵惕耶？江浙漕事，无不以为敝极，而旧习莫肯稍更，实由当路未尝悉民间疾苦耳。盖问之吴中老吏，惟恨民刁，问之吴中巨绅，惟恨佃顽。欲富者人之同心，民隐何由上达？世臣生性好问好察，是以深悉而窃忧之。四十年来为当路言者，无不深切著明，其有成书，则皆刻入《四种》，想已阅悉，不烦缕复。至近年银价骤贵，而米价更贱，如大力人两头引绳，引急则中当必断，故忧之尤切。非敢云忧世也，惟以迫于忧生，不惮苦口、不辞疏辱而至于此。当路闻之，未尝不动念，然卒未尝遇有肯将前后所闻世臣之言，细心考核果否真实切当者，是可叹也！

前来示言“银荒为急症”，信已。然欲重严土禁，屏绝呢、羽诸洋货，增茶、丝之值，窃恐无益。土禁莫严于戊戌、己亥，都中罪至藩服，而外省幕府友丁，灯未尝息，员弁兵役，瘾日益大，以日夜捕土，不烦钱买而自得饱餐，故也。其大吏主烧毁者，闻信即提土箱，解辕又驳土伪，间日辄于狮子口烧毁枪土，观者怪无烟气，而真土佳枪，顾在上房。今即重修土禁，阁下能必诸公之洗心涤虑一反前事乎？茶、丝价值，非官所能主，呢、羽本非例禁。夷人鼾睡卧榻之侧，卖盐卖硝，明犯大禁，而封圻率破例受如恐后，况欲新倡此条目乎？且内外富室贵胄，无不尚洋货，其将悉出之焚于通衢以为民先乎？抑将洋货店悉加籍没乎？在在虞室碍已。今年夏秋之交，有《答族子孟开》及《致许滇生大司马》两书，备言救银贵之方，抄稿呈览，或可小助高明，然非阁下力所能及也。唯漕额以苏、松、太、嘉、湖为至重至多，而苏州为其领缘。是故为大计言，则要如关键；为阁下言，则切如剥床。数十年来，漕事虽无安静之岁，而尚未至成大祸者，以苏、松之田多属饶户，小民之自田无几，以佃户之脂膏津贴自田，尚可周章。近既银贵米贱，则饶户之脂膏亦竭，必诛求于租户，业佃皆竭，则事殆不可问矣。昭文镇洋，直嚆矢耳。凶渠伏辜，理同扬汤。太上曰："民不畏死，奈何以死惧之？"斯之谓也。

来示谓："漕政病入膏肓，虽卢、扁不可为计，唯海运稍可补救，而中外无肯主持者，亦已焉哉！"阁下苦衷，世臣深喻，而未敢以为然也。《诗》人所叹，乃自恨不辰之词。漕事其可已乎？事不可已，则必求所以为之。海运之创议发行收功，皆世臣于局外一手所定，幸得举行，而利唯归官，无纤毫之益及闾阎者，故有《中衢一勺》之刻，以自白于后世君子。及米至天津，穆相奉差收米，搜剔弊薮，么小悉达，封米至都，坚白共见。而剥船受指使，多于中途以药败之，户部奏准先放，花户以廒底搀杂，竟至不可食，而当路莫加查究，得米者唯咎海运，所以次年即请停止。若近日夷踞上海，为海运咽喉，倘有得失，梗塞堪虞。且北洋近已多盗，即世臣亦不敢主持此说矣。若谓治漕病非卢、扁所能，世臣自问，不过中医之不用反药者，窃自谓有方能起死人；唯病者讳疾，不肯服其剂，是则真非卢、扁所能为矣。夫州县之浮勒粮户，帮船之诛求有司，通仓之婪索旗丁，有增无减，上下通知。然中丞与阁下减常熟向来之每石八洋为二两四钱，漕帅委弁之数减五之四，委员闸坝所得规费减十之八九，皆今年现行事也。人之欲善，谁不如我？谓仓帅必欲饱百数十户之经纪，而不恤国是，殆未然矣。仓场例以经纪主收，花户主放，婪素虽俱在漕粮，而其取各有处。然漕帅之漕委闸坝诚得矣，而粮道卫帮及各府管帮船之书吏，其朘削则未之及。盖三处朘削旗丁之领项不止三之一，道为抚属，卫并府属，中丞密察而酌减之，力所优为也。卫帮所入，肥瘠不齐，肥者岁入常倍蓰其官之值。亦可咨商各省，瘠者仍旧，肥者酌减，是亦宽丁力之大宗也。通仓则专责仓帅，买掣则专责户部，划定新章。粮户无论大小，皆收六五折三五，收米以敷兑为度，折色以每石二两四钱为度。今年糙粳，大都不能过八钱。粮户以实米一石，完漕六斗五升，作银八钱，折三斗五升，作银八钱四分，是完额粮一石共计银一两六钱四分，照市价值钱三千二百八十文。以一斗五六之额约之，才及五百文，加两忙三百余文，是每田两税所出，仅八百余文。以民间额租每亩一石实收八成计之，田间所出，尚可剩五分之二。民力能胜，则上下自相安，无虑意外矣。

其兑费则仍陶文毅奏定常属四钱，苏、太五钱，松江六钱之成案。以漕粮十万起算，收六万五敷兑，余三万五，折银八万四千两，以四千为亡绝漕尾，现银八万。兑费向例，只出正副改三米，其余口粮等米例无兑费。每船正副改米不过六百余石，并犒劳，照最多之松属计之，亦只银四百两。查江、广、安徽现行兑费，尚不及此数。以意度之，通仓亦以江浙兑费重而婪索之，非有定式。且卷条松个，则旗丁商同经纪噬仓，而非经纪之噬丁也。丁于山东一带沿途卖米，其价常倍于南，至通米少，每一石卷一条子，写明四吊或五吊，至多不过六吊。名曰卷条。白粮或少数，或有霉变，则商之经纪，以七八斗装一袋，谓之松个。通仓有好斛手，能以四斗许为一斛，亦能以六斗为一斛，能制丁之死命。然此等人必知名，数亦无多，若仓帅督同坐粮，访之得实，于点名时收养之，不使入仓，而以他人代之，例费仍给其家，于仓储虚实，大有裨益。额漕十万，须船百三十艘，约费五万。酌减道府总运漕规，以足敷办公为度，并仓用，津贴徒阳阿，酌雇县剥，约银万余两，尚有万余两可资州县公费。其中细微曲折，世臣本不备悉，然大致不过如是。如有衿棍作梗及抗欠者，照例参追，即人数较多，不可姑息，则民与官与丁皆下得去矣。访得真实，乃议定稿，将前此之横征暴敛，民不堪命，而官仍苦兑费漕规，以致亏正供、玷官常者，和盘托出。札商江督浙抚，连名作书，抄稿走健步，以请穆、潘二相，并请潘相遍告江浙在都之显朊，各发家信，踊跃遵行。并以告仓帅户部，户部掣仓所得，为数无多，本不足为漕害。通仓之经纪，皆有身家，既见移稿，知南中兑费大减，请旨遵办，而又不为已甚，必能敛迹观望，不肯以身试法。俟得各处回书，乃行入告，并将先行抄商政府一节，夹片声明。阻之者必以为陋规私语，一腾章奏，恐兴大狱。

试思近年英夷攻破虎门，“王赫斯怒”，遍布誊黄，有“不与英夷并立人间，必使片帆不返”之语。而三五任事大臣，知兵凶战危，惧以身涉危机，假民情为词，向壁虚造。圣德如天，遂尔曲从。夫罪莫大于党逆，辱莫大于逃北，而肆大眚，行重购，曾不厌悔者，凡以顺民情、苏民困也。目下吴民真若汤火中矣，以实入告，岂有不得请者哉？但恐当路未能信此事凶危实有什伯于与英夷搏战者耳。阁下达心而口讷，言之未必能尽。古今当路者侧，必有“能令公喜怒”者。即或人非纯粹，用其才以共功名，如王文成厚结张永以锢宸濠，唐荆川厚结赵文华以保梅林，张文忠厚结冯保以延明祚，靳文襄厚结安大以奠河淮，此皆失身辱名之事，而后世莫不见夫君子救世苦心，叹其通权达变，未有议为非者。此举若成，自主议以及与谋，真终始《传》所谓“有福十世”者矣。巨狱之后，威声已震，乃力举平漕之政，良民心必归我。良民归则匪徒无助，擒纵自我，轻重咸宜。然必行之以诚，持之以久。闻漕帅所以能力挽颓风者，以屏绝苞苴，谢绝请托，故风行无阻。若果举前说，开漕之先月许，必明示严禁各处荐漕友漕丁及挨仓打把式诸小节，虽有怨声，所不能惜。然而世臣在新喻办漕，恪遵漕运则例，禁绝浮勒。此时为阁下谋，仍不外于浮勒。月攘一鸡，论者必讥其不恕。然审时度势，非此断不能行，非敢薄责阁下也。

来示末称“刁民兼悍，习与性成，镇洋巨案，接踵而起，移风易俗，俗吏未能，惭恧不可名状”云云。虽发于卑牧之诚，然世臣窃意阁下尚未诊得此症之腠理也。镇洋、昭文，前后毁抢官吏绅富之房屋数百千楹，使阁下募勇带兵，出省至再，其病皆由于漕。故漕政平，则刁悍皆从化；漕政不平，则良懦皆为敌。“救死不赡，奚暇治礼义”，孟子岂欺人者哉？又闻之：“不问而告，问一而告二”，荀子所深讥也。世臣以目前可与言者，无如阁下，而世臣又能以言自达，且时巳九月，笔札往返，动经旬日，虑不及事，故不避荀子之讥，为是尽言，唯阁下垂察！

承谕再征书一部，谨附便呈两部。如别有欲得之者，其人力可置买，自依坊价；若无力而信有志，阁下尽可移书征取，世臣惟求世间多一同志人，以共扶艰虞，断不以贫故，惜此千余张之纸墨也。肃此奉复道谢，即问近安，诸唯为道为民自爱！不具。道光丙午九月朔日。

答桂苏州第三书

丹盟五兄同年阁下：月之十九日，徐建康送到初三日所惠答书，讽诵再三，惊喜欲狂。世臣以九月初二发前书，至初六闻李公升任滇督，窃疑接手人必存“五日京兆”之见，不肯肩此艰巨。至本月初八闻星使奏明大小户一律征收，未审果否，求其稿不可得。忽奉彩云，深慰！深幸！并知李公不欲举此，则此番升去，真是好机会。而陆护院、周署藩二公慨然以阁下“均户”之说为必当行、必可行，真世臣前书所云“人之欲善，谁不如我”者也。又得星使代达，较易立说，是或彼苍之眷念吴民，欲苏其积困，为国家坚固命脉，使胆怯老书生，得以优游化日也。然星使莅吴中仅数日，所陈漕事，断不能和盘托出。若专言大户包漕，不能将小民苦累，及州县进退维谷各情形，逐细说明，则大户难免有辞。且恐都中当事未能了达，疑此举仍如从前阿雨窗、孙寄圃八折之说，不过为浮勒筹出路，一经允准，则迹近加赋，托体大而择术疏，致阻盛业，则真可痛惜矣。日内想已奉批回，乞阁下将原奏及奉批由驿飞示，以慰渴望。世臣更虑奉准后，办理良非易事。

来示谓：“更易人地，以期令出惟行。”然不熟筹广思，罣碍实多。而且奉旨出示，州县匿不张贴，其司事幕友，反谓既已唱明折色，止可趁此鱼肉粮户，即有些小蹉跌，不怕上司不为下身分，以恳弄居停。江浙名幕，识见议论大都如此；若有一语恤民瘼、凛官箴，则是自投闲散，何从得称名幕哉？又松属漕总例不连任，每年营干点差，正费一万，杂费三千。时至十月，恐预定点总，规已入手。又大小漕棍，为漕总鹰犬，漕总所求，或不能得之本官，则嗾棍上控漕总，上游谓总被棍控，不知其实为总使也。又有围绕总屋，拆毁器物，而不多不甚，大抵亦漕总所使以劫制本官者。十年前，如此情形，皆世臣见闻所亲，近事不敢臆断，或亦未能尽改故智乎？

来示欲诱得旗丁用账，此事恐难。然闻镇属兑费，每船不过三百余千，常属亦不过五百千，曾不能及陶公奏定四钱之数。常镇之米，一例抵坝交仓，与苏、松何异？苏、松受兑多系江淮、兴武两卫之船，彼必以他卫皆有屯田，唯江兴独无，故兑费倍多。然他卫无月粮，江粮道所管虎贲仓以膳给两卫帮丁家口，其入殊不减于屯田。且江、兴两卫，有府属三帮，其兑费少者，才每船七十两，多者倍之，其米岂能不入通仓哉？再白粮每船兑费至三千以外，帮书管白船一只，岁入千金，此又何说？若行大小户一律而不减兑费，则必不能行。减兑费，伍丁必纠水手滋闹。伍丁即或安静，州县司漕者亦必嗾之出头恫喝，谚所谓“下马威”、“虎头势”也。是必要厚积吾力，挡其风浪，过了两三浪头而不动，则彼自退听吾令。然言之易，行之难，故前书必云“行之以诚，持之以久”也。阁下仁心为质，虚怀下问，故拉杂及之，所言亦约略耳。变动不居，原无一定绳尺，可以使鬼魅遁形者，惟在掣定舵杆，随宜应付耳。草此奉复，即请日安！不具。道光丙午十月廿一日。

与桂苏州第四书

丹翁五兄同年阁下：前月十九日接初三日惠答之书，即于廿一日由孙北捕附急递奉复。嗣知二小儿已返棹吴门，而敝徒合肥卫籍诸生沈用熙信致大小儿，谓阁下欲诱出旗丁通仓用帐，理势皆必不可得，唯庐州帮有二要人，依法求之或可。世臣以其言有据，即信示二小儿，命其将原书呈览，谅蒙存采。

昨日有江淮卫伍丁来寓乞事，世臣问漕事出入大略。渠言："仓帅书役皆吃仓，坐粮厅书役皆吃帮。吃帮者绝口不提要费，而帮丁委婉送给以买平安。经纪手下有斛手，其伎俩虽大，然米短不过赔补，唯挑掣米色，顷刻间即成奏案，常至倾复，故不得不预先招呼。招呼之费，松江梭米一船，经纪约百千，斛手约十余千，厅役约四十千，个儿钱本在公费，约三十千。每船到通，各费几及二百千。唯白粮每船必须银五百两。若漕白各船有米少色变等事，则须别议"云云。其人系江、兴两卫公推拿总者，言出无心，自当不谬。惟未及询明是否京钱大钱，然即以大钱论，每船到通所费，尚不及百两已。世臣即诘之云："镇属兑费，每船不过三百千，通仓已要二百，再加垫舱提闸打溜沿途支应催攒员弁，何以持支?"彼云："松属兑费大，故仓费亦大；他属入费轻，则出费亦轻。然通州坝上拨船及口袋，俱经纪自备，赔垫甚多。近日朱道长所奏盈字一号，须费万数千吊，事皆真确。若不能通盘筹算，但欲一意孤行，事必无成。月前，星使奏定均户，事非不可行，然吴中当事，恐未能了此事耳。"世臣虑问之太切，或致生疑，遂不尽言而散。世臣思仓费只有此数，均户所得，大率可办。至沿途各费，署抚现系漕帅，实心厘弊，必知其真。阁下更偕粮道查核各船应给漕款，及各署书役之剥耗，酌定留减，则均户善政，可以无所格碍矣。即不无怙恶作梗；数谅无多，宽猛相济，威惠兼行，阁下自有真实作用，世臣惟乐观其成而已。

专此飞布，即请台安！道光丙午十一月四日。

答桂苏州第五书

丹盟五兄同年阁下：灯节接次儿来信，附致阁下岁杪惠札及炭金廿饼。正札出于书记，札后手批“漕事现尚平安，惟大户多有观望，帮费七折，已具切结，兑开果否无误，尚不敢必，总在县令得人则能行。不胜竞惕，并望详教”云云。仰见阁下为“均户”一事，费尽心力，而好善好问如是，佩谢无可言喻！帮费七折，岁杪即闻之。谓仿东省新奏之案。然苏松道属五府州，镇不及常之半，常不及苏、太之半，苏、太不及松十之八，一例七折，在苏、松尚嫌太优，而镇属则已绌。主之者未能详悉底里，齐以一切，则是均而未均，诚恐切结未可凭准也。

仆又闻松江每船洋银千三百，中有折米百石，苏、太七八十石。尖丁照州县折民之价，稍良善者或八九折。盖漕例津丁加四，节次裁改，仍有一五津丁。丁除折外，中途仍可盗卖。以到通溢米，每石止领银八钱，而折之州县及沿途私卖，所得皆数倍。当此仓储空虚，岂当更听其私折私卖？然非请增余米价值略与海运船等，则立法仍不能行，其机唯操于当轴之肯入告耳。而上游不知此情，州县惟以总数恫喝上游，以遂其鱼肉小民之私。大凡君子者人之美称，而或肯为或不肯为。其上达下达而有成者，则必出于拼得。吴中令长岂尽无恤民之心？吴中绅富岂尽崇破靴之行？而至征输漕粮，则其不为君子之志甚坚，而同志者至伙，以仆所见，盖三四十年于此矣。诸公皆拼而即得，是以无不肯拼者。阁下笃念邦本，欲反其痼习，其为君子之志坚矣。而同志之多寡，则未敢知。且阁下之能拼与否，仆亦不敢悬断，则信乎能否无误，不可知也。

星使原奏，未能详切。当轴又瞻顾大局，不能得都中巨绅之力。唯有地方官延在籍诸绅，仿张文忠《谕三吴父老书》意而谆劝之。吴中彭、宋两族，向不业此，而未肯出头。韩、吴、董则难言矣。集而谕之，或可有济。太仓以钱氏为巨族，新经小惩，似应引为大诫，未当终恋鸡肋，再为厉阶。松属之绅以张诗舲承宣为巨，其人仆所素识，甚明白，知大体。阁下切致立人太守，谆延而力商之，未必无济。若一委之县令，则分卑力绵，且其可为人持短长处甚多，安能葳此公事耶?“凡事豫则立”，筹之不豫，而临事又未能上下交得，为阁下计，亦良难矣。昨见漕帅折稿，固袒丁已甚，而亦州县簌隙太多。犹幸政府志在捐输，尚不至按名指摘，遂兴大狱耳。民困既不能苏，“嫠不恤纬”，自古笑之。春寒犹劲，伏惟珍重千万，不具。道光丁未开印日。

答桂苏州第六书

丹翁五兄同年阁下：四月初接奉三月廿三日齐门舟中所惠书，而次日更正海中被劫米数之书亦到，具见阁下垂意大政，虚中下问，无刻或懈，实深敬服。书末询及丞儿工事，尤荷殷拳。仆因海运之事，关系至重，而为期尚宽，昨接丞儿工次来信，知工久蒇，在浦候收，不日即回白门一行，再行赴吴，是以答复少迟，授丞儿面呈。

漕事能惠及小民，而棍徒亦俱敛迹。来谕谓"揭竿之事，庶可暂免；以云可久，非所敢言，中丞、方伯极力图治，来年必举海运，而招商米船在洋被劫两船，仓帅又奏米色潮湿，此皆力阻海运之机"云云。上年阁下谓惟海运可救漕患，而中外莫肯主持。仆谓从前海运，发谋收功，皆仆以局外撮成。而今日北洋盗风颇炽，夷人驻上海当其咽喉，难保不别生得失，虽仆亦不敢主持者。以此议发自阁下，中外不欲其成者，口众我寡，稍有利钝，则咎有归而事无济。现在睿谋严饬，钦遵妥办，谣诼虽工，无所府罪。闻北洋盗帮，聚人不多，其大帮仍系南洋，在于南北交界处所滋事。然十年来走北洋者，时有失事，而商贾未尝因此阻滞，更何疑于漕运？今春夷人在粤，渐欲寒盟而内窜，仅自二月十八日至廿二即回香港。况上海夷人，本是分岸，如有举动，必须禀命香港。驾驭有方，亦可无虑。且沙船闻风踊跃报效，不似六年始事之难。唯六年海运，利专归官，今年减折已有成案，自不至如前届之反为民病。然必先由院司通饬海运府州县，令其逐细筹议，封雇拨船，运赴上海水脚，及天津至京津贴，如何收本色，如何收折色，即可官民两益。便议自下而上，不犯专欲之诫。又派解事大员，会同粮道代行官，督率该衙门书吏，核查历年减运，及六年海运全帮停泊旧章，实可节省漕项若干。当此仓库两虚之日，为人臣子，岂可视同膜外，不为国家一为深谋远虑耶？

所最难者，天津拨船，力能败成，必筹绕越此关，方为万全无害。本年正初，姚大定赴吴谒署督，问海运之要，仆告以要先奏明，请饬各都统及仓臣详议。海运分起抵津，先核米数，飞咨仓臣，由仓臣分拨某旗前赴天津领运。盖仓米一个，重不过百余斤，实止漕戽八几折，若各旗拨什库自赴津就船运回，则米皆坚洁足斛。其车脚由南优给，不使马甲受累。至马甲人数众多，阅月更时，事故必所不免。或有公项，可以查扣，多关米数，谅亦无甚窒碍。大定比编次成文，然立说未能详切，故复及之。漕运例有津丁加二五米石，若举海运，则悉成正供。以苏粮道所属一百七十万石计之，便溢出米四十万余石。以现在办捐米章程——每石三两计之，已值百二三十万两。唯前届在津，星使办理过于节省，江南解银四十万，至津办拨运，动用才数万，余交委员解回，银遂不知所之，至今以为口实，此前事之必当引为切戒者。阁下或不知其详，故备述之。

节次来示奖摭之词，或谓“爱人以德，为谋必忠”，或谓“视民如伤，与人为善”，或谓“热肠救世，伟抱匡时。如莘野之纳沟任重，比仲举之揽辔澄清”。实非所任。唯宋儒唐子西有言：“君子期于匡济，至于独善，诚非得已。然当不得已时，而有毫发便利，可以益人，则虽穷厄九死之余，未有弃而不为者。都无可为已，犹思所以为利于后世。”仆则自成童时怀此志以迄于今，垂六十年而不变者，亦唯阁下能谅鄙心耳。夫漕只政之一事，而苏、松又漕之一隅，然其关系国脉，盖无有大于此者。仆之败也以漕，废弃还山，足未出阛，不复敢与人家国事，以阁下殷殷善问，故不惮喋喋。前后诸书，几及万言，其于漕及海运机宜，得失亦略备矣。心力早殚，目力尤劣，阁下如有疑难，复检前后诸书，自有触悟，随机应变，非言所尽。奴子汪庆出月即来宇下，一并附闻，余不悉具。道光丁未五月十二日。

与桂苏州第七书

丹盟五兄同年阁下：日昨出吊汤氏，与南坡同饭，因闻吴中现办海运章程。仆询及天津剥船如何越过，南坡答以在吴未闻此说，唯议提银二十六万两，春初派大员带赴天津办理北坝事而已。此层所关至巨，且时已仲冬，故不能待阁下下问而即详说之，以备照行。

夏初子畏赴吴，仆与之切言越过剥船之方，属其到吴备告陆抚部与阁下。子畏深知剥船之害，与仆言，凡归仓无费之米，则经纪必使剥船坏之。其术：于中途有镇店去处，先起米四成，载百石则起四十石，十石归剥船，三十石归经纪，将到通坝，乃以开水发药，引以烧酒，经宿六斗即成一石，然入仓必烂，即未烂者亦不可食用。此说与仆所闻同，乃至吴竟于此事不置一词，实令人不可解。子畏官虽不达，远非仆比，而膜视如此，仆前后致书所为不及"越过"方法者，以子畏面谈详于笔谈耳。"经纪吃帮，花户吃仓"，天下所共知也，剥船虽官船官人，而南粮入仓之后，即停工食，听其撑至直隶各河道营趁，三月归次。剥漕故向归经纪管辖。通仓花户发官兵俸饷，每个止百余斤，多者乃百十余斤，是实米不过八斗余。南坡言今年苏、松、太亦有欠收，正征不过七十余万石，加以报效之三十万，共百十余万石，比六年减五十余万石，如此则"越过"一层，更为易举已。

凡自都赴通仓领米，车皆自雇，加由通到津二百里，每石得京钱一千，可敷车脚，库银廿六万可易京钱百十余万千，正符一千一石之数。必宜先将剥船积弊奏明，于放洋之先，飞奏米数，请饬部议派应领之人，前赴天津领米，并领贴价，以放为收。即收米星使，省却交仓一层，亦属便利。查六年仓储尚充，是以搭放较迟。明年春饷一放，各仓已空，海运米四月抵津，正值夏饷应放之期。廿四旗马甲米，每季额放六十万石，加以王公及满汉文武蓝白布甲应放之米，虽不知确数，想亦不下三十万石，是夏饷一放，即开除九十万石。余米廿万石，连贴价存贮北仓，北仓本受四十万，无虑不能容也。或谓九十万之粮，需车八九万辆，或一时难集。则可听领米马甲，各邀伙伴，共雇剥船，优给雇价而亲押之，数人监押一船，发水下药之弊必除。盖越过剥船，实为越过经纪耳。剥船得领米人剥价，较各处营趁已优，而应领米人，皆得全斛加二之米。又贴价尚有盈余，利之所在，人自趋之，虽药败此事者多，无能肆其蛊惑。如此则海运可以常行，而嘉、湖亦可继办，以避汤火。闻经纪花户声势之大，前年几败惠邸，子畏久任京职，一蹶之后，尤震慑不敢出言，亦无足怪。惟明年海运，米既入仓，则不能问经纪，出仓后，又不能问花户，官员所领，则亦已矣。廿四旗马甲，领米而不可食，且无他米搭配，必不甘默，恐其咎必转归在南经办之人，则后悔无及，且将如国事何？阁下当细思之，痛切白上官，以必得请为度。为国谋固宜，即为身谋，亦非此不济也。言尽于此，天气厉寒，唯千万自爱！不具。丁未十一月九日。

南河善后事宜说帖

六堡口门，已定十五日合龙，杨庄清水束高。塘子新淤，湖口引河，俱已挑竣。清水卺出运河，虽有厚淤，清流出刷，粮艘无虞阻滞。亟宜料理善后事宜，以起积弊，使工程核实、钱粮节省者，条列于右：

一拟行厅营于厅营汛交界处，各将牌楼修整，大字写明厅营境共长若干里，汛境长若干里。其黄、运各河有闸坝涵洞处各立牌楼，写明出闸坝洞之水，由△河行若干里合△河，于△处入江海。其下游官民各河是否堤岸完缺，河形通塞，一并查探真实，写明牌楼之尾，使官绅触目警心，随时商办众擎之举。

此系旧章，近多颓废，理应修复。

一拟行各道将督率厅营查核旧章，兵栽额柳，兵堆额土，兵采额草。其草多兵采不敷之地准募夫帮采，照漕规半给刀工，实贮备用。其堡夫额土堆垛高长时日，俱有定数，实贮候验。如有借工开销，即干例议。近年是否遵办抑系有名无实，悉与查照旧定章程，体察现在情形，酌议新章，会详核夺。

南河向例，一切料土缆橛，皆取诸官中，是以库贮五十二万，足敷岁用。近世厅员饶裕太甚，工程皆出兵夫之手，惧其挟制，莫敢核实，上游习焉不察，弁髦成例，钱粮糜费，所从来远矣。

一拟行各道将督率厅营遍查两岸兵夫各堡，房屋是否不漏不湿，其必应制备之需用器具，如丈竿、铫锹、铁锥、木夯、雨伞、蓑衣、灯笼、油盏、火石、煤筒等物，是否齐全。造册报查，仍于堡墙写明△厅营△汛第△堡及兵夫姓名，使一目了然。

一拟行各厅营，河工向例，三汛时，各厅俱备塘马，以送文报，寻常事件，方由堡夫接递。查每日水报，所以知水势缓急，以定策应机宜，最关紧要。而今年大汛经临之时，竟有迟至五六日或至十余日，将水报十余角同送者。又印板模糊，字迹潦草，至不可识，以其时正值河湖异涨，奔走旁午，若加挑掣，转至仓皇失措。今当安澜之后，应与约布定章：距浦在五六十里者限本日，百余里者限次日，三四百里者限三日，不准稍有违延。其向例三日、五日、旬日一报者，准此递展，除另定水报新式饬发遵行外，先行谕知。

一拟行道将督率厅营，查柴束部例以斤计，工例以方计。向例正料以三千束为一堆，购料以三千七百五十束为一堆，均长三丈，宽二丈，檐高一丈，脊高丈五尺，为料七十五方，销单长一百个。嗣又有单长一丈，科料三十八束。又奉通饬，浅水防风，每单长科料三十束，其节省之八束，作银归入下年应办之数。是向来销料多寡，本有未经划一之处，大约皆上游雅爱趋承，欲加意调剂之故。近来料垛方数改少，单长销料若干束，核算钱粮若干，报销时例应逐案声明，是否通融造报，抑系划一办理，应查明节年何任奏咨成案，核议定章。

颇闻近年料一堆，销单长五十个，民料价则自嘉庆十一年议增之后，复又矮小方数，短扣单长，仅得向例之半，乘除四倍。经费有常，何以堪此？因离浦已四十年，成案未谙，故作疑词饬查。不能实心举行，此条虚言节省，实同画饼。

一河工根本至计，惟在清荡。正料皆出荡产，即杂料用大芦开厂纻缆，亦复节省大半。现今大雪，为时已迟，但宜严饬该弁，认真筹盘，俟下年及早遴员督办，以归核实。

嘉庆辛未秋，百制府札询徐库道苇荡兴衰始末，库道禀复，百督逐条批驳。是冬乃派韩太守驻荡督办，委朱江巡道总理。自辛未冬至壬申秋，朱道禀札改章全卷，今俱存海道署。两卷皆出仆手定，共办齐正额二百四十万，外搜采余柴四百三十万束，派厅作收支。冬间，陈河督京控，牵及荡事，星使抵浦，受河员嘱，又与朱道有夙怨，劾以苦累樵兵遣戍，通工欲遂罢荡事，奉睿皇帝饬，仍核实妥办。而续办大员，不敢拂厅意，又鉴朱道之败，不敢实力。唯每年有赢余充公银二十五六万，经今四十年，公项所赢仅及千万。其实朱道督办，草草创始，所办不过什之七耳，再加左营，几可足通工之用。来年若选定妥员，宜令其详阅两卷，踵事增华，取则不远。

一本年六堡，于六月二十八日剛开放黄涨后，数日，仆即白黄淤入湖，必出新滩，绅棍必借尘卷认领报升，渐酿巨讼，宜饬清河令遇此等呈词，严加批驳。比荷采纳，清河令前后驳回报升呈词至数百纸。今已三月有余，外间皆言湖内有新淤三千顷，因败为功，机宜早决。现在船营官艘，运左营荡料已竣，即宜提船出杨庄口门，泊于黄河，俟右营开采，即饬该备弁督船下右营。饬荡弁于采过处所，择刨芦根，交船运至湖内，于新滩上铺种苇根，在茂密之处刨松板土，产苇更旺。而新淤肥衍，不过两年即成苇林。约计新淤三千顷，以极少计之，滩一顷得料一垛，是三千顷即得三千垛。按现行例价，提出二成归傍湖各营，为巡防补种樵采堆垛之费。湖口内有老滩，名养马滩，所产蒿草，向归营津贴。又提出二成归傍湖各厅，为雇船自运贮工之费。官船本少，又船兵偷卖为厅员借口，自运则无可措其唇舌矣。仍余六成充公。每垛可作支百余两，是每年所入，总在三十万之外。本年运根盘之船，酌给水脚，使船兵以归坞余闲，得此沾润，自然踊跃从公。厅员得此津贴赢余甚多，可免任意谣诼。将来船营官艘，分为两帮，大帮泊右营，小帮泊左营，各就路近厅分派定柴束。冬月即装头运到工，以备春工之用，春末夏初，料可全数到工已。其余厅属，稍近北运河者，若车搬止数十里，亦可酌派给，车价稍优，免各厅借词赔累为要。若有设词阻挠，在官不过欲得购价，在绅不过欲占官地，断不可为其所惑，致误大局。果能力举此策，是左右二苇营之外，又添一营，通工五料，十敷七八，而埽坝亦不至有名无实矣。

新定水报式：

划一纸长七寸，宽四寸半，方筐宽三寸半，中空一寸，对折各得半寸，以便逐一汇齐，钉成一册便查。其五日探量中泓，仍照向例。

黄河各厅水报式：

△厅营辖△汛，上与△厅△处交界，下与△厅△处交界，共长若干里，有工几段。

△厅营△汛辖△堡，△工有埽若干段，第△段立志桩，长若干丈尺寸，入土若干尺寸，志顶平埽台，上年存底水若干丈尺寸，桩前实水深若干丈尺寸。

埽前顶溜水深若干丈尺寸。

埽前高水面若干丈尺寸。埽后土戗高埽面若干尺寸。长堤高滩唇若干尺寸。堤根滩面矮长堤若干尺寸。

河槽旁滩，受淤常厚，名滩唇，水一漫滩即至堤根，不可以远近论。

滩唇较高堤根滩面若干尺寸。堤外滩宽若干丈尺寸。堤根滩面有无积水长深宽若干丈尺寸。

河槽水面宽若干丈尺寸。本堤抵对岸长堤，河身宽若干丈尺寸。

本日长落水若干尺寸。比较上年今日长落若干。比较上年△月△日盛涨大小若干。

本汛堤面比上汛高低若干。比下汛高低若干。

本汛河底比上汛深浅若干。比下汛深浅若干。

奉派荡产正料若干堆方。到未到工若干。

奉发购料若干堆方。购秸料若干堆方。

以上俱贮工候验，已验，则注明△月△日经△宪验明。△月△日动用若干堆。做单长若干。在何段工候验。

兵柳旧存新栽若干株。兵土若干方。兵草若干堆。刀工草若干堆。

夫土若干堆方。购土若干堆方。实贮动用若干。

其徐属向不派荡料者，删正料条，各汛照填。汛报止填本讯。

洪湖各厅水报式：

△厅营辖△汛。上下交界里数，照前式载明。

△厅营△汛辖△堡△处立志桩照前式填。

海漫石高湖面若干尺寸，计露石△块。土埝高海漫石若干尺寸，有无马鞍埽。石工搂护，必用钉厢，上压重土，水碱坚实光滑，以批浪花，前低后高，形如马鞍，故名。

△汛△堡△坝△河启闭填明及过水尺寸。

南北运河水报式：照前式开载，唯删滩面河身及兵柳等条。

北运河有桥座，无涵洞，南运河西堤，亦有闸座，俱逐细载明坐落及过水情形。

右八事，惟新淤种苇，系属因时制宜，余俱申明旧例。然欲挽回南河积习，其有迹象可言者，略尽于此。果能实力举行，则虚工噬帑捏险冒销之弊，不禁自除，而居上者亦可坐收高居远视之效，不至如近事之心悬千里，束手无措矣。至为政在人，非得人无与共治功者。况南河二十年来，上下不以公事介意，有讲求工程做法者，辄为同列所讪笑。捷径多而真材佚，通工所苦，遇事无能办理者。现经节下访求黄发，调堵六堡，亲身驻工督率者六十日，各员弁能否勤惰，自必心仪默识。指日合龙入告，保荐老成，使新进有所观感激劝，力求有造，一反前事，得人共治。以举所列八事，三年有成，虽以复靳、白旧观不难也。道光二十九年十月十三日谨白。

复陈大司寇书

子翁三世弟枢密大司寇阁下：月初由至翁交到手复，庄诵再三，深感！深慰！来谕谓河帅有心当世之务，相得益彰，弥惭奖饰。至翁清畏人知，慈切身受，其德实冠绝三江，假造物以百菊翁之临机立断、雷令风行之半毗之，比及三年，必可回人心之狂澜，见求是之实事。世臣衰朽余生，感至翁三使之盛，重游袁浦。生平所学，在节费而不为已甚。至翁闻斯行诸，已觉此举大怫人性，尼之者多。即有遵行，又率增减方剂，著效迟缓。又鄙性固好仁而蔽愚者，真若以水济水。惟淮扬查君，颇同此志，而内外隔绝。查君一身，早集丛谤，又以阅历未深，孤立无助，工程肯綮，多不明晰，不足执谗慝之口。

六堡口门初合，袁浦淮城官绅士民，皆谓空运不能南下，必循嘉庆初故事，大挑运河方可。至翁忧形于色。世臣谓此间绅民，无能解河事者，且以有事为荣，不谋同词，莫问钱粮之是否能胜？时日之是否能办？兢腾浮议，摇惑观听。据报：运河水势，深者及丈，浅者亦三尺。虽积厚淤，然此河向深三丈，重运只须四五尺，空运更减，不过择五道引河之直注束清坝者，疏通二三道以引湖溜，溜过淤刷，自然足资浮送。日内头进船已南下，而浮议益炽，即如六堡初开时，群议谓不开义河，即与七堡溃决无异，清淮百万户，必痛为鱼。查君亦为所惑，一日三次请放。至翁渐亦不能自主。世臣独持坚守之议，谓义河口门，宽五百余丈，内外高低三四丈，一开必引黄溜南趋，六堡立即夺溜，下河虽以守下坝至秋后，稍有收成，义河水注下河，仍归漂没。长河淤断，将来挽归故道，非开百余里引河不可。六堡、义河两口，必更刷深塌宽，俱成大工，虽有能者，非三四百万不可。此时何从得此巨款？必至积年不堵，全湖淤塞，运道断绝，为国家深忧。且世臣所谓坚守，并非贸贸而谈。现今山盱所开之两河两坝，计宽二百四十丈，牵深一丈，六堡刷开之口，宽不过六十丈，牵深不及一丈，安徽各郡邑水报皆谓淮源消退。又天气晴霁，划出四坝之六十丈，以抵六堡，尚有百七八十丈，以泄微弱之淮湖，何忧溃败？计唯稍发钱粮与堰、盱二厅多积料土，以备西风，即保安平。若果无真见，世臣何所贪恋而居此危邦耶？至翁聪听决行。

又世臣前以五月二十日，自白门启程赴浦，其时城中舟行已月余，出城见集镇市屋，檐已没水。由仪征、扬州北抵露筋，并无干土。露筋以北，即入扬河厅境，春工将竣，见其工程，甚为如式。登岸省视车逻四坝，询之坝兵，水久逾启坝定志，并闻有六月初一日，道将持令来开各坝之说。二十六日午后，世臣进署，即问至翁，启下坝有日期否？至翁言：运河水大，河员请开坝甚急，道将已定初一日前往。世臣即答以下河去年被水，流亡初集，现在两湖、江西、安徽皆被江患，苏、杭尤甚，灾象已成。惟下河七邑，收成较早，有“秋前五，没稻割；秋后五，割不办”之谚。现今立秋不过二十三日，一路见堤工高水面尚有四五尺，工俱坚实，必可保至秋后。下河有二收，便足民食，若延至秋后，可得六分收成，即有余粮二三千万石，接济邻近灾郡，又省七邑灾赈费数十万，又增新漕十余万，以助仓储。世臣来时，途中闻下河民人，已吃挨饭，若月初必放坝，本年流民无处投奔，且虑他变。河员不过以东堤失事，则下河被害，更烈于放坝；且大小河员例俱摊赔，以为恫喝。此时唯有稍发钱粮，饬令贮土，以备抢筑子堰，昼夜严防，必俟秋后，再行酌放，是为至要。至翁未悉江省情形，闻言恻然，即婉留道将，至再至三，迁延至秋后三日，方启高邮各坝。下河赶收，竟及七成。北则袁浦，南则苏杭，米客纷沓赴下河采买，至今不绝。半年之间，唯此二举为大快。至剛六堡以救淮扬，其时在工文武，计无复之，持此议已两日，世臣不过到彼审度形势，一言决策耳，不敢攘功以自居也。此外，则不如意事，十常八九矣。

孟子曰：“礼貌未衰，言弗行也，则去之。”然言之勿行，不由至翁，又深佩至翁之清德谦光，是以未忍决舍。近阅邸抄，知阁下以枢臣兼大司寇。近时六曹唯司寇最重。司徒专主出纳；则以刑为教，不止明刑弼教而已。世臣忆从前侍老夫子于澄江，师训之曰：“我曾任户、工、刑三部，居户曹，尸位而不素餐；居工曹，则素餐而不尸位；唯居刑曹，则尸素兼至。”虽自谦以勉门下之词，然亦足证老夫子深悉此席之关系至重，称职至难。其时阁下同侍敬聆，想昕夕俱在提命间也。逖听下风，无刑之期，其将有在矣。

小婿杨汀芦，承推爱分俸，厚资行李，俾得返晋。来示谓明春尚可畅谈，以广见闻，谦挹之怀，蔼然若揭。汀芦在少年中，诚为有意识者，不愧有造，阁下政暇赐见，诲以立身涉世之要，俾循持不昧，作人恺悌，斯之谓矣。

浚运巨役，必不宜举，新漕北上，必无贻误，大臣忧国，此宗至要，故纤悉述之，以纾荩怀。书成，即寄晋交汀芦来春面陈，肃请侍安。道光己酉十一月十一日。

说储上篇后序

论者常曰："生齿日益而地不加多，是以民必穷困。"非定论也。今法，里长三百六十步，当官尺百八十丈，亩积二百四十步，开方得七丈七尺四寸，则方里为田五百三十亩，方十里为田五万三千亩，方百里为田五百三十万亩，方千里为田五万三千万亩。今者幅员至广，锦州以东，敦煌以西，隶版图者各万余里。其内地徭赋之区，北尽边墙，西距嘉峪，东并海迤岭而西南界交缅。以天测里，今尺二百里当一度，南北相距二十三度半，东西如之，俱径四千七百里，截长补短，约方三千六百里，为田六十八万六千八百八十万亩。山水邑里，五分去二，为田四十一万二千一百二十八万亩。

前此兵革未起，户口极盛时，为人七万余万口，而工商籍皆①两占，兵疫丧亡在其中。以田计口，约人得五亩有奇。通以中壤中岁，亩谷二石五斗，除去桑田，岁可得谷十二石。中人岁食谷七石，糠秕饲鸡豕，则耕六而余四，夏冬所获，山泽所出不与焉。且中夫治田二十亩，老弱佐之，可以精熟，以口二十而六夫计之，使三民居一，而五归农，则地无不垦，百用以给。夫人所必需，盐铁烛油，田有上熟，二麦蜀芥，麦盐芥铁，桐柏贸油。壮男耕樵，壮女纴炊，老者饱温，幼能就学。搜剔奸回，劳来孝弟，民乐其生，戴后德吏。政洽气和，灾疠罕至，国富君尊，兵革不试。言虽大略，治要粗备。行之一年，英乂立朝。行之二年，草菅去野。行之五年，可使足民。行之七年，几于刑措。如其礼乐，以俟君子。

① "皆"，原作"多"，据吴校稿本改。

说储上篇序目

近日大吏颇勤图治，而治之大端，则曰弥补。上达者日事追迫，密饬者相劝挪移。夫亏空之罪至重而牵连之狱至多，凡属主守官员，皆若朝不保暮，自救身家，遑恤政体？徒假赃婪以说词，无关积贮之实效。故宜普布腹心，绝其瞻顾，使能实举法意。勉臻循良，莫先于此。为第一。

知勇才辨，民之俊秀，自非泽于诗书，鲜能饬其行检。若复内迫困穷，外遭沮抑，决愤荧众，每为厉阶。夫倡乱执词，必指墨吏，墨吏冤酷，才被数人，奸民口舌，遂摇众志，求之往古，多罹斯难。贤相辅政，治以二科，其才大而措意于正者，求而进用之，教诲之，使不侪于等辈。其才小而措意于邪者，求而诛殛之，斥辱之，使不齿于齐民。故下志得达而吏无废事，逆气不萌而国无卒衅也。七八年来，西南多故，惟畿甸江淮，致为淳悫。而劫官掠富者，累牍不问，计驱力胁者，知名相望，吏畏民而贪益炽，民玩法而生益蹙，旷才在野，可为寒心。诚能致之以实封，使吐其气，领之以职事，使致其心，则健者可以戡乱，淳者可以抚安，即强梁之流，鸷悍之辈，亦收驱策之劳，并绝凶横之祸。夫屈抑既久，擢拔知恩，致身有途，自新为易，求士固是常经，救弊尤为奇策。且于今缨冕，非无晓事，而稽其施行，尤乖意议，盖为闻见日非，遂使学识交丧。诚能鼓以朝气，作其本心，奉行教令，亦庶几矣。是故精选院卿，委澄京职，亦即精选京职使监外郡，既革瞻顾之源，复授举刺之柄，责核名实，鼓舞廉耻，下愚不移，盖非数见。止乱兴治，斯其要枢。为第二。

刑罚之设，所以救弊，流弊之极，各有攸偏，世轻世重斯其理也。条其败坏政教，于时最切者，以为发凡，推类以求，伐柯不远。为第三。

饔飧不给，非所以优尊贤，经费不敷，则无以责廉耻。官贫志污，浸忘本职，所自来已。略仿故事，条别职守，虽迹似①更张，而事非繁扰。至整饬外政，功系亲民，详揣人情，归于宁静②，使议政者不惮一劳，则利及数世；当事者量行一节，亦泽被偏隅。采择由人，列方斯溥。为第四。

理财为古人致治之大端，尤此时当务之最急。凡举事不利于民者，必不利于上，详度时势，条别其宜，依损上之大经，明食人之通义，皆努力所尚能支，亦吏才所必能举。防检极宽，流行自畅；为计似迂，收效至速。然前四者不举，则行之或未能如指也。为第五。

① “迹似”，原作“不无”，据吴校稿本改。

② “宁静”，原作“平易”，据吴校稿本改。

说储上篇第四目附论

夫吏者所以缮行文移，检校书簿，习土而明风俗，近民而究情伪。汉魏以前，皆出身辟举，杰才间出，每至公卿。唐宋以还，屏为流外，绝进身之望，去代耕之禄，然而居其地者以长子孙。故绅无世家，官鲜世禄，而胥吏承袭，遍及天下。惟狱为市，弊极于今。前有部臣因经承招权太重，又皆绍兴客户，盘踞为奸，建议尽驱之，反为等辈所要，敦加饭银，乃返视事，遂谓部务非绍人不办，莫敢复议。斯皆吏不事事，倒持太阿，而授人以柄者也。诚命以级，赋以禄，慎选士人而授之，精考课绩而进之，出身有途则人皆自爱，饔飧有赖则官可执法。优者累考而迁，劣者因事而黜，使我髦士，借此观政，时以土风，诏其长官，斯亦与地方贤士大夫共治之遗也。

至各役并无名粮，日供差遣，微忤而刑杖辄加，坐赃则罪过平人，举事无名，莫此为甚。均是人也，而立以为官长，谓其贤能抚众，才可理剧也。今处职者官而理事以友，使友诚贤也，当路者固宜罗而用之，不当听其伏佐人幕已也。诚不贤也，而使与人民社，岂不殆哉？夫幕友之鲜可信用，当路者莫不知也，然予尝与议去幕之说，则哑然莫应，固以相沿已久，重言变更。况今之司刑者，问以律式轻重而不知；司户者，问以钱谷出入而不知；司吏者，问以课选上下而不知，十常五六也。去幕友则伥伥无所之矣。然思刑钱修脯，重者及千，轻者半之，征号书批诸小席，膳设仆从之费，每友亦不下岁二百两。计一县延友之费，约岁二千五百两。而大县之廉，不过千两，曲徇陋习，身试刀锯①，甚无谓也。佐贰助理，名理既顺，劳逸斯当，其幕友果能通达治体，可以条列新科，取进不次，亦无弃才之叹矣。

① “身试刀锯”，原作“甘从污黩”，据吴校稿本改。

古之设官也，使贤治不肖，不以卑临尊。今巡典受级，仅比生监；丞簿出身，已劣举贡。故鄙弃于清流，益鸱张其横肆，长齐民不逊之心，养小吏无耻之习。诚使贵贵相承，足资临御，则轻吏之俗革，贤贤相推，广为辟补，则沉抑之士罕。又今学宫饰观，学师备数，职冗于胥徒，行齿于驵侩，良以分既失势，地又居贫，凌迟之使然也。诚以丞理民，复使兼学，则德以威将，刑因礼重。诏令以选举之源，佐令以教化之实，制时之宜，庶乎有中。四民各有生业，亲友有入仕途，遂辐辏以从。惰民试思无此依赖，将能不食而饱，不衣而温乎？游食集署，非本官所乐从，冷面所向，盛气所陵，加以关防所束，蜚语所指，盖十人而八九不堪矣。徒以路远费难，隐忍牵就，或逢意外之虞，竟成流落。又有千里投亲，而或出差远省，降补不讳，至不相及，常至摧折中途，化为丐盗。已力可食，俭则易给，及事乃悔，嗟曾何及？是故议裁延幕，非以绝搢绅养才之路也；议禁随任，非以阻富贵姻睦之心也。裕官财以教廉，止民罢以教富，人情之大原，而王政之急务也。

外南厅吴城六堡新庙记代

六堡新庙何为而作也？上以酬神贶，下以志使者之过，而勖有司以思患预防也。南河典祀神祠皆在河口，其各工建庙，则以其地曾失事，故作新庙以酬神。六堡则因劚堤放黄涨入湖，非失事比，而作新庙顾与失事处不殊，何耶？

某以道光廿八年十二月八日，视南河事，勾稽交案，心目几不给。次年开篆，遍阅工程，西历徐州，东届海口，南北运河，洪湖石工，奔走旁午。又春夏连阴数月，淮源盛甚，先启智、信两坝，继放仁、礼两河，湖犹见涨，堰工堪虞。至减上湖以入下湖，而下坝一启，则下河七邑民命系焉。是以五月杪，运河启坝之志，早逾坚守。至六月十八，得制军临公手札，趋赴车逻，面商启坝事宜。以廿二午夜回署，次展外南厅营呈七堡险状手折。某临工督抢，见溜势腾涌异常，埽段蛰塌脱胎者相继，埽后土戗倾卸不绝，工存防料，镶不敌蛰。某四面委提邻厅协料，募收民料皆尽，新埽台宽十余丈，已出水面，追压大土，未及得底，而苏缆四五百条，砉然若刀截，随溜辄去，料物不继，人力无复可施者。在工人员佥云："北岸有老滩，形如牛舌，铦过河槽五分之四，斜导大溜，逼七堡坐湾之工，一切筑坝挑溜切滩引溜之法，皆缓不济急。"某闻王营减坝为北岸减河最灵之所，而多年不开，工程难靠，急遣妥员驰勘。据称坝脊与平地高低太甚，又引河浅窄，遥堤残缺，坝启必为下游海州、安东、清河、桃源、沭阳五州县田庐之害。而七堡堤后，即太平汪水塘，宽才里许，下游四五里，直注运口头坝。太平汪南，即吴城砖工，实为洪湖堤岸，七堡倘至失守，溜头为砖工所遏，不能入湖，必东下头坝，迤下清江板闸，淮城居民百万，地势低且数丈，必有为鱼之痛。唯七堡迤上里许之六堡，其堤北黄南湖，系嘉庆十六年李家楼全黄入湖劚堤减清之旧路，今若劚以减黄，实合害相形则取轻之机宜。

某按《治河方略》有云："自黄河倒灌吴城张福口一带，直至武家墩，卑洼悉为高厚。其清口以内，裴家场帅家庄烂泥浅，周围数十里，垫成平陆。臣挑引河四道，淮水仍出清口，是黄流之灌，在当时诚大为害，今则反受其利者有三"等语。某思现在湖水至盛，其宽深者多在山盱及高堰南境，高堰北截所辖湖面，即《方略》所谓垫成平陆之处。现今黄水虽高湖面八尺四寸，若将六堡减清旧口剛开，黄入而散，必可陡落，一二日后，黄、湖高下无多，断无奋溜之虞。黄溜南行至高堰南截深处，必被清水顶拒，北截旧有高滩，以近年蓄清济运，滩面皆没水内，居民早已星散，新淤过旧滩，必留积成阜，不但不淤湖心，滩面出水抬高，即高堰北截石工，有滩遮护，不受巨浪，一利也。滩高而宽，从生苇草，可备堰盱搂护之用，即里外桃宿近湖诸厅，皆可就近分运，既节钱粮，又济急需，二利也。遂决计剛开六堡。次日黄已落五六尺，跟探黄影，止于高堰。九堡迤南，俱系清流。其时塘内江广滞船，及铜铅竹木官艘，尚有九百余只，而黄水骤消，河泓才三尺余寸，不敷浮送。以前任河营乞年参将卢君永盛策，于草闸外接做草胡同五十丈，吸深河泓至丈三尺，周章十日，得以全数渡黄。

某驻河口日久，乃知七堡对面之牛舌老滩，系从前纯庙临工指示之桃庄引河旧迹，食其利数十年，而日久懈弛，莫复过问，致酿此难。即相度滩势，筹办引河，以引河所出之土，运还七堡堤工。大溜北行六堡，堵合自然顺手。而黄流既分，河槽极浅处，深止三尺，不得河尾，犯引河之深忌，只得照例调料，集人为堵合六堡之计。当六堡初开时，群议以为必需巨万，某细心筹度，得二十万可以蒇事，遂奏明作为赔款。而合龙之后，节近仲冬，赶浚张福、太平等引河，不能畅出湖流，运口水落丈余，轮堵三闸，抬水接济，而高低悬殊，别寻太平汪以聚空艘，始得全漕归次。假令某于莅任巡视之时，即知此牛舌老滩之必为害，又习纯庙指示桃庄故事，及春初闲暇挑切牛舌之本，靠北岸为引河，引溜东趋，则七堡、周工、顺黄三工，皆可淤闭，所费不过堵合六堡之半，可免清淮百万家惊惶三日夜，又省觅船搬运之费数十万。是某之不学无术，几致决裂，可以为后来大戒者也。六堡开工伊始，先于西坝前筑提脑坝，长至四十丈，以挑大溜。合龙之后，溜势北激，将牛舌滩唇刷动，渐塌宽五十余丈，深至三丈，然盛涨时，溜仍过七堡埽前。痛定思痛，宜求良策。现当钱粮支绌，补苴不遑，拟俟经费稍裕，仍当斟酌勘办，以复纯庙睿谟之旧。可期六堡、七堡、周工、顺坝四工淤闭，移四工之岁修，即可永观厥成，庶以补过于将来耳。

本年霜期之集，在工文武佥谓："上年七堡奇险，大埽四十段悉脱胎，土堤面宽五丈，而刷塌甚处至不盈尺，屹立三日夜，竟不过水。及冬杪空运经临，尾塘船只出杨庄挂黄，不下千艘，上游冻实，昼夜攒挽进草闸，次早冻解，淌凌下压，势如出岳，船若挂黄，必成齑粉，顷刻之间，成败悬殊。及尾塘船只挽入太平汪，纵横千计，忽有一艘不戒于火，乘风鼓焰，催攒文武齐于河干泥首吁神，其船立成灰烬，竟不蔓延。凡此皆非人力所及，神庥迭沛，无德不报之谓何?"爰于六堡鼎建新庙，中龛奉大王，亲福主也。左龛祀火神，酬熄燎也。右龛供九龙将军，报示现也。落成后，群以镌石之文见属，故纪见闻所亲，以告诸君在事者，共感神德，而益励趋事之忱焉，是为记。咸丰纪年正月朔旦。

复魏高邮书

默深二弟刺史阁下：熙载来，得手书，具承记念。世臣在露筋市上，悉阁下以邻境有司，不分畛域，出手券谕市人出钱抢险，得以保全新埽三段，可验非恫瘝在抱如吾弟，安能及此！在彼即悉阁下送差后便住扬州，而世臣染间日疟甚重，过高邮竟未上岸。初八夜抵浦，病已解，至今人尚疲弱未复原也。并承垂问“以清送漕，不治下河而下河自保”之法。此时舍阁下更无肯管此闲事者。世臣虽屡告当路，并切言之，而莫能举；近亦衔碑反舌，无处可出微气，故细缕为阁下言之。此事失大机会两次，今日欲举，未可猝办。

本年春间，世臣欲大开顺清沟四十丈，展束清坝二十丈，以畅清刷黄。而主者虑黄水刷深，遂断灌塘之利，谓黄水时有陡涨，措手不及，即淤太平河，绝运路，恫喝至翁。世臣言黄水虽有陡涨，然必至伏秋大汛，此时距伏汛尚百余日，多备料土，相机收窄，何措手不及之有？而至翁深以厅员为可靠，此误大机会者一也。二十九年放黄入湖，即与至翁言：黄入湖必有新淤，棍徒必纷纷请升认领，饬县议驳，共驳呈二百纸，联名至二千人。淤出水面旧老滩不下三四千顷，冬间移苇荡根盘补种，两年之后，每年可得者例柴三四千堆，可厢单长三四十万个，其详在《善后》说帖，原稿存尊处，可以检核，无烦赘述。而至翁迁延，推以二十九年来不及，三十年再办。去、今两年，仍然如忘，不过受厅员愚，以派料虽有津贴，终不如购料之利故耳。此又失大机会者一也。今日即有心人来如法补种，来年未必能茂盛，须至后年，乃可够事。

去年十一月，陈观察开吊，世臣往吊，席间闻夏间所塌埝工二千余丈。若加搂护，须银三四万两。再加三四万两，须可补还石工，即日摸砌，岁内可必完工。至翁闻言大喜，立即札行。世臣因先以谑言，继以危言。其谑言则云：阁下明日见发议诸公，何不用大脚盆满贮冷水，使之当面洗手脚。大凡吾南河文武官员，皆是半仙石匠，未必即是真仙，掮五六百斤之石条，赤身于九天下二丈余深水内，可以摸砌，则半仙者亦可当面一洗手脚也。其危言则云：今埝石掣去深者至十一二层，里石砖柜三合土皆已掣尽，且掣动子堰宽至丈许，若不加搂护，一遭风汛，埝无不倒之理。今年湖水比四年息浪庵失事时，尚高至五尺，下河七邑民命千万皆将于阁下索命，恐二品头衔，万里程途，未足为偿也。不然，则求阁下准贱子回家，免致孽镜台前对簿耳。至翁恻然，即晚发银三万五千两，饬工员搂护。世臣更手疏搂护之法，至翁交与扬道严仙舫，扬道饬房照抄数十份，分给工员。略云："靠未塌之土侧坦处让水五六尺凡浪力在水面极大者，起浪之水，不过七八尺，近底之水无力。铺软草，使胶连，乃钉铺料柴，多用灰缆，做家伙下骑马，至出水面，埽眉扎枕横挡，用人字签签定。乃铺土尺许，撒乱稻草，浇水用硪，打到七寸，再铺柴，层柴层土，撒草浇水行硪如法，乱草打与土和连，则浪不能刷。"又访得山安叶守备晓此做法，即调赴埝工，督率教导。奉派工员，饬其购办石料，等春和开工。然至今尚未完工，而摸砌之工，什七八又被风掣，并掣旧工千余丈。然搂护护埽，屹无动移，以能保全埝工，不至失事。

今要行出清送漕，救下河之良策，若议加高埝石三四层，为费须数百万，且年年修砌，劳费无已。不如即用去冬搂护之法，在埝眉海漫石上，用软草垫底，其被掣之工，不必补砌，一律如法搂护。计埝工长一万丈，除高埝厅所辖之四千余丈，外有新滩拦护，且补种苇柴，分杀风力，相机另办，以节经费。外出圩之六千丈，照例用前法搂护，出海漫三尺五寸，宽五丈，计见丈为单长十七个半，六千丈为单长十万五千个。现在新滩上，自生芦柴无多，未能蒇此公事，补种成林之后，取诸宫中，不及一年，便足敷用，逐年加厢，尤易为力。此工若照现例开销，则库贮太大，或可照旧例七十五方七十五两计算，再提出四成如《事宜》说帖所拟，则所用钱粮不过十数万，与现事不甚相远。该厅自选大芦纻缆，仍听照购价开销，以资津贴。如此，则黄河日深，清水亦不必蓄高，漕行如飞，下河年年丰收，虽西堤塌坏，无碍也。唯西堤现在情形，既不能使工员照保固例再赔，似必难如原议之摊征还款，世臣意尚未得调和之法，想阁下成竹早已在胸中矣。

熙翁到此与海公皆病，稍可支持，即日回棹。世臣目苦手苦，下笔竟不成字，想阁下能念其病而恕之也。即问政祉佳善！闰月朔，年愚兄包世臣顿首。

再，子埝东面埝身较西面低至三四尺，亦须分年培高，撒草行硪，仍存斜分之势，以泻过埝狂浪，则久安长治之道也。

复杨河帅书

江东布衣包世臣谨再拜上复至翁侍郎节使阁下：初六日二炮，接奉手谕一通，敬悉一切。此间谣传百出，迄无定说，大约以沛县失守、东省穿运二事为最重大。初三日接泇河厅禀云："二十三日晚，昭阳湖陡涨四尺余寸，韩庄一带，文报断绝。"为有明文如该厅所禀，则穿运在所不免，但不知是否衡、马两工旧路；或又在分水之南，合汶冲开戴村坝，下大清河，则东省被灾情形，与嘉庆廿四年不相上下。此间传说灾民渡黄至徐城者，不下十万，语言慢肆，此亦势所必至。当此之际，只有褎如充耳，更无能与较论是非。至上口门相度，既不能以遥度传闻之言入告，亦不可冒昧前进，总要拣地方官平日不与百姓为仇敌者一二人，先去安抚。闻有遣武巡戈什哈至口门带面手绘图贴说附折之说，此似不妥。此间当事禀白之言，向无确切可靠者，何况官人？平日门下之人，除东省乡谊之外，无不屈指祷祀阁下升调者，何况此时？若竟据官人复禀入折，将来星使按临，水势图式不符，真乃授人以柄。阁下生平极慎，无烦世臣赘及也。

制府闻有今日抵浦之信，想必星驾北辕两府临工，以定坝基为第一义。从来大工除河道逼仄，如王营减坝之类，不得不就决口进占，此外，总要详择可以越堵处所定正坝之基。坝基总须于口门之前，相距二三百丈，相度稳洽。盖口门出口之水，乘高下跌，常有深至七八丈者，而入袖之势，尤非人力所可制。闻现在漫口之地，河身宽千数百丈，南北两岸，各有老淤滩三五百丈，而该处文武，未闻有曾经大工熟手。法宜于口门之前，上下数百丈之大堤，察看土性与形势便利之处，定立坝基。现在谣传口门，或言二百五六十丈，亦有言三百余丈者。大约口门宽窄，总与河槽相应，塌至二百数十丈，与河槽不相远，则水力不能旁攻。目前裹头想未动手，口门迤下之拦黄坝，想亦无人计及，此两工都是要紧。裹头以防塌宽，拦坝以免积淤，此皆在工人之所能为者。唯定坝基一节，极关重大。盖漫水之时，盛涨平铺滩面，必掣出引水槽渠，方致成事。闻口门之堤，与平地高下三丈七八尺，建瓴冲跌，口门后深塘常不可测。而口门前之引水渠不能过于宽深，故坝基宜定于二三百丈之外，就其浅势，且逐渐倒跌所不及，先刨土槽深丈许，宽与坝等，稍加丈尺，以好土筑土坝，引至将临水之一二十丈地面即用捆厢之法，以固坝本，入水即为坝头。两坝做法相同。坝后土坝长常至数百丈，其近水之数十丈，测滩面高出水面若干，于临水一面，镶做防风数十丈，以防口门收窄时，抬水搜后，此亦要紧。徐属向用秸料，质松劲弱。坝身须宽十二丈，上边埽三丈五尺，夹土坝丈五尺，下边埽二丈，夹土坝一丈，高深以五丈为率，口门收窄，刷深尚不止此。大约正坝宽深，总不过口门之半，既可必成，又以省费。二坝临时看情形，或做或否，若必要做，总须于口门后深塘之外，亦去口门二百余丈可矣。

再相度挑坝之基，法宜于新定坝基之上二百余丈，刨槽做土坝与正坝同。上下水皆要做防风四五十丈，以备不虞。再相度引河头，法宜于口门上游稍远之老滩，开新引河宽五十丈，深二丈五六尺不等。于口门上水未转湾处，引入新河，行十余里，水既伸腰，乃入正河。其正河内受淤，深浅远近，不可预知，比引河头可以稍窄稍浅，总以不阻河流为度。挑坝要宽八丈，斜挺河心与溜争。最着重必与引河头呼吸相通，到口门收至近十余丈之时，挑开引河拦坝，引大溜直注引河，则合龙自不吃重矣。引河之下，各厅详勘抽沟切滩事宜，此自有分任之者。该处形势既未目击，又现在口门宽深亦无准信，以故只言堵筑要工大概，不便悬定估计。估计本是呆事，想在工不乏能者耳。再前月二十七日，世臣与阁下面言大拆顺清沟，展束清坝，引昏垫下河之水，为荡涤河身之用，以免三百里抽切之费。现在黄水清若井泉，埝圩存水一丈八尺九寸，而顺清尚未闻有清水外出礼河，此时东信已无可盼，费虽较多，不能不急筹堵合矣。祥符五瑞本系出清之路，然闻其引河长而淤厚，为费太多，若饬人查看夫工，于工可以剷放，亦可多留河身百余里，不致病淤。日内看水报，外南仲工以下，中泓有二尺之处，海防有一尺之处，此皆簇新稀淤，见水辄去。世臣明知此等话说，为通工所忌，然生性唯知上有君国，下有闾阎，不能为人擦鼻涕，唯恃阁下之能垂谅也。再，吴城七堡牛舌老滩，趁此时切滩大役，铲去瘕症，以复纯庙指示陶庄之旧，则六堡、七堡、顺黄三工皆可闭。并以附闻，肃请钧安，伏乞原鉴！不具。咸丰纪年闰月初七日巳刻，包世臣谨再拜复白。

此时言请帑难已，然到此时断不可不请帑，以河北本系危民，当此巨灾，若无所维系其心，恐生他故也。现在以送空运为最要，北岸已成巨浸，难言购料，专倚南岸，似尚可办。集饷集料，大约要到冬杪，先做三处土坝，估计引河，以及是时让过凌汛，并力以来年挑汛蒇事。工竣后，再将口门补还。将来有能了此役者，非照此数层，难期妥协。世臣再白。

引河头尺寸系从水面起算，其滩面高下不能悬揣。现在口门上游中泓不过丈许，而口门跌塘倒掣，河身逐日加深，故必预估比现泓加深丈许，使开放拦坝时新河底较低数尺，则大溜全趋引河，事半功倍，似费实省。土山必在引河两岸三十五丈之外，用不登木钉桩为界，两头土路必要摊平，如缕堤加礅，以免放水出槽漫土山后复土填河之患。盖引河浅于河身，则口门吸溜，引河系溜，常至事坏垂成。挑坝不得溜则无用，得溜又恐大溜东趋折搜东坝之后，宜于引河头下腭做兜水坝，逼挑坝溜势悉注引河，即作东坝之盖坝。法虽臆创，实为紧要。世臣又注。

（以上诸篇文章录自《安吴四种》卷7下）

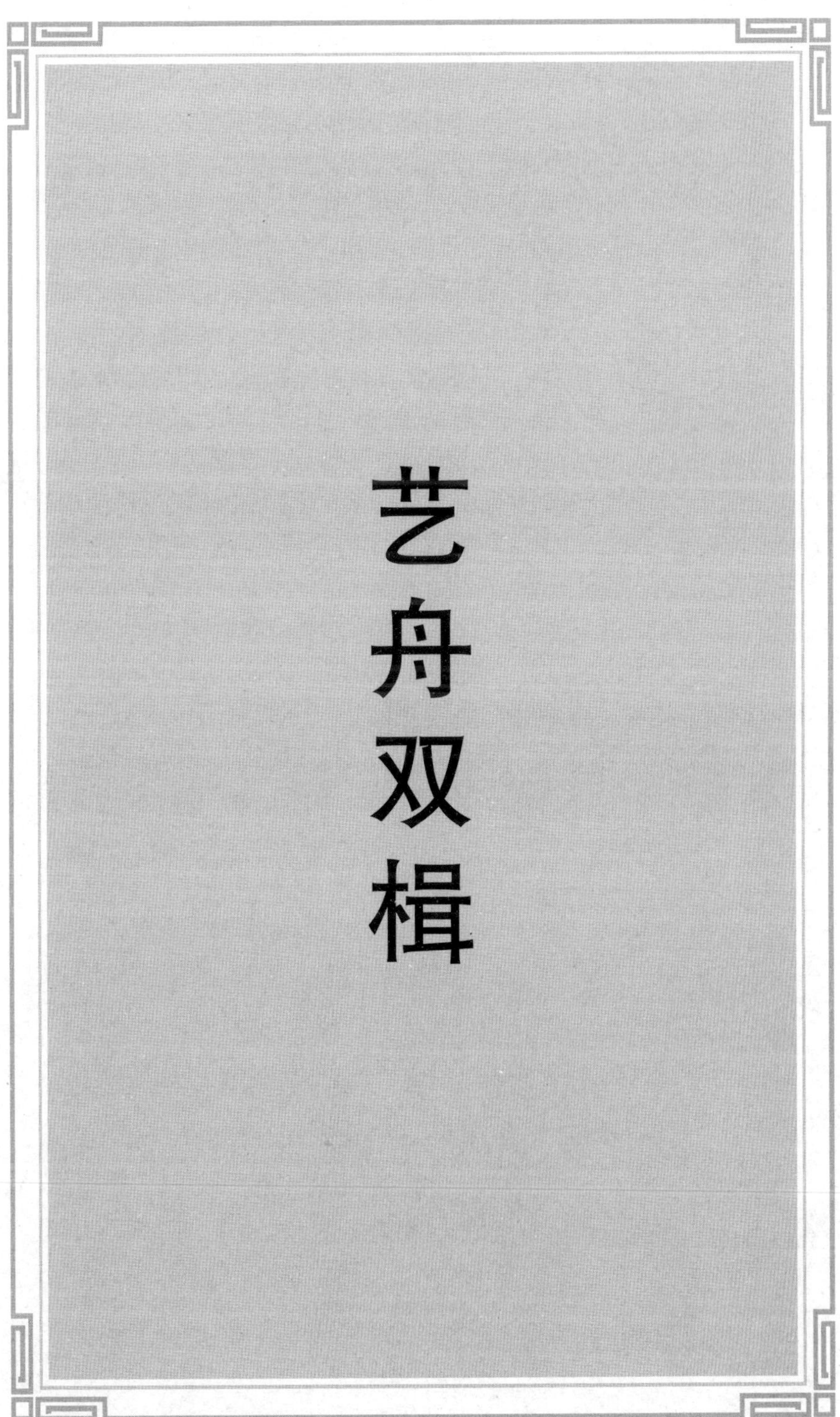

艺舟双楫

序　言

叙曰：论文之书，始于《典论·论文》，而《文赋》继之，魏文评时流得失，士衡论体裁当否。《文心雕龙》后出，则推本经籍，条畅旨趣，大而全编，小而一字，莫不以意逆志，得作者用心所在。后此则退之、子厚、明允，又自述得力端末，于以诲人谕众者，而明允之尊文为尤甚。南朝以有韵者为文，无韵者为笔，故牧之有“杜诗韩笔”，玉溪有“任昉文笔纵横”之语，然对文则为笔，单言则统于文。近有谓古有文笔之别，无古文之称，而斥称古文者为陋。然汉人以字体而别今古文，至宋既有时文之名，则别称古文亦何不可乎？古文之名，以北宋而盛，其学至南宋而大衰。以迄于今，别裁杂出，支离无纪，且七百年所已。近人姚姬传选古文辞，条别诸家得失，恽子居自述力学所得，实亦焕乎可采，不谬后来。

仆少好诗赋，独学寡闻，蓬转后耳目稍扩，逾五十始自捡葺。间与友人问答，必直吐肝膈。所居既卑，人事酬应势所不免，然卒不敢以所学徇人，幸免谄胁之耻。至于兼备众体，古人所难，上下百世，唯有子瞻。而赋仍冗疹，千应之一，无容吠声。倚声、传奇，体虽晚出，其能者殆非率尔，偶道所见，或殊燕说。八比为近世正业，前明能者辈出，论说多当，然入主之诮，燕石之陋，亦复时有。仆少小事此，费精神于无补，分别径途，不贻染丝之悲，盖亦庶几。其友生之间，有如魏文所云，“此子为不朽”者，盖棺定论，一并入录，以听后人裁其当否耳。

若夫论书之作，创自后汉，崔、蔡之词虽简略，而形容体势，兼涵并包。南北朝尤重此艺，工文者史入文苑，以工书托体小学，乃入儒林。下迨唐初，状笔势说结字之文益多。唯孙虔礼大畅旨趣，略不留余，原彼心悟，可以仰匹《文赋》；薙其拙冗，则光曜尤有推暨。仆姿劣力孱，独耽斯业，五十年来，终始不厌，前后常谈或亦有当古人者，故并纪录其词焉。

文　谱

道光己丑八月，养疴寓园，日与族子孟开论古文节目，因次为篇。

余尝以隐显、回互、激射说古文，然行文之法，又有奇偶、疾徐、垫拽、繁复、顺逆、集散，不明此六者，则于古人之文，无以测其意之所至，而第其诣之所极。垫拽、繁复者，回互之事；顺逆、集散者，激射之事；奇偶、疾徐，则行于垫拽、繁复、顺逆、集散之中，而所以为回互、激射者也，回互、激射之法备，而后隐显之义见矣。是故讨论体势，奇偶为先。凝重多出于偶，流美多出于奇，体虽骈必有奇以振其气，势虽散必有偶以植其骨，仪厥错综，致为微妙。《尚书》“钦明文思”，一字为偶，安安迭字为偶。“允恭克让”，二字为偶，偶势变而生三，奇意行而若一。“光被四表，格于上下”，语奇也而意偶。“克明峻德”四字一句奇，“以亲九族”十六字四句偶，“协和万邦”十字三句奇，而“万邦与九族百姓”语偶，“时雍与黎民于变”意偶，是奇也而偶寓焉。“乃命羲和”节奇，“若天授时”，隔句为偶，中六字，纲目为偶。“分命申命”四节，体全偶而词悉奇。“帝曰咨”节奇，“期三百”七十字，参差为偶。“允釐”八字，颠倒为偶，而意皆奇。故双意必偶，“钦明”、“允恭”等句是也；单意可奇可偶，“光被”、“允釐”等句是也。虽文字之始基，实奇偶之极轨。批根为说，而其类从，慧业所存，斯为隅举。

次论气格，莫如疾徐。文之盛在沉郁，文之妙在顿宕，而沉郁顿宕之机，操于疾徐，此之不可不察也。《论语》“觚不觚”句，疾也；“觚哉觚哉”句，徐也。“其然”句，徐也；“岂其然乎”句，疾也。此两句为疾徐也。《大学》“一家仁一国兴仁”节，疾也；“尧、舜帅天下以仁”

节，徐也。《孟子》“王曰：‘何以利吾国’”节，徐也；“未有仁而遗其亲”节，疾也；此两节为疾徐也。“天子适诸侯曰巡守”一百四十九字徐，“先王无流连之乐”十六字疾，“国君进贤”一百二十字徐，“故曰国人杀之”十七字疾，“尊贤使能，俊杰在位”五节徐，“信能行此五者”一节疾，此通篇为疾徐也。有徐而疾不为激，有疾而徐不为纡，夫是以峻缓交得，而调和奏肤也。

垫拽者，为其立说之不足耸听也，故垫之使高；为其抒议之未能折服也，故拽之使满。高则其落也峻，满则其发也疾。垫之法有上有下，《孟子》：“知而使之是不仁也，不知而使之是不智也，仁智周公未之尽也。”又曰：“且以文王之德，百年而后崩，犹未洽于天下，武王、周公继之，然后大行。”《韩非》：“今有不才之子，父母怒之弗为改，乡人诮之弗为动，师长教之弗为变。”又云：“禹利天下，子产存郑，皆以得谤。”又云：“视锻锡察青黄，区冶不能以必剑；发齿吻形容，伯乐不能以必马。”又云：“侈而惰者贫，而力而俭者富，今征敛于富人以施布于贫家。”《史记》：“尝以十倍之地，百万之众，叩关而攻秦。秦人开关延敌，九国之师，逡巡逃遁而不敢进。”又云：“非有仲尼、墨翟之贤，陶朱、猗顿之富”者，皆上垫也。《孟子》：“管仲、曾西之所不为也。”又云：“非所以纳交于孺子之父母也，非所以要誉于乡党朋友也，非恶其声而然也。”《韩非子》：“磐石千里不可谓富，象人百万不可谓强。”《史记》：“借使子婴有庸主之才，仅得中佐。”又云：“向使二世有庸主之行，而任忠贤，臣主一心而忧海内之患。”又云：“是所重者在于色乐珠玉，而所轻者在于人民”者，皆下垫也。

拽之法有正有反，《孟子》：“万取千焉，千取百焉，不为不多矣，苟为后义而先利。”又云：“文王以民力为台为沼，而民欢乐之；予及汝偕亡，民欲与之偕亡。”又云：“此惟救死而恐不赡。”《荀子》：“蚓无爪牙之利，筋骨之强，上食槁壤，下饮黄泉，用心一也。蟹六跪而二螯，非蛇蚓之穴无可托足者，用心躁也。是故无冥冥之志者，无昭昭之明；无昏昏之用者，无赫赫之功。”又云：“今之学者，入乎耳出乎口，口耳间则四寸耳，安能美七尺之躯？”《韩非》：“今有构木钻燧于夏后之世者，必为鲧、禹笑矣；有决渎于殷周之世者，必为汤武笑矣。”又云：“人主之左右不必智也，人主于人有所智而听之。因与左右论其言，是与愚人论智也；人主之左右不必贤也，人主于人有所贤而礼之，因与左右论其行，是与不肖论贤也。”《吕览》：“民农则朴，朴则易用，易用则边境安，主位尊；民农则重，重则少私义，少私义则公法立，力专一；民农则其产复，其产复则重徙，重徙则死其处而无二虑。”又云：“马者，伯乐相之，造父御之，贤主乘之，一日千里，无御相之劳而有其功。”《史记》：“天下以定，秦王之心，自以为关中之固，金城千里，子孙帝王万世之业也。秦王既没，余威振于殊俗。”又云：“二世不行此术而重之以无道”者，皆正拽也。《孟子》：“天子能荐人于天，不能使天与之天下；诸侯能荐人于天子，不能使天子与之诸侯；大夫能荐人于诸侯，不能使诸侯与之大夫。”又云：“而居尧之宫，逼尧之子，是篡也。”又云：“将戕贼，杞柳而后以为杯棬，如将戕贼，杞柳而以为杯棬。”又云：“金重于羽者，岂谓一钩金。”又云：“是君臣父子兄弟，终去仁义，怀利以相接。”《荀子》：“乐姚冶以险，则名流僈鄙贱矣，流僈则乱，鄙贱则争，争乱则兵弱城犯，敌国危之。”又云：“且夫暴国之君谁与至哉？彼其所与至者必其民也，而其民之亲我，欢若父母，其好我，芬若椒兰。彼反顾其上则若灼黥，若仇雠，人之情虽桀跖，又岂肯为其所恶，贼其所好。”《韩非》：“法术之士，操五不胜之势，以岁数而又不得见当途之人，乘五胜之资，而旦暮独说于前。”又云：“智士者远见而畏于死亡，必不从重人矣；廉士者修廉①而羞与佞臣欺其主，必不从重人矣。是当途之徒属，非愚而不知患，即污而不避奸者也。大臣挟愚污之人，上与之欺主，下与之收利侵渔。”《史记》：“秦并海内，兼诸侯，南面称帝，以四海养天下，斐然向风。”又云：“今秦二世立，天下莫不引领而观其政，夫寒者利裋褐，饥者甘糟糠，民之嗷嗷，新主之资也”者，皆反拽也。《孟子》“知虞公之不可谏而去之秦”一百二十二字，《荀子》“凡生于天地之间者，有血气之属必有知”一百八十一字，旋垫旋拽，备上下反正之致，文心之巧，于斯为极。是故垫拽者，先觉之鸿宝，后进之梯航，未悟者既望洋而不知，闻声者复震惊而不信，然得之则为蹈厉风发，失之则为朴樕辽落。姬嬴之际，至工斯业，降至东京，遗文具在，能者仅可十数，论者竟无片言，千里比肩，百世接踵，不其谅已。

至于繁复者，与垫拽相需而成，而为用尤广。比之诗人，则长言咏叹之流也，文家之所以极情尽意茂豫发越也。《孙武子》“声不过五，五声之变不可胜听也；色不过五，五色之变不可胜观也；味不过五，五味

① “修廉”，原作“修”，今据吴校稿本补。

之变不可胜尝也。战胜不过奇正，奇正之变不可胜穷也”者，繁也。“奇正相生如循环之无端，孰能穷之”者，复也。《孟子》：“谷与鱼鳖不可胜食，材木不可胜用，七十者衣帛食肉，黎民不饥不寒。”又云：“天下之欲疾其君者，皆欲赴诉于王”者，繁也。“然则一羽之不举，为不用力焉。”又曰：“昔者禹抑洪水而天下平。”又曰：“口之于味也有同嗜焉。”又曰：“何为身死而不受，今为宫室之美为之”者，复也。“离娄之明”节，繁也。“圣人既竭目力”节，复也。“乐民之乐者，民亦乐其乐；忧民之忧者，民亦忧其忧。乐以天下，忧以天下。”又云：“君子以仁存心，以礼存心，仁者爱人，有礼者敬人，爱人者人恒爱之，敬人者人恒敬之”，繁而兼复也。“得道者多助，失道者寡助，寡助之至，亲戚畔之；多助之至，天下顺之。以天下之所顺攻亲戚之所畔”，复而兼繁也。《荀子》之议兵礼、论乐、论性恶篇，《吕览》之《开春》、《慎行》、《贵直》、《不苟》、《似顺》、《士容》论，《韩非》之《说难》、《孤愤》、《五蠹》、《显学》篇，无不繁以助澜，复以畅趣。复如鼓风之浪，繁如卷风之云，浪厚而荡万石比一叶之轻，云深而酿霖①雨有千里之远，斯诚文阵之雄师，词囿之家法矣。

然而文势之振，在于用逆；文气之厚，在于用顺。顺逆之于文，如阴阳之于五行，奇正之于攻守也。《论语》：“公叔文子之臣大夫僎”，逆而顺也。“君取于吴为同姓，谓之吴孟子”，顺而逆也。《孟子》：“无恒产而有恒心者，惟士为能”。本言“当制民产”，先言“取民有制”，又先言“民之陷罪，由于无恒心；而无恒心，本于无恒产”，并先言“惟士之恒心，不系于恒产”，则逆之逆也。“天下大悦而将归己”章，“桀、纣之失天下”章，全用逆。“君子之所以异于人者”章，全用顺。深求童习之编，自得伐柯之则，略举数端，以需善择。

集散者，或以振纲领，或以争关纽，或奇特形于比附，或指归示于牵连，或错出以表全神，或补述以完风裁，是故集则有势有事，而散则有纵有横。《左传》：“君将纳民于轨物者也，故讲事以度轨量谓之轨，取财以章物采谓之物，不轨不物，谓之乱政。”又云：“将修先君之怨于郑而求宠于诸侯，以和其民。”《孟子》：“是故君子有终身之忧，无一朝之患。”又云：“彼陷溺其民，王往而征之，夫谁与王敌？”又云：“仁不可为众也，夫国君好仁，天下无敌。”又云：“或劳心，或劳力，劳心者

① “霖”，原作“零”，据吴校稿本改。

治人，劳力者治于人，治于人者食人，治人者食于人。”《韩非子》：“是以赏莫如厚而信，使民利之；罚莫如重而必，使民畏之；法莫如一而固，使民知之。”又云：“夫离法者罪，而诸先生以文学取；犯禁者诛，而群侠以私剑养。故法之所非，君子所取；吏之所诛，上之所养也。”又云：“故明主之国，无书简之文，以法为教；无先生之语，以吏为师；无私剑之捍，以斩首为勇。”又云：“强则能攻人者也，治则不可攻者也，治强不可责于外，内政之修也。”是集势者也。《孟子》引“经始灵台”、“时日曷丧”，征古以明意说；“不违农时”、“五亩之宅”，缘情以比事。《吕览》专精证验。《韩非》旁通喻释。《史记》载祠石坠履，而西楚遂以迁鼎；述厕鼠惊人，而上蔡无所税驾。曲逆意远，见于俎上；淮阴志异，得之城下。临邛窃赀，好畤分橐，显晦既殊，心迹斯别。右游侠之克崇退让，而知在位之专恣睚眦；称权利之致于诚壹，而知居上之不收穷民，是集事也。二帝同典，止纪都俞，五臣共谟，乃书陈告，是纵散者也。然龙门帝纪，已属有心避就；金华臣传，遂至仅存阀阅。宋濂作《九国春秋》，事迹悉详纪中，诸臣列传，势难重出，寂寥已甚。今吴任臣书，即窃其本也。求其继声，未易屈指。《史记》廉将军矜功争列，与避车连文，以美震悔之忠；长平侯重揖客讳击伤，于本传不详，以叹尊容之广。程、李名将，而行酒辨共优劣；汲、郑长者，而廷论讥其局趣，是横散者也。然而六法备具，其于文也，犹鱼兔之筌蹄，肤发之脂泽也。《易》曰：“观乎人文，以化成天下。”士君子能深思天下所以化成者，求诸古，验诸事，发诸文，则庶乎言有物，而不囿于藻采雕绘之末技也夫。

答张翰风书

翰风足下：白门邂逅，欢若平生，班荆倾盖，诚有以相知也。报罢后返棢鸠江，复有小滞，方觅良信相闻，忽奉手教，展缄三复，涕洟横集。足下高才绝学，少所许可，顾乃盛加称引，不惜骇听，足下年未强仕，世臣尚在弱冠，要以有所成就，与天下共见，非可以口舌争也。至古之修身以事天者，极于天寿不贰，况区区苦乐升沉之间乎？虽辱相爱之厚，顾毋以此为世臣戚戚也。筹贼一议，区处明了，如有用我，可翘足以待葳事，但此事理有共明，不必谓为推演鄙说耳。追惟矮屋一夕之谈，等于笙磬，而临歧握手，唯以苦吟为诫，仁者之赠，心佩不忘。更今三月，竟断韵语，而箧中旧草，未忍焚弃，篇什颇充，不能庄写，附缄去书，敬以相属。

宋氏以来，言诗必曰唐，近人乃盛言宋，而世臣独尚六朝。尚六朝者，皆以排比靡丽为工，而世臣独求顿挫悠扬，以畅目送手挥之旨。是以游历数州，未遇可言，何意足下远隔千里，乃为同术。然足下专推阮、陶，世臣则兼崇陆、谢。尝谓诗本合于陈思，而别于阮、陆，至李、杜而复合，既合而其未遂分而不可止，此则同之微异者也。盖格莫峻于步兵，体莫宏于平原，步兵之激扬易见，平原之鼓荡难知，天挺两宗，无独有偶。太冲追步公干，安仁接武仲宣，虽乃遒丽，无足与参。彭泽沉郁绝伦，惟以率语为累，然上攀阮而下启鲍，孟、韦非其嗣也。康乐清脆夷犹，以行沉郁，如夏云秋涛，乘虚变灭。故论陶于独至，时出谢右，以言竟体芳馨，去之抑远。宣城得其清脆，而沉郁无闻；参军有其沉郁，而犹夷不显。醴陵、开府，庶几具体，而江则格致较轻，微伤边幅；庾则铅华已重，反累清扬。是故善学者必别其流，善鉴者必辨其源，景阳、景纯，祖述步兵而变为沉响；彦升、法曹，宪章康乐而发以么弦。子坚神骨俊逸，倡太白之前声；处道气体高妙，飞子美之嚆矢。是必心契单微，未易与吠声逐迹者说也。三唐杰士，厥有七贤，郑公首赋凭轼，少保续咏临河，高唱复古，珍比素丝。伯玉之骀宕，子寿之精能，次山之柔厚，并具炉冶，无偭高曾。抗坠安详，极于李、杜，所谓一字一句，若奋若搏，彼建安词人不得居其右者矣。

事斯以来，历年三五，师心所向，宗尚如斯。徒以见闻狭隘，材力怯薄，躬之不逮，良用为耻耳。窃谓先王治世之大经，君子淑身之大法，必以礼乐，而礼坏乐崩，来自近古，端绪仅存，唯借诗教。夫言诗教于今日难矣，然而纪述必得其序，指斥必依其伦，礼也；危苦者等其曲折，哀思者怀其旧俗，乐也。凡所以化下风上，言无罪而闻足戒者，今之诗不犹之古乎？世臣生长孤露，早涉忧患，而能饬其领缘，勿迩奇邪，颇谓以诗自泽，言为心声，可意逆而得也。足下幸赐观览，汰其疵纇，使得遵录定本，留存异日，庶几自讼有方，时资省察。达则不昧初心，穷则力贞素志，丽泽之益，斯为不负。此间已无可留，半月后便作归计，敝居去歙，近在三程，或能襆被过访，面承指授。天寒珍重，不具欲言。嘉庆五年十月十八日，世臣顿首。

答董晋卿书

晋卿足下：承示赋册，深辱推许，俾加点定，发而读之，“白云易消息”二首，张、蔡不尔过也，“愁霖杏华红蕙”三首，亦文通、子山之亚。斯艺久绝，旧观顿还，欣喜之情，非可言喻。

仆家无藏书，少不涉事，独好《文选》，辄效为之，以古为师，以心为范，后乃得唐以来赋千余首，检其长篇巨制，殊无可观，惟韩退之《感二鸟》，张文潜《酷暑》，差当意耳。成童事斯，越三四年，内省外方，邈尔无偶。暨出游江淮间，乃见近人窦东皋侍郎作，骎骎有慕古之意，伐材近而隶事杂，气象窘迫。大兴朱相国有进御文五十余首，华赡胜窦氏，意卑不能尊其体。张孟迟进士，步趋朱氏而加修饬，然贪多之弊更甚。尊舅氏张皋文编修，识字谐韵，而外腴内竭，金朗甫庶常，承编修之指授，用意秀宕，而怯薄无以自立。斯数君者，固已魁然迥出，卓立颓流，质诸古人柔厚之旨，未窥一间。

仆以奔走风尘，弱冠废学，常叹生秉殊分，使不迫于饥寒，以三年余暇，沉浸遗编，源于风骚，以端其旨，以息其气；播于子史，以广其趣，以饬其势；通于小学，以状其情，以壮其泽；汇于古集，以练其神，以达其变，则虽不能追踪汉魏，力崇淳质，悱恻雅密，接武鲍、庾，其庶几矣。且通人有所蔽，鸣者求其声①，以李、杜之材力，耽为古赋，而所作率散缓朴樕，至以其法入杂言为歌行，尤横溃不可理。退之四言碑志，质遒可诵，而诗则怒张无意兴，伪裁自娱，以诬将来。于今千载，始逢通识，而窦、朱草创，体间雅俗，张、金之才，相继夭折。仆又借词饥驱，不肯竟学，少小之章，俪色不纯，沉思未锐。造物顾何厚于古人，必使之独绝往代？

① “鸣者求其声”，吴校稿本作“明者求其师”。

今见足下所著，乃知仆于辰巳之年，遂弃是事，良以足下于时始基，天靳吾智，以厚间出，自兹以往，其无憾矣。吾党多才，申耆敦让强忍，博物多能，文起贯串今古，通彻兴废，是皆间气特育，任重道远。足下虽以艺胜，唯此独至，可称三足。惭形憎貌，无复敢云，谨检出旧稿十二首，送俟删勘，匠斤所至，或可为足下张军云尔。迟日当奉过，面悉不宣。癸亥四月既望。

扬州府志艺文类序

志书之纂辑艺文，所以观风俗，镜得失。夫扬州居东南之会，文物为盛，故首列历朝土著，而次以游宦流寓，其诏诰颂赠之文，关涉本郡，亦以次编入。陈、隋以前，遗文罕覯，史传所载，别集所存，虽或经删摘，加以阙蚀，词义既高，概从搜采。李氏以来，传本稍多，迨乎前明，剞劂大畅，芜秽既所欲略，而清英亦难尽集。亦有书比间笙，词登画臂，即乖遒丽之旨，亦从传人之例，讥贻挂一，迹因逐起。至于近代闻人，流布未广，集藏本家，在彼以求传为耻，在此无索珠之勤，义托盖阙，情同有憾。若其名脱鳞籍，痕留雪爪，固仰山之心所向，亦争墩之诮所由。但征本事，尽去旁侵，凡辑三类，共若干卷。地惟一隅，体备百家，复其升降，故有可言。

盖尝论词无今古，概为三则：诗文赋颂，异流同源，懿彼发伦类之淳漓，讽政治之得失，闾阎疾苦，由以上闻，云霄膏泽，于焉下究，言必有物，斯其上也。若夫风云月露，文焕于天，山川草木，文交于地，忧愉欣戚，文成于人，于以发抒抑郁，陶写襟怀，程其格式，平险分焉。是故气盛者，至平流而多姿；势健者，履险隘而不蹶。气以柔厚而盛，势以壮密而健，风裁既明，兴会攸畅，故其所作，直抒胸臆，遂感心脾，日选常言，弥彰新色，斯其次也。至若以形声求工，倍犯为巧，此则属对之余，酬酢之技。又或排比故实，以多为贵，搜罗隐僻，以异为高，聊充筐篚之需，比于角牴之尚，虽臻绮丽，风斯下矣。兹集所载，宦游诏赠，大都借材，土著诸贤，肇自炎汉，维时道南未盛，秀靳濒江。洎南北分壤，征战日连，传人宜少。乃以唐宋文治，十世休息，较之今日，多寡犹悬。然而详加披诵，则古厚今浇，古劲今孱，篇幅滋长，意义逾薄，则知文气之变，本自人心，人心所流，浸成风俗，君子择术，盖其慎矣。独至救时指事之章，防患设机之论，唯其事变日更，推求渐切。加以河淮迭警，漂潦常至，当事之章奏，韦布之条列，辨多切事，方或当疾，是则用志既锐，结体自尊者也。

是故五声之道通于政，文字之教成其俗。其文质朴，征嗜好之不华；其文清邃，验习尚之不浮，乐道忠孝，斯根本之克敦；备明险易，即智虑之及远。崇实之得也。流连声乐，遂近骄淫之靡；讥讪帷薄，难云任恤之教。藻缋求丽，则缘情有欠；摭采务博，则穷理不真。致饰之失也。观其文以知俗，推其俗以知治，况夫硕画为经，巷议可诵，则已行者旧章不愆，未行者美意若师，展卷而得，斯民不易。后之君子，诚有取于此，则劝惩之方，补救之术，庶乎列国陈风，无愧政书之训也已。

书赠王慈雨钦霖

士患无以自立，得丧定于命，非人为之所能增损也。心移于得丧，则学必徇人，以徇人为学，且乌能自成其文乎？唯不以得丧累其心，独处以古为师，群居择善而执。受于天者，虽有厚薄之殊，积之久要皆足以自立，自昔工文之士，其基无不筑于此也。至于不虞之誉，求全之毁，今古同叹。誉至则必求所以实其言，毁至反诸吾身而无可指实，既不疚于心，何病人言哉？语云："争名者于朝。"争名之地，败行尤易，唯自安义分，事贤友仁，不改求己之素，通无妨于进取，塞不至于贻悔，斯所遇皆足以进吾之实学，而助吾之真文矣。

沭阳慈雨王君，将赴京兆试，过扬州，介虚谷张君存予于湖上。扬州古称尘土之乡，予侨此十余年，二君观之以为染尘者几何耶？张君学识过侪辈，而盛称王君。不知其人视其友。予荒落已甚，无以答王君求益之意，只此守自立之心，则廿年前所证盟于大兴朱文正公者，今犹未能自弃，故述以为赠，王君幸无以为悠悠常论也。嘉庆廿一年二月廿二日，包世臣书。

慈雨成进士，观政吏部，勤政自立，为书吏所惮。常言自得包君赠言，举事唯恐失足，负良箴。别后十数年，博视载籍，力文有奇气，不以忤俗自阻，不以殊众自矜，向其意气，有成必矣。而年仅四十，遘疫卒于都下，录此曷胜悼痛！

与杨季子论文书

季子足下，辱书询为古文之要，词意勤恳，世臣何可以当此耶？足下性嗜古书，尤耽齐、梁诸子，而下笔顾清迥柔厚，骎骎有西汉之意。世臣塞陋偃蹇，何足以称盛指？谨言其所知，而足下择之。

窃谓自唐氏有为古文之学，上者好言道，其次则言法，说者曰："言道者，言之有物者也；言法者，言之有序者也。"然道附于事而统于礼，子思叹圣道之大曰："礼仪三百，威仪三千。"孟子明王道，而所言"要于不缓民事，以养以教"。至养民之制，教民之法，则亦无不本于礼。其离事与礼，而虚言道以张其军者，自退之始。而子厚和之，至明允、永叔，乃用力于推究世事，而子瞻尤为达者，然门面言道之语，涤除未尽，以致近世治古文者，一若非言道则无以自尊其文，是非世臣所敢知也。天下之事，莫不有法，法之于文也尤精而严。夫具五官，备四体，而后成为人，其形质配合乖互，则贵贱妍丑分焉，然未有能一一指其成式者也。夫孟、荀，文之祖也；子政、子云，文之盛也，典型具在，辙迹各殊，然则所谓法者，精而至博，严而至通者也。又有言为文不可落人窠臼，托于退之尚异之旨者。夫窠臼之说，即《记》所讥之"剿说"、"雷同"也。比如有人焉，五官端正，四体调均，遍视数千万人，而莫有能同之者，得不谓之真异人乎哉？而戾者乃欲颠倒条理，删节助字，务取诘屈以眩读者，是何异自憾状貌之无以过人，而抉目截耳，折筋刲胁，踽行于市，而矜诩其有异于人人也耶？至于退之诸文，序为差劣，本供酬酢，情文无自，是以别寻端绪，仿于策士讽喻之遗，偶著新奇，旋成恶札，而论者不察，推为功宗。其有寻绎前人名作，摘其微疵，抑扬生议，以尊己见，所谓蠹生于木而反食其木。又或寻常小文，强推大义。二者之蔽，王、曾尤多。夫事无大小，苟能明其始卒，究其义类，皆足以成至文，固不必悉本忠孝，攸关家国也。凡是陋习，染人为易，而熙甫、顺甫，乃欲指以为法，岂不谬哉！

文类既殊，体裁各别，然惟言事与记事为最难。言事之文，必先洞悉所事之条理原委，抉明正义，然后述现事之所以失，而条画其补救之方。记事之文，必先表明缘起，而深究得失之故，然后述其本末，则是非明白，不惑将来。凡此二类，固非率尔所能。而古今能者，必宗此法，机势万变，枢栝无改。至纪事而叙入其人之文则为尤难。《史记》点窜《内外传》、《战国策》诸书，遂如己出；班氏袭用前文，微有增损，而截然为两家。斯如制药冶金，随其熔范，形依手变，性与物从，非具神奇，徒嫌依傍。马、班纪载旧文，多非原本，故《史记》善贾生推言之论，而班氏《典引》，直指以为司马，《始皇纪》后，亦兼载贾、马之名，贾生之文入《汉书》者，已属摘略，而其局度意气，与《过秦》殊科，则知其出于司马删润无疑也。比及陈、范，所载全文，多形芜秽，或加以删薙，辄又见为碎缺。故子瞻约赵忭之牍以行己意，而介甫叹为子长复出者，盖深知其难也。《通鉴》删采忠宣，能使首尾完具，利害毕陈，原父炉锤，斯为可尚。世臣从前纂汪容甫遗集，曾采未成互异之稿，足为完篇，笔势一如容甫。容甫故工文，体势又略与予近，犹易为力。至作《谷西阿传》，采录其奏议三篇，西阿人能自立，而文笔芜靡不及其意，世臣因其事必宜传，又恐一加润色将与国史互异，致启后人之疑，故止为之删削移动；较量篇幅，十不存五，而未尝改易一字；醇茂痛快，顿可诵读，既与原文殊观，又不乱以己意，较之子瞻所作，难易倍蓰，非足下其谁与喻此耶？

世臣自幼失学，惟好究事物之情状，足下所志，略同鄙人。前后杂文数十百篇，足下大都见之，其是否有合古人立言之旨，以及与近世闻人所言古文相承之法，是否同异，世臣不能自知，又将何以为足下告耶？重辱远问，伏惟珍重，皇恐皇恐。

再与杨季子书

季子足下：辱赐还答，知不以前书为差谬，幸甚，幸甚。然奖借逾分，又有未其喻意之处，故复进以相开，惟足下照察。

足下谓圣道即王道，研究世务，擘画精详，则道已寓于文，故更无道可言，固非世臣所任，而亦非世臣意也。世臣生乾隆中，比及成童，见百为废弛，贿赂公行，吏治污而民气郁，殆将有变，思所以禁暴除乱，于是学兵家。又见民生日蹙，一被水旱，则道殣相望，思所以劝本厚生，于是学农家。又见齐民跬步即陷非辜，奸民趋死如鹜而常得自全，思所以饬邪禁非，于是学法家。既已求三家之学于古，而饥驱奔走者数十年，验以人情地势，殊不相远，斟古酌今，时与当事论说所宜。虽补救偏弊之术，偶蒙采纳，皆有所效，然极世臣学识之所至，尚未知其能为富强否耶？民富则重犯法，政强则令必行，故过富强者为霸，过霸者为王，诗人之颂王业曰："如茨如粱"，又曰："莫不震迭"。未有既贫且弱，而可言王道者也。故谓富强非王道之一事者，陋儒也。若遂以富强为王道，古先其可诬乎？《荀子》曰："学始于诵诗，终于安礼，学至于礼而止。"《孟子》曰："动容周旋中礼者，盛德之至也。"孔子曰："齐之以礼，有礼则安。以礼为国乎何有？"世臣溯自有识，讫于中身，非礼之念，时生于心，非礼之行，时见于事，惟不敢荡检逾闲，窃自附于乡党自好之末而已。而足下乃取文以载道之卮言，致其推崇。前书方以言道自张，为前哲之病，而足下更为此说，是重吾过也。

足下又谓苦学彦升、季友而不能近，以致词气生涩，非能入汉。夫太白俯首宣城而不珍建安，子美诗亲子建而苦学阴何，智过其师，事有天授。故足下之近汉也，得于天，而好彦升、季友，由于学。然彦升、季友独到之处，亦汉人所无，足下好之无庸更疑也。至询及晋卿往复论文之旨，足下疑世臣之别有秘密乎？晋卿古文之学，出于其舅氏张皋文先生，皋文受于刘才甫之弟子王悔生，盖即熙甫、望溪相承之法。而晋卿才力桀骜，下笔辄能自拔。然世臣识晋卿时，晋卿未弱冠，迄今二十年，每论文，则判然无一语相合，而读其文，则必叹赏无与比方。晋卿亦以世臣一览便见其深，每有所作，必以相示，不以论议殊途为意，是殆所谓能行者未必能言也。

又询及《选》学与八家优劣，及国朝名人，孰为近古。夫《文选》所载，自周、秦以及齐、梁，本非一体。八家工力至厚，莫不沉酣于周、秦、两汉子史百家，而得体势于韩公子、《吕览》者为尤深，徒以薄其为人，不欲形诸论说，然后世有识，饮水辨源，其可掩耶？自前明诸君泥子瞻文起八代之言，遂斥《选》学为别裁伪体，良以应德、顺甫、熙甫诸君，心力悴于八股，一切诵读，皆为制举之资，遂取八家下乘，横空起议、照应钩勒之篇，以为准的，小儒目眯，前邪后许，而精深闳茂，反在屏弃。于是有反其道以求之者，至谓八家浅薄，务为藻饰之词，称为《选》学，格塞之语，诩为先秦。夫六朝虽尚文采，然其健者，则缓急疾徐，纵送激射，同符《史》、《汉》，貌离神合，精彩夺人。至于秦、汉之文，莫不洞达骀宕，刿目怵心；间有语不能通，则由传写讹误，及当时方言。以此为师，岂为善择？退之酷嗜子云，碑版或至不可读，而书说健举浑厚，宜为宗匠。子厚劲厉无前，然时有摹拟之迹，气伤缜密。永叔奏议怵怛明畅，得大臣之体，翰札纡徐易直，真有德之言，而序记则为庸调。明允长于推勘辨驳，一任峻急。介甫词完气健，饶有远势。子固茂密安和，而雄强不足。子瞻机神敏妙，比及暮年，心手相忘，独立千载。子由差弱，然其委婉敦缛，一节独到，亦非父兄所能掩。足下试各取其全集读之，凡为三百年来选家所遗者，大抵皆出入秦、汉，而为古人真脉所寄也。其与《选》学，殊途同归。贵乡汪容甫，颇有真解，惜其骛逐时誉，耗心饾饤，然有至者，固足为后来先路矣。

国初名集，所见甚鲜，就中可指数者，侯朝宗随人俯仰，致近俳优。汪钝翁简点瞻顾，仅足自守。魏叔子颇有才力，而学无原本，尤伤拉杂。方望溪视三子为胜，而气仍寒怯。储画山典实可尚，度涉市井。刘才甫极力修饰，略无菁华。姚姬传风度秀整，边幅急促。张皋文规形模势，惟说经之文为善。恽子居力能自振，而破碎已甚，碑志小文，乃有完璧。凡此九贤，莫不具标能擅美、独映当时之志，而盖棺论定，曾不足以塞后人之望。白驹过隙，来者难诬，足下齿方弱冠，秀出时流，然生材非难，成材为难，惟望以世臣之荒为鉴，及时自效，则斯文之幸也。时因风便，复惠德教，珍重不宣，世臣顿首。

读亭林遗书

乾隆壬子，白门书贾新雕《日知录》出，予翻阅首册，始知亭林之名，爱其书，力不能购。嘉庆辛酉客芜湖，为从游姚季光著《说储》二篇。壬戌至常州，主李申耆家，出稿本质之。申耆手为缮清，以为其说多与《日知录》相出入，因得尽读《日知录》三十卷，叹为经国硕猷，足以起江河日下之人心风俗，而大为之防。唯摘章句以说经，及畸零证据，犹未免经生射策之习，欲删移其半，别为外篇，以重其书，而未果。嗣游扬州，得见《唐韵正》五书，心伟绝业，而非所好也。又得《郡国利病书》读之，征录赅备，如医家流之有《本草纲目》，足为《日知录》之佐使。迨展侧吴越，近世闻人之书大都得寓目，窃以为百余年来，言学者必首推亭林，亭林书必首推《日知录》。

继闻亭林有诗文集，求之不可得。今岁家食，见黄修存藏亭林遗书十种，诗文集备在，假归以读，乃知所著又有《肇域志》，其稿不知尚在人间否？而集中自述《日知录》之辞有曰："意在拨乱涤污，法古用夏，启多闻于来学，待一治于后王。"又曰："有王者起，将以见诸行事，以跻斯世于治古之隆。"又曰："平生之志与业，皆在其中。道之隆污，各以其时，使后王得以酌取，其亦可以毕区区之愿矣。"然后知予之所以信亭林者，乃即亭林之所以自信，宜其立说之多符合也。如《日知录》所载："自古有亡国，无亡天下。国亡，卿大夫之责也；天下亡，则士与有责焉。"集中所载："天生豪杰必有所任，拯斯人于涂炭，为万世开太平，此吾辈之任也。"又曰："引古筹今，亦吾儒经世之用，然今日之事，兴一利便添一害，如欲行沁水之转般，则河南必扰；开胶莱之运道，则山东必乱。"又曰："目击世趣，方知治乱之关，必在人心风俗，而所以转移人心，整饬风俗，则教化纲纪，为不可阙矣。百年必世养之而不足，一朝一夕败之而有余。"至哉言乎！可以俟诸百世而不惑矣。亭林之自序曰：“少为帖括二十年，已而学为诗古文，以其间纂记故事。年至四十，斐然欲有所作。又十余年，读书日以益多，而后悔向者立言之非。”悬悬乎其不我欺也。予年十八即罢帖括之业，而力求吾儒所当有事者。佣书负米，经三数十年，颇能远伤廉之取，不枉已以求合，辛苦颠踬而不悔。兹读亭林诗文，按其岁月，核其行检，辨进修之日深，信立言之有本，使励志之士，得以倚而自坚。读其集而《日知录》乃以益重，则信乎其近世学者之首也。

亭林耳目至广，记诵绝人，勤于笔札，至老不倦。于以参较错互，辨正讹谬，其学能举大而不遗么细，沾溉小儒，自饾饤一得之勤，以及考证声韵、金石、舆地、名家者十数而不止。上者推演以自植，下者裨贩而谀闻，是亭林之所长也。予少小鲜所闻见，雅善遗忘，唯以食贫居贱，知民间所疾苦，则心求所以振起而补救之者。稍长困于奔走，涉世事，读官书，则知求所以致弊之故而澄其源。又知举事骇众则败成，常求顺人情，去太甚，默运转移而不觉。必能自信也，而后载笔。然犹必时察事变，稍有窒碍，则不惜详更节目，要于必可举行以无误后世，是予之所长行也。至于诗文一艺，结习同深，亭林之诗导源历下，沿西崑、玉溪、杜陵以窥柴桑，予则托始供奉，溯康乐、平原以达步兵、东阿，而弛负于曲江、杜陵。亭林诗从声色入，予诗从气体入，言必有物，风云月露，不得涉其毫渖，是则所同也。亭林之文，宗考亭以跻南丰，以其立志远而读书多，更事数，时时有独到语，为曾、朱两家所未及。予为文能发事物之情状，窥见至隐，有如面谈，繁或千言，短则数语，因类付形，达意而止，是则千虑之一，抑亦有不敢多让者。要之亭林之学，成于责实；予之学，出于导虚。使得周旋几席，以上下其论议，则予可免凭臆之讥，而亭林亦少术疏之诮矣。亭林见《韵补》而自伤简陋独学，欲求如才老者与之讲习，则予读亭林遗书，而不能不重为之叹息者，亦无怪矣。

自编小倦游阁文集三十卷总目序

凡正集十九卷：内赋二卷、诗二卷、文十五卷，共二百六十一首。别集十一卷：内赋一卷、诗二卷、文八卷，共二百十九首。

叙曰：予为孺子时，初读《文选》，即仿为古赋、五言诗。又性好搀论得失，援古证今，依眉山、龙川墙壁而为之。所居卑，闻见至鲜。比及成童，累稿过寸，虽未尝出以示人，然颇自矜持，以为为举世所不为也。

嘉庆庚申秋试，识阳湖张君翰风于号舍。翰风锐精舆地而服权家言，知余来自川楚，询军中事实。予既告以所亲历，复为言贼不难治状，翰风叹绝。旁及诗古文词，遂絮语达旦。既辍试，再三过从。翰风执手曰："吾子济世才也，然好为诗，是耗神甚；今当别，幸为生民自爱。"予辍韵语自此始。嗣翰风过扬州，为予删诸体诗千余首，存四之一而焚其余。经今三十年，必不得已而有言，亦艰涩非复少小体势矣！

识翰风后二年，又识其甥武进董君晋卿。晋卿甫弱冠，工为赋及古文。览其赋闳廓幽窈，古文亦浑深有作者之意，虽沿用桐城方望溪、刘才甫之法，而气力遒健能自拔。故予雅不喜望溪、才甫而特爱晋卿。退视已作，率芜蔓不可采。自是始专以一心求人情事理之原，有所得而达于词，尽意则止。依傍之陋，渐就湔除矣。

然亦以廿余年蓬转江淮间，行笈难携书籍，旧业韩、欧、苏、王之章句，悉遗忘不能举。唯以周、秦诸子自随，尤好孙卿、《吕览》，然《南华内篇》、《离骚经》，反复讽咏，卒不得其旨归。古今文士，言得—力必于《庄》、《骚》，乃后知姿性弱劣，莫能相强也。又未习小学，故训大都依俗说，尤平近不能发奇趣。故嗜书，然畏录副，草稿数十百卷，常改窜至不可辨。从兄子时孟，略以意为缮录；从弟季怀，续加勘校；分言事、纪事、杂著三编，然首尾不完具。

道光甲申，予年适五十，衰颓荒落，自分终已不可用，遂欲芟葺旧文。而笥中稿本，半为鼠耗。存者又涂抹潦草，不能授书手，目力复昏耗不自耐，时作时辍。今年长夏家食，乃锐意择可识别者得若干篇，其有托体较大，关系身世，则归之正集。虽么小不足数，而稍有意兴，与夫乡曲贤士女之宜纪述，以及代言之足济时用者，录为别集。代言中成于受意者，署曰代某，若断自己意则曰为某，以示区别。《两渊》最少作。《说储》所言，稍长涉事矣，然唯《农政》一册，差足自信。余说殊有不尽可见诸施行者，既别录为成书，唯摘取叙论入集。

窃尝谓古今人思力应不相远，而古人成材多者，则以其绩学敦行不怠倦，阅历久而精进深，故出于心，借于手，能以理明词举也。后之人稍长涉事，则颓然自放，以晋卿之杰出流辈，而自壮岁以后，转侧齐、豫、燕、赵之郊者十余年，所作顾平近不能称初志。矧余之学殖既浅薄，而数十年所遭遇，又拂逆郁勃百出者耶？则其文之无可观采也明矣。故集录如右，略述颠末，以示子弟，使有志者得以及时自力焉。

（以上诸篇文章录自《安吴四种》卷8）

十九弟季怀学诗识小录序

世臣幼从先子受《诗》，读小序而善之，然无从得毛、郑之书。嘉庆丁巳为大兴文正公客，乃见《十三经注疏》，尽九月之力而读之一过。破句谬字，不能自辨。惟略知《尔雅》存古训，训古书者以古训为宜，而《诗疏》于大典礼，必博采众说，足为群经之纲领而已。以后负米四方数十年，惟壬戌在武进李申耆家七阅月，旁览载籍，其余舟中旅邸之中，或旬或月，涉猎流览，罕有简阅一书能自首至尾者也。然颇心知其故，能以己意测古人立言之旨，而穷其义之所止。至于论先王制作之原，亦能以近世人情上推之，而原其终始，于郑氏之说常合，是其所长也。然思而不学，以致惝恍不敢自信者，其失固已多矣。

季怀于庚申之春，自里门从至江宁，略受文法。继以就食他去，而季怀遂留江宁。戊辰秋乃携季怀至扬州。世臣出游久，多识前辈，得读书之要领。扬州士人常过从者，辄以所闻授之。而江都凌曙晓楼至诚笃，晓楼之甥仪征刘文淇孟瞻尤颖慧。时歙桐洪生先生主讲梅花书院，善世臣甚，世臣所许可者，辄召入院膳给之，使与其养子敏回子骏，甥闵宗肃子敬共几席。世臣以晓楼熟《礼记》，遂与之言郑氏《礼》，而使治之。孟瞻好《诗》，遂使治毛郑氏《诗》。季怀与孟瞻同业。子骏年最少，而神解惊绝，尤相善。已而旌德姚配中仲虞，在江宁闻季怀之说，治汉《易》。族子慎言孟开，亦从季怀受《诗》，先后来扬州。而丹徒汪沅芷生治毛氏，甘泉薛傅均子韵治许氏，皆善季怀，朝夕与砥砺，相劝以力学。季怀念郑氏笺毛，而说《诗》多以《礼》，遂学《三礼》。以古书不可臆通，悉检诸经注疏声义，周、秦、两汉、魏、晋各子史家言，杜氏《通典》，图经、本草、名物、舆地之书，及《文选注》，《太平御览》、《玉海》，一切有古书之单词片义可采择者。近人则自陈启源《稽古篇》、邵晋涵《尔雅正义》、钱坫段玉裁《说文解字》、王念孙《广雅》，以至顾炎武、惠栋、戴震、钱大昕、凌廷堪诸氏之说，莫不悉心探索，而要归于求是。盖校阅古今书数千卷，积十年寒暑不辍，始斐然有志于著述。又五年，书乃粗成，其择术可谓善，而用力可谓勤矣。

五年之间，子敬以制举更业，洪先生厌世，芷生渡江去，子骏又不幸夭折。晓楼由都下入粤，倦游而归，迁治郑氏《礼》者治何氏《公羊》，成《公羊礼》、《公羊补疏礼书》数十卷，虽未能精善，然工力不可诬也。孟瞻去毛郑而治杜氏《春秋》，成《旧疏考证》十二卷，驳冲远五百余事，颖锐罕俦。仲虞治《易注》十卷，实有见于阖辟消长之机，而无凿空之说。子韵以许氏校经，旁征而通其义。孟开亦为文十数篇，以明郑氏实翼毛，而《正义》误说者。二子之书虽未成，吾党于是盖彬彬矣。然惟季怀之治《诗》，尤久而不迁，其初稿多论议是非，继乃悉屏攻击，专事证明疏通之学。季怀之于说《诗》也，信善矣！诵《诗》者必达于政，故曰入其国而温柔敦厚，《诗》之教也。故《诗》之用颂美也，陈古义以为劝；其用于讥刺，犹欲戒闻者，使改悔其行，以不忍遽绝之也。故其失也愚，而事犹可复。今季怀廉厉而尚断，廉厉则远于温柔，尚断则远于敦厚，虽有所得，其失难更。近世之为《诗》者，推戴氏、段氏，戴氏任馆职而未与政，然吾意其能从政也。季怀之书，固可接武于二氏，其咀含讽咏，自管其情，以达于事变。异日而得从政也，弗如段氏之为天下口实者，则庶乎其近之矣。道光二年九月，从父兄世臣书。

书毛诗关雎序后

序《诗》者序《关雎》，通言《诗》之体用，曰四始，曰六义。体为作诗之本，用为作诗之法。四始，体也，六义，用也，故《关雎序》以始始之，以义终之。而学者罕能通其说，盖一误于《史记》述夫子正乐之次，因举《关雎》之乱以为风始，而以《鹿鸣》、《文王》、《清庙》为雅颂始者，配为四，后儒遂援为四始之正训。一误于以风、雅、颂为体裁之名，使六义止存三，而三经三纬之陋说以起。按《序》言："后妃之德，风之始，所以风天下而正夫妇。"又申之曰："风，风也，教也。风以动之，教以化之者，明未有《关雎》之诗，先有后妃之德。先王所以能风动天下者，以后妃之德实始之，故曰风之始。"又以《诗》之用于刺者多，或致疑风之不尽关乎德化，故曰："上以风化下，下以风刺上。"而复说之曰："止乎礼义，先王之泽"，明风仍自上行也。是故一国之事系一人之本者，风之始；言天下之事形四方之风者，雅之始；人君以盛德致成功而可告神明者，颂之始；达事变怀旧俗，吟咏性情以风其上者，变之始。故总而承之曰：是谓四始，《诗》之至也。郑氏之说始曰："王道兴衰之所由"，斯为深得《序》意矣。是故《序》言："正得失，动天地，感鬼神，莫近于《诗》。先王以是经夫妇，成孝敬，厚人伦，美教化，移风俗。"非明乎四始之谓，安能信《诗》之为至哉?《序》推明风义，备矣!

至于雅则说之曰："正也，言王政之所由废兴。"明以正言其事为雅之义，与风之主文谲谏者殊科。颂则述功德以告神。是风雅颂之于《诗》，其用与赋比兴同，故曰六义，非体裁之名也。编《诗》者，就《诗》中得其义之多者而别其名。然立义在《诗》先，定名在《诗》后，如后世赋物而名为赋耳。郑氏于《王风》，谓其《诗》不能复雅者，正以《诗》义适当一国之事系一人之本，与言天下之事形四方之风者，义异也。崔集注本，于《黍离》序、笺，增犹尊之故称王，则知《谱》所云故贬之者，皆后人羼入，为近世《黍离》降为国风之说之嚆矢矣。《序》于《关雎》、《麟趾》言化，明王者以德风天下，而天下自化也；于《鹊巢》、《驺虞》言德，明诸侯被先王之教，各修其德，以风一国也。是以正始之道、王化之基，《二南》所同，而风始独归《关雎》也。《序》末详说《关雎》，而曰思得淑女，忧在进贤，不淫不伤者，忖度后妃，自微达显。而毛氏以淑女斥后妃。故郑氏破好为和好，破左右为佐佑，破哀为衷者，真能抉经心而通《序》说矣。

至于编《诗》者，虽取风雅颂之义以名《诗》，而六义实多互见，唯《关雎》为备。雎鸠以物性喻德，兴也；河洲以地势喻境，比也；淑女好仇正言之，雅也；荇菜琴瑟钟鼓铺述之，赋也；诗人深窥后妃之用心，以形容其德，颂也；合五义以风天下后世，风也。故序《诗》者，既推明《关雎》之旨，复发其凡而总结之曰：是《关雎》之义也者，示为《诗》之要，必依义以求作者之志于文辞之外，而自得之意中，然则不明六义之用，又乌足与言《诗》乎？同年巴王君劼，以《毛诗》绎义相质，其说四始也，以变诗俪风雅颂为四，余用豁然于数十年之疑，得四于友，得始于《序》，而义从之，故述新知旧闻，推论始义以著于篇。

春秋异文考证题词

读书必先识字。字之不识，义于何有？制字有事、意、形、声之别，四者无所属，而后有转注、假借，以尽其变。事之为字无几，意则两文合而后得，故形声之为字也多，而声为尤。转注属形，假借属声，故声之于字居大半，而假借之为用于字也，又复半之，是识字固莫要于审声也。

前民传经，谨守师法。一字之异同，一义之轻重，不敢凭私臆以为说。至唐颜氏《汉书注》出，而古训渐湮，俗解渐盛。降至于宋，学者专事科举之业。刘新喻博辨绝群，始以己意说经，然其见闻赅洽，于儒先助字文义，体究有素，说虽新奇而义理多所独得，然方便门自此开已。后人无其多闻，肆为臆说，至于汉儒说经之书，不能解其助字，明其句读，若许、郑家法，览之尤不能终卷，专以世俗诂训，强古经就我；反斥一字一声之学，为无关大义；是犹菽麦不辨，而侈谈授时相穑之精微；楹杙不分，而意缔千门万户之壮丽也。

万载辛君同叔，承家学治《春秋》。于《三传》文有异同，则为之广征博引，于凡声之相近而可通可假，又字之古多今少，古少今多，悉明其本义假义；以及假义盛行，而本义反没者，无不条列明晰；无泛滥，无遗漏，可不谓勤于朴学者乎？然而《三传》义例，各有师承，长短之论，未可尽据，而册中间有评断三家之语，此则仍不免宋人易言之习。盖吾人占毕，必始宋学，洎肄举业，益违雅训，迨至反而从事其本，则少小之所温寻者，如油入面，去之卒不能尽。以同叔之精心果力，尚未能免于此，此不得不为全书累也。敢请酌而去之，专明识字之原；字既识则义自明；读者善择而有得，庶足以矫末学之弊，而亡武断之非。同叔以为然否？

仪礼郑注句读书后

谈君韬华得《仪礼郑注句读》抄本十九卷于淮阴市中，余为审定为稷若手稿，其朱书则亭林之所校正也。余成童曾见是书，苦坊刻多误，欲以原注雠刊之，卒不果。幸见原稿，故校阅一过而记其后曰："《仪礼》之学，晦且千年，自是书板行，而童子塾中能诵全文者，十人而五，则其所以惠来学、助礼教者大已！"

近人武进张皋文，又为《仪礼图》十八卷，运精思以补阙略，然后揖让之美，人道之贵，洋溢往复，绝无迂拘而不可行于后世者。苟循守二书，以习其节文，系其条理，而深求郑、贾之所推类者，以即于人情，则安上治民莫善之故，焕乎见矣。未有者可以义起，本身者百世不惑，使斯世永与立之誉，蒸民远无礼之危，则二张先生未伸之意，而后死所共有责者也。

谈君昔视学贵阳，能以弦诵之治变其塞陋。此物此志，庶乎其有望矣。

论史记六国表叙

孟开曰："史公序《六国表》，先刺僭越，次讥暴戾，继言其得天助，据地势，而终以法后王。"秦岂有可法乎？支离其辞，意将何属？曰："是史公之所观于孔子，而班氏以为微文者也。"盖全书之纲领矣。

孔子曰：人有礼则安，无礼则危。安上治民，莫善于礼，能以礼让为国乎何有？不能以礼让为国，如礼何？"善哉！史公之有叙也。王道缺，礼乐衰，孔子修旧起废作《春秋》，拨乱世反之正。《春秋》者，礼义之大宗。礼禁未然之前，而为用难知。盖其幼诵古文，长则讲业齐鲁之都，观孔子之遗风，观多也。史公既不能达所学以变汉，夫是以不让周孔五百之期，垂空文，著兴坏，欲以明齐礼之化而已矣。故编首引礼文以正秦襄之僭，明秦之废礼，自上始也。礼废则必争。争必以利。战功者利之大而争之至极也。好战则财匮，不能不专利；专利则人心不附，不能不严刑；以心移争利之身，涉严刑之世，不能不阿谀取容。史公伤之曰："先本绌末，以礼义防于利，事变多故而亦反是。"职是故也。至推秦之德与力，皆无可以并天下而当天心者，谓上帝必歆其非礼之祀而助之，则未敢质，故言若以疑之。《伯夷传》之所反复申明者，仍此志也。是其心忧时变而为天下后世计者，至深且切，寓意六国，则于汉为无嫌，危行言孙之教也。

秦蔑礼用暴，汉不引为殷鉴，而循其故辙，故贾生曰："秦功成求得，终不知反之廉节仁义。"转而为汉，遗风余俗，犹尚未改。高祖常称李斯有善归主，孝文以吴公尝学事于李斯，征为廷尉，是其举事不非秦也。然则史公谓战国权变可颇采，讥学者牵于所闻，不察终始，而以汉兴自蜀汉，互证秦收功实之故，属事比类，隐示端绪，真知惧之君子哉。惧以汉因秦不变，而礼教遂至废亡也。高祖素慢无礼，唯能以爵邑饶人，陈平谓士之顽钝嗜利无耻者，多归之。孝文好刑名之言，窦太后尚黄老之术，黄老尊生，尊生则畏死，求不死者必矜无外。孝武不胜多欲，而逐始皇之迹，土木兵革无虚日，徭役繁，怨讟兴，而算轺、告缗之法，见知诽谤之律，相继并作，盖《平准》、《封禅》所记，其事皆昉于西畤也。迹汉廷君臣父子之间，其惭德洵不后秦矣。

然秦虽遗礼义，黜儒术，而圣人遗化犹在齐鲁之间，申公、辕固生之流，并廉直无所绌意。及叔孙通希世度务，弟子皆为首选；公孙宏曲学阿世，广厉学官之路，举遗滋利孔，兴礼造争端，至使文学掌故，援《春秋》，比轻重，以求尊显，是礼亡于通，儒亡于宏也。史公知化争莫如让，绌利莫如义，是故太伯冠世家，伯夷冠列传，重让也；表两客穿孔，美两生不行，书王蠋绝吭，纪田叔钳足，尚义也。尚义重让，则礼殆于可兴矣。然而汉廷诸臣，唯贾生为能不以卑近自囿，达制治之源。其言曰："移风易俗，使天下回心向道，类非俗吏所能为。俗吏务刀笔筐箧，报簿书期会，不知大礼。秦俗尚告讦，任刑罚，今不避秦辙，是后车又将覆也。先王执劝善惩恶之政，坚如金石，而必曰'礼云礼云'者，贵绝恶于未萌，以起教于微眇也。"孝文以为然，使草具事仪，兴礼乐，悉更秦法，而绛灌大臣短而抑之。史公悲贾生之穷乏不止其身也，故既善其推言《过秦》之说，复齿之屈平以明其志，所以深致憾于媢嫉壅害，而为万世有心维持礼教者恸也。管晏之勋烂然矣，史公乃推本鲍叔，艳述越石，凡以尚让重义之教，必待人而后行，庶几帝臣不蔽、足以黜利去争，隆礼而兴孔子业耳。相其折壶遂比于《春秋》为谬，自居整齐世传，非所谓作，而卒谓略以拾遗补艺，成一家之言，明为百王大法，非仅一代良史而已。

孟坚读之，乃不得其指归，猥以为陷刑之后，贬损当世，是非颇谬于圣人。史公所为著于书首，大声疾呼，非好学深思，心知其意，固难为浅见寡闻者道也。

> 绌礼尚法以争利，秦治也。汉初因之。至孝武兴礼重儒，顾专饰玉帛钟鼓以欺世，而严刑嗜利，反甚于高、惠、文、景之世。遂使利操大权，而人心趋之如骛。是天意欲变古今之局，故史公发愤而作。全书言废书而叹者三：（一）厉王好利，恶闻己过，（一）孟子言：王，何必曰利；（一）公孙广厉学官之路。其义类可见。

书史记魏其武安传后

或问："史公传魏其、武安，既云魏其不知时变，灌夫无术不逊，相翼以成祸乱。又云武安负贵好权。则曲直显明，祸源昭著，而复继以祸所从来者，何谓也？"予曰："此自序之所谓原始察终，见盛观衰者也。"盖忧世之微言，而重斥外戚矣。

其序世家曰："孔子罕言命，盖难言之也，非通幽明之变，恶能识乎性命哉？"言难以知命责外戚，在下不可恃，而在上不可纵也。故曰魏其、武安皆以外戚重。外戚唯魏其贤，能引大义以阻传梁之失，而太后顾以此除其属籍，故曰魏其之举以吴楚明，非吴楚则终身废弃也。既以贤而废弃，则所举必负贵好权、通贿赂、恣睚眦，如武安者耳。进退人才者，人主之柄，东宫操进退之权，而颠倒如是，岂必临朝称制，乃足为乱哉！外戚重则公室卑，其究则子政所谓"王氏与刘氏亦且不并立者也"。迹武安初用事，下宾客，进名士，欲以倾诸将相，推毂儒术，设明堂，兴礼乐，痛折节以礼肃天下，非新莽之前车乎？高祖之侯泽、释之也，以为将有功。而台产之并侯也，以父泽死事。恐议者不察，疑为恩泽，故白马之盟曰："非有功而侯，天下共击之。"侯以恩泽，自薄昭始。昭功与定策，亚于宋昌，顾以建太子恩，使与驷钧、赵兼同科，白马之约始败矣。昭卒变谨良之旧，至杀汉使，是故长君、少君初至长安，而绛、灌以为我辈他日命且悬两人手。则文帝示私外戚之祸，可胜言哉。是故窦太后趣侯王信，政君敕让丁傅之嚆矢也。条侯力持正议，迟信侯数年，而条侯卒以得死。窦太后好黄老，以清净退让教宗室，诸窦尚如此，则妇人之不可用也亦甚矣！

当武安向用之时，武帝曰："君除吏已尽未？"其请宅地，则曰："何不遂取武库？"是不必至魏其、灌夫事，始不直武安也。帝初即位，即以夫守淮南镇天下劲兵处，及其为太仆，以酒搏窦甫，恐太后诛夫，为徒相燕，则帝之知夫而全夫者至矣。至东朝廷辩以两人孰是，遍问朝臣，汲、郑对不能坚，余皆莫敢对，武帝之用心，实欲倚朝臣公论以抗太后，而全魏其、灌夫，如袁盎诸大臣之持梁事也。既莫对，对又不坚，而遂无如太后何矣。故怒曰："今日廷论，局促如辕下驹，吾并斩若属也。"以武帝之雄才大略，而上迫太后，骄所薄，陷所严，况成、哀之下材乎？史公盖前知之，而隐其辞以为万世戒。不然，武安之患苦吏民，修成子仲之俦耳。吴楚之功最条侯，魏其、灌夫附条侯以传可矣，何遽如自序所述乎？史公之特立此传者，深忧履霜之戒，不至政君三世称制，龟鼎遂移不止也，是祸所从来之谓也。

复石赣州书

瑶辰四兄太守阁下：上年曾于席间论史公《答任安书》，二千年无能通者。阁下比诘其故，世臣答以阁下博闻深思，诵之数十过，则自生疑，又百过当自悟。阁下次日见过云，客散后即检本讨寻，竟不能得端绪，唯觉通篇文意，与推贤荐士不相贯串耳，敢请其指归。世臣复答以阁下半夜之间，多则十数过，何能即悟？请再逐字逐句思之，又合全文思之，思之不已，则有得已，非敢吝也。凡以为学之道，闻而得不如求而得之深固也。阁下旋即奉差出省，继复摄郡赴虔，遂尔远违。忽复更岁，昨奉手书，具问前事，委曲详缛，大君子之虚中，真学人之果力，悉见简内。世臣不敢不遂进其愚，以明丽泽互师之道矣。

窃谓推贤荐士，非少卿来书中本语，史公讳言少卿求援，故以四字约来书之意，而斥少卿为天下豪俊以表其冤。中间述李陵事者，明与陵非素相善，尚力为引救，况少卿有许死之谊乎？实缘自被刑后，所为不死者，以《史记》未成之故。是史公之身，乃《史记》之身，非史公所得自私，史公可为少卿死，而《史记》必不能为少卿废也。结以死日是非乃定，则史公与少卿所共者，以广少卿而释其私憾。是故文澜虽壮，而滴水归源，一线相生，字字皆有归著也。

世臣前曾以此疑献于迈堂，嗣接其书三次，近又在省面晤，竟一字不及此事，可谓不以三隅反者矣。迈堂在西省，已为仅有，而尚如是，安得有如阁下三数人，共发古人之覆乎？虔州最称难治，阁下居之，驾轻就熟，无足虑者。酷暑，唯千万珍重。世臣顿首。

与周保绪论晋略书

保绪二弟足下：春杪承寄示《晋略》，核阅累月，纪传俱未及卒，而目力殊苦不给。属张君司衡为卒其业，各签商数十百事，大都与原书较优劣于章句之间，无关大义，以未能知足下作书之旨故也。及足下至扬，面述叙目必宜改作，使读者知己意所在。昨承见过，示以删定纪传三首，更造叙目一首，文采灿然，义例辨晰，虚怀果力，无异少壮，推此以论，其必举盛业无疑也。欣喜无量，故愿与足下尽言之。

夫事增于前，文减于旧，前人新书之例也。尊著既以略名，是无取矜博眩奇矣，然必综镊得失，著明法戒，以伸作者之志，故凡事之无系从违、人之无当兴衰者，举可略也。至于人心所趋，视乎初政，心趋既久，遂成风俗，风俗既成，朝政虽力矫之，而有所不可，今古一辙，非唯晋代。然而拨乱反正，端重人事，人事修，天运变，不善者善之资，《晋略》之志，当在是矣。原书于朝章法制，其事多散，人心风俗，其辞多隐，散者聚之而后明，隐者通之而后显，则事略而义详，较之文减事增，为功尤伟，唯足下垂察。断自泰始，当时成议，然追尊之宣、景、文三帝，王业已成，《魏志》既不立传，未便同之盖阙，故原书三纪之外，记录悉入泰始，并非自乱其例。今宜另立一篇，题为《外纪》，以明金运之原，且以见司马氏无功于当涂，无德于黔首；而一时藉曹氏之宠，以享丰厚者，竞与输心佐命，真豺虎所不食，有北所不受；顾以若而人开鸿基，创永制，贻谋有不舛乎？无怪枣嵩、朱硕之于王浚，沈充、钱凤之于王敦，匡术、路永之于苏峻，郗超、刘宪之之于二恒，刘穆之之于宋武，接踵而起也。故《外纪》一论，可以檃括两晋，极言天人之故矣。

原书南渡后，帝纪不详北事，声教既非所及，故其无涉江左，概从简略，是断代之体也。足下依据《通鉴》，补缀完具，为以便观省耳。

至宋武身为宋祖，例不于晋立传，宜详其事于孝武、安、恭三帝纪中，以明金运之委，然后立表以举其纲要，则自然提挈在手，与夺从心矣。晋代年号，诸国丛杂，至难寻检，宜创立一表，国经年纬，档列甲子。诸国主初见始盛，皆注其年之下。其奉晋正朔者，实皆帝制自如。一体编次，未有年号，则以名纪。拓跋氏殿诸国而首北朝，宜与晋初之吴，并作大行，以示区别。国多非一行所容，又宜以地为统，如刘汉、石赵、冉魏同作一层，以归简易。州郡为一表，详载割隶沦没侨置，及其治所。宗室诸王为一表，自非乃心曹氏及辅政与倡乱有事实宜记录者，其世系建徙，悉详于表，以省繁复。执政为一表，不论官联，止标国柄，使治乱之功罪有归，而其时伴食之流，亦与附载以儆庸鄙。方镇为一表，其自称遥授、虚授、权授、命帅，俱随事注明，使不相紊。而伪授一并备列，以彰全局。原其先用诸王，继以世族，非此二途，即系武夫，莫不专制所部，树私人，事封殖，薄亲民，而鄙政事，征求无度，流亡莫恤，新附无以自安，土著无以自植，啸聚以资奸雄，骄蹇成于遵养，两晋兴亡，实在于此。勋封为一表。叛乱为一表。七表既立，详而有要，简而不遗，乃可别功过之等差，定忠奸之标准。

以议列传去取矣，然必爱知其恶，憎知其善。或从宥过，或严诛心，或当责备之科，或在为讳之列，务以昭劝示惩，垂喻方来而已。略陈数意，以效隅举。禅代腹心，不过数人，宜为合传，其配食大庙，多以地望备数，名见纪中，无烦缕述。平吴之役，谋主功首，自宜同传，而附列爪牙。然平吴而主德骤变，驯致八王五胡，马宗遂覆。夫以武帝初政之隆，使释吴以为外惧，而饬疆圉，固藩翰，迟之十稔，吴终自至。叔子腹心三世，智能察微，自宜综初卒、权轻重，以笃不拔之建。顾乃忍俊不胜，迎主心以邀混一之大名。茂先遂事，竟尔伏辜。而叔子身名俱泰，千载无讥，岂非今古之大幸欤？况叔子身仕魏室，已跻通显，徒以景、献之故，助马以倾曹。南风五恶，晋武悉知，岂以叔子而竟茫昧，心移势焰，遂复党贾以危马。士之倾危，于斯为甚，斧钺之严所宜首及。及乎江左微弱，衅隙迭构，卒能立国传后，苞含隐忍，茂宏实济其功。然决击华轶，以肇拓疆域、示趋向，虽志在自利，其刚断有足称者。又逆敦近在同气，疏讨刁刘，原欲引入彀中，而能瀞然不滓，上契主心，下孚众望，器量尤为难名。然不纳陈群拔卓茂、显朱邑之至计，遂使勤民之实政无闻，白望之谬尚如故，斯其蔽也。至以私怨倾周戴、弃冲人、挟子出奔，复起周抚，尤为舛矣。士行战胜攻取，强毅精能，故自加人一等，然恪遵酒限，而不守封鲊之训，必灭杜韬以自张，致疑当轴。苏峻之役，始谓不敢越局，既迫于大义，仍事反覆，终乃严劾卞敦以自饰，而反为任让乞命。敦默之役，庾亮辞赏，而士行独受江州，且移镇以逼南门，虽临去有老子婆娑之言，或为参佐求富贵者所怂恿，然心迹至为累矣。太真忠孝英武，峻约小丑，胜算内成，而必引士行，推为盟主，销夙嫌以弭后衅，纯德发为远见者也。道徽当奔亡托命之时，守素不挠，而乞活为之心折。陶庾各具晋阳之甲，惮其持正，销两难于无形。安石步趋茂宏，再定大乱，而游心物外，不使康乐更居形势之地，三贤近于无疵矣。然而茂宏、安石之宽简，未必尽是；刁、刘、诸庾之综复，未必尽非，成败既殊，安危遂判，优游固足养患，操切立至失人。君子平情论世，未尝不叹其不崇实以厉颓风，览末流之莫挽，恨澄源之失术也。

若道徽含饭以哺兄子，乃袭用范书陈言，断非事理。太真迁都一议，宜以入茂宏传。至九锡之谑，燃犀之戏，自是贤智之过。安石千里弃官，以奔弟丧，岂谓不崇礼教？且大功诵可，未便以丝竹小癖，遽坐戎首。凡是之类，宜在讳削。兵凶战危，全争庙胜，若非得算实多，鸿议可法，皆属搴斩之劳，事迹悉附勋封、叛乱两表。即其有当传例，亦与衡量轻重，别无殊异表见，各附主将之末，是史公传卫、霍之成式也。至有亲民薄宦，参议真儒，能违时贤之尚，笃念小人之依，必宜力为搜采，事虽小而必详其功，言虽废而必征其效，于以振弊俗而重邦本。“民誉”一门，所宜增立。“清谈”为晋人病源，“书法”为晋人绝业，足下特立两门，诚为允协。然“清谈”当汇及门地时望，使虚车之陋，不致偏枯。“书法”以右军为极则，足下移入列传以重其人，是犹有世儒之见也。但当检括本集，备载会稽荒政，以补传缺，乃为得耳。原书载记之作，仿自《史记·匈奴》、两汉《四裔》各传，以其棋布中土，故立此名，并非倡制。足下改为《外纪》，纪之所名，史例专属帝者，自宜循欧阳之旧，别为国传，非专为避卷首也。至原书大体可观，所指大失虽非苛索，然鄙意以为无庸攻击，专明己意，使书自书而略其略，学者既读《晋书》，必不能不求《晋略》，则可藏名山、传通邑，而足下数十年之苦心，与天下后世以共见矣。唯希鉴察，暑湿，珍重不具。癸巳六月十九日。

书韩文后上篇

世臣幼从鹿门八家选本，读退之书说赠序数十首，爱其横空起议，层出不穷。成童见明允笔力健举，辨才雄骏不可难，而嗜之。又谓介甫鸷骜，能往复自成其说，薄退之横空起议为习气，且时有公家言，又间以艰涩，未觉必为陈言务去，皆醇后肆也。嗣橐笔蓬转，唯以孙武、荀卿、《韩非》、《吕览》自随，遭遇率豁勃，历二十余年，记诵遗忘殆尽。道光乙酉过丹阳，在荒市得《韩文蠡测》，舟中反覆之，叹为笔势生动矫异，加以丹墨。至松江，为江夏陈芝楣攫去，家仍无本，阅十七八年，时时思之。今年病目二百日，差愈，过鄱阳陈伯游家，见《韩文考异》，夙闻为善本，假归读之。目力犹不赖，然日辄尽两卷，既三过，乃知"文从字顺各识职"一语，退之实自道破突奥。盖文家关键，必在审势，文以从为职，字以顺为职，势之所至，有时得逆以济顺，而字乃健，得违以犯从，而文乃峻，不此之识，徒以从顺为事，则文字不得其职。是退之心契周、秦、先汉，复志赋所称用心古训识路疾驱者，抑时时有合。欧、苏、曾、王，则皆未凿此窍也。世臣读退之文，所见前后凡三变，于其得失，似有可言者。

退之以辟二氏自任，史氏及后儒推崇皆以此。今观《原道》，大都门面语，征引蒙庄，已非老子之旨，尤无关于释氏，以退之屏弃释氏，未见其书，故集中所力排者，皆俗僧耸动愚蒙以邀利之说。继自度其力，不能入室操戈以伐之，故文昌谆劝著书，而答以须待五六十时也。释氏书始入中国，止四十二章，其言浅而切，与儒不甚远。后此内典则皆东土所译，耸愚邀利之说已有窜入者。及明上人《坛经》六卷，独标心印，持论最精，然意主深刻，远于人情，与吾儒平易近民、躬行渐进、善善从长之义始殊。有宋诸儒，援其精言以入儒术，自诩为千圣不传之秘，是释氏之精徒足乱儒。而俗僧世守者，则益倡福田利益，以攫愚夫愚妇之财利，故徒从虽日众，而其道则极衰，是俗僧自衰之，非必退之辞而辟之之力矣。其《策问》有云："毋乃有化而不自知者"，意盖谓释氏近墨也。而读《墨子》，则谓孔、墨必相为用，其附丽《上同》、《兼爱》者，仅捋扯儒、墨字句耳。墨氏之道，其要义屡见《吕览》，足为孔、墨相用之证，而一未征引，其亦薄不韦未省其书如释氏言乎？

退之自论文曰："记事者必提其要，纂言者必钩其玄。"核《顺宗实录》董晋、韦丹、孔戣、权德舆各志状，及其他先庙神庙碑，悉严肃有体势，即有酬酢人事者，亦郑重不苟下一语，可谓记事必提要已。《原性》所称"上之性就学而愈明，下之性畏威而远罪，故上者可教，而下者可制"，则真能钩玄以纂言者。然韩文如是者绝少，盖切要语本自无多。《大学》一书，只壹是皆以"修身为本，毋自欺也，君子必诚其意"三言。《中庸》一书，只"为政在人，取人以身"两言耳，又可求多于退之乎？退之文之盛者，《圣德诗序》及《诗荐士》，《南溪始泛》、《和太清宫纪事》、《檄鳄鱼》、《释言》、《行难》、《五箴》、《策问》十三首，皆无愧古作者。《上宰相第三书》，虽少作，而精心撰结，气盛言宜，子政无以远过。同时有感《二鸟》、《复志》两赋，除晋、宋之径路，冥追屈、马，虽挽强未得手柔之乐，而纡回往复，意曲而达，其自道立志用力者，信不诬已。

《进学解》"余应"之下，故为舒缓，遂尔疹靡。《王承福传》"操圬过富贵之家"以下，亦嫌澜漫。《送李愿归盘谷》，摹写情状，间入骈语，缓漫乏气势。《送穷文》，起结亦朴率，俱足累通体，使精神不发越。《平淮西碑》，最为今古所重，然推本君德而上斥列祖，归功裴相而揶揄通朝，立言既为非宜。且《六月》、《采芑》、《江汉》诸什，并美宣王，而诗人止述将士劳苦，良以将士用命以有功，则君美自见，何必如碑言乃为善颂哉？然其诗则佳甚，分别观之可也。《讼风伯》、《月蚀》、《射训狐》、《读东方杂事》、《谴疟鬼》诸作，讥刺当路，不留余地，于言为不慎，于文为伤雅，子瞻斥其性气难容，良非过论。《张中丞传后序》，记远与巡死先后异一节，含混不能作下文辨驳之势。《毛颖传》，旧史以为至纰缪，《国史补》以为逼史迁，后人皆是李说。然士君子立言有体，遇事之必不可无言，而势有必不能明言者，则常托于谐词卮说以见意，彼《毛颖》何所取耶？无取而以文为嬉笑，是俳优角牴之末技，岂非介甫所讥"无补费精神"者乎？《南山》、《陆浑山火》联句诸什，亦其类矣。然核退之生平，则《进学解》所谓"长通于方，左右具宜”者，实足为言行相顾，胡不慥慥者也。令阳山、河阳，刺潮、袁，政事论说，绝不以窜逐故，少怠所事，负所学。其立朝，论迎佛骨，论捕贼行赏，论天旱人饥，论禘祫。为吏部，宽假令史，而令史之权反以轻，是左之宜也。《守戒》、《与柳中丞书》，论淮西事宜，论黄家贼，说韩宏使协力。使王庭凑，以口舌定镇州之乱。得布衣柏耆以招王承宗，收德、棣二州不烦兵力。劝晋公以战士三千袭蔡，晋公迟疑，功乃归于李愬。在晋公固不必以折首为奇，而蔡逆就囚卒如退之策，是右之宜也。唯驳平叔变盐法，未悉当时情事，不敢定其当否耳。至于内行之修，友谊之笃，载于新、旧史，散见集中者尤备。当世硕儒以为气厚性通，论议多大体，可谓乐易君子巨人者，尽之矣。

《考异》荟集各本异同，以文义核定从否，得者十常八九。晦翁自许一生在文字上做窠臼，信已。其有各本皆不合，而斟酌文义，独得其是者，以无本可据，止附注而不径改，比其注经为尤慎。间①有一二不合者，则以南宋盛行时文，晦翁少小所业，于退之行文安字之法，固有不能尽通者。假本已两月许，恐征取迅速，故略记崖梗，俟过此以往，考核所见进退焉。道光廿有三年季冬十三日书。

① “间”，原作“问”，据吴校稿本改。

书韩文后下篇

古人论诗文得失之语，大约有三：有自得语，有率尔语，有僻谬语。自得语，以心印心，直见作者真际，后学依类求义，可以悟入单微。率尔语，本出无心，以其名高，矢口流传。僻谬语，自是盲修，诬古人以罣来学。如子长谓《司马法》闳廓深远，三代征伐，未能竟其义。子政、子云谓子长有良史之材，“善序事理，辨而不华，质而不俚，其文直，其事核，不虚美，不隐恶”。子云谓长卿赋“不从人间来，读千赋则能为之”。魏文帝论邺中七子，钟嵘谓士衡所拟之十二首古诗“惊心动魄，一字千金”。子美谓薛稷曰：“少保有古诗，得之《陕郊篇》。”其谓太白曰：“笔落惊风雨，诗成泣鬼神。”又曰：“李侯有佳句，往往似阴铿。”太白《登华山绝顶》题曰：“此地呼吸可通帝廷，恨不携谢朓惊人句，来此搔首问苍天。”袭美谓清远道人《虎邱诗》：“一字一句，若奋若搏，建安词人不得居其右。”孟会谓子美《朝进东门营》诗：“其妙可以招魂复起。”子由谓子美《哀江头》：“如百金战马，腾坡蓦涧，如履平地，下视乐天、微之，直如跛鳖。”子瞻言：“智者创物，能者述之，非一人而成。君子之于学，自三代历汉至唐而备，故诗至杜子美，文至韩退之，而古今之变，天下之能事毕矣。”此自得语也。

唐人谓兴公《天台山赋》“赤城霞起以建标，瀑布飞流以界道”二句是佳处。又谓吕黎《进学解》、玉川子《月蚀》诗，“如赤手捕长蛇，不施鞍勒骑生马”。任华爱太白“海风吹不断，江月照还空”两句。永叔谓“清风朗月不用一钱买，玉山自倒非人推”，太白之所以推倒一世者在此。山谷谓“请君试问东流水，别意与之谁短长”，是太白至处。又谓“东坡《黄州寒食诗》似太白，正恐太白有未到处”。此率尔语也。樊汝霖谓斗鸡联句“争观云填道，助叫波翻海”是韩诗之豪；“一喷一醒，然再接再砺”，乃是孟诗工处。山谷谓退之《记梦诗》“壮非少者哦七言，六字常语一字难”，只上句“哦”字，便是所难，乃为诗之法。此僻谬语也。自得语，非近有得者不与知；僻谬语，信从者究属无多；唯率尔语，间于可否，至易误人。而率尔语流传至盛者，莫如永叔“晋无文章，唯渊明《归去来辞》一篇”；子瞻“唐无文章，唯退之《送李愿归盘谷序》一篇”之说也。固二公心有所感，而偶然所出，然艺苑久以为圭臬矣。

《李愿序》前已备论，陶词则东坡亦有托其文以不朽之语。按子云谓诗人丽则，词人丽淫，则别诗词为二。孟坚谓词者意内而言外，则与诗固无殊异。《归去来词》，论其外言则不丽，求其内意复无则，不唯与其诗之肮脏沉郁殊科，即比《闲情赋》寄意修辞，亦大有间。而永叔唱于前，子瞻和于后，想以渊明耻事二姓，为南朝独行，意词为拔足始基，重人以及文耶？考渊明自序，称乙巳十一月作此词，宋武以甲辰三月起义，旬日间遂铲伪楚，遣迎安帝于荆州，自退藩于徐州，乙巳五月，安帝还都。宋武此时，可谓功盖宇宙，忠贯金石，渊明岂能逆料十五年后之必代晋哉？史称渊明自以晋宰辅之后，故宋武王业渐隆，即不仕，永初之后，唯题甲子。然诗集中书辛丑乃隆安五年，书癸卯乃元兴二年，皆在宋武未建义旗之前，说既无据。史言渊明为镇军建威参军，本无主名，李善注始为镇军参军，经曲阿。题下引臧荣绪《晋书》曰，宋武行镇军将军，宋武镇徐州，曲阿乃其治所，则镇军之为宋武无疑。近人安化陶澍，祖其远祖，谓断不为宋武幕僚，其所佐者乃刘敬宣也。敬宣以乙巳加建成将军，为江州刺史，未尝为镇军。而荆溪周济，又曲附澍说，谓隆安三年，为武陵王遵镇军参军，移家都下，义熙一年，乃从敬宣为建威参军，说尤凿空。遵在都，官太常中领军，留台暂奉为大将军，以承浔阳之制，并无镇军之名。敬宣刺江州，安帝还都，刘毅谓其过优，敬宣即自解职去。计其去职，当在夏秋之交。渊明以八月任彭泽，则与建威参军相接，词序不得云家贫不足自给，亲故劝为长吏，求之靡途，家叔用为小邑也。其时沈田子、朱龄石皆为建威，何取于手握重兵，首先迎降灵宝，致晋祚中绝，卒以及覆，父子并命之敬宣，而以为善择木哉？史又称彭泽公田，悉令种秫，妻子苦请，乃令粳秫各半。八月非种粳秫之时，十一月已去官，焉得有此事？故知想像之辞，通不可信。晋承丧乱，文物凋弊，至秀孝莫敢应试。裴頠崇有，郭钦徙戎，道明议移镇，逸少《答深源书》、《上会稽王笺》，俱树义甚高，而词多格塞。然杜韬、刘渊父子、李暠之文载《晋书》者，则清越浑健有西京风，不得谓晋无文章也。唐文退之外，推子厚。子厚贬斥后，乃尽变少壮风格，力追秦、汉，与退之相轧。然其先为骈俪时，气骨清健，固自度越世俗，是外燕许之宏丽雄肆，权李之幽艳宕逸，俱足自植。然燕许中干，权李气褊，唯敬舆文体，虽仍当时，而义取管、孟，厌人心，切事理，当其动荡沉酣，贾、晁无以相过，实有退之所不逮者。亦未能遂言唐无文章也。祀灶日又书。

书桃花扇传奇后

传奇体虽晚出，然其流出于乐。乐之为教也，广博易良，广博则取类也远，易良则起兴也切，故传奇之至者，必深有得于古文隐显、回互、激射之法，以属思铸局。若徒于声容求工，离合见巧，则俳优之技而已。近世传奇以《桃花扇》为最。浅者谓为佳人才子之章句，而赏其文辞清丽，结构奇纵。深者则谓其指在明季兴亡，侯、李乃是点染，颠倒主宾，以眩耳目，用力如一发引千钧，累九丸而不坠者，近之矣。然其意旨存于隐显，义例见于回互，断制寓于激射，实非苟然而作，或未之深知也。

道邻身任督师，令不行于四镇，故于虎山自刭时，著三百年天下亡于我手之语，以明责其罪。虎山罪明，则道邻可见，不责高刘者，以其不足责也。然福王之立也，道邻中夜结士英以定议。……福王立，则与崑山龃龉，无以得上游屏翰之力，而为之曲讳者，盖不欲专府狱道邻，使马、阮反得从从罪也。既书道邻之死不明，而又书祭者责其并不能求死于战也。龙友死战而不书者，以党恶咎重，不许其以死自赎也。崑山之死也，特书后世将以我为乱臣之语者，明其心之非叛，而罪则当死。盖崑山不称兵离楚，则马、阮不夺虎山，许定国虽渡河，尚可截淮为守也。至北都自死诸臣，上不能致身以恤国难，下不能引退而远利禄，是直计无复之，欲买价泉里耳，故借书贾射利之语，以深致其诮。其士人负重名、持横议者，无如三公子、五秀才，而迂腐蒙昧，乃与尸居者不殊。然而世固非无才也，敬亭、崑生、香君，皆抱忠义智勇，辱在涂泥。故备书香君之不肯徒死，而必达其诚，所以愧自经沟渎之流。书敬亭、崑生艰难委曲，以必济所事，而庸懦误国者，无地可立于人世矣。

贤人在野，立岩廊主封域者，非奸则庸，欲求国步之不日蹙，其可得乎？然而为师为长，端本为士，士人倚恃门地，自诩虚车，务声华，援党与，以犄摭长短，其祸之发也，常至结连家国而不可救。此作者所为洞微察远，而不得不借朝宗以三致其意者也。

小倦游阁记

嘉庆丙寅，予寓扬州观巷天顺园之后楼，得溧阳史氏所藏北宋枣版《阁帖》十卷。条别其真伪，以襄阳所刊定本校之，不符者右军、大令各一帖，而襄阳之说为精。襄阳在维扬倦游阁成此书，予故自署其所居曰小倦游阁。十余年来，居屡迁，仍袭其称而为之记曰：

史言长卿故倦游，说者谓：倦，疲也；言疲厌游学，博物多能也。然近世人事游者，辄使才尽何耶？盖古之游也有道，遇山川则究其形胜厄塞；遇平原则究其饶确与谷木之所宜；遇城邑则究其阴阳流泉，而验人心之厚薄、生计之攻苦；遇农夫野老，则究其作力之法、勤惰之效；遇舟子则究水道之原委；遇走卒则究道里之险易迂速，与水泉之甘苦羡耗，而以古人之已事，推测其变通之故；所至又有贤士大夫讲贯切磋，以增益其所不及。故游愈疲则见闻愈广，研究愈精，而足长才也。今之游者则不然，贫则谋在稻粱，富则娱于声色，其善者乃能于中途流连风物，咏怀胜迹，所至则又与友朋事谈宴、逐酒食，此非惟才易尽也，而又长恶习。

予自嘉庆丙辰出游，以至于今廿有七年矣。少小记诵，荒落殆尽，而心智益拙，志意颓放，不复能自检束，而犹日冒此倦游之名也，其可惧也夫，其可愧也夫。

或 问

道光甲辰八月，予编录论文之书既成，或问曰："先生之论文也，上自经史子集，下及倚声传奇，并阐其立意之浅深，纠其措辞之得失，可云切而备矣。唯八比为儒者正经，而止摘五言二首入录，读者就求其法，则门径不明，推广其义，则感发无自。近世多有精通古学而不能八比者，然先生述学诗云：'房行藁汗牛，一一究肯綮。比谓契真脉，谁知土偶耳。'则先生于此道实深，何不抒少小勤求之蕴，示学者矩矱，以执仳仳者之口乎？"

予曰："八比取士，历年五百，忠良英俊，类出其中。义醇词净本于经，议鸿识壮酿于史，描摹精切依于子，波澜洪远源于集，与古文固不殊也。唯其结体褊小，风裁矜整，故用法为尤严，而取势为尤紧。古文言皆己意，八比则代人立言，故其要首在肖题，而肖题之机，决于审脉。脉有来有去，其长章巨节，以中间一二闲语命题者，文中词意，俱不得出本题之外。而眼光手法，注射操纵，必使牵全身以一发，现全神于一顾，然意则全身全神，而笔仍一发一顾，乃为能事。其单句为章者，发此言也有由，便是来脉。如其言则得，不如其言则失，便是去脉。故八比尤以单题为紧要关隘，以其题未具间架梁柱，皆须意造故也。然古文言皆己意，故贵能蹈实；八比代人立言，故贵能导虚；古文虽短章，取尽己意，故转换多变态，其墙壁宽而峻；八比虽长篇，取协题情，故推勘少回互，其墙壁隘而夷。自有八比以来，果其能者，未有不外严墙壁之守，而内专导虚以求制胜者也。而或薄为小道者，正以其体成于法，意妙在虚，责其实际，不足当宇宙有无之数而已。然其凝思至细，行文至密，所有近辉远映、上压下垫、反敲侧击、仰承俯引之法，反较古文为备。故工于八比者，以其法推求古书，常有能通其微意，不致彼此触碍者，则八比实足以为古文之导引。唯其始也以八比入，其终也欲摆脱八比气息，卒不易得耳。世固有少小未习觅举，而自慕前哲，博览典籍，穷力古文而不能八比者矣。若幼习举业，继攻古文，古文可观而不工八比者，则事理之所必无。盖八比皆父师督责而成，用心专，积力久，于八比尚无所得，而谓其能窥古文宏深之域哉？

“习八比者，无论姿性之利钝，父师必宜择一隅集，必自集中明白简炼之文授之，并使熟读其旁批总评，以悉一定不易之法。授经书时，则与之讲明训诂，使通字义。成篇之后看其出笔，笔力峭拔者，则使读子厚、明允、介甫之文，而以陶石篑、项水心凿其思路；笔势纵横者，则使读长沙、东坡、同甫之文，而以陈大士、黄陶庵荡其胸怀；笔情幽隽者，则使读傅季友、任彦升、陆敬舆、欧阳永叔之文，而以董思白、郑垒阳和其韵调；笔致重实者，则使读刘子政、韩退之、曾子固之文，而以陈卧子、熊次侯资其典赡；笔意窈深者，则使读《战国策》、太史公之文，而以钱鹤滩、金子骏诱其雄肆。此后则听其自为，从吾所好，而非父师之所能为力者矣。唯一切讲章，自《永乐大全》以下，断不宜使之寓目，自窒聪明。至《学》、《庸》书本《戴记》之二篇，文理显畅，自宋仁宗御书之以赐状头王拱宸，时儒率援以立说，此不过射策家颂圣之技耳。及南宋考亭别撰章句，合《论》、《孟》名为《四书》，抹煞仁宗书赐一节，而以为河南二程，始尊信表章之，一若禅门所谓独标心印者。其徒从反复辨说，愈解愈缚，实则寻绎本文何不可解说之有？凡是理障，尤宜弃择。

“盖义理存乎人心，随所学为深浅，既明字义，又明文法，而必依人为说，从门入者，不是家珍，斯之谓矣。唯文物典章，无可凿空，书阙有间，汉儒已有不能尽通者。而《四书》内典制，则《三礼》郑注，尚可考核而晰，近乃束经籍于高阁，使后生小子翻诵《典制》、《文林》、《文环》等刻，讹以传讹。果能概从屏绝，求之遗书，即其质性弱劣，不能诵习全经，招集二三同志，分门各纂，自了原委，亦不必沉淹岁月，始克有成也。若近日小试，题多割截，在主者不过欲杜抄袭之弊，既通文法，临场求其程式，便有依仿，正昌黎所谓不学而能者。而时师乃以其钩意嵌字，纤小无可比似者，珍为秘授，使佳子弟穷年兀兀，卒无一得手处，是可叹也。要之八比一道，本非甚难，而士人业此，并时百万，积二百年之久，其卓荦可观者，曾不能十数，则以利禄之途，人怀侥倖，朝驾南辕，暮从北辙，前邪后许，谬种流传，隳风气而坏风俗，遂致世道人心，愈趋愈下，岂唯八比之庛劣而已哉。”

族兄纪三先生郑本大学中庸说序

世臣提抱受方数，先子即教以字义文义，乾隆辛丑读《大学》、《中庸》卒业，颇疑曾子述夫子之言，门人记曾子之意，文势何以与《孝经》、《论语》迥殊？子思道传孟子，孟子晚而著书，后《中庸》甚远，而《孟子》恺切激荡，不似《中庸》平衍。及丙午读《礼记集说》，乃知《大学》、《中庸》，系小戴四十九篇之二，陈氏于目录下止注"朱子章句"四字，而不录本经，则以《学》、《庸》配《论》、《孟》，名曰《四书》，盖自考亭始也。细绎《礼记》各篇，大都周末汉初诸儒，抱残守缺，或杂述三代遗制，或散记七十子遗说，是《大学》殆记者传闻周国学中略例，而演以己意。《中庸》则一篇赞圣论耳，未见千圣心传，必在此简。先子严毅，世臣质问稍妄，即加呵挞，怀疑莫释而已。

及嘉庆初出游，乃见《十三经注疏》。郑目录云："名曰《大学》者，以其记博学可以为政"，而孔氏申之曰："《大学》之篇论学成之事，能治其国，章明其德于天下，却本明德所由，先从诚意为始。"《中庸》郑目录云："以其记中和之为用。庸，用也，孔子之孙子思作之，以昭明圣祖之德。"而别录则皆属之通论，初不言曾子述孔及子思忧道学之失其传而作。世臣窃自幸少小所疑，与先儒旧说，微有近似矣。洎阅《宋史》，始知仁宗御书此二篇，以赐新科状头王拱宸，时二程方在占毕，承学之士，竞为诵习，如近世举子指事颂圣之为，而程氏徒从日多，论说有流传者。至南宋孝宗以太祖六世孙承统，与仁宗世远而源殊，故考亭于淳熙末为《学》、《庸》章句，遂以尊信表章之功，加于河南程氏两夫子，以树赤帜而悉改郑说。于《大学》则移补兼行，《中庸》虽无所移补，而割裂旧次，以分章节。玩章句及集注，皆先标纲领，次晰条目，强经就我，一行以南宋时文之法，《中庸》注体势尤近。盖《大学》规模宏敞，《中庸》论议幽赜，编简无多，诵习为易，推暨可广，立说易成。观理宗淳祐视学诏书，则《四书》刻本，已为当时青宫童习之编。利禄之途，专归章句，以迄于今，几使师儒不复知有郑、孔矣。

然而细绎郑义，在《大学》注“能得”曰：“得谓事之宜。”注“淇澳”节曰：“此心广体胖之诗，民不能忘，以其意诚而德著。”注“听讼”节曰：“大畏其心志，使诚其意不敢讼，本谓诚其意。”孔氏申之曰：“圣人不惟自诚其意，亦服民使诚意。”注“所恶于上”节曰：“絜矩之道，善持其所有以恕于人，治国之要尽于此。”注“乐只”节曰：“治民之道无他，取于己而已。”注“言悖而出”节曰：“君有逆命，则民有逆辞，上贪于利，则下人侵畔。”注“生财大道”节曰：“不务禄不肖，而勉民以农。”在《中庸》注“喜怒”节曰：“中为大本者，以其含喜怒哀乐，礼之所由生，政教自此出。”注“道之不行”节曰：“过犹不及，使道不行，唯礼能为之中。”注“舜其大知”节曰：“两端过犹不及也，用其中于民，贤与不肖皆能行之。”注“强哉矫”节曰：“国有道不变以趋时，国无道不变以辟害，有道无道一也。”注“费而隐”曰：“言可隐之节，费犹佹也，道不费则仕。”注“无入不自得”曰：“谓所乡不失其道。”注“父母其顺”曰：“谓其教令行，使家室顺。”孔氏申之曰：“父母能以教令行乎家室。”注“治国如示掌”曰：“序爵辨贤，尊尊亲亲，治国之要。”注“为政在人”曰：“在于得贤人。”注“取人以身”曰：“明君乃能得人。”注“利行勉强行”曰：“利谓贪荣名，勉强谓耻不若人。”注“劝亲亲”曰：“同其好恶，不特有所好恶，于同姓虽恩不同，义必同也。尊重禄位，所以劝之，不必授以官守，天官不可私也。”注“至诚尽性”节曰：“尽性者，谓顺理之使不失其所，助天地之化生，谓圣人受命致太平。”注“优优大哉”节曰：“言为政在人，政由礼也。”注“维天之命”节曰：“天之所以为天，文王之所以为文，皆由行之无已，为之不止。《易》曰：‘君子以顺德积小以高大。’”注“仲尼祖述”节曰：“此以《春秋》之义，明孔子之德。”孔子祖述尧舜之道，而制《春秋》，而断以文王、武王之法度，是真作圣之梯航，致王之途径，而可为百世法守者。而章句所集，不过命当作慢，不言后土者，省文之类，于其微言大义，概从刊落。其意以为不如是，则无以大尊信表章二经之功，使二程直接孟子，以承曾、思之统，而竖千载不传之新说故也。

然宋儒奉“格致诚正”四字为心印，以格致为始，诚正为终。其初诸儒说格致，尚无一定，自《章句》释以即物穷理，一若亲承先圣提命者。于此而语以郑君知善恶吉凶所终始，格来物事，其知于善深则来善物，知于恶深则来恶物，言事缘人好来也，鲜不笑其不辞。抑知郑君本《易·系》无有远近幽深，遂知来物而立此义。为《大学》专以教平天下之君子，其本端于诚意，其效著于格物。意之诚否，征之以知，知之致否，验之以物。物之善者无如德义，其来也，有财散民聚、上好仁下好义之得；物之恶者无如货利，其来也，有财聚民散、言悖入货悖出之失。见休休有容之君子，而举之先之，则致保子孙黎民之利；见实不能容之小人，而不能退之远之，则使为国家务聚敛，有灾害并至之殆。自古君人者辟于所习，任其所偏，敢为自欺以与善者争胜，怫人之性，为天下僇，皆由于意之不诚耳。是故郑义宏达儆切，无可非议，无有渗漏，又况一旦豁然贯通、愚诬之论乞唾余于顿门者哉？且自以即物穷理，为圣学之基，澈悟之源，一时缀学之士，惟长源、樵仲、山堂、伯厚、端临诸君子，专事考核，虽精粗不一，臆说纷见，而工力不可厚诬。然诸君子皆不在传道之数。其自命传道之英，则皆未尝于此致力，言行无复相顾，其书具在，可按而知也。至我高宗钦定《三礼义疏》，命还旧观，全录郑、孔之说以表源流。于是方闻好古之士，以古义说二经者，有十数家。大都谓郑本无可移补割裂。而穿凿附会，亦时出其间。凡以此十数君者，少小熟闻二经为孔门传心秘密，而文以郑君通论之说，事理有必不可以合并者，所谓羊质虎皮，见草而悦，宜其无足以昌郑君也。

今读族兄纪三先生《郑本大学中庸说》各二篇，其《大学》上篇，立不囿、必达两义推衍“致”字，以伸郑君，而明好恶之不可不诚。下篇明诚意为本，归于以诚取信于民，虽稍易孔氏之次，发明郑君博学可以为政之意则同。其说《中庸》也，上篇明中和之用，而不驳不易之训。下篇明体生之德，而不驳干事之喻。辨而不争，斯可谓郑、孔之功臣，足以津逮来学者矣。世臣老矣，幼涉忧患，壮困奔走，宋学既非性所好，汉学又不能自力，老大伤悲无可言者。族子慎言自袁浦邮其尊甫遗书，属为弁言，故略述鄙意而归之。先生讳汝翼，纪三其字。先生著述之富，校勘之勤，世臣于寿先生九十序已详言之，故不赘及。道光廿有七年冬十月廿七日，族弟世臣撰书于白门倦游阁。

（以上诸篇文章录自《安吴四种》卷9）

书述学六卷后

右江都拔贡生汪中容甫文六卷。余以嘉庆辛酉至扬州访容甫，而殁已八年，得仪征阮尚书所刻《述学》，其题词曰："心贯九流，口敝万卷。"又有《广陵通典》，至精覈。继识其甥毕贵生及其子喜孙，因得容甫自刻小字二卷，与阮无异。又于《兰亭》册前见其画像。就求遗书，则皆容甫自以属其友宝应刘台拱，惟校读之《左氏传》、《说文解字》二书藏于家，然其所丹铅者，皆理显迹，非精义所存。乙丑予再至扬州，与贵生同榻，而容甫入予梦，自言其文之得失甚具，如是者三夕，与贵生共咤其异。而喜孙叩门入，再拜曰："刘先生病甚，召喜孙付先子文稿，行促不及相告，归舟阻风三日乃得达，先子草稿纷纠，非吾子莫能为订定者。"贵生曰："舅氏已三日自来属慎伯矣，慎伯其无可辞。"

时盛暑，予竟十日夜为遍核稿本，乃知《述学》者，容甫弱冠后节录以备遗忘之类书，自于册首题曰《述学》一百卷，已成者才数卷。至乾隆五十五年，容甫自捡说经辨妄之文，并杂著传记若干篇，以世人皆闻《述学》，冒其名刊行于世。《广陵通典》，已成者八卷，其目录自夫差开邗沟至史可法守城，共十卷。《广陵对》乃其要删，而杨行密以后尚阙。原题曰《扬州通纪》，改曰《广陵通典》，又乙之，卒未定其名。容甫少孤贫，无师而自力，成此盛业，不可谓非豪杰之士也。年三十而体势成，多可观采。四十五以后，才思亦略尽矣。既自刻二卷，而心知未惬。然刘君受付嘱者十余年，才校刊三分之一，又时以世俗语点窜之。容甫文长于讽喻，而甚深稳，偶有一二语直质者，则加以芟薙。及喜孙载稿本归，而精诚遂感予梦，以是知文人魂魄常附稿本，可哀也已。杂稿四册，各厚寸许，文皆有重稿，或有至三四稿者。惟《灵表》二篇，每篇三四稿，词各异而皆未成。予为集各稿之精语，不改一字，而成文仍如容甫之笔。别删《说辰参》、《说夫子》、《京口浮桥议》、《月令明堂图》诸篇，而更刘君所点窜者，题曰《汪容甫文集》，厘定为正集三卷，其酬酢之文一卷为别集，以授喜孙。

世人皆称容甫过目成诵，而使酒不守绳尺。贵生母，容甫亲妹也，尝语予曰："先兄每日出谋口食，夜则炳烛读《三礼》四十行，四十遍乃熟。性不饮，终其身酒未沾唇。生平与人书，虽数言，皆具稿，犹涂改再三，稿中遇应抬头字，皆端写。"余验其稿本良然。容甫三十二始出游，至大兴朱学士安徽学使署，名益起。然学士豪举，幕中多盛气少年。观容甫《与朱武曹书》，志在远大，使不出学士之门，所就当有进于此。世人又言容甫前妻孙氏死于非命，然孙氏被出后，予至扬州时犹存，盖人言之谬戾如此。

容甫生平所著述，已成未成，予皆得见，能言其学之所至。涉猎经史，不为专家，抑以窭贫无藏书。比壮常远游，及晚岁稍裕可家食，而精力衰耗，故不能竟其业。至其为文，柔厚艳逸，词洁净而气不局促，则江介前辈，罕与比方。贵生有其艳而无其厚，又已早夭；近时扬州有刘文淇孟瞻，攻经籍过容甫，文笔亦几近，而工力伤薄；杨亮季子，充其朴茂，可出容甫上，而耳目浅狭，以艰涩尤伤边幅。二子皆年少好学，常从予游，是当踵容甫而起者矣。喜孙宦游入都，中间相失十数年。道光壬午九月，喜孙乃以此刻来贻，悉改乱非予所定，亦有数篇为喜孙续访得而予未见者。容甫之灵，能自致于予，而不能终呵护之，使不变动以自存其真也，悲夫！

读大云山房文集

右初集、二集共八册，故友阳湖恽敬子居之所作也。子居文精察廉悍，如其为人。其纪畸人逸士，以微知著，常数语尽生平，持论有本末，言气化，言仙释，皆率臆而谈，洞达真契；推勘物情，不事谿刻，而终莫能遁。近世言文，未有能先子居者也。然叙述朊仕富子，则支离拖沓；有所争议，必抑揄显要；即诮讪守土长吏，率多府罪于下，是其不能无蔽也。子居性不欲有所后于人，而义昧盖阙，故于古先贤哲所不言、与言而不敢尽者，则莫不言之。又不耐受讥弹，流辈固无以加。子居震詟气矜，罕能以所欲言进，及进而得尽者。子居之文，必传于后世，然其必以是数者致累，亦无疑也。

然古文自南宋以来，皆为以时文之法，繁芜无骨势。茅坤、归有光之徒，程其格式，而方苞系之，自谓真古矣，乃与时文弥近。子居当归方邪许之时，矫然有以自植，固豪杰之士哉。其两集目录，述古人渊源所自当已，然与人论文书十数首，仍归、方之肤说，将毋所与接者庸凡不足发其深言耶？抑能行者固未必能言也？予将访哲弟敷子宽于海宁，子宽心成之士，能言其兄文所至者也，故书以询之。

赠方彦闻序

吾闻子瞻氏之论文已。其论六一居士曰："著礼乐仁义之实，以合于大道。其言简而明，信而通，引物连类，折之于至理，以服人心，使天下知以通经学古为高，救时行道为贤，犯颜纳谏为忠。"其论范文正公曰："公少时已有忧天下致太平之意，故为万言书。乃其出入将相，迹平生所为，无出此书者。其于仁义礼乐忠信孝弟，盖如饥渴之于饮食，欲须臾忘而不可得，虽弄翰戏语，率然而作，必归于此。"其论乐全先生曰："公以迈往之气，行正大之言，一皆本于礼义，合于人情，是非有考于前，成败有验于后。"

吾又闻子瞻氏之论学已。其告张琥曰："富人之稼，其田美而多，其食足而有余；田美而多，可以更休，而地力得完；食足而有余，则种之常不后时，而敛之常及其熟。故其稼少秕而多实，久藏而不腐。是以善学者，博观而约取，厚积而薄发。"其告吴彦律曰："南人日与水居，七岁而涉，十岁而浮，十五而没，夫没者岂苟然哉？是必将有得于水之道者。日与水居，则十五而得其道。使北方之勇者，问于没人，而求其所以没，以其言试之河，则未尝不溺。故不学而务求道，皆北方之学没者也。"

是故舍礼义忠孝，是非成败，则无所言文矣；舍文则无所言学矣；舍学则无所言道矣。然而世远道丧，以剽字为学，剿声为文。其上者乃能钩稽名物，刻镂风云，正已则失要，治人则无功，师友谬说，聪明锢蔽。是故自任斯文之重者，有根于性，有成于习，举世竞为俗学以求售。其售者，上得以行其欺罔，下得以肆其朘削，则共以为能。而有人焉，遗远世俗，自尊所闻，言依于礼义，心泯乎得失，虽撄怒召谤，以至于顿蹶濒危而不悔。穷则守之以终，而教诲其子弟；达则操此以往，而惠保其黎庶。其为文也，则能究人情之极，况于直道，以上继夫作者，此根于性者也。有人焉倡之于前，而健者闻而慕之，独处则以古为师，群居则择善而执，慎守其术，积通所明，不挠于势利，不惑于浮议；其既也以己度人，而其理同，以身体物，而其心安。故其文亦能黜华言，济实用，不悖于作者之旨，而其达也，可以不负所学，此成于习者也。

毗陵方君彦闻，有志于用世之道，为吾友晋卿所推。年三十名誉噪都下，求举辄不当于有司。近世之用人也骤，士获两举，辄以试于政。子瞻氏曰：“学医者人费，政之费人也甚于医。与其不幸而费人也，毋宁费时。”彦闻笃学而工文，故称所闻以告之，并以质之晋卿焉。

赠余铁香序

嘉庆辛未夏在都下，吾友阳湖恽君子居为言新建有余君鼎者，字铁香，年少负奇才，为诗文下笔辄数十言，娓娓可观采，又能持铁槊重十二斤，上马击刺，簌簌风旋不可止，其意气激昂，差似吾子。子居故罕所许可，其言可信重。及丁丑秋，乃识铁香，常剧谈终夜，因以证子居之不妄叹也。然生才易而成才难，才不用而使人咨嗟叹息易，见用而能必成、成而能与人相安、安而可久为尤难。夫才人负气锐往，遍读古今书史，抵掌论天下事，若无可为者，一试于政，常苦纷更而易败，及数经挫折，又遂铩铲锋芒，浮沉流俗。是故士无锐气者，平居事襞绩剽窃，以求悦于有司，幸弋获而与人民社，龌龊昏瞀，播恶酿乱，不可爬梳。其有锐气者，又以未阅历而少成，及其阅历稍久，乃卒归于庸容，是天下事卒无有能理之者也。

君子则不然，守气以恒，而养气以善悔。《易》曰君子以言有物而行有恒，又曰无咎者善补过也，震无咎者存乎悔。有物有恒，未能遂言无过也，见过而震悔以补之，所以能远于不恒之羞。则东坡其人也。东坡少年锐意天下事，及其晚年立论，与少壮如出两人，然其心乎济世利物，百折而不回者，终始如一。而晚乃弥挚。观其前后论议之殊，盖悔者屡矣。然其用悔也，在斟酌事理之当否，而一身之崎岖颠踬，不以介于其间，此东坡所为深契周孔无咎之旨，善用其悔，而可为百世才人师法者也。

予龆龀时，侍先君子受《孟子》，问曰："今天下内外官吏皆以读书取科第，皆读《孟子》，何不遵行其道，而使贫富相耀，宗族涣散耶？儿异日若得一命以上，持此以出，其可乎？"先君子曰："儿骨相非贫贱者，然推此意兴，其必不容于流俗已。然儿慎保初心，毋为习俗所染，况事变不常，非一人聪明材力所能备知，儿其慎之。"遂赐字曰慎伯，谨拜受而心识之。稍长，读东坡文，益锐意欲任事，而好言兵。继知善兵者必明农习法，随地咨访，察土谷之宜，明山水之脉，乃集论自汉以来刑法诸书，以追现行条例，推世轻世重之故，以即于人情，又恐今古异宜，求官书读之，以窥本朝制作之盛。粗有所得，既蹭蹬无所设施，又食贫不能治生，乃蓬转依人，随时建议。或获听信而施行，时有窒碍，则潜更暗转以救不逮，盖亦屡有悔矣。然自念大闲未逾，虽丛谤集身，几至危殆，卒未有荡去绳检，辱身辱先者，是以屡因而守之不变，不为士君子所弃。

子居长于予十五年，其为人果健，为文劲直，为官刚介，皆与世俗相违背，更折磨者数四而不改其初，庶几成才者矣。铁香稚于予亦十五年，相其意气，于子居为具体，非予所能为役，然未经挫折，一往奔放，其归不可不慎也。予之得交于子居也，以善悔而不误用，故自述生平以质铁香。铁香以子居故，不以予为妄诞，其卒能有成而不负生才也，则予所当与铁香共勉，以期无愧为子居之友，斯可矣。嘉庆廿二年九月廿八日。

汤宾鹭先生文集叙

予以嘉庆壬戌至常州，先生前卒已四年。而常州人士称文献者，必首举先生，以为乐善疾恶，坊表人伦，多识前言往行，其为文常依于阐幽显微，至再至三而不厌，殆荀子所谓君子必好辨者也。予既慕先生之为人，不及见，因求其书，积数十年不可得。及道光己丑，先生之女夫张君翰风宰馆陶，为先生校刻遗集，予取道过从，因得受而读之。其诗导源香山而不袭其貌，反覆委缛，必尽其意，长律、七古为尤工；其文则长于记事，论说以达意为主，而横直自成体势，望而知为有德者之言，足以取信来兹。

自唐迄今千余年，以文名者十数家，以诗名者数十家，并以驰骋变化，成一家之机枢，为后世法守。而学者耽精疲神于此十数家、数十家者，规抚形模于长短疾徐之间，盖亦有庶乎维肖者已，而常不足当有识之观采。夫岂古人不可学，抑争章句之末者，固未能与于言志载道之大原也耶？故其杰焉者，沉研古籍，必比类以吾身所亲历。按切于吾心，既了然无所格阂，乃属辞而注之手，自述所见。其条畅指趣，绝去依傍之迹，而又不至于横流奔放。则其所诣，虽未足与彼十数家、数十家者比，而能使读者闻其声如见其人，则亦足以自植而不朽。故自唐以来，有书传而不甚著者，又不啻数十百家，先生则其流亚也。

先生无子，以从侄为嗣。说者谓先生忠厚严正，既博学雄文，不得于有司，无所设施于世，而天又靳其嗣息耶？然往昔达人，如汉之扬子云，唐之李太白、孟东野，宋之程伯淳，近世之顾亭林，是并文切物理，道周世用，彼苍苍之不可知者，何独至先生而疑之？予少游大兴朱文正公之门，大兴实先生尊甫门下士，渊源可溯。予近又与翰风为至戚，托亲串之末属，故不辞不文，而书其梗概以告观者。

方岩夫轸诗序

予以嘉庆庚申冬，访翰风于歙，翰风握手即为言有方君岩夫可与言诗。而岩夫已闻予至，炳烛相过从，剧谈彻宵。次日以五言四章为赠，其情动于中，以成尚德之文，沉郁而不激诡，清迥而不促数，庶几作者之风。因与极言诗法源流所自、嬗变之故，上自陈思，下讫次山，其于言之顺序，唯以能断为深，而骤转平流之中，壮密足以履险者，有相应之乐，无壹声之失。盖予展侧楚、齐、吴、越间三十年，所与极口论诗者，翰风而外，唯岩夫而已。

是后则辛酉秋聚白门十许日，庚午秋于韩江一再见，而岩夫遂化去。道光壬辰春，遇子佩于都下，岩夫犹子也。集录岩夫之诗，欲梓行问世，而乞予为序。夫以岩夫之诗之工，而真知者唯翰风与予，则求知己于身后，又岂易也哉！然天下后世如有能以予言诗为然者，则岩夫其不死矣。

韦君绣诗序

谢君默卿嗜诗，游宦于吴，与吴中诗人习，而拳拳日称道自以为弗如者，则韦君君绣。及识君绣，读其诗，默卿固非妄叹也。

夫诗之为教，上以称成功盛德，致形容，为后世法守；次乃明迹怀旧，陈盛衰所由，以致讽喻；下亦歌咏疾苦，有以验风尚醇醨，而轻重其政刑。繄古流传之什，风裁不一，其要必归于此。自当路君子，以总持风雅为己任，退斥苞苴，进诗辞比羔雁，其中程式者，大都入耳而不烦。及其递陈间作，则又能第别肥瘠肤本，以为酬报仪秩之高下。于是文人才士，莫不瘁心力、揣声病、以必得当大雅。虽与古作者殊科，而其撷藻连采，称道排比，所以夺人目、移人志者，亦一时得失之林也。

予自龆龀学诗，成童以还，篇帙颇淹。弱冠出游，巨公结纳若不及。然当公宴游览赠答之际，苟心中无所欲言，辄至不能成章句，始知所学非所用，自分薄植，卒无以与当代名流相角逐者。遂辍其业，而所遇以益穷。一昨小住默卿官廨，又识蒋君淡怀，读其诗，劖刻而不，露举体浑脱，典籍奔走受驱驶；以视君绣，清迥相轧，而精能过之，言诗于吴中，莫或先二君矣。然二君故才力赡逸，及责以羔雁之能，则亦有近似鄙人者。坡老不云乎："二生有致穷之具，而与不肖为亲，又欲索书往寻黄鲁直，其穷未可量也。"今二君致穷之具，既不后王庠、程遵诲，邂逅厚予如恩旧，虽斯世无黄鲁直，而君绣且索予序其诗，欲以寻天下后世不可知之人，虽坡老亦当为之咋舌矣。故录稿寄默卿，幸为予拉杂摧烧，扬灰于衢，以当广柳之送，且告淡怀，无为其后来者。

赵平湖政书五篇叙

余少服孟子尚志之说，慨然深究天下之利病。人率非笑之，则应之曰："士者，事也，士无专事，凡民事皆士事也。《记》有之，学也者所以学为师；能为师，然后能为长。为长之事，不当于为士学之乎？"其后读《韩子》，至县令子孙累世絜驾，故人重之，则又喟然曰："韩子亦士之杰焉者也，顾自卑其志如是。不事士事，而语民是浚，是故今之长民者，见利莫为兴，见害莫为除，非必识所不及，而力有不逮也。"当其始为士也，盖亦有志孟子之志者矣，一旦为长，则又重韩子之所重。非唯不掩其言也，复自变其说曰："兴利除害之政，唯可行于古耳。"或且谓兴利除害之在古可稽者，未必果见诸实事。于此而告以尚志之言，若必不能以为非，则曰："是匡居常谈，临事辄不可用。"谓为虽善而无征也。

江阴赵君球琳圃，宦游浙中数十年，屡膺大邑，而持论顾与鄙人相出入，于条理加精审焉。凡民生所疾苦，诸公群以为无可措手，而泄泄置之；且因以为利者，则皆察几审势，援例比案，而详为区画之。其举也甚易，其推也无害，民难既纾，官困亦解，作为五篇之书，以诏方来，是可为善而有征者矣。世有尚志之君子，读其书，得引以自坚，而志卑者亦无以饰其说，以助波靡之风，民亦劳止，迄可小休，吾于赵君之书兆之矣。道光壬辰季冬月朔，安吴包世臣撰。

读白华草堂诗集叙

余性癖于诗，无所师承，而冥心探悟者十年，似有得，然未敢自信也。嘉庆庚申秋，识阳湖张琦翰风于白门，张君曰："吾子高才绝学，而温柔敦厚如是，是必深于诗。"因相与为深言，出旧草二千首属张君，张君为删定存什一二，曰："后人读之，而深求其义，足以达政专对已，何必多?"余自此遂辍韵语。道光乙未春，因乌程凌堃厚堂识镇平黄君香铁于都下。黄君诗名满宇内，示以刻行之九卷而属为序。黄君诗刻行已十余年，载笔通儒，欲得序其集者甚伙，顾以命余，愧不克当也。读其诗，少作已成体势，节奏转换，缓而不弛，和而不滑，庶几有德之言。壮岁渐变而遒上，缓仍旧，而和若少逊者。然新意时出，真吾迥然见矣。煮酒剧谈，常至中夜，笙磬之同，自晤张君后阅春秋三十有六年，未有若吾黄君者也。

夫推极诗道所致，其单微幽渺，可以夺造物之权，变人心之度，使寒燠不能操其舒惨，哀乐不能主其欣戚，斯固作者偶得之而不自知，读者心领而无以言状者也。至于念衣敝则知爱，状车声则知敬，刺嬖幸则盛陈笄绂，哀疏远则备揄盼倩，是则体之不可不明者也。或无端矗起，万类惊心；或文外旁情，一缕弥布；或群流迸赴，而束以一峡；或一源下注，而散为众派；或崖勒奔马；或梁绕泛声；是又势之不可不明者也。为境万殊，用法一贯，喻志者感其微言，行远者修其尽饰，穷原竟委，吾无以测黄君艺之所至矣。余往来吴越间久，所见工诗者，有无锡赵函艮甫、长洲蒋志凝淡怀，然皆未尝与论其得失之故，殆于失人，于今悔之。异日黄君或遇二君，出此相示，当有雅契，且藉以补吾过也。

王海楼劼诗序

诗之为教深矣，其深者必于温柔敦厚而不愚。诗之用有美有刺。温柔敦厚，意其主于美乎？然古今传诗之用于美者什一二，而应制教、希恩泽、充羔雁，不足与于诗教者，已居大半。其他风云月露体物即事之章，苟有善者，亦必出于比物连类，以致寄托。圣门之说诗曰："言之者无罪，闻之者足以戒。"然则诗教殆寓于刺耶？盖诗义六，而用在于风与兴。一气相感谓之风，微言喻志谓之兴。而所以妙风与兴之用者则曰离合，曰隐显。显则与人以可见，隐则与人以可思，可思故无罪，可见故足戒。离合者又所以妙隐显之用者也。隐显离合之用彰，故其词温柔；温柔故无罪，其旨敦厚；敦厚故足戒。己无罪而人足戒，且何愚之有？以此为教，不其深乎？汉氏去古未远，流风犹存。魏晋以还，藻缋迭兴，而先觉不乏。比及有唐，射洪、曲江、青莲、杜陵、道州，是其选也。宋之眉山，亦庶几焉。不由此不足以为诗，不解此不可与言诗，则非惟其教深也，而言之实难。

同年生王君海楼，蜀产也，于射洪、青莲、眉山为后进。自幼好诗，数十年不倦。前以资作宰浙江，屡膺大邑。被议，左迁来豫章。复入都，再镌级，仍以资复官。道光壬寅，自都返豫章，裒其被议后诗若干卷示余。余受而读之，盖骎骎有离合隐显之意。诗固难言矣，遇可与言者，又不得不言。故与为深言，即以为弁。

淡菊轩诗初稿序

近世论诗，类以侔色揣声为工。若其出于闺阁，则群诧以为奇。抑思《国风》所列，半出妇女，尼山删诗，以维世道，夫岂以闺阁故，恕而存之耶？夫温柔敦厚，诗教也；微言相感以谕其志，诗法也；循法以知教，其工初不侈于声色。汉魏既远，南朝专取词藻，有唐力穷声调，故侔色揣声之业以日盛。下至以诗为羔雁，而声色之外，殆于无诗矣。然而长言咏歌，极之手舞足蹈而不自知，依永和声，而言志之旨益明，则侔色揣声，固亦诗道之驯而必致。志士多感，女子善怀，苟有能者，必归于此。

阳湖张宛邻先生诗，浸淫汉氏而与余独有笙磬之同者，此也。先生长女适昭文吴彦怀比部者，为孟缇恭人，著有《淡菊轩诗》，斯能绍家学而昌诗教已。忆余以嘉庆庚申，徒步数百里过访先生，恭人才龀齿，其女弟纬青、婉紃、若绮多在孩抱。阅七八年，则姊娣诗词稿皆成帙，纬青幽隽，婉紃排奡，若绮和雅，各得先生之一体。恭人则缠绵悱恻，不失于愚；属词比事，必达其志；节族膏泽，多所自得；被文采而能高翔矣。比部词坛之雄，眉随自为知己，尤艺林所希有。道光辛丑，恭人年五十矣，其弟仲远，吾甥也，梓行其集而属序于余。前序出刘君廉方，其言既至允，而恭人之学成于艰苦穷困者，若绮后序又备述之。余故揭恭人之诗法，以告观者。若徒见其词藻之温丽，声调之悠扬，而惊叹为闺阁之杰，是仍昧于诗教，未足与论恭人诗也。

为朱震伯序月底修箫谱

意内而言外，词之为教也。然意内不可强致，言外非学不成，是词学得失可形论说者，言外而已。言成则有声，声成则有色，声色成而味出焉，三者具，则足以尽言外之才矣。夫感人之速莫如声，故词别名倚声。倚声得者又有三：曰清曰脆曰涩，不脆则声不成，脆矣而不清则腻，脆矣清矣而不涩则浮。屯田、梦窗以不清伤气，淮海、玉田以不涩伤格，清真、白石则殆于兼之矣。六家于言外之旨得矣。以云意内，唯玉田、白石耳，淮海时时近之。清真、屯田、梦窗，失之弥远。而俱不害为可传者，则以其声之幺妙铿磬，恻恻动人，无色而艳，无味而甘故也。

扬州专力词学，自冬巢汪君。冬巢受法于吴祭酒，祭酒于词傅色，其气浊，其格靡，以腻浮为能事。冬巢力能摆脱本师，求诸两宋以自立。继起则西御王君，尤能博综诸家，而心知其故。震伯续自得于声，脆如冬巢，清如西御，涩则隐隐在齿牙间，为二家之所不及。养之以学术，炼之以境遇，则意内之妙，吾将于震伯旦夕遇之矣。

金箕伯竹所词序

诗、词、赋三者，同源而异流。故先民之说诗也，曰“微言相感以谕其志”；其说词则曰“意内而言外”；而说赋既曰“古诗之流”，又曰“诗人之赋丽以则，词人之赋丽以淫”，是诗与词若有分疆画界者。岂非以其触景物而情有所寄，托于美人珍宝以为讽谕，虽本兴之一义而流弊有驯致乎？诗自汉氏分五、七、杂言，迄唐氏季世，温柔敦厚之教荡然。已而倚声乃出，其体异楚俗，袭词名者盖意内言外之遗声也。然其时流传之章，委约微婉，得骚人之意为多，与其诗大殊。盖其引声也细，其取义也切，细故么而善感，切故近而善入。五季两宋之能者，并臻兹妙。自兹已降，靡者沿流扬波而不知其本，俳谐谑浪，以为能事，蔽锢且四五百年。及近人钱黄山始凿其窍，而皋文、翰风二张先生继之，高才辈出，复两宋旧观。

箕伯之尊甫尝从皋文先生游，箕伯又亲问益于翰风，其工词也宜矣。并世工词者莫如董晋卿。董君，二张传业之爱甥也。余尝语之曰：“吾子赋亚文通、子山，词兼清真、白石，然吾子词材伐之两宋，是犹未免时世妆也。导源滥觞，以楚骚尊其体，不亦可乎？”董君然其说，卒未能迁业。余苦笔重，体气不相入，以箕伯词之工远来问序，其不谬余言也明矣。箕伯果不谬余言也，则伐材于湘沅以大倚声之门户。是二张所未先觉者，拔戟自成一队，吾不望之箕伯，而谁望乎？

雩都宋月台维驹古文抄序

唐以前无古文之名。北宋科举业盛，名曰时文。而文之不以应科举者，乃自目为古文。时文之法坦而隘，古文之法峻而宽。宽则随其意之所之，或致大偭于法，于是言古文者必以法为主。然其时之能者，无论伯长、太伯始事之伦，即欧、王、苏、曾绝足相继，力矫时文之弊，而卒不能尽。洎乎有明，利禄途归八比，时文之法，较严于宋，而士人习之又最精。其间有志复古，如震川、鹿门者，所为古文犹不及其时文之善。若其专力屏绝时文，一语不以入古文者，则不文而已，何其难耶？盖文之盛者其言有物，文之成者其言有序；无序而勉为有序之言，其既也可以至有序；无物而貌为有物之言，则其弊有不可胜说者。夫有物之言，必其物备于言之先，然言之无序，则物不可见，物即可见而言不可以行远。故治古文者，唯求其言之有序而已。读书多，涉事久，精心求人情世故得失之原，反之一心而皆当，推之人人之心而无不适焉，于是乎言之，而出之以有序，此间世之英，古所谓立言之选也。其能深求古人文法而以吾身入其中，必使其言为吾所可言、所当言，又度受吾言者所可受、所当受，而后言之，而言之又循乎程度，是则可以为有序矣。是故有物之言，时文有时可与古文同；有序之言，则古文有必不能不与时文异者，此之不可不察也。

月台宋君，承祖若父之家学，致力古文者数十年，波澜不尚壮色，论议不求耸听，唯斤斤以无序为戒，是固知所先务，足以加入一等矣。近世古文，推桐城姚氏，其造诣，实能别时古之界，所言信为有序。门下士如陈石士侍郎、梅葛君户部、管异之孝廉、吴仲伦明经，皆亲承指授而有得，然唯吴君为能真传姚氏之法也。宋君尝问业于姚氏，治之不已，何遽不与吴君并称高足乎？予不敏，文于古人无似，而谬为群流所推许，宋君既不耻下问，于是乎书。

乐山堂文抄序

人莫不有所欲言，言之有章则为文，故曰人声之精者为言，文词之于言又其精。文之所以精者，曰义曰法，故义胜则言有物，法立则言有序。然以有物之言，而言之无序，则不辞。故有物者不可袭而取，有序者可以学而致，是以善文者，必尽心于法以为言，而不敢纵其所欲也。自汉迄隋，集传百三，只句碎字，珍若球珙。有唐以来，遗文渐伙，而千三百年所盛称者八家。是外，虽名氏在人口耳，尚不翅数十家，而已若存若亡。其巍科朊仕，因乘资力，结集累卷帙、盛剞劂者以万数，世无得而称焉，彼万数者岂不心勤没世乎？乃旋踵化为粪壤。夫八家者，又岂敢必后来之竟莫比并哉？至所谓数十家者，文固不后于恒人，加以德业在当时，藉得留其文于若存若亡之列。噫，何其难耶！然而是八家者，则既千载如生已。士苟有志斯文，莫不尊之如父师，亲之若椒兰。而并时侪辈，幸得厕名焉，亦复托以不朽。始叹文字之力，吹枯嘘生，功同造物矣。

然吾闻欧阳子为文，脱稿即糊墙壁间，出入涂乙，至不存原文一字。夫欧阳之初稿其超越寻常，岂顾问哉？而必涂乙至不存一字乃自惬，则知韩、柳、王、苏、曾之造诣。亦必尔也。昌黎之颂李、杜曰："流落人间者，泰山一毫芒。"则知古人皆作之多而存之寡也。李、杜集有两三稿并存者，则知古人虽再三改窜而犹有未定也。《乐山堂文抄》，曾君受恬之近作，置邮相质并乞序。曾君以楚南之望，仕优而学，不耻下问。其于文也，遇题便作，作之良亦多矣。多作则可以待删，载删而慎存，又益以善改，若欧阳子之自程者。工力深，风裁峻，澄汰渣滓，菁华秀发，今人何遽不如古人哉？古人敻绝如八家，是固天亶，非人力所几，然浸淫乎不懈以及之，其必不与前此之万数者同归泯没可知也。故书之以谇曾君。

书陈云乃延恩罢读图本字登之，近改字云乃

道光壬辰，云乃以郡倅签分江苏，未出都为《罢读图》征题咏。中外能诗者，各以诗赠。大抵谓云乃雄文硕学，屡踬场屋，至以赀进身，出试幕僚，则为不得其职，宜其愤激慨慷而为此图也。既至省，以示其友包世臣。世臣则谓云乃平日读书，若仅为科第计者，则当扯摭断烂尘腐，以期必得，何以穿穴经史，求立言之本意，历二十余年，遭挫折而不改，是固将有以用之也。今逾博学不出之岁，及锋自试，岂复有所憾哉？然则斯图之作，正孔穿所谓王事如龙，勤慎之义也。

世臣既未仕，又素不学，然颇悉近世故事，达民间情伪。以云乃之才识，埤益以郡县事，不足忙乱其身心矣。吾第恐云乃未涉事而知惧，既涉事顾以为中流自在若不足为者，渐乖作图之本旨。愿云乃常守勤慎之心，临事必按以方策所载，是否有合而后行，是其于读书也，欲罢不能，则吾道之深幸也。洎于视事，受民人社稷之寄，接闾阎小民，随在修孝弟力田之教，进都人士于廷，与讲贯立身处事之体要，仕优则学，又安能罢读也哉？

复李迈堂祖陶书

迈堂先生同年足下：尚斋太守来，奉手书，委曲明著，训诲以所不及，深感深谢。世臣自幼失学，家无藏书，至鲜闻见。嗣以饥驱出游，遂废占毕。幸所至不见弃于贤士大夫，随在求师，略有领悉。又性喜体验人情事理，搀论今古得失，如蛩蝉自鸣，非敢言文，何论于古哉？谬蒙四方名流，加以奖掖，甚至指为坛坫，推执牛耳。世臣颇有自知之明，廿余年不敢承也。而友人辱推弥至，遂有往复论文诸书，不过悉愚者之虑，数他家之宝耳。足下沉精斯道且三十年，耳目至广，赵宋以来大集、小编，无不搜览，衡其轻重，平其去取，世臣何敢出旗鼓以相当。重辱雅教，亦不欲默默。

尊谕有物有序是矣，然以搭架式起腔调当有序，则世臣所未喻也。又谓周、秦文体未备是矣，魏、晋以后渐备，至唐、宋乃全云云。鄙见以为文体莫备于汉，唐、宋所有，汉皆有之；且有汉人所有，而唐、宋反无者。尊谕明代喜称秦、汉，近代喜学六朝云云。明代王、李诸公之陋，已经论定不具说，近代学六朝者，唯见汪容甫一人，此外等之自郐，乌睹所谓喜学六朝哉？又谓震川不搭架式起腔调。世臣三十年前，曾览其集，于中酬应之作，居什五六，莫不以架式腔调为能事；此固不得不尔，然其由中欲言之文，亦未能摆脱此四字也。恽子居欲以子书救八家之说，自是贤智之过。子居得力，全在介甫，短章小传，定称高足。容甫之文，经世臣手定者，为其子弟所乱。《述学》二卷中，说经未为精湛，然有深通古人文法者，什可二三。世人盛传其《广陵对》、《琴台铭》，皆下乘；《哀盐船文》，差有哀雅之致，亦非上乘；至如《释三九》、《狐父之盗颂》、《吊黄祖文》、《沈椒园状》、《冯按察碑》诸篇，则妙绝于时。至世臣所谓恽、汪两家可以抗行者，以足下既深于子居，故言之以广其意，非谓必足下采容甫入文录，庶可不朽也。太守言尊选已刻成，此盛事。近世文集，人不尽见，得此刻可以广其传矣。至于人心嗜好，断难强合，如入都市者，各市其所欲得，岂不为美备也耶？

尊谕作室作乐两喻妙矣，然离宫别墅、么弦孤调，又岂可无法而成之哉？梁柱必正，宫商必准，不可破碎，不可散漫，本无间于大小也。大要作文难，知文亦不易，非知其词之工拙之难，知其用意所在之难也。古今传诵之文，无如龙门《答任少卿书》，童而习之，挦撦无虚日。自兰台载入本传，以书中有推贤荐士四字，因下责以古贤臣之谊一语，揭为缘起。若就此四字推寻答书之意，则书中数千言，十七八皆如醉如狂。读者不得其所以然之故，则为之说曰抒发一肚皮愤懑不平。试思抒发愤懑，遂果为宇宙至文耶？李少卿《答苏武书》，依仿结撰，书内略撦来书数语，用意往来，实如影响，何此书除令刀锯之余与私心剌谬数语外，悉似狂易耶？二千年来一大疑案，习焉不察，世臣于此稍窥其微，一语道破，则字字皆有着落，故敢献疑于足下。请检本而朗诵之，默思之，累日兼旬，或能示及以决之，则此生之幸也。《六国表序》、《魏其武安列传赞》、《始皇本纪赞》，皆人人肄业所及，然读者不过熟其腔调以供挦撦，世臣细究之，乃知其枝枝节节触处皆不能通，既已得疑，反覆全书，似能见其深而通其意，足下好学深思，故并献焉。

至于八家，昌黎取材至富，虽原本于《孟子》，而得笔不止一家。柳州以下，皆得之韩、吕二子，永叔、东坡所得尤多。夫所贵于子书者，谓其晰理必至精，论事必至当，言情必至显，为后人所不能及耳。非谓其制体修辞异于后人，遂以为新奇可喜也。是故子居以子书救八家之说未为得也。自八股取士之后，士人进身以此。此体文律至严，吾人用力于此亦较他业为深，少小诵习先正时文，稍长则读八家之近于时文者，以资润泽。故士生今日，工时文而不能古文者多有矣，若工古文而反不工于时文，则断断无之。若其少小习时文，规模仿行，以幸弋获；得手之后，托言古文以为名高，遇此等辈，唯与之唯诺委蛇而已，不必与正言庄论也。八家与时文时代相接，气体较近，非沉酣周、秦子书，必不能尽去以时文为古文之病耳。若谓以子书救八家，则八家何病而待救耶？世臣虽浅陋无似，然于列代文集亦曾致力，来谕疑世臣以八家为不足观，似不应妄诞至是。唯不能自眯其目，揽归方之祛以求途耳。

足下赐题《中衢一勺》，非菲薄所敢任。唯后段拟以非伦，故前书略致其意，此次承索原稿，欲删订后段，具见从善如流。亦见俯察鄙人，非为标榜倾轧者，谨如命奉缴。恐太守行速，灯下匆匆。唯不吝教益，是所祷切，顺问道履无恙。世臣顿首。

答陈伯游方海书

伯游仁兄足下：日昨二小儿自白门返豫章，敬询侍奉安吉，扬州馆事甚好，为慰。次早小儿启篋出手书，辱承系念深至，嗟叹枉抑，询所事是否结正，并问贵省有德有造之士，展缄三复，有如握晤。自闰月初十，星使北辕，事即已结，若谓枉抑，则昔人遭遇或什伯于此，无足言者。至贵省为文学薮泽，仆荒落颓唐，何足以知之，然所知亦有足述者。

永丰徐湘潭，字东松，癸酉拔贡，年近六十。诗、古文名甚噪，积稿至七八寸，多自加丹铅评骘者，尽以见示。其诗不过酬酢，略以诘屈语自饰，无关诗教。古文当得手时，饶有黯然以长、油然以幽之致，且无时文气息、字句间杂其中；唯伤散碎繁絮，良由居地既卑，求请者率乡里富人，斗米百钱，视为奇节，以致黄茅白苇，一望触目。仆谆劝其删节自珍，而骄矜已甚，殊为可惜。若能澄汰沙滓，庶几钝翁之后车矣。生性迂缓，跬步滋疑，然自守不苟，诚一乡之善士也。南昌姜曾，字樟圃，庚子举人，年四十余。博闻强识而文笔芜漫，又所学专求前人错误，极意指摘以夸精博，至古人命脉所存，可以内检身心外起沟壑者，反在所略，似未能卓然有成，在贵乡殆亦原甫、容斋之嗣响也。金豁黄镳字子觉，附贡生，年三十余。耳目亚于樟圃，尤熟《明史》及贵乡前辈故事，弱冠时读注疏，随手摘为要删，略附按语，颇有阐发，贵乡为此朴学，子觉外竟未见有替人。自作诗文，多至七八十卷，八股笔力挺拔而太无格辙，古近体诗貌似从（纵）横，古文次第顺适，而并伤浅薄。仆爱之甚，所以将顺匡救之者交至，至有涂乙其通篇大半者，子觉不以为非。语人必曰"生平第一知己包安吴也"。然徙义不勇，又褻人而有薄幸之癖，恐未能日就月将以尽其才也。南丰吴嘉宾，字子序，戊戌翰林。文笔俊爽，好读书，能受善，年三十余。此子能不变不怠者，殆不可量。金谿举人杨士达，字耐轩，年二十余。其祖諴，字少晦，君子之有文者也。仆与其兄迈功抚部交久，因识少晦，而少晦远矣。耐轩颇有志于继声，为古文下笔明净，唯边幅太窄，然可望其有成。新建李达观，字惺斋，年二十三，食饩八年。江西时文旧推陈章，然大士之超逸，大力之沉着，必不可合，惺斋合大士、大力而弥近正希，实一奇也。仆曾奉檄磨勘落卷，阅三四千人试文，又校阅豫章友教洪都三书院课义，无能仿佛之者。新喻张懋芝，字云阁，年二十三，亦已食饩。八股时趋耳，而排比稳洽，有声色，亦不可多得。二生旧业皆止八股，云阁近馆省垣，仆使之读《毛诗传笺》，亦时时有所见。新城陈溥，字广夫，伯仁太史之子，石士侍郎之诸孙，年三十余。泛览百家，为诸陈冠，诗文亦有卓荦之概，然自率资性，未见真实工力。南城曾协均，字笙巢，年二十四，宾谷抚部之幼子。八比文笔矫健，近年闭户穷经，语次殊多妙悟。南昌龚轼，字沤可，年七十余。需次学博，好学不倦，四部俱有探讨。嗜为诗，五言雅近陶、苏，而温雅谦抑不自足，与贵乡人士大殊。庐陵萧回琛，字崑圃，癸酉选拔，官南昌府学训导，年方五十。三十年馆谷尽以市书，积三万余卷。仆时时过从，论说偶及，崑圃入内检本，随手即得。通世事而自律严，有血气，重交游，为古文虽未成而门径视时贤为阔大。仆在贵省将六载，所知尽于此矣。

前哲有永新贺子翼先生，名贻孙，与叔子同为遗老，相距才三四程，而各不相知。其行治不可考，有《激书》五十七篇，可四万余言。大旨学《韩非》、《吕览》，而得其深，体势亦据二子为本。书皆纪载村落俚俗事，就见闻而推致之，则处乱自全之术，拨乱反正之规，悉于是乎在。唯每篇起处，用《吕览》旧法，而颇涉眉山、永康策冒，少小所业，结习难化，以为疵纇。叔子拟之，瞠乎后矣。求人物于贵乡，立言则贺永新，立功则李临川，殆难与为参矣。《激书》外间无本，上高李祖陶，字迈堂，仆同岁生也，治古文三四十年，有选刻《国朝文录》四十家，又别录六大家，然不过编纂、校核之勤，唯传《激书》之功为巨远。承足下不鄙，问讯谆至，故直书以相闻。署甚，伏唯珍重眠食，晤期不远，幸勿廑念。辛丑五月。

（以上诸篇文章录自《安吴四种》卷10）

述书上

乾隆己酉之岁，余年已十五。家无藏帖，习时俗应试书十年，下笔尚不能平直，以书拙闻于乡里。族曾祖槐直三，独违世尚，学唐碑。余从问笔法，授以《书法通解》四册。其书首重执笔，遂仿其所图提肘拨镫七字之势。肘既悬虚，气急手战，不能成字，乃倒管循几习之，虽诵读时不闲，寝则植指以画席。至甲寅手乃渐定，而笔终稚钝。乃学怀素草书《千文》，欲以变其旧习，三年无所得，遂弃去。嘉庆己未冬，见邑人翟金兰同甫作书而善之，记其笔势，问当何业？同甫授以东坡《西湖诗帖》，曰："学此以肥为主，肥易掩丑也。"余用其言，习两月，书逼似同甫。明年春，从商邱陈懋本季驯假古帖十余种，其尤者为南唐拓《画赞》、《洛神》，大观拓《神龙》、《兰亭》。余已悉同甫之法，乃自求之于古，以硬黄摹《兰亭》数十过，更以朱界九宫移其字。每日习四字，每字连书百数，转锋布势，必尽合于本乃已。百日拓《兰亭》字毕，乃见古人抽豪出入，序画先后，与近人迥殊。遂以《兰亭》法求《画赞》、《洛神》。仿之又百日，乃见赵宋以后书，褊急便侧，少士君子之风。余既心仪遒丽之旨，知点画细如丝发，皆须全身力到。始叹前此十年，学成提肘，不为虚费也。

续纵游江浙，遍观收藏家旧迹。壬戌秋，晤阳湖钱伯坰鲁斯，鲁斯书名籍甚。尝语余曰："古人用兔豪，故书有中线；今用羊豪，其精者乃成双钩，吾耽此垂五十年，才十得三四耳。"余答言："书不能佳，然下笔辄成双钩。"鲁斯使面作之，画旁皆聚墨成线如界，余以此差自信矣。是年，又受法于怀宁邓石如顽伯，曰："字画疏处可以走马，密处不使透风，常计白以当黑，奇趣乃出。"以其说验六朝人书，则悉合。然余书得自简牍，颇伤婉丽。甲子，遂专习欧、颜碑版，以壮其势而宽其气。丙寅秋，获南宋库装《庙堂碑》及枣版《阁帖》，冥心探索，见永兴书源于大令，又深明大令与右军异法。尝论右军真行草法，皆出汉分，深入中郎；大令真行草法，导源秦篆，妙接丞相。梁武三河之谤，唐文饿隶之讥，既属梦呓，而米老、右军中含，大令外拓之说，适得其反。锐精仿习，一年之后，画有中线矣。每以熟纸作书，则其墨皆由两边渐燥至中，一线细如丝发，墨光晶莹异常，纸背状如针画，自谓于书道颇尽其秘。

乙亥夏，与阳湖黄乙生小仲同客扬州，小仲攻书较余更力，年亦较深。小仲谓余书解侧势而未得其要。余病小仲时出侧笔，小仲犹以未尽侧为憾。相处三月，朝夕辩证不相下。因诘其笔法。小仲曰："书法之妙，在左右有牝牡相得之致，一字一画之工拙不计也。余学汉分而悟其法。以观晋、唐真行，无不合者。其要在执笔，食指须高钩，大指加食指、中指之间，使食指如鹅头昂曲者，中指内钩，小指贴名指外拒如鹅之两掌拨水者，故右军爱鹅，玩其两掌行水之势也。大令亦云：'飞鸟以爪画地'，此最善状指势已。是故执笔欲其近，布指欲其疏，吾子秘之！子书得晋人面目耳，随人言下转，不数十年，化为粪壤。今人攻书至力者，无如吾子，勉之矣！"又云："唐以前书皆始艮终乾，南宋以后书皆始巽终坤。"余初闻不知为何语，服念弥旬，差有所省，因迁习其法，一年渐熟。丙子秋，晤武进朱昂之青立。其言曰："作书须笔笔断而后起，吾子书环转处颇无断势。"又晤秀水王良士仲瞿，言其内子金礼嬴梦神授笔法，管须向左迤后稍偃，若指鼻准者，锋乃得中。又晤吴江吴育山子，其言曰："吾子书专用笔尖直下，以墨裹锋，不假力于副豪，自以为藏锋内转，只形薄怯。凡下笔须使笔豪平铺纸上，乃四面圆足，此少温篆法，书家真秘密语也。"余既服小仲之言，因不敢遽以三君子为非，分习而互试之，乃见其说足以补小仲之所未及。于是执笔宗小仲，而辅以仲瞿，运锋用山子，而兼及青立；结字宗顽伯，以合于小仲。屏去模仿，专求古人逆入平出之势。要以十稔，或有心手相得之境。然余非闻植三之言则不学，非闻同甫之言则中废，非得小仲之传则伈伈毕世矣。余他业屡迁，唯好书廿余年不改，一艺之能，其难如此，况进于书者乎？

嘉庆丁丑，余与翰风同滞都下，以书相切磋，简札往返无虚日，既乃集前后所言，掇其要为此篇，又为中篇以疏之。是年九月出都，道中得王侍中《书诀》石本，有云："首务执笔，中控前冲，拇左食右，名禁后从。"细心体味，盖以五指分布管之四面，即同此法，古人文简，不易推测耳。戊寅客吴门，乃为下篇，以悉书之始卒。以示宜兴吴德旋仲伦，仲伦亦叹绝而申之曰："道固归于墨不溢出于笔，而学之则自墨溢出于笔始。"己卯，又与翰风同客济南，得北朝碑版甚伙，因又为《历下笔谈》。翰风故工书，改用此法，以习北体，观者每谓与余书不辨。然余书尚缓，而翰风尚峻，微立异同。《述书》、《笔谈》稿出，录副者多：江都梅植之蕴生、仪征吴廷飏熙载、甘泉杨亮季子、高凉黄洵修存、余姚毛长龄仰苏、旌德姚配中仲虞、松桃杨承注挹之，皆得其法，所作时与余相乱。然道光辛巳，余过常州，晤小仲，出稿相质。小仲曰："用笔者天，书中尽之，始艮终乾，正所谓流美者也。书中阐发善矣，然非吾意。"请其术，卒不肯言。

述书中

余既述诸君子之言为书，因以己意通之，而知其悉合于古也。右军以管为将军，明书道之机枢在管，而管之不可乱动也。今小仲之法，引食指加大指之上，置管于食指中节之端，以上节斜钩之；大指以指尖对中指中节拒之，则管当食指节湾，安如置床。大指之骨外突，抑管以向右；食指之骨横逼，挺管以向左，则管定。然后中指以尖钩其阳，名指以爪肉之际拒其阴，小指以上节之骨贴名指之端，五指疏布，各尽其力，则形如握卵，而笔锋始得随指环转，如士卒之从旌麾矣，此古人所谓双钩者也。东坡有言："执笔无定法，要使虚而宽。"善言此意已。仲瞿之法，使管向左迤后稍偃者，取逆势也。盖笔后偃，则虎口侧向左，腕乃平而复下如悬。于是名指之筋，环肘骨以及肩背，大指之筋，环臂湾以及胸肋。凡人引弓举重，筋必反纽，乃长劲得力，古人传诀，所以著悬腕也。唐贤状拨镫之势云："如人并乘，镫不相犯。"盖善乘者，脚尖踏镫必内钩，足大指着镫，腿筋皆反纽，是以并乘而镫不相犯，此真工为形似者矣。

至古之所谓实指虚掌者，谓五指皆贴管为实，其小指实贴名指，空中用力，令到指端，非紧握之说也。握之太紧，力止在管，而不注豪端，其书必抛筋露骨，枯而且弱，永叔所谓使指运而腕不知，殆解此已。笔既左偃，而中指力钩，则小指易于入掌，故以虚掌为难；明小指助名指揭笔，尤宜用力也。大凡名指之力，可与大指等者，则其书未有不工者也。然名指如桅之拒帆，而小指如桅点之助桅，故必小指得劲，而名指之力乃实耳。

山子之法，以笔豪平铺纸上，与小仲"始艮终乾"之说同；然非用仲瞿之法，则不能致此也。盖笔向左迤后稍偃，是笔尖著纸即逆，而毫不得不平铺于纸上矣。石工镌字，画右行者，其锝必向左，验而类之，则纸犹石也，笔犹钻也，指如槌也。是故仲瞿之法，足以尽侧、勒、策三势之妙，而努、趯、掠、啄、磔五势，入锋之始，皆宜用之，锋既着纸，即宜转换。于画下行者，管转向上，画上行者，管转向下；画左行者，管转向右，是以指得势而锋得力。惟小正书，画形既促，未及换笔而画已成，非至精熟，难期合法。故自柳少师以后，遂无复能工此艺者也。“始艮终乾”者，非指全字，乃一笔中自备八方也。后人作书，皆仰笔尖锋，锋尖处，“巽”也。笔仰则锋在画之阳，其阴不过副豪濡墨以成画形，故至“坤”则锋止，佳者仅能完一面耳。惟管定而锋转，则逆入平出画之，八面无非豪力所达，乃后积画成字，聚字成篇，过庭有言：“一笔成一字之规，一字乃通篇之准”者，谓此也。盖人之腕，本侧倚于几，任其势则笔端仰左而成尖锋。锋既尖，则墨之所到，多笔锋所未到，是过庭所讥“任笔为体，聚墨成形”者已。以上所述，凡皆以求墨之不溢出于笔也。青立之所谓“笔必断而后起”者，即“无转不折”之说也。盖行草之笔多环转，若信笔为之，则转卸皆成扁锋，故须暗中取势，换转笔心也。小仲所以憾未能尽侧者，谓笔锋平铺，则画满如侧，非尚真侧也。汉人分法，无不平满，中郎见刷墙垩痕而作飞白，以垩帚锋平刷痕满足，因悟书势，此可意推矣。古碑皆直墙平底，当时工匠知书，用刀必正下以传笔法；后世书学既湮，石工皆用刀尖斜入，虽有晋、唐真迹，一经上石，悉成尖锋，令人不复可见“始艮终乾”之妙。故欲见古人面目，断不可舍断碑而求“汇帖”已。

余见六朝碑拓，行处皆留，留处皆行。凡横直平过之处，行处也，古人必逐步顿挫，不使率然径去，是行处皆留也。转折挑剔之处，留处也，古人必提锋暗转，不肯挝笔使墨旁出，是留处皆行也。顽伯“计白当黑”之论，即小仲“左右如牡牝相得”之意。小仲尝言：“近世书鲜不阅墙操戈者。”又言：“正书惟太傅《贺捷表》、右军《旦极寒》、大令《十三行》是真迹，其结构天成。下此则《张猛龙》足继大令，《龙藏寺》足继右军，皆于平正通达之中，迷离变化，不可思议。”余为申之，以《刁遵志》足继太傅。河南《圣教序记》，其书右行，从左玩至右，则字字相迎；从右看至左，则笔笔相背。噫！知此，斯可以言书矣！

述书下

书艺始于指法，终于行间，前二篇已详论之。然聚字成篇，积画成字，故画有八法。唐韩方明谓八法起于隶字之始，传于崔子玉，历钟王以至永禅师者，古今学书之机栝也。隶字即今真书。八法者：点为侧，平横为勒，直为努，钩为趯，仰横为策，长撇为掠，短撇为啄，捺为磔也。以“永”字八画而备八势，故用为式。唐以后多伸明八法之书，然详言者或不得其要领；约言之，又不欲尽泄其秘，余故显言之。

夫作点势，在篆皆圆笔，在分皆平笔。既变为隶，圆平之笔，体势不相入，故示其法曰“侧”也。平横为勒者，言作平横，必勒其笔，逆锋落纸，卷豪右行，缓去急回，盖“勒”字之义，强抑力制，愈收愈紧。又分书横画，多不收锋，云“勒”者，示隶画之必收也。后人为横画，顺笔平过，失其法矣！直为努者，谓作直画，必笔管逆向上，笔尖也逆向上，平锋着纸，尽力上行，有引弩两端皆逆之势，故名努也。钩为趯者，如人之趯脚，其力初不在脚，猝然引起，而全力遂注脚尖，故钩末断不可作飘势挫锋，有失趯之义也。仰画为策者，如以策策马，用力在策本，得力在策末，著马即起也。后人作仰横，多尖锋上拂，是策末未著马也。又有顺压不复仰卷者，是策既著马而末不起，其策不警也。长撇为掠者，谓用努法下引在行，而展笔如“掠”；后人撇端多尖颖斜拂，是当展而反敛，非掠之义，故其字飘浮无力也。短撇为啄者，如鸟之啄物，锐而且速，亦言其画行以渐而削如鸟啄也。捺为磔者，勒笔右行，铺平笔锋，尽力开散而急发也。后人或尚兰叶之势，波尽处犹袅娜再三，斯可笑矣。

字有九宫。九宫者，每字为方格，外界极肥，格内用细画界一“井”字，以均布其点画也，凡字无论疏密斜正，必有精神挽结之处，是为字之中宫，然中宫有在实画，有在虚白，必审其字之精神所注，而安置于格内之中宫，然后以其字之头目手足分布于旁之八宫，则随其长短虚实，而上下左右皆相得矣。每三行相并至九字，又为大九宫，其中一字即为中宫，皆须统摄上下四旁之八字，而八字皆有拱揖朝向之势，逐字移看，大小两中宫，皆得圆满，则俯仰映带，奇趣横出已。九宫之说，始见于宋，盖以尺寸算字，专为移缩古帖而说，不知求条理于本字。故自宋以来，书家未有能合九宫者也。两晋真书碑版，不传于世。余以所见北魏、南梁之碑数十百种，悉心参悟，而得大小两九宫之法，上推之周、秦、汉、魏、两晋篆分碑版存于世者，则莫不合于此，其为钟王专力可知也。世所行《贺捷》、《黄庭》、《画赞》、《洛神》等帖，皆无横格，然每字布势，奇纵周致，实合通篇而为大九宫，如三代钟鼎文字。其行书如《兰亭》、《玉润》、《白骑》、《追寻》、《违远》、《吴兴》、《外出》等帖，鱼龙百变，而按以矩矱不差累黍。降及唐贤，自知才力不及古人，故行书碑版，皆有横格，就中九宫之学。徐会稽、李北海、张郎中三家为尤密，传书俱在，潜精按验，信其不谬也。

然而画法字法，本于笔，成于墨，则墨法尤书艺一大关键已。笔实则墨沉，笔飘则墨浮。凡墨色奕然出于纸上，莹然作紫碧色者，皆不可以言书；必黝然以黑，色平纸面，谛视之，纸墨相接处，仿佛有毛，画内之墨，中边相等，而幽光若水纹，徐漾于波发之间，乃为得之。盖墨到处皆有笔，笔墨相称，笔锋着纸，水即下注，而笔力足以摄墨，不使旁溢，故墨精皆在纸内。不必真迹，即玩石本，亦可辨其墨法之得否耳。尝见有得笔法而不得墨法者矣，未有得墨法而不由于用笔者也。丞相云："下笔如鹰鹯搏击。"右军云："每作一点画，皆悬管掉之，令其锋开，自然遒丽。"侍中云："崔、杜、钟、张、二卫之书，笔力惊绝。"梁武帝与隐居评书，以中郎为笔势洞达，右军为字势雄强，又取象于龙威虎震，快马入阵。合观诸论，则古人盖未有不尚峻劲者矣。永师之后，虞、欧、褚、陆、徐、张、李、田、颜、柳，各备才智，大畅宗旨。中经丧乱，传笔法者唯明州布衣范的、洛阳少师二家。范之《阿育王碑》，行间茂密，杨之《大仙帖》，画外峭险，并符前哲。自兹以降，宋之东坡，明之香光，亦臻妙悟。东坡云："我虽不善书，解书莫如我。苟能通其意，常谓不学可。"香光云："画须中直，不得轻易偏软。"探厥词旨，可谓心通八法者矣。若二公肆力九宫，岂必远后古人乎！是故善学者，道苏须知其澜漫，由董须知其凋疏，汰澜漫则雄逸显，避凋疏则简淡真。

余年廿六而后学，四十而后知，少小恶札，脱于心而胶于手。精力既衰，又迫物务，岂望有成？庶几述其心得以授子弟，童而习之，或有能继志以成名者云尔。

跋荣郡王临快雪内景二帖

古人论真行书，率以不失篆分意为上，后人求其说而不得，至以直点斜拂形似者当之，是古碑断坏，汇帖障目，笔法之不传久矣。南唐祖本，宇内罕觏，《潭》、《绛》、《大观》、《宝晋》诸刻，具体宋人，《停云》、《郁冈》，悉成赵法。即华亭力排吴兴，而《戏鸿》不乏赵意，良由胜国盛行赵书，摹刻路熟，虽从真迹上石，而六朝妙笔，已不可见。加华亭选帖之时，甫逾强仕，字尚无笔，鉴复有舛，故《旱燥帖》，虎儿书；《告渊朗帖》、《东山帖》、《谢庄诗帖》、《离骚经》、《文皇哀册》，皆中岳书；《先墓帖》，中唐人书；《黄耆帖》，景度书；《思想帖》、《秋深不审帖》，皆吴兴书；《乐志论》、《帝京篇》，皆伪书，悉令窜入。其真迹唯《出师颂》、《保母志》、南库本《十三行》、朱巨川《告身》、《祭侄文》、刘中使《新步虚词》，尚可以意推见双钩、悬臂，指实、掌虚之妙，为足重耳。

大凡六朝相传笔法，起处无尖锋，亦无驻痕，收处无缺锋，亦无挫锋，此所谓不失篆分遗意者。虞、欧、徐、陆、李、颜、柳、范、杨，字势百变，而此法不改。宋贤唯东坡实具神解，中岳一出，别启旁门；吴兴继起，古道遂湮。华亭晚而得笔，不著言铨，近世诸城相国，祖述华亭，又从山谷“笔短意长”一语悟入，窥破秘旨。虽复结构伤巧，较华亭逊其遒逸，而入锋洁净，时或过之。盖山东多北魏碑，能见六朝真相，此诸城之所以或过华亭也。今观荣邸书，虽模《戏鸿》木本，而笔势逆入平出，江左风流，俣然若接，不受毡墨之愚，可谓诸城而后，再逢通识者已。铁香得之，装池见示，故欣忭而记之。同观者张翰风、彦惟竹、林容澜止、来止昆玉、徐仲平、魏曾容、叶东卿、方彦闻、胡苏门。

历下笔谈

秦程邈作隶书，汉谓之今文。盖省篆之环曲以为易直。世所传秦、汉金石，凡笔近篆而体近真者，皆隶书也。及中郎变隶而作八分，“八”，背也，言其势左右分布相背然也。魏、晋以来，皆传中郎之法，则又以八分入隶，始成今真书之形，是以六朝至唐，皆称真书为隶，自唐人误以“八”为数字，及宋遂并混分隶之名。窃谓大篆多取象形，体势错综，小篆就大篆减为整齐，隶就小篆减为平直，分则纵隶体而出以骏发，真又约分势而归于遒丽，相承之故，端的可寻。故隶真虽为一体，而论结字，则隶为分源；论用笔，则分为真本也。

西晋分书，《孙夫人碑》是《孔羡》法嗣，用笔沉痛不减，而体稍疏隽。《太公望碑》是《乙瑛》法嗣，结字宕逸相逼，而气加凝整。大率晋人分法，原本钟、梁，尤近隶势。自北魏以逮唐初，皆宗《孙夫人》，及会稽晚出，始尚《太公望》，极于韩、史，益趋便媚。分法不古，隶势因之，晋人隶书，世无传石，研究二碑，可以意测。盖中郎立极，梁传其势，钟传其韵，后遂判为二派。至近人邓石如，始合二家，以追中郎，未可以时代优劣也。

北朝隶书，虽率导源分篆，然皆极意波发，力求跌宕。凡以中郎既往，钟、梁并起，各矜巧妙，门户益开。踵事增华，穷情尽势。而《般若碑》，浑穆简静，自在满足，与《析里桥郙阁颂》同法，用意逼近章草，当是西晋人专精蔡体之书，无一笔阑入山阴，故知为右军以前法物。拟其意境，惟有“香象渡河”而已。平原、会稽，各学之而得其性之所近，反复玩味，绝无神奇，但见点画朴实，八面深稳，更无欠缺处耳。求之汇帖，《征西出师颂》、大令《保母志》，可称一家眷属，以其绝去作用处相同故也。

《绛帖》刻“桓山颂献之铭”六字，相传为大令书，沉雄宕逸，诚亦希有。然以拟《般若碑》，则如罗汉见六大神通，及见入定古佛，不免偏袒膜拜耳。《穆子容碑》，乃其云礽。

北碑体多旁出，《郑文公碑》字独真正，而篆势、分韵，草情毕具。其中布白本《乙瑛》，措画本《石鼓》，与草同源，故自署曰“草篆”，不言分者，体近易见也。以《中明坛题名》、《云峰山五言》验之，为中岳先生书无疑。碑称其“才冠秘颖，研图注篆”，不虚耳。南朝遗迹，唯《鹤铭》、《石阙》二种，萧散骏逸，殊途同归。而《鹤铭》刓泐已甚，《石阙》不过十余字，又系反刻。此碑字逾千言，其空白之处，乃以摩崖石坳，让字均行，并非剥损，真文苑奇珍也。

《刁惠公志》最茂密，平原于茂字少理会，会稽于密字欠工夫。《书评》谓太傅茂密，右军雄强。雄则生气勃发故能茂，强则神理完足故能密。是茂密之妙，已概雄强也。

北魏书，《经石峪》大字、《云峰山五言》、《郑文公碑》、《刁惠公志》为一种，皆出《乙瑛》，有云鹤海鸥之态。《张公清颂》、《贾使君》、《魏灵藏》、《杨大眼》、《始平公》各造象为一种，皆出《孔羡》，具龙威虎震之规，《李仲璇》、《敬显儁》别成一种，与右军致相近，在永师《千文》之右。或出卫瓘，而无可证验，隋《龙藏寺》，庶几绍法，逊其淡远之神，而体势更纯一。

齐《隽修罗碑》，措画结构，极意经营，虽以险峻取胜，而波发仍归蕴藉。北朝书承汉魏，势率尚扁，此易为长，渐趋姿媚，已为率更开山。《朱君山碑》，用笔尤宕逸，字势正方整齐而具变态，其行画特多偏曲，骨血俊秀，盖得于秦篆。山谷以箭锋所直，人马应弦为有韵，验以此书，信为知言。谏议学之而不尽，遂成平滞一路滥觞矣。

古人书有定法，随字形大小为势。《武定玉佛记》，字方小半寸；《刁惠公》、《朱君山》，字方大半寸，《张猛龙》等碑，字方寸；《郑文公》、《中明坛》，字方二寸；各碑额，《云峰山诗》、《瘞鹤铭》、《侍中石阙》，字方四五寸；云峰、徂徕两山刻经，字皆方尺；《泰山刻经》，字方尺七八寸。书体虽殊，而大小相等，则法出一辙。至书碑题额，本出一手，大小既殊，则笔法顿异。后人目为汇帖所眯，于是有《黄庭》、《乐毅》展为方丈之谬说，此自唐以来，榜署字，遂无可观者也。

北朝人书，落笔峻而结体庄和，行墨涩而取势排宕。万豪齐力故能峻，五指齐力故能涩。分隶相通之故，原不关乎迹象，长史之观于担夫争道，东坡之喻以上水撑船，皆悟到此间也。

甩笔之法，见于画之两端，而古人雄厚恣肆，令人断不可企及者，则在画之中截，盖两端出入操纵之故，尚有迹象可寻，其中截之所以丰而不怯，实而不空者，非骨势洞达，不能幸致。更有以两端雄肆而弥使中截空怯者。试取古帖横直画，蒙其两端，而玩其中截，则人人共见矣。中实之妙，武德以后，遂难言之。近人邓石如书，中截无不圆满遒丽，其次刘文清，中截近左处，亦能洁净充足，此外则并未梦见古今书诀，俱未及此。惟思白有笔画中须直，不得轻易偏软之说，虽非道出真际，知识固自不同。其跋杜牧之《张好好诗》云："大有六朝风韵"者，盖亦赏其中截有丰实处在也。

北碑画势甚长，虽短如黍米，细如纤毫，而出入、收放、偃仰、向背、避就、朝揖之法备具。起笔处顺入者无缺锋，逆入者无涨墨，每折必洁净，作点尤精深，是以雍容宽绰，无画不长。后人著意留笔，则驻锋折颖之处，墨多外溢，未及备法而画已成，故举止匆遽，界恒苦促，画恒苦短，虽以平原雄杰，未免斯病。至于作势裹锋，敛墨入内，以求条畅手足，则一画既不完善，数画更不变化，意恒伤浅，势恒伤薄，得此失彼，殆非自主。山谷谓《征西出师颂》笔短意长，同此妙悟。然渠必见真迹，故有是契，若求之汇帖，即北宋枣本，不能传此神解。境无所触，识且不及，况云实证耶？

北碑字有定法，而出之自在，故多变态；唐人隶无定势，而出之矜持，故形板刻。

《十三跋》是伪物，子昂虽陋，未必至是。然今世盛行其说，受病最深处，无如"陈、隋人结字非不古，而乏俊气"二语，五百年来佳子弟，多为所误。夫千人曰俊，君子正衣冠、尊瞻视，俨然可畏，所以为有俊气也。岂必龋笑慵妆，作失行妇人状哉！永叔曰："书至梁、陈之际，而工极"，余尝叹为知言。借南朝禁立碑，墓志出土，惟《保母》一种。而原砖又亡。幸有《始兴王碑》，剥蚀之余，尚可以证前说之谬妄。思白但于汇帖求六朝，故自言廿年学魏、晋无入处，及学宋人乃得真解。盖汇帖皆宋人所摹，固不如宋人自书之机神完足也。近人王澍谓江南足拓，不如江北断碑，亦为有见地者。

唐人草法，推张长史、钱醉僧、杨少师三家。长史书源虞、陆，故醉僧以为洛下遇颜尚书，自言受笔于长史，闻斯八法，若有所得。世所传《肚痛》、《春草》、《东明》、《秋寒》诸帖，皆非真迹，惟《千文》残本二百余字，伏如虎卧，起如龙跳，顿如山峙，挫如泉流，上接永兴，下开鲁郡，是为草隶。醉僧所传大小《千文》，亦是伪物。惟《圣母》、《律公》，导源篆籀，浑雄鸷健，是为草篆。少师《韭花》、《起居法》，皆出仿写。至《大仙帖》，逆入平出，步步倔强，有猿腾蠖屈之势，周、隋分书之一变，是为草分。其余如《屏风》、《书谱》、《绝交》诸帖，虽俱托体山阴，止成稿行而已。

自唐迄明，书有门户者廿人，爰为续评：永兴如白鹤翔云，人仰丹顶；河南如孔雀皈佛，花散金屏；王知敬如振鹭集而有容；柳诚悬如关雎挚而有别；薛少保如雏鹄具千里之志；钟绍京如新莺矜百啭之声；率更如虎饿而愈健；北海如熊肥而更捷；平原如耕牛稳实而利民用；会稽如战马雄肆而解人意；景度如俵骡强僵，布武紧密；范的如明驼舒步，举止轩昂；玉局如丙吉问牛，能持大体；端明如子阳据蜀，徒饰銮舆；山谷如梁武写经，心仪利益；海岳如张汤执法，比用重轻；子昂如挟瑟燕姬，矜宠善狎；伯几如负暄野老，嘈杂不辞；京兆如戎人呀布，不知麻性；宗伯如龙女参禅，欲证男果。

后附四则

"枞阳门"三大字，在安徽省城南门，字径二尺许，雍容揖让，是山阴家法。唯"门"字右直稍挺腹，不敢径指为右军书耳。赵州城内，永兴所书"攀龙鳞附凤翼"六大字，尺寸与"枞阳门"相当，比之则脚忙手乱，局促窘迫，不自赖矣！庾亮持节江西，右军为其从事，或庾自书，或使王书。时右军年少，书势或稍加作用，未可知也。然断非永师以下所能至矣。"天监井栏"，在茅山，可辨者尚有数十字，字势一同《瘗鹤铭》，其字同者则笔法结法悉同，可证《鹤铭》为隐居书，而逋翁、清臣之说废已。

杭州龚定庵藏宋拓"八关斋"七十二字，一见疑为《鹤铭》，始知古人《鹤铭》极似颜书之说有故。

苏州城内，有太白书"观音之阁"四大字，字径七八尺，整暇有永兴风，唯笔势稍抛松耳。然较"逍遥楼"颜书，相去不可数计。

答熙载九问

问：自来论真书，以不失篆分遗意为上，前人实之以笔画近似者，而先生驳之，信矣！究竟篆分遗意寓于真书，从何处见？

篆书之圆劲满足，以锋直行于画中也；分书之骏发满足，以毫平铺于纸上也。真书能敛墨入毫，使锋不侧者，篆意也，能以锋摄墨，使毫不裹者，分意也。有涨墨而篆意湮，有侧笔而分意漓。诚悬、景度以后，遂滔滔不可止矣！

问：先生常言草书自有法，非字体之说也，究竟何者为草法？

《书谱》云："真以点画为形质，使转为性情，草以使转为形质，点画为性情。"是真能传草法者。世人知真书之妙在使转，而不知草书之妙在点画，此草法所为不传也。大令草常一笔环转，如火箸划灰，不见起止，然精心探玩，其环转处，悉具起伏顿挫，皆成点画之势；由其笔力精熟，故无垂不缩，无往不收，形质成而性情见，所谓画变起伏，点殊衄挫，导之泉注，顿之山安也。后人作草，心中之部分，既无定则，毫端之转换，又复卤莽。任笔为体，脚忙手乱，形质尚不备具，更何从说到性情乎！盖必点画寓使转之中，即性情发形质之内，望其体势，肆逸飘忽，几不复可辨识，而节节换笔，笔心皆行画中，与真书无异。过庭所为言"张不真而点画狼藉"，指出楷式，抉破窔奥也。至谓"钟不草而使转纵横"，此语并传尽真法。盖端庄平直，真势也。古人一点一画，皆使锋转笔以成之，非至起止掣曳之处，乃用使转。纵横者，无处不达之谓也。盘纡跳荡，草势也。古人一牵一连，笔皆旋转，正心着纸，无一黍米倒塌处。狼藉者，触目悉是之谓也。草法不传，实由真法不传。真草同源，只是运指换笔。真则人人共习，而习焉不察；草则习之者少，故谓草法不传耳。然草书部分，亦是一大事。《晋书》所谓“杀字甚安”，是专言结构。不力究此义，所以日趋狂怪，缭绕而不可止也。草故有法，然岂有别法哉？千年黑洞，今始凿出一线天。然工力互有深浅，吴郡所为叹“右军博涉多优”也。抑余有更为吴郡进一解者，书之形质，如人之五官四体；书之性情，如人之作止语默。必如相人书所谓五官成、四体称，乃可谓之形质完善，非是则为缺陷。必如《礼经》所谓“九容”，乃得性情之正，非是则为邪僻。故真书以平和为上，而骏宕次之；草书以简静为上，而雄肆次之。是故有形质而无情性，则不得为人；情性乖戾，又乌得为人乎？明乎此而自力不倦，古人未尝不可企及耳。

问：先生常言左右牝牡相得，而近又改言气满，究竟其法是一是二？

作者一法，观者两法。左右牝牡，固是精神中事，然尚有形势可言。气满则离形势而专说精神，故有左右牝牡皆相得而气尚不满者；气满则左右牝牡自无不相得者矣。言左右必有中，中如川之泓，左右之水，皆摄于泓。若气满则是来源极旺，满河走溜，不分中边，一目所及，更无少欠缺处。然非先从左右牝牡用功力，岂能幸致气满哉！气满如大力人精通拳势，无心防备，而四面有犯者，无不应之裕如也。

问：吴兴言：“结字因时相沿，用笔千古不易，陈、隋人结字非不古而乏俊气，此又存乎其人。”华亭云：“古人以章法为一大事，尝见襄阳《西园记》，端若引绳，此非必有迹象，乃平日留心章法故耳。”二说孰优？

赵、董二说皆陋，结字本于用笔。古人用笔，悉是峻落反收，则结字自然奇纵。若以吴兴平顺之笔，而运山阴矫变之势，则不成字矣。分行布白，非停匀之说也，若以端若引绳为深于章法，此则史匠之能事耳，故结体以右军为至奇。“秘阁”所刻之《黄庭》，南唐所刻之《画赞》，一望唯见其气充满而势俊逸，逐字逐画，衡以近世体势，几不辨为何字，盖其笔力惊绝，能使点画荡漾空际，回互成趣。大令《十三行》稍次之。《曹娥碑》俊朗殊甚，而结字序画，渐开后人匀称门户，当是右军誓墓后，代笔人所为，或出羊侍中，而后人以为王体，误收右军帖中耳。《乐毅论》各本，皆是唐人自书，非出摹拓，只为体势之平，实由笔势之近。北碑以《清颂碑》、《玉佛记》为最奇，然较《十三行》，已为平近，无论《画赞》、《黄庭》也。《内景经》，纵势取姿，可谓有韵，然序画雅无奇趣，《鹤铭》神理正同《内景》，以为右军书者，皆非能见匡庐真相者也。降至王侍中，用笔渐平，而结字益实。盖二王以前之书，无论真行，帖中所无，不能撮合偏旁，自创一字以参其间。侍中以下，则渐可以后人体势入之而不嫌矣。草书唯皇象、索靖，笔鼓荡而势峻密，殆为右军所不及。伯英诸帖，大都是大令书。圣于狂草，空前绝后。只是行以篆法，下笔如鹰遒搏击，遒而不褊，疏而不凋，虽经挪行，尚可想"所向无空阔"之意态也。

问：前人言小字如大字，褚遂良以后，经生祖述，亦有能者。大字如小字，未之见也。题署如细字，跌宕自在，唯米襄阳近之，斯语是否？

小字如大字，以言其用法之备，取势之远耳。河南遍体珠玉，颇有行步媚蛊之意，未足为小字如大字也。大字如小字，以形容其雍容俯仰，不为空阔所震慑耳。襄阳侧媚跳荡，专以救应藏身，志在束湿，而时时有收拾不及处，正是力弱胆怯，何能大字如小字！小字如大字，必也《黄庭》，旷荡处直任万马飞腾，而藩篱宏固，有率然之势。大字如小字，唯《鹤铭》之如意指挥，《经石峪》之顿挫安详，斯足当之。

问：每作一波，常三过折，"无垂不缩，无往不收"，先生每举此语以示学者。而细玩古帖，颇不尽然，即观先生作字，又多直来直去，二法是同是异？

学书如学拳，学拳者身法、步法、手法，扭筋对骨，出手起脚，必极筋所能至，使之内气通而外劲出。予所以谓临摹古帖，笔画地步，必比帖肥长过半，乃能尽其势而传其意者也。至学拳已成，真气养足，其骨节节可转，其筋条条皆直，如对强敌，可以一指取之于分寸之间，若无事者。书家自运之道，亦如是矣。盖其直来直去，已备过折收缩之用，观者见其落笔如飞，不复察笔先后之故，即书者亦不自觉也。若径以直来直去为法，不从事于支积节累，则大谬矣！

问：匀净无过吴兴，上下直如贯珠，而势不相承；左右齐如飞雁，而意不相顾，何耶？

吴兴书笔，专用平顺，一点一画，一字一行，排次顶接而成。古帖字体，大小颇有相径庭者，如老翁携幼孙行，长短参差，而情意真挚，痛痒相关。吴兴书则如市人入隘巷，鱼贯徐行，而争先竞后之色，人人见面，安能使上下左右空白有字哉？其所以盛行数百年者，徒以便经生胥吏故耳。然竟不能废者，以其笔虽平顺，而来去出入处，皆有曲折停蓄。其后学吴兴者，虽极似而曲折停蓄不存，惟求匀净，是以一时虽为经生胥吏所宗尚，不旋踵而烟消火灭也。

问：华亭言学少师《大仙帖》，得其破方为圆、削繁成简之妙。先生尝是其言。再三寻讨，不得其故！

香光论书，以此二语为最精，从过庭“泯规矩于方圆，遁钩绳之曲直”悟入，非果得于学《大仙帖》也，此以香光所诣知之。至《大仙帖》即今传《新步虚词》，望之如狂草，不辨一字，细心求之，则真行相参耳。以真行联缀成册，而使人望为狂草，此破削之神也。盖少师结字，善移部位，自二王以至颜、柳之旧势，皆以展蹙变之，故按其点画如真行，而相其气势则狂草。山谷云：“世人尽学《兰亭》面，欲换凡骨无金丹。谁知洛阳杨风子，下笔便到乌丝阑。”言其变尽《兰亭》面目，而独得神理也。《兰亭》神理，在“似奇反正，若断还连”八字，是以一望宜人。而究其结字序画之故，则奇怪幻化，不可方物。此可以均天下国家，可以辞爵禄，可以蹈白刃之中庸，而非非之无举，刺之无刺之中庸也。少师则反其道而用之，正如尼山之用狂狷。书至唐季，非诡异即软媚，软媚如乡愿，诡异如素隐，非少师之险绝，断无以挽其颓波，真是由狷入狂，复以狂用狷者，狂狷所为可用，其要归固不悖于中行也。

问：先生尝云：“道苏须汰澜漫，由董宜避凋疏。”澜漫、凋疏，章法中事乎？笔法中事乎？汰之，避之，从何着手？

澜漫、凋疏，见于章法，而源于笔法。花到十分名澜漫者，菁华内竭，而颜色外褪也。草木秋深，叶凋而枝疏者，以生意内凝，而生气外敝也。书之澜漫，由于力弱，笔不能摄墨，指不能伏笔，任意出之，故澜漫之弊，至幅后尤甚。凋疏由于气怯，笔力尽于画中，结法止于书内，矜心持之，故凋疏之态，在幅首尤甚。汰之，避之，唯在练笔。笔中实，则积成字，累成行，缀成幅，而气皆满，气满则二弊去矣。宝晋斋《辞中令书》，画瘦行宽而不凋疏者，气满也。《戏鸿堂》、《摘句兰亭诗》、《张好好诗》，结法率易，格致散乱而不澜漫者，气满也。气满由于中实，中实由于指劲，此诣甚难至，然不可不知也。

答三子问

修存问：先生薄吴郡书，而常举其言为学者法。其所谓“察之尚精，拟之贵似”，先察后拟者，将毋必能察而后能拟耶？敢问古帖真伪优劣，如何能精其察？

书道妙在性情，能在形质，然性情得于心而难名，形质当于目而有据，故拟与察，皆形质中事也。古帖之异于后人者，在善用曲。“阁本”所载张华、王导、庾亮、王廙诸书，其行画无有一黍米许而不曲者，右军已为稍直，子敬又加甚焉。至永师则非使转处不复见用曲之妙矣。尝谓人之一身，曾无分寸平直处。大山之麓多直出，然步之则措足皆曲。若积土为峰峦，虽略具起伏之状，而其气皆直。为川者必使之曲，而循岸终见其直。若天成之长江、大河，一望数百里，瞭之如弦，然扬帆中流，曾不见有直波。少温自矜其书，于山川得流峙之形者，殆谓此也。曾忆相人书有曰：“眉要曲兮不要直，曲直愚人不得知。”曲直之说至显，而以为愚人不知，则其理正通于书，故米、赵之书，虽使转处，其笔皆直。而山阴伪迹，多出两家，非明于曲直之故，恶能一目辨晰哉！秦、汉、六朝传碑，不甚磨泐者，皆具此意。汇帖得此秘密，所见唯南唐祖刻数种，其次则“枣版阁本”。北宋蔡氏、南宋贾氏，所刻已多参以己意。明之文氏、王氏、董氏、陈氏，几于形质无存，况言性情耶！然能辨曲直，则可以意求之有形质无形质之间，而窥见古人真际也。曲直之粗迹，在柔润与硬燥。凡人物之生也，必柔而润；其死也，必硬而燥。草木亦然，柔润则肥瘦皆圆，硬燥则长短皆扁。是故曲直在性情，而达于形质；圆扁在形质，而本于性情。唐贤真书，以渤海为最整，河南为最暇。然飞翔跳荡，不殊草势，筋摇骨转，牵掣玲珑，实有“不草而使转纵横”之妙。凡以其用笔较江左为直，而视后来，则犹甚曲之故也。能如是察，则近于精矣。

蕴生问：先生言察古帖之术，微妙至不可遁。自宋至明，真迹流传者，真伪尤杂，仍用是以察乎？抑别有术乎？

太傅呕血以求中郎《笔诀》，逸少仿钟书胜于自运。子敬少时学右军代笔人书。可见万古名家，无不由积学酝酿而得。虽在体势既成，自辟门户，而意态流露，其得力之处，必有见端。赵宋以来，知名十数，无论东坡之雄肆，漫士之精熟，思白之秀逸，师法具有本末，即吴兴用意结体，全以王士则《李宝成碑》为枕中秘，而晋、唐诸家，亦时出其腕下。至于作伪射利之徒，则专取时尚之一家，画依字抚，力求貌似，断不能追踪导源，以求合于形骸之外。故凡得名迹，一望而知为何家者，字字察其用笔结体之故，或取晋意，或守唐法，而通篇意气归于本家者，真迹也。一望知为何家之书，细求以本家所习前人法而不见者，仿书也。以此察之，百无一失。

震伯问：善哉先生之言察也！敢问拟其术从何始？于何终？

始如选药立方，终如集腋成裘。立方必定君药以主症，为裘必俪毛色以饰观，斯其大都也。学者有志学书，先宜择唐人字势凝重，锋芒出入有迹象者数十字，多至百字习之，用油纸悉心摹出一本，次用纸盖所摹油纸上，张帖临写，不避涨墨，不辞用笔根劲，纸下有本以节度其手，则可以目导心追，取帖上点画起止肥瘦之迹，以后逐本递夺，见与帖不似处，随手更换，可以渐得古人回互避就之故。约以百过，意体皆熟，乃离本展大加倍，尽己力以取其回锋、抽掣、盘纡、环结之巧。又时时闭目凝神，将所习之字，收小如蝇头，放大如榜署以验之，皆如在睹，乃为真熟，故字断不可多也。然后进求北碑，习之如前法，以坚其骨势，然后纵临所习之全帖，渐遍诸家，以博其体势，闲其变态，乃由真入行，先以前法习褚《兰亭》肥本，笔能随指环转，乃入《阁帖》。唯《争坐位》，至易滑手，一入方便门，难为出路。要之，每习一帖，必使笔法、章法，透入肝膈，每换后帖，又必使心中如无前帖。积力既久，习过诸家之形质、性情，无不奔会腕下。虽曰与古为徒，实则自怀杼轴矣。唯草书至难，先以前法习智永《千文》，次《征西》、《月仪》二帖，宜遍熟其文，乃纵临张伯英、二王以及伯高残本《千文》，务以“不真而点画狼藉”一语为宗，则拟之道得也。善夫吴郡之言乎！“背羲、献而无失，违钟、张而尚工”，是拟虽贵似，而归于不似也。然拟进一分，则察亦进一分，先能察而后能拟，拟既精而察益精，终身由之，殆未有止境矣。

（以上诸篇文章录自《安吴四种》卷12）

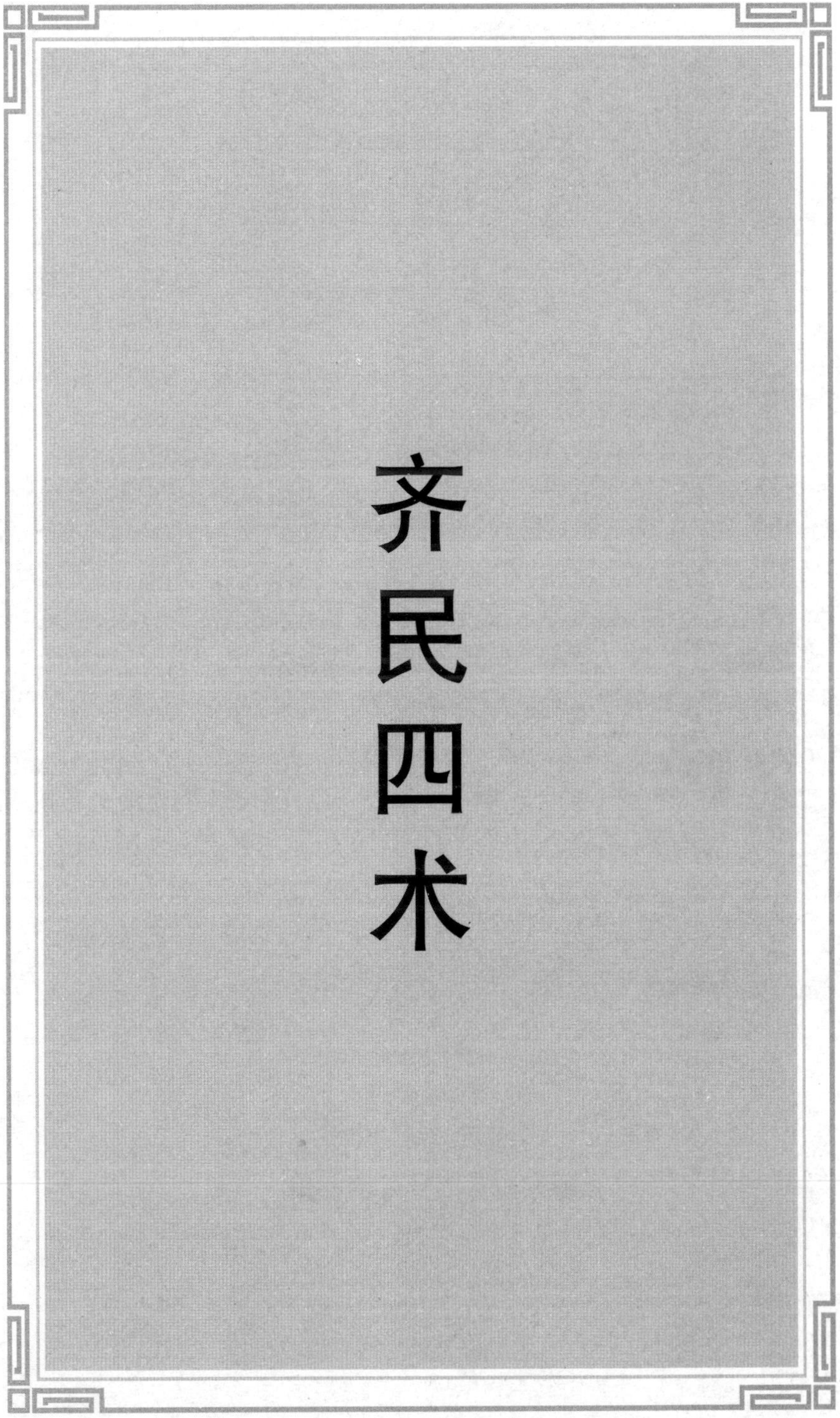

齐民四术

序　言

叙曰：明农之教熄久矣，樊迟亲炙至圣，欲深究稼圃之法，以安集流亡。而至圣谓民之所以流亡者，由上不依于礼义信，多虐使以致之，非仅农事不明之咎也。盖好礼必正其经界，好义必取民有制，好信必不违农时，则其民莫不敬服用情，力勤所事，怀土归业，固无待上之教以稼圃也。近者农民之苦剧矣，为其上者，莫不以渔夺牟侵为务，则以不知稼穑之艰难，而各急子孙之计故也。仆深以为忧，故少小讲求农事，为《郡县农政》一书。近世人心趋末富，其权加本富之上，则制币以通民财，使公私交裕，实治道之宜急者。农事修矣，而天灾流行，代事也，救荒之政，所宜豫虑。至关榷近唯主于益上，然或有新设而利民，或有仍贯而害民，事异农而农之利害系焉。盗臣轻于聚敛，故记之言伤已。若聚敛既非以益上，仍复不免于盗，官吏之弊薮各半，知其薮则宜求所以塞之。然而莱芜游鱼，非恒情所堪，则养廉之术必出于俭，有能留心民瘼著成绩者，是前事师也。故并检集其书，以广农政之所极，庶使已仕者有所取法而改其素行，未仕者知学古入官之不当专计筐箧以兼并农民。果有能好礼义信之君子出而为上，鄙仆为小人，则固仆所愿望未见而不敢辞者也。农事不缓，为小民筹生计者得矣。

孟子曰："人之为道，饱食暖衣，逸居无教，则近于禽兽。"孔子曰："为国以礼，安上治民，莫善于礼。"《记》曰："君子观于乡而知王道之易易。"孟子曰："乡田同井，出入相友，守望相助，疾病相扶持，则百姓亲睦。"乡田同井，礼之制也；百姓亲睦，礼之行也。然乡田同井之制，后世不可复，而近似于此者，则有保甲是宜。最先科目之设千有余载，为民择吏，而进以一日之文，其法已非尽善。然乡举里选，以此日之人心士习言之，断不可行已，则谨学政以教士，亦在纲之说也。无贵贱一，古惟丧服，周公作《丧服》一经，以维持万世之世道人心，而国家编于律例之首，其用意至深远。士大夫忌为凶事，置之不讲，则其去野人父母何算者几何矣？科目进身，原其本意，欲因文以见学，使出学以为治。是故领于礼部，以驱率天下之人才，大而封圻，小而州县，什七八出于此。然而决得失于一夫之目，且弊端百出，以坏廉耻之防于就傅挟策时，推其究竟，可不为之寒心哉！课绩者，考之始事，而所系至大，故首列之。孔子之论士曰："行己有耻。"士人不勉养而类充之，其何以长人以教人哉？至韦布下士，食力小民，闺阁秀异，或守陈编以自淑，或本至性而成文，亦足以见礼教本在人心，非由外铄我者。故并采录焉。

《语》曰："齐之以礼。"斥齐刑之政为不足得民耻，故曰刑自反此作，则刑与礼固对待之具也。治狱之于治民末已，然万民托命于此。而挠小民生计者，尤以此为大端，不必至鬻狱卖法也。稽延之苦，实遍闾阎，居痴床者，已罕计及，况士人未习吏职，而计专筐箧，则邪说荧之、匪人比之矣。至失刑之甚者，一成不可变，前此君子，不知尽心，以为后世戒。苟无纪载，且何戒之有？凡是编录，庶使秉礼以司刑者，有所鉴择焉。

大刑陈之原野，为其悖礼已甚，非常刑所能制，于是乎有兵。兵者，禁暴除乱而非得已也。故老子曰："战胜以丧礼处之。"孟子曰："善战者服上刑。"古人之言兵事，如此其慎也。然入使长之，出使治之，左之左之，君子宜之，右之右之，君子有之，则其事固宜豫立也。仆少小有所戒而究斯术，未几，兵事连起，前后与当路陈说机宜，条别得失，不幸而言多中。近则阅事稍多，闻警而惧，非复少壮豪举矣。夫兵之为费甚大，其及人至惨烈，故以能销兵于未形者为上；朕兆已见而能弭者次之；兵势已成，而能谨守吾圉不被蹂躏者，又次之。至置身锋镝之中，与士卒同心戮力，百战以悍疆场，尤近日所罕见，故并录之编后。呜呼！明农以养之，贵礼以教之，刑且可以不施，何论于兵？仆老矣，况废弃之余乎！然生平所学，或亦有足裨当路君子之节取者。生民之难，庶其小有瘳乎？

庚辰杂著二

帝典曰："敬授民时。"周公曰："予其明农，知稼穑之艰难。"孟子曰："民事不可缓，五谷熟而民人育。"文王视民如伤，制其田里，教之树畜。圣人治天下，使菽粟如水火，而民无不仁。百亩之粪，上农食九人，下食五人，人事之不齐，则收成相悬如此。是故圣王治天下，至纤至悉，莫不出于以民食为本，生之务尽其道，而不敢使有或耗者也。黄帝始制币以通民财，《书》曰："惟金三品，懋迁有无，生民乃粒。"今法为币者，惟银与钱。小民计工受值皆以钱，而商贾转输百货则以银，其卖于市也又科银价以定钱数。是故银少则价高，银价高则物值昂。又民户完赋，亦以钱折银①，银价高则折钱多，小民重困。是故银币虽末富，而其权乃与五谷相轻重。本末皆富，则家给人足，猝遇水旱，不能为灾。此千古治法之宗，而子孙万世之计也。

国家休养生息百七十余年，东南之民老死不见兵革，西北虽偶被兵燹，然亦不为大害。其受水患者不过偏隅，至于大旱，四十余年之中，惟乾隆五十年、嘉庆十九年两见而已，宜其年丰则人乐，旱干水溢，人无菜色。然而一遇凶荒，则流离载道，屡受丰年，而农事甫毕，穷民遂多，并日而食者，何也？说者谓生齿日繁，地之所产不敷口食，此小儒不达理势之言。夫天下之土养天下之人，至给也，人多则生者愈众，庶为富基，岂有反以致贫者哉？今天下旷土虽不甚多，而力作率不如法。士人日事占毕声病，鄙弃农事，不加研究，及其出而为吏，牟侵所及，大略农民尤受其害。故农无所劝，相率为游惰。西北地广，则广种薄收。广种则粪力不给，薄收则无以偿本。东南地窄，则弃农业工商，业工商则人习淫巧，习淫巧则多浮费。且如兖州古称桑土，今至莫识蚕

① "银"，原缺，据吴校稿本补。

丝。青齐女红甲天下，今至莫能操针线。西北水利非不可修举，而数百年仰食东南，其利弊固皆历历可数，然未易更仆。况吏非素习，亦难猝办。请言近日本末并耗、所以致民穷而不能御灾之故：一曰烟耗谷于暗，二曰酒耗谷于明，三曰鸦片耗银于外夷。先分晰详指其弊，而后陈救弊之法。

烟出于淡巴菰国，前明中叶内地始有其种。数十年前吃烟者十人而二三，今则山陬海澨，男女大小莫不吃烟。牵算每人每日所费，不下七八文，十口之家终岁吃烟之费，不下数十金。以致各处膏腴皆种烟叶，占生谷之土已不为少。且种烟必须厚粪，计一亩烟叶之粪，可以粪水田六亩，旱田四亩。又烟叶除耕锄之外，摘头、捉虫、采叶、晒帘，每烟一亩，统计之须人五十工而后成。其水田种稻，合计播种、拔秧、莳禾、芸草、收割、晒打，每亩不过八九工，旱田种棉花、豆粟、高粱，每亩亦不过十二三工，是烟叶一亩之人工，又可抵水田六亩、旱田四亩也。凡治田无论水旱，加粪一遍则溢谷二斗，加做一工亦溢谷二斗。以种烟之耗粪与耗工乘除之，则其耗谷殆不可计算，不仅占生谷之土已也。且驱南亩之民，为做烟打捆包烟者，其数又复不少。至各处开烟袋店铺，烟袋头尾大抵销青黄铜钱为之，制钱十文重一两，而好铜每两则值制钱二十余文，故虽严法不能禁，沮坏钱法此宗最大。且做工之人莫不吃烟，耕芸未几，坐田畔开火闲谈，计十人做工止得八工之力，其耗工又复无算，减谷亦无算。所谓烟耗谷于暗者，其弊如此。

古之用酒有三：以成礼，以养老，以养病，非此而用酒，则谓之荒湎。《尚书·酒诰》言之最切，窃谓周公以忠厚立国，明德慎罚，而群饮者即执拘以归于周，似乎太苛。自往来吴、越、齐、豫之郊，见荒郊野巷莫非酒店，切倚悲歌莫非醉民，然后叹周公立法不为过当。尝以苏州一府推之而知酒之为害不可胜言。苏州共辖九县，为天下名郡，然合九县之境，南至平望，北至望亭，西至广福镇，东至福山，截长补短不过方百七十里。名城、大镇、山水所占，五分去二，得产谷之土方百三十里。每方一里为田五百三十亩，方百三十里共计田九百十万亩。苏民精于农事，亩常收米三石，麦一石二斗。以中岁计之亩米二石，麦七斗抵米五斗，当岁产米二千二三百万石。苏属地窄民稠，商贾云集，约计九属有人四五百万口，合女口小口牵算，每人岁食米三石，是每岁当食米一千四五百万石，加完粮七十万石，每岁仍可余米五六百万石。是五年耕而余二年之食，且何畏于凶荒？然苏州无论丰欠，江、广、安徽之客米来售者，岁不下数百万石，良由槽坊酤于市，士庶酿于家，本地所产耗于酒者大半故也。中人饭米半升，黄酒之佳者，酒一石用米七斗，一人饮黄酒五六斤者不为大量，是酒之耗米增于饭者常七八倍也。烧酒成于高粱及大小麦，高粱一石得酒三十五斤，大麦四十斤，小麦六十余斤，常人饮烧酒亦可斤余。是亦已耗一人两日之食也。以苏州之稠密甲于天下，若不受酒害，则其所产之谷且足养而有余，其他地广人稀之所可知。所谓酒耗谷于明者，其弊如此。

鸦片产于外夷，其害人不异鸩毒，故贩卖者死，买食者刑，例禁最严。然近年转禁转盛，其始惟盛于闽、粤，近则无处不有。即以苏州一城计之，吃鸦片者不下十数万人，鸦片之价较银四倍牵算，每人每日至少需银一钱，则苏城每日即费银万余两，每岁即费银三四百万两。统各省名城大镇，每年所费不下万万。近来习尚奢靡，然奢靡所费，尚散于贫苦工作之家，所谓楚人亡弓，楚人得之。惟买食鸦片，则其银皆归外夷。每年国家正供并盐关各课，不过四千余万，而鸦片一项散银于外夷者，且倍差于正赋。夫银币周流，矿产不息，何以近来银价日高，市银日少，究厥漏卮，实由于此。况外夷以泥来，内地以银往，虚中实外，所关非细。所谓鸦片耗银于外夷者，其弊如此。

烟酒耗本富，鸦片耗末富，既悉其弊，则救之不可无术。烟本非例禁，农民种之，商贾业之，若骤加禁绝，则商民并受其累，而胥吏讹索之后继以包庇，必至立法不行。惟有预饬大吏遍行恺示，假如甲年下令，则乙年禁种，丙年禁卖，其甲年农民所种之烟仍可收利，乙年遵令改种他谷，于农民耗无所损。甲年所产之烟不过足供乙年之卖，商贾渐收其本，改营他业，于商贾亦无所损。凡植物一年不种，其子即不能生，禁之之法不必科以重罪，但令犯禁种卖者，他人取之无罪，则自绝耳。禁绝之后，以种烟之土种谷，又分其粪与人工以治他亩，谷之增者无算矣。广设烧锅本在例禁，今但加严禁民间不得私酿，本系两汉、唐、宋相承之旧法，且专为民间惜谷而杜饮食之讼，出圣人爱民之诚，与天下共见，岂处处有所格碍？然酿酒皆在深宅，非如种烟之于田野，若司事者奉行不善，诚恐徒多驿骚，于实事反属无济。必各直省院司大吏皆得人，率其所属，尽心民事，上下相孚之后，乃可议行此政也。

鸦片之禁已严，而愈禁愈盛，以中其毒者则难以自止，而司禁之人无不早中其毒，又复得受肥规，却再加严法，终成具文。此物内地无种，自嘉庆十年后，浙江台州、云南土司亦有种罂粟取膏者，然必转贩至澳门，加以药料，方可吸食，是内土亦待成于夷药，仍不得谓为内物。但绝夷舶，即自拔本塞源。一切洋货皆非内地所必须，不过裁撤各海关，少收税银二百余万两而已。国课虽岁减二百万，而民财则岁增万万，藏富于民之政，莫大于是。说者或以为回市已久，而骤绝之，恐生他患。从来外患，必由内奸，通商各国以英夷为强，然其地其民，不足当中华百一，前此屡次骄蹇，皆洋商嗾之，而边镇文武和之。夫海防大政也，亦常政也，回市后，司防者上下据为利薮，废弛本职，而反张夷威以恫喝中外。现今东西两洋，皆与中华回市，西洋来市，东洋往市。西洋夷民所必须者，内地之茶叶、大黄，则照宝苏局采买洋铜之便，准商人携不禁货物，赴彼回市，彼货仍可通行，西夷更何词之有？且关撤则洋商罢，夷目无汉奸为谋主，自必驯贴。义与利常对待而交胜，征利自上行下，则大夫士庶皆争利而不事事，一旦撤关罢税，则薄海共仰贱货之至德，谁不争自濯磨，以求称上意者。设有逆命夷民，不过自外生成以求死耳，而何患乎？大圣断于中，与明智有远识之大臣，熟商而行之，天下臣民晓然于宸衷之眷念民天。天所助者顺，人所助者信，民皆力穑，士学为长，吏求知依，风雨时节，庶草繁芜，斗米三钱，行千里不赍粮之盛，可翘足而待也。

与张渊甫书

渊甫先生阁下：承示亮生先生大著，拜服拜服。世臣力持此论三十年，而不学无术，未能以执讻讻者之口。今王君广征博引，根据灿然，必有能举之者，但迟速不可知耳。世臣平日谓今之官照，及私行之会票钱票即钞法，何不可行之有？唯未议行，先议收，乃可行可久。其收之也，在内捐级、捐封、捐监，在外完粮、纳监，必以钞，则不胫而走。其实朝三暮四，仍与实征银钱无异。唯鄙意不唯不废钱，一切以钱起算，与钞为二币。亦不废银，而不以银为币，长落听之市人，则藏镪者不嗟失业，无以肆其簧惑之说，此则与王君稍有异同。

王君现在何所？若在都，愿一通谒。若在外，希阁下为致区区也。

答王亮生书

亮生先生阁下：都中由渊甫得读大著，钦佩之至。嗣至浙，满拟必得奉教，而以秋赋相左，想何子贞兄弟能达此悃也。春间手教下贲，涣若发蒙，而无便奉覆。行钞之说，弟于癸酉年痛发此议，惟未有成书。及读尊刻，征引详确，是以乐得同志；唯鄙意稍有殊异，曾属渊甫转达，不知有可采及否也？

鄙意以为钞既以纸为之，必先选纸，近高丽镜面及敝乡贡宣皆至精好，宜先征两处好匠合为之。两匠征至，使中官领之。商和合之法，使中人学之，而终身给两匠不使出。制成先盖印发纸式于直省，遍行晓喻，使民人先识纸式，作伪者无所用力。乃制钞式，或以五百文起数，或以千文起数，或以五十千止，或以百千止，断不可更大。不及数者以银行，奇零者以钱行，银钱凑数者各从其便，银从钱价，不拘一文一厘之例，行之稍久，银自消退矣。近世贵人富商多藏银，若与禁绝，则贵富知其不利也。奋其唇舌，阁下岂能与争可否哉？其行之必自上始，未议行，先议收。收之以现行捐例为最妙。凡上兑非钞不行，先赴局买钞，指数以钱起算，银亦照时价，勿以例价累捐生。州县征解钱粮、关榷征收皆收钞，非钞不行，不过一年，民心趋于钞矣。然后将一切捐输之事停止，是富国利民之无上妙谛也。阁下更欲增补前人成说以求备，是亦甚善，成时望寄示数册。小儿赴白门，命其晋谒，伏乞不吝赐教也。

再答王亮生书

亮生先生足下：客腊奉手书，兼示大著两册。古文一通，本无定法，惟以达意能成体势为主而已，尊作传记、书论略备，不拘守古人格辙，而自远尘俗。较之哲兄惕翁，令人兴难弟之叹矣。

钞币一事，足下研究数十年，乃为书刊布。近又以为尚有不尽者，更加探讨，务求尽善，况复不自满，假以稿本，邮质鄙人。薄植浅识，岂宜当此！然真读书人有心世事，固应如是精益求精；但当世学者，未见异人耳。钦佩之忱，无可言喻。然君子立言，必期可推行而无窒碍，以千里未接一面之人，再辱不耻之问；苟有异同，亦不敢不自竭其狂瞽以助高深也。钞法上利国而下便民，事理至明白易晓。所可虑者，一则细民不信从，一则匪人为奸利。欲细民之信从，世臣前致渊甫书所云，未议行，先议收，而收之莫如正供常例，二事尽之矣。然前书谓奇零乃杂用银钱，未免重钞轻币，当以相半乃为善耳。杜匪人之奸利，世臣前答足下书所云：取高丽及贡宣两纸之匠与料，领于中官，和合两法为纸，即使中官习其法；而两匠则终身不出，其纸既可垂久远，而外间不得其法，无可作伪，固已得其大端。然钞有大小，则纸亦随之，虽至小之钞，皆令四面毛边。更考宋纸宽帘之法，使帘纹宽一寸以上。又用高丽发笺之法，先制数大字于夹层之中，正反皆见，此为尤要也。足下征引五六百年已事，并及成说，以明行钞非衰世苟且之法，非小人务财用之举，甚盛心也。大旨已明，不必更条分缕析，多列款目。条列一多，不能不少有得失，一有得失，则诎诎者争持之以为阻挠之柄矣。

前明倪文贞《十便》之说，惟以铜尽铸军器一便，或当时机宜，未能悬揣。至银实帑一便，其中具有妙用，一则足资歆动，一则实济缓急。盖缓急之时，钞或不行，而银则未有不行者也。轻重相权不相废，为古今之至言，行钞则以虚实相权者也，银钱实而钞虚。古人三币之制，上币想非民间所常行。黄金为中币，而《汉书》曰黄金一斤值钱万，是仍以钱起数，则币之流通者，惟刀布耳。唐以前银止为器，其时银产尚少也。近世以钱为国宝，而银以便总统之用，至夺黄金之权，是地不爱宝，非人力所能轻重之也。惟一切以银起数，而钱反听命于银，未免太阿倒持耳。足下欲于行钞之后，即下废银之令，仍恐怀银者失业。斟酌许其为器，取今值之一半，足下假藏镪大万，不数年即折阅其半，谅亦未甘从令也。且行钞而废银，是为造虚而废实，其可行乎哉？十数年内银贵，而公私交病者，以仅以银为币，不惟珠玉黄金不为币，则钱亦不为币故也。今法假银罪止遣，私铸则至诛死，是固重钱而轻银已。民间称富室曰有钱，下至博徒，无论大小摊场，皆曰赌钱，从未闻以银为说者，是钱之当为币也明甚。然国家地丁课程俸饷捐赎，无不以银起数，民间买卖书券，十八九亦以银起数，钱则视银为高下，故银之用广。富贵家争藏银，银日少，盐米必需之物，商贾买之以银，卖之以钱，故物价腾涌。欲救此弊，惟有专以钱为币，一切公事，皆以钱起数，而以钞为总统之用，辅钱之不及。然银价久昂，制钱一千当银一两，例有明文，一旦改银为钱，难免觖望。兵饷尤难调和，似宜将兵饷月给银一两者，改为给制钱千三百文。其他俸廉应支之项，皆酌改为旧准银一两者，制钱千二百文。统计现在春秋二拨，每年各直省报拨之项，约一千七百余万两，当加出制钱四百万千，每年正供杂款课程常例，岁入四千万两。以脚价为说，旧输银一两者，改为制钱千二百文，羡耗同之，是每岁可加入钱八百万千，出入相乘，有盈无绌。各省现征钱粮，至少之处，每两收制钱一千八百文，经征官解司，一正一耗加火工解费，每正银一两，须银一两一钱七八分方敷，而一千八百文，不能得市价银一两一钱七八分。小民共知银一两钱一千之例，以千八百文输官，怨讟已起，而官每两尚须赔钱二三十文不等。若改为输钱，是一正一耗，止须钱千三百二十文，此外则官可资为办公之需。虽有贪吏，不能不减于旧数，民之从令，不待其辞之毕也。如是乃可决行钞矣。造钞既成，由部发各布政司，转发州县。州县必立钞局，与民平买卖。其水陆大镇店去处，由司设局。大要卖钞收银，必照市价，倾熔批解之费，不可以累州县，宜据旬报为准。州县以九四折解司，司以九七折解部。富民见行钞之便，知银价必日减，藏镪必出，镪出益多，而用银处益少，银价必骤减。然须以消息盈虚，使至库纹一两，准制钱一千而止，是其大纲。钞宜始于一贯一锭之数也，终于五十贯一宝之数也。如尊说至千贯以便藏者，原行钞之意，以代钱利转移耳，非以教藏富也。

尊议云“造百万即百万，造千万即千万，是操不涸之源”云云。从来钞法难行而易败，正坐此耳。初届造钞，以足当一岁钱粮之半为度，陆续增造，至倍于岁入钱粮之数。循环出入，足利民用，即止。行钞之初，银价尚昂，利之归国者不过五成，银价渐减，利可七成，大行之后，利可九成。凡官民相交之事，必有耗折，如近日收漕明加之比，岂可如尊议于钞载明文，别加虚数？名为利民，更生枝节。凡善谋国者，夺奸民之利权，以其七归之良民，而以其三归之公上，事乃易行而可久，行钞则主于揽兼并豪强及钱庄虚票之权，以归之上，而其利则官与民各得其半，与他术稍殊耳。至于钞纸上写格言选书手之说，以为富而寓教，则尤为隔膜。教亦多术矣，古书具在，何必此？若谓珍藏佳书，试问藏钞者，为藏钱耶，为藏书耶？唐之开通，宋之大观，皆精书，世固有一二人宝玩之者？岂可通之齐民乎？

尊议又兼铸当十、当百大钱，以济现钱之乏，而严铜禁以饬钱法，云云。钞法一行，则现钱足用，而私铸自息。铜禁之严，莫如宪庙，其时政事，无不令行禁止者，而铜禁竟不能行，况可必于今日乎？当十当百，法虽自古，然唐以河北之故举行之，深不便民，不数年皆准常钱当一乃已。而数年中，官费不偿，民之受其害者已伙。又尊议盗贼得之而用于市则立败，及海洋载鸦片土来者，得吾钞则不能行于彼国，势将自止，以此为断盗源烟土之二大利，益非事实。今盗贼得会票钱票，用于市而不败者多矣，何尝无号数可稽、印记可辨乎？中土既禁用银，只许为器得半价，是正可用以买土，岂不驱银尽入外夷乎？足下行钞之议，载于前刻者，读之而信以为必可行者，尚不数人，若必欲禁银，且并禁铜铸大钱言之，恐斯世罕有能读之终卷者矣！盛业以此被阻，世臣所深惜，故敢直其私意。要之，钞法非盛时不能行，尊议固已明言之矣，然亦止救弊之良策。世臣见三十年来求利之术至亟，而迄无效，故力持此论。若即以为理财之大经，则世臣亦未敢附和也。

小儿极蒙嗟赏，惭感无似。秋赋在迩，当得识荆于白石、青溪之侧，畅聆高论，以开茅塞，以慰愿望。谨先缴手稿，并附拙刻三种，以求来教。诸惟为道为民，自玉千万。道光丁酉六月之望，世臣顿首。

各省情形不一，省中郡县，又或悬殊，举此盛业，在当路润泽于内，而抚藩伸缩于外，非一人之心思所能周，语言所能尽也。大要总在损上以益下，初行之年，上之所损，当以千余万为率，以半益民，以半益官吏。官吏既得此益，则虽严妄取之法而可行，其行之也以断，则民不受妄取之害，其所益又当倍蓰于上之所损。损上愈多，则下行愈速，下行既速，次年上即可不损，以后则上之益也，遂至不可究诘。然益上之指总在利民，乃可久而无弊，若一存自利之见，则有良法而无美意。民若受损，亦未见其必能益上也。甲辰八月，录稿附记。

银荒小补说

天下之苦银荒久矣。本年五月，江西省城银价长至制钱一千兑库纹六钱一分，是银每两为钱一千六百三十余文。下邑不通商处，民间完粮皆以钱折。新喻现行事例，每钱粮一两，柜收花户钱一千八百八十五文，除归外纸饭辛劳钱五十八文，实归官钱一千八百二十七文。定例制钱一千准库纹一两，老幼通知，今花户完正银一两，连耗至用钱一千八百八十五文，不为不多。况两三年内，年谷顺成，刈获时谷一石仅值钱五百上下，现当青黄不接，而谷价仍不过七百数十文，是小民完银一两，非粜谷二三石不可，民何以堪？然有司征银一两，加一零三耗，又派捐款银一分，司银号三分六厘，外添平三厘，道款杂款，视司正款几于倍之。载钱上省，水脚人工、投批挂号、领库收乡征官吏薪饭钱、征各友修薪节礼，合需银一两一钱七分零，方敷解正银一两之用，是征正银一两，官实赔钱八十余文，即以新喻额征四万三千余两计之，岁须赔钱三千四五百千文，官何以堪？若必以赔累之故，勒增钱数，民力既不能胜，情势必生窒碍。

窃谓钱为国宝，自古公私皆以为币。自前明中叶，始以银为币，以便转输，因缘三四百年，公私之币，专属于银，宾主倒置。以钱从银，此非专重钱币；使银从钱，不能力挽颓波。仆于《答王亮生书》备细言之，然其事非心膂辅弼造膝输忠不能举行也。至疆吏所可为力者，则亦有说。查各省正供，年额四千万两，除去民欠、报拨之数，每年不过千七八百万两，是外省存留，与起运几相半也。部饷、甘饷、贵饷等项，万不能不解银。至如本省公项，坛庙祭品、文武廉俸、兵饷役食；私用，则延请幕友、捐摊纸饭、衙门陋规、漕务兑费，斯在受者仍皆以银易钱应用，故出入之利，皆归钱店，使市侩操利权，以上困官而下困民。若照旧章银数，按月依市价折钱给送，并不短克图便宜，谅无不可行者。先由司核明本省应支解之数，分别饬知各州县，每忙解银若干，解钱准银若干。查向来省城银价总以五月奏限，及岁底兑军之时为极高，以各州县皆运钱来省兑银故也。江、浙两省，故无省仓，与江西情形稍异，其余地方应用之项，大略无殊。若江、浙、两楚与江西六省疆吏，札商定稿，合词得请。唯各营去省远近不一，解送钱文，运脚较重，断不能责营员自备，又不可令州县外加。查银号例有火耗规费，以钱上库，则火耗一项，可提贮以备运解兵饷脚费，弁兵亦无可借口矣。如是，则六省所减用银之数，几及千万，岁计有余，银价不患其不减，钱价不患其不增，而谷价亦不嫌其太贱，于官于民不无小补。道光十九年六月六日，安吴包世臣说。

致伊扬州书

墨卿先生阁下：前奉手书，承以洪湖泛涨，河库支绌见示，斯非世臣所能有裨益者，故未即裁答，定不罪也。日昨下河坝水为灾，男妇任抱来扬觅食，而当事莫以安集为意，唯饬门管闭门下键，有如戒严。其先入城者数已盈万，围守盐典两商，呶呼填塞，几至罢市。文武乃督率兵隶，纵横驱逐，老幼奔突，民情汹惧。袁浦去此稍远，传言想必加重，但未识已得彻听否耳？制府冶亭先生调阁下摄河库，原为慎重收支，非苟以观察头衔为阁下荣，更非以工需平余为阁下润。然扬州实阁下所守之土，灾黎实阁下所亲之民，无论或酿巨案，滋成窒碍，即灾黎守死无他，其能不伤仁人之心乎？扬州地属可为，鹾使约斋先生又君子也。世臣昨谒鹾使，言及此时灾黎田庐皆没，退无所归；京口禁渡，进无所往；且淮源渐弱，水消尚易；流亡四散，回籍为难。唯有留养在扬，以俟本籍大赈，乃为得计。鹾使深然其说，唯以现在当事眈眈盐库间款，群欲借灾求富，是以持重不发耳。若阁下即日旋节，鹾使必能望风相助。盐义仓谷，只须发碾；薪蔬之资，醵金立集。扬城内外，名刹如林，广廊复厦，足敷安插。分别男女族居村聚，人日给以米半升，钱十文，无须更扰街市。灾黎本皆有业良民，结队来讨，计出无俚，阁下以仁政渐劘之，是必能守法而从令也。

一面商请鹾使，查案饬商在各灾区择便开厂，计本籍给赈有日，资送回就。以需水退葺屋种麦，不致漂宕失时，尤灾民所至愿也。留养月许，下河水势渐落，赈厂必可插定，乃集舟于五台山，募剃头人为剃深发，给资遣发，以免重复。仍先于留养处所，各置官医，给与戳记。约千人而一医，医方有戳，药肆即与付药。留则有柴有米，归则有船有资，病则有医有药，死则有棺有敛。人数多则三万，日需米百五十石，钱三百千。日数多则一月，当用米四千五百石，钱九千贯，加以医药、棺木、船价、路费，醵白金二万两，必可蒇事。而归还谷价在其中，则灾黎顿获生全，居民坐免驿骚，专城远不恤民隐之讥，遂听无距城骇众之说，阁下谅无不乐闻而急举者也。制府素不谬世臣言，唯以调拨道府大政，非局外羁人所宜搀越，故不径上书。阁下如不得辞者，或即以去函白制府，必得所请。且得制府为鹾使一言，尤易集事。伫望台旌，守日如岁，伏唯垂察。六月二十六日，世臣顿首。

嘉庆丙寅六月，予寓扬州观巷大顺园。灾黎以二十二日始至，二十四日闭城者再，二十五日遂不启。予以二十六日，由递发书，二十七即达。太守炳烛谒制府，制府命二十八即启行，并以存扬之粟麦二千五百石为助。是月小尽，太守以七月初一日昧爽回任，而制府书已以二十八薄暮达鹾使，鹾使即筹款以须矣。太守如法安插，初二挨散钱米，一切克扣搀杂之弊，剔除净尽。太守每日仍青鞋布袜遍历诸寺院，共留养灾黎三万二千余人，无一人更扰市肆者，阅二十八日，下河厂开，中间病暑湿者千数，死者才五六人。三君子泽溥而机速，谁谓人定不可胜天者！嗣后每遇灾荒，辄恃闭城驱逐为上画。世俗言古今不相及，谁知前事已绝响二十余年耶？录此怃然。道光庚寅季夏，世臣附记。

为秦易堂侍读条画白门荒政

承业谨启中堂老前辈阁下：日昨晋谒，缕陈本年旱荒情形，并及在乡目击无藉子弟醵饮齐心酒，富户恇惧，现议出资各周乡里，切恳阁下速筹捐赈以救坊郭。蒙谕详议事宜，以凭与香谷方伯酌办。感佩鸿慈，非言可悉！谨就愚见所及，拟列五事。曰救荒总略，计五条；曰劝捐事略，计五条；曰采买事略，计三条；曰平粜事略，计四条；曰粥赈事略，计五条。诚知书生迂谈，无当大雅，虑切剥肤，不敢自匿固陋，敬谨录呈，伏惟垂察。七月朔日，业谨启。

救荒总略

一、宜清理庶狱，以免重累也。民间雀角，最苦拖延。至遇歉岁，富者以一身护家，贫者以一身糊口。若遭讼累，为害尤甚。宜饬有司将现审易结之案，缮出清单，计日审结。但得实情，从宽发落，然州县事剧，又要查办荒政，一人之力，诚有难周。宜分委候补干员一二人，代为清理，使贫富各能归业，良莠俱免怨咨。至奉发钦部各件，似当遴委候补大员，随同司道审办，不宜发交现任府县，使不得一心筹办荒政也。

一、宜速禁槽坊，以裕口食也。本年麦秋有六分余，城乡各槽坊，普收二麦，陆续吊酒，驴驮肩挑，每日进城以千百计。约计城内一日，销酒千石，便糜谷千二百石。然委员签差，徒滋骚扰而无实济，宜张示许其邻里稽察，各自为禁，则该坊所囤米麦，自渐粜卖矣。

一、宜派妥人密查囤户，以定策应也。本城有五处米市，存数易知。其余城厢居民，是否有囤积，凡囤粮，皆须驴驼人挑，其约数邻里无不知者。约数若干。查本城每日需粮三千石，荒年减食，亦需二千石，约以本年七月初一为始，算至来年四月底，计三百日，米麦兼用，需粮六十万石，方能接熟。若囤户较多，约有四五十万石，则可严示平价，其不足者，官粜循环，便能补苴。若囤数无多，则断不可官定市价，致米商裹足，阖城坐困也。

一、宜确查极次户口，分别平赈也。本城以丝为生，今年机坊大坏，失业尤多。查户口一事，断不可委之员役，本年查办门牌，具文可笑，是其往辙。宜谕令三学，实举庠生之重耻好义不避嫌怨者，分为东西南北中五城，每城或八人、或十人，以本府名帖，延至学中公议，就近画开街巷，分头查办。先刊册式，各给两本，凡居民无论在街在巷，其仅住屋一两间无生理者，即为贫户；其男丁较少，而女口幼口较多者，为极贫；其孤儿寡妇在门摆摊不成店面，及有兄弟数人，只一人有生理，而家口众多者，皆分别定为次极贫户。查确，即给以票。票式用方尺皮纸，前书该户名口住址，后刊空头月日，票尾填某人查给第几号字样，户给一张。约城厢居民，次极两户不下十万人，每人日食米半升，则一日须米五百石。该户持票到厂买米，厂者即于空头月日下印一到字。如一买五日，则于该五日下，皆印到字，厂簿上亦用到字印印之，以杜重复遗漏之弊。筹定章程，即先出示以定民志，约于何日开粜官米，次贫但准平粜，极贫先以平粜，继以粥赈，其粥赈，须于十月初一日开厂，俱于示内载明。其户票内极贫者，即载明自某日起买官米，某日起领粥赈。该生等分头查户，十日可毕。每人每日给薪水钱二百文，其自愿捐办不领薪水者听。事结之后办理妥善者，咨明学院注优册，办理不善及有他弊者，除立时撤换外，咨明注劣。

一、宜严巡盗贼，以靖闾阎也。歉岁最多盗贼，既为民害，又为官累。宜加派兵役，督率甲捕，昼夜巡防。偶有报案，立时差缉，不可压批压票，重扰良民。

劝捐事略

一、宜劝谕巨室，以为赈主也。本城虽多殷实，而大富亦不多见。必访实最饶之户，加以优礼，驭以术数，使之首出重资。其余以类推之，既昭持平，尤资集腋。富户习近奢淫，鲜能明乎义理，性悉锱铢，必知虑其祸患。财者富人之所甚爱，患者富人之所最惧，能以其所惧夺其所爱，则轻从我矣。然劝捐之事，一发不中，则事无可更，须详计妥议而后举行，上户既定，则责成绅士广劝而集矣。

一、宜明示捐项，以安富室也。语云“一家饱暖千家怨”。富室义捐，固以济人，亦以自保。其著名大户，环而观者无算，果能输厚资，即宜出示该户门首及各城，奖其义举，严禁一切借端勒索强借情事，使贫户共知该富户好善济人，阴消嫉妒之心，则富户既得美名，又远实祸矣。其零捐各户，俟捐齐之日，另行粘单遍示，俾免偏枯。

一、宜查议叙成案，俾知踊跃也。乾隆五十年，常、镇各府绅士捐赈，奉部优叙有至知府即选者，宜饬查案明示，以资劝诱。该富户等既树阴德，又荷显荣，自更乐于为善。

一、宜清厘各富户控案，分别劝惩也。富户乘其厚资，每荡绳捡。如有互控在官之案，其好义乐输者，苟有理曲而不至丽法者，即量从末减以示劝；悭吝刻薄者，但系理曲，即从重议罚以示惩。既资公费，亦快人心。乾隆末苏郡守曾罚布商修府学，至白金廿万，至今传为美谈，此其比例也。

采买事略

一、宜遴员分买，兼利人己也。本年邻省，收成皆不甚丰，宜飞札询问得实，遴委候补微员中，需次未久、素习贸易者，领银分投赴买。盖官高则仆从多，不耐劳苦，易滋亏累。一处采买，需货太多，则粮价立长，我既贵买，且为害于该处居民。再江河风色不齐，分投各办，则先后陆续到省，尤易接济。

一、宜慎选米色，俾免发变也。采买米色，不必精熟，第一以干为主，其色以花红为上。盖花红之米价既略低，且出于乡户自做，并无水潮，又性宜人，煮粥胀锅而味美。

一、宜兼买大麦，以裕经费也。本年邻省皆有麦秋，大麦较米不及半价，以充口食，一石可抵七斗，则可节省经费，以为循环折阅之用。但江宁土俗，止用大麦酿酒，麦米之制，少有知者。其法将大麦晒极干，略拌以水，斗麦用水一升。用铁嘴碓舂出麦糠，筛去糠，将米晒干入磨，满槽倒塌。筛分整碎两种，和稻米煮粥饭，计麦百斤，可得米七十斤。其糠炒熟，和炒大麦磨作粉，可调食。其值可抵舂磨之工。

平粜事略

一、宜定地分厂，以便照料也。本城地势寥阔，城中当分五厂，南门外另设一厂，分定街坊。每厂派官一员，专司弹压。其董事则用绅士正副各一人。每厂设米盆十余处。书明某街坊官米在此卖，庶几验票收钱，打米即去，不致拥挤贻误。或每日皆卖，或三日一卖，或五日一卖，随宜酌定。

一、宜较量升斗，抽验米色，以杜弊窦也。用漕斛较定升斗，别置五升斗，半升筒，以资便捷。

一、宜分次极，以定平价也。现在市价，每升至四十五六文。将来开粜以采买运到，通计成本，次贫较本价折每升七八文，极贫十一二文，以示体恤公允。

一、宜先借仓米，用救燃眉也。筹计虽定，而采买在千里之外，鞭长莫及。宜查复成、虎贲两仓存米若干，除支应兵饷及运丁行月粮外，先行动借若干，示期开粜，俟买到拨补，庶符古人救荒如救火之义。

粥赈事略

一、宜明示定时，以腾厂地也。既择宽地设米厂，不能另觅粥厂。即于米厂内，明示定时，以辰、巳两时卖米，午正开粥厂，未末闭厂。

一、宜较定粥瓢，以期实惠也。粥赈，大约以漕斛米一升赈四人，先以好米一升煮稠，分为四瓢，即照式造瓢。赈时见票上有几口，即给几瓢，以止争竞，而归简易。

一、宜先期买柴，堆贮备用也。开赈之时，六厂约日需米百石，须用柴三百担，每月约用柴万担。先期收买，既干而易烧，又使乡民挑卖，藉资口食。

一、宜买芝麻秸数百担，烧灰备用也。煮粥米色难纯，多系澄汤，稀稠不一。须于水滚后，加芝麻秸灰少许，则汁浓而粒化。每有粥厂舞弊，图偷米石，且得锅焦，私和石灰，则粥既浓厚，而米粘锅底，食之殊伤人。查有此弊，即可予以杖毙，罪坐所由。

一、宜麦米对搀煮粥，以裕经费而支永久也。厂开每日百石，一月须三千石，经费浩繁。对搀麦米，则三千石之用，合计不过二千四百石之费，是四日便增出一日，四月便增出一月也。

以上五略，止就本城言之。至四乡为城之根本，五城为乡之表率，若乡民兴后我之嗟，则府吏苦扳辕之扰。是故勘灾形以定民疑，惩居奇以和民气。乡富在田，则积谷宜多，聚抢迭见，则解悬难缓。诸政并举，势匪缺一。平赈兼行，流亡慕化。资送则彼无归，驱逐则此滋事。欲副同胞之怀，须筹集泽之策。熟思固理有可通，待哺则饼难空画。乙巳年常州守金公，条议周详，办有成效，前迹可师，是尤在当事者加之意而已。

节相百公得侍读书，乃议以司库闲款六万办采买。江邑尹蔡君弼，力主即派本城砻坊承买，院司以为善。县尹乃传砻坊三十二家至大堂，指天誓日，舆论允协。次日复帖延各砻坊至花厅，情商八扣。诸砻坊环控藩司，司大怒，斥县尹甚严。县尹乃面众讦司以九二扣发出，司语塞而罢。然卒以八折勒各坊具领，而米色潮杂不堪。又鹾使阿公借盐仓米万五千石，与上江两县平粜米到乃设厂，城乡共十二处。八月初四日，节相发帖，延绅富于初六日集钟山书院议捐。先有于民捐项内提银十二万归司库盐仓之说，侍读属作书切沮之，节相无以应。初六有富室四家，捐银十万，初八日再集，节相意别有在，劝捐中止。郡侯邱树棠，主民捐官办，而侍读力持民办。延至十月二十日，风信初起，而城厢死者几八千人。节相幡然悯恻，延侍读及方葆岩尚书，重举捐事，匆迫太甚，乃改为按口散钱，然府县犹持官办。尚书商于予曰："不割费以赈三大饥民，其事必不行，吾子为思其名目。"予曰："流民安集于城外，毋令进城，是以官主之为善。"尚书以为然，遂割捐项二万七千，付一府两县，余十五万归绅士赈土著。上邑尹沈邦基曰："吾无才具办此事，亦不能向饥民口中夺食。"郡侯遂委江邑尹独办，所费不及一万，余分入橐。然沈君来岁遂卒官，而郡侯与江尹皆得超擢。

上百节相书

部人包世臣顿首奉书节相大公祖阁下：诗人有言："谗人罔极，交乱四国。"窃谓谗人中伤君子，其祸止及于一人，而诗人推广其义，遂至交乱四国，未免甚其辞而失其实，乃今验之，而知其信然也。以世臣之不才，阁下误有所闻。十六年六月，甫拜两江之命，即由都中发手书招商河务。世臣捧檄喜动颜色，以为昏垫之灾可弥，而平成之绩可奏也。江苏政务最繁，地方之外，有河有盐，闻阁下远招世臣，群以为一切上欺下虐之事，将必破露，百计沮挠，荧惑聪听。世臣抵浦上谒，阁下以病谢客，洎悟谗言之非，中夜相召，开诚下问，立决盖坝之策，使清淮以安枕。阁下欲录其微长，登之荐牍，而世臣褊心薄福，力辞不就，始触左右欲炙之怒，初及两月，遂成沟水。然阁下致书中外，未尝不以盖坝一事自任，以为治河已得把鼻，是阁下心知世臣之不负府主也。

十八年，豫东滋事，扬州龌龊之乡，豫东匪徒旧所集聚。世臣书迂胆怯，力劝鹾使团练乡兵，说既不行，遂挈眷迁白门，依托宇下。次年计偕返棹，正值六月初旬，三时已过，大雨未行。秦易堂侍读时时过访，世臣为言今岁枯旱，不殊乙巳，宜早赞当事筹备荒政。侍读素未明农，闻言不省，及见乡民宰豕醵饮，名齐心酒，约以抢掠富室，乃大惊，属为画策。先乞籴于盐仓，次请司帑，分投采买，卒以义赈，裒富益贫。阁下俯采侍读之言，于八月六日轻身莅钟山书院，率同司府，劝谕富室。始事之日，二李、陈、陶四家，慨输十万。阅日再集，富子百数，仅得五千，阁下谕令听便，立时返署。又数日，阁下过方葆岩尚书，尚书怪问，阁下答以前日实有意吹散义赈，因事系旧友主持，不欲其布衣在局外成此大功，尚书唯唯。次日相过，告世臣曰："吾子可速远去，节相于吾子深矣，迟将有变。"世臣应之曰："祸福自召，非人所能为。”卒不他往，然捐赈之事遂止。日昨一发风信，而四城关厢报僵仆者至七千八百人。世臣窃念义赈已成，阁下徒以世臣与闻之故而解散之，是此次死于冻馁之七千八百人，世臣断不能不任其罪戾，若不以此情实告阁下，则此后风信方厉，死者接踵，索命冤魂，皆将唯世臣是问。今世臣不避斧钺，上达此情，阁下倘不以为未足乎？世臣与阁下为宾主两月，所以相助为理者甚伙，徒以不受牢笼之故，非有深仇大隙也。嗣闻阁下所亲以阁下议治河之功，首推世臣，恐复见信用，乃捏写家书，谓世臣作札致都中当轴，菲薄阁下。阁下赫怒，乃遍致书中外三品以上，以世臣为负府主。而得阁下书之当轴君子，亦有三数人将原书寄示，以危行言孙相诫，则在阁下此举，亦未必人人以为然也。况阁下炙手可热，而世臣独立异同，虽非中道，或尚有当知仁之观。岂意阁下前既取快所亲之意，而今又以此殃及灾黎耶？

且世臣倡办义赈，区画章程，如果妥善，则不费阁下之修膳，举此巨政，是于阁下为有劳。若不协众论，则阁下按律执法，使世臣无可置喙。阁下既得公尔忘私之美名，又可阴泄其数年不快之实，为阁下计，亦何所不利焉。世臣草创此书，侍读尚书闻声力沮，唯医士旌德方补德，以为阁下善根纯熟，必能幡然改悔，使必就沟壑之流，重登衽席。事不可迟，迟延一日，此间必有非命者，谁执其咎？世臣深感其意，冒渎威严，字多不能庄写，尤为荒率。倘阁下止督过其妄诞，而不以为所言为非，则灾黎十万，顿获生全，虽屏世臣于遐裔，使不得复读圣贤之书，复接君子之光，心戴盛德，没齿不朽！皇恐上陈，伏惟鉴察。嘉庆十九年十月二十日，世臣谨再拜状上。

世臣诣辕呈书，节相谢罢之。即日延侍读尚书于二十四日重集书院，并命府县偕董事，传集小绅商劝谕，共得捐项十七万七千两。遴委佐贰二十四人，举人二十四人，分十二路查户给票。遂于十一月初六日，分六厂赈饥民共八万九千口，人钱四百文，小口半之，病者有医药，死者有棺敛。又赈流民九千口。至二十年三月，故录稿于集，以志转圜之美。世臣记。

答方葆岩尚书书

葆岩先生尚书阁下：昨午踵辞不值，今早至河下觅舟，回寓知台旌枉送，又失迎迓，尤为歉仄。奴子呈阁下留示，捧诵再三，钦佩无似。上年冬初，以商倡义赈，时接清晖，见阁下心乎利济，又复通达人情，动中窾要，久欲有所陈渎。以易翁有仁心而无远见，况阁下久任封圻，不得不浮沉粉饰之场，恐视苞桑为不祥，将吐而茹者数矣。昨日走辞，正为机不可失，决意面陈，而适不相值。今读留示，深副鄙怀，是以诚欣诚忭，走笔奉复，伏唯垂察。

阁下以城中无七日粮，万一有跳梁饥鼠，必使人无固志，欲将聚宝门外窑湾之砻坊三十二家，移至城内，而问策于小子。敢不直陈其愚，以备采择。按省垣周五十二里，正北以大江为堑，自仪凤门至通济门，皆临秦淮，且自三山门西迤二十余里，城皆依山，林木丛翳，高逾五六丈，坚峻无与比，真金汤之固也。满汉两标劲兵逾万，万一有警，不敷登埤，势必藉士民之力。而粮在城外，仓猝之际，移徙为艰，内讧外走，委金汤为区脱，理势所必至也。然砻坊居城外，莫知所始，勒迁则无以为名，是必因势利导，运以微权，乃可冀其有成。现议四月停赈，义赈经费，尚可余二万七八千两。省中士民谈风水者，大抵皆谓徐温截断蟒蛇仓龙脉，为省之病。阁下与易翁精于堪舆，本为全城士民所信服，易翁发谋，阁下一力赞成，人心归向，令如流水。且前此屡遭荒歉，莫言义赈，此次易翁若以修补蟒蛇仓龙脉为说，在彼做一大坝，中置石闸，定以白露下板，立夏启板，其冬春赴溧水句容小船，皆泊闸上，拆通济门外小坝，疏通东水关十三水门，全引淮水入城复其故道，必谓阁下为地方风水起见，断无阻挠者。城中沟渠无不淤塞，污秽无归，侵淫入井，以致井水苦咸。夏秋潮通内河，而夹河多妓馆，净桶上泼，居民即于下流汲用，是城中居民，自少至老，肠胃皆渐渍污秽而成，志趣卑下，实有自来。似宜于筑坝造闸之外，以余银造拨船四十号，每船三夫，以二十船周环罱泥，使内河日罱日深；以二十船，仿苏城挨河收粪之法，所罱肥土，及船收之粪并插厂于三山门外，及青溪旁满城根，卖与乡间农民，所得价值，以抵修船给夫，有赢无绌。又导满城东北隅青溪之源，使出竹桥，而于后湖穿入台城之闸外，仿河工成式，加做涵洞以节宣蓄。引其水一下浮桥，一下进香河。又疏鼓楼以西各沟渠，使下干河沿，则城中河道既通舟，又长年有河水汲用。阛阓之沟，督令各行清理，城北空地，及穷民零星小聚，则以局费接济之，赈余银两，是以办此数事。新闸下板，则外河水势不能浮送米船直达窑湾，况在石城门内，空宅甚多，价亦极贱，不过两年，砻坊必自移入石城矣。

闻砻坊每家有粮万余石，是三十二家所贮足敷城中三月之食。又城中富户租入，亦不下数十万石，闻俱囤乡庄，陆续运寄砻坊，按日送宅济用。诸富室中，阁下必有亲旧，可劝其建仓于空屋，以船运租至家堆贮，若自行舂粜，使乡邻得受小惠，尤为亲睦于平日，以备缓急之妙道也。此举不劳集费。现在赈局之二十四孝廉，皆廉能任事，阁下但与易翁商定，以杯酒集之，席间便可定议，况以工代赈，亦荒政之一事也。小子即日上船赴扬，不再奉诣，即问素履不具。嘉庆乙亥正月十八日，世臣顿首。

答族子孟开书

孟开足下：月之十八日接手书，知伊翁已达袁浦，书中推许鄙人，虽过分非所敢任，然五十年甘苦，实被足下一语道破。安得世间有如此者十数人，赏奇析疑，共成是盛业耶？吴碑遵改，却于文势无碍，尊意存此故实一节，鄙意则谓此事自当有纪载者，不必附见拙集也。至所谓言利不忍割爱，立论甚高，然非鄙意。好言利似是鄙人一病，然所学大半在此。如节工费，裁陋规，兴屯田，尽地力，在在皆言利也。即增公费以杜朘削之源，急荒政以集流亡之众，似非言利，而其究则仍归于言利。鄙人见民生之朘削已甚，而国计亦日虚，其病皆由奸人之中饱，故生平所学，主于收奸人之利，三归于国，七归于民，以期多助而止奸，用必遗身，俟诸后世。至于海运、海淤、票盐三事，发之收之，皆由鄙人。三事名利之丛也，而鄙人一无所与，杜门倚虹园中，但望其上益国而下益民耳。若票盐取利尤速，中外与陶安化有一面者，莫不骈集，安化与鄙人虽非心知，然所言多听从。又其中委员，多系鄙人指引者，而鄙人困守虹园，不涉其途，此足下所目击而深知者，是其言利也，绝无为己之意介其间，似与历来言利者有差别矣。

开矿之说，仅见笔谈，鄙意度群议必出于捐输，欲以此易之，唯未身历，故仍作疑词。且前明专任大珰，是以其病百出。近世既无此政，即不能无漏泽之弊，然其益较多于他途耳。若行钞之说，鄙人于嘉庆中力持此议，与友生及有力者言之屡已，唯未有成书。及见王亮生刻本，故有三书与之酌剂妥善，非和亮生也。至近日银价之贵如此，而米价更贱，官民均苦，非此不足以救之。然再迟数年，即将有欲行而不得者矣。江、浙之漕，今年幸得蒇事，然新漕瞬届，其事殆有不可知者。松、太利在棉花梭布，较稻田倍蓰，虽暴横尚可支持。近日洋布大行，价才当梭布三之一，吾村专以纺织为业，近闻已无纱可纺。松、太布市，消减大半。去年棉花客，大都折本，则木棉亦不可恃。若再照旧开折，必无瓦全之理。去年政府颇持行钞而卒见阻，其阻之者，未必止恐损国体而下忧病民也。其人若现当权要，家多藏镪，知钞行后必复钱一千银一两之旧，是自减其所藏之半。若现尚未得手，而势将得手，此物最便苞苴，恐所入皆此物，一旦变法，则恐成故纸，大不便于子孙耳。是故行钞之外，更有良法，可以减银价，复旧规，财自当从长计议。鄙人日夜思维，实无他术，是以持此颇坚。节目不详及者，为条列多则难保无得失，且举行之时，主之者自当详慎润泽之，不必议人一纸说完也。

鄙意常谓吾人立志不可污下，而持论不必太高，贵在能克己识务，不虚生人世耳。足下以为何如？鄙人素非拒谏饰非者，明辨一节，是学人吃紧关头，况此事所系甚大而甚急，足下再有以纠正之，以归尽善，非止衰翁一人受丽泽之益已也。书渐可成，出月半间，见亭可到浦，从前见亭携眷来白下，仆已赴西江，洎仆还山，见亭馆于乡，岁不过一再晤。此次以无馆，在寓助抄稿校字之事，勤慎细心，深解文法，似可不坠家业。将来到彼，足下自能玉成之以不负死友也，余容续致。郝小峰已起复到浦上否？即问文祺无恙。道光丙午五月二十四日，世臣顿首。

程漕帅今年委员甚少，而禁需索尤严，以宽丁力。若到坝，再能逐细体察，与仓帅商议减坝费，则丁力大宽。而况费可减以宽官力，官力宽则漕折可以大减，良民不苦诛求，而奸民不能以煽惑为把持。整官方，饬民俗，戢大难于无形，其为福盖不仅十世已也。愚前致桂丹盟书，属其与抚军商榷，趁此贤漕帅痛抉漕弊，失此机会，则真宝山空手回矣。以足下近来讲求颇切，故略言其端绪。拙刻至浦，漕帅若尚未北去，以足下意送一部质之。仆与漕帅无交，自送则近于扳援故也。世臣再拜。

致前大司马许太常书

江东布衣包世臣谨再拜状上滇生先生大司马阁下：奉违十载，无日不思。以阁下潜研故籍，切究时务，位愈尊而心愈下，事益繁而神益静，实为当世所罕，非仅离索之感也。辛丑夏，子诜过豫章，言阁下测世臣所以被议之故，情至委曲。甲辰秋接樟圃书，言阁下垂念至切，从樟圃所取去论近事文一册，手录副本，升沉异路，而心迹共喻，古之闻流不信，何以加此？复闻哲弟信臣侍读，同具此志，昆季自为知己，各就见闻，细榷调燮，世间岂复有不能了彻之理，不能转移之弊哉！从前曾以拙著奉质，猥蒙推许，以为“二百年来，惟亭林、穆堂可与鼎立”，称“宇宙不可无之书，一字一句之工拙，在所不计，速付剞劂，否亦宜多录副本，以广流传”。虽非世臣所任，然不可谓惠子不真知我也。近始裒集，排成四种三十六卷，五十余万言。谨具两部，一呈阁下，一饷哲弟，敬祈收览转致。

昔《吕览》书成，自谓备天地古今之事。天古非世臣所敢知，以云地今，良亦庶几。拙书所载，为术孔多，方今要务，固亦纷歧，而至急至大者，莫如银价。南方银一两皆以二千为准，北方闻更增于此，较之定例常倍有差。又连年丰稔，上米一石，价银七八钱。而民户折漕，重者至银六两，折条银重者，银每两至钱三千有奇。是米二石方能完条银一两，米七八石方能完额漕一石。田内所收，不敷两税，乐岁终身苦，斯之谓矣。今年蚕收亦丰，而叶价至每石钱五千。木棉梭布东南杼轴之利甲天下，松、太钱漕不误，全仗棉布。今则洋布盛行，价当梭布而宽则三倍，是以布市销减。蚕棉得丰岁而皆不偿本，商贾不行，生计路绌。推原其由，皆由银贵，银贵由于银少，不二三年，恐当由少入无，则钱漕两奏，势必贻误。中外大吏，颇亦忧此，条画救弊，其说有三：一开矿，一铸大钱，一行钞。荧惑阻挠，迄无成议。驳开矿，则援前明矿税，此与近法迥殊，无足虑者。官吏干没，势所不免。然楚人亡弓，事仍有济，唯银苗有验，而山脉无准，开矿之家，常致倾覆。当此支绌之时，谁敢以常经试巧乎？铸大钱尤为弊薮，古多已事，且即民间行用，于银价仍无关涉。唯行钞是救弊良法，挠之者皆依《日知录》以为说。然前明之弊，悉由翻覆之臣怂恿变法，但杜此一端，则各弊皆绝。若谓奸伪难防，则拙著已为详密，其要唯在明示以钱为币，使银从钱，以夺银之权归之于钱，而广钱之用操之一钞，乃有说以处钞耳。法宜先布明文，公私各项一切以钱起数，银随市价，以准钱数。钱质繁重，其总统轻赍之便悉归钞，则钞重而民趋之矣。旧以银起数者，皆改为钱，斟酌现行行市，旧定银一两者，为钱千三四百文，而没银之名以定民志。然必以重典禁绝官吏耗折之弊，则民受实惠，而公收实效。耗折弊绝，则官吏无以为生，百事皆废，峻法徒增具文，是必以定例钱一千银一两相准为度，而以新定增出之钱为官吏公费。各州县钱漕，为数悬殊，宜仿耗羡归公之例，责成抚藩，酌盈剂虚，并将向来捐款，皆于此项内分别给领，而正供所入，则仍银一两钱一千之旧。此鄙说所为有初行之年，上之所损当至千有余万，而补苴则需之次年之语也。所为不逐细分晰，以此事体大，又各处情形非一人思力所能兼赅，举行者自必广思集益，润泽详慎耳。

至官吏于办公从容之外，故智复萌，则姑息断不可长也。颇传鹤舫相国持此议甚坚，而外吏亲近阻之者尤力。盖银价腾贵，唯不便有业之民，而闲民则甚便之。中议一出，外吏奉文，必商之幕客，幕客修脯有定，知钞行则银必贱，是自减岁入之半，自必力阻以便其私。若辈岂有远识，能计及为利之日无几、而大不利者之必踵至耶？盖银价之于钱漕，如米之与饭，现在势如厝薪火上，故其毒必发，而发必烈。若世臣本籍寄居，皆无寸产，唯白门现住破屋廿间，岁完地粮银二钱许，聚宝门外先墓一所，岁完漕升半，即加至五七倍，曾不足为轻重之数。而还山以后，唯恃卖文售字为生，近更卖书，以及四方旧雨缟纻之投，所入大都白金，是银贵于世臣固有益而无损也，忧世非山中人所及，而忧生日迫，故不能不为有力者切言之。余不备及，诸惟为道为民，珍重千万。道光丙午六月十八日，世臣谨状。

复陈枢密书

子鹤三弟枢密阁下：六月杪，得二月间惠答手书，展缄三复，足慰十年契阔也。近闻荣领枢廷，实居政府，此其有为，又非来翰所谓五年来皆居有为之地比矣。平章机要，古重和衷，然笙磬之谐，未必翕如。若其事非艰巨，理同猎较，至纪纲风尚所系，苟避异同，难期报称。在昔大庾文端，尚为世臣言深苦不能得君，每事依违，自负所学，则此地居之，良亦非易。阁下自幼侍宦京邸，通籍以来，遨翔直庐，亦且十载，知之详，揣之熟，无容山中老朽过虑矣。至来书述新喻已事，奖掖鄙人，既多逾分，且有传闻未实之处，故略陈其始末。

戊戌秋初，新喻有出缺之意，此缺素号简优，兼藩臬使因颠倒班次以厚妾戚，而其人倚与上游有连，下车即助皂役凌藉庠序，以为钱漕地，遂致莅任七月有余，止有外客索欠米一呈，本邑士民，竟无一纸入县署，而粮捕两厅，至不能容讼者。前此乙未奇旱，钱漕并缓，知县无所取给，因授权于皂役。至此，邑人已若无知县，各役皆一无所事。官役失势，邑民曾受鱼肉者，自寻报复，至入署捕头人，剥殴于大堂，每日数次，各役逃散。而官之垂涎于漕弥切，未示漕期，先禀本府，开列邑中知名生监，请府访拿。本府受愚出示，首列万国彩、胡尚友等三人，目为漕棍。其实新喻向无吃漕规事，而列示三人，于漕皆无案据，实为凭空取闹，迫成京控。乃撤前任归案，而以世臣接署。臬司护戚益挚，奉文之日，即委心腹驻县严提。万国彩本系原告，知臬司左袒，是以避不投审。世臣视事，有来谒者，皆以礼接。久之，万国彩亦来谒，世臣告以原告毋庸避匿，汝可拂理家事，随我进省。彼诺，订期前往，而省中管押年余之胡尚友逃归，遂不赴案。前任捕万国彩，曾悬赏三百金，无获，是当为承缉官。世臣接缉，即如臬司之意，以万为重犯，亦不过罚俸轻议。乃抹杀前后情节，详请奏摘顶带，世臣旋即卸事。回省月余，竟至用兵，毁民房至三百余家。万、胡二人逃至邻邑，邻邑令侦知所匿村庄，饬令交出，否即请兵焚庄。万国彩闻信夜逃，追至廿里外，由旧匿之庄擒献。来书称几于纵囚故事，而以世臣为实有感孚，为不得其实也。至来书所称首畔者，想必出贵省官常之口，其人固非善类，然加此二字则已甚。世臣以壬寅五月买舟还山，万犯在监内，痛哭不止，再三央狱卒至舟中，叩首代谢。

来书又谓新旧钱漕，无丝毫蒂欠，此亦过誉。比户自催输将，亦止经征新款归数，旧欠尚多，其时银价已至千六百文一两，每两须赔数十文，计办已亥奏销，赔钱二千千，邑民醵钱如数禀偿。世臣再三批驳，及漕毕之后，又以钱无可归谆请，只得批提外库，俟通邑有应办公事，由众绅公领办理。及卸事，接任者颇有黩名，世臣惧为干没，即具禀解贮府库。声明归邑绅公禀请领。世臣离江西时，犹在府库，微闻中丞定案复奏，指此为科派退还之据，不知果否？若果如来书新旧尽输，则世臣赔项不啻七八千已。参案之源，以粮道既收漕规，而细察世臣漕政，为遵例禁绝浮勒，阅四日退出，小价不肯领回。粮道即拨归应解漕项，而心终怏怏。学使与之姻戚，恐他处亦以不夺人为法，则粮道为空做，出头明暗叠劾。中丞畏学使甚，遂先期严参，本意于定案时开复。而庚子科场，中丞以谕词忤众，士子万人，齐上至公堂肆骂，大指皆以新喻参案为说。中丞愤甚，乃定见不与开复。学使出参折后，采访舆论，惧有后患，访得新喻有诸生五，向以讼为生，自世臣视事，即闭门搁笔，学使意必深憾，遣亲信以千金啖之，授词稿使至其衙门投递。五生以雷神不可当拒之。数日后，中夜有叩门来谒者，具言前事，欲讵其词稿及银，禀请直揭，世臣谢罢之。学使闻之尤惭感，嘱其门生与世臣同官者，委曲解说。适戴师相薨逝，学使力言于其嗣君，谓老师墓碑，非求包君大手笔不足垂示百世，意盖谓世臣必以此为荣幸也。未几学使以谳楚狱去。新喻兵火之后，新臬以曾任临江守，特驻新喻，下学讲书，欲以感召万、胡，使投案。正讲时，有人在明伦堂下桂花台弹月琴唱门词，被捕。臬使饬随员赴县会审，而月琴已打破。其人名刘得祖，不识字，只能弹唱。因假三弦授之弹唱，乃新喻新事，名曰《万岁牌楼记》，共十六回，第九至十三，皆唱世臣在任所办各件。随员回省，说新闻，省中官幕，乃知世臣在彼之拊循整饬，毫无错谬也。刘得祖带省收禁，中丞过堂，曾叫彼弹了数回。后湖南星使从袁州过江西谳烟案，路出新喻，有数千人环船递呈。星使收呈，谕以明早去验火场，半夜鼓棚去，至省以呈词二十张咨交中丞，而摘词由入奏。星使行至安徽，接回折，折回江西谳此狱，一切无所更动，惟提刘得祖唱了三日而开释之。临行，谓其同年东乡令铭东屏曰："包君我竟未敢识其面，然《万岁牌楼记》已听完，中有大小文武官十八员，包君以一青天，居十七狗子之间，而得免于刑戮，幸矣！"中丞心究不自安，为世臣了公私事，得以脱然无累。今已六年，并无咨追到南。以上所述，乃是真实，想阁下所闻与此互异也。

世臣还山时，有《谢豫章诸公书》，附呈，所言互有详略耳。来书既不以窃比亭林为非，且谓垂览拙刻，在舟中一一记出，或可见诸实事，此无上吉祥语也。以此更有欲进之阁下者，丹盟调苏州，至白门问办吴漕之法，因有前后六书与之。无录副者，故以改定之本奉寄，阁下可令人抄出细看之。此时阁下更无读书之暇，而江、浙收漕及海运二事，国脉攸系，无有重于此急于此者。阁下细览六书，自然触类引伸，知其事易行而理不可改。近闻捐米之船，被海盗前后劫去七舫，又闻到津之米霉黑，不中食用，虽传闻未审，然此不足以阻海运也。六年运米百五十余万，穆相国驻津验收，分船打样，以示都中，坚白共见，岂二十年间海水性有变动乎？闻现在海盗，并非从前蔡牵、朱渥之比，多者才数百人，沿海水师，此而不能制，尚复何为？且及此闲暇，大加惩创，亦足小壮威声，使并海凶徒有所畏惧，乃一举两得之事。此外又有两书，皆论银荒之弊，惟行钞可以救之。阁下阅过，再捡拙刻农政诸事细绎之，知其说之必可行，而更无他策可以代之者。阁下能商之同舟，或能并举，或偏举一节，则上恤国是，下济民艰。而尊府之百年履丰席受，世受殊恩，皆可藉手以为报称矣。

再承询及扬州事无可为，作何生涯？此诚知我艰者之言。然世臣在扬二十五年，取其路在中道，信息易通，负米南北，自食其力。即有缟纻之人，亦必受之无愧。求书荐馆，贫士恒情，而世臣橐笔数十年，未曾出此，当亦阁下所习知也。还山以后，杜门未出城闉，芸阁袁浦，丹盟扬州，默卿仪征，皆水途密迩。而丹盟、默卿每上省，必面订往游，卒未尝一至其署。若与人家国重事，筋力忖已不堪，故介春闻声相求，而力辞始已。书局书院，非以大力为之先，又自能力争，然犹幸乃得之。自度不材，何堪以垂死之年，顿变素行？小儿需次吴门，木差之后，一无进入，然一家廿口，只得付之。世臣唯以卖文卖字，自资药饵，及周恤族戚之万不得已者。近年生涯如此，而生涯淡泊，诚如尊谕不合于时、不贬于道，其困厄亦有可券者。还山时有告帖，附博一灿。小儿止有海州州判一缺，惟缺系改繁，例须得保。昨以六塘河工，荷陆署督保得尽先，始有可补之望，然保举从不及寒门贫宦，亦非望之得也。

陈伟堂相国，前于乙未夏初，侍直天坛。相国在肃王下处详述世臣文学，为会试五千人第一，政事为一等六百人第一，而贤王主挑得此人，真不愧为国求贤。其时肃王之甥蒙古孝廉兴科在侧，以告世臣。相国至今未望颜色，不知何所见闻而有此誉。嗣至江西，相国令弟伦堂，同官中相待至厚，想亦习闻相国论说也。世臣耳目既劣，且不欲自通于显者。附去《四种》一部，乞阁下转呈。世臣生平受虚名之累不薄，或者相国赐览有所取尔，以为惠闾阎，则较之面肃王加不虞之誉，其可感不翅什伯也。世臣现以暇日，自加校定，其有芜蔓，间加芟剃，亦复增收紧要后出之篇，并离其句读，拟觅精楮重付剞劂，是亭林三刻《日知录》之旧事也。然此事非四百金不办，未必能如亭林果成其志耳。师母老人健饭，闻之欣慰。哲兄在沂，自时有问。春间捻案，罪人斯得否？念念！匆匆不具，惟为民为道珍重千万。道光丁未八月朔日，世愚兄包世臣谨再拜状复。

（以上诸篇文章录自《安吴四种》卷26）

密云税口说

予既入西山，览檀柘、大钟诸胜，遂循独石边墙，沿檀、白二河东至密云，意欲敬瞻东陵。入界百余里，借宿民家，路近青桩，山中无民居可借宿，乃返。沿途皆高岭巨石，山间有小溪，溪旁安设水磨不下三十座，皆磨柏根为香末，以货于都。密云城外有税口，专收木税，起自前明。询之主者，云都中松椵各器具，皆出于此。考此山场，外距青桩百余里，内与接界，本和伯、相福大农私业，自嘉庆四年查抄入官，归并与风水山，由马兰镇总兵及守陵王贝子督率弁兵管辖，青桩以内，民有携锛斧入伤树木者，罪即殊死，且自抄入之后，并未与风水山分别轻重，立有明条，则小民偶有触犯，势必归风水山案内一例查办。其山场北逼边墙，此外更无寸草尺木可供剪伐者。剪伐人多而日深，势必延及青桩。又地险无水路，伐树者皆用锛，平胸锛断，乃斧其枝，斫其皮，烧而烘干之，每一树止取板一块，亦难保无延烧放荒之祸。烘干后乃以人负骡驼，至白河扎簰，顶关上税。税口止知征收钱粮，不复诘其来历，商民皆视为上税正货，岂知其身犯大禁耶？似宜奏撤此口，明示科条，以免罔民之惨。

又张家口户税额有骟马一条，而兵部例禁民间畜养骟马，户、兵两部，例既歧出，商民何从遵守？又私参入口，例禁极严，而上海关《则例》第一条，即载人参一斤税四两。收税治罪，理宜画一。予偶见及，故备为之说，以俟有心民命之君子采择焉。嘉庆己巳四月八日，书于顺义旅店。

青口议

嘉庆二十年秋就食海州，见闻亲切，爰为此议以讯当路。

直隶海州三属壤地之广，东西至二百七十里，南北至三百五里。虽有山水侵占，营灶错杂，及斥卤不毛，约去其半，此外可稼之土，麦地、稻田、杂粮豆地，各居其一。近奉查办新淤，居民渐知贵谷重土，生殖益繁。其土产粮豆、腌猪、咸鱼，向来贩卖畅销处所，皆在苏、松，因地属淮关关境，出境土产，例由王营、草湾一带，陆运渡黄，赴淮关报钞，往南销售，其需用纸张、布匹、棉花各种南货，例亦应由淮关报钞渡黄，陆运赴海。唯赣榆一属，三面环山，一面距海，中无内河，于乾隆五年，经总督郝公奏明，准该县豆石由青口出海，对渡刘河，赴上海关纳税。其豆油、豆饼、鱼肉各货，如有夹带出口，即为透私。若赴南船只，回空时携货回赣，亦属违禁，历经遵行在案。然海州三属集镇百数，商贩贸易，以青口镇为最大，海沭各镇所用布匹、纸张等物，皆由青口转贩。青口行铺，又以油坊为最大，油与豆饼，皆属奉禁出口之货，然从未见其陆运赴淮，则其由海来往，不问可知。盖产货者农，而运卖者商，若遵例绕淮南下陆路，近者百余里，远者二三百里，又系村庄小道，不通大车，计其运脚浮于买本。是以贿纵偷漏，习为故常，致今刁劣生监，纠结青皮，串通蠹役，以收规包送为揽载，截河拦船为娄载，每至争夺码头，凶狠不殊枭匪。

窃谓青口设禁，但为海、赣两属棍徒兵役之利薮，于淮关漏卮，毫无裨益。纵能一概禁绝，则三属黎民有货无售，实为谷贱伤农，所产必归红腐，尤觉无当于撙节裁成、以左右民之义。查户剖《则例》载：奉天省黄豆，山东省青、白二豆，福建省及江苏之赣榆县豆麦、杂粮丰收之年，准商民由海运往邻省及附近州县发卖，均令报明地方官，给与印照，到关查验。是奉天、山东各货，南来北往，系属隔省，例尚准由海通行，况海属与苏、松系属本省。又他省往南船只，皆须经由鹰游门内洋，横过青口，而本地各货，乃不准其流通，既无关于海禁，小民不明大义，焉能免其觖望？检从前郝公原案，亦以此意立言。赣榆豆石，始得奉准对渡。如当事心切民瘼，以今昔情形不同，援引户例，除严禁透漏硝铁之外，凡他省奉准流通者，海属概与照例。于淮关分口内，裁移一处，在青口设立，即派淮关委员，前来驻扎。淮关监督，统辖淮、宿、海三关，每关各有一笔帖式协办关务，名为委员。轻减火耗，加意招徕，使棍徒不能把持，商民无所疑虑。则流通日广，输将自盛，固足裕课便民，更资整饬风俗。惟试看伊始，不能定额，未便多设书役，巡拦港汊。查海沭之货，皆由州城外之临洪口出入，应即由州立栅，设簿按船发票，准其沿海到青口关纳税。其由青口完课进临洪口者，亦即赴栅验票。其州境之响水口、洌子口等处，均由州派役巡查堵截，至赣邑沿海港口，稍可透漏之处，亦由县派役巡堵，总归青口。如此严密巡查，则于稽防绕越之中，即寓申明海禁之意，似于关榷地方，均为有益。

然前于乾隆五十七年间，总督书公曾议于海赣适中之地设立关口，经常镇道以为青口设关，则东、豫各商，公然取巧，便可绕越扬由两关，致亏税额，通禀沮止。查扬关征收税课，以豫东货物为大宗。常年豫东丰稔，饼豆遄行，扬由税额便自充足。青口现未设关，长年透漏，亦与扬税无补。况豫东大宗之货，断无在黄河舍舟，盘绕青口，以越扬由之理，是扬由额征赢绌，殊不关青口之设关与否也。若谓南来绸布各货，经由青口，扬税又绌，不知京庄济宁之货，例由运河北上。现奉奏明查禁浦口、六合盘旱绕越，是淮扬南杂货税，止有盘旱之弊，并无出口之虞。至青口本有巡检一员专缉，口内系海州营中军守备巡辖，口外系东海营巡辖，又去赣榆县治不过十里，足资弹压，无庸更议移驻员弁，以节糜费。近年来所见地方必应查办之事，因各关争额，牵掣贻误者多矣。故备论青口形势，使人人共知其于淮关有益，于扬由无损，海属农民得裕生计，而刁劣亦免罣于罪戾。以俟有心勤民之君子采择焉，谨议。

答杨承宣书

迈功先生承宣公祖阁下：辱承损书奖掖，以世臣前在武林与阁下“论屏藩之职，首重清厘亏缺，兹莅吴藩，中丞论亦如此，可见理得则议自符，止亏必有要术，幸不吝教益”云云，是诚阁下不择细流之盛心，世臣何克当此！然世臣前说，与中丞词同而指异。测中丞之意，不过为叠奉部饬：丝毫不许存留属库，谨守管钥而已，夫藩司以承宣为名，总辖吏、户、礼、工四曹之事，一切用人行政以养以教之责悉系焉，岂曰谨守管钥已哉！世臣见近日属吏之能自结于上游者，必以亏缺为偿；其才力未能自结者，则是以亏缺为贽。属吏一有亏缺，上游虽深悉其不职，以牵掣重大，莫敢轻发。既不能退，则转与为进计，设法弥缝，虽素能自结者，其获上不是过也。属吏知上游之无如己何也，则因以求利，益肆意于地方。地方不胜其毒，而呼吁于上游。上游心亦怜其冤抑，不得不借全局政体诸美名，昧心抑勒。是以民生日蹙，帑藏日虚，循环相生，遂成沧胥之势。属吏习见亏缺之无害而有利，其趋向可知也。故使上游莫能自举其职者，则亏缺为之缨纤也。故世臣所以谓清厘亏缺为先务当急者，非为帑藏起见，而与中丞异指也。亏缺不已，而出于调济；调济无益，而出于清查，以清查之难于措词，而议及提解；至提解无实，而粉饰之技穷。于是转其词曰，以交代为盘查，然后亏缺之方便门大开，而上游得藉以自遁，朋比挟私，以蔽明达。明允所谓大吏之为不善，非特簿书米盐出入间者，殆谓此也。

阁下从前曾藩吾皖矣。皖岁征才百万，而亏数几于七倍，则调济为之也。需次者往署一邑，回省即自陈亏求参劾，上游曰何遽至是，然后求调济。及调济所至，又复如前；而上游之事调济也，亦不得不如前，故有亏者常进用。偶有谨慎不敢做亏者，则群啄之曰：“是子发财矣，不发财何以无亏？”上游遂锢之闲散，是以无亏者常废弃。故其以公私罪戾被劾者，大抵皆无亏者也。其有以亏缺参劾者，非事由中出，则或以礼去官、起复不回省之员，无所爱惜者耳。人之情莫不求进用而畏废弃，是直上游教属吏以自固之术，非亏缺不为功也。山东于嘉庆八年初次清查，实亏八十万，议以缺分肥瘠，提节省银归司，通力合作，以六年拨补完款。及十三年限满，二次清查，则亏三百万矣。十九年三次清查，则五百万矣。是故清查议出，而惩亏之条为虚设；提补法行，而新亏之起为有因。甚至江苏有卖清查之说，取库贮现款，以三七与藩署为市，而骤增亏缺百余万，骇动观听。然推究各省办法，殊不相远，唯江省明目张胆，又数多时骤，致独受此名耳。清查提补之术皆败，不出奇策，则无以俄延时日，于是为以交代为盘查，责成最后出结之员，以为断不肯为人任过。其为说固足动听矣。然勒逼通关，遂至通省无一可参之属吏。而士民之有事在官者，自非极窘乏无可搜索、而不被沉冤者，盖亦幸矣。当此凋敝已极之时，非截断众流，固无可以言为治者矣。

然即实心清厘，亦不能废调济、清查、提补诸法，而专任参揭，不过其所以用法者，与现行例大异而已。必也先审缺分肥瘠，分为三则，明定调济章程，仿李悝丰歉敛散之意，以一年而代。盖久处累缺，则奸侩权子母以剥官，至不可复也。其需次之私债重而度支宽者，察去之，使不得以人累缺。驿店骚扰，书吏苛求，劣幕盘踞，一切可以剥官之事，力为遏止，以裕其源。其亏数较轻，实系因公，而居官尚可者，既不符调济之章，则度其缺之力，使之力崇节俭，勒限自补。逾限者不听。实力举行道府旬月征解折报，以取厥成。盖道府取节寿陋规于州县甚微，而亏缺摊赔至重，然道府知重赔为虚害，而微观为实利也，故以鸩毒为宴安。使于州县亏重者，立与劾办，于折尾附参道府徇庇，俟定案再行照例摊赔，则道府各知自爱，而无不发之伏亏矣。然劾后又复听嘱，授意设法，则亏数暗增，为患更巨。各省情形，大都似此。至于分忙解款，则于抵限之时，核其欠数，立提库书户吏来省监追，解足乃释。此上游力所能为，而无忧掣肘者也。然其效则过于劾官锁丁。江苏全省，唯高淳无亏，以四十年前曾严办库户二吏，至今吏司库钥，官不得私挪库项故也。前事不忘，是为至监，如是则新亏永绝，旧缺渐少。凡属吏之贪酷阘茸不可训饬者，可以决意锄去而无所顾忌。属吏知上游之无可挟也，亦必洗厉濯磨，以自保考成，庶可以培国脉而阜民生，举屏翰之职矣。然下之从上也，不唯其令唯其意。以上所言，皆平平易行，非有奇特创见。而各省卒莫有能收其效者，则以上游所好，或不在是之故也。辱厚爱久，又承下问，进其忠直，唯阁下鉴察，幸甚！嘉庆二十年四月既望，旧部人包世臣顿首状复。

答姚伯山书

伯山大弟明府阁下：在古北口见邸抄，知已外用，遂以五月九日入都，次早奉诣，欲与阁下言而已后。读留别之书，殷殷问居官之要。世臣滞迹都下，徂秋涉冬，时时询耗息不可得。日昨有来自河南，言阁下现奉差至新蔡，岁内可以补缺。面言既未能，而前书又久不报，歉仄殊甚！阁下博通今古，又涉事已深，百里任非所难堪。况吏事本非甚难，唯在加之意而已。一行作吏，便负本来，非尽尫劣不职也，良由志卑而囿于俗。抑或初至有声，遂尔自足，旋踵改操，反下杂流。

夫吏事至伙，非言语所能尽。吏治所为日下者，在居官而不知为民。世臣每告友生曰："印到为官，印去即仍民也。"故计一身，则为官之日少而为民之日多，计一家，则为官之人少而为民之人多。是故欲举一事，发一令，必自思曰："吾之父母官以此施之于吾身，将以为何如?"执柯伐柯，道至近矣，持此心也以往，而贞之永久，则视民如吾身。于凡害之当除，利之当兴，自有不能已于中者矣。然举事唯去其太甚，发令勿骇乎众情，潜更敝俗而不觉，乃为善之善耳。若信未孚于人，而求治太骤，则吾心未足以喻良民，而奸民得以播弄是非，以簧惑听闻，甚且持吾短长，则吾方自救之不暇，遑言治人乎？虽然，士人治生至急，而居官为尤甚。故经理私事，与勾当公事并重，而常相待也，弗能使有好于而家，则公事必将受牵掣而不能自遂其意。予前告曾容曰："先公而后私，公不废私；先私而后公，私必害公。"曾容以为名言。故世臣所谓经理私事者，非苟营囊橐之说也，唯世臣亦几经阅历而后能为此言。故及阁下未得官之前，纤悉相告，使于莅事伊始，即知私事之足以累公，而预为之地，则庶乎得之矣。日内当有保定之行，恐到彼簿书繁冗，不及详悉。所言平平，统希亮察。道光三年十一月朔日，世臣顿首。

复陆蓬莱书

彦若明府同年足下：前年冬见邸抄，知选授蓬莱。嗣晋卿自袁浦寄到足下致保绪书，属故人转交，乃知已抵任视事。去年春暮，纪子隅持足下复书相示，略不他及，唯咨嗟缺分清苦，深以万里奔驰，求此一官为悔。此固故人所不愿闻，而亦故人所料及者也。今年春初，接张馆陶书，盛称在省见足下，述其新政。莅事才半年，已课民栽树至三百万株，讼简刑清，顾不得于州将。幸上游了悉曲直，不得已使出远差，而足下唯自引怨艾，学养深醇，尤不可及。馆陶诚笃君子，所言自不谬，然故人亦未敢遽信也。

至五月杪，有人致书，知为足下使，急召入，而其人已去。发书读之，备言蓬莱地瘠而褊，求区种旧说以惠穷黎，又刻行之《劝息讼》、《劝种树》及《救急医方》，共三纸，且万言，词气谆恳，蔼如也。反复展诵，惊喜过望。然为政不在多言，顾力行何如，书之史册，以为至论。故人旧诗云："近世民苦瘠，治生各自竞。不必言抚字，但毋增苛政。稍为除强梁，良懦便称庆。"虽每况愈下，然亦至言也。夫君子之爱民也，固不如其爱身。足下中间家食，以插讼奔走官府者数年，是固以歆羡保绪被罣误，然齐中宦况，谅不乏如保绪之可歆羡者。以此读足下息讼之书，虽情文悱恻，不敢闻善而疑，而犹未敢自必也。

近世学术多途，居官与持身常为二事。如张兰渚侍郎，其于夫妇父子兄弟之间，至不可污齿牙，而为吴中藩抚前后且十年，不纵虎冠，不优盗臣。及乙亥丙子之间逆词案起，督臣恇惧，江以北旧为督臣专政者，毒遍比户，至莫敢拾街巷弃纸，而抚臣所主之江南五府州，宴然如无其事者。洎川沙有烧香传徒之案，厅县视为奇货，密解白门。张公不动声色，预遣标弁持令守于浒关，提回发司，照例结正，得免辜磔者数十人。时督臣恣睢，安西两抚，河漕两督，争承望风指如末属，而张君独能自举其职。论抚藩于吴中，所见未有能先张公者也。然此乃史公所谓毋令独蒙恶声者，非以张公为可法而告足下也。抑又有欲闻之足下者，故人前过齐中，见蒙阴令吴君《种树歌》，遍贴逆旅，勤民之意流露行间，颇委至可诵，因心仪之。后数年，又过其境，则吴君已改官，而去思碑穹然道左，大书深刻，大都以治蒙六年劝民种树为说。然行尽百里，一望山原童秃，无可息阴饮马处，不禁哑然，又辛巳荐举途开，州县小吏饰虚声以博超擢者伙。陈江都洁己爱人，政声艳闾里中，为江省甲。半载之后，以不得密保，复蒙故智，求富之术，较前在崇明、常熟任内为尤工。然而天道好还，曾不数年，橐罄子夭，名利俱丧，足为至鉴。

虽然，君子尚善悔。足下甫居官，而能力排流俗，变其素志，是真善于用悔矣。古之循吏且有出于群盗者。足下旧以忧贫艳非有，亦未与盗比也，幸能贞之终始。《诗》不云乎，岂弟君子，遐不作人；孟子不云乎，久假而不归，恶知其非有也。汉人旧说，最得经义，宋儒不审文法，务为深刻以阻为善之路，故人素所不取。足下周旋几席，想亦熟闻而强记之也。莱芜游鱼，奉尝百世，且未必遂至斯极。语云行百里半九十，矧在发轫，《诗》云庶几夙夜，以永终誉，况已小挫，足下勉之，故人与有荣焉。区种之说，即载《农政》册内，足下昔曾录副，检故笥自可得之。相距数千里，寄书甚难，故仍由馆陶转达，唯望曲谅此心，吾道幸甚。八月五日，故人包世臣顿首状复。

答陆曹县书

彦若明府同年足下：月之八日，用明过寓园，适故人他出。返得足下书，并刊示曹民教令，以责前书之复。故人得前书，附馆陶致答千余言。及馆陶归棣，方知馆陶见答词戆直，遂不以达，欲补缮别寄，则为时太不相及，非故人之有吝于足下也。前书劝息讼，课栽树，今书兴水利，劝艺蔬，修保甲，责守望，皆故人平居所熟筹。今足下力举其事，是宜深快吾道之行，而前答及今答，顾皆若有未慊者。

凡以条教既布，不可得更。刊本远布，是其意当不出于请益也。闻之为政不在多言，以言教者讼。为政者，先察民心之所向，次验民力之所堪，因势利导，政成而民安之，乃为善耳。故《记》曰："君子信而后劳其民"，明渐进也；"君子之道闇然而日章"，尚实至也；"有其善丧厥善"，诫自矜也；"名者公器，不可以多取"，惩盖人也。足下自周旋几席时，已非能自远名利，洎万里求仕，岂能不以一官为轻重乎？以故人萧然事外，著述百卷，未尝出以示人，见人片善，则心好之，口称之，不遗余力，是宜与斯世无所争忤者。徒以交游间称诵逾当，以为无所不能，遂触不能者之怒，排抑数十年，至无以自存。况足下涉形势之途，而心乎取名如此，其触怒也，必相什伯矣。夫党同伐异，人情也，既见足下之教令，固必进核其实，核之而实也，在足下已蹈有善之诫，且以举世所未闻未见，其有不以蜀日、粤雪相待者乎？核之而不实，既为谈柄所资，恐捣虚导隙者乘之，遂跬步成荆棘矣。

道光之初，荐举路开，蒋节相力为尤大，留都中四十日，荐达至八十余人。其中程抚部、吴转运，皆曾自录公牍镂版散布。然其所以致超迁者，自别有故，足下其真以为得剞劂氏之力耶？节相主试贵州，得解首士曰赵毓驹。赵君任山东陵县廿余年，尽心民事，平反巨狱，东省舆论，共推第一，在陵妇孺皆识，而未尝与一富子缔结，中更大捐九次，其群从无得一官半职者。节相数千里外，每月必有手记，嘉奖廉明，然竟不得与八十余人之列，是可证程、吴超迁之不关流布治迹也。敝乡胡玉樵知曹时，疆吏飞章劾州县数十人，而荐称职者唯胡君，故人移书诫之曰：因不失其亲亦可宗也。钱抚部、童廉访素不满人望，而君裒为举首，且君抵曹才两三月，何便见为称职乎？深望勉崇谦抑，毋为通省之的。《传》曰："的于人非有恶也，而射者必欲中之，恶其示人以难也。"胡君不纳，未几为人所击去。胡君之为的也，不由自求。今足下力求为的，恐人未知其难，而委曲示之，故人之未慊也，不亦宜乎。

北方水利久废，稻田不习，风沙数至，蚕事多碍，审势即可举行，为力殊非旦夕。至于大小村庄，环以垣，周以濠，两头设楼栅，断以吊桥，桥板必以厚尺为度，假丹徒君以此令于贵镇，足下能首率邻里以趋令否乎？相距既远，不可悬度，唯望损名心以求事实，果有成效，曹虽下邑，舆诵何遽不达远，而必足下自言乃为信乎？前答与此答，辞意虽殊，条理不异，足下如必欲见者，仲远近在聊城，索之或仍可得也。诸唯自爱，以期远大，不具欲言。道光十四年六月望日。

留致江西新抚部陈玉生书

道光十有六年四月十三日，世臣谨再拜状上芝翁五弟节使阁下：世臣上年八月十日到省，九月初肃函奉告，并呈《浊泉编》，谅登记室。本年二月十八日，得阁下持节来西之报，窃为西江士民幸，而亦为阁下庆也。阁下屏藩江、浙，几阅两考，建牙开府，实所固有，西江非复乐土，夫又何庆？孟子曰："饥者易为食，渴者易为饮。"董子曰："皇皇求仁义唯恐不及者，卿大夫之行也。"虞升卿曰："不遇盘根错节，焉别利器？"以阁下勤求民瘼而抚待哺之邦，事半功倍，其为俎豆馨香也易，况西人责望不奢，霁峰吴公下车，见米价涌贵，即日示禁囤积，发闲款二十万，委员分投采买，市价立平，讴思至今，是岂可求之江、浙哉？世臣逐队四月，遽构闵凶，延今始能屏当回籍，并未涉事。然地方疾苦，不无闻见。稔阁下取道之江，为期尚远，不及祗候面悉，留书竭意，伏唯鉴采。

古人有言：周公为右，孔子为御，入山而问樵夫，入泽而问渔父，岂渔、樵之智加于周、孔哉？盖以疆吏视事之始，一言一动，莫不倾耳侧目仰望丰采者。虽阁下六德素成，一时断难周察，世臣辱引为同志垂三十年，不敢不举其所知以告也。且世臣需次新班，略无可以及人，而讣问一至，城市关厢，叹息累日，诚惭诚感，亦思有所为酬报者，以借手于阁下。夫为政在人，劳于求贤，逸于得人，先民之训也。即如陶宫保抚吴，叠遇大祲，连兴巨役，而所举必成者，以阁下居江宁、苏州，倡守令为之仔肩也。及阁下藩两浙，倡三郡圩岸，而几于不成者，则吴杭州为之金柅也。南昌张守，任艰巨，耐烦恼。以尽力民事，而上游莫为之推挽者，故所举虽有成而泽不远。暨阁下所至，皆为斯民必世之谋，今兹独断千里，而有南昌为之后先，引重致远，则如王良驾騄駬矣。西人之子，行当歌"熊罴是裘"也，斯其庆幸，可胜言哉！旧好傅卧云处士，已为世臣择定葬期于本年七月，南昌谆订葬后即来主持《通志》之局，莲史廉访相留，意亦甚殷。然回籍之后，能否来此，颇不能预定。至服阕出山，实已怀善刀而藏之志。伏唯盛德日新，与古人争胜负，使世臣得赋浣花老人“明公”、“妙年”、“安危”、“出群”之什，则于愿为至足矣。言不能悉，亮察幸甚。世臣谨状。

一、江右民心从士，而士习颇敝奔竞。初政一二事，有以大服其志，则士附而民以归，所谓下令于流水之源也。澹台子羽游楚，友教士大夫，是江右文教之祖，其墓在贡院东南，墓前有祠，今悉倾圮，而墓亦芜秽不治。孺子台在县学之前，台傍有祠，几同栖流。汉司徒下车不入廨，先谒孺子，本明公家法也。吴顾邵下车修孺子墓，谢景于墓前建思贤亭，齐王纶之下车祭孺子墓，唐张曲江下车立碣表孺子墓，皆以振动人心，垂徽青史，当时岂遂无簿书期会紧要当办之事哉？儒者为政，见大识远，前事不忘，莫先于此。张南昌视事三年，凡在祀典官祠，悉为拓大修葺，而二祠独遗，此殆造物者留之以资阁下。所宜展谒修复，务极蠲洁，所费不多，而于人心风俗转移之故，大有裨益。再，豫章书院，七八年来，山长嗜利，改旧章为随课升降，颇有以执贽厚薄为等第高下之讥，至使能文之士，以谒师为耻，亦宜还旧，以收士望。

一、江右产谷，全仗圩田。从前民夺湖以为田，近则湖夺民以为鱼。圩田大都在会垣四面二百里内，失收六年，流亡过半，而堤身情形，皆壁立不能御涨。民力既殚，公项亦匮，若遂听之，则余黎嗟靡遗矣。检阅志乘，每县圩名累百，其实圩堤不多，皆以一大圩包数十小圩，而小圩在腹内之业户，于大圩修废，从不闻问。大圩当江湖之冲，有如城垣，小圩包于大圩，随地立名。间有子堤为界，不过如城内民居之院墙。大圩一堤，关数十圩之利害，而承堤止本圩业户，是焉得不壁立乎？有司注意，唯在钱漕，从未有周历巡视，问钱漕之所从出者。今年张南昌极力从事于此，然亦未能悉要领。观志乘之不明晰，可见从来治江右者，均未尝知此事为第一义也。是故一圩着险，有司以其完破无关大局而轻置之。及决后修复，仍不思为变计，审定善后章程，于是无年不破圩已。江右变腴为瘠，职由于此。宜饬守令认真勘圩，何处坐湾，何处迎溜，绘图贴说，注明田粮若干。图必仿蒋图计里界朱之式，使远近广狭，一目了然。官民合力修复巩固后，立定新章，令小圩子堤，各圩自承，其大圩总堤，分别平险，如何划分协修协守，规条刊刻成帙，使官民各有其书，庶几增高继长，以人胜天，是先务之当为急者。

一、各圩缺口之下，一望白沙成阜，是皆六年前良田也。田去粮在，民安得不流亡？无征有解，官安得不亏空？然晓谕查办，则卖放熟田，徒为奸胥之利。宜与有心民事之郡守熟筹，借定承堤之章，挨查密办，先得水冲沙压田亩确数，乃发明文，则官民并受实惠，而正供亦不致为诡寄所累。

一、江右年限奏销最严，州县什七八不能任两年，与江苏同。而道府以年限案开缺，则各省所未见。故接任州县，不能不挪经征钱粮，为前任办奏销，以保道府考成。是江右奏销，历系以欠作完，从无以完作欠弊混之事。唯以欠作完，入册报部，而以实欠在民者，作抵入交。上年奉豁道光十年以前民欠，则交案尽翻。现在清查局查出应赔银七十余万，若追经征之员，徒累孤寡而肥书役，于帑项断无实际；若问奏销之员，则前已垫完，今又着赔，尤为重困。官既困甚，终必困民，而仍困帑，徒为不肖吏借口挟制上游耳。张南昌谓前在户部，曾见垫完民欠迳请豁官之案，欲援案声请，以全省局，而前院前司莫敢执咎。南昌业已遣人赴都，抄录成案，将来抄案到西，阁下察核。若可与仿行，不唯惠遍属吏，实则泽周穷黎也。

一、州县缺分肥瘠，大都论钱漕多寡。然不详察今昔情形以得其实，则无以立均平调和之方。且不得其所以变易肥瘠之故，则更无所施整饬转移之术。江右钱粮，平余无几，断不足资办公。南赣无漕入，故吏多墨，其民性悍而尚廉，遇不墨者，则悍为之敛。广饶折色优，故吏多惰，其民好讼而避案，遇不惰者，则讼为之清。余郡一岁之给，皆于漕乎取，然其漕有官征官兑、民征官兑、民征民兑之别，而官征又有城仓、乡仓、乡厂之别。民征民兑，则于官无所得失；民征官兑，初皆出于卖图署事之员。择富庶图分得规卖放，其斗斛敷勉兑军，按石收运送省仓水脚钱数百文，一切仓费兑费漕规皆须官赔。大约有民征官兑之处，必以官征官兑之漕倍其数，乃可拉平。若上游以其漕数较多，认为优缺，在自爱而幸能拔足者，唯有乞休，否则无所不至。官方之败由此，民俗之坏亦由此。故励官方，饬民俗，其要必于审缺分，酌盈虚，使属吏得以自尽其材始矣。

一、江右风气淳朴，有司稍恤民隐，辄感颂不置，较江、浙大殊。吏治弊止因循，罕有任意非为、芜玷不堪者。至士民共深信服，推为乐只岂弟者，则有新升铜鼓营同知石家绍，通省知与不知，称为石爹爹。生性诚笃，好读书，心乎爱民重士，历任龙南、大庾、新城、上饶、都昌、新建、南昌，终始如一，庶几悃愊无华，日计不足，岁计有余者。若有紧要难办之件，委之此君，必能洽民情而蒇公事。

（以上诸篇文章录自《安吴四种》卷27）

说学政事宜《说储》下篇之二

知县于保甲册内，摘出所辖生童，各分乡保，汇为士册。仍注明年履九等户法，其训蒙他甲与从师他甲者，俱两处附注。每册一页只书四名，以便条记行学举止。其乡士人，有奉接尊长无悖慢，沉潜书籍，言语端谨，训读有则，无斗讼、游荡、赌博、买卖中保诸事者，长正以告，就近传见。该士惟书刺曰：习某经、某氏学、某保甲、业儒某。见令丞礼：入门至堂檐，令丞离座起立拱手，乃向上三躬，命旁坐，再一揖就坐，待茶。语毕，三躬乃出，令丞拱手，俟下堂乃坐。令丞详问为学之要：观其行止言词容貌，条列其等注记名册。其成童以下愿谒见者听，仪数同传见。凡因公出署，随地摘召问讯。俟识见已遍，乃檄乡老、长贰、正望公举应试。以行为首，令集其状，参列署为儒士，以现业士人十之二三为数。其准赴试，行同较学，谓记诵讲说家法。学同较文，文同较言。署弟子数浮于额者十之五，其副倍之。使尉教以射，并习仪。集官所，给以日食。射差成，择日行释菜先师礼。先一日射于戟门，揖让耦罚，略如古仪节，升降有差乃申送于府。其巡辖劝农，见从教尤力，桑麻树艺殷盛者，间就其家，阅畜牧如法。家人辑睦者，即加奖赏外，仍记名以备方田之举。该保甲内，旧有技仗精敏者，验试补入伍教目。其有举移三百斤以上者，随时送司府补材官选兵；举移五百斤以上者，县府司校验，以其名艺递申之。

其有匿丧及预捏过房为后日减丧计者，比照居丧无状律科断。其故隐冒举之长贰、正望俱斥革，决杖六十，乡老罚酒帛筵宴。如该犯系乡老同里，及内外有服之亲者，同长正科罪。其他举不以实者，每一名记过一次，至三名以上者，罚去酒帛筵宴，六名以上者斥革，乡老俱减一等。其该长正所举，如系劣迹有状，而舞弊改名冒图进取者，照本犯减一等，其馈遗从重科赃罪。凡老长贰正望赏罚斥补，知县皆为教叙其状，发该乡保贰录其稿于籍。

凡子弟就傅，皆须在六岁以上，蒙师教以事内外亲族尊长隆杀之节。书房坐立之次，皆叙分齿。先授小学，谓宋儒所集之书，非五雅及许、徐《说文解字》之小学也。须为讲明其义，其不能讲解小学、字义、仪节者，长正稽察，毋许教授。凡令丞至乡，皆就近召蒙师勤加劼谕。其有下贫人户，子弟端秀聪颖而力不能终其学者，长正白于官，官召验，经画培植之。凡子弟成童以上，现从师长，而在外犯法至杖一百者，该师长有职者夺一级，无职者杖六十，收赎。其犯系悖逆乱伦情重者，师减三等的决。其本年初附在半年以内者，递减二等，仍科其旧从之师，照现从例减一等。其子弟悍傲不遵教训者，许师白长正屏出，仍书于里正之籍。若凶暴已甚者，长正即白官安置。其一岁校试入等补弟子，有三人以上现从一师者，令优教致酒帛于其师，仍注册备宾兴老望之选。

禁淫艳书词。其刻印之家，限十日内缴板焚于学。通所辖，限一月内，将家中所藏各小说曲部，新旧整残通缴。官给纸价，新整者每斤六十文，残破者每斤二十文，违限者没其价，决杖八十，至十种以上者杖一百。其说书、做要、卖药、卖棋诸人，酌递还原籍，或安置本境。故犯者杖八十，输作。卖拳者集验署入伍教目。稽查僧道度牒，除已往不议外，有新剃度而无度牒者，本师科漏课律，新度人还俗，追身价入官。禁革淫祠，其书册无考之神悉罢之，迁其住持于丛林，改正门字以为乡学，香灯田产归学。其住持自置者，听其变卖，其愿还俗者听，产仍归管。其有不能买牒僧道绝户房产，一律办理。凡乡学听士人读书习礼射其间，其学有经费可延师者，该长正白于官，官为选邑之行学可表率者置为师。值举试之年，长正集应举人于学，行乡饮酒礼。迎送、坐立、饮射仪节，酌今古以为之制。

府受县申送，校考如法，择其尤者补生员。如定额不及额，则缺之。其县署弟子不入等者，退为副。释菜较射如法，其在甲送列者仍与，皆三年两举。三年，令遴在学之行业端正、身材平直、学问有本、文射兼优之生员。其副之尤者亦与解。举宾兴礼而上于藩司，藩司受之，考校如法。入等者署为贡士，而贡于礼部。礼部试如法，入等者为进士。约解十五而贡一，贡十五而进二。

以上学政诸条，一皆生于保甲。保甲未明，则跬步罣碍矣。夫为政，在正心以求实效，在细心以审真势。好名高者，举善政而害人；求速效者，推至诚而不达。夫令为亲民之职，天下虽广，积县以成，故其职为至要，而其治为至易。有心之士，差知其要，而震沮以为难，故一切委蛇，从俗波靡，此所以教化凌迟而民生日蹙也。夫辖隘职近，廉问得真，一易也；权专任久，威德自制，二易也；一事得民，劝谕遂孚，三易也。故学为政者，必先求民生之要；初任职者，必先求风俗之略。夫千里异风，百里殊俗，淳漓相较，去若楹莛，而乐安好善得自秉彝者，初无改也。故令之得民，至捷莫如击猾吏，至信莫如革陋规。击猾吏则得外奸，革陋规则绝内馈。稽检图籍，一月可毕，巡城下乡，必勤问劳。慎无先于绅富，就八十以上者遍问之，可得人才地治之概。即其不贤，教民长长，亦未为失也。巡辖既周，就闻见以较错互，亦可十得五六矣。威名既振，而优礼继施，清操显著，而恺谕温加，不骄巨室，不简细民，实心谦德，以张信威，令之下也若流水矣。然则操约御繁，三月而保甲可举；身勤术简，三月而保甲可成。山川既悉，可教树艺之宜；闻见既周，可得贤能之实。长正得人，老望不失，迨于期月，教条粗备，然后利导以措学，选拔以教礼，虽非郅治，庶几补苴之益矣。视此以往，中材可企。苟观者指为迂远之谈，行者昧其先后之序，则良法美意，反为厉阶，咎归作俑，非吾所知已。

与沈小宛论礼书

小宛足下：日昨承示大集，发帙先检议礼之文读之，征引贯串，准制酌情，通儒之效著矣。然有数事不能无疑，故复诵其所闻，而质其是非。世臣睽隔经籍已十有六年，记忆荒落，又行笈无书可捡，所述疑义，多有不符本文，是未师而非往古，罪无可逭。唯足下审察而纠正之，世臣幸甚！礼教幸甚！

古人吉凶不同制，故丧每为祭所屈。说者因《礼》“有丧三年不祭，唯祭天地社稷”，《传》有“宫中有死者则为之三月不举祭”之文，以为自缌以上皆废祭。愚以为三年之丧，分皆体祖。《礼》天子有下殇五，是人君之丧至三年者，四亲同恸，幽明不间，故为之废祭。唯天地社稷尊于祖，不敢以所亲而简所尊，故得越绋行事也。《礼》“支子不祭”，是期功之丧，谊与庙远矣。且天子备百姓嫔御之数百二十，又王姬适二王后者不降服，又周公时同姓之国五十三人，尊同则不降服。若以其丧而废祭，是天子诸侯之祭或寡矣，故袁准“释服而祭”之说，愚尝谓其能通《礼》之权也。《齐衰期章》，父卒继母嫁从为之服报，愚以为《齐衰三年章》“继母如母”之文，当在此章“父在为母”之下，此文之上，以类相从，而“出妻之子为母”次之，妻又次之。夫亲母父在则期厌于尊，明子必随父之义也，父卒则三年。说者谓尊者不在，子得以尽其私恩，继母以路人而体父，故父在则如母之服期，父卒而仍为之服期，亦足以明其配父之尊，而见孝子之不忍死其父矣。古不以期丧庶母，虽杀于亲母而无嫌。若必加为三年，既无私恩，而尽同所生，似无所取义矣。

说者以伯鱼之母死期而犹哭为丧出母，此谬说也。孔子在，则伯鱼之母服正期，服除而犹哭，故以为甚。“为父后者，为出母无服”，终其心丧，此传重之大纲，以义断恩，至不为父后之子，身不体祖，以母绝于父，不敢服父所不服。故以加隆之再期服之，取卒母子之恩耳。至君母继母被出，本因父以得名，既绝于父，遂为路人，其为无服何疑？经言“出妻之子”者，著其所生也。“父卒，继母嫁”，继母终父丧而嫁，其妻道有终，是即其能终母道，故子从为之服期以报其能终于父，《传》所谓“贵终者”是已。郑氏尝谓母子之说，专以名重，已不若传义之善。而王肃倡为说曰：“从乎继而寄育，则为服，不从则不服。”是以养育为重，义无取乎父卒。终丧为卒，虽出于注家，然以舅殁则姑老之文例之，是卒为终丧信已。且寄育之恩，自出嫁继母之后夫，何以无文？肃知继母本路人，不得同亲母，因生继父之名，虽渐于乱俗，而辞犹有不敢尽者。然后儒多从王义以从为从嫁，“继父同居”传云：“与之俱适人”，此以一从字包之，何其不辞也？从本服中之一事，经言“从服”，皆有所从，此从生于父卒，故变文言从为之服，更言报以明之。愚少读此经，即疑此报字与全经殊例，后见《通典》载马氏云：“重成母道，故随为之服，继母不终已父三年丧则不服。”贾氏疏此经云：“感恩者皆称报，此子念继母恩终，从而为报。”又云：“父卒还嫁，便是路人，子仍着服，故生从为之文。”详其文义，盖与孟子从而为之辞相类，因叹先儒实有先得我心者。

肃又云：“服也则报，不服则不报。”若与马氏同义，则与其寄育之说大殊。若云嫁继母报服其子，仍视其子之服与不服，不思子既行服，则母已死，何以行报？说已觕杌，而贾氏疏本经统说全《经》十二报之义，又云：“母以子恩不可降杀，即生报文”，为骑墙语，以致后儒皆以报字属嫁继母。按《丧大记》云：“妇人不居庐，不寝苫丧，父母既练而归，期九月者既葬而归。”是凡丧者，必就丧次也。出母嫁母，子本天合之亲，而经无报文者，以出与嫁，皆绝于前夫之族。子死，其次在前夫之家，义不得往就，反在室，与夫家绝。继父为子筑宫，使主祀嫁母，尚不敢与，况能于母家及后夫家、以别室为前夫子次乎？成服变除受释皆无所，非仅方隆宴尔不能忽加髽衰也。故出母、嫁母皆无报服，况继母以路人，又绝族，且何服之有？子感继父恩为服衰期，本在其丧次，故异居即降为齐衰三月，以身为父后，不能以恩私屈十五月之祭故也。继父虽养如子，然与子非族非亲，故经不制服。设子死于继父家，则亦宫中死者之类已。以义揆事，出母嫁母，嫁继母之丧，子皆当就其丧次。故射慈有如远不得往，则别为异室，亦有庐与垩室，其说为能补经文之阙矣。经言“为父后者为出母无服”，服继父者皆为父后，服嫁母、嫁继母则为父后者与在，其为释服而祭必矣。

至亲母嫁者，贾意以为三年，固以依神龙天宝之令。然子于母尚恩，母之嫁否，无损于私恩，已不为父后而丧之尽情。且以别于被出，其何害乎？“为人后者为其祖父母”，自古经以及今令皆无文。愚意以为仍服本服无疑也。“为人后而降其父母”，重大宗也。女子子出嫁不敢降其祖，明有归宗之义。古唯大宗立后，其立于何时无明文。固有宗子死而族人为之立后者，其宗子老而自立后，亦事理之所当有，大约六十闭房则可矣。《礼》宗子有母，则族人不服宗子之妻，是宗子之必无父可知也。或既后大宗之后，而宗子自有子，又或已之为父后者死，皆当有归宗之义，其不应降祖与女子子之出嫁同矣。尊祖故敬宗，礼别嫌明微，故降其所生而服所后之大宗。祖本服期，期多无嫌。愚谓兄弟之亲，因父而得，故为人后者，既降其父，则父之兄弟已之兄弟因父得亲者，皆从而降。既不降祖，则高曾皆不降。《经》言：女子子嫁者未嫁者为曾祖父母。”传云“不敢降其祖”。而叔伯祖父母，从祖兄弟，因祖得亲者，皆不降矣。《经·大功章》言：“为人后者为其昆弟。”《记》言：“为人后者于兄弟降一等。”二文皆言亲兄弟，不得以小功以下为兄弟之别文说之。若以小功兄弟为说，岂为人后者，大功以上不降乎？贾氏于本宗余亲皆降一等之说，非也。至所后者大宗，其与本服亲疏不可必，其所后者亲属之服。愚谓“后大宗者”，专为传重，其亲属如与本服相等者，自各仍本服。若世数已远，则以族人为宗子服衰三月，而报之以缌，是亦以义起。亡于礼者之为礼，不得以近人争继图产之乱法，而诬先王尊祖收族之大经也。《传》：“为人后者，为所后者之祖父母妻，妻子父母昆弟，昆弟之子若子。”《记》：“为人后者，于所为后之兄弟之子若子。”二条恐有舛错。或衰周现行之事，非周公本意。盖继者唯大宗，宗子安得有祖父及父哉？所后之兄弟之子，即如今法，已是从父兄弟，不得言若子。贾疏“举疏以见亲，言外以包内”之说，尤不得《经》义。

至“妾母不世祭”，与“妾祔于妾祖姑”之文有碍，或者偏文不足以例为人后者之于其祖父母乎？君之母非夫人，则群臣无服，近臣唯君所服服，庶子王为其母练冠而燕居。左氏载庄姜以戴妫之子完为己子，《秦策》载华阳夫人以楚为己子，故夫人无子立右媵以班次之。《小记》有为君母后者之名，是虽庶子，必夫人以为己子而后得立可知也。若循为后之例，而降其所生则嫌，若侪所生于庶母则忍，故朝祭从吉，练冠而燕居，则恩义两尽之制也。郑氏“小君在则益不可”之言，为破汉人之谬而立此说。其实妾母不得为夫人，先王杜乱之微权，不系乎小君之存否也。周法子以母贵，《公羊》母以子贵之文，系汉人附益以诬时君者，不足据也。若国有大变，而庶子承统，其时小君若在，如汉太皇太后称制传统者，则仍为君母之后。若小君不在，而依托君母，则近于与为人后而忘其所生，是其为妾母也仍三年，所谓三年之丧达乎天子者也。然群臣为君之母服为其配先君也，君之母既不配先君，则群臣自无服。其以别子入继大统者，小君在则固所后之母也，所生之父母，自当从士大夫降服之礼而意推之。故欧阳、张桂之说，未必尽非，唯入庙称宗，则大悖而阶厉有由耳。

至“继父同居服齐衰期”、“不同居服齐衰三月”两条。愚谓此先王顺人情以恤孤，又辨族类以明宗之大法也。传释同居以妻稚子幼、与之俱适人，传者又恐人误会为嫁母别生施服，故云“必尝同居”，然后为异居。盖异居者，或子成立后归本家，或自立门户也。其言子无大功之亲，所适亦无大功之亲者，为有大功亲，则子虽幼而有同财之亲抚育之，可不随母俱适。既无同财之谊，不能以之责疏属也。所适若有大功亲，需其抚育，财力或不能旁及，故陈铨不能专财之说，义是而犹未备也。若子有大功亲，而年在襁抱，不能离母，所适有大功亲而无需其货财抚育，自可听其同居。先王以为不制服，则义轻恩薄，无以维系恤孤者及孤子受恤之心，而不制报服，则所以杜养为己子以乱宗之渐。故郑氏此以恩服，未尝同居则不服之，体味《经》义，至为审已。《传》又言“别筑宗庙，使子以岁时主祀”，系言继父之道，推至其极。全《经》《传》言若是者二条，慈母条下，备陈生养死服贵父命之义，此条但云继父之道，明非为随母子言也。娶嫠在衰周时，已通上下，究以庶人为多。庶人祭于寝，已且无庙，况为路人别筑耶？疏谓“三者有一不备，则不为同居”，即三者俱备，而继父后有子，则已有大功之亲，即为异居，未免深求，而转失先王制服之本旨。史公讥儒家博而寡要，其事多难从；名家使人俭而善失真。贾氏此疏，实兼两失。徐氏《读礼通考》，依傍《通典》而推暨之，节目过繁，而无杜君知统之识，囿于末俗，时有不协人情者，何足下遂推许之至如是耶？世臣再拜。

庚辰杂著一

孔子曰："行己有耻，可谓士矣。道政齐刑，民免而无耻。道德齐礼，有耻且格。"管子曰："礼义廉耻，国之四维。"孟子曰："人不可以无耻"，"不耻不若人"。何若人有？"人能充无穿窬及无受尔汝之实"，"而义不可胜用"，"未有义而后其君"。凡以耻者，人所共受于天。怀于心则为耻，见于事则为义。人而无耻，惟利是趋，无所不至。是故吏无耻则营私而不能奉令，士无耻则苟且而不畏辱身，民无耻则游惰而敢于犯法。然而民化于士，士化于吏，吏治污则士习坏，士习坏则民俗漓，古今一理，未之有改，先圣昔贤未有不兢兢于有耻者也。

今富民出资财使人司贸易，而其人干没其息，侵吞其本，则无以自比于人，不见容于同业。而吏收钱漕，既已恣欲浮取，又复任意亏空，至于杂项钱粮，征而不解，尤为习常，而皆恬然不以为怪，人亦莫有非之者，是耻之亡于吏者一矣。穷檐匹妇而有外私，则为族里所鄙弃。为吏而市狱，与妇人外私无异也。而市狱者相环，恬然不以为怪，人亦莫有非之者，是耻之亡于吏者二矣。士民家用雇工，而所雇之人不能供其役，则自行求去。为吏而不明吏事，以旷其职守，与雇工不能供役无异也。然内而六曹，外而郡县，居其官而不能举其所当有事者，盖比比已，又恬然不以为怪，人亦莫有非之者，是耻之亡于吏者三矣。贫民无行而为穿窬，则齐民莫与共居处。夫通天地人之谓儒，为士而仅注意于记诵摹拟，以博科第，已为僿陋，至于科场舞弊，则与小民穿窬无异也。而怀挟冒籍，请枪手打关节，恬然不以为怪，人亦莫有非之者，是耻之亡于士者四矣。凡是四者，皆为争利。利心胜则耻心微，是故利者义之反，而耻者义之源。廉耻不明则礼义路塞，吏与士如此，且何责于齐民乎？是故游惰多而奸宄出，大则结会聚众，抗拒长官，小则挟诈健讼，鱼肉良民，甚至杀父兄，托鬼魅，恶逆不道，所在而有。推厥从来，皆由无耻。

汉陈寔①为乡里判曲直，人曰："愿受官刑，不为陈君所短。"盗牛者为主所得，盗曰："刑戮自甘，乞不令王彦方知之。"可见耻之为用，原不绝于人心。以陈寔、王烈尚足化其乡人，又况神圣御宇，感天不旋日而风行草偃者乎？孟子初见子思，问治民之要，子思曰："利之而已。"孟子曰："闻仁义，不闻以利。"子思曰："仁义固所以利之也。"是故赏罚者为治之大柄。今小民犯义者则加罚，而行义者未获赏，是未使小民得仁义之利也。善为国者，使人之趋义者，既有令名，而又得行义之利。骛利者其名既不义，而复得不利之实。是故民之趋向有定，风俗日厚，而刑措可期也。

恭维我皇上登极之初，即敕停捐例。又命内外大吏，将捐班严行考察，罢进献，贷亏欠，数至不赀。且复躬自厚而责人薄，俯念外官廉俸，不敷办公，饬大吏确查向来陋规之不至病民者，明以予之。使君子受野人之养而可无愧于其心，无患于其后。直省臣工，共见圣心之贱货贵德，愧励兴起：循义者日增其修，放利者立改其行，作人之化，固可计日而成矣。然捐班未尝无人才，即有不忘市道，存好官多得钱之见者，其为害于地方犹小。惟有钱即可得官，使民心日趋于争利而害及廉耻者实大。窃谓国家设立科目，求服古之士以备入官之选。而贡监一途，名为俊秀，本以待民之秀异者，使入太学以造其才，故其章服与举人生员无异。然常例报捐之人，未必尽系俊民。至于捐职，文自从九以至道府，武自千把以至参、游、都，少者仅数十金，多者二三千金，朝珠蟒服，遽同真官，衒耀闾衕，人不见德而但见货。其农民力耕以奉公上者，虽内行修于家，自好闻于乡里，若报捐无力，则穷老岩穴，无异齐民。国家旌表之例，须有奇节，其仅修庸行者不与，且表异即及其门，而章服不加于身。夫好荣者人之至情，诚恐山野小民，闻见僻陋，于皇上贱货贵德之实政未能周知，尚无以革其好利之习，而动其有耻之天。

嘉庆十八年筹备经费案内，大臣查复每年常例不过二百万两。本年恭逢恩诏开复文武官处分，又奉特旨公过不罣升调。则捐级者较少，想尚不及前数，涓埃之项，于国计曾无增损。若蒙皇上俯念风俗至重，标准攸关，停止常例，仿西汉孝弟力田之科，修复世宗故事而变通之，饬直省大吏转饬州县，实力访求农民中敦笃力作，数十年不入公门、行谊

---

① "寔"，原作"实"，据吴校稿本改。

为族里所称者，分别详请题咨，量给职衔。其选不必太精，惟务善善从长，拔十得五，使足以劝诱而已。从前报捐之职员贡监，日少一日，而孝弟力田得举者，日多一日，小邑下乡，皆知矜式，则齐民深信非笃行劝农莫可仰邀荣宠，父兄教而子弟率，莫不鼓舞振作，以求无忝于圣人之氓。其有莠民乱化，则有司以时锄而去之。或有至行异材，且可上应不次。《诗》人所颂，“攸介攸止，烝我髦士。诚不以富，亦只以异”，量如是矣。

盖商贾出资以得爵命，则利操其权。农民积善以得爵命，则义操其权。利有权则邪慝并兴，义有权则忠孝踵至。数年之间，贵德之俗成，官吏士民共以孳孳求利为耻，不以不若人自安。将见罢民不能齿于乡，劣士不能齿于学，污吏不能齿于官。为民者共戒游惰以尽地力，为士者共励名节以求实用，为吏者共究利弊以恤民隐。朝廷举其大纲，封圻张其群目，郡县奉行如指，利无不兴，害无不除，于变时雍，唐虞可以复见，尚何教匪之足忧，盗贼之待缉哉？又况吏以亏空为耻，民以抗欠为耻，正供所入，必能年清年款。比较近年所增，且不止每年二百万而已也耶。

（以上诸篇文章录自《安吴四种》卷28上）

书亭林答王山史与王仲复两书后

（前略）包世臣曰：无异别字山史，与亭林为道义交，所事予不悉原委，仲复之书亦未见。玩亭林两书，似仲复欲无异以嗣母礼为张氏发丧，讳言妾媵，而无异质其是否于礼宗者也。《礼·齐衰三年章》“慈母如母”，《传》曰：“贵父之命也。”《衰绖五月章》“君子子为庶母慈已者”，《传》曰：“以慈已加也。”郑氏申之曰：“若慈母不命，则亦服庶母慈已之服。”《缌麻三月章》，乳母传曰：“以名服也。”郑氏申之曰：“谓养子者有他故，贱者代之慈已。”《礼》曰：“为慈母后者，为庶母可也，为祖庶母可也。”亭林以无异由兄子出嗣，与妾子殊科，又自明祖颁行《慈孝录》后，为庶母皆衰期，而父妾则无服。亭林于此名以父妾，则心实不安，名以庶母，则衰期有令，故变其文曰诸母。然郑氏注“诸母不漱裳”曰：“诸母，庶母也。”此其意有所穷，而辞不能不遁者也。无异嗣父既没，而太君犹住世二十五年，是其殁也，年不过强艾之间。张齿正盛，则其嗣无异，在张称未亡之后可知也。其入嗣也。太君必命之，其父母必命之，从四龄之孩提为人后，揆以人情，张虽贤淑，不命为母子，太君及其父母之心，能必张之顾复鞠育不殊所生耶？古人有长于嫂而报以母服者，君子不非也，叔嫂于礼亦无服之亲耳。唐初以武后言，改母服为三年，不问父之存没。至明皇时，饬诸服仍遵《礼》经，故昌黎服嫂，实用母服也。今张以稚妾矢志，嗣藐诸以延祀，奉垂白以尽年，天祚节孝，使无异年未六十，已抱曾孙。而亭林且必使之不得与贱者代之慈已者同服，是则予之所不能解也。

推亭林之意，以为嗣母也，则其嗣父有已故之妻；以为慈母也，则无异非其嗣父他妾之子；以为庶母也，则张无他子女，故援郑君报之则重降之则嫌之例，而绝之以无服，为亲竭之袒免，以受吊而示优。亭林自谓善于议礼矣。《记》曰：“不及知父母，与兄弟居加一等。”《传》

曰："小功以下为兄弟，为父母早卒，不忍懿亲之远也。"贾疏申郑以或幼小未有知识，当矣。今无异既不及知嗣父母，又当降本宗，宜其闻亭林说而不许也。且古礼有必不可行于近世者，亭林故知之。古人吉凶不同制，故丧服常为祭而屈。今则自上下下，宗庙之事，虽斩衰无阙也。亭林之曾祖侍郎章志，生长子左庶子绍芳，次子生员绍芾。绍芳生长子同德，次子同应。绍芾生子同吉。同应生长子缃，次子绛即亭林。同吉早卒，聘王氏未婚守节，而以亭林为嗣。必执小宗绝之经，则同吉之继未宜；通以大夫无子则为置后之权，则绍芾之爵不应。且王贞其苦节，实冒周公之禁，而违孔子、曾子之教。然亭林诵其嗣母奇节，涕洟交集，君子哀其志，历今且二百年，未有援为殇后之说，而讥其不知礼者也。何其不忍于所嗣，而使无异之忍于张至于此极耶？

至自述葬其祖妾于域外，为得《冢人》或前或后之遗法，岂以天下后世竟无复有诵读《周官》者乎？冢人掌公墓之地，辨其兆域而为之图，先王之葬居中，以昭穆为左右。凡诸侯居左右以前，卿大夫居左右以后，各以其族。凡死于兵者不入兆域。凡有功者居前，以爵等为邱封之度，与其树数。郑氏谓居前者，居王墓之前，处昭穆之中央。王公曰邱，诸臣曰封，引《汉律》列侯坟高四丈以例之。凡内命妇之命服，贵者视卿，贱者视大夫，若族葬例此为法，则亦必有明文。故《周官》于内命妇丧纪，言之甚详，而冢墓独不及者，以意测之，其必如近世陵寝，妃嫔同入幽宫无疑也。故高爵者大为之垄，非只为等差，亦以嫔御众多，惧不能容矣。《大车》之诗曰"畏子不奔"，而矢之曰："死则同穴。"《氓》之诗曰"以尔车来"，继之曰"三岁为妇"。盖彼以车来，是成为妇，此言奔，则自居为妾，是妾得同穴也。《记》曰："以殉葬非礼也，况又同棺乎？"是婢子可同穴，非殉葬，非同棺，则于礼不悖也。投诸茔外，所以为战阵无勇之罚。以罚妾媵，义无所居。且张之于王，可谓有功矣，而亭林必使其柩当西上，不得当中道一行，以此说经，得毋近学儒三年归而名母者乎？

至设座期而焚之，更为无据。将援不世祭为说耶？则期不足为一世，将以今丧庶母期为此耶？则免以葬除。亭林殆亦据当时吴中士大夫之所行，以为成例而夸秦人耶？至于有免而衰、有免而袒、袒乃无衰之谓，尤不知所出。丧礼凡言袒非执事，则将有所变，与袭对，不与衰对也。礼疾病既废床，男女改服。郑氏谓当有宾客来问病，亦朝服，主人深衣，复而不返曰既卒，主人祖括发袭绖而免。三日大敛，又明日成服，乃衰而着丧冠，是免时故无衰矣。启殡之后，未葬之前，三虞卒哭，皆免而散麻。郑君谓丧自卒至殡，自启至葬，主人之礼其变同，日数亦同。贾氏申之曰："启日朝祢，同小敛之奠。明日朝祖，同大敛之奠。"明日乃葬，主人主妇变服亦同于未殡，唯君吊不及免时，主人虽免不散麻。郑君以为为人君变，自若绞垂贬于大敛之前，既启之后，故孔氏疏"复殡服"，则引"虽不当免必免之"《经》注以申之，而定其服曰："苴绖免，布深衣"，又言"诸侯来吊，主人必为之重礼"。凡五服为免之节，自始死至殡皆免，启殡又免，以至卒哭皆如始死。细绎《经记》，及郑君孔、贾之说，是凡言免则无衰也。丧服《大功》上为重，凡当免，《大功》皆散麻，成服则缉麻，《经》所谓绞垂也。启殡复见棺，故变服如始死，以致哀痛。卒哭则脱绖于庙门外而受葛，不复麻，唯异国君有于葬后来吊者，仍免而不散麻，虽尊人君，然哀痛非见棺比，注所谓自若绞垂也。己君断无葬后始吊之理，故《经》云"诸侯吊，所吊虽已葬，主人必免"，以别其非己君也。《大记》云："君吊则复殡服"，与《小记》"虽不当免必免"，正是一事。君虽有当葬之吊，然其时正当免耳。郑注"曾子问共殡服"曰："殡服，谓布深衣，苴绖散带垂"。孔氏据以疏复殡服，唯参用《小记》不散麻为说，此承殡而为言也。《士虞礼》，主人及兄弟如葬服"，郑注葬服，丈夫髽散带垂，则承葬而为言也。成衰则绞垂，经有明文，是散麻不以加衰，则葬服即殡服矣。《檀弓》曰"吁弁而葬"，乃天子诸侯变服接神之礼，不达于大夫士已。《士虞礼》，"祝迎尸，一人衰绖奉篚哭从尸"。郑注："一人，主人兄弟。"《丧服记》小功以下为兄弟，《小功》为轻，故以轻者一人服衰绖奉篚，特著衰绖，明余人皆免也。《小记》"缌小功虞卒哭则免"。故孔疏《小记》，引崔氏丧服变除，将葬男子免，妇人髽，与未成服时同。"其服则如丧服"，谓彼虽准约经记为说，而不取其乖僻。盖崔氏所准约者三事：一《小记》，父母之丧偕，先葬者不虞祔，待后事，其葬服斩衰。一《曾子问》，父母之丧，既引及途，闻君薨，遂既封，改服而往。郑注"改服"，"袒括发徒跣，布深衣，扱上衽，不以私服包至尊"。一《丧服记》，改葬服缌。崔以为葬如丧服之据，不知启殡免者，为无饰以从重。《小记》言其"葬服斩衰者，不以母丧包父"，故用"斩之苴绖免"，以别于齐衰之免布，故云"斩以明之"。《曾子问》，改服专重括发，为始闻君丧，应鸡斯。然为鸡斯，则疑于自吉，故著括发，明不以父丧包君，而类及徒跣扱上衽之常礼耳。若葬时非布深衣，则此服从何忽至。故唯以徒跣扱上衽为变矣。至记言改葬，是其除服已久，唯见棺不可以吉将事，故用五服之轻者，以别于正葬之免。凡此皆崔氏之拘文法，而不能旁通曲达以说其义，故冲远斥为乖僻。若亭林以袒免为受吊为主之服，是又不得援崔氏说以为解。

若汉高为义帝发丧，袒而大哭，是正其名为共主，则正应五服之首，所谓诸侯为天子者也。三军缟素，而谓汉高必无衰乎？且发丧依始闻之礼，是正未成服之免而袒，以证亲竭，又何疏乎？

再母党之服，今令除加舅为《小功》外，皆与《礼经》同，嫡庶无别也。而令注云庶子为已母之父母服，若其父母系属贱族者，不在此例。此其说出于徐乾学《读礼通考》。乾学，亭林之甥，一皆本其舅说。亭林尝论庶子母党之服，载或难以贱族，岂可制服？而解之曰："以族贱故，使其子不得为服，是其父之过也。"余谓其父，则亦何过之有？妾之贱以奉君与女君，非贱于其子也。其子服外祖父母舅若从母，非服其贱族也。三吴绅士，当明之季世，豪纵骄淫，姬侍充斥，常恐外畜以毁家，故绝其母族，偶有通往来者，亦不齿以重折辱之，使妾不得父母其父母，而子不得外祖其母之父母，不夺人亲之谓何？故近日士庶，犹有念一本之谊，而戚其所生母之党者，至卿大夫家，则绝无其事，所关于人心风俗之淳漓者至巨，而亭林实阶之厉。

亭林于顺治癸巳甲午间，以其家旧仆陆恩，薄其中落，叛投里豪，遂擒之，数其罪而沉诸水。亭林怀精卫之志，守狙伏之身，乃不能眕一附炎之仆，几陷大戮，非溺于平昔豪绅之闻见乎？是不能不为亭林深惜者矣！

书贞珉录后

阳湖陆继辂祁孙以其母氏林太孺人年谱，乞言当代，集其尤，得十八首为《贞珉录》，锓版行世，又属其友泾包世臣书石以永其传，近世人情简侧副，故姬侍鲜能自安义命，而人子尤深讳之。《传》曰：所以不聘妾何，人有子孙欲尊之义，义不可求人为贱。《通典》曰："身为国君，母为妾庶，子孙所不忍，国人所不安。"是以先王致严于并后匹嫡，以杜乱本，复立"母以子贵"之条，而后礼与情并得其宜。太孺人之于归也，恭城君正室久虚。太孺人复以淑惠宜家，称于閰族。今法禁妻在以妾为妻，妻不在则无禁也，是虽升为再继，固未有讥恭城君为非礼者矣。而太孺人执不聘，明不升之义，恪守初命。祁孙昌其母德，事亡如存，是母是子，贤于古人远矣！爰谨缮为四卷。每卷虚首行，俟祁孙乞翰风以八分标其检。录中文以恽敬子居作为键，廉悍矫捷，不可控勒。铭词尤奥衍质厚，惜其雄于文而疏于学也。

其言：自春秋时以妾为夫人，皆其君夫人之，然其端必由妾之自僭始。太孺人之志，以为强附礼之变以求荣，不若退守乎礼之常以去辱，于以成恭城君之贤。其推测贤母用心可谓善，而竖议尤洞微察远，足以严未然之防。至其谓古者人君不再娶，夫人卒，娣升于嫡，其嫡死不更立者，祭宗庙则摄焉。盖媵之未及事女君者得为夫人，如聘嫡未往而死媵继往是也。《白虎通》所谓立其娣尊大国也，媵之及事女君者不得为夫人，如次妃称继室是也。《白虎通》所谓明无二嫡防篡杀也。太孺人不及事女君，然而非娣侄，敬又质之《礼》，士妾有子则为之缌，此不必娣侄而可比娣侄。然则太孺人殆可升于嫡者。是则割裂经传，为无稽之谈，非所望于子居也。左氏、穀梁氏皆谓人君不再娶、嫡死不当更立，祭宗庙摄其事，谓之继室。《记》所谓摄女君是也。公羊则有嫡夫人死娣升于嫡之说，是国君虽不再娶而夫人可更立，与左、穀异义。按

《白虎通》谓娣可升嫡而经不讥者，据纪叔姬之书卒葬。然叔姬卒之传曰："从夫人行，待之以初。"夫言从夫人行，是犹摄也，然则公羊与左、穀师法故无殊矣。子居乃创为及事未及事两例，何其汰耶？

考伯姬以隐二年归纪，叔姬以七年归纪，盖待年也。庄四年三月，纪伯姬卒。是年夏，纪侯大去其国。六月齐侯葬纪伯姬。十二年叔姬归于酅。二十九年叔姬卒。三十年葬纪叔姬。夫伯姬以三月卒，而齐侯以六月葬伯姬，是纪侯大去迟则在五月耳。夫人在堂，又加以师旅，而即自立其娣，虽周衰礼废，亦不应如是之速。或纪侯大去之后，立叔姬为夫人，挟以奔鲁为寓公耳。郯伯姬虽亦有升嫡之文，则又媵而非娣。是则班氏据经不讥叔姬，以立不敢以卑贱承宗庙尊大国而立其娣之说，已为不善持论，而子居又据班氏说以为未及事可升之证，则叔姬事伯姬已阅二十七年之久，情事正相反矣。至所谓嫡未往而死媵继往者，似据班氏嫡未往而死媵当往否乎？伯姬卒，季姬更嫁鄫，《春秋》讥之以为说。按班氏此文，本有脱烂。《公羊》僖九年伯姬卒，《传》曰已许嫁，故用诸侯夫人礼书卒。十四年季姬遇鄫子于防，使鄫子来朝以请己。十五年季姬归于鄫。十六年鄫季姬卒。十九年邾娄人执鄫子于会。何氏谓季姬本许嫁娄，以淫佚使鄫子请于鲁，二国交恶，痛鲁不能防正其女以至此，亦不言是伯姬之媵娣。据公羊家法，诸侯娶一国，则二国往媵之，以侄娣从。《礼》君不求媵，二国自往媵夫人，所以一夫人之尊，以侄娣从者，所以防嫉妒重继嗣。一人有子二人喜也，故二媵皆先来夫人之国。成九年二月，伯姬归于宋。夏晋人来媵，虽后期，犹先来鲁。唯僖八年禘于太庙用致夫人，讥鲁胁于齐媵之先至者，而豫废楚女，要之，君既不求媵则媵名不先达可知。嫡未往而死媵继往，为代嫡行乎？则不待夫家之升。若仍侄娣耶？则无所从，其为不当往审矣。况《公羊》立子之说，嫡无子，先右媵，次左媵，乃及夫人侄，夫人娣又次之。故二媵及夫人侄为贵妾，夫人娣与二媵侄娣五人为贱妾，是即升嫡亦不得立娣也。子居以士服有子之妾，得同大夫贵妾，以证太孺人非侄娣而可升。《记》曰：摄女君则不为先女君之党服。此正娣不得即摄之证，若以娣摄，则先女君之党即其党耳。夫国君之礼，在古本不通于大夫士，况议礼于今日士庶家，而引古人君以为说，又凭臆舛谬如是乎？子居、世臣所严事，惜从前未见此文，不及面诤，故备论之以无误学者。

又别文多有称太孺人为祁孙生母者。父母者生我之专名，不能别加称谓非生我。父则有继父，母则有君母、继母、慈母、乳母。经言父在为母，父卒为母。其以人君之尊厌母服至五服之外，大夫之尊厌降母服至大功者，则曰公子为其母，大夫之庶子为母。可见士庶之子，无论嫡庶，皆统之于父在为母父卒为母之二文矣。郑君曰："大夫之妾子，父在为母大功，则士之妾子为母期矣，父卒则皆得伸也。"贾氏申之曰："期章之父在为母，不可云士之妾子为其母。"郑知者推究其理，大夫厌降为大功，士无厌降，明如众人服期也。或曰：经无为君母服之文，疑所谓为母者，在庶子则斥君母。然经言继母、慈母如母，又别言为君母党，则君母之服可知，故不专见也。其以出后大宗而降期者，则曰为人后者为其父母。贾氏始著本生父母之文，是如礼家之言妾母，乃区别文法以便指斥，非人子之称，然终不如杜氏称本父母之为安也。即移父母之服，以服所后之亲以重祖统，然亦不加父母之名，以乱所生。雷氏明为所后父五字之说，是以无可斥而为此称。贾因生妻即后人之母之说，俱非古义。《汉书》张贺有一子早死，子安世，小男彭祖，后宣帝追思贺恩，下诏曰封贺弟子侍中，彭祖为阳都侯，赐贺谥曰阳都哀侯。《晋书》凡为伯叔父后者，传中仍称伯叔父。可见汉、唐皆无嗣父母之称。昌黎《薛助教志》云：父播尚书礼部侍郎，侍郎命君后兄据，据为尚书水部郎中，赠给事中，尤可证也。且非唯至亲为然也，虽外姻亦如之。《小功章》为外祖父母，《缌麻章》为舅，皆斥所生之党不分嫡庶也。其从服，则云君母在则为君母之党服，君母不在，则不为君母之党服。至君母党服，《小功章》则云君母之父母，不云外祖父母也。《缌麻章》君母之昆弟，不云舅也。言昆弟，则男女皆统，经文"从母"二字，系后人误加。不然，昆弟既不言舅，而姊妹仍言从母，是自乱其例也。既母矣，而加言生，虽从俗，于文为不辞。名者人治之大者也，故亦备论之，以质诸天下后世之善言《礼》者。

答张南昌问能否归宗议

（前略）议曰：此事必原经而贯例，乃无窒碍。世臣按之《仪礼·不杖期章》：“昆弟之子为人后者，为其父母报。”夫报服不施于父子，出继之子独云报者，所以尊大宗之统。故言报以远其子，原以别嫌明微，尊祖收族，所关至重也。来问出仁人孝子之忱，且事有区别，敢不竭其荒落，测例研经，以答盛意。世臣恭按钦定《大清会典》，细研《礼经》而知宗之必当归，与请之必能听。谨查《会典·刑部事例》，开载“同父周亲独子准其承继两房宗祧”一条，系据乾隆三十八年议准纂修。原议云：大宗无子，小宗止有独子，而同族实无可继之人，不可令大宗绝嗣，俟小宗独子生有二子，过继一子为大宗之孙。傥独子并无所出，或仅生一子，则当于同族孙辈中，过继一孙，以承大宗之祀。如此明立科条，自无控争讦讼之患等因。又查《会典·宗人府职掌》，内开载“如生子先已出继无嗣者准撤回承祀，不得另行入继，如奏明过继者，亦准奏明撤回”。又户部《旗人抚养嗣子事例》，载凡抚养他人之子为嗣，殁后其子本生父母年老乏嗣，仍令归宗，各等因。查天潢事例，固非士庶之所得比拟，即旗汉亦时有殊异。然父子骨血，至情至性，无贵贱一也。其所谓“不得另行入继”者，以另行入继，则所后与所生两宗承祀皆非骨血，故撤回承祀，其先前所后之宗，自必别议应继。至原议所载，俟小宗独子生有二子，过继一子为大宗之孙，至止生一子，则于族人孙辈过继以承大宗云云，是即一子两祧者，止以孙继大宗，己身不得自绝本宗之明文也。

按《仪礼·斩衰章》“为人后者”，《正义》曰：此文当云“为人后者为其所后父”。阙此五字者，或后祖父，或后曾高祖，故阙之。《礼》有为祖后、为曾祖后之文，是当日廷议过继一子为大宗之孙，正据《礼经》所谓“穷则变，变则通”者也。至《礼经》所谓“不贰斩者”二，皆见《不杖期章》：一“为人后者为其父母”，《传》曰：“何以期？不贰斩也；何以不贰斩？持重于大宗者，降其小宗也。”一“女子子适人者，为其父母”，《传》曰：“为父何以期？妇人不贰斩也，未嫁从父，既嫁从夫。父者子之天，夫者妻之天，妇人不贰斩者，犹曰不贰天，妇人不能贰，尊也。”据此二经，为明男子为人后、女子为人妻，既持重则当降本之义耳，非谓人终身不能持斩服两次也。古礼，惟父服斩。今母亦服斩，若庶子为嫡母斩，有继母又当斩，其母又斩，是且四斩。古妇人唯为夫斩，今舅姑皆斩，是亦三斩。古为君、为长子皆斩，何不贰斩之有？况嫡孙为祖后者，为祖服斩，先必服其父。《不杖期章》传，所以谓“父卒，然后为祖后者服斩”也。且“女子子在室为父”服斩，礼故有二十三年而嫁之文。注家谓有故为遭丧，及其出室之后，不幸而遇夫丧，岂以在家曾为父斩，而遂降其夫服耶？

《经》曰：“名者，人治之大者也，可不慎欤。”若不正归宗之名，而他日擅服，其服以尽私恩，则正礼之所谓贰斩耳。至律言“若所养父母有亲生子，及本生父母无子，欲还者听”，系蒙上文“养同宗人之子，所养父母无子，所生父母有子而舍去者，杖一百，发付所养父母收管”以为说。及者，因类而推，若言“或所养父母有亲生子，或所生父母无子，皆听还归宗”云尔，非谓所生父母无子，必所养父母有亲生子乃听还也。况阁下已有嗣子，本属祖父之亲曾孙，所后父之胞侄孙，以为所为后之孙，与古礼为祖父后，今例“孙辈中过继一孙，以承大宗之祀”之语，无不吻合者耶。阁下前此出继，既非垂涎资产，所后父母俱已服丧三年，而所后父母与所生父母，又俱已恭膺覃恩，是此归宗之请，既属前无所规避，亦后无所觊觎。若不及早正其名称，则所生父母，本有子而终无嗣，揆人子之心，实为万分跼蹐。应即沥忱详请咨达，迅速定案，非唯阁下得以自遂，而日后有似此者，得缘为例，于世风礼教所系，实非浅鲜。谨议。

陈情得请编序

道光戊戌五月朔，世臣再至豫章，谒桐城张子畏太守于郡斋。太守曰：“前年奉吾子教，详请归宗一案，已奉吏部复准兼祧，现在得正父子之名，异日得尽父子之礼。已将详咨各稿，汇刊流布，而颜之曰《陈情得请编》，吾子其为我序之。”世臣受读卒业，喟然叹曰：“礼乐之设，管乎人情。人有礼则安，礼先王未之有，可以义起，亡乎礼者之于礼，其动也中，太守斯举当之矣！

先王立大宗以收族，族人为之行高曾之服，而辅以四小宗，使天下万世上知尊祖，下得亲亲。不能必大宗之皆有后也，故立重降之礼曰：大宗继。然矍相之圃，以与为人后见屏者至半堵墙，则图产争继之薄俗，盖不始于后世矣。后世宗法既废，而小宗支子悉得立后。考《唐典》有绝产入官之制，则其事殆始唐之季世，虽不符重降之义，要亦民德之厚也。然古经但曰“为人后者若子”，不于所后加父母之名，以自绝所生。雷氏倡议曰：当言为其所后父。贾氏申之曰：妻即后人之母。贾氏又疏“为人后者为其父母”曰：既为本生。本生二字，甫见于此。要皆礼家强名，以便斥言，非当时人子所称谓。然终不及郑氏于“所后之亲”一亲字之为得也。按《汉书》，张贺有一子早死，无后，后安世小男彭祖，宣帝追思贺恩，下诏曰：封贺弟子侍中，彭祖为阳都侯，溢贺曰阳都哀侯。《晋书》修于唐初，凡为伯叔父后者，传中皆仍称伯叔父。韩退之志薛助教，次其世家，曰“父播，尚书礼部侍郎，侍郎命君后兄据，据为尚书水部郎中，赠给事中”，尤为显证。至宋儒斥濮议为邪说，近世遂有反称所生为伯叔者矣。亭林为二百年言礼之宗，其嗣母嫁殇，亭林笃于所后，殆近人称所后为父母，而称所生为本生父母者所由昉。

故世臣尝谓士生今日而为人后，虽不持尊祖收族之重，诚不能不谓所后之亲为父母。然当正名之曰嗣父母，而于所生则仍称父母，以符经意而安人心。盖父母者生我之专名，似不宜加称本生以自抑疏也。人心不古，惟利是趋，非唯图产争继之讼遍天下，其饰继以规降服而速利达者，所在有之，此诚为人子者所不忍见、不忍闻，不欲以污齿颊者。夫仁孝之心，来自秉彝，熟读是编，其亦可以油然而生矣。道光十有八年仲夏之望，安吴包世臣书。

答蒋清江书

矩亭二兄同年阁下：十四日奉手书，传本府谕，谓弟初九日在郡，随同接敕谕哭临毕上院，独不肯更服入谒，径索手版回县，学使闻之甚怒。十五日起马按袁州，取道新喻，断不可再持服出迎。学使初八申刻莅郡，知敕谕濒到，即在舟中着朝衣上岸谒庙毕。进院，院中所备蓝色铺垫，悉发出，更换红色。次日开考，印卷皆朱印，点名悉用朱笔，是其性忌持服，若必再逆其性，殆将不利云云。此本府与阁下曲加保全之苦心，弟岂木石，竟无知觉耶？

唯弟前闻二月晦日，赍敕使者宿落花，距省四十里，省中大吏，当以三月朔哭迎江滨。而初二系抚军生辰，压使者于沙井，至初三乃渡江。《记》曰：天子之与后，犹父之与母也，故资父事君，则事后资母。豫章峻拒继母，是固无所资，新建又杂流，不足责，南昌亦复敢于逢恶，弟故移书切责之。今弟若以学使怒故，故犯不韪，释服远迎，不亦进退失据乎？且学使之不快于弟，以粮道见弟去冬收漕，遵例禁断浮勒，因不敢收漕规，学使与粮道儿女戚也，故为初次暗劾，远在母后大事之前。弟既不敢朘民以餍上欲，况敢欺君以避上怒乎？十七早学使船到，弟率文武白衣冠迎送，并遵例不出郭，学使辞以疾不见，亦不泊舟，差事尚为简省。远承照拂，谨以复谢，并乞代谢本府，附承日安不具。道光二十年三月十八日，世臣顿首。

答陈庶常立书

卓人太史足下：得手书，示及驳竹村户部、河南俞氏三祧论，并问及近世轻犯礼教，其服与刑所宜，诚足下读书维俗之盛心也。俞氏之案，仆未悉原委，案在道光之初，则因嘉庆十九年，山东济宁黄氏有三祧成案而出者也。黄氏济宁富室，有三子，唯第二子有一孙，三房因各为娶妻，又各置一妾以图继嗣。其孙又早世，而三妻三妾各有子。至是二房之妻死，其子与妾子皆在庠，而长房所娶妻之子已食饩，惧人指斥。时黄左田枢密以阁学为山东学政，黄廪生呈请是否宜比嫡母丁忧？学臣据请部示，部复亦不敢下一十成语，但云礼无二嫡，但可多置姬侍以广生育，长房之子，或可援养母之例，地方有司，宜广行劝谕，不可差查滋扰，云云。

夫议礼必据经，论事必遵例，为下不倍之义也。独子出继，坐不应情重仍更正者，旧例也。乾隆中叶，和相骤起贰户部，值枢廷，甚用事。有浙人为户部员外郎，其伯父死无子，前已分析祖产，各八十万，员外以其半贿和相，因倡同父周亲，准其一子两祧之议。然原议尚有小宗有独子，不可使大宗无后，独子生二子，过继一子为大宗孙。倘独子止生一子，则当于同族孙辈中，过继一孙以承大宗之祀，是犹依据《礼经》“或为祖后”以立说。以后纂例，皆出刑书之手，删节原议，而同父周亲一子两祧，遂若仁至义尽之举。嗣后以两祧之父，皆当持服，部臣又泥“不贰斩”之礼文，而生兄之子为弟双祧，则仍为大宗持重服；若弟之子为兄双祧，则当降其父之服。礼敬宗以尊祖收族，故始祖之嫡长为大宗，高曾祖父之嫡长，皆为小宗，非兄弟少长之说也。且一重一降，是仍为过继，于双祧之名不符。而皆依据礼文，良由在部诸君子，其出身甲科者，十九未尝读《礼经》，若郑、孔、贾疏通古义，则寓目者或至无其人。而晚近图产之恶俗，则上下之心，皆胶固而莫可解故也。即准双祧，则三祧未为不可。双祧则有两父，有两父则有两母。妇人之见尤小，俗有子晚孙不晚之说，谓过继他人之子为晚子，而己为晚子娶妇生孙，则为己妇所出，襁抱顾复，一同己孙，此孙不晚之说所自来也。双祧三祧，大抵皆富室，恐过继远房，则财产落他人手。故黄氏、俞氏皆三房各娶妻妾，以上中下旬分住，三妇相谓为妯娌，各姑其姑，洎生子能言，则祖母、与伯叔祖母、母与伯叔母之称，亦理势所必至。例载：有妻更娶妻，杖九十，后娶之妻离异归宗。《案则》有更正作妾者。富室之婚，大都好户，更正作妾，断非所甘。至于离异，其夫已故，无可言离。子不能自降其母，故部复黄氏，不得不以胡卢提了事。援及养母，尤为无着。而三祧则成定案，故黄、俞两案，非儒生所能质言其是非者也。足下异日居得为之地，因事而发，则当请复独子不准出继之旧例。从前有双祧、三祧者，准其报明原定年月，听其从旧，以后一概禁绝，庶可昌明礼教，截断众流耳。盖每届修例，皆有奏明删改之条也。

再询及两头大，或俱有子，其子持服宜如何？或两妻均无子而别继，又或娶后婚为填房，不宜于夫，夫外出别娶，别娶亦无子，而恩养嗣子，后婚填房，虽不宜夫，而继配之名早定。别娶之嗣子，遭丧宜如何？若通籍，请封宜如何？庶可不撄物议，不悖礼教。足下虚中求是，然是谋非吾所能及也。夫婚丧之礼，在今日难言矣！《丧服》奉颁发，载《律例》首卷，麻冠菲屦负版草带，与古经不相远。而今宦家皆着青布靴，白布开气袍，摘缨帽系白布带，以为遵制。不读官书，而信巷议。婚礼在古必备六礼，乃成为聘，不备则名奔，聘则妻，奔则妾。《律则》载婚书为凭，而俗唯买娶后婚及买妾乃用婚书。正娶所凭庚帖、礼帖。即旧家女嫁人为妾，不由价买者，亦多凭媒妁过帖，唯庚帖明写兑造，以示区别。两大则一切无异正娶，或隔境各居，或同里别居，不相闻问。亦有通往来，论年齿称姊妹者，并有交呼为姊者。律载有妻别娶，杖九十，后娶之妻离异归宗，令典明著。而吴越之俗视若弁髦，是固未尝计及其子也。初配之子，未闻有为两大持重服者；两大之子，心知非礼，而义无自主。若遭初配之丧，不列入讣，则必为外家所讦，是陷父以决杖，陷母以离异。若侪于庶子，是亦显父之过，而处母于贱。盖两大前此虽有更正作妾之案而不纂入例者，以《律》文明言后娶之妻，为其始议为妻，不能抑使为妾。议刑人以官治民，尚为人治惜名，况在人子。至继妻来自后婚，外出别娶，而别娶者恩育继子，子通籍，后婚例不加封，此尚易处耳。若两大败露到官，讯系男家欺诳，或言未娶，或言妻故，则女家出于不知，其女家知为两大而许嫁，则兼坐以不应情重，俱为照律离异，不得援案大开方便法门。别娶所生子女，比奸律责夫收养可也。

又询及小民与妇人通奸，因刁娶其女为妻，事发到官，从何科断？婿奸妻母，男女并绞，为其越礼犯分已甚也。原其始奸，不过军民和同，本无名分。恋奸刁娶，不得谓为成礼，自宜依奸本法，而离异其女。所生子女，责刁娶人收养，方为持平。至奸妾之母，律例无文，仆谓此不得同凡论也。《律》载奸妻前夫之女比缌麻法，为其母既为我妻，自不可奸其女。故以无服之卑幼而上比之。其女既为我妾，岂可更奸其母？是亦无服之尊长也，比引定谳，情法两洽。以足下好察善问，故连类及之，诸唯研究是正，礼教幸甚。附问胜常不具。道光乙巳六月。

（以上诸篇文章录自《安吴四种》卷28下）

说课绩事宜《说储》下篇之三

令课丞，以民不诈讼，衿兴于善，为上。案无滞狱，学少劣衿，次之。能决疑狱，能击豪奸，专指在学者。次之。听断无法，多积讼词，教导不明，庇养奸劣者，为下。

典史：以壮快技精，盗贼罪得，为上。城市严肃，输作均一，次之。反是为下。

巡检：以盘诘严明，截获逸犯，扑得奸民者，为上。弓兵技精，听乡里小讼情得者，次之。反是为下。

令自上计，依所主事件，条其施行之状，及击除奸民为地方害者，如绅富武断，棍恶把持，市侩居奇，滚垛兼并，刀笔唆教，聚众恐吓，结盟凶横，窝窃保娼，囮囮讹陷，搭台喝散，挟和命盗乱逆大案，得自廉访者。其经告发者，仍归听讼例。并课寮属，合为计，于封印日上之郡。郡受县计，先课其僚，略如县课。县以保甲修明，长正得人，图籍详切，渐致盗窃奸拐期功亲属师弟相争讼弭息者。旧窃多获，旧案多结，狱词较旧多减，已结未结案无上控，控案无实者同。无人在该吏案控吏胥者。访除奸民，迁之屯伍，收籍城市无赖，村里强丐，分别束以输作。察得不孝不友，为尊长含隐日久，骄恣不悛，分别正其罪状者。学政修饬，兴举行学，无抑无滥，使地方恶习渐消者。申明制度，惩创骄奢，使民不至贫富相耀，以致失时失礼，等威有辨，以寓激劝者。讲求水利，使旱潦有备，兴一切树艺纺绩之利，本地可行而人不知者。教劝勤恳，畜植滋茂，以尽地力人力者。约束壮快，无敢滋扰，教练技伍，闲熟精强者。率属辖吏，有奸必发，有善必奖，赏罚敏当，使人劝善者。存恤无告，经画有法，不致流离道路者。皆为上。

保甲修明，讼狱差减；听受如法，判断无留；在控奸猾，无有漏隐；在案恶逆，无有宽纵。整肃僚史，约制胥役，不致滋扰。行伍技勇，亦差可观。命盗重案，即时勘验，洞得情实，不至牵累良民；掩累宿案，廉访摘发，使罪人斯得，雪白冤民，劝勤饬惰，使民乐于本业。秉公考校，不使奸劣玷厕庠序。劝课有方，使民急公输将如限，不累里胥花户者。次之。

奉行保甲不力，举正长不如法，登答上司，尚不能举长正之名与其优劣，及该县山川险易，水利原委，保里饶瘠广狭，风俗美恶，民情所疾苦者。巡视骚扰，并胥役下乡不如法，失察，及知而故庇者。狱讼烦兴，不如限听判，及听判不得情者。大狱牵累多人，及轻易用刑者。于地方笃行君子及奸猾小人，全不闻知，及知而不加惩奖者。当勘验事，不即时履看者。胥役技仗不精，及服杖钝弊者。劝农无法，地多荒芜，桑榆凋零，家无畜牧，致百姓饥寒者。废疾孤寡，穷老无依，不加存恤，使流离满路者。无赖恶丐，不加收束，使滋凶横者。骄奢违制，不加惩遏，败坏风俗者。考校任意，致失真才，或专取文学，致厕入无行者。僚史胥役有犯隐庇者。盗窃繁多，十不获五，而预避考成，勒和匿盗者。办理大案，意恐干连良民，不能洞察事情，致有漏网，转滋奸习者。劝课无法，使民不急公输将，专恃比较，滥刑滋费者。课计僚史，贬褒不得其真，出入至三等者。为下。

正月上旬，郡以空白计上之藩司，并以计专达吏部考功司。藩司受府计、课府、首课上计，课绩得实。余略如府课县法，惟课戎政从兵律。以开印日，汇全省长贰绩课为计，上之吏部。

凡课下无抵者，俱夺职。其有赃私酷恶，任意出入人罪，侵盗主守，及疲惫不任事者，该长官俱即时参劾，遴员接署，不在岁终课计之例。三年，则各长吏并计其僚属治行进退，以九等殿最之。通核三年，政行日进，其殿四最六、殿五最五、与无殿最而治理粗明者，为入等，即第五等。无罚。政行进退不常、殿六最四者，为六等，夺三级。殿七八最三二者，为七等，决夺一级。政行日退、殿九最一者，为八等，决夺三级。殿十无最者，为九等，夺职。殿二三最七八者，为四等，加一级。殿一最九及最多无殿者为三等，加一级，加级衣冠一袭，准其服用。凡化成善俗为上最，裕植民生为中最，剖决疑狱、击去豪强、缉获要犯，每一事为下最。其公罪至笞五十者，为一负，三负为一殿。杖八十为一殿，杖一百为二殿，公罪议殿，止徒二年为十殿。课僚属一人失出入一等者，为一殿。以入等为六等以六等为入等者，为二殿。无殿最多而有中最者，为二等，加二级，衣冠一袭，准服用，食加级俸，或擢升一级。无殿最多而有上最者，为一等，擢无定法。凡无中最者，不准上最，中最一抵十殿，上最一抵三十殿。终年听狱讼，缉匪窃，征收钱粮，无奇能亦无误失者，量叙一最。其课最入三等者，私罪徒一年以下，公罪盗犯顶参要犯失防越狱，准抵改为五等。入二等者，私罪徒二年以下，公罪要犯在解逃失，正刑失检杀人，正刑，谓当其罪而刑其遵度者。准抵改为五等。入一等者无定法。

凡藩司到任，限二月内查清图籍，及访问僚属，究前任得失之概。即遍巡所辖，见各长贰文武官员，问其政治所先，与地方果否切当。及召各乡耆，参问得失。观其城市乡里，币谷贵贱，风俗奢俭，阛阓贫富，畜牧盛衰，即时登记册籍。于阅遍回省日，汇上吏、户、兵三部。约陈该地习尚，应如何补偏救弊，孰先孰后之概，以凭参验。

府到任，限一月外，即遍巡所辖。回署上之司，如司上部法。

县到任，限一月外，即遍巡所辖，详考得失上之府司，如府上司法。

凡藩府巡辖，俱备簿自记见闻所亲，及各处治否？各官能否？详载问劳登答之语，以备参核岁计。

答钱学士书

学士阁下：日前与友人论直隶秋试文，而阁下为言场中校文之法，惟以规模近科词调为入彀，其恪守程度、铨说名理者，则与主司所求相背而驰。时以宾客沓至，不尽所言。继奉手书，其说尤详。良以世臣久困场屋，思所以变更之，以当一夫之目，诚阁下垂念旧识相爱之盛意也。虽然，言为心声，人心不同，各如其面，世臣虽力学，其能自变其面以似阁下乎？略陈固陋，伏惟裁察。

世臣自七岁从先子学为文。十岁而嗜嘉鱼。年十三读毗陵、昆山遗集而善之，迁习其法。又以毗陵、昆山之文，出于庐陵、眉山，遂变而益上。以至成童，颇尽其窾曲，郡邑长老，皆叹赏以为取科第如反掌也。世臣私念得科第，则当入仕，深恐以雕虫无用之学，殃民而自贼，遂潜心研究兵、农、名、法、治人之术。及弱冠，所学粗成，又恐古今异宜，方策所载容有古人成迹不可推行以见诸实事者，乃游学四方。西溯岷蜀，东登海峤，南渡章江，北涉大河，体察人情之所极，风土之所宜，证以传记，殊不相远。然而访问政事，则治民之官，星罗棋布，而其为治之方，率与古大殊。古之为治也，民与官相恤，今之为治也，官与民相嫉；古之为治也，抚良以化莠；今之为治也，结莠以虐良。世臣窃怪同此人，同此心，今日之官，皆昔日之民，何以为民则既嫉其官，而为官又复虐其民？或者文法拘滞，古人惠鲜怀保之政施诸今日，竟尔窒碍？遂以游幕观政，司其事既久，以情就例，务求其平，则今之令与古之意，亦复并行无悖，然后知所学之卓然可用，乃求举以为入仕之基。六举而后获解，又被放于礼部者七。然则世臣文成而后学政，政成而后求举，其至今不得者，是在彼苍之意，而非斯文之罪也亦明矣。

世臣少读眉山《答谢民师书》，载欧阳文忠公言："文章如精金美玉，市有定价，非人所能以口舌定贵贱。"因记其后曰：市上无棍徒拦行霸市，则物价平而珍货至。文章固有定价，眇侩截市，精美何益？永叔、子瞻，身充官牙，老诚殷实，不知奸牙朋充，扰害良贾也。是故非尘腐断烂则不可售者，乃不遇者怨诋主司之陋词。而阁下四主文柄，竟以此为教，何其肯居负下，而贬损道德之不遗余力也。阁下吴人也，吴俗喜艳饰。七子钗，妆之朴者也，两股共用珠十四颗耳，然必大如胡菽，值常至四五百缗。近妆之最盛者名满钏，扎额围髻，过桥宝簪，雀钗十二股，垂珠三十六鎏，皆员白光耀，左右罥耳门，迤后渐长当腰脊，然其质则搏黄蜡而裹鱼白，以较七子钗之一股，曾不足当什一。下里小妇，虽以此自炫，然其价值岂可诬吴市乎？犹记廿余年前，阁下曾自命良贾矣，今幸司牙估，乃欲退阻马木难，而进瑜石鱼目，阁下辈行较前，徒从较众，一唱百和，是将使献珍路绝，而嘉谷失荫也，岂不殆哉？

吾乡董小槎编修，绩学士也，自以羸怯不任劳，遂罢考差。一昨于陈秋舫修撰所晤郑朗如编修，闻其言论云：闱中每得佳卷，集同年四人相商榷，然其引用书籍，不能举出处者十仍五六，自矢下届且不考差，力诵读三数年。董君自度精力不足以称职，郑君以他日未尝学问为憾，皆得君子之用心，何阁下之羸怯既不亚董君而持论又善与郑君为反也。明春，阁下大都得分校，惟愿有以更前说，毋使明月夜光，悉遭按剑，幸甚，幸甚！世臣虽在都候试，然不以得失扰乱，枉己从人。守之三十年，为流辈所共知，阁下其勿得以冯开之旧事相猜矣。天寒珍重！不宣。

却寄戴大司寇书

金溪先生司寇阁下：撤棘后，荷蒙枉过，索取领回败卷，藏之怀袖。世臣语次及长洲宋翔凤于庭、黟俞正燮理初、归安凌堃厚堂、阳湖赵甲嘉芸酉，试卷咸出世臣上，阁下询悉住址，轻身以先，远则庐陵，近则大兴，艺林佳话，至此而三。世臣将归，分俸资膏秣，又枉送作竟日谈，咨嗟叹息，若不自胜。夫以世臣辱知之深，且久而被放，是亦足以厉躁进之俗，适当无之用矣，况荒落之余，本无可采录者，即使道如退之，文如方叔、敬舆、子瞻，斯有前事，何阁下悔憾之深耶？

原夫科目之设，所以网罗天下人材，分资治理，而仅决以一日之文，是虽使前明名家，自黄子澄迄黄淳耀，皆登道光壬辰之榜，于治道何增？即获隽诸君子，文尽尘腐佻薄，于治道复又何损？方今幅员万里，治安且二百年，而人心岌岌常若无以自存，岁计常凛凛若难乎为继，其病果安在哉？管子曰："礼义廉耻，国之四维。"礼义见于事，廉耻存于心，则廉耻尤礼义之本也。讼狱者万民之命，而有司以为市；正供者聚人之本，而有司以为利。甚至疆埸告警，河防为灾，而自大吏以及在事人役，莫不趋之如鹜，岂真忠义愤发，输忱自效哉？乘危抢夺，不忍为方，然则民生之所以日蹙，国用之所以不支者，凡皆廉耻道消，见利忘义之所致也。近世用人，虽有三途，曰科目，曰差使，曰捐输，而差使、捐输两途，究不敌科目之广而且重。进士每试放二百余员，上者立阶侍从，其下乃膺民社，大都一榜之中，任监司当方面者不啻百人。假令每试得有耻之士四之一，约以十年，则中外有司能自爱者，且数百人矣。君子之道有不长，仁圣之泽有不究乎？

夫周、孔之书，儒先之说，举子皆童而习之，学官所布，无非遗经正史，即八比小技，亦有颁发程式，要以清真雅正，固未尝有束经史不寓目，只揣摩近科墨裁数十篇，摘句套调，乃为入彀之令也。其坊本经题策略，并在禁例。而阁下谓今年中式之士，后场条对语，卷卷相同，误且同误，其为怀挟抄写，无可疑者。世臣自领荐预试十有一次，矮屋相比莫不携有细字小本。可信其无怀挟者，唯阳湖张琦翰风、吴沈钦韩小宛，及亡弟世荣并世臣四人而已，而四人者皆在被屏之列，其得手者可知也。世臣前曾假看邻号之书，翰风呵之曰："他人冒险怀挟，而吾子坐享其成，是何异盗贼窝主也。非君子所为。"则谨谢曰："后此不敢。"今闻阁下言，不得不致慨于冒险之易为得手矣。夫学则古昔，文守矩范，士之荣行也；怀挟坊本，规抚时墨，士之丑行也。凡在占毕，共服此论。然丑行之近于利禄途也久矣。而有人焉，言行相顾，置遇合于度外，是必其廉耻较厚焉者也。异日有不剥民以肥家，不亏帑以要上者，必此子也。若其惟利是趋，不愧不怍，甘从丑行，是必廉耻较薄焉者也。异日从政，吾不能量其所至矣。举子之去分校，裁一间耳，分校诸公，大都近科，衣钵相传，每况愈下，是故衡文得失，有关治道隆污者，凡以国维之所系者深故也。

抑又闻之，造物生人，皆有所以用之。世臣自为童子时，不为干禄之学，数十年来，与同人论说，必依于此。其始大怪之，继则不乏同志信从者，是其穷而在下，而不欲自弃于无用也。阁下弱冠负儒林重望，宜总持斯文也久矣，衮衮同僚，济济门下，谅无不欲以得真士为光宠者。所望阁下力持此义，大倡鸿议，庶几闻风而起，不负所职，三数科间，有耻之士日出，寡廉之迹渐远，集群材以维国是，其为用顾不大哉？阁下居西曹几十年矣，清操为天下第一，悉心衡决，无枉无纵，固宜获不变之休，著刑措之绩矣。而弃市者前后相望，后起案由，仍同前事，法日严而犯益众者，岂不以吏出于士，士为民望，廉耻之道不昌，而非伤肌刻肤之所能奏效也耶？至于怀挟之风，实由乾隆中陋儒，妄以士兼五经为文物之盛，于是删摘蜂起，驯至士人不读本经，主试又以怀挟终不可禁，视二三场为虚车。夫诵《诗》三百，明著圣训；《论语》半部，章在史册；孟子亚圣，尤长《诗》、《书》；荀子老师，只明《诗》、《礼》；汉儒兼通五经，不过数人，况在晚近？阁下淹贯群流，天下所共推尚，若于从容造膝之时，详陈利病，必蒙圣明采录，不以固陋致疑，得以复五百年专经之旧。其后场则专以史事疑义，与时务有比附者发问，治乱兴衰，唯主《通鉴》；制度文为，唯主《通典》，使学者有所法守。又集馆阁诸公之有经术者，依江都《贤良策》意各守所长之一经，精心撰作进呈，选其尤数十首，详加校订，刊布以为策式。除搜检之令，听士子自择所处，稍增誊录对读之数，严责外帘，使必于三月、八月二十日蒇事，不可草率错落，稍宽校阅与进呈之期。头场上堂，主试官不得遽行批中，必俟三场并荐，公同校核，方定去取。揭晓后，败卷到部，责成堂官，分派司员查核。如分校有于二三场竟不寓目，及使随丁照对读黄点断句舛谬者，严参重处。复奏下，乃发败卷，士子领卷后，有后言得实者兼坐部员主试，仍将二三场佳文同头场一并刊行，批明去取之故，虽不无幸进逸才，较之现事，其必相远矣。如是，则绩学之士必可得，波靡之习必可挽，则世臣虽老死岩穴，岂足惜哉？

世臣自五月十一日出都，中途在翰风馆陶署小住数日，以月之八日到扬。扬城自二月杪有疫，入夏而剧死者日数百，至今未艾，不能棺殓者十四五。而敝寓自老母以下，率皆平善，是为大幸，江省麦收颇丰，小暑后连得雨泽，山田亦不至失时。高堰水志丈五尺以上，虽已甚大，然比上年小三尺许，下河可望有秋。世臣愚昧，素荷在宥，故复以面陈不悉之言，加详为书，使杨生亮捧呈。杨生字季子，四百年将家子，近衰落矣，而志昌祖德，学不能博，文嗜古而不免于拙，其人则行已有耻者也。虽在都待秋无可引嫌者，唯赐览而教其不及。道光十二年六月十六日。

读律说上

南朝有律学。唐沿隋制，公式首载讲读律令之条，至今因之。军民能熟诵律文深明律意者，准免犯过失因人连累流罪一次。说者谓律意精深，故设此条以劝讲读，所以重民命者，似已。然于先王治天下微权之所寄，盖犹未见也。仆于友生之绩学工文者，无不劝其读律。或以为知其必将出而问世，故预习法家，以免受欺幕客，而不知非也。吾人既多见闻，有文采，则父兄钟爱，友朋钦服，放旷襟怀，易涉邪僻，其所学又足以拒谏饰非，谁复能匡救其恶者？唯读律而内讼行习，或丽科条，无可自欺，则必惭惧交迫，是省身之要术也。故先检核二死，苟有犯焉，虽未败露，实已罔生迫生，非力求所以自赎，则不可以立人世。自赎之道，唯在随时随地以济人利物耳。次及五军三流以至五徒各条，身果无犯，则可厕乡党自好之列，以老死牖下。如有犯焉，求赎又岂可缓哉？若其杖笞琐碎，概无罣误，则古之所谓成人矣。已犯既力求自赎，未犯夫岂敢轻蹈，怀刑之训，殆谓此也。至律许免过失连累者，以深明律意之人，自不犯法，至过失出于思虑不及，连累不由自主，故许免一次，而不及有心正犯。盖以有心正犯，则为知法犯法，岂得妄援免科乎？自省既久，一旦出身加民，自必慎恤并至，为地方造无穷之福，此仆劝人读律之指也。

今上御极之初，曾以大臣言饬查各处陋规明以予之。一时都下哗然，以为必不可行。唯仆欢喜踊跃，颂为至善之政，然心终疑封圻大吏，莫肯一心奉公，而自替威权者。未几而复奏入，竟如所料。而建言者亦不能坚持其说，遂使天下无一不犯法之官，至可悼惜！盖为民上而身先犯法，何以令众？吏治之不阳，民生之不遂，所从来者远矣。此则非区区读律之所能为功也。

读律说下

读律以省身，前说尽之。至于出身加民，则尤当详审律式轻重，以救时弊，而挽颓风，经所谓“明刑弼教”、“世轻世重”者也。时弊至重者，在廉耻道衰，而廉耻之衰，唯士人为尤甚。仕途今为极宽，而惟出身考试者名曰正途。士人幸获两举，上者跻侍从，下乃主一邑，其重如此。顾自其为童子时，已不惮以身试法，及乎立朝，岂可望其慷慨引大体？临民岂可望其深求民间疾苦？是犹以利刃资剧盗，其为害可胜言哉！

世所最不齿者，曰当娼，曰行窃，而娼与窃罪止论杖。至于考试舞弊，重则殊死，轻且外遣，律式之悬殊甚矣！考试之弊百出，大要有三：曰办夹带，曰倩枪手，曰打关节。数十年前，为此者尚知讳饰，近则明白告人而不愧不怍，且有假托以自诩者。娼与窃虽随处有之，然未闻有面人自承者，是士人之于廉耻，尚远出娼窃之下也。近年试弊，颇有败露，虽十不及一，而亦足以示惩创。无如败露之案，主者意在保全，以为忠厚，莫肯穷究根株。彼作弊者固志在求利，然未尝不畏法。而前车始覆，后车接迹者，知主者之必不执法也。父师训诲子弟，不与讲贯经史文法，而专为之访求遗文，觅书手作方寸千言细字，掌握之间，辄可万篇。枪手且有揽头，皆于试期前先集面试以定贿价，拜门递条，略不避人。以上三事而得手者，指不胜屈。果能从败露之案，逐节研究，上及其父师，旁及居间说合造作之棍徒，依律重究，必可稍挽狂澜，使后来者畏威远罪，维将丧之廉耻，绝流传之谬种，其有益于世道人心者大矣。不此之务，而惟曲全是事，以为积福，其弊不使天下士人皆丧尽廉耻不止也。较之纵盗殃民，其效实有倍蓰千万者。若谓试弊必除，而真才始见，八比八韵，曾何关世道人心之数，而诩为真才，嗟其屈抑乎？唯舞弊者波靡而不知止，则害廉耻以害政事，实有算数譬喻所不能尽者，故腐心切齿而详说之。世岂无有心世道人心之君子乎？当不以仆言为谬诞也。

议刑对

嘉庆十六年试春官毕，刑部尚书金公光悌，招至其第襄核秋审册。至山东民人黄某，因妻与子皆他往，见媳在室内刺绣，即入室行强，媳急取剪刀戳其臀，乃得脱。黄伤平复，媳拟绞候，入服制情实一案。予曰："此案当奏改，从前率行照覆，可检举也。"金公曰："此案并无出入，且较旧例已为末减。"予曰："从前系照子妇殴舅姑律拟斩决，改监候。至乾隆中始以四川案改拟绞候，世臣审知之。然大司寇所职在准情酌理，维系治化，非如外省小吏奉行例案已也。夫子妇之于舅姑有犯，一切与子同论者，徒以义重也。当黄某淫念炽起之时，翁媳之义已绝。律载子婿远出，而妇翁嫁女及纵容犯奸者，皆为义绝，有犯以凡论。礼妇称翁曰舅，女夫称妇翁曰外舅，服制虽悬殊，而情义本不相远。况使媳被窘挟而竟从，将不拟以斩决乎？拒之又得绞候，是为女子者不亦进退无生路也耶？"

金公曰："此案必邀免勾，将来减流收赎，罪属虚拟，何必苦争？"予曰："世臣岂不知案之必邀免减赎乎？然父母在不有私财，日后减等收赎之银，仍由翁出，数年之间，妇色或未必遂衰，而其翁淫心犹炽，妇知守贞之所获者，不过数年囹圄拘囚之苦，而其翁且以为奸媳无罪，而律不准其拒也。抑贞为淫，终陷大戮，理势所必然者矣。"金公曰："吾子意且若何？"予曰："凡人调奸拟杖，而期亲即拟流；凡人强奸未成拟流，期亲当加为外遣。而本妇依拒奸勿论，离异归宗，方得理法之平矣。"金公曰："以妇之故而罪其翁，非所以尊名分也。"予曰："翁媳犯奸，男女皆斩决，何尝分别名分，以为减杀乎？且整饬伦常，以官法治乱民，非为媳报仇也，何害？"金公曰："然则又何以离异其妇？"予曰："与翁既义绝，不可更为其子妇矣。且父以妻之故得外遣，而其子犹以为妇，非所以教孝也，故必宜离异。阁下果决计，世臣当为具稿，反覆比引，必蒙垂允。”金公曰：“吾子言诚辨，然吾在刑部三十余年，未见有于秋审时翻尽前案者，言之徒使老夫获咎，必不能行也。”

是年夏末，伊犁将军公晋昌谳一狱，情节同此，而新疆无例案可援，具奏请旨，奉特旨将其翁发遣为奴，而释其妇。其秋，山东抚臣援伊犁案覆奏，乃置黄于法而著为例。

议刑条答

嘉庆二十五年夏，刑部尚书韩公独对出手谕，司员将现行《律例》中有未安者，各献其疑，以凭奏明修改。时余滞迹都下，刑部总办主稿来问者十余人，各为条议数事，其呈堂蒙采录与否不可知。是年仲冬集录各稿，删并具于篇。

律载：夜无故入人家内者，杖八十。主家登时杀死者勿论。已就拘执而擅杀伤者，减斗杀伤二等。窃谓此夜无故入人家内，即例所谓图奸未成罪人也。何以明之？谚言夜无故入人家，非奸即盗。然窃盗已行不得财，笞五十，而此律杖八十，比已行未得财之窃盗，罪加三等，是此条之非盗也明甚。查和奸律杖八十，既有图奸之实迹，故即以奸罪科之，然律不云图奸未成罪人，而云夜无故入人家内者，盖奸者人情之所深讳，其奸既未成，妇女之有约与否不可知，君子不欲深求以伤良家之心，故科以奸罪，而讳其奸名，入于盗贼门者，仁厚之至也。议者不能深明律意，乃于杀死奸夫例内，续增杀死图奸未成罪人，无论本夫及本妇有服亲属，不问登时事后杀死者，均照擅杀问拟绞候。及妇女拒奸杀人，除登时勿论外，其拘执后迭殴致死，系调奸照擅杀减一等拟流，系强奸再减一等拟徒，两条，应请于本律下，增注云：若白日入人内室图奸，有确据者同论。而删杀死奸夫例内之续增两条，以免参差。

纵容妻妾犯奸律载：用财买休、卖休和娶人妻者，本夫、本妇及买休人各杖一百。妇人离异归宗，财礼入官。若买休人与妇人用计逼勒本夫休弃，其夫别无卖休之情者，不坐。买休人及本妇各杖六十，徒一年。妇人余罪收赎，给付本夫从其嫁卖。妾减一等。说者因本律注有“因奸不陈告而嫁卖与奸夫者，本夫杖一百，奸夫奸妇各尽本法”之文，遂谓此条并非因奸。凡民间以本夫不能养活嫁卖其妻者，皆科卖休，以致嘉庆十六年有山西赵姓买娶有夫之妻为继妻，而继妻谋杀姑及夫两命，援引买休离异仍依凡论之案。窃谓买休、卖休，若非有奸在前，自当入“嫁娶违律”之门。且夫妻相守，人之至情，或以贫难饥馑离散逃生，任教养斯民之责者，方当引以为愧。至小民力不能依礼聘娶，买妻以图宗祀者，揆以情理，又岂能齐以一切之法？是寻常因贫卖妻之案，不得指为买休、卖休，断无疑义。

又律载：强占良家妻女，及妻背夫在逃自嫁，皆坐实绞。买休人用计逼勒，情同强夺，妇人用计逼勒，罪浮逃嫁，何以罪名悬殊，至于如此？详绎律意，如奸，奸妇奸夫各杖八十，奸妇从夫嫁卖，愿留者听。若嫁卖与奸夫者，本夫杖八十，妇人离异。纵容犯奸，本夫奸夫奸妇各杖九十，妇人离异。盖和同相奸，必瞒本夫，至于纵容，必系奸夫奸妇多方衔诱，以致本夫利其资助，故比和奸皆加一等。至于买休卖休，奸夫恋奸而图夺，奸妇恋奸而弃夫，本夫始则利财纵容，后遂以妻归之，故又各加一等。和奸律内，嫁卖与奸夫止杖八十，而卖休则杖一百者，盖彼系比时识破，此则纵容已久，无耻更甚，故加之也。其逼勒卖休，因有纵容在前，开门揖盗，孽由自作，故买休人及本妇之罪止科轻徒也。然律不云奸夫，而云买休人者，盖称以奸夫，则本法止杖八十，此重在买休，故称为买休人，不得以文无奸字，遂疑其非因奸也，且律目已明言纵容犯奸已。然纵容律皆离异，何以逼勒卖休，仍给本夫嫁卖，而不坐本夫以卖休之罪？盖为愚懦小民，内不胜奸妇之刁悍，外不敌奸夫之豪强，迹涉纵容，情实隐忍，律言别无卖休之情者，谓平日并不利其资助，故俯念愚民之隐衷而免其科。然本夫既已知情，则买休人及本妇自得概从轻典。本夫初本出于迫胁，终不利其资助，是与实心纵容者有间，故妇人仍给本夫，然止听嫁卖，不听愿留，可谓仁至义尽者也。查例因随时整饬，故轻重多与律殊，律注皆为申明律意而补其不备，唯此注与和奸文歧出，致滋疑窦，应请从删。

律载：犯罪得累减之条，原指案犯内，为从自首公罪递减之类而言。因而犯罪减等发落而又遇赦者，亦援累减之条，以次递减。故斗杀例拟绞候，自非情近于故，皆得归入缓决。及邀恩免勾，计年减流。减流之后，若遇国庆及清刑、雨泽、愆期等曲赦，又得以次减徒。其遇大赦者，径得援免。而死者之子，有于赦后相报复者，以故杀论斩永禁，本为广皇仁而重国法，岂容更生他议？惟人子之于父仇，义不共天，凶犯遇赦即还本家，近在目前，情难睚忍。查唐以前有命犯遇赦避仇千里之制，所以下体人情，上尊礼教。窃谓斗杀入缓减流之犯，已得全生，若遇小赦，不必更援累减；遇大赦，即就配所湔除为民。其未减之前遇大赦者，即免为民而迁徙之。若死者之子，寻至迁徙之处仇杀者，仍照现行事例科以故杀。若迁徙者乘间逃回，遇仇戕害，仍应查照杀死罪人本律，量加办理。庶足以伸孝思而警凶党。至历朝赦典，原为湔除，近乃加记册档，赦后再犯，加本罪一等，是本为湔除，而反增疵颣，义无所取。至徒犯以上，援免递籍，而经过官司仍行收禁，尤为本末不称，俱应请改。

律载：妻妾夫亡改嫁，与旧舅姑有犯，并与舅姑同。奴婢与旧家长有犯，依凡论。注云妻妾被出及奴婢赎身者，皆不用此律。窃谓妇人从夫，故事舅姑如父母，徒以义重也。夫亡改嫁，已自绝于前夫之家，因其绝也不出于旧舅姑之意，故未便同转卖之奴婢，竟依凡论。然议刑必与礼相权轻重，古礼妇为舅姑服，与同居继父相等，继父不同居则服三月，今妇服改为三年，而旧舅姑则无服，衡其情义，与异居继父同科，已可明其夙分。古人为旧君制服三月。而旧君无礼者则不服，律注之所以谓被出不用此律。今赎身奴婢，既另有专条，改科轻典，应请增修例文。妻妾被出及夫亡后由舅姑逼嫁者，同凡论。其由妇人自愿改嫁，而舅姑依礼主婚者，与旧舅姑有犯，依继父法。

白昼抢夺例载：凡总甲快手应捕人等，指以巡捕勾摄为由，殴打平人抢夺财物者，除实犯死罪外，犯该徒罪以上，不分人多人少，若初犯一次，发边远充军。再犯发原抢夺地方枷号两个月，照前发遣。诈称内使等官例载：凡诈充各衙门差役，假以差遣体访事情、缉捕盗贼为由，占宿公馆，妄拿平人，及搜查客船，吓取财物，扰害军民，犯该徒罪以上者，无论有无签票，枷号一个月，发近边充军。若审系捏造签票执持锁链，所犯本罪未至拟徒，但经恐吓诈财者，即照蠹役诈赃一例问拟，仍各加枷号一个月。未捏有签票，止系口称奉差吓唬者，杖罪以下，亦加枷号一个月发落。若计赃逾贯，及虽未逾贯，而被诈之人因而自尽者，均拟绞监候。拷打致死，及吓诈忿争殴故杀被诈之人者，均照罪人杀所捕人律拟斩监候，为从各减一等。如假差有伪造印信批文，或以捕盗抢夺伤人，按律应拟死罪者，仍各从其重者论。若被诈之人，殴死假差者，照擅杀罪人律拟绞监候。

谨查恐吓取财例载：凡恶棍设法纠众系颈、谎言欠债、逼写文券者，不分曾否得财，为首斩立决，为从绞监候。又载凶恶棍徒，无故生事扰害良人，发极边足四千里。又白昼抢夺律载：勾捕罪人因而窃取财物，准窃盗论。又例载出哨官兵，乘危捞抢，照江洋大盗例，不分首从斩决枭示。又强盗例载："捕役兵丁为盗，均照为首律斩决，造意者枭示"各等语，推原例意，凡以棍徒纠党横行，公然挟势滋扰，不得不加重惩办，以安善良。彼此参观，窃谓此二条，尚有应行修改移并之处。其止口称奉差，相机吓诈，未经得财，即被捕控到官者，应分别有无假印，照诈伪律办理。若其党势横很，平人被其吓唬，出财买安，即使赃数较少，必系贫难无出，核其情罪，实与无故生事扰害之棍徒无异，似难比"勾捕罪人因而窃取"之条计赃科罪，必入杖徒，方行加重。又蠹役诈赃，皆施于有事之人，与此平空设计者迥不符合。若至排闼围屋、将平人锁捆拷打、逼索搜抢，是则与恶棍之系颈逼券事理无殊，比强盗之捆缚吓禁情形一辙。况强盗虽为闾阎剧害，然犹自居匪徒而目人为事主；此则转目事主为盗贼，而自居捕人。又强盗之来，本家悉力拒守，邻佑例得协拿；此则以抢劫为营业，以缉捕为屏翳，本家战栗，邻佑屏息。及至识破机关，业已身婴桎梏。甚至将至荒僻，拷逼扳引，明目张胆，按户搜括，害遍愚懦，既多畏累而吞声，偶逢败露，又得幸邀乎轻典。是以此等案件所在时闻，水乡尤甚，似宜准情变通，从严惩创。至于被害之人，有与争殴适毙者，应核明死者情罪，查照致死凶恶棍徒及本犯应死而擅杀与格杀各律例，分别办理，以昭公允而垂炯戒。仍应以类相从，分纂于诈伪、恐吓、强盗各门，以免牵混。

威逼人致死律载：凡人杖一百，若因奸盗而威逼人致死者，斩。推原律意，恶其以罪人而敢为强暴，以至害命，故重其法。而本条例载：凡与妇人并无他故，辄以戏言觌面相狎，致妇女羞忿自尽者，拟绞监候。其因他事与妇女口角，彼此詈骂，妇女一闻秽语，气忿轻生，及并未觌面，止与其夫及亲属互相戏谑，与村野愚民，本无图奸之心，出语亵狎，妇女听闻秽语，羞忿轻生者，并杖一百，流三千里。查觌面相狎，有近因奸，而事殊威逼，绞斩同为死刑，已属不符律意。至彼此詈骂以下三条，与奸无涉，而从死刑量减，尤为未允。谨按律文奸盗同科，而窃盗例载：窃盗逃走，事主追捕失足身死，及失财窘迫因而自尽者，如无拒捕伤人及赃重积匪三犯各重情，照因奸酿命例，杖一百，徒三年。然检查奸律，则因奸酿命拟徒之条，实无明文，良以屡次因案加重，将本例删改无存。查现行条例，惟本夫及各亲属捉奸非登时杀死奸妇者，本夫问拟满徒，亲属各按服制本例减一等，奸夫俱拟满徒。其本夫登时杀死奸妇，则本夫杖八十，奸夫拟绞。亲属登时杀死奸妇，则亲属拟满徒，奸夫拟满流。

夫立法以惩奸，固不可市恩以纵恶，又岂可深文以罔民？世轻世重，实异祥刑。和奸本律止杖八十，今例加为满杖枷号，然去满徒相差五等。其杀死奸夫分别登时非登时相悬至远者，原于维风化之中，仍寓重民命之意。至杀死奸妇，登时非登时，止宜于杀者，分亲疏别轻重，奸夫同一因奸酿命，再行区别，于义无取。奸妇同系罪人，杀者既得减科，奸夫何缘议抵？虽未便竟同止杀奸夫之奸妇，仅科奸罪，拟以城旦，实足蔽辜。若云本夫登时杀死奸妇，止杖八十，不同事后杖徒，故重奸夫之法，然不闻两徒可敌一绞也。应请修复因奸酿命本例，凡有获奸止杀奸妇者，无论本夫及其余亲属，不分登时事后，奸夫概拟满徒以归画一。至调奸未成而妇女捐躯明志，例准旌荣，所以劝节。而狂且始念，实不及此，竟与拟抵，似近过当。若谓贞妇无辜殒命，不得与失身之妇被杀同科，则事主追贼失足，岂云自取？况彼盗已成，而此奸未成，同拟杖徒，何疑轻纵？应请凡有图奸实迹，但不至于强暴者，概坐满徒。其仅止觌面相狎，并无手足勾引挟制窘辱者，比例量减。至并非觌面，止与其夫及亲属恶谑，与愚民出语秽亵本无图奸之心者，皆当比引威逼正律，科以满杖。其因事互相詈骂者，则依肇衅酿命，杖八十。凡罪止拟杖者，其轻生之妇女，正所谓感慨自杀，计画无俚，无庸一体议旌。再各例内，有比照某例治罪，而本例已经删除者甚多，意为高下，殊非明昭法守之道。应请于各条律文后，先纂本例，申明例目，使以后本条或别条比照之文，皆有依据。其事犯相似而杂出各条，罪名间多出入，亦宜先将罪同者，修于前为正条，而将随人殊科之处，分晰声明于正条之后，务使详尽。若本例实有未可复用之处，则将比照之文查核删除，以免疑窦。

庚辰九月为秦侍读条列八事

一、案件积压至为闾阎之害。本年恭逢大赦，除十恶谋故之外，已发未发、已结未结咸与湔除。有以赦前事告讦者，罪以其罪。在民控讦，则为诬告；在官受理，则当为故勘。然民间田土界址、钱债、婚姻，仍应与剖断结正，以杜葛藤；此等案件既属无多，所有应得罪名，又可援赦，尤易了结。应请饬行督抚，严饬所属，将以上各旧案摘出，或勘或讯悉与判结，则积牍尽清，新案可以随时审理，不至再有积压，拖累平民。其奉行不力，延搁偏袒，酿成上控、京控者，即照易结不结例参处。至前后京控，奉旨交审及部院咨发各件，一体分别应结应销，遵照恩诏事例，悉与查办。

一、州县自理词讼，例载按月折报，由道员查核是否依限断结。从前各州县积案繁多，并不遵例折报，止于交代时造案件交代册，由道员核送臬司，转送藩司，入于交案。其册内开载寥寥数件，久成具文。本年恭逢赦典，刑狱扩清，可以申明定例，整饬官常，应请饬行督抚，责成道员，严饬州县将自理词讼，遵例将已结未结及如何断结之处，按月折报，由道员查核。其有隐匿遗漏草率迟延，俱照例移司详院参处。道员失察及徇庇者，由督抚照例参处。庶小案不致再积，免酿大狱已。

一、外省摊捐之款，日多一日。大州县有每年摊至七八千金者，小州县亦不下千金。以廉抵捐，数常不敷，州县官上亏国帑，下朘民膏，常以此为借口。查各省公事，如承办科场铺垫供给公项不敷，承解颜料砖木拨船水脚不敷，势不能使一人独任赔垫，自应通力合作，全省摊帮。至院司书役、纸张、饭食盐菜，提塘报资，俱系耗羡项下，作正支销之款，其各上司自出告示，自应捐备纸张，定例严禁摊派。近来各省，任听奸胥巧立名目，逐件禀请详摊。每省每年，至有数千万两之多。应请饬行督抚，申明定例，严行裁汰。其院司书役，除额设之外，酌留贴写办公，其缺主盘踞，冗役朋充，概行斥革，以节浮费而杜招摇。如原设纸张等费，委实不敷，该督抚将该省耗羡，通盘筹画，酌量奏明加增，则书役既足办公，而州县亦无所借口，以饰其贪黩矣。

一、各省司库皆有附贮之款，多者至百余万，少者亦数十万，通计各省，应不下千数百万两。存贮多年，并不报部拨用，止于每年办春秋二拨之时，随拨册报院。积数日多，存库又久，难保无奸胥乘机弊混之事。应请饬行督抚，查明报部酌量拨用，以裕经费，而杜舛错。

一、外省保举人员，虽出切实考语，而无切实事迹，应请饬行督抚，嗣后保荐升补人员，应将该员历过任所，从前如何难治，该员到任之后，命盗窃贼以及自理上控各词讼，逐渐减少若干分数；是否任内并无被人京控、上控之案；从前拖欠钱漕，近已踊跃输将，是否年清年款，切实成效：叙入折内，以凭饬部查核。不得仅加虚奖，致启钻营。其本属易治之区，而该员到任后，转致案件繁多，钱漕拖欠者，即以昏庸参处。

一、外省奉旨交审及部院咨交之案，例限四个月、两个月不等，逾者参处。若任意展扣，则处分尤严。近来各省，多有钦部案件延至三四年不结者，其弊由于刑部主核覆，吏部主议处，限期有应准展扣、不准展扣之分。吏部未谙刑名，唯照刑部来咨，查例定议；刑部又以参处逾限，事属吏部，唯核明案情、应准应驳，于限期一节，竟置不问。以致两部书吏，彼此关照，使外省得以任意展扣。且有迟延太久、无可措词者，折尾竟不声明是否逾限，刑部既不查诘，吏部遂至无案可稽。所以外省拖累无辜、羁候省城经年累月者，一案常至数十人。扰害良民，莫此为甚！应请饬行刑部，责令嗣后核覆案件，即将审限应展、不应展之处，确切于本尾声明。其有应参处者，知照吏部议处，督抚折尾不声明限期者，一并参处，以挽痼习。

一、各部各司，皆有则例，永为法守。司员果能悉心推究，何难通习？况遵例不遵案，迭奉大行皇帝明谕，尤为简约易循。然部中自日行稿案，以及奉旨交议之件，堂稿出于司员，司稿出于书吏，书吏又别请稿工，引案附例，上下其手，是以外省事无大小，部费为先。堂司各官，莫不欲剔除书吏之弊，然不能明晰例案，欲求权之不归书吏稿工，其可得乎？应请饬部院大臣，转饬实缺及行走各司员，限三个月内，将本司则例，详细讲求，三月之后，集而考校之。其能约记例文及通晓例意者，定为优等，酌量鼓励。其全不谙晓，又不上紧学习者，分别撤任降俸，以观后效。如此一二年间，迭经数考，部中司员皆明例案，书吏自然无权，不能舞弊矣。外官知部书无权，一挂吏议，无可挽回，自必饬其廉隅。且该司员等将来内擢卿寺，外放道府，亦得驾轻就熟之效。至部院大臣，亦宜时以例案自课，于司员晋谒画稿时，随事诘问，以造真材。

一、外省公事，皆有幕友佐理，是以书吏之权，较轻于内。然幕友与书吏结联为奸，则遂不可究诘。定例院司幕友，不许过五年，后任不许接前任旧友，违者议处甚严。原以日久则弊生，不可不防其渐也。近日外省院司幕友，甚至有盘踞数十年，接连七八任者，其弊由于督抚两司首府同在省城，官虽互相监辖，幕则连为一气。一处换官，则三处之友，并力引援。偶有生手参错其间，则三处并力倾轧，必使之仍延旧友而后止。该幕友皆住家省内，年深月久，院司书吏奔走其门，通书递息，曾无间隔。且每遇案件，授意书吏，先查成案具禀请示，幕友即于该书禀上批准，更或迭加批驳，俟该书再三援案禀辨，仍复准其原禀。在本官见幕友批驳该书，以为秉公，不知该书实先受幕指，以为腾挪日期，外间议增贿赂之地。即有精强之员，难保不堕入术中。若稍近阘冗，则唯拱手受成而已。该幕等根深蒂固，招聚徒从，荐与府县，管理刑钱重务。府县知延其徒从，则公事顺手，并可借为关通。外省吏治之坏，多由于此。应请申明成例，饬行督抚，将盘踞之旧幕概行驱逐。别延有品绩学之士佐理，亦不得逾五年定限。则书吏与新幕，既非素识，心有畏惧。而新幕无书吏为其爪牙，彼此顾忌，不能任意妄为。再武职在省，委署及补缺时，必先考弓马。其升补俸满引见，亦必先于兵部堂考弓马。文职之律令，即武职之弓马也。应请饬行督抚，于初选人员到省，照考教官之例，核明是否通习律令，分别等第，以为进退。其俸满升补人员，引见验到后，由吏、刑二部，会同考核，既以知该员之贤否，又以验督抚之是否奉行。如是一二年，外官皆明于律令，幕友书吏，自不能勾串卖法，于吏治民风，所系匪浅。

（以上诸篇文章录自《安吴四种》卷31上）

为胡墨庄给事条陈积案弊源折子

工科给事中臣胡承珙跪奏：为直陈外省案件积压之源，敬抒管见，仰祈圣鉴事。窃照听讼乃无讼之基，积案即兴狱之渐。民间雀角细故，有司随时听断，别其曲直，则贫懦有所庇而足以自立，凶强有所惮而不敢滋事。若经年累月，奔走号呼，有司置之不理，是始既受气于民，终更受累于官。则其憾无所释，构怨泄忿，于是有纠众械斗者，有乘危抢劫者，有要路仇杀者，有匿名倾陷者，并有习见有司疲玩、不以告官径寻报复者：此皆以积压小案而酿成大狱，并使人心风俗，日趋刁悍之实在情形也。

我国家量能授官，其有志振作、率属勤民者，谅不乏人。而臣闻江、浙各州县，均有积案千数，远者至十余年，近者亦三五年，延宕不结，节经各上司饬属清厘，尘牍如故。岂俱阘冗不职，玩视民瘼者乎？盖听断之权在官，而勾摄之事在役。假如甲乙构讼，甲富而乙贫，甲贿役而必拘乙，乙知甲之贿厚，以为衙门有人，势将必胜，非上控以架案，即远避以逃案矣。或乙直而甲曲，值长官廉明，无可关说，则甲必贿役以搁案矣。复有两造俱到，书役婪索未厌，不送到单。又有蠹役私押，留难既久，两造互避：原告久候而归，被告即来催审；及补传原告到案，而被告又去。展转稽延，旧案之审无期，新案之来日多，此胥役搁案殃民之实在情形也。然各州县中，岂无不与胥役为市，而力振积弊者乎？实由书役承办案件，皆有赔垫，长官习知其苦累情形，不得不量予假借，以为调剂。

查外省公事，除河工、盐务之外，凡州县上下文移纸张、书工、封套、印朱，皆由各书捐办。遇有大案通详，详册六套，每套至数万言，限期急促，雇觅书手，所费官既不认，唯有标赏呈辞，俾资津贴。至于衙役办公，始则勾摄，继则解送，寻常案件，杖徒解府。军流以上解司过院，命案徒犯，例亦解司。其命犯招解，唯谋杀情重，有首从加功或二三人外，斗故各杀，皆止正凶一人。至盗贼盐枭，多有一案招解至十数人者。承办原役不过一二名，及至解犯，例须一犯二解，本役督解，势必雇倩散役。又人犯到官，未经定罪收禁之前，皆须原役供给饭食。又解役到司府时，例须一人在监伴犯，一人在外筹送囚饭，苦秽情状，非齐民所堪。故应雇之人，大约无赖匪徒。系原役按照解审正限核计，将囚饭役食算交雇役，外加雇值若干，使费若干，言明若到上发审稽延，计日再加。本役名为督解，实不上路。该犯知到上翻供，则解役拖累，中途虚辞恐吓，需索酒肉，开放镣靠，该役不敢不从。甚至每过市集，强索各铺财物，与该役朋分，常有中途失囚解役俱逃者。

臣查外省案件，以州县为承审官，府司为勘转官。命案统限六个月，州县分限三个月，府司院各分一个月。盗案及寻常案件，统限四个月，州县分限两个月，府司院各分二十日。命案以凶犯到官之日起限，盗案以起获正赃之日起限。故解审一案到省，略无留难，加扣一日五十里之程限，往返已须百日。假如一案三犯，例用六解，九人百日饭资，已非百金不办。再加投文、铺监、伴监、铺堂各费，虽痛经裁革，势不能尽。而犯到司府，供稍不符，即行发审。府发附郭，展扣发审限一月；司发首府首县，亦展发审限一月；审上复驳，别委他员，又起驳审限一月。并有抚院过堂时，因案情未确，驳回臬司，而该司复发首县别起审限者。是正限之外，可以发审、驳审等名目，展加限期，几逾正限。虽例有任意扣展严议之条，而外省总得以委审驳审挪移迁就。故一案招解到省，往返总以半载为期；一犯所费，总以五七十金为率。凡此费用，皆由原役赔垫，是故每案起解之时，原役即以预支工食为名，先借库项。借项不敷，便指案禀求签票。及到省日久，雇役信索接济，原役在家筹费送省，又复指案索票，至再至三，择肥而噬。该役既得赏票之后，持票下乡，鱼肉小民，情状万变。即有被害之家，告讦到官，势不能不稍为袒护。此书役之所为得遂其索诈之私，用其冰搁之技，而滔滔不可禁止者也。

至于捕役以缉捕为职，而获盗到案，招解翻供，原捕必至覆家。故豢贼者常逸而肥，捕贼者常劳而败，闾阎惊扰，职由于此。并有瘠薄之区，贫役不能垫赔解费，命盗等案，到官收禁，事主稍弱，即薄加惩创，不行详办者。其民习见杀人不死，为盗无刑，所以贫僻下邑，民风更坏。是故大狱之兴，源于小讼之不结，小讼不结，源于胥役之贿搁；

胥役贿搁源于解犯之赔垫；解犯赔垫，源于发审之展扣。夫流之浊者必澄其源，汤之沸者必去其火，此言正本清源之易为术也。方今小民京控之件，经部院奏请交审者，现奉谕旨，必须督抚亲审，不得转发。其余小民上控经府司两院亲提，或督抚饬司道亲提、司道饬府州亲提者，皆系提取全案人证，势须隔别研讯，互校供词，有非各上司一人之力所及者，或犹需借助群才。至于招解人犯，已由本州县研讯得情，命案有凶器尸伤，盗案有贼具正赃，方始定谳招解，众供确凿，备载书册。解到府司，不过核对正犯供词是否与原审无异。如州县有刑求捏饰贿嘱等弊，该犯一见上司，势必鸣冤，就供指摘。果其冤抑有状，轻由驳回再审，重或提案亲鞫，方足以得真情而昭平允。

今解犯到府，必发附郭。附郭与外县谊属同寅，谁无情面？假有翻异，专事刑逼，令依原供，不问事理之虚实，唯以周旋寅谊为心。或经附郭以原勘解府，该犯于过府堂时复翻者，又仍发回附郭，则拷讯酷烈，更甚于前。查知府之事，较县为简，附郭政务，又较外县为繁。彼既须自理其民，又代各外县鞫狱，非模棱于发件，即抛荒其本务。况每府一年招解之案，不过数十起，而该府尚不能自审得情，必倚重于附郭，是岂知府之当逸，抑知府之必愚耶？洎由府定谳，转解至司，司又发首县。原国家设官之制，使贤治不肖，不以卑凌尊。今以各府谳定之狱，而使首县复之，是以县监府也。且臬司分尊，一经亲审，假其案有出入，府县既不敢以私语形于禀牍，欲假公上省面求，则又缓不及事。狱果冤抑，易为平反。至首县与外府，分同所属，外县交若兄弟，书札嘱托，馈遗瞻顾，遇有翻异，仍前刑吓，痛则思死，沉冤谁雪？是则发审之本意，原所以慎重刑狱，而明则狱囚遭无辜之拷掠，暗则解役增守候之浮费。迨解役所费既多，内以挟制其本官，外以取偿于编户，是展转发审之弊，直使家居良民横被扰害。况书役既以办公赔累，得行其意于本官，则一切聚赌窝娼、包庇匪徒、私铸私贩、常人计虑之所不及者，皆可无所不为，言念及此，实为寒心。

臣愚以为招解之案，命犯不过一二人，即盗犯、盐犯人数较多，事已明白，无难问讯。似不宜假手首县，致滋扶徇，况外县恃首县挽回之力，唯事夤缘，上司借首县指臂之助，曲加听受。是以勘转官颐指气使，习为因循，承审官任性市狱，习为草率，其关系政体，尤非浅鲜。若谓首县明干，料不能出府司之上。臣愚以为即府司勘转翻异，提案亲鞫，及上控亲提之件，遴选能员帮办。查臬司在省，自有候补丞倅州县，其中不无明白公事之人，各府亦有同通首领幕僚各官，俱可传至署内别厅，督同研鞫。在府司亲审，本有一月正限，为期已宽，似不必别起委审限期，希图分过，益事稽延。若招解之案，皆责令勘转官亲审，则承审官知案关出入即干例议，自必虚中定拟。且案件皆依正限完结，解费可以减半。计州县招解各案，至繁之缺，每年不过十起，简缺更少。近日外省摊捐各款，如上司书役、纸张、饭食，皆由州县捐解，而州县书役，反须自捐办公，揆以名义似有未协。臣愚以为各督抚，当酌量地方情形，于旧有捐款之中，核其可以裁汰者，从实议减。而于各州县自办公事之纸张，书手解费，均以该州县三年成案，酌中定制，作为该州县捐款，同现行捐款各条，造册详报，以昭核实。庶几该员办公，不借书役出财，遇有舞弊延搁骩法害良者，可以直行己志，执法严惩而无愧于心。则胥役不敢公然搁案，而亲民之官可以设法清厘尘牍，不致酿成巨讼，以副我皇上宵旰勤劳、辟以止辟之至意矣。

臣生长江乡，迤北各省情形，或有不必尽同于此者。谨据见闻所及，竭忱缮奏，是否有当，伏乞云云。

与次儿论谳狱书

告汝兴实：接来书知苏守舒自庵先生招入谳局，全省刑狱于兹总汇。汝看卷颇快，亦能记忆，唯性急不耐狡展，此大诫也。谳狱非甚难之事，而《尚书》谓“服念五六日，至于旬时”，又云：“两造具备，师听五词。”至述古先王之政，必云“明德慎罚”，易言“君子以明慎用刑而不留狱”，何其重耶？

我始至江西，陈莲史提刑以广信廖氏部案，司府鞫之经岁，不得要领，札委审办。我到南昌看卷三日，已见端倪。而江西陋习，签押刑招房站堂差皂，无不插嘴问话。我因告南昌，嘱在堂人役，皆莫开口，南昌殊不谓然。我告以试问一堂再看，南昌乃如指谕其丁役。堂讯两日，已得真情，而有要证未到，禀请委提。南昌见我审案得法，谆托代审其自理积案。各处词讼，止有三造，江西独有四造。三造者原、被、中证也，江西则原、被各请其私人为中证，故有四造，以此应审之人更多。我先看明卷宗，乃开场，谕原差带全案人证上堂，照点名单过朱，问其年齿、住址、父母、兄弟、妻子、生业皆遍，饬带下堂。乃独传原告，和颜款语，谕以将所事原委逐细告知。原告既毕词，又谕以你事已隔年余，保无记忆不清，匆促误说，且慢慢想明再说。即前供有错，准汝想明改正。原告词又毕，仍谕令再想。如是者三，乃谕以汝三次细想过，以后若添出别情，便出讼师教唆，即是真情，我也不听了。原告叩头说断无别情可说，我又谕之曰：“你三次所供，有前情说在后，后情说在前处，今既仔细想明，前后都清清楚楚，可将真实的话，从头再说一遍我听，以便招房录供。”原告下，乃传被告，亦如前问原告之法。次传要证亦如之。招房呈供单，有不符处，逐笔核改定，乃传全案人公同看供。仍谕以各看各供，有写错处回明更正。看别人供，有捏诬处，逐层指驳。四造辨驳锋起，我总静听，俟其毕词，乃各摘其罅隙而切讦之，无不承者。两造既承服，乃面写谳语于供后，示四造公看，乃饬带下，照断具允服遵依限状。再带第二案，如前问讯。在南昌四十日，问过自理案三百起，有七十余案人证不齐，其余二百三十余案皆结，未尝一用掌责笞责。

我旋奉讳回籍，服阕重到，查询所结之案，并无一翻控者。即人证不齐未结之案，我亦将审过供情核定，加看于后，声明俟某人到案，察看有无别情再行定夺。我回籍后，诸未结案，中证出具和息者，亦十七八。盖卷经看明，曲直已得十七八，再据供定谳，自然平允，无可翻异。问官第一不可先说话，不可多说话，不可动气性。我走过多省，见谳局中能员堂坐，但闻问官乱喝乱叫，先教供，后逼供，箠楚无数，号恸盈廷，是非曲直，安得不颠倒乎：此系我弱冠客朱文正节署时，见文正审办发交及提省巨案而心识之者，故以告汝。我耳目虽劣，尚可足用。家中大小平安，汝一心从公，毋庸远望，年下或有便差，来白门度岁也好。道光癸卯季夏父字。

与次儿论谳狱第二书

字告兴实知之：前书言谳狱之法颇详尽，然止言得本案之情实。至于首府谳局，为全省总汇，或京控奉发，或上控提省，或翻异提全案人证，其案多有自数年至十数年者。又本案两造先后控诉之词，多出岔头，更有牵砌别案作证，自数案至十数案者。提卷动至盈箱，提犯动致数十百人。首府有发审友，例为主政，然近来幕友，莫肯悉心看卷，且难保不别存意见。此宗大案奉委，例有一月审限，为期本宽。必须将本卷先看一遍，摘出紧要之人，再将全卷逐人摘出其紧要情节。遇有岔出头脑，必须细想前后，与本案是否有关涉处。盖岔出情节，每有股大于腰、指大于股者，一经挑掣，常至本案不可收拾。此种情节，虽要摘出，然须于摘略内注明不可追究。或竟不置一词，以便正案合龙。摘节略时，务要详明，日后堂讯，但看节略，免再查卷之烦。摘定节略，把鼻已得，必须细检律例，拿定一正经归宿，讯供时皆注定正条，则供成而看亦成。发审友即有意见，不能动弹供情。

盖发审大案，断不能如自理小案，一一得实。然或移情就例，或择例就情，务求平允而宽厚，则问官与犯人两无所憾，而讼师不能簸弄其间，则案易了结，而自无翻异。若一挑掣岔头，必致展转提犯，逾限既自关考成，拖延更累及无辜，造福作孽，只争一间，慎之又慎。至于牵砌之案，其已结者勿论。其未结而人集者，于本案有涉而无碍，便宜于大案后提出，略加数语，便可带结。若牵掣重大，头绪纷繁，便宜以人证不齐等语，蹬归原衙门自行集讯结正。分合机宜，至为不易。又堂讯数次之后，每有两造当堂递禀，此必情有难白，而以笔代舌，必须细看细想，或收受，或发还，断不可草草下一字，或反为所持，有碍大局。说虽浅近，大要尽此。盖看卷摘略，最为紧要，然亦有堂讯时，真情与卷载迥异者，又不可执略硬做。至案情既得，与承审官常有干碍，不得不设法周旋，则《书三案后论》之言具详，兹不赘及。后八日父字。

（以上诸篇文章录自《安吴四种》卷31下）

两渊缘起

予龀齿受《论语》、《孟子》，至“以不教民战，是谓弃之”。“善人教民七年，亦可以即戎。”“壮者以暇日，修其孝弟忠信，可使制梃以挞坚甲利兵。”慨然慕先圣之神武。及受《礼》，至“男子生而设弧于门左”，“三日，桑弧蓬矢，以射天地四方”。说者谓弓矢御兵也，生而习之，明为男子所有事。乃大怪兵既男子所有事，又世事所必不能废，何以学士大夫职入长出治者，平居莫以为意，一旦有急，则付之武夫悍卒，其去谓弃也几何矣。稍长，读《留侯世家》，至视老人所授书，乃《太公兵法》，与诸将言皆不省，乃知斯世讳言兵，盖自亡秦焚书销锋镝时始也。卒至将贾人子，身国同卖，岂非百世之至鉴哉！

乾隆丁未春，见江宁驻防劲旅，调赴台湾，当行者执途人而号哭，军官皆无人色。予深惟《沔水》之义，利器示人，则奸民生心。乃求古兵家者流言，得孙、吴、司马三家之书，业其章句，苦注家不详义类，猥依文字以为说。及读《荀子·议兵篇》，乃知孔子所谓“我战则克”者甚信，切于司马，正于孙，而大于吴矣。窃谓战用众力，能用众力者，在先得众心；能得众心者，在善推己心。虽曰三军一人胜，胜者之战，若决积水，善战人之势，如转圜石。然非众心先得，又乌能听其如驱群羊，投于无所往，而坐待其决与转哉？是故兵虽绝学，然求之于心，则其意固当未绝也。嗣闻近世以兵名家者，有许氏《虎钤经》，唐氏《武编》，茅氏《百将传》、《武备志》，戚氏《练兵实纪》、《纪效新书》，郑氏《筹海图编》，王氏《登坛必究》，李氏《金汤借箸十二筹》，袁氏《洴澼百金方》，其书皆秘不可得。求之三载，陆续见断烂写本，或一二卷，或五六卷，大抵编排门类，雷同陈迹，又其术杂怪惑，事多繁费，未见切实可施行。惟戚氏为差善。然右僚见小，不足窥大勇之门户，乃探索《左氏春秋》、《国语》、《战国策》、《越绝书》、《史记》、《汉书》、《三国志》所载战迹，以参伍荀、孙、吴、司马氏之说，然后知“佳兵者不祥之器”，圣人“不得已而用之”，则吉祥善事也。虽后世兵农不可复合，然其能者，未尝不依于以佚道使，以生道杀，务在顺人情、爱民财、惜民力、以宣布威德而已。虽然，兵无常势，盈缩随敌，是不可预言也。其可预言者，唯利地右兵，然而称众因地，非如材技之可料拣于众也，又非仓猝之可深恃乎导言也。于是步平陆广袤，以度容人之数，而推目力所及，极之曲直锐圆，必求其当。望山则测其可否登陟，察草木土石之气，以知其是否有水。又望阴以意阳之形，规阳以拟阴之势，其是否峻可以缘，卷可以覆，皆足验心仪。移之绝巘深谷，必要于合，旷则度奇，阻则度间，入隘迎高则度身手，必备其变。如是者又三年，窃欲以通先民之志，祛后贤之惑，为书十六篇，名曰《两渊》。曰《将本》，曰《战本》，曰《刑德》，曰《奇正》，曰《将道》，曰《将任》，曰《将事》，曰《将权》，曰《将术》，曰《胜全》：十篇为《雌渊》。曰《冲陈》，曰《陈营》，曰《车陈》，曰《骑陈》，曰《步陈》，曰《五地》：六篇为《雄渊》。渊之为体，性明而气静，受之有容，而出之不竭，雌雄犹言内外也。抑以举男子之职，明儒者之效。使是书而不用也，则纸上陈言，小用之或迂疏无功。然而有胜残去杀之君子者，执军命以当勍敌，其亦必有取于此也。乾隆癸丑十月朔旦，安吴包世臣书于宣州南楼。

雌　渊

将本章第一

兵无异术。治兵者，必先明农而习法。闇于农，则无以食人；疏于法，则无以坊人。能食以坊，国体尊矣，则兵之深也。明农，则爱人重地。爱人不轻用民力，重地不轻取民财，故安常而民不离，持变而国不急。习法，则见微能断。惰民必诛，奸民必诛，则民业安矣。酿乱无赦，激乱无赦，则民气和矣。故举事不怫人，任人不废事，知此二者，乃可为吏。夫然后济之以五德：曰慎、曰恭、曰让、曰信、曰节。行此五者，乃可为将。

战本章第二

将以决胜，争胜在国。位称其才，功遂其报，而兵胜于朝矣。政安官吏，业耻惰游，而后胜于野矣。祀致精诚，神馨明德，而兵胜于庙矣。不胜于朝，不可以师。不胜于野，不可以战。不胜于庙，不可以胜。居胜度义，居义度将，然以合战，则莫为拒矣。朝兵不胜，将良用不终。野兵不胜，将仁维不固。庙兵不胜，谋奇功不成。呜呼，鱼贪其饵，乃牵于缗，士食其禄，乃轻其死。

刑德章第三

善战者，使民知死而有生途。民无生途，不畏死矣。以死惧之，则生自下求，鲜不殆矣。善战者，其民谨而不惧，奋而不虑。谨而不惧，知死之在己也；奋而不虑，知生之在将也。守分者不疑，犯令者无幸，众莫敢欺，则乱情不隐。知敌情而后合战，故众未见胜而己意胜也，夫是以有生途。民见生则知所死矣，使民知者，其刑德明也。

奇正章第四

以奇用兵，正与奇隅。奇者正之动，正者奇之用。正不奇为偶军，奇不正为尝旅。故善奇正之变者，正以制师，则敌无所为奇，奇以制敌，则敌无所为正。其用柔而致也刚，其用缓而施也疾。正复为奇，奇复为正，机之握已。夫以兵胜人者，其犹阖户乎？将欲闭之，必固启之。故敌强能使之骄，敌暇能使之惰。骄则隳谋，惰则失固。怒锐压之，坐自碎矣。夫蓄其怒者其发猛，静其锐者其决躁，善迎其机矣。知机之用者，其知奇正乎！

将道章第五

道之所在，天下归之。天之道好生而恶杀，人之道好逸而恶劳。兵者禁暴除乱而非得已也，故杀人以生道，劳民以佚道，是故诛无罪之人者，威不立。广不急之地者，兵不强。立威不当，则用刑易；用刑易，则三军惧；三军惧，则谋主去。强兵不当，则师久暴；师久暴，则国匮贫；国匮贫，则食税多。弃谋主以资敌，多食税以虐民。民怨于内，敌乘于外，求国无危不可得也。故以道佐人主者，不以兵强天下。

将任章第六

凡将之任，当修四易之法，而明四难之道。地易阵，阵易人，人易变，变易胜。四难者，反其道而用之者也。易常在我，难常在敌，百胜之术也。方圆曲直锐，聚散进退，人安吾法，能得地利，能知战所，因形以制变，因势而授兵，故地易阵。什伍相保，卒率相维，立散进退，人安吾法，能得地利，能知战所，因形以制变，因势而授兵，故地易阵。什伍相保，卒率相维，立散而缀圆，斗乱而伍治，卒无非吏，吏无非将，故阵易人。前军有节，踵军有制，大军控势，犄军利行，后斩前北，前哨敌猝，援声会战，千里无忒，故人易变。利以饵敌，必入其机，形以示敌，必衷其覆，故变易胜。吾与战之地不可知，吾欲攻之形不可见，敌疲于设备，众四分而兵不宜，故地难阵。行间谍以离其上下，兴妖语以疑其士众，以治陷其乱，以利乱其治，敌于是卒离其吏，吏去其将，故阵难人。吾张其疑而集师者麇，吾设其形而分队者孤，故人难变。饵而勿食，是敌自沮其势也，伏而勿越，是敌自杀其力也，乖其谋以挫其锐，因其计而铦其利，狡穷气倦，乃疾击之，使之前后不相属，左右不相救，故变难胜。能操难易之权者，其为军命乎？

将事章第七

桓文之节制，不可当汤、武之仁义。仁义所加，其乱节制者也。节制所摧，其贼仁义者也。故仁义自敌名，节制自己出，修节制者，必明于授兵。是谓将事。车阵易，胠骑而轹，拇步而薄。骑当车，前则谋，后则胥。步当车骑，众则议险，寡则议避。后阪面野，是利弓弩。坐原仰陵，是利牌铳。旷泽轻尘，是利倭刀。险易相迫，是利短矛。溪径交错，深林丛翳，是利棒斧。夫兵者，以杂为济，以利为胜，是谓将事。

将权章第八

以恕宽人者无沮理，以信结人者无留威，以耻优人者无扞义，以法一人者无挠智，以识镇人者无侮恃。备五而将，甲兵不暴，而夺敌心矣。鼓未声，刃未接，所以夺敌势者五：一曰卒有常吏，二曰阵有练锐，三曰刑不免上，四曰赏不遗下，五曰法必连纠。为将明于二夺之道，将之以忠贞，国家之宝也。是故礼义之俗成，虽饥，饱也。廉耻之心浃，虽弱，强也。营阵之地危，虽寡，众也。身率之道修，虽劳，佚也。饱饥，强弱，众寡，佚劳，将之权也，未有能挫其机者也。

将术章第九

将之至计有四，所以用之者一。恩以取之，义以激之，赏以劝之，刑以威之。一者何？术也。术也者，神其计而不可知者也。其事又有五：一曰联纠之术，二曰联掖之术，三曰联竞之术，四曰联谊之术，五曰联等之术。拣别勇捷，优饩异名，盈其气以激众，推其锐以励功，是之谓联等之术。比详乡籍，近者同伍，谨择其长，久任其吏，使之声色相治危难相救，是之谓联谊之术。以乡比伍，互耻不肖，决功争胜，莫不奋前，是之谓联竞之术。推赏有功，优恤死事，折准重伤，必奖其教者，是之谓联掖之术。人死而伍不前，伍陷而卒不救，士犯而伍不揭，伍揭而率不诛，坐之无赦，是之谓联纠之术。明乎五联之教，以神四计之用，入无坚城，出无重围矣，命之曰废敌之师。

胜全章第十

善凌人者不攻城，善应人者不守城，攻守之权，皆出于战也。战之要有四：相众，利地，审敌，豫虑。明其誓，作其怒，一疑惑，灭妖厉，阵闲习，器坚利；饬之以严明，假之以鬼神；因愤而战，因畏而备，因器而使，因欲而责，因危而用，因势而令：是谓相众。进有以往，退有以返，扼其要塞，通其间径，阴后生巳，阳前人死；居祛疾，处取给：是谓利地。将治可固，将忧可解，将隙可构，将轻可来，将怯可迫，将缓可陵，将骄可张，将愚可谲，交贪可啖；军怨可携，军疲可陷，军怠可袭，军惧可薄，军扰可击；行疑可崩，阵摇可叉，视数可走，意沮可服；服强以智，服穷以德；兵治则强，法屈则弱，吏掌则戾，令数则疑，哗则将轻，吟则军慑；士贱则将愚，营尘则军乱；噪先则枝，噪后则馁，前喧则虚，后喧则实，同鼓则行，同麾则治：是谓审敌。猝变不迷，猝乱不扰；善间知敌情，善候得地利；小挫振，小利戒，险益备，斗慎弱；列不失固，进不凌节；是谓豫虑。四者纵兵之机，决胜之要也。古之所以策无虚发，胜必获全也。

雄　　渊

冲陈章第十一

不知简异，兵多而不练；不知制节，卒练而不治；不备器械，士治而不用；不修阵队，士用而不胜。古之军命，守则不可攻，攻则不可守，备其具，修其变矣。甲士万人，穿山鸟二百，腰弩千，弓千，矛二千，钺六百，鸟铳千，倭刀千，棒千，单刀自副，飞城二十有四乘，行垒四十有八具。飞城广丈四尺，袤八尺，舆高摩顶，轼深隐脐。内外二轮，轮间六尺，轮员锐径如其间。轼下蔽以板，不及地六寸，犀幂絮而着织女焉。去地二尺，凿板为直棂，轮外当毂垂耳，上属楣，下受桄，桄尺六寸，轮后平毂，横长桄径板。趆乘十人，前后引桄以发之，退则转人。战地易而经道阻者，脱也，载旗麾、钲鼓、号头、角铎。材士彀弓二，楯二，剑二，令手二，率一人，秉桴登，全卒属焉。下棂承穿山鸟二，鸟三子腹母，母身为漏槽，以知直也。跨漏槽为虚照星三，以得准也。母腹为两耳以受环通，环通铁索也。稍为尺以度升降，以比远近，长齐棂而刻，十分之，二卒伏之。环通属于楣，以为前拒。行垒之广，杀三以一，以为左角右角。步卒百人，鸟铳三十，矛三十，腰弩二十，倭刀二十，飞城四十，行垒各三十。扶轮为伍，人方二步，剑楯六十人均之，差伍为蔽。飞城横八步，纵称左右步卒，共横二十步，并左右队而广四十四步，左角横六步，纵八步，左右步卒共横二十步，并左队而广三十六步，右角右队并，其步如之。步方三尺，中人之足再举也。骑百有四十，弓矢成矛兵；三骑为参，参有长；三参为群，群有长；群有限，限二步；三群为辈，辈有吏。并辈间有道，道六步。前拒骈辈，左右角特。骑去步六步，前后八步，左右并如之，是为冲队。

采蒙铁连骖八驷，分二队，位拒角之间，后双齐。材士赭墨被重铠，执铁棒，夹马立。角一声援乘，二声以奔折。闻鼓群辈乃随之，是名陷骑。凡骑常阵闻鼓，变视麾，诸军皆如之。战：望敌掌号，步楯散伍以实队；振铎，盾坐，弩铳发，鼓发，步楯斗。足视率鼓，角一声止进，二声复伍。失律者，教与长通坐。连骖发，即翼骑以为勒也。凡车步，皆有缝卒，正三而一，共三百六十五人而为一卒，纵与横从，中百有十六步。五千人为小阵，阵十二卒，中四百六十四步。以四为正，章以四正，以八为奇，章以四间。驻队八以骈环，犄队坐四，余六百有五甲，将握以居中。辈为队，分十队，环其前后。余奇绕纛，是为游骑。因敌制变，以骛突之，二万五千为大阵。方实补隅麾奇。

陈营章第十二

营塞有分军以犄角之，壁外五丈周斩，勒沟坦径。军各有辖，而域其交焉。大钩小络，纵横相当，势等布阵，度倍列行。营法始于薄，战守二卒，其率统中百人者，聚为一薄。薄四比，比五帐，乘执皆在焉。帐有径，径三尺。三分其径之一以为沟，中分其径以为比沟。三分而加一其帐径，以为比径，中分比径以为薄沟。三其沟以为其径，中分薄径为屯沟，三其沟以为其径，上之俱三而益一。九薄为屯，屯三为大屯。三大屯以为垒，三垒以为营。凡屯皆垣之，营外筑壁。其洫方七尺，壁门四薄亦如之。刍门壁方各二，军各由其门。凡道交错之处，设表如其军章，百步而一焉。置吏，其卒越薄者，其率诛之，不诛与同罪。至他薄者，他薄长诛之，不诛与同罪。其帐长不举者，与同罪，越表者如之。卒无薄章，吏无将节，而违其域者，无贵贱徇于军门。八军外环，日各以三队戒，分三虞，亘昼夜而遍更之。戒者半列壁外，半乘壁。轻骑二十人为候，授节分方，以察不虞。凡门立旌旗，击鼙鼓。吏一，卒矛剑各二，腰弩四。有诣壁者，门吏以节谒其状，然后通之。

车陈章第十三

易则利车，车曰驻队。其法百人，攻车三而守车一。械装干餱，各在攻车。攻车之制，广八尺，袤四广以三，高四袤而增一。去地五尺五寸，可设板立人为舆，战则撤之。双轮，轮腹游干，外挟重桄，前蔽叶。左右各设叶扇，扇有棂如前叶，可施长兵，环钩属于干。干去地尺，游干贯楣，中垂环通，属子母鸟一。四人夹轮以发桄，二人腹之。扇外各二伍，累纵，兵后腰弩，前矛，倭刀济之。行，头迎尾逆，左右从环轮为阵，蔽扇为营。守车中焉，变可以谋地，用可以谋势，炮矢之利不入，铁骑之突不施，斯其节也。

骑陈章第十四

骑陈，易为奇，难为正。易奇则防乱，难正则严律，是故骑左右相去四步，前后八步。三骑为参，参有长；三参为群，群有长，后有限，限二步。三群为辈，辈有吏；间有道，道六步。三辈为卒，卒有率，率居中，间有队，队十二步，后十步。卒三而有裨，骑千而有帅，帅居中，八卒环之，千分八卒，帅统其零。外列八辈，而奇圆于中，是为一旅。旅队间三十步，后二十步。三旅而为师。师三而为军，军有将。军万骑，轻铁五千，握奇如旅法。中为中师，左左师，右右师，各三分之。前为提击，中为闪冲，后为飞陷。夫然后方圆以神，行缀不棼，左右右左，后前前后，敌向为首，八边俱救。觑其轻虚，伺其便隙，闪冲冲之，飞陷陷之。遇变而分，撄利而合，虽断为阵，虽骤成行，自出自入，天下莫当。

步陈章第十五

步卒之当，伍马两车。五人为伍，五伍为两，三两为队，三队为列，在列为卒，三卒为旅，三旅为师，三师为军。吏道，皆如骑，旅弗奇。其位，.方十五步而画两，赞骑者，八马当一两，列为二驷，其位亦如之。其兵，长居前，短佐之。其行疏，可齐刃也；其势密，可鼓气也。骑居中，相敌以制变，其合以正，胜以奇也。既阵，角一声，队散而两齐，去后两以五步。兵及，三声皆坐，轩兵以虞，乃鼓之，呼击以进，十步则复两，骑视麾而张翼。常阵闻鼓，中军中道出，左右阵辅出，后略阵出。三出三入，去敌无及五十步以御猝，然后形以邀其来，机以导其隙，斯战之节也。其败车骑者，必得地利，次修具而明法。纵伍，牌为长，戚氏之良也，戚氏方牌。中铳子者，三十步洞，五十步仆，授兵未宜，且束伍而不能庇伍也。参其制，令长负牌，辅鸟铳，翼矛。牌，途背之，阵肩之，驻而坐，进步，闻鼓，铳矛随牌，铳热而牌退，伍更。牌制，高六尺，广四尺五寸，左右各开，棂方四寸。牌三层合之，层干皆厚寸。内层干檀，余以杉。外层，施蔑张布里，着以垢发，剉绵杂润物，团之如弹，密置再重。表蒙布，采之。中层空，以绳系布条，长五寸，虚悬十桄。内层，表蒙牛皮，里健桄系韦鼻。三干上下，皆分凿二寸，以环束之，铳子入采布，附润而煨。中层空拂悬布，子力莫注，则不能攻皮已。采布柔，不受子力，则负人不黾已。凡教步，择场方千二百步，纵分为四。一纵横画界，如棋枰，纵界赤，横界垩，步跬墨。一界纵而不横，一界横而不纵，一无界，一鼓跬，一鼓步。一鼓二声趋，一鼓二桴走。一钲止，一钲二声退。麾则移，卒皆甲负，其足齐。进之横界，以观其纵；进之纵界，以观其横。进之无界，以练其准；既习无界，进这陂陀险阻，以习其变。足变既习，乃教手技，车骑皆准是。

五地章第十六

因地制利，操于阵形，阵形转移，本于队数；队数分合，始于伍法。是故不修伍法，不可以分队；不习队数，不可以令阵；不闲阵形，不可以制胜。伍法，伍人为伍，名籍共一符，一收于卒率。一收于伍长。五伍为两，名籍共一符，一收于旅师，一收于两长。凡伍，中一人为长，左右为辅，次左右为翼。教法，先五人平列，次辅前一步半，次长前三步，次翼敛为鱼贯，合之两。五伍各以位并于前行，谓之两齐，其他变皆如伍法。骑参法亦如之。队数，传铃，伐队鼓，植方色幡，军各视其幡色。三队合，则鼓二；六队合，则鼓四；九队合，则鼓六。传铃，声队钲，则散；复队，其数亦如之。散合既习，然后示麾。是故方阵，主阵也。伐鼓，举白旗，则为圆阵。方卒环于外，阵奇方于中，金腹土也。伐鼓，举黑旗，则为曲阵。形散如撒星，势聚如张箕，水母金也。伐鼓，举苍旗，则为直阵。纵分三横，木母水而子火也。伐鼓，举赤旗，则为锐阵。势如燎原，形如列炬，颖行以差，后密而前疏，焰升于上，土成于下也。伐鼓，举黄旗，则返方阵。五地之形也，以生序克五行之用也。坚伍，土阵也；乘隙，水阵也；陷坚，火阵也，齐刃，金阵也；要截，木阵也。五行之推也。九阵之变，其正各有五行。吏知变，士知阵，是以触处为首，而可使如率然也。四正为实，四隅为虚，交分其四之一，而设八寄，四时而乘四方之义也。其聚散以辰旃，旃植而聚，弊而散，挥指而前。

萧何功第一论

帝王之起也，必萃群材。而群材之输力也，又必有一人焉主持，其成败得失之故，其关系之大，机枢之捷，非深明于立国本政者不与知，非如攻城略地、斩将搴旗之显赫众人耳目间也。昔汉高祖既灭项氏，大封功臣，以萧何为第一。诸将不服，高祖喻以人狗之说。及论位次，诸臣又首推曹参。鄂千秋以何素守关中，遣军补遗，给食不乏，为功在万世，然后何为第一之论定。高祖尝论三杰曰："运筹帷幄，决胜千里，吾不如子房；镇国家，安百姓，给馈饷，不绝粮道，吾不如萧何；连百万之军，战必胜，攻必取，吾不如韩信。"似高祖之意，亦首良而次何。史公谓："良从容言上事甚众，非天下所以存亡，皆不著。"似史公之意，亦以汉之存亡系之良。又比信于周、召、太公，而齿何之烈于闳、散，则又以何居信后。然则高祖之心欲何第一者，其果以何为故人而私之乎？吾尝观项氏既得天下，而卒失之者，而知何之功在汉廷为最盛也。

项羽暴戾灭秦，所击者破，所当者服。初入关，几危高祖。及军荥阳，侵夺甬道，相守广武，汉军屡败。当汉王乘虚劫五诸侯，兵破彭城，夺其根本，众盛至五十六万。而项王以三万人奔回击之，一日几尽。及划鸿沟东归，汉兵追之，又大败。虽垓下诸侯皆会，然犹败信兵。是信虽善战，尚非项王敌，而知项氏之不灭于信也。夫项羽击齐，汉王遂得以入彭城，是项羽无谨守管籥如何者也。故淮阴乞三万人，破魏、赵、燕、齐，以绝楚粮道。彭越数反梁地，与刘贾抄绝楚粮。项王内无可以托国之良臣，悬军深入八九百里，迫于险阻不能进，兵虽屡胜，而力疲食少，是以汉王得乘敝以破之。假使项王有治内之臣，肘掖有备，辎重相继，则进可以兼并，退亦不至于败亡矣。高祖独怀远虑，以全秦委何，兵虽屡败于外，而内顾无忧，养锋待时，以暇制急。是故汉无良、信，固未必能削平天下，若无何储兵畤粮，以济困乏，则一败不可复振，人乘其虚，不惟良之智、信之勇未必有成，即关中之地，安能保乎？楚之败也如彼，汉之兴也如此，则信乎何功在万世矣！

淮阴陈兵击赵，广武君说陈余曰："韩信粮食必在后，愿得奇兵绝其辎重。"龙且救楚，或曰："汉兵锋不可当，深壁待之，其势无所行食，可无战而降。"故深知兵者，未有不以粮道为先。则何之安百姓，给馈饷，不绝粮道，是非惟善治国也，其于治兵，亦非身被七十创者所可比拟矣。然高祖之折诸将也，以何之功为发踪指示。余谓良常画奇策，庶足当此，虽韩信亦在指使之中。以颂何守关之功，固为不称，然而何之功无可与比者，固不必借高祖之言以增重也。

蒯通论

世人多言汉高帝杀戮功臣，余观高帝之不杀蒯通而决其不然也。以雍齿之夙怨而先加封，卢绾叛后，且欲待病痊入谢。黥布、陈豨之反也，虽亲征而皆就戮于诸将。所最畏忌者淮阴，以伪游禽之，降为侯而处长安。彭越有罪，赦为庶人而迁之。是其无意于杀也明甚，其卒也皆死于吕后之手。而世率以为高帝罪，过矣。

难者曰："以韩、彭死于吕后，自可明高帝之不戮功臣，何必决之不杀蒯通乎?"应之曰："通劝信反，其罪宜死。即云各为其主，又非季布、栾布、贯高、田叔等比也。"高帝之所以不杀者，念功也。淮阴引兵至齐，汉已遣郦生下齐，信欲止，通曰："将军受诏击齐，而汉发使下齐，有诏止将军乎？何以毋行?"信从之，遂击破齐，齐烹郦生。论者常以郦生之烹为淮阴罪，即史公亦谓通乱齐骄淮阴，其卒也亡此两人，是亦未以通为汉之功臣也。

昔高祖至武关，郦生以利啖秦将，说下之，留侯以为特其将欲降，不如乘懈击之，遂破关入秦。项王既割鸿沟，引兵而东，留侯又曰："此天亡也，急击勿失。"则善谋兵者，固未尝拘牵小义小信也。假以郦生说下之故而止兵，当汉王困京、索之间，齐近在楚之肘腋，其有不反汉为楚者乎？汉王以五诸侯兵入彭城，一败，尽反汉为楚，是其前事矣。况淮阴既破齐，以破楚兵二十万，杀龙且骨鲠之将。及武涉之说不行，楚必分重兵以备齐，当龙且大败之后，又分后备齐，此楚之所以兵少食尽，而有垓下之败亡也。故淮阴破齐，乃楚、汉存亡之关，而其策决于通，故通之为功于汉甚大。

难者又曰："淮阴不击齐，必引兵至荥阳、广武之间，与项王决雌雄。汉王得淮阴助，未必不胜项王，何必袭齐乃成胜势哉?"应之曰："项王兵少食尽，解而东归。汉王食甚盛，追之而又大败。及韩、彭皆会垓下，而项王击淮阴，齐兵仍却，是淮阴虽善战，非项王敌也，况益之以龙且二十万之众而又无强齐议其后乎？故通之功唯高帝深知之矣。”

然而吕后必诛淮阴、彭越者，何也？盖高帝旧将如张良、陈平等，皆文吏自爱。周勃、樊哙事吕后日久。唯淮阴自楚入汉，未几即南面而王，彭越虽数反梁地，然自以兵属，为魏相国，此其位高才雄，断不甘为吕后用。吕后为人刚毅，其称制之心，在高帝时已具。夫高帝、吕后皆天授。高帝封吴王濞，知其应东南五十年后之反气，告吕后以相王陵、陈平，后非汝所知。然则吕后岂不能知高帝之未能久临宇内乎？吕后自知不能得韩、彭，必为异日产禄之忧，且非及高帝在时，尤不可制，故以计先锄之。托名为刘，实以为吕，且树威使人知所趋向也。观孝惠崩而哭不哀，是其于刘氏可知。故明允、用堇之论为得矣。高帝歌《大风》，思猛士，及白马之盟，与廷臣歃血，非心惧吕氏之变而何？是故心伟通劝袭齐之功而借跖犬吠尧之说，置其怂恿相背之罪。以此言之，则高帝之不戮功臣也，明矣。

书志林后

坡公晚年《志林》文十三篇，机杼独出，下笔矫变有神力。其论始皇使扶苏监蒙恬兵于北边，而任蒙毅侍帷幄，以制内外轻重之势；策李斯闻赵高邪说，即陈六师而斩之，以为德于扶苏与蒙氏；讥始皇使智勇辨力之徒失职以速秦亡。数事皆洞悉机权，为自来策士学识之所不及。独谓范增当以杀卿子冠军时去，推义帝为天下之贤主，增之所与同祸福。数百年占毕之士，惊叹瑰玮，尊为定论，予窃以为不然。

史称增年七十余，素好奇计，方其从项梁于薛，进立楚后之策，以收故楚蜂起诸老将之心。梁听而推求怀王孙心于民间，从民望号为怀王。然梁自号武信君，以五县封陈婴使为上柱国，辅怀王居盱眙。及羽主约，乃云怀王为吾家所假立耳，非有功伐，其君臣之间可知。故怀王深恐虚名未可久居，欲锄项氏而无其地。会梁败没，项羽恐，沛公、吕臣共引军东还彭城，怀王即乘势并将羽与吕臣军。而用吕臣父子居枢要，侯沛公，使长砀郡，将其兵，以深结之。又知宋义前谏梁不见听，而使之于有隙之齐，是其于项氏无恩，擢重任，加显号，使尽督诸别将，北救赵。使羽为之次，以止其西行。又恐义初为上将，不能独制羽，以增前定策有深德于己而羽之亚父也，使参立以折其桀骜。而独遣沛公西行，以秦劲兵悉在河北，楚既以重兵驻河南与赵为声援，缀秦军，则沛公得以乘虚略地而广楚圉，又使其势足以抗项氏。故义之留安阳四十六日而遣其子襄相齐以树援者，即怀王所召与计事而大说者也。增窥见至隐，故嗾羽矫斩义，而率诸将立羽为假上将军，以必击秦而存赵，以收诸侯之权，而成项氏之霸业。不然，义既被羽斩，诸别将前属上将，唯增以末将与羽比肩，首立楚者将军家，今将军诛乱之言，非增出而且谁出哉？予谓羽之初知名也，以斩会稽守通；其盛也，以斩上将军义。然斩通，梁使之；斩义，增使之。梁之使羽斩通也，征于可取而代之言之壮；增之使羽斩义也，征于拔剑斩通之行有决。及不忍鸿门，而增遂有吾属为虏之叹矣。盖增之去志决如此，而势有不可耳。

至坡公谓项氏之兴也，以立怀王；而诸侯叛之也，以弑义帝，则尤非事实。怀王以丙申一月尊为义帝，二月徙都江南，十月衡山王、临江王击之江中。是年四月，诸侯各罢戏下之国，而八月汉王已还定三秦。二年，河南王申阳、魏王豹已降，韩王昌、殷王邛已破，汉前后收其地，置陇西、北地、上郡、渭南、河上、中地、河内诸郡。及三月至洛阳新城，始以三老董公言，为义帝发丧。遂部五诸侯兵五十六万入彭城，收其宝货美人，置酒高会，是果缟素之义师耶？不数日，羽以兵三万挤汉于濉水，而诸侯复背汉与楚，则诸侯之不以义帝故叛西楚也明甚。且临江王敖，身为怀王柱国，而与衡山王芮，亲击义帝。九江王布，遣将追杀之郴县，而汉首遣客招布，号为武王，卒封之淮南，芮则徙封长沙，为义帝报仇者当如是乎？敖死子驩嗣，及羽败，驩与汉将靳歙、卢绾相距数月乃降，虏致洛阳而杀之。《史记》言驩为项羽叛汉者，得其情矣。当梁初渡江，止精兵八千。西至东阳，而陈婴属。渡淮，而黔布、蒲将军属，兵众遂至七万。至彭城击秦嘉，走景驹，降其军。至薛，而沛公亦来附，合众十余万，其势已张。徒为陈胜败固当之言所劫，乃立怀王。继大破秦军于东阿，又破之濮阳，羽与沛公又别破秦军于雍，斩三川守李繇，而梁旋败没。是其兴也，亦无与怀王之立。自楚怀王客死，距梁起已九十一年。增之生也，后怀王远甚。董公为新城三老，与义帝又非有一日之分也。是其为说，皆短长家之出奇进身者耳。世儒不察，齿于经义，予故按其时势情事，疏通本末而具说之。

（以上诸篇文章录自《安吴四种》卷33）

答萧枚生书时客粤海关署

枚生一弟足下：文祉佳胜。人日，仪墨农来，奉手书，示及依人况味。直道不行久矣，况地涉脂膏，府主职显而事实贾人。于此必求心所安，欲以仆为人谋者为法，岂能顷刻居乎？足下洞见夷估至隐，谓十年之后，患必中于江浙，恐前明倭祸，复见今日，非足下固莫能远虑及此也。足下前次回江，曾言英夷占夺新埔，招闽粤逃人，事深可虑，欲著《粤榷志储》一书以发其机括。仆入都，就潮、惠、漳、泉计偕解事者问之，多言新埔夷人，近改名新嘉坡，广刊汉文书籍，兹询墨农，尤详备。

且言前岁英夷兵船，淹滞省河，洋行醵洋钱十八万酬之，乃去。或言系洋行招海盗为之。又有夷使下国主书，要制军亲受，不得已，使中衡广府上船受书。夷使出舱，岸人哗曰："若乃洋商伙某烂崽也。"遂狂窜入舱，而中衡等即下船，其船旋遁。则知历届恫喝，皆洋行所以固垄断鸦片之局者。果尔，虽必有事，不足患矣。所虑者，或者失职无行之士厕其中，如汪直、徐海者耳。英夷乾隆中已有招宝山之请，是其垂涎江浙也久。足下有真见闻，幸以相示。闻制府甚推重，则其署册档可得见，参以粤关册档，及时著述，不朽之业斯在。珍重千万。道光丙戌正月，世臣顿首。

致广东按察姚中丞书

亮甫先生大公祖阁下：顷在吴门，晤朱虹舫学史，得悉阁下荣荷特简，陈臬广东，欣慰无已！阁下资深望重，久膺节钺，徒以公直难行，廉洁少与，弃置闲散者积累岁月。兹竟复起，仰见圣心，俯同舆论，天下幸甚！阁下枢廷老宿，天下事无不经练，岂复草茅下士所能以细流土壤备不辞之数哉？唯厚辱推许，相期以古人，不敢自外，敬陈所闻，以供采择。

窃闻广东多宝之乡，吏治至芜，舶市之所，人心至浇。是故广东有中外上下共知之大弊四。外知而中不知、下知而上不知之大患一，非阁下固无能起此沉疴而杜此乱萌者。从前节相吉公，不过中材，惟以上念国是，下恤民生，遂使敛薄刑省，官民相安。况阁下挺不挠之节，坚不润之守，威德信于寰宇，咨诹逮于刍荛者乎？省垣两县案件繁多，胥吏择肥，任意牵累，羁押班馆，人常数千，瘐毙者日有数辈。离省较远之高廉各郡，渡琼商旅，每有指为匪徒，飞禀省府委员扶同，遂成冤狱。上游知而不问，大弊一也。广东盗风最炽，需次佐贰，因缘入审案局，勾结蠹役，买盗报功，超擢相继而真盗并未伏辜。上游知而不问，大弊二也。惠、潮一带，大姓公堂至富，族匪垂涎，构衅械斗，买人顶凶，贿官定谳，首祸正凶，逍遥事外，以讼费开销公堂，坐致丰厚。上游知而不问，大弊三也。勒缉巨案，上游限紧，有司辄将平日羁系大炼之匪徒，逼供销案。上游知而不问，大弊四也。凡是四弊，皆臬司所可独断独行者，阁下断无不知、断不肯知而不问。唯痼疾已深，为之须以渐，党援至众，必得相助为理者数人，方可使小民实受其福耳。

至于大患，固亦臬司职应筹办者，然斯事体大，非与制府一德同心，则力不能举。故以所闻始末，为阁下详陈之。粤海通商夷国十数，以英吉利为最强。闻乾隆四十年间，粤东外洋有封禁地名新埔，距省垣千里而遥，粤之惠、潮，闽之漳、泉，无业贫民私逃开垦。英夷回帆过彼，欲占其地，为闽粤客民所败。数年后，英夷以兵船至，客民降服，英夷遂踞其地。每来粤市舶，返辄留人三分之一在彼，建置城郭房室，迄今几五十年。并招嘉应州之贫士，至彼教其子弟。又召粤中书匠，刊刻汉文书籍。又闻鸦片毒烟，亦以其时始入，粤东并不行销。十数年后，省垣及惠、潮、漳、泉居人，渐染其毒。嘉庆纪年，吴越人亦吸食。比及其末，烟毒遂遍天下。此物向在例禁，各小国所产，不敢显售，必附英夷与匪徒为市。是以粤海夷商，亦以英夷为最饶。洋商但与英夷交好者，无不立致不资。而沿海大户，皆以囤烟土为生，至以囤土之多寡，计家产厚薄。夷以土入，华以银出，以致银价踊贵，公私交病。于是议严纹银出洋之禁，而禁后银价益长，是禁之不行可知也。

夷舶通市，止粤海一关，而厦门、兰台、宁波、乍浦、上海各关，皆有闽广鸟船抵关，转输洋货。新埔客民虽降服英夷，并未改从服色，是到客关之鸟船，未必无新埔客民在其中，以分散烟土于各省，而交结其匪民。是英夷虽未至江浙，其党羽实已钩盘牢固。再阅数年，银长无已，公私更行困惫，不得不筹塞漏卮，漏卮之塞，必在厉禁烟土。烟禁真行，则粤、闽之富人失业，而洋商尤不便此，势必怂恿英夷，出头恫喝。又闻粤中水师，皆食土规，一旦有事，情必外向。然英夷去国五六万里，与中华争，势难相及。而新埔则近在肘腋，易为进退。况内地既有谋主，沿海复多胁从，英夷亦难保其不生歹心。乾隆、嘉庆之末，英夷两次蓦至天津入贡，骄倨殊甚，是固有主之者。而乾隆中，饬由直隶、山东、江苏、浙江、福建内地至厦门放洋回国，嘉庆中，饬由安徽、江西、广东内地至虎门放洋回国，使之目验内地形势。又江浙各省市易，皆以洋钱起算，至压宝银加水。凡物之精好贵重者皆加洋称，江淮之间见祸事将起，辄云要闹西洋。凡此兆朕，大为可虑！

新埔地向封禁，客民私逃，本应重科。似宜选胆识俱优之员，密至新埔，查看得实。或宥各客民之前愆，悉徙之内地，仍从封禁。或驱逐英夷，而设重镇郡县如台湾，庶可销逆萌以弭边衅也。说者必谓英夷占踞日久，聚众已多，与之理谕，势必不从；怵以兵威，或至构怨；目前无事，正可苟安。一官如传舍，安能远虑百年，轻犯祸始？是则非世臣所敢知也。举此诚非易事，然事之难者，必有人举之。君必为其难者，是不得不望之于阁下也。十数年后，虽求如目前之苟安而不能，必至以忧患贻君父，夫岂君子之所忍出哉？世臣游历未至粤东，所陈五事，皆访之粤人，其说一口，故属虹舫附递上渎。以虹舫行速，灯下草创，语无诠次，字杂行草，伏唯涵察。道光八年四月日，故民包世臣谨再拜状上。

职思图记为陈军门阶平作

道光廿年秋，阅邸抄，见英夷再犯厦门，失利远遁。先是英夷一窥定海，遂至失守。夫厦门、定海均天险，而胜败迥殊者，岂不以吾雨峰军门驻厦先事豫防哉？权家言曰："凡胜，三军一人胜。"诚哉是言也！是年仲冬，接军门手书，述拒御英夷事。并非近日英夷游奕，莫敢进口，故作《职思图》，吾子幸为记之。职思者何？思筹海以称职也。闽中名流，目击军门之忠悃，各以诗文纪事实，虽世臣何以加于是。然世臣所欲言者，则有异于诸公之所言，故不得以不文辞。

前明倭寇之乱，郑若曾客胡宗宪幕府，为《筹海图编》一书，详哉其言之。今之英夷，事略同而情迥异。十数年前，姚亮甫中丞陈臬粤东，世臣移书二千言，为言英夷据粤洋之新埠，逼肘腋，意殊叵测，固早知有今日之事也。盖英夷利在卖土，而土利之归英夷者什三，其七则分散内地。席其利者，乘资力以奔走势要，所欲无不遂。而犹虑或有洁身自好者介其间，沮败乃事，故始则游谈恫喝，继则设形势，张威武，使当轴从风而靡，其端倪前已三数见矣。及十八年，黄侍郎请设厉禁，虽为时已迟，尚非必不可行也。夫政先治内，罚不遗上，古之所以令而行禁而止也。今以受烟毒者至深，食烟者至伙，欲以一切之法，齐之于一旦。而官幕兵役莫过问，大猾窑口莫过问，塞图圄，投遐荒，率皆细民，受者固已觖望。而缴解及捕获之烟枪烟土，主销毁者，辄更以新枪伪土，焚示通衢，观者莫不掩口，是令固不欲其行也，而禁则日厉。奸徒念不破此局，终不能显专其利；欲破此局，非借力英夷不可。故英夷骄蹇于粤东，濡滞经岁乃去粤而肆毒于浙，情实见矣。厦门为全闽户牖，军门以全力经理之，逆夷来辄失利，有成效，若宜可高枕无忧者。抑思漳、泉之富人，以业海舶，率中烟毒。兵役见贼氛稍息，或以勾摄烟犯为利薮，溪壑无厌，众怒难犯，则引寇召祸，亦事理之所当有矣。

是以居今日而言筹海，必以拊循闾阎、苏民困、固民心为先务；而激厉死士，决命于鲸波不测之中，犹其后焉者也。近世司牧民者，类以民畏之得民财为善政，以善政御危民，官民相仇久矣。委而去之，舟中皆敌国，何暇问溟渤之外乎？然此非军门职所能及也。世臣辱交垂四十年，稔军门之材，见军门之心，舍军门更无可与言此者矣。军门而必筹海以靖海也，则请与封圻诵说民间疾苦，使贫者有以为生，富者得以自全，共发其亲上死长固有之良，是与推求炮火之利钝，舟楫之攻苦，功效必相万也。世臣不才，不能剥民自固，以奉职无状闻，而仍敢以此言进军门者。《传》曰："可与言而不与之言，失人。"军门职有所限，而思则无极，其亦察此心而然此言也乎？道光庚子季冬之望，安吴包世臣书于豫章旅馆。

与果勇侯笔谈

侯佩参赞大臣印，驰赴广东，督办英夷。以道光廿一年正月廿四日，取道豫章，枉驾荒寓。侯两耳稍重，故与笔谈。

英夷国居极西，地不过千里，人嗜利而健猾，以其智勇，凭凌邻国。三十年来，造作鸦片以害中华，每岁取中华银不下四五千万，而该夷主收其租，岁亦千二三百万，以富益强。邻国所产各货，皆被该夷于要害处所，设关收税。今鸦片禁绝，则该夷岁入，什去五六，且邻国以畏其富强为之役属者，亦有以窥测浅深。此英夷之不得不以全力争此局者，固情势所必至，非仅前明倭患之比也。大海周环，西南自广东而东北至奉天七省通海口门，皆一帆所达。该夷又有火轮船，瞬息千里，以伺便利。通商已百余年，汉奸引为奸利，内地一举一动，彼无不知。若海口皆备以重兵，此兵法之所谓无所不备无所不寡，若有一处空虚，便恐被乘。是必宜通筹全局，不仅以广东现在情形，一隅着重，而计出于头痛医头、脚痛医脚也。

兵法曰："以夷狄攻夷狄，中国之势也。"英夷之长技，一在船只之坚固，一在火器之精巧，二者皆非中华所能。而通商之他国，则多与英夷同技，不过英夷强梁，各国不能独与为敌耳。以目下传闻之势而论，似宜俟靖逆到粤，会商请旨，先掣各海关以断汉奸通信往来之线索，且示各夷以永绝回市而激之。措辞略谓仁皇帝所为开海者，知各夷非大黄茶叶不生，西口陆路艰险，所通无多，故仰体昊天好生之德，设关通商，以全各夷民性命，并非为榷税起见。不意英夷造作毒烟，贻害我内民至此。又复恃强怙恶，坚不具结，是以绝其贸易。而各国恭顺无过者，自仍旧贯。及上年春间，英夷自海中封港，阻各国货船不得入口，固知非各国之意。然英夷悖逆如此，实有不得不封关绝市之势。如各夷国，效顺求生，集众弱以为强，共翦英夷于海中，叩关内请，自当论功行赏，仍准通商，并分别功能高下，减免各该国货税云云。查广东茶叶过三年者，夷人辄不肯买，是陈茶不能消瘴之明证。我但坚守以持之，经岁之后，各国必不能堪，是或以夷攻夷之策。若遣洋商谕意，是谚所谓“羊吃麦叫猪去赶”也。

再，广东十年内，添造快蟹船五十余号，专为运送烟土，其人与夷船交接熟悉，是当全数收取入官，抚而用之。又澳门一带，有游手习海浮没咸水数日者，四五千人，号“江边崽”。前林大臣过江西时，谆切与言。此项皆匪徒，收之即未必得力，且足以杜其外向，实所费少而所全大，不知采行与否？又英夷去国数万里，粮运断非易事，彼方与中华为难，亦不敢抄夺邻国。而台湾一郡，孤悬海外，产米至多，为福建省中仰之区。似宜增防严守，以定众心。又潮州业土者多系大户，难保不为英夷奸细，其地逼近福建，若被汉奸引诱占夺，则茶叶为其家产，中华制夷之权失矣。且其地壮勇极多，器械皆备，比营伍精善，官收则从官，匪收则从匪。烂崽从官，则大户无人附从。又嘉应州贫士，多有就英夷之馆者，一请三年，习其地势人情。似宜明示，宥其既往，收为我用，或亦可得制炮之法。盖天下物之利者，无不有制也，再此役一开，蒇事迟速不可预知。七省设防，经费浩繁，势必至于开例。然为数断不能多，无济于事，而示贫已甚，为英夷所轻，案谋国者所不宜出也。

闻广东琼州府昌化县银苗甚旺，居民有偷爬银砂一百斤者，可煎银六十两，以八两给工本，外皆赢余。似宜与当事熟商，择有心计而廉能任事者，密查有迹，先行试采以济军需，果能旺产，再行酌办。或者天心悔祸，地不爱宝，能救银荒之病耶。唯得自传闻，确否则不可知耳。又论者皆谓英夷长于水战，一登岸则技穷，此言断不可信。英夷虽习船，其生长本在地上，何不可登岸之有？且彼舍舟登岸，则已自致死地，而我兵与之短兵相接，是又兵法所谓“自战其地为散地”者也，尤宜加意。至于制器练伍，设奇应变，此君侯独擅之奇，驰名宇内已四十余年，无所庸失职下士效曝背愚忱也。

答果勇侯书

诚村先生君侯钺下：奉手书，并抵粤后章奏稿十事，发缄庄诵，踊跃无量。前闻林大臣十九年五月巡阅虎门，夷船怖以飞炮，而水师奉令开炮抵御，竟莫应声。迨改授粤督，又经年余，章疏数十上，迄未提水师一字。近闻虎门水师，将火药给英夷，而以砂七成搀药三成装炮，以致失事。窃疑传闻过甚，月前林大臣过豫章，谆询其实。据云粤营以水师为最优，其岁入，得自粮饷者百之一，得自土规者百之九十九。禁断烟土，则去其得项百之九十九，仍欲其出力拒英夷，此事理之所必不得者。以林大臣之言推之，则传闻殊不虚也。

钺下初到粤，即借词英夷最长水战，诱入二三百里，方可决胜。请改水师为陆路，不动声色，默消大蠹，判祸福于转移，不愧古名将矣。日昨茶估急足携来山原里义民示谕二通，愤发如云，义形于色，虽当事苦为逆酋乞命，不无扼腕，然逆夷之掘冢淫掠，义民立歼其贵人颠地伯貊，交恶已成，鼓其气而用之，犹当有济。今闻虎门内外炮台，逆夷仍不准修，桀骜罔悛，何以善后？窃谓夷好不可恃，海防不可废。粤人素羡水师丰厚，且山原里奇功，碍难声叙，似宜选义民使充水师，以渠率为其汛弁，义民必皆乐从。逆夷惊魂未定，岂敢出头与较？仇深隙巨，旬月内断难撮合。相持数月，便可趁热兴工，将大角、沙角、三远、横挡、虎门各炮台，并力修复。吾圉既固，或可直收香港，既以振威雪耻，又以酬功得用，因势利导，是或一道也。唯书生遥度，未必有当，钺下存其说以商靖逆，幸甚望甚。道光二十一年，四月廿二日。

上两江督部裕大臣书

部民包世臣谨再拜奉书钦差大臣鲁山公祖钺下：春间，欣闻旌节莅浙，总摄戎行。复得读严劾琦、伊两节相之稿及《求贤》、《戢兵》、《安民》各示，简明详切，真不愧两世凌烟将种也。世臣自吴门得谒于臬署，即已自托隆栋，谬承不弃葑菲，倾盖结布衣交，今果节钺三江，将压之虑，吾知免矣。

粤中夷情，始自据新埔为汤沐，觊觎之胎已怀。继以倩洋盗为兵船，主使之机亦露。十数年前，姚亮甫中丞起陈粤臬，世臣移书切言，须早为预防之计。中丞以书呈李节相，笑为迂怯，置之不议。古今事，不能有所弃者，必不能有所取；不能澄其源者，必不能清其流。安苟恃其及身，忧必贻于家国，然亦不料其遂至此极也。及养痈将溃，苟能得其要领，尚属可为。而主者内庇强宗，外诈狡寇；悉水师外向之奸，而不议所以起沉疴；患渔船济恶有素，而无计予之以生路。继之者痈已溃，尚不用败毒培本之剂，酿成流注，伊于胡底？况吴楚苦潦积年，中州河溢要害，开归以东，本民气不靖之区，哀鸿遍野，安集为劳。近更骇闻厦门之役，较虎门为尤惨。而江浙洋面，俱有游艇。虽各省劲旅，齐集麾下，然军政久弛，遇敌辄奔。广州之众五万，而辱逾城下，闻之寒心，言之腐齿。因循不革，祸固同于讳疾；操切已甚，变或出于意外。况重文轻武，浇风久成，军官罕自尊重，文吏唯计筐篋。欲为转移，全视举劾，稍滋物议，便失人心。又营员分驻，各领所属，勇怯不一，漫无区别。迨至临事，怯者无以自立，勇者莫肯尽心，则势处于必奔。故兵法曰："兵无选锋日北。"而吴子之教，必先"聚为五卒"也。凡是外攘内拊之机，唯仗壮猷之一方叔矣。西省夏间苦雨，入秋寒燥不时，风旱兼至，晚收必歉。吏治久芜，民生益蹙，局外人不能不蒿目深忧也。

世臣自上年夏初，待办匝月，抚部星使，俱不使之一面，奏结后亦无只字可见。至于交代，以两前任款项纠葛，致稽结报。现已奉司严催分结，岁底当可挈眷东下。维时钺下谅已鹹酋莅署，定可拜马尘于白下桥畔也。坡公诗云:”十口无依更累人”，以世臣不才，而累人之具三倍坡公，想早在钺下意计中矣。再者，日昨有人述钺下奏大江情形，略谓狼山以内沙多水浅，夷船万不能达，以问世臣。急索观原稿，则云得自传闻。世臣笑曰：“裕公素性谨慎，且在江年久，地势最悉，焉肯作此无稽之谈?”狼山、福山，对峙海口，中间江面宽百五十里，虽不无沙洲，而水泓数道，宽自数里至十数里，深自十数丈至数十丈不等，较之广东省河，宽深倍蓰，广河尚容夷船，何况大江?按狼山虽有重镇，御夷实难得力。上游三百余里，并无险隘，唯京口迤下五十里有圌山一座，横截江面，通溜之处，不过二里，夷船过此，大炮火箭，力皆能及。意裕公必于圌山安设重兵，以备不虞，使重空粮艘来往无惊，以维国脉。若果谓大江沙多水浅，则夷船扬帆直入，圌山无备，镇江、扬州必无以自全，而白门亦非乐土矣，裕公岂出此哉！来者憬然而云，谨觅急递，敬问起居，并以附闻，聊资一噱。道光廿有一年七月廿日，民世臣谨状。

答傅卧云书

卧翁三兄阁下：苦雨弥旬，咫尺不能相过。顷奉手书云：扬威已抵江南，欲作手书，觅急递告知一切事宜，敬询吾子云云。阁下年将八十，犹念切民瘼如是，曷胜钦感！然闻扬威发六百里调陈福兹于湖南，不闻求钱少阳于豫章，是殆非可与言者也。今年夏初，豫章初开铜炮厂，仆偕阁下往看。途中有挑煤人偶语云："夷人以铜炮胜我，我必宜求制炮之术。今效之铸铜炮，即精善亦是其徒，徒岂能胜师乎？"阁下叹为至论。又九月初八日申刻，得裕大臣徇难之报，而酉刻协署传班演堂戏，班头与之百钱云。江西不演堂戏已三年，况裕总督尽忠之信才到，闻者莫不惊悼，岂有演戏作乐之理？来差怒掷百钱而去。少顷，印票来发戏箱，次早，司道各营毕集，唯抚军不到耳。而司道各署继之，八日夜乃罢。是识机宜者在厮养，讲情理者在猱狙也。扬威果能与豫章踞床诸公异趣乎？唯以阁下既发大愿，仆亦不敢竟隐所知耳。

粤东集兵五万，一鼓而散，江西兵至逃回本营，后知不加追问，乃返粤归伍。今调集浙江者，半系粤中逃兵，焉能使之拼命矢石间耶？为扬威计，必当出于募勇。江南之怀远，最精火器，其抬枪以一人负而放之，前装药，后夹火，左右俯仰，无不如志，约有二三百人。江浙之交地名黑风泾，附近水贼约有数百人，能以肚皮贴船腹，手持斧凿攻船底。咸水或非所习，夷船若入江河，则无不可制其死命者。仆前过杭州，见出温将军会，前行有大炉十数，重各千斤，一人负以行，百余步乃迭更之，约其侪亦可百余。杭州舆夫，扛小竹轿，舆内坐一人，后置大包箱一，行李一，复有搭轿人，坐包箱上，重以四百斤为度，行走如飞，土人呼为萧山牛，约可二千人。能招此三数千人，精授技仗而厚结之，则何求不成乎？怀远炮手，在洪湖打生，不闻有头目。黑风泾则小白龙与其子黑二为魁。小白龙久死，黑二年亦近六十，存亡不可知，然必有继为渠率者。吴江、嘉兴快手皆知之。抗炉人询之将军庙祝，自得主名。而仆所深忧者，夷人既喋血宁波，殆必垂涎乍浦、上海，以入狼山，至瓜洲截运道。长江唯丹徒之圌山为要害，仆前曾以切告裕大臣。阁下若必发书，以上数事，或可助高深之百一。但不可及仆一字，仆唯待结报到司，即归老白门，无意更为人擦鼻涕而已。蜀门在粤，近有家信来否？念念！稍晴即奉过面悉，不具。辛丑十月朔，世臣顿首。

答傅蜀门夔书

蜀门足下：接手书，知粤中官绅钦服伟抱，谆请练训健男局壮义三千人，已稍习部勒，进止有法度，闻声欣慰。近日之兵难言矣，望贼辄奔溃，而抢掠齐民，使齐民亲贼而仇兵。主兵者复与兵朋比以仇民，有司莫可谁何。乡勇之为民害也，向甚于兵。足下又以布衣为督统，有事权而无刑罚，为日稍久，犷悍必生，若不摄以微权，断难相安无事。

盖以下令召募，来者辄受，勇怯不齐，分例无别。夫人负异常之材，莫不自异，而不得见异于人，则常怀觖望，滋生事端。法宜俟部分稍定，与首事密商，简其形貌魁杰，膂力殊众，或精通技艺，或谙习水性者，别为亲军，优其日给，使倍差于侪辈。彼自异，而我能异之，心必归我，人数无多，易为亲厚。侪辈无魁然者为之倡，则可无意外之虞，设有不逞，亲军为之箝制，亦不致成大患。迨至用之有事，自必争先恐后，强弱并能奏效。若置之一概，是正兵法所谓“兵无选锋日北”者也。凡大帅督师，必在数万以上，须于各营中精拣百分之二三为亲军。其裨将领兵千人以上者，挑百分之五六为亲军，即哨弁亦必有此，方能同患难，应缓急。至练兵必先教以拳勇，上者习软功，次者练硬功，使之力长身轻，乃可分授营械。若如现行营例，昕夕操练，徒费火药，绝生计，终其身不成技艺也。足下承庭训久，当能深喻此旨。仆一切如常，尊甫日相过从，眠食悉安适，幸勿劳念！道光辛丑十月望，世臣顿首。

致陈军门阶平书

雨峰尊兄军门钺下：客冬奉手书，并《职思图》刻本，属为记。春初附驿奉答，未几见邸抄，以颜制军故休致回籍，是前书得达与否盖不可知。日昨奉特旨起用，协同奕扬威筹办浙军，仰测圣意，自以钺下驻厦门时，夷匪再犯皆失利，而颜制军一遇夷匪，遂至失守，是以褫颜职而起钺下。曲直既明，向用自专，钺下发摅忠智，自此可以上报知遇，下辉竹帛矣，庆幸无量！

英夷事诚不能遥度，然兵兴已二载，其情实伎俩并可见矣。所忧者汉奸胁从已多，海堧被躏已甚，恐别生枝节耳。英夷久据宁波，渔船悉为所用，是大江之路，不可不防。况瓜州为漕运咽喉，若夷逆于来春，以巨舰横截瓜、仪之间，粮艘不能北达，相持数月，都下难免惶遽，此其可忧，较之直犯杭州，波及乍浦、上海，矣翅十倍？钺下生长河淮，历任江南北裨将廿年，遍署三镇，又驻节松江统辖全省者数载，江海情形，自最熟悉。江南海防，以狼山、福山对峙海口为天险，然水面宽逾百里，夷船行于中泓，两岸炮力所不及。虽近来沙涨滩多，而水泓深阔，岂有沮碍？且海船极熟沙线，能保不为之导引乎？兵法曰："无恃其不来，恃吾有以待之；无恃其不攻，恃吾有所不可攻。"狼山以上数百里，江面并无险隘。唯丹徒境内之圌山，四峰插云，横截江身六分之五，其小峰排过江心，距对岸沙滩不过二里，大炮火箭，力皆可及。又矶峻溜急，溯流而上，即乘风亦必迟缓，易为对准。宜于此移一重镇守之，其大峰之麓，土名大江，村落不下千户，足可设镇。唯其山系石崖，是否山足有沙脚可筑炮台不敢知。大都集巧匠，或凿石开山，或用南河木龙之法，扎栅安炮。环山嘴之三面，用大中小炮位，分三层以当其兵船、火轮船、三板船之高下，以败船为的日日演试，以期必中。栅外又以红船载小炮，上下巡绰数十艇，皆佐以火箭。而于对岸沙滩，近三江营署前，筑炮台以资夹击。有此声威，夷匪探知，自不敢内犯。设竟冒死而来，压而焚之易易耳。闻夷船之舷受吾炮子，不过摇摆再四，而窗篷断不能如此坚实，此兵法所谓"攻瑕则坚者瑕"之术也。

此举经费，岁需十万，一旦用之，则所保全者在国脉，岂有算数？即夷匪不至，正兵法所谓"不战而屈人之兵"，古名将所以重无智名无勇功者也。愿钺下与两江牛制军、奕扬威熟商采行，是即草莽臣所以输践食之报者矣。钺下于友朋间，一言之益，终身不忘，况于君国。他不及缕述。世臣事已毕，唯资斧未集，岁杪春初，必可归老白门。知在廑念，并以附闻。《职思图记》，恐前信或不达，再附一稿。唯为国为民，珍重千万！道光辛丑十月望，世臣顿首。

歼夷议

太上曰："福兮祸所依，祸兮福所伏。"斯言深也。英夷犯顺至抵江宁城下以逼和，其所诛求，前无比并。今以蕞尔之英夷，去国数万里，孤军悬天堑以恫喝全盛之中华，而所欲无不遂，所请无不得，英夷之福，中华之祸，盖俱极于此矣。英夷自粤而闽而浙而吴，皆恃习海。近竟鼓浪入江，越狼山，窥圌山。而大吏修书遣弁款之数百里外，江宁臣绅又大具牛酒随犒其师。洎抵城下，小吏末衿，又各为私馈，并献歌颂，或希酬答之利，或乞齿牙之余。岂真兵势孱弱，人情携贰，至于斯极耶？其远款也，殆欲诱之深入也；其近款也，殆欲诱之弛备也。而小民又担负米薪食用物，日数百辈上其船与为市。英夷复出所掠箱笼，及带来烟土，减价招匪人。其藐中华而不备不虞也如是。始有和议，夷酋即饮大吏于其船，耀示兵威，招岸上士民上船，纵观其楼橹炮械，然犹遣其党累日掠城外，备极惨毒。登埤者多忿怒欲发，而奉令不得以一矢相加。是以日昨四大酋携仆从三十余人，入城赴宴，马上四顾，全无惕息之意，骄横至无可加。是殆天欲灭其丑类，故使之就死地而不自觉耳。是宜因其藐中华而益骄之，以尽隳其防。

明谕常川夷船之员弁，侦各小酋主名，与船只大小之确数，间日辄分别馈遗犒之。密求能者，精制火药，杂用飞炸钻粘各机器，错置养火桶内，每桶以重三十余斤为度。本城官绅兵民，率善漏言，是断不可与谋。而调集城内之河南、徐州各弁兵，多健鹜，尚气矜，不与本城兵民习。其将领谅不乏忠愤解事之人，可与激发众志者。夷船至坚，能御我炮，而火药得入其舱，则无不立焚。宜谕可与机密之客将，使各物色所辖，以重赏募死士，得二百人，足以集事。先使之杂担负小民，上船入舱，以悉曲折。乃订日复宴其大酋于城中，而使道府副参分宴其小酋于江滨之静海寺，寺去仪凤门才数十步，去夷船不二里，夷人所常至，既便此之入城，又绝彼之疑虑。各伏健者以伺便，约定时刻，死士藏药桶于薪菜担内，上船即发火，健者骤起缚其酋。船无主令，人莫自保，起碇逃避，装炮迸命，皆仓猝无可措手。临江埤上，各乘高开炮以助势。出劲卒于太平、神策二门，以兜剿蟠龙山、卖糕桥、白土山各陆寨之贼。先期飞咨扬威将军，率兵由无锡出孟河，参赞率兵由丹阳，出操瓢港，会于圌山。檄运司在仙女庙木棚，扎小筏数十，载生芦覆以沙，截圌山隘口，断其走路。咨安徽巡抚率兵由芜湖下压，杜其窜扰。必使万逆同歼，片帆不返矣！乃捞积尸以筑京观，俘累酋以献成功，此真转祸为福，振威雪耻，不可必得之大机会也！夷船悉焚，所掠银数千万沉江中者，召水手摸之，尚可得十七八，以偿三年军费，较之拨帑集捐，功效相百。军国安危，争此呼吸，唯望有心国是者，断而行之而已。道光廿二年七月廿四日，江东布衣谨议。

英夷内犯，沿海卖土，薪蔬淡水，势不能不资内地。至猖獗入江，则尤不能不与内民为市。此策乃百发而百中者。骄志隳防，为白门城中，一无防御之具，故须缓兵十日，方能募死士制奇器耳。若平日有备，不必更为此委曲也。自记。

致祁大臣书

春圃先生大司农枢密阁下：六月杪，白门定计和夷，急报到都下，独阁下伏青蒲哭排其议，天下传诵，伟矣！所知与有光荣已。夫夷匪滋扰海疆，疾比癣疥，而调兵亿计，率望风溃走，纵其猖獗。然广州之山原里义民，被毒不甘，集乡人歼其渠魁，有司反为逆夷乞命，致留遗孽。嵊县之沈山头义民，愤切同仇，再破其火轮兵船，夷匪不敢言复仇。即江宁人最荏弱，六月中夷船初到，汉奸结盐徒二千余，肆掠各乡，花山住持率两寮二百僧众，拒之山下，立毙四五百人，余匪逃窜，而四十八社村民，追杀之殆尽。是月杪，夷船大集，分遣陆路贼掠神策、太平两门外村庄，据卖糕桥为屯。贼屯去嘉善寺不二里，避难妇孺千余匿寺中，夷匪踪迹至，而其住持只身持械迎敌于山门外，马步贼惊退。阅五十日，不敢再至寺前。是草泽中固大有人在。

五月初，吴淞接仗，陈军门授命。牛督统河南、徐州、江宁兵二千，不战而走。夷匪舍舟登海塘追牛督，河南游击陈平川率两外委三马兵断后，开放虎蹲百子小炮五门，击毙塘上贼百余，贼下塘避炮，牛督乃得脱。时各营军械皆弃，唯陈君所部无遗失。牛督逃回江宁，急调陈君入卫。陈君驻江宁城内月余，见夷船有机可乘，力请一战不可得，气忿成疾，调治痊复乃领众回营，是军官中亦未尝无人也。患在封圻节钺不知既不求，知者复不用，甚且扼塞其志意，沮遏其忠愤，以馁吾士气而张贼威耳。

夫节义本于民性，国家恩德在人，当轴诚能反其道而用之，拔擢英俊，申明法守，往者诚不可谏，来者亦何事不可为乎？唯是军兴三载，经费支绌已甚，虽各省水旱间作，民生迫蹙，司权利者，固无不知也。然持筹以策府库之盈虚，殆无暇更计及闾阎冻馁矣。然粤、闽、江、浙之已事，近贼者输心导引，远贼者聚党抢夺，是伏莽莠民，未必仅在并海也。从来官民相仇，皆斥掊克，此时若更薄保障而崇茧丝，窃恐驱良民以资莠，且迫智勇之困阨者，为之谋主选锋，可不为之寒心哉！夫有余不足，非天下之公患也，自古急国多矣，然有善者则变急为纾，是必能审察轻重缓急之故，固结民心以迓天和，而驯致此效也。

世臣归田之后，有公书告帖刻本二纸，专恃卖文为活，其不欲更与人世事明已。侧闻阁下赤心救世，又有一日之雅，故敢悉其狂愚，唯垂裁察！丰城傅夔字蜀门，客游粤东，为官绅练健勇三千，技艺纪律，冠绝营伍，是亦草泽中之一人，其末有见者也。为友人牵率入都，附奉此缄，想有以拂拭之。诸唯为国为民珍重千万。道光壬寅十月十八日，江东布衣包世臣谨状。

致前四川督部苏公书

鳌石先生节使年大人阁下：前此出守吴门，世臣适旅部下，采听政声，深仰清德。徒以谨守无介之义，又不欲使云汀、芝楣为先，是以迄今未得一望颜色。本年夏杪，闻阁下有《海外书生》之刻，上彻乙览，耆旧复起，望风欣忭！日昨晤谢果堂同年，说及吴中得谒，阁下有一轰千古之策，虽以谏言示意，足想见忠愤气填膺也，钦慕无可言似！

英夷不靖，事机早伏。戊子岁，姚亮甫先生起陈粤臬，世臣移书为言英夷踞新埔，并召集嘉应州失职士人，必有边患。思患预防，为事尚易。姚公以呈李节相，笑为迂怯。及兵事已兆，林少穆督部佩大臣印赴粤，取道豫章，召至舟中，委问竟日。世臣大指谓止浊必澄其源，行法先治其内。林公误以治内为惩犯禁之官，澄源为绝土来之路。相持累岁，竟成边衅。次年，杨果勇佩参赞印过豫章，世臣时尚待辩，下顾荒寓。世臣意主撤关绝市，以激诸夷，使之共攻英夷自效，乃以通商减税为酬。果勇则谓通商为东南大局，然必欲为世臣筹转身，世臣心感之而非本意也，辞之力，止面授笔谈为别。及厦门失守，信到豫章，世臣测夷人必仍回定海，渐及宁波、乍浦、上海，入大江以绝运道。急附递致书裕鲁山督师，讽其移重镇守圌山。信到不旬日，而定海复陷。又十余日，靖节遂死事。旋闻授钺扬威、容澜止侍郎襄事，起陈雨峰军门于家。澜止都中夙好，雨峰忠赤有机略，缔交尤久。即驰书二公，谆以圌山设重守为嘱。今年春初，陈沂州晋恩奉扬威飞调过豫章，枉顾询事。世臣为绘《圌山图》，贴说以防守之方甚具，而皆不报。以致夷船直抵白门。督府自吴淞逃回，急调各省兵入卫，数已逾万，分派仪凤、神策、定淮、石城、三山、太平六门，又别驻策应兵于清凉山、鼓楼两处，共八营，皆在城中。世臣遍过其营，讯问士卒，唯河南及徐州兵，尚有气可鼓。而领兵官，唯河南总统游击陈平川字靖宇者，老于戎行，勇而尚义，廉而轻死，因与缔结。夷船驻城外久，世臣所居左右小民，担负上船为市者，日数十百辈，言船上情形甚悉。至七月二十二日，夷酋入城赴宴，街邻往观者如堵，世臣询悉一切，私谓夷逆骄纵至是，有机可乘，连夜为《歼夷议》一篇。而无可与言者，泄之则祸及而无济于事，乃袖稿以商陈君。陈君最为督府所器，立即上谒，而不见采录。是殆气运所使，非尽人事之失也。

今者城下之事，已成既往，追溯前此失守各处，皆以空城待贼。踩营盘，掠粮台，拆焚衙署，抢夺行道，皆非夷匪所为。民情不附如此，此其可虑实倍蓰于夷匪寒盟也。故居今日而言补救，唯在收摄人心、物色人才而已。收摄人心者，结良以化莠，省刑薄敛，以固良民之心，则莠民无与助势。物色人材者，举强以劝弱，吊死问疾，以作强者之气，则弱者有以自立。若待任钩距以锄莠民，恣鞭挞以迫弱兵，是速之瓦解者也。阁下再秉节钺，是指顾间事。世臣幸托同谱，故敢录议于另纸，赐览及之，知天下无不可为之事，将来大昌儒效，为国家留千里干净土。世臣或得托帡幪，为农夫以终老，是为厚幸！世臣年几七十，壮志久隳。前此迭致书于当路者，以食毛践土之义，不能自已。又承诸公相赏风尘，所知不敢不尽，非以自为地者。其说皆不幸而言中，文多不及录呈。现在专以卖文售字为生。初抵白门，有公书告帖二纸，附博一粲，亦藉明鄙意。次儿家丞不能如世臣之守贫乐饥，以本班需次吴门，昨接来信，知以年家子晋谒，备蒙训迪，并以伸谢，即请钧安。临楮神驰，伏乞垂鉴，道光廿有二年十一月望，世臣再拜状上。

致徐侍御松书

星伯尊兄侍御阁下：侧闻入台数日，即以封事谕夷情，虽道路莫能详所陈者，然以阁下研究阅历，自必虏在目中，竟入夷务包为可惜也。昨见董云舟给事八月初折稿，几有胡铨之风，足比金陵山川而一洒之。唯于“机会决不可失”一节，尚为疏略，想老成硕画，必当周密无此罅漏耳。

世臣六月初抵白门，夷船尚未至京口，而城中文武官眷早空，绅富纷纷逃窜。世臣独洒扫庭内，课者孙诵诗。作五言十韵曰：“有钱行周道，幽草玄且黄。云何望重乔，不闻歌绣裳。陵苕叶青青，悠远信不皇。涉波白蹢豕，离毕知月行。雪消因见晛，傅天鸟高翔。薪柞析其叶，谁与陟高冈？新田可采芑，美地况中乡。右有后左宜，汉监岂无光？洌泉浸获薪，讵见坟首牂？伊谁乐吾心？睠言顾隰桑。”是月下浣，夷船大至金陵城下，而官绅以牛酒迎犒者，交午江中。小民以薪蔬刍豢上船与市者，日以千百为辈。至七月廿二日，夷酋初次入城赴宴，世臣察其机有可乘，因为《歼夷议》一首。商之忠勇有识之河南统兵官，密白当轴而竟不行。如所议，不过费五六万金，必使之片帆不返，且可尽获其掳掠之资，以偿三年军费。说既不行，世臣念夷船近在肘腋，城中吏民多外向，此稿一泄，则祸必及身。及夷船退，又念夷船再入大江，事属必有，存此议可为后图，是以谨藏其稿，不以示人。阁下心乎国是，故以奉告，仍不敢录稿奉质也。

现虽防后尽撤，而厝薪烈火，有识共知，则莫急于训练；积贮告匮，夷欠限紧，又莫急于征敛。世臣窃谓二事固急，而尚非其至者，民情携贰，宜急所以维系之；兵气涣散，宜急所以镇一之。维系散民，在用良吏；镇一懦兵，在亲选锋。若以忧贫而勤茧丝，起弱而恣鞭挞，则委而去之，舟中皆敌国，孟、吴之言，未必不验于今日也。国家爱民重士，二百年无一虐政，而士民所以为报者乃至此极。是岂畏义畏法之良，尽汨后起？练心用众之术，竟绝前识乎？亦唯在上者，重气节，敦廉耻，以大示转移之机已耳。说者谓势迫载胥，而论侈上理，既迂阔而远事，更纾缓而无及。然阳格天不旋日之谓何？及今不为，仍前苟且，抑将伊于胡底乎？当京口初破，而桃北遂决。日前冬至之夕，自酉至亥，雷电风雨，五阵继作，有如炎暑。又物当乙丑，震动金库，真无敢戏豫无敢驰驱之时也。

世臣自豫章返白门，有公书告帖二纸，附呈一览，知其无意人世事。而复为此言者，实欲阁下深察情势，与同志诸公，戮力不退转，世臣庶得托身农圃，以尽余年耳。伯昂、滇生二公皆贵而好学，心存世道之君子，不及另缄，晤时出此书同览可也。昨接卧云书，有与蜀门要缄，乞确致之。蜀门心力颇可用，其招同入都之李春台游击，亦有意兴，军官中不可多得者。诸唯为道为民，珍重千万。道光壬寅十一月望，世臣顿首。

上安徽徐承宣书

部民包世臣谨再拜状上访岩先生太公祖方伯阁下：上年五月，晋谒薇垣，备承训迪。世臣欲为避地计，面陈李云舫太守，人材可依，阁下力任汲引。至李公际会之隆、英夷扰攘之骤，则皆非所逆料，然大庇欢颜之宏愿固无歉也。六月望后，吴淞、京口之兵，节次调集，并本城满汉士，数几二万，分为八营，而城外要隘当守之处，并无一幕。世臣青鞋布袜，遍历八营，唯河南兵有慷忾轻敌之言。各省军官，亦唯河南总统陈游击平川身经百战，勇而廉，能得士，义愤形于词色，因与缔结。七月望日，三大老赴夷酋召，京口被掳士人因得放还。内蒙古贡生清瑞，系旧相识，备述在夷船三十一日所见闻，始悉夷情。廿二日，夷酋入城赴第一次宴，世臣见其机决可乘，而陈君能任事，密为《歼夷议》，袖商陈君。上院转呈，而主者执和议可成，不宜失信夷人为说。陈君气忿呕血，一病几殆。

八月十二日，购银全输，抽退有日，而佛郎西兵船忽至。英夷供给甚谨，邀同游眺者，半月始退。佛夷犹迤后缓行，沿途登岸，至重九始尽出海。歼夷说既不行，世臣本欲毁稿，唯以英夷此役，兵半假之与国，见此弱形，难免生心。况佛夷无故远来，必怀叵测，诚恐深入长江，事或再有。夷人大舶，载兵二千，粮精即充，薪蔬必藉内地。且戒山原里、沈山头两次大败于乡民，断不敢上岸肆掠。逆夷送死，终必在此，是以仍存此稿，以俟来者。八月廿四日，三大老饯夷酋于正觉寺，璞鼎查执耆宫保手，言破吴淞后，即定计至南京，先遣火轮船入探江势，上至芜湖者七次，是上江形胜，半在夷目。加以至日雷雨大作，上日大雾幂路，长星见毕参之间月许，均非吉占。故录稿呈教，或可备一朝缓急之采择也。

白门城坚池广，山深林密，至易守，惟城中无七日粮，不能自固。

夏间迁逃十余万户，费资既数百万，而出城遭掠甚多，迁回无不病者，共切悔恨。又共谓夷性反侧不可恃，深忧再来，而满汉两标兵无一可用。世臣每遇守土者及绅富，皆劝其谆谕积谷，使城内有半年食。又告当路檄外营，选身手壮健口齿明白者百之二三，以原饷送辕为亲兵，藉访各郡县情势，以备仓卒。并饬游都以上统兵，至三百人者，各挑十一存营为亲兵，使遇事有所倡劝。闻者皆以为是，而莫肯采行。皖城情形，似亦有同此者，故并献其愚。世臣自返山时，即出告帖，以卖文售字为活。属遭乱离，人鲜需此，幸无攫席之刘叉，尚给馆粥。刻本二纸，附呈一粲。所望勋猷日茂，使故里士民，共仰生全。私心翘企，不能自已，临楮神驰，意非言悉。道光廿有三年三月望，民世臣谨再拜状。

（以上诸篇文章录自《安吴四种》卷35）

说储正文（节选）

嘉庆辛酉孟夏，天津姚季光承谦从余游。年比成童，志性拔俗。夫师以成身，故与三节，一日之长，所知宜言。导以读书经世，非科第间事则乐闻。偏论今古成败，所问难或中肯綮。遂请救时之要，语答四万言；复以郡县繁要，又别说保甲、学政、戎政、农政，亦四万言，命曰之《说储》。以文多，分为上下二篇。果能沉潜思服，触类而长，则可知在是，惟世所以置之耳。用必遗身，俟诸名世。翰风曰："君子之为言，期有利于斯人而已。倘当路君子，幡然存劳心之志，束身请益，亦所不隐也。"

国立于三，行之以一。夫维心以德，养尊以威，合众以财。财匮则威不行，威沮则德不立，非即有横溃四出之患也，而天子已孤立于上矣！且大法者，所以一民也，犯之而不行，则法固弛矣；法弛，故利浚于下，而财匮于上。是故居帝王之尊，秉恭俭之德，以号召天下，求安吾民，而莫之或应，则自弃其法而已。先圣之言曰："王国富民，伯国富士，仅存之国富大夫，亡国富仓府。"然财仓府空虚，非天下之公患也，患民急而已。然而一二言利之臣，方与搜括锱铢，事邻剽窃，驯致膏屯于上，泽竭于下，是速贫之术也。《传》曰："危者不可以为安，亡者不可以为存，则无为贵智矣，况以贫而不可富乎？"夫天下之土，养天下之民，至给也；然而愁叹盈室、冻馁相望者，民不著业，业不归农，而食用莫之制节也。夫好善恶恶，民之性也；饥寒交迫，奸宄乃成。然而握金珠、枕钱布，餐之而不能饱也，衣之而不能温也；然则天下之富，在农而已！夫无农则无食，无工则无用，无商则不给。三者缺一，则人莫能生也。至于士，若介介无能为人生轻重者，而位首四民，则以生财者农，而劝之者士；备器用者工，给有无者商，而通之者士也。然则修法以劝农，使国富而主德尊，抑先求士而已。今者民无殷窭，莫安其生；吏无大小，各忧其贫。军国告需，上勤宵旰，调发不给，捐输不继，雍、梁、荆、豫，跳梁百万，而兵弁望风逃北，郡邑为墟，淮、泗偶被水灾，数百为群，露刃望食者千里，莫敢谁何，而公卿怀胥吏之心，贵戚袭国人之视，无肯暂易其营私之智，为国家计深远，或乃骈金约紫，坐观叹息，以告无罪。夫为政有机，知其机者，能因败而为功，转祸而为福。夫劳民易为仁，弊政易为善。详观时势，兵弱威屈，民贫财绝，实富强之资也。抑务先义而已！夫见目睫之效者，忘远大之图；守府史之说者，毁治安之器。苟有用我，持此以往，虽三代之盛，不可妄期；汉、唐二宗，必复见于今日也。

行吾法，必先大赦，与民更始。自非不孝乱伦罪至殊死，守土弃城，交阵弃军，及采生折割诸罪至极刑，皆与之荡涤旧污。凡官吏军民已发未发罪恶，事在赦前皆不问。一切挪移亏欠公赔各项，悉免弥补，惟切取手实以备请核后效。奴婢自非本身买卖者免为庶人。赦还军流，或即所免为庶人。诸在禁锢者，悉免刑籍，霍然与天下为新，使人无负累，驱而之善。

设审官院，择大臣一人为院卿，正二品；辖学士四人，正五品。主选举，诏内外郡县，不拘现任、其专折大臣自可奏达者，不归该院。其有奏记亦准。故宦、儒生、幕客、农民、吏卒皆许言事。其有经国远虑，封疆大计，水利屯田，劝农练兵，以及吏治利弊，律意轻重，或即一郡一邑当兴当除，各就素习确见，缮书条例。大言勿忧骇俗，小成勿饰动听。书式，一依古人论著体，除敬避庙讳、御名外，诸无回忌。惟不许指名发摘，以杜告讦。凡上书者，皆封递本县，知县即时加封，用三百里飞传该院，校别其实可施行及有意议可造就者，征入都试；不中征者，驿给原书罢之。征者，本邑计里给资，每百里白金三钱；年五十以上非仆从不行者，增三之一。至都，舍于公邸，食用皆有主者。茂才，奏请不次擢用；其上第、练事、达权、身强、品优、识决、性慈、可胜亲民正吏者，奏请外补；心地明达、可参大计者，咨呈内阁，补阁史，并供奉；温习典故、可备顾问者，供奉翰林属审官院，正六至从七为直院，正八以下为供奉。切直敢言者，咨御史台补台史，并行走；通吏治者，分别赐级，咨部补部史，并行走。中第，分别给级，咨国子监肄业；报闻罢者，咨户部给资还乡里。惟诈伪代倩坐之。或父、师遗书裨益时事者，皆许声明封递；剽窃坐如法。年七十以上不任征及癞疾者，亦各尽所言，于书尾声明；果谋猷高远，饰本府就问条节，录语驿闻，赐上第，加优酒帛。给罢者，亦以差赐酒帛，以明敬老恤病之至意。诸上书，所言切实可施行事，仍纂辑奏请颁遵。诸史迁补改易各名色详后。

前此举孝廉方正，率出夤缘。举山林隐逸才堪大用者，即无一人应科者。其赴都言事者五六人，类皆贪冒庸妄急于进取之流，非有深谋远略、确然欲有树立、以安国济民者也。然其言虽不足采，部臣不宜肆诋斥之词，市曲宥之恩，使沉毅敢果之士莫肯以至计上达也。惟使自封由驿，则官吏可绝婪索蔽抑之奸，计里给资，言者亦可无跋涉资斧之虑；而封书给还，仿于隐恶之义，亦足以养士气矣。

民有武勇，自手移三百斤以上，虽无技仗，不论出身，皆准自疏才技，填明年貌本业，呈县封递该院，以凭挑征。资给如上书者。年五十以外，非有奇技不与征。其手移六百斤；使长枪丈四尺倏忽进退三十次，次二十步；箭八十步外命中步官尺五尺。有一者，上第补侍卫；最下中挑者，发各标补材官学习；或署田官，督教水利。

罢捐职、捐监。郡县每岁举孝弟者，赐级视贡士改举人副拔归一等。裁岁贡，总名贡士。力田至五十以上未尝与争斗、抗欠、狱讼者，赐级视生员职捐既罢，其已捐者虽准顶带，不能引拟，故专视生员。其能约束子弟，劝谕里党，解怨结和不受馈遗者，赐级同孝弟。工商以孝弟举者，赐级视力田。他无进途。孝弟已一举，而行业日增，再举者立为保望。力田及视孝弟级者已一举，而教戒子弟，化育者多，善为劝说、潜消大狱者，再举立为里望，三举立为乡老，皆岁有酒帛，知县于孟冬致送有差，仍皆以资上礼部。如有缘滥等情，监司察核。

其礼部会试，布政司乡试，郡县小试，仍举行。惟罢八股，以明经术、策时务二事应之，除搜检、糊名以教廉耻。

上书科先开，期限一年，后为制科，或因事特开，或十年一开，以罗逸才。举行科孝弟力田之属，考言科乡会试之属，俱常行。取士法共三科。京擢审官院上书分用、礼部会试分用之属，学擢国子监三舍升补及保举上舍之属，司擢孝弟贡士三年赴策之属，县擢令辟召优行生员儒士力田署史之属，用士法共四途。

凡应小试者，《春秋》为本经。试法：默左、公、穀、胡传各数条，解经一篇。古事时事，概准称引辨证。卷尾默《孝经》、《小学》各一则。力强者，兼治他经。对策亦须援《春秋》义例，以断律意；免默四传，其《孝经》、《小学》仍默。皆限年二十以上有先举后考法，详后郡县条例；此初行时法制未备，考试久停，恐失士望，故先行断年限经法。法制备后治经依此例，惟免默写；其果年未弱冠，而明晰经义、达于治体、习《通鉴》史书解其意义者，郡以神童举，比上书科试擢。

该院考核现任科道。归俸三年以上无一语建白者，罢之。内阁翰院自学士以下，皆归该院策试。其不能通达治体、启沃聪明者，罢之。其犹能温习史册、明于古事者，准以原级行新事。整饰官方俱有职守，非复前此因循颓靡。又品级多所改易，或才具不当，故授事不得执本级也。部曹各策以本部机要，其不能通明律意、见彻利病者，罢之。凡中外大小人员领现职及迁补者，自度不胜本任，皆准辞请。凡罢者俱勒归本籍。其后或能刻励经纶，与时俱进，许呈本郡送院应策，中间者以原级行新事。此亦因部课未备，而滥厕当澄，故使该院核汰一次，后仍归各部课绩，该院不得参与。其报罢而呈策者，仍归该院。

凡生员视从九，贡士视正九，进士视从八。国子监生下舍视生员，中舍视贡士，上舍视进士。用进士法：礼部放榜后，咨送吏部，验以身言详吏部，条别为等。以试策明于大计者署阁史，博于故事者署翰林，敢言切直者署台史，达于吏治者署部史，签奏引见定夺。归班者，并贡士及孝弟之稍通笔札者，每三年一赴司试，中策者以状上该院，以资上该部，加一级补史，上第，对品补吏外用，上资状如法。

改书吏名为史，以级差之。裁门上签押用家奴及征号批行。用幕友条例详后。令部院京堂各衙门现在供事皆赴该院策试，中试者分别署级史，仍加权字，以视后效。不中者罢之，俱勒归本籍。县僚各书吏皆赴府试。府以上书吏皆赴藩司试，如该院法。上书中试者，一切以第署史。其署级罢归者，该地召补级史。生员之明白敦实者，力田之通算笔札者，儒士之力学有实、屡蹶府试者，令核验分别召补，上资状如法。凡史，无论中外，三年课上第，正九以下，加一级补史；从八以上，即对品补吏。中第差之，不入等，黜有差。京史级止正九。其正八以上，用新进士分别验署行走；从八以下，用直隶省贡士、生员，分别验署行走。

王者之法如江河，使人易避而难犯也。今科条密之，一举足且入其中，则难避；难避则犯者多，诛不可胜，必易犯矣。此君子不能远罪，而小人有以漏法也，岂不殆哉！例书充积，胥吏缘以为奸，宜罢之；修订本律，约科条为五百属，而重其惩创。简则人知，重则人畏。人知且畏，则法可必行。夫弊吏之法日密，而吏之贪恶自炽。夫为吏冗騃者乐而廉能者苦，易知也。跬步自爱，十九碍法，故有“到任一日，不够革职；审事一堂，不够新疆”之谣。薰莸殊质，同挂吏议，其何以为劝乎？故今小吏之能久职，虽其大吏朋比，实亦欵迹重大，瞻顾牵累，不得辄发者也。然有执法者至，廓然有意于诛斥之，而新旧交际，来者肆虐，去者乞怜，民未见德，浚膏愈滋。且俸所以代耕，今制本不厚，又因事而罚之、扣之，罚谓干部议者，扣谓地方公事当办，不支公项而派捐廉银者。县廉不敷，当有司文催追，名解廉。并有一罚十年，并追罚前已领者。假其罪不可赦，自当明正厥辜。顾夺其生养之资，授以婪剥之具，非所以教廉也。况因公纤芥，过出无心，遂至参革；赃私狼藉，罪逾丘山，安享丰厚者皆是也。其大吏坐罪革职及赦斥为民者，柬章仪注，犹若方面，彼奸恶复何所惩乎？宜罢扣罚之例，严决惩之法。其公罪贻误，可比常人律论赎。惟计赎为负入课详后郡县课绩。余尝反谚言曰："立法恕，行法严。"为政之要也。故令而难行，宁勿令也；行而不守，犹勿行也。

今法，军徒坐縻公帑，且滋害配所。宜修复古法，使徒二年以下、杖八十枷一月以上，输本县散作，夜宿档房，官日给米一升，派充扫除、走传、扛抬、垦运等差；徒二年半以上、至流一千里者，输本郡，先锁作，次散作，官给如之，以锁、散年数定其重轻。作毕，皆免为庶人；再犯，乃削良籍，书名瘅恶亭；其子有以孝弟举者，得缘除。凡比杖八十、枷一月者，输三月；余依律以等加之。比流千五百里以上，皆遵照里数，迁家屯田入伍，五年成业后，酌免为良，同籍兵。凡输作，皆扉屦，书背曰"某土某役某"。其比徒者，皆杖六十乃输；比流者，杖八十乃输；比枷三月者，笞四十乃输。以下免决。

其赃吏，科本罪外，子自成童以上，知而不力谏者，禁锢；兄弟在署者如之；父母不禁止者，夺诰敕；有他情者，各科本罪。其子弟谏而本官不听者，讯实免其禁锢；其父母教戒而本官不改，本罪轻者，加科不从父令律。凡赃罪，其监奴皆减一等坐罪，仍籍没。凡官员设场约赌，抽分蝇头，无分中外，其止招集同寅，窝主绞监候；同局夺职，杖一百的决，迁家屯田入伍。若及富商、奸侩、乡衿、地实者，窝主斩决；同局坐如法。官员混狎优伶、涂傅粉墨出场串戏者，夺职，追告身并祖父封敕，决杖一百，注乐籍；寮友与观者，夺三级，追换告身，决杖八十。证发者免之。其止嬖比顽童、课习淫声者，各科本律。其琴瑟笙笛不废政事者不坐。二犯官子弟，皆坐如赃吏律。三事害民最甚，风自上炽，非重辟无以遏其狂流。

父兄之威，止于詈挞，坐视其比于刑罪而不能诤，谓他日之能勿欺而犯乎？且自少习见豪华，必难改从凉苦，故仿汉法分别禁锢。且子弟知罪及己身，不敢助恶，而本官内多牵掣，恶念可少止。

禁座主、举主、恩师、门生、同年兄弟伯侄之称，犯者俱坐无耻称者受者俱坐夺职，永不叙用。其素系师友，不用此例；仍禁门年字样，犯者坐如法。其馈遗从重以赃论。

举子卑远，夤缘当路，多籍座师、同年千百、遍布中外，势利相亲，胜于同产。稍守刚正，沸谤胁持。新任领选之士，随计赴部之员，座师年友，辄索别敬，横贷以买情，婪冒以偿债。及有破发，又可干缘。故科甲戴望主司，几齐罔极，听受请托，藉为报德。枉法欺君，无所不至。破坏廉耻，于斯为甚。所宜急惩！

严定服制。优隶及一切供贱役者，自台阁监奴以下监奴，谓监治家事及给役使者。门上签押不在此例。例详后。衣皆用布，纯青色；工商，衣皆用布，纯青色；农，衣皆用布，除青色外皆准服用，仍用纯色。三色人皆不准着靴，青色单眉走鞋；冬服羊皮雪绒，其黑羔珠毛不准；夏服葛布夏布，俱染本色；带板用方寸半白石；茧绸、绵绸，准染本色服用；其沉香、交白、湖杭、春绉等不准。三色人年非六十，皆不许坐轿。级正九以下至儒士，许用杂色素绸，仍着方头履。级从八以上，许服花绸，着靴。上至一品，车轿鞍辔皆有定差。婚丧燕会，妇女良贱服饰皆按等级画定仪数，崇俭黜丰。仍刊定《小学》附《乡人礼》一卷，使蒙童业之。诸不遵令者，其吏士、男女衣履庆吊仪数僭用一等者，夺一级；笞五十，收赎，违制财物入官。罪次加至杖一百者，诸正印官准赎；余级不比夺者，并以差决杖，俱赎输作，至徙极边者。该犯已分家产入官。庶人僭用绸缎纱罗金珠细裘镶佩，计男一身值百两，女一身值二百两者，徙极边，家产入官；递减至杖六十，违制财物入官；杖一百者输作。其商贾，故曾捐职捐监者，六十以上许服捐服，余仍本业服，俟至六十乃服。其改业士农者，许服捐服。违者夺极。凡例应赎输作者，每作期一月，缴赎银九钱。妇人律论赎同。其赎笞杖，每一十缴赎银二钱。妇人同。原赎者如家无兼丁，及父母年七十以上而无兄弟侍奉者，及抱染时疾者。倍之。贫富一律论。

大丧，斩麻三九，更服生白布毛边衣，白布无眉毛底鞋。期，去毛边，月白布鞋。大祥染一入蓝，皆不补，禫蔽之。索带，上无加服。其敢用纯青衣布靴、存客与会者，夺职，追告身，决杖一百，坐居丧无状禁锢，终身服工商服。杖期，服熟白布光边衣，七七后着青袍加绖，外服从宜，违者坐不友，决夺三级，杖八十，收赎。级不比夺者决杖，赎输作。现任者不用此例。法详后。士庶人决笞四十，输作，以服阕为限。大祥内，或庶人引对公庭，及寒素之必不能不依人谋食者，许暂于衰袍上加青布白里边外挂；其解衰袍及丧鞋者，即坐无状律。

凡妇女犯令，罪至杖一百者皆的决，输女档房，修白粲缝作律，官给如男人律。命妇，罪乎徒二年以下者，修雇山律收赎。以上追告身离异，的决。罪不由家长者，减三等坐；由家长者，减二等，的决。其家长比坐决夺职者不离异。

隶役僭奢者，其主皆坐故纵，决夺一级，笞五十，收赎。隶役罪加至满徒者，决夺二级，杖六十，收赎。无职者，决杖六十，罪止决杖一百，输作赎。

画一直省城乡市镇店户民家所用丈尺秤戥升斗，皆遵部颁定式，公平出入。该县长官严访勤查，限二月内改正齐一，无得参差。金银铜铁土石同用一衡，米麦糖秕同用一量，绸缎布匹木工石工同用一度，价值各从俗便，度数必归画一。逾限不改正者，决杖一百，违制物销毁。工匠人为人作升尺戥秤大小出入者，杖一百，遣发为奴，家产入官。各牙行人秤尺升斗及钱店人戥秤不如法者，科罪同制造工匠。

今度量衡之制，比户相悬，各存欺诈，行旅尤为不便。且事属市曹，制关国典，不可不慎。

禁箔金、泥金、包金、溜金、煮金等事。其违制开箔金等店人及工匠人，俱杖一百，发遣为奴，店本家产入官。其用违制物者，无论现官绅庶，每一事笞二十溜金钮扣一副亦为一事违制物入官。其银箔、铜箔通禁，犯者减金罪三等。锡箔资为冥币，相沿已久，可革则革。

永禁东南开洋、闽、粤各处洋行鬼子，皆给檄罢归本国，禁大呢、阿登绸、羽毛哔叽等物，不许入关其由方贡入者，不许多带至内地与官民回易，非出给赐，不准服用床围椅褥皆同，犯者与僭用黑狐龙凤绣文同罪。禁出洋贸易及漏米下洋，犯者不分首从，与私通外国同罪，枭示，产籍没，家发为奴。禁一切奇器如自行人、吹气皮人、自鸣钟表、自行车一切用机巧、水法、重法之类。其逾制工匠人坐奇技淫巧惑世律，立决，产籍没，迁家屯田。买藏人决杖一百，逾制物入官。其外藩归德入贡者，该地方大吏飞咨鸿胪寺，奏准护送出入。稽察回易，皆如今法。

设监太重，赋禄太薄，携属太多，使人有谋猷则不得展，非贪婪则不能济。设官治民，适以害之，非计也。令属守，守属司，督抚与道何为者也？谓司不可信，安见督抚遂可信乎？官由部选，既不核才能，而督抚复以人地相宜之说纷纭拨调，使迎送费繁，奸弊百出，实则计繁简，责贿赂耳。道介司、府之间，巡守、兵备皆属虚名，则督抚与道之宜裁，不问可知也。求贤以兴治，非亲近者孰能知其素行？以提学主司领试事，而决于雕镂之文，即使尽公，于抡才无与也。宜裁浮差，归于守土。大学士本以入阁办事，汉左右丞相之职，而置六人，俸才比下郡佐贰。科道职司匡纠、谏议、拾补之职，古额不过数人，而隶以部，配以省，列衔百数，实不能稍分部权。小九卿本职久废，无纤芥之事，滥厕尊衔，富者事饮博，贫者事钻刺，致有“宁为邑郎，不为京堂”之语。且外官既不问满、汉，惟能是使，内官何必拘分畛域？督抚巡边，古省方问劳之遗，而骄踞锦韬，役从数百，辟易道路，不复自知其职。内京察，外大计，仿于三载考绩之文。其长吏所设善恶，既任喜怒，又以雷同之词加勘，并不指其实迹，而保参数人以外，概置不问，尤可怪也！古制今宜，所当参酌。取所拟改职加俸之详，为表如左，次各明其职之所宜焉。职方图说另详。

…… ……

凡部院所领三品、四品职掌官，皆仍自为堂，辖乃为属。凡领，皆受计加勘而不禀稿，文移用职名咨呈，相见用衔名呈帖，拜而不参，坐次佥坐，长官送而不迎。辖皆禀稿，上计文移用禀呈，相见用衔名手本，禀参，坐次隅坐，长官不送迎，常见领辖均三揖，不拜参。惟内阁所领，仪注同辖。凡史见长史如辖。自阁院至佐史，虽非所领，凡次品如从一于正一。用晚生帖，仪如宾主；隔品如正二于正一。仪皆如领，惟用衔名帖；隔二品即用衔名呈帖；隔三品如辖礼。凡外官，节制如领。外属吏谒长官，吏皆参拜打躬，旁坐。史皆不坐，仍打躬。凡长官受所属参，礼数以级为差，至微者亦起立拱手，参毕乃正坐。凡幕僚皆为属。史与吏级同者，礼降一等。

内阁、提督府、御史台为三公，该衙门月给纸笔火烛银一百两。六部、左提督、审官院、府尹为九卿，该衙门俱月给银九十两。宗人府、天储府、少府、通政司、国子监、御史中丞、钦天监、鸿胪寺、太仆寺为小九卿，该衙门俱月给银六十两。余衙门各月三十两。给事中、国史馆，每人月给银三两。京堂各衙门皆设守门皂隶四人，就月给公费内开销。刑部设执刑役八名，岁共开工食银九十六两。其余仪仗皆雇倩自备。除督兵衙门外，丞相两旗、两鞭、两垆、四执刀、四持矛、四橐鞬乘马；尚书以下至二品堂官两旗、两鞭、四执刀、四橐鞬乘马；三、四品堂官两旗、两鞭、两执刀、两橐鞬乘马。惟祭酒两垆，无执刀；丞相长史两旗、两鞭，俱传呼辟道。自余司职俱无仪仗。家丁从马，一品不得过六匹，二、三品不得过四匹，四品以下递减。史职家裕者，许从一马。凡内外武官皆乘马。内文官一、二品用轿：一品，绿围紫缘；二品，绿围绿绦。三品至六品乘车：三、四品绿围，五、六品青围。七品以下乘马。凡马别鞍辔：一品，马用紫缰朱题，朱地密绣锦镶垂五色绥鞯，踢胸二重；二、三品，紫缰红题，绿地撒花朱镶白绥鞯，踢胸二重；四品，紫缰，绿地绣镶鞯，踢胸二重；五品，紫缰，绿地鞯，踢胸一重；六品、七品，绿缰，蓝地鞯，踢胸一重；八品、九品，绿缰，蓝地鞯，无踢胸。内外文武一律。无品人，白缰，木鞍，黑鞯。

藩、臬、府、县，在城俱用轿，藩司绿围绿绦；臬司上围绿，绦绿，下围青；知府，上围绿，下围青；知县，围青，绦青。参军司马以下幕僚官，皆乘马。凡掌戎政官出，皆有兵卫：藩司备五马，马、步各十六人；府弓、矢、矛、剑，马四人，步八人；县民壮四人带刀夹舆，马二人韔弓从。凡巡辖劝农因公下乡，皆去卫。幕僚惟参军司马督标，兵从视知府；余官皆二鞭、一伞、一从。

凡藩司知府皆领兵，不设他役。臬司役，藩司调兵轮给之。知县设民壮七十五名，共之丞，日给米一升，仍各执本业，分三班轮直；无业者督垦近地，酌议分法，以裕公费。典史设马快二十五名，日米一升，月银五钱。巡检设弓兵二十五名，日米一升，月银三钱。三役皆有服仗，教以行伍击刺之法。十月、十一月、正月、二月共四月，每日午后到场教操，有故者听假。教操日，师有酒食，每人皆给面饼四枚。皆二十充役，六十免役，余冗役皆罢之。浮数者，府判司参军论劾。挑法详后。县设掌刑二名，仵作二名，给粮同马快。例以专人学习。皂从、轿夫官自雇倩，不得以三役轮充。凡以公人充私役者，一事夺一级，笞五十，收赎；三事决夺一级，杖六十，收赎。如差伺候人员迎家属、差公役递家书之类。藩府虽以兵轮役，止充差辑、仪从诸事，其私宅内厨洒扫等事，不准轮用，违者比于律。其茶房伺宾者，仍属公事。官以公出者，准以茶房充厨役，不用此律。

凡上道，自藩司以下，皆以雨衣乘马，自备长行，无得骚烦驿站。从役皆雇骡驴。内外上下，无得过二十人，违者夺职。惟幕僚及伺候人员，奉公于役，许由驲，给马一匹，驴一匹，挑夫一名。凡长官下乡验勘，皆乘马。其年过七十、不任乘马者，皆致仕。凡驲递公文，二百里以下，皆以输役走传；以上乃许用马。京差无勘合不准应副。每驲上马五头，中马十头，驴十头，输投四十名。凡马，岁料豆十二石，折银十二两；麸十二石，折银四两八钱；草八十四石，折银八两四钱。共计二十五两二钱。驴豆五石四斗，麸六石，草三十六石，共折银十一两四钱。每驲岁修鞍槽银十八两，岁修棚舍银二十四两，纸笔银十二两，除厂银四两；岁耗上马一头，银二十两；中马二头，银三十两；驴二头，银十两。共一驲岁款六百二十两，余款官自筹给。

凡生辰岁节，非附郭属吏，不许贺谒。其有馈送，皆以赃论。其知府非因大政，必须面禀两司而上省者，以擅去郡律夺职，杖一百的决。知县非因公至郡者如之。非有大政，司不许提府，府不许提县，违者决夺二级。其因私者，如府擅去郡律。其上司莅境，属吏迎送，毋得离城十里。

革门上签押用家奴充当，违者，本官以违制图私律夺职，该役依贱僭为良律，决杖六十，输三岁。门上主禀事、发行文书签押；主用印检校文书皆公事紧要者。文官自丞相藩司以下，武官自提镇以下，皆轮用级史材官。五日一番。不得专用一人，致招权鬻。该史轮值，止办公事，不得隳坏廉耻，兼给私役。如门上兼管厨房、帐房，签押帮用图章，研磨朱墨，缮写长吏自作诗文草稿之类。犯者坐无耻，夺级，杖八十，禁锢，本官夺一级。

定各官携属之数。凡随任人，除父母妻妾外，其兄弟及子多而有长者，当留侍丘墓，婿当归本家。其外祖父母、舅父母、外舅姑无子可依者，许声明迎养。其婿或自幼抚育无家可归者，亦听声明。家丁自藩司无许过十五人，以次减之。其荐丁入署者，荐主系官，夺二级；系民，杖八十；系长吏，夺职。定例：藩、臬五十人，知府四十人，参军、司马、知县三十五人，僚佐二十五人至十五人。其禄入所养不过如此，过此则拮据，非贪不济矣！其子弟必皆有业，于文内声明。无业者为惰民，则可随任者惟有士耳。然士非常家居，素行孚于乡里，则不能与举，是随任又无以得出身也。爱子弟者思之。浮数及不符例者，府判司参军参劾，令下，诸现任人不符例者遣归，仍取实给人数；声明符例脚色，申司及府，以备查参。其出署无业可归者，许请迁屯田。筹屯法详后。其贫乏亲友，本官自酌情义寄赠者，听；不许远投该署，致本官留遣两难。违者无论绅庶，科罪同惰民，终身不齿。其索私馈者，虽系亲友，皆无得住署。

尽裁幕友，刑钱事归幕僚，佐理同友。且坐堂讯鞠，尤为分劳，征号批行，俱五日一番轮用级史。革书禀，专用文移。三节两寿红禀，骈文最为陋习。且一遇大案，不用公文，先行禀礼以仰上司鼻息，尤为弊政。其亲友私书，皆专足附便以通殷勤。敢用官封驲递者，臬司参劾。违者，虽一事亦夺职，仍追捐马银，每驿三钱。夫吏者，所以缮行文移，检校簿书，习土而明风俗，近民而究情伪。汉、魏以前，皆出身辟举，杰才间出，每至公卿。唐、宋以还，屏为流外，绝进身之望，去代耕之禄；然而居其地者，以长子孙，故绅无世家，官鲜世禄。而胥吏承袭，遍及天下，惟狱为市，弊极于今。前有部臣，因经承招权太重，又皆绍兴客户，盘踞为奸。建议尽驱之，反为等辈所要，敦请加饭银乃返视事。遂谓部事非绍人不办，莫敢复议。斯皆吏不事事，倒持太阿而授人以柄者也！诚命以级，赋以禄，慎选士人而授之，精考课绩而进之。出身有途，则人皆自爱；饔飧有赖，则官可执法。优者累考而迁，劣者因事而黜。使我髦士藉此观政，时以土风，诏其长官，斯亦与地方贤士大夫共治之遗也。至各役，并无名粮，日供差遣，微忤而刑杖辄加，坐赃则罪过平人，举事无名，莫此为甚。均是人也，而立以为官长，谓其贤能抚众，才可理剧也。今处职者官，而理事以友。使友诚贤也，当路者固宜罗而用之，不当听其伏佐人幕已也；诚不贤也，而使与人民社，岂不殆哉！夫幕友，大抵刻薄奢侈、贪污无耻之辈，长恶图私，当事者莫不知也。然予尝与议去幕之说，则哑然莫应。固以相沿已久，重言变更。况今之司刑者，问以律式轻重而不知；司户者，问以钱谷出入而不知；司吏者，问以课选上下而不知，十常五六也，去幕友则伥伥而无所之矣。然思刑钱修脯，每人重者及千，轻者半之；征号书批诸小席，膳设仆从之费，每友亦不下岁二百两。计一县延友之费，约岁二千五百两，而大县之廉，不过千两。曲徇陋习，黩曲从污，甚无谓也。佐贰助理，名理即顺，劳逸斯当。其幕友果能通达治体，可以条列新科，取进不次，亦无弃才之叹矣！左之设官也，使贤治不肖，不以卑临尊。今巡典受级，仅比生监，丞簿出身，已劣举贡。故鄙弃于清流，益鸱张其横肆，长齐民不逊之心，养小吏无耻之习。诚使贵贵相承，足资临御，则轻吏之俗革；贤贤相推，广为辟补，则沉抑之士罕。又今学宫饰观，学师备数，职冗于胥徒，行污于驵侩。良以分既失势，地又居贫，凌迟之使然也。今以丞理民，复使兼学，则德以威捋，刑因礼重，诏令以选举之源，佐令以教化之实，制时之宜，庶乎有中。四民各有生业，亲友有入佐途，遂辐辏以从惰民。试思无此依赖，将能不食而饱、不衣而温乎？游食集署，非本官所乐从，冷面所向，盛气所凌，加以关防所束，蜚语所指，盖十人而八九不堪矣！徒以路远费难，隐忍牵就，或逢意外之虞，竟成流落。又有千里投亲，而或出差远省，降补不讳，至不相及，常至摧折中途，化为丐盗。己力可食，俭则易给；及事乃悔，嗟曾何及？是故议裁延幕、非以绝缙绅养才之路也；议禁随任，非以阻富贵姻睦之心也。裕官财以教廉，止民疲以教富，人情之大原，而王政之急务也。

凡郡县在边地，言语不通者，限一月内必须学习通晓。

凡府，于仲春仲夏，遍巡其辖，问劳验核。藩司于仲秋遍巡所辖。藩司巡辖，皆就近召乡老问风俗疾苦。其言语不通者，则书以问之，使之书纸后以对，皆赐食。府巡辖，皆就近并召保长、保望问风俗疾苦，皆赐食。县每巡所辖，皆就近并召里望里正问疾苦消长，皆赐食。立乡老保长诸法详后。

郡县力行保甲，以睦邻里，靖盗贼，浚池渠，筑堤防，劝农业、种艺、畜牧，以教勤作，备水旱。量一家人力多少，差其种畜。非老弱病废而田地荒芜，与不兴畜产、不事纺绩者，惩责有差。其从令尤力，收成殷盈者，奖以花酒。成书详后。

凡伸诉，皆赴令署。丞、尉虽佐理，不受词。县申府亦然。其诉讼者，知书者词必自作，余即代书，依口录词；或诣宅门口禀。自旦至定更，令、丞或委尉即时受听。词与禀单皆有正副，骑缝用印；批正存案，批副标限给原告，持传被告，跟诉词呈缴。被告凶悍，差一壮快协原告往。雀角争斗之讼，十日结；田土户婚引证烦多者，二十日结；命盗大案，三十日结；凶被逃案者，展限有差。每月缮事由册，详载告诉多寡，审结迟速，注明令听丞听申府。封印前，总计一岁已结案件。计民人一岁三讼，理虽直而可无讼者，输半岁；理曲不入辟而为人持者，输一岁；理曲不入辟而持人者，输二岁。绅士照律论减。至民输二岁者，夺级；输半岁，收赎，情轻者免禁锢，仍书名申明亭，俟三年无理曲事入公门除之。总录登号，于开印日行，检各稿赴直家，令谨收执，备他日提核，以省簿书之烦。

凡知县，于开印前择日发柬请乡老集城，举乡饮酒礼于学。凡在城之长、正、望、生毕会，翌日仍宴于署，问政令所宜，尽欢而罢。凡老，皆择其乡生儒端谨者为相礼，二人；其愿来观礼者，听。能射者仍准射，皆有酒食。

凡令、丞、尉、检以公下乡，过乡老居，必致问。其绅官致仕家居者，地方官庆吊往返，其馈遗以赃论。其绅户之未列乡老者，无得与该吏筵宴；其乡老并不得请该吏赴家筵宴。其并非绅老等户，该吏与通庆吊者，决夺一级，杖六十，收赎。其馈遗从重，以赃论。其过境客官与该吏有素者，准其留食，其馈遗下程以赃论。凡以赃论者，并与、受同科；首者免论，仍追赃。凡发者，兼自发人发。以赃充赏。

裁节诸不当祀者。凡山川、社稷、八蜡、马神、蚕神、先师、乡贤诸祠，斋戒，长官率属宿候馆或寺宇致斋，不准归署，致多慢亵。其私祷及捐资增造淫祀，革职、禁锢，毁祠归公。凡地方居民，勿许专建寺院，及任意立社稷、土地等坛。其寺院内，勿许设立施主像及木主，违者罪有差，仍改正。

凡县官祭祀、奖劝、修造、禁解、文移、楮种公费，要、繁县，每县给银一千两，中、简县，每县八百两，无得派累差房，违者坐不应。总计中赃者，坐不枉法。凡保甲纸笔及由单、串票钱、秤余、斛余，俱充公用，不归经款。凡一应捐募修造款项，俱令出示招各乡公举董事，一应银钱米物各项，俱交董事，官、史、胥役不得参与。官示期兴工，落成后，官受其帐，计功奖劳。

凡掌戎政及佐戎政官，皆有甲胄。冬阅，皆戎服。阅毕校射，皆先自发三矢，乃释戎服，坐帐阅射。凡僚史醻燕，皆行射礼。郡县以事上省，公事毕，司留宴，亦如之。

凡期丧，闻讣即撤铺陈举哀，史缮饬贰代办日行稿行贰，即成服。系祖父母兄弟妻子之丧，穿白袍廿七日，乃更墨色衣，起视事，仍宅门内不铺陈，出不传呼，终服。伯叔及庶母犹子之丧，穿白袍二十一日，起视事，墨色衣终服。大功，九日起视事；小功，七日起视事；缌麻，三日起视事，皆素袍，外加常服，仪注如常。内外大小人员一律施行。凡文武官例符任子者，嫡长孙曾乃为承重，凡文官正七、武官正五以上，乡老孝弟二科无子者，准以应继人承祀；余无于者，绝，产资官籍其册，充义仓。宗法久废，不可卒复。二条酌古今之宜，而礼从名生也。

凡藩司请陛见，或召见，皆敕卿贰侍从中曾任该地郡县及曾奉使该地知其风土者，台史一人副之，由驿就宣敕，即摄其事，使述该地政治因革所宜，及施行之要，与属员能否，郡县饶瘠。台史执笔书于册，三面同封其草。该司即起程。摄事人于地方政治人员，皆不得有所变革。带素随该司巡辖熟手，即出巡境，遍召吏、史、老、正问劳验核，皆书其要于册，俟该司回任日交印，仍由驲入京面奏。该司陛见时，直班侍御、日讲翰林皆侍，凡问对之诃，日讲官书之；陈地方风俗形要，官吏能否，一切因革事宜，侍御书之。代使入都，先以台史所书对封册申御史台，次面奏情形，并呈巡核清册。册发台臣参集较验，分别举劾。其兵部差员代镇协入见者亦同。

通计内外官吏加俸，各衙添设公费，各役给工食，共增银约四五百万两，米约八九十万石。裁关差、免税共银百六十万。裁盐差、免课共银四百六十万，裁捐、免保举、捐加级、捐加封、捐级请事，岁约及百万两。乘除共捐银米千数百万。当此支绌患贫之时，一日更捐银米千数百万以厚惠吾民，而生财之大道乃得，一切与民争利之弊政乃绝。会计出入，另详职方经画。

近日大患莫如教匪。然匪不足患。其率领乡勇别为头目者，多草莽英雄，强者或一呼三四万人，迄今罢者十七，未罢者十三。已罢者，指呼乡里，其威如故；未罢者，拨调堵御，官令不行，经画失宜，深为可虑。且平贼非难，安民为难。肿毒溃败，元气大伤，里弱表虚，时至不测。己未春，诏用招抚；贼既屡受官诳，莫有至者。即使束手归义，百万之众，何以待之？假令大功即日告蒇，兵撤于上，将骄于下，元戎无善后之策，郡县无抚恤之能，则杞人之忧，于兹方始。今计楚、豫、川，陕、陇五省防驻兵勇，尚四十余万人，鸟聚兔脱，靡费损威。宜挑出齿壮力强教技精者二万人，相地形，据要害，分为五屯，备兵器，优口粮，专用方牌劲弩长枪，以便截击；余悉罢令屯田，以勇目为田官，授以真职；前赐级给罢者，皆优檄召置。等辈既得众心，又习田事，且喜得真官，领众弥力。若置等辈不用，则乱言四出，众心摇惑，屯必不成，祸且旋至。兵兴以来，被贼各省，籍没首逆从逆田产无算。湖北一省，计七百余万亩。四川、河南、陕西、甘肃想当称此。死亡无主，遗产尤多。二项俱可饬员查勒。相度隘险，于两头可据守处，累石为堡，碁置五省之郊，为百余屯；有水源不便及不滋草木者，弃而空之，移其民参错入屯。其远贼平地有田之处，亦清查入册，招佃兴屯，于以连络声势，裕储经费。先饬邻境勒限造农器，籴谷种，分头解赴屯所给散。每屯紧要处五千人，他三千人。大屯给火枪二百杆，刀三百把，小屯给火枪百二十杆，刀百五十把。凡堡所俱积石块，重二十斤至重一斤者各一堆，以备守御。每五百人一把总，千五百人一千总，每屯一守备，俱以勇目为之。每十屯设一劝农都司，以官为之，驻附近城内。农兴时，往来田屯督课勤惰。入屯，人每口给半年口粮，日一升，并盐菜银日三十文；又草棚银户二两，每三人为一户。罢勇归屯，加费为简。贼渠股数十，每股极众者二三万人，至不与战。贼无攻具，无随粮，野无所掠，必困而窜穴。兵屯多行间谍，谍得虚实，助田屯堵击要截；其应招归顺者，逐次分派各田屯编插。贼愤不得战，掠不得食，其狡者亦必画地兴农；俟其将实，以轻兵掠之。贼既累困，进则得死，退则遂生，自非真逆，孰肯从者？一岁之后，自当熙熙而来，可散其党之十七已！官常于暇日，度旷土为堡，以便分移。计田屯收一熟后，便不须官给；两熟后，可赋助兵饷。总计三年，兵田二屯费，不及千万，兵兴以来，费帑二万万余。余己未从戎时，计五省军需日费十二万两，千万仅支三月耳。今想亦不相远。可不戮剿而贼平，贼平而民即安。田屯赋法，参采周、唐，通校五年收入，以偿所费，必复过倍。且罢兵辑屯为府，永利无穷，岂非富强之资乎？此嘉庆己未余身亲川楚所得策也，常痛切为元戎言，舍此则贼无平理；卒格而不行，今隔数年矣。兵势殊不可悬断，而此理无改，故详著于篇。

盐为天地之藏。官为立法，归利于商以病齐民。民病矣，终必病国。今官盐在淮扬出卤之所，每斤值二十文。其民家卖私盐，每斤值三四文。而官计口比销官盐，卖之止三四文，计费五六斤乃敷买一斤之数，其为冤苦可胜言哉！且徐、淮、凤、颍、滁和泗、庐一带，不逞奸枭聚集健猾私贩，辗转数千百里，多者至一二万，少者亦三四百。每群东垛数十，露刃入城市，而官亦无可如何，不过盐快哨兵略收规例而已。此等盐徒，皆强壮刚劲，习兵轻死，或有不测，上悔莫及，下毒无穷。直、浙、福、广出盐诸省，想皆有此。且自私枭充斥，官引缺消，摊派正课，并责核各款，引价三倍。院司饰办，店厂不行，运商之家，十倾五六。说者每以山西课摊地丁，解盐价遂减半。使天下皆用此法，则国计不损，利民无既。此计之蔽于目睫者已！夫人多出地丁而食贱盐，较其多寡，似为有利。然据池之家擅利，而齐民为之纳钱，非所以为平也。况今丁银归田，不更苦田农而资游手乎？且盐课之来已久，摊入地丁，没其名色。十数年后，偶有短缺，必将复兴旧制，地丁之加者不减，而盐课之增者不觉，是小利在目前，而永害在后日也。况自山西裁课，遂弛边禁；蒙古青盐，殆若沙泥，车马驼运，相望三河。内地之生财有数，蒙古之出盐无穷，盐入财出，岁数百万，备中国之物，悉险厄之路，贫弱内服，强富外藩，恐非计也。可修复蒙盐之禁，裁各处盐法院、司、道、厅等官，盐快盐兵等役，解散盐禁，比米、油诸物，不限疆界，听其就买转卖，化居逐利。则枭无团集之害，商无勒运之苦，民无买私触法之罪，比销漏票之罚，惟置场官以各府统之，督收灶赋。盖官商虽领司引，而夹带甚多，私枭万千，透漏无虑，皆无从榷课；今验灶查榷，则户商皆不能有所偷漏。且先贩者奸民，今贩者良贾，岂肯以微利犯科禁乎？无论户煮客煮，照《周礼》漆林之征二十而五取之，即收本色贮仓，每盐千斤输官二百五十斤。民取卤灰煮成，所费不多而为利毋穷，四一征之，不为过也。场广者才十余里，一官耳目之所能周。张示定价，官盐户盐皆以石八百文为率。灶户出盐千斤，净收七百五十斤，得钱六千文，比今之买出千斤者价且过半，而贩商转卖千里，长江大河，帆舶直达，惟利是集，莫能居奇，小贩剥运，虽远边僻邑，每斤不过增价四五文，较之今价才三分之一耳，其便民岂有既哉！约记乾隆五十八年诏示民数，及七万余万之多。计两占小口，及灶户不须买盐，与连年死于兵乱者，约减十三，尚有五万余万。食盐十口岁一石，计天下食盐之数，当岁五千余万石，四一赋之，岁入盐千二百五十万石。石银八钱，岁赋银千万两，较今课八倍有奇。盐贮官仓，自三月十五至七月十五，共四月，农忙之时，禁户不得煮盐，以劝农桑，以消官贮。公私两利之术，莫大于此。其斥卤不可稼处，则行派枭法，官三户七，公私平销。

铜、铁、铅、木亦地产如盐，非民家私业，珠、玉又边徼贵产。宜于铜、铁产所、木出口所，设大使统之，领于本府。珠、玉、茶、马出入，守关总兵按籍抽分，俱十一赋其本色，岁收其入，解工部少府贮库。除关税，所以均货便农；然农输两税，而复榷房田文契，工商无征，无所以劝农抑末也，宜复工商租以罢税契，令工匠人月赋十五文；商自肩贸至本银五十两者，人月赋十五文；本银六十两至二百两者，人月赋三十文；本银三百两至千两者，人月赋六十文；本银二千两以上，皆人月赋九十文。其老妇幼子摆板提篮者不赋。每月各缴付保役，保役汇缴本县。先于保甲册内详注本业，另册摘记为市籍。每保册一本，上书花名，注明工商一户几人，月赋几文，下著十二圈，给一“收”字戳于保役，该户当役用戳，以免文书繁扰，通酌都会散僻，约县市籍二千五百户，户三人，人月赋四十文，县岁得银三千六百两，总天下可得银五百四十万两。该县扣解公费役银百六十万一千九百五十二两，仍赢银三百七十五万余两解司。自外公私差役，照民价给发，该县无得有所侵扰，违者参处。今千金之商，过关一道，完五六十两；二道则百余两。工匠一切应差，舍多就寡，避劳就逸，如水走下矣。船户皆汇船行，另榷口赋。大约较今税减十之七，使不漏业籍而已。盐赋、工商租皆以八成计之，得银千二百万两，可偿蠲项。

烟占生谷之土，不过五十分之一，计地尚少；而费相谷之功，靡植谷之粪甚多。计植烟一亩，人力粪力可植谷八亩，是耗谷六分之一也；且消铄筋骨，非养寿之道。宜先禁农民种烟，期一年后禁绝，以便工商。酒耗谷十之二三，且靡费滋讼，教惰长凶，为害尤甚，宜禁绝民酤；然药饵所需，不可尽废，宜修古法，于郡设官酤，以通判总之，重其价约斤二百文，以杜湛酗。凡私种烟酤酒者，皆徙家屯田，隶刑籍；官吏嗜酒坐如法。凡奖赐举孝弟者，餔酒二瓮，力田者，餔酒一瓮；从令桑畜尤盛者，餔酒一壶。瓮五十斤，壶十五斤。

翰风常言：“直隶并海千里，斥卤萑苇之场，而旗民数十百万，坐食京师，贫困不能自存，名隶兵籍，不解阵战。宜出使屯田近畿，环卫京域，俾俯仰有藉，谙于劳苦。”余谓旗民本赋以粮，督使耕屯，加费为简。可饬江浙诸省造农器若干，刻期解京分给。询之北人，言一二岁之间，辄有大水自太行来，弥漫千里。当先委知地势、明水脉者，督旗民因形开渠筑堤，以御水汛。内仿井田之意，如东南圩田式，画沟洫池闸，民业错杂者妥置之，每田十万亩。择高平地千二百步，为农隙讲武之所。东南徙屯田者，安插教种，给地如法。粮船到天津，卸粮罢之。船约水手十人，大抵无室家仰赖者，悉恺谕偏插屯田；有家愿徙者，给长牒致之。等辈皆吴楚人，习水田法，垦田劳同牵船，而利远胜，自乐从也。旗丁愿屯者听，不愿者不强。周询转运各员弁及旗丁，皆言运粮至京，比上仓费帑倍于价买。今运河水浅处才二尺，容粮船空行，而粮船公载米六百石，私载货且三千石，若自吴楚民雇船只，运米六百石至天津，水脚不及百两，水深三尺已可驰行。宜罢粮船，使各郡价雇船只，丁押平运，一切俱省，惟过闸加纤夫耳。十一月开兑，尽四月可以扫数抵通。计一船至天津，约费百五十两，五银五米，正足相当，省今帑无算。俟三年北屯成熟后，十一二取之，约可得米二三百万石，即减平东南米征，以足兵饷。史役米给，仓储各谷为度，永罢漕运。标弁并归营镇。其各处钱粮轻重太偏者，于减漕时酌平之如原额，以纾民困。又诸无粮各省，地丁银颇重。设粮储道督买兵米，致滋派累，是国、民两病也。若为其地出谷减少，则采办原未别求外省，可减银入之数，量改粮征如旧额而止，以杜采买之蔽。

案：今运米四百万石输京者，为旗民给粮故也。屯兴，不给旗民，而资以助官，一切俸廪，百万石而给矣。余者蓄之，岂待耕三余一哉！旗民衣食东南百余年，终非至计。使之耕以助饷，非惟举百万冻馁之人莫之温饱，且以杜大息于千载矣。余作此书时，以直隶地未亲历，恐民业参错，颇准措置。是秋，大水淹没，人死十七八，丘垅荒墟。于此举行北屯，真后天而奉天时也。

友人武进庄兆骐习河事，著《筹河策》，允当可采；且为费尚少，不过并二年常例于一岁间，而奇效可收。略谓河流所以泛滥不可制者，以底高；底高则增堤，堤高则底益高。法当用疏，疏之自河口始。创犁沙船，船前锐底尖以分浪；后方，底平，以受轮；船尾出两耳，中贯长毂，两端贯轮，轮员遍安铁齿，如田耙而利，以棕绳络有轮毂，上属船尾之毂，度深浅为长短，船行而轮转，不滑不涩。于海口迅流先犁，沙随犁起，即逐流去；以渐而上，犁至颍光，河底自深，深则流畅而疾，疾则泥不能淤，而河底日低；河低则淮高，以全淮灌河，助刷沉沙，海口自更不能停积矣。余谓自河高而淮受河害，汇为洪泽湖，巨浸方百五六十里，占田千六百万亩。河低则淮泄，淮泄则排湖注淮以助刷河，湖可涸十之四五，就葑为渠，以河卒并徙民流丐屯之，可得田五六百万亩。其土至肥，不过加费百余万两，逐次插屯，岁取十二，通计五年之间，既偿前费，又可轮发为犁河卒，并集教伍仗，如唐府兵，获利无可言说也。河淤故淮溢，河、淮两灌，洪泽湖不足并容其浸。高堰拦截，倒灌上游，故凤、泗每受水患。若河通下流如注，洪泽可涸，盖无疑矣。

论者常曰：生齿日增，而地不加多，是以民必穷困——非定论也！今法：里长三百六十步，当官尺百八十丈；亩积二百四十步，开方得七丈七尺四寸，则方里为田五百三十亩，方十里为田五万三千亩，方百里为田五百三十万亩，方千里为田五万三千万亩。今者幅员至广，锦州以东，敦煌以西，隶版图者各万余里。其内地徭赋之区，北尽边墙，西距嘉峪，东并海迤岭，而西南界交、缅。以天测里，今尺二百里当一度；南北相距二十三度米，东西如之，俱径四千七百里，截长短补，约方三千六百里，为田六十八万六千八百八十万亩；山、水、邑、里五分去二，为田四十一万二千一百二十八万亩。前此兵革未起，户口极盛时，为人七万余万口，而工、商籍皆两占，兵疲丧亡在其中，以田计口，约人得五亩有奇。通以中壤中岁，亩谷二石五斗；除去桑田，岁可得谷十二石；中人岁食谷七石，糠秕饲鸡豕，则耕六而余四，夏冬所获、山泽所出不与焉。且中夫治田二十亩，老弱佐之，可以精熟。以口二十而六夫计之，使三民居一而五归农，则地无不垦，百用以给。夫人所必需：盐、铁、烛、油；田有上熟，二麦蜀芥，麦盐芥铁，桐柏贸油——壮男耕樵，壮女衽炊，老者饱温，幼能就学；搜剔奸回，劳来孝弟，民乐其生，戴后德吏，政洽气和，灾疠罕至，国富君尊，兵革不试。言虽大略，治要粗备。行之一年，英乂立朝；行之二年，草菅去野；行之五年，可使足民；行之七年，几于刑措。如其礼乐，以俟君子。

近日大吏颇勤图治，而治之大端，则曰“弥补”。上达者日事追迫，密饰者相劝挪移。夫亏空之罪至重，而牵连之狱至多。凡属主守官员，皆若朝不保暮，自救身家，遑恤政体；徒假赃婪以说词，无关积贮之实效。故宜普布腹心，绝其瞻顾，使能实举法意，勉臻循良。近日先务莫先于此。为第一。

知勇才，辨民之俊秀，自非泽于诗书，鲜能饰其行检。若复内迫困穷，外遭沮抑，决愤荧众，每为厉阶。夫倡乱执词，必指墨吏，墨吏冤酷，才被数人。奸民口舌，遂摇众志。求之往古，多罹斯难。贤相辅政，治以二科，其才大而措意于正者，求而进用之，教诲之，使不侪于等辈；其才小而措意于邪者，求而诛殛之，斥辱之，使不齿于齐民。故下志得达，而吏无废事，逆气不萌，而国无卒衅也。七八年来，西南多故，惟江淮畿甸，致为淳悫。而劫官掠富者，累牍不问；计驱力胁者，知名相望。吏畏民而贪益炽，民玩法而生益蹙。旷才在野，可为寒心。诚能致之以实封，使吐其气；领之以职事，使致其心，则健者可以戡乱，淳者可以抚安，即强梁之流，鸷悍之辈，亦收驱策之劳，并绝凶横之祸。夫屈抑既久，擢拔知恩；致身有途，自新为易。求士固是常经，救弊尤为奇策。且于今缨冕非无晓事，而稽其施行，尤乖意议。盖为闻见日非，遂使学识交丧。诚能鼓以朝气，作其本心，奉行教令，亦庶几已。是故精选院卿，委澄京职，亦即精选京职，使监外郡，既革瞻顾之源，复授举刺之柄，责核名实，鼓舞廉耻。下愚不移，盖非数见；止乱兴治，斯其要枢。为第二。

刑罚之设，所以救弊；救弊之极，各有攸偏。世轻世重，斯其理也。条其败坏政教，于时最切，以为发凡，推类以求，伐柯不远。为第三。

饔飧不继，非所以优尊贤；经费不敷，则无以责廉耻。官贫志污，寝忘本职，所自来已！略仿故事，条别职守，虽迹似更张，而事无繁扰。至于整饬外政，功系亲民，详揣人情，归于宁静，使议政者不惮一劳，则利及数世；当事者量行一节，亦泽被偏隅。采择由人，列方斯溥。为第四。

理财为古人致治之大端，尤此时当务之最急。凡举事不利于民者，必不利于上。详度时势，条别其宜，法举则蠲款，比岁而收屯，成则支项，五载而复，西屯千万，北屯三百万，河工二百万，约千五百万。皆帑力所尚能支，亦吏才所必能举。防检极宽，流行自畅。为计似迂，收效至速。然前四者不举，则行之或未能如指也。为第五。

包世臣年谱*

乾隆四十年乙未，先生年一岁。

吾泾生于乙未者四人：吴敬恒字爱庭，翰林，胡世琦字玉樵，翰林；吴鸾字风白，进士。

四十一年丙申，先生年二岁。

四十二年丁酉，先生年三岁。

四十三年戊戌，先生年四岁。

四十四年己亥，先生年五岁。

是年，先生始读书。按《安吴四种总目叙》曰："乾隆己亥，先君子抱世臣于膝上，授以句读。"

四十五年庚子，先生年六岁。

四十六年辛丑，先生年七岁。

先生从郡学公读书，受《孟子》。先生问曰："今天下内外官吏皆以读书起科第，皆读《孟子》，何不遵行其道？而使贫富相耀，宗族涣散耶。儿异日若得一命以上，持此以出，其可乎？"郡学公曰："儿骨相非贫贱者，然推此意，其必不容于流俗已。然儿慎保初心，毋为习俗所染！况事变不常，非一人聪明材力所能备，儿其慎之！"遂字先生曰慎伯。

先生资质绝人，读书能得间。读《大学》、《中庸》，即疑曾子述夫子之言，门人记曾子之意，文势何以与《孝经》、《论语》迥殊？又子思道传孟子，孟子晚而著书，后《中庸》甚远，而《孟子》恺切激昂，不似《中庸》平衍。此等见解得之幼年，可谓天授。是年始学为文。

---

* 此年谱，原题《包慎伯先生年谱》，胡朴安作。

四十七年壬寅，先生年八岁。

是年，从郡学公读书白门，为八比、六韵。

四十八年癸卯，先生年九岁。

是年，仍读书白门。

四十九年甲辰，先生年十岁。

是年，仍读书白门，嗜嘉鱼文。

五十年乙巳，先生年十一岁。

是年，仍读书白门，诵《选》诗好之。

五十一年丙午，先生年十二岁。

正月，先生随郡学公谒青山寺祖墓，出乌江，遇大雪，住张童子家五日。童子名楚，姓张，和州之乌江人。其祖年七十余祷于霸王庙而生童子，故名曰楚。童子幼聪慧，六岁就外傅，日记数十字。因同学有读《尔雅》者，童子请于师，亦授读焉。童子与先生同年月日而稚四时，甚相爱。先生见其室有故籍百余卷，翻阅殆遍。童子曰："读书泛滥无益，吾日读二千字，三遍即可背，五遍大熟，然至惬意者，暇隙讽诵常至数千遍，必使自明其义，注解多不可靠也。"先生叹绝。谓之曰："吾子精熟经史，何以尚不学作诗文?"童子曰："学在内者也，文在外者也，俟弱冠内学充而后学文，岂为迟乎?"雪霁相别。次年，童子殇于痘。是年，先生仍读书白门。

五十二年丁未，先生年十三岁。

读书白门，见调驻防赴台湾，慨然有志于权家，求其书于市，并得法家言兼治之。

五十三年戊申，先生年十四岁。

读书白门，诵《选》赋好之。

五十四年己酉，先生年十五岁。

先生侍郡学公至郡应科试，始识翟仪仲。仪仲名翚，泾县人，善诗，与郡学公善。是年，先生从族曾祖包植之先生槐问执笔之法。试罢，仍读书白门。得孙、吴、司马三家之书，朝夕研究，讲求兵法。

五十年庚戌，先生年十六岁。

是年，读书白门。

五十六年辛亥，先生年十七岁。

是年，读书白门。

五十七年壬子，先生年十八岁。

是年，读书白门，即罢帖括之业。见书贾新雕《日知录》出版，先生翻阅首册，极爱其书，力不能购。先生父郡学公病痔归里，无生计。先生租屋旁地十亩艺蔬果鬻于市，以给饘粥药汤，因究农家利病。

五十八年癸丑，先生年十九岁。

是年，先生集童子十三人于楂塘董氏教之，楂塘去先生家十五里。时郡学公病甚，先生每晚饭后以馆餐可以苞苴者携归省视，五鼓回馆治早课以为常。一日，先生求药物于水东，过翟仪仲墓，作诗云："忽忽过荒墓，长怀翟秀才。神期乍谈笑，文采竟蒿莱。寒谷泉空咽，衰杨叶自摧。谁怜霸草宿，萧飒北风来。"先生返为郡学君言仪仲墓荒凉状并诵诗，郡学君嘘唏不自胜久之。问曰："儿诗大似仪仲，何以能此?"先生对曰："自八九岁侍几席，常课毕，辄自读《文选》，嗣大人从戴氏假得《全唐诗》，私翻阅之，常彻夜，心有所触，辄效为之，稿累五六百首，大人病不敢以请。"郡学君曰："吾事诗晚，又苦腹俭，不足称其意，儿能终吾业者，异日当以此致大名。"是年，先生作《两渊》十六篇五千余言，又论古兵事得失亦五千余言，以知兵名于时。先是丁未先生读书白门，见调驻防赴台湾官军号哭无人色，乃慨然有志于兵，求得孙、吴、司马三家之书，日夕讲求。后读《荀子·议兵篇》，愈信孔子所谓"我战则克"者，切于司马，正于孙而大于吴矣。嗣又求得许氏《虎钤经》，唐氏《武编》，茅氏《百将传》、《武备志》，戚氏《练兵实纪》、《纪效新书》，郑氏《筹海图编》，王氏《登坛必究》，李氏《金汤借箸十二筹》，袁氏《洴澼百金方》，先生以其书大都雷同陈迹，又其术杂怪惑，惟戚氏差胜，然见小，不足窥大勇之门户，乃探索《左氏春秋》、《国语》、《战国策》、《越绝书》、《史记》、《汉书》、《三国志》所载战事，以参伍荀子、孙、吴、司马之说为《两渊》。

五十九年甲寅，先生年二十岁。

是年，郡学公弃世，先生家居。

六十年乙卯，先生年二十一岁。

是年，先生家居。

嘉庆元年丙辰，先生年二十二岁。

是年，先生服阕，夏游芜湖，受知于中江讲院侍御程公世淳，面试《冰赋》，奇其才，荐于徽宁道宋公镕。

二年丁巳，先生年二十三岁。

是年夏，苦旱，祷祈靡至，卒不雨。宋公请先生作《诛旱魃文》，文称于时。稿达于皖江，时大兴朱文正抚皖，见其文叹曰："此奇才也！"访知出先生手，乃手招先生。秋，先生至皖，谒文正公于节署，文正喟然曰："楚、豫匪势猖獗，糜烂人民，安徽西接黄州，北边固始，势若处堂。吾子亦有万全之策，可近护桑梓而远戢妖氛乎？"先生对曰："为政之道，先戒为宝，冢宰戒之矣。现今之势，不强民而令，不扰民而强者，莫若练乡兵。"文正曰："今势极苦，无食支销，不能捐募，莫应乡兵之练，费将焉出？"先生曰，"川、楚初招乡勇，人日给钱二百，摧锋有绩，世臣则窃笑之，卒有新野、竹谿之役者，势使然也。今仿行其法，即多慕义急公之士，捐饷十万，招集无赖，散处乡邑，世臣恐练之未成而安徽已乱也。行世臣之法，匝月间费不及三十万，可得胜兵五十万。"文正曰："甚哉！子之说之奇而震人也，果凿凿可行，老夫愿从尔后也。"先生曰："不知而言不智，知而不言不忠，不智不忠，世臣所不敢出。且邱墓之邦，冢宰之栋，栋之隆，世臣所庇也。"因对乡兵之策甚悉。文正曰："善！吾子老其才，充其气，以储大用，洛阳少年不足多矣。子为我详议其策。"先生乃为《练乡兵对》二千余言上之。

明日，文正召先生谓曰："斯事体大，同官意见不谐，非吾所能办也。皖境江面五百里，水盗纵横，或言楚北停运，水手滋扰，或言安陆、汉阳告急，匪势甚炽，意欲遂东。此其嚆矢，舟商缆贾，剽掠及身，野渡村渔，斗米斤盐皆见攘夺。兵弁巡江，曾未远城，裂檄碎舟日常数辈。斯事甚急，子为我策之。"

先生对曰："楚运停已三载，为盗不俟今日。匪果欲东，势可直下，亦断无小劫之理。此不过安、汉难民偷喘残生耳。以世臣之策，不过旬日间，可不诛一人而江贼自尽，且收为利。今安徽忧贼东下，共捐银五万两议招水军而未决，今江贼皆楚人，长于舟楫，且其为盗劫是为饥所驱，今诚设重募于各口招应水军，彼前得安生，后远死法，其从令不待读檄之毕。怀以恩抚而用之信于常兵，与招乞丐不习水者功利相倍。"

文正曰："若。然安徽无战舰，一楼船费五六千两，造之则费无出，奈何？"先生曰："今以意创分水龙百艘，艘不过银百五十两耳。船底尖，两头锐，置毂贯船外夹以轮，舟中发轮，以足踏轮拨水行，其速如飞，上盖牛皮以御炮矢，得此截江，胜于楼船。"

文正曰："善。"先生曰："招安三数千人，五万之饷仅支七八月耳。"文正曰："然则何如？"先生曰："八卦门外有新洲，阔三里，长十里，因而成田，可得田万五十亩。画而为区，人给一区，优给牛种，督令出屯。成熟时十分取二，贮公以备潦岁给饷，陆续制备军装。一收之后，人有恒产，各怀其居，则善建不拔者矣。”文正曰：“善。”

间日，文正语宋兵备熔曰：“包生真奇才，其言应变而不穷，确无饰说。然老夫旦夕且去此，未能用也。”宋公退谓先生曰：“子说又不行矣，然江贼吾责也，为吾思其次。”先生曰：“惟有驱之而已。”宋公曰：“驱之奈何？”先生曰：“贼船皆楚中双飞燕，易辨，船小而容人不多，且亦无衔尾联柩至数十艘者，大群才三四十人耳。舟小不耐风波，难挂江宿。宜饬本属移书臬司，转饬江北州县，一体捐廉添捕，移营勒兵协防，但守港口，不出巡江。迭示张挂港口，凡双飞燕来，不许入港。彼无地觅宿，必东下吴。若江苏仿此行之，将窟而入海耳，庶几下策之得也。”宋公从之，不及半月舟行者俱无患。

冬，江西熊尚书枚时承宣安徽，闻声相求。次日，先生走答，熊公令孙镎出见。时十岁，眉目如画，戴梁帽，衣紫布袍红青布套银项圈倚肩出。熊公曰：“先生试使之背《周礼》。”先生即抽问五六事，而琅琅背诵。先生起贺。后镎成进士，官至广西布政使。

是岁，先生客文正节署，始见《十三经注疏》，尽九月之力读之一过。

三年戊午，先生年二十四岁。

十月，先生应陈祭酒之招至湖北，傅卧云言先生知兵事，有奇略于湖北。布政使祖之望祖公访先生，先生答拜。祖公延至密室，屏侍者而告曰：“自嘉庆纪年兵兴，楚北最为靡烂，奸民伏莽，随处皆在。与秦、蜀接壤之处，深岩密壑，袤延千里，节节立卡，合计兵勇尚五六万人。从前招聚乡勇，节次裁散，数不下二十余万，裁散之勇无业可归，流徙攘窃，在在可虞。藩库现存款不过五十万，连扣存报销军需部费十七八万，尚不足七十万。此间名为省垣，存兵不过数百人，势同火上厝薪，焚如立至。先生亦有奇策，可以保护疆域乎？”

先生对曰：“智者常因败以立功，岂止少安而已乎？今春二麦熟，汉口存粮不下二十万石。铁行十三家，铁匠五千余名。又鹾商之所聚。库内存折银两介公私之间，是可动用，阁下再作札致鹾使，截鹾商之课十数万，合银三十万两。以十万两买两麦，以三万两买铁行之铁，昼夜赶造农器数十万事，约工价五万。一面通饬各州县出示招散勇之流亡者，要为资送前赴襄、郢，一面派妥员前往度地势插屯。每人给地二三十亩，农器二三具，籽种口粮若干。漫撒麦种，其地已荒二年，收成必倍。一麦之后，人各拥谷数十石，已有固志。官运其半赴汉口粜卖，为置牛具。秋后酌收五分之一，就近接济防兵口食，即在各兵名下粮饷内扣收，以归原款。楚行有效，秦、蜀必相继仿行。各营力足自守，则兵可专意剿办。贼内不能耕，外无可掠；然后开以生路，剿抚兼施，芒尽雾消，可翘足而待也。"祖公曰："善。"先生为条具六事上之两湖总督景伯，景伯以示襄阳知府，知府间之曰："楚北兵兴三载，动用钱粮六十万，将来不能报销者约十之五，故指此产以为弥补。今招集无赖以兴屯田，其成否既不可知，而报销窒碍，恐大府将受无穷之累也。"景伯以为然，遂驳其牍。

是岁，先生客武昌，与钱东湖先生相唱和。东湖，钱文敏公犹子，善诗。先生入楚途，步断壁颓垣，损心怵目之象一寓于诗，未尝以草稿示人。及见东湖，乃出以相质，东湖亦以已作示先生。

四年己未，先生年二十五岁。

夏，明文毅公任川、楚左参赞，聘先生入蜀治戎事，行三日至七里卡，闻夔道梗，卡有七摩伊犹言领队各公领兵勇一万，先生欲拣兵一千以行。明公以为少，先生谓精拣则一可当十。明公曰："经略来促甚急，拣兵非十日不可，姑以二千行耳。"先生曰："公能听所用，明日食时为公集之。"明公笑曰："吾子毋太易事。"先生曰："公能从而事不集者，有军法。"明公曰："何至出此言！吾子姑行之耳。"先生乃檄甲喇大犹言翼长移会各摩伊，每哨备六尺竹竿二根，三百斤石二块，明早伺于教场。而别告营伍处略如巡捕而事较权重会各摩伊营伍处，各备五尺六寸竹竿二根，二百四十斤石二块以俟令。明早，明公率七摩伊至教场，为先生设幄于将台稍东，遂下令曰："植六尺竹竿，量兵勇身材，中度者上将台，试举三百斤石；其长不中度而力能举三百斤石者，自赴将台，报名候试。"未及午而拣毕，得八百人，其长不及度者才二十之一。明公回帐迎拜曰："不知吾子神机如此，老夫经兵事四十年，未尝见也。但不及千人，奈何?"先生曰："八百人者恐摩伊未必肯放耳，拣出精勇，余皆羸弱，七摩伊如梦初醒，必不听行也。"语次，七摩伊上谒，长跪求留所拣兵。明公曰："吾友已言及此，诸公同吾友商之。"先生曰："留半与诸公。"明公不可。先生曰："尚有二等册未来，当可得数倍于一等。"少顷册至，有二千人，先生乃以一等三百人、二等六百人以行。明公以是委任甚挚。

尝从先生问兵法之要，先生曰："三字而已，再申以四字尽之矣。"

明公曰："何谓也?"先生曰："三字者近人情，四字者不难为人。"至巴东，校阅楚抚营防兵毕，明公曰："吾子视此阵势，可谓烂熟否?"先生曰："吴子有言，将专主旗鼓，今帅阅而无旗鼓，何以为兵?"明公曰："何谓也?"先生曰："凡阵皆向敌，今置鼓之所正异日敌阵中耳。旗鼓者将之大命，今以一小吏主之，何谓有旗鼓哉?"明公曰："善。如何?"先生曰："视将麾听将鼓者，裨副；视听裨副者，旅帅；视听旅帅者，卒率；视听卒率者，队两之长；两之长旗鼓，各令其辖。故耳目有专属，而三军若一身。既职旗鼓，又责技击，上材所不能，故两长执旗以上，惟以短兵自卫。"明公曰："善，然中阵阅校，何以知前列之能否?"先生曰："发策决敌人之机，望尘决敌人之势，敌人开合，必速入之。矧前行之能否哉?"明公曰："请究其说。"先生曰："国制虽以汉兵隶绿营，备本色，然旗边可镶方色以别队，阅时乘马入营门，祭纛振铎而誓中阵，部勒麾为二，以挑阵为迭合之势，将自巡阵督战，执小麾仗剑，其吏士离散，步伍错乱，技击松懈，决罚有差，使上下各知其职，属于战，心属于令，则庶几矣。"公曰："戚氏谓教兵者，练重于操。操者，演习其法，练者，课受其技，如子所言，纵操之事耳。"先生曰，"否。夫枪棒投射之师，随在有之，惟但当广募精壮，授以伍法，使编师责其成而时督课之耳。乃以练为大将教兵之要，戚氏所以终力武夫也。夫步伐以练其手足，旗鼓以练其耳目，赏罚什伍以练其心，而练之要尽矣。"明公曰："善。"以贼警方亟，未敢更张。行至老鸦坝，王连登以四万营白土坡，塞去路。先生为奇策于明公，不从。明公酒中漏其语，次日，王连登遁，先生自此已有去志。先是先生入蜀，信至家，皆大惊悸。先生母夫人召先生弟嘉梅曰："我不识字，儿依口写信与汝兄，曰母字告嘉禾儿：入川信到，族众说凶多吉少。我闻汝父说，古时男子生以弓箭射四方，弓箭场中，正男子之事。死生有命，何必怕?惟闻军功多冒滥，若借以进身，谁为辨真假者?若言听计从，能济巨艰，儿一心事之；若其不然则速返，毋恋束修优厚，负汝父之教。"嘉禾者，先生乳名也。至是适接母夫人书，去志愈决。至逵州，及忤经略，明公乃听先生行。

是年，先生见邑人翟金兰同甫作书善之，先生即请教，同甫授先生东坡《西湖诗帖》。曰："学此以肥为主，肥易掩丑也。"先生用其言。习两月，作书逼似同甫。

五年庚申，先生年二十六岁。

春游江淮，汤公满任。安徽学政下车，即告太平府学师致书泾县学师，促先生应岁试，为辛酉选拔地。先生母夫人曰："此必出于朱公爱士之诚耳，吾儿自宜使明者摸索于暗中。"卒不赴召。

秋，赴试白门，始识阳湖张翰风于号舍。翰风锐精舆地而服权家言，知先生来自川、楚，询军中事实。先生告以所亲历，复言贼不难治状，翰风叹绝。旁及诗古文词，遂絮语达旦。既罢试，再三过从。翰风执先生手曰："吾子济世才也，然好为诗，是耗神甚，今当别幸为生民自爱!"先生辍韵语自此始。是科被放。冬，先生徒步数百里访张翰风于歙。翰风一见即握先生手，言此间有方岩夫者可与言。岩夫闻先生至，炳烛相过从，剧谈终宵。

是年，先生居江宁。春，先生弟季怀自里至江宁，先生授以文法。先生从商邱陈懋本季驯假古帖十余种，以朱界九宫移其字，每日习四百字，每字连书百数，转锋布势必尽合于本而后已。

六年辛酉，先生二十七岁。

是年，先生教读于太平府同知姚逢年署中。时逢年子承谦年十四，到馆三日，承谦曰："谦在福建，闻福建知名士争言先生，年方弱冠诗文若涌泉，不日即掇巍科。今年正值秋试，窃观先生殊无意于科名，何耶?"先生告之曰："科名者，入仕之基，仕以治民，不明治民之术而得科名，何可耶?"承谦曰："欲学治民之术，当从何始?"先生授以《资治通鉴》而语之曰："《通鉴》善在先述其事，乃叙众议，然后载廷议所从，而详纪其得失于后。学者阅其事，先为画上中下之策，然后阅众议而验己见之是否有合；又筹廷议所当从，又直阅廷议，则后之收效与否已可十得八九。如是则如置身当时之朝端，庶异日临事能不疑惑。"又为姚生论说入长出治之事，始于网罗旷佚以备急需而杜后患，继之造就烝髦以育人材而善民俗。为《说储》一篇五六万言。又以郡县至为枢要，详说保甲、学政、戎政、课绩、农政五事为《说储》下篇，又五六万言。

秋，应试白门，与方岩夫聚首十数日。被放后，朱文正手书召先生入都。先生母夫人曰："人贵自立，戊午年朱公监临，乡人皆谓儿必首举，吾深以是科不中为幸。今若应朱公召，得手于北闱，必遭物议，且以累朱公。命应中，有南场在。"卒不往。

遂游扬州。扬之工诗者三十人，招饮小秦淮，泛月吟诗。时先生已辍韵语，不得已成二十字，诸诗人奖借之，推为擅场。阅数日，于两淮都转署遇礼部左侍郎谢公，坐定问名，即起揖曰："先生即咏《小秦淮泛月》二十字者耶?"订次日饮其家，乃为设四簋曰："老夫与乡人为四簋约，不敢以尊客故坏例。"出见二孙。

冬，游浙江，见官漕舞弊，民冒死与官争，心甚忧之。是岁，先生始识余九。九名观德，字君怀，安徽歙县人。童年鬻于旗籍兆公家。兆公征新疆，九以死捍之，被十余创，兆公遂得脱。九具知人鉴，与人忠信，陈文恭公赠以诗称为忠孝男子者也。时年已七十，言西域兵事及东北各部落风土形胜，了如指掌。

七年壬戌，先生二十八岁。

夏，先生避暑玉浮山。时洋盗蔡牵犯上海，炮子入城如雨。镇道遣四橹快艇延先生，蔡牵于遣使之次日外窜。先生至，镇道请先生阅并海岛屿，见北洋沙船数千艘停泊黄浦，因发海运可救漕弊之议。

游常州，住李申耆家。先生出《说储》稿本示申耆，申耆手为缮清，以为其说多与《日知录》相出入，因尽读《日知录》三十卷。先生住申耆家七阅月，因识武进董晋卿、阳湖钱鲁斯。鲁斯善书，语先生古人用兔毫，故有中线，今用羊毫，其精者乃成双钩。先生答曰："吾书虽不佳，然下笔辄为双钩。"鲁斯使面作之，两旁皆聚墨成线为界。又闻常州汤宾鹭之名，时宾鹭已卒四年，先生求其遗书不可得。是年始识邓石如于镇江，过从十余日，纵谈书法。石如曰："字画疏处可以走马，密处不使透风，常计白以当黑，奇趣乃出。"

八年癸亥，先生二十九岁。

先生游苏州，闻河南衡家楼决口，粮艘不行，中外颇忧漕事。仁宗以谏臣言，饬议海运。先生曾游上海崇明，从父老问南北洋事，稔知海运大便，然非有所资借，骤改旧章，则众议难成，既见邸抄，遂委曲告所知。未几，其说达于江苏，巡抚属先生为论列。先生删润旧稿，折将上，浙江巡抚已论罢其事，竟以中止。先生以其事关系极重，乃著为私议。

秋，游镇江，识丹徒睦君秉衡，论相墓甚惬，遂住其家。谈及兵农各法，常夜分不寐。是年，先生始识嘉定钱献之于苏州。时献之年已六十余，而先生齿方壮，虽所学不合，献之一见即深器之曰："吾周行天下，识人无如包君者。"又常谓人曰："南阳有田可耕，而犹吟《梁父》，今包生困至是，率口必及民间疾苦，绝无尤怨不豫之色，是所负者大而且远，贤于古人必矣。今日包君自给不足，异日衣食天下者必包君也。"

又曰："包君诗妙接陈思而赋如平子，观其与人书累千言，皆率笔无草稿，然条鬯雅密近眉山父子。吾以专家之学与之言，彼略一涉之则数十年沉精所得不过也。自古文人少所树立，皆器褊气矜，不自检饬，今包君可谓纯净无疵者矣。"

九年甲子，先生三十岁。

夏，先生避暑金山，去佛感州十余里。时卞萃文居母忧，先生往吊。至其村，见村童十数人偕行，举步端整，长幼有序。询之知为萃文弟子，其长者引先生行。其时已逾百日释麻期，萃文面深墨，肌瘦削。先生伤丧礼久废，见萃文又深素服素冠之感，留其家一宿而别。

再游扬州，识凌晓楼、刘怀瑾、刘孟瞻、毕成之诸贤。是岁，荆溪周保绪访先生于白门，一见即问难竟日，归则取诗文旧稿迭尺付之火。

十年乙丑，先生年三十一岁。

先生游袁浦，见河事日急，从司河事者问讯，莫能言其故。后遇郭大昌，得悉成败之所以然。

是年，朱文正公召先生入都，不赴。自庚申至乙丑，凡得文正公札十数通相招，先生竟不一赴。

十一年丙寅，先生年三十二岁。

三月，先生自苏州赴淮安，过扬州，寓睦履平家。期首夏返棹，与履平偏历南北郊。先生去不半月，履平卒。五月，返扬为志其墓。六月，迁寓扬之观巷天顺园。时洪湖泛涨，下河坎水为灾，男妇衽抱来扬规食者以二十二日始至。当事者莫以安集为意，唯饬管门者下键，有如戒严。二十四日闭城者再，二十五日遂不启，其先入城者数已迭万，围盐典两商呼呶填塞，几至罢市。文武官督率兵隶从横驱逐，老幼奔走，民情汹惧。先生于二十六日发书于伊墨卿太守，极言灾黎宜急赈并赈之法。又谒鹾使言此时灾黎田庐皆没，退无所归；京口禁渡，进无所往，且淮源渐弱，水消当易，流亡四散，回籍为难，唯有留养在扬，以俟本籍大赈，乃为得计。鹾使以为然，唯以现在当事耽耽盐库间款，群欲借灾求富，持重不发。二十七日，书达太守，太守即炳烛谒制府，命二十八日启行，并以存扬之麦二千五百石为助。太守于七月初十日昧爽回任，制府已于二十八日薄暮达鹾使，鹾使即筹款以待太守。初二日散钱米，一切克扣搀杂之弊剔除净尽。太守每日青鞋布袜，遍历诸寺院，灾黎无一人更扰市肆者。共留养灾民三万二千余人，中间病暑者千数，死者才五六人。

秋，得南京库装《庙堂碑》，冥心探索于书道，颇尽其秘。又得溧阳史氏所藏北宋枣版《阁帖》十卷，条别其真伪，以襄阳所刊定本校之，不符者右军、大令各一帖，而襄阳之说为精。襄阳在维扬倦游阁成此书，先生遂自署其所居曰小倦游阁。

十二年丁卯，先生年三十三岁。

二月，先生赴常州。四月赴清江。秋，赴试白门。荆溪周济以进士任淮安教授，素与先生善，时送考至江宁，日称山阳邵子良书法美善。又为邵生乞先生书，先生病未能作，周济代之。先生自以为不减，邵生一见即曰："此非包君作也。"后检字裹有置考具单，喜曰："此真包君书矣。"袖归装池，置座右。

十三年戊辰，先生年三十四岁。

二月，江督请帑六百万议改河道。郭大昌买舟访先生曰："制府今入都，通工议改河道，或南出射阳湖，或北出灌河口，给制府请饷六百万，制府以为然。如是，则吾淮人类且当尽。吾与吾友张君念：非先生莫能救此险难者。张君贳钱二百缗属延先生。吾携潘、靳诸公书及手录雍正元年至嘉庆二年南河奏咨各案，与先生扁舟泛下河，转至灌河口，溯莞渎、方塘，由中河至徐州渡河，策骑循峰山，至盱眙，竭两月之力，相度黄、淮、湖、运之形势。吾策制府返浦，必有重使踵至，以先生辩才通澈河事，执仳仳者之口，以救亿万人之命，不难也。"先生欣然行，以四月望抵浦，遂笔记已见，为《筹河刍言》二篇。时制府方旋车，而协办大学士觉罗长文敏公、戴文恭公奉命视河，未至，郭君稔知漕标副将郑敏与文敏有连，即删润先生书为郑公具稿驰呈文敏，文敏惊叹，飞檄调郑公。郭公语郑公曰："相国识力口辨，公非其匹也，度不能答，即日安徽诸生包世臣所为，可矣。"郑公至宿迁，见文敏，知稿出先生手，即嘱郑公旋浦道殷勤。而相国以五月五日夜分至，初六昧爽，文敏至先生寓，先生因为相国极言海口并无高仰，河身断不可改，云梯关迤下宜接筑长堤至海滨，而于运口筑益坝，导淮溜出黄以减运涨，则清淮可以安枕而河流必不旁溢。长相国领之。次日，先生诣行馆答谢，长相国已招戴相国同聚赞化官。长相国曰："老夫昨聆吾子言，于河事觉有把握，惟海口高仰，制河两节使屡腾章奏，入江境接见文武，无不为此言，今日吾子谓不高仰，仅一人之说耳，其说亦有征验否?"先生曰："为此言者不独制使、河使及沿途文武也，自前明中叶章奏已有是谬论，故能坚持此说。数日，两相国往勘，则持此说者便有三人也。”戴相国曰：“两节使或未至海口，文武奉差查勘，必有到彼者，岂自明中叶三百余年，只吾子一人曾历海口耶？”先生曰：“世臣何敢谓三百余年司河事者皆未至海口，以其说海口高仰而意料之耳，两相国不必俟勘，试执一人于途而诘之，便知其不高仰矣。”长相国曰：“吾两人询河坝官吏且数十百人，皆言海口高仰，吾子言诘之途人便知不高仰，究当诘何人耶？”先生曰：“海口高仰，则两岸之失守有因，其咎可薄，而改道之邪说可行。失守之获咎轻，兴工之擅利厚，且谁肯言海口不高仰耶？相国不问谁何，但言‘吾即当往勘海口，一途起旱已廿日，甚劳，欲用船取水道，若干日可到？’彼必对曰：‘船行中流，两岸皆见，便勘验，自浦到海口计程三百里，风顺则必不可行，无风或小逆风，日许便到。’相国再诘之曰：‘船行如是之易且速，吾回浦仍坐船以细察两岸情形，可乎？’彼必对曰：‘回浦万不可坐船，无风或小逆风，寸步不能上；即得好顺风，必十余日。’相国以此验之，则海口之是否高仰可以意决矣。”言未竟，河帅上谒，先生避席。两相国以先生之言诘之，河帅答如所言。相国怒曰：“下水逆风一日便到，上水顺风十日尚不能达此，而以为高仰，天下之冤，未有过于海口者矣。”河帅语塞。次日遂延先生同勘海口，而复奏河事颇采先生之议。长相国欲专折保荐先生，先生力辞。

秋，先生中恩科举人。九月在邗上，先生弟季怀来扬。时歙县洪桐生先生主讲梅花书院，与先生善，扬之人士为先生所许可者辄召入院，膳给之。江都凌晓楼曙，晓楼之甥仪征刘孟瞻文淇皆肄业梅花书院，又时过先生请业。先生以晓楼熟《礼记》，遂与之言郑氏《礼》而使治之。孟瞻好《诗》，遂使治毛氏郑氏《诗》。季怀与孟瞻同业旌德姚配中仲虞，在江宁闻季怀说《诗》治汉《易》，包慎言孟开亦欲从季怀受《诗》，皆先后来扬。丹徒汪沅芷生治毛氏，甘泉薛传均子韵治许氏，皆善季怀，朝夕砥砺，相劝以力学。

是年春，先生至清江，邵子良闻先生至，时已二鼓，怀刺求见，出书请业。先生因授以必极笔力使锋铓四杀，然后聚墨笔心以取圆浑，每于去笔戒侧，力学朴质则尽之矣。

十四年己巳，先生年三十五岁。

春，先生应试入都。三月既望，先生谒戴文端公于海院，文端曰：“去年五月，老夫偕长相国、铁制府、涂河帅登陈家浦挑坝，老夫问此坝何以挺入河心？河帅云今年正月开放引河头，全赖此坝挑大溜得力，使正坝合龙顺手，为生平未有之快。吾子即言当日固以挑坝得力为快，至今日则当折去二三十丈，使大溜缩归中泓，不然伏秋汛至，水长四五尺，上游五十里之内，北岸当有受其害者，河帅默然。老夫回京闻河水才长三尺许，而北岸之马港口决，正在挑坝上四十余里，可见此事实有把握。然焉得有先几烛照如吾子者？且吾子言之事前，而竟不见信用，恐国家大患终必在河矣！"先生曰："空言滋忌，河患固无已时，然尚非其大者。"文端曰："一决口灾及田庐，关系生民至巨，动帑亦数百万，患岂犹有大于此者乎？"先生答曰："患莫大于漕，漕以江、浙为重，苏、松、太、嘉、湖为尤重。其善堂学租营田曰公户，大小乡官曰绅户，曾告讦漕弊者曰讼户，三户皆完折色，其价率半于平民。旗丁见官吏之诛求粮户，则排击米色、讹索兑费以苦州县。而沿路催攒员弁、闸坝主守知丁得重费，因而诛求之以累旗丁，至淮安盘粮、通州兑粮，所费尤为不赀。旗丁累则讹索州县益力，旗丁讹索甚则州县诛求民户益多，诛求无已则讦控愈多，势必良民日穷，绅讼户日增，州县以收漕为畏途而后已。"文端曰："吾子言至辩析，令闻者哀穷忧难不可止，且为之奈何？"先生曰："斯有二术。相国果有意杜此大患，物色知农事而解水脉者，于近郊之荒地马厂苇场相度地势，召江、浙老农无业者，画罫开沟，拣廿四旗之丁多甲少而齿稚者出之学习，屯成后皆分别给田为永业。约岁入租可百万，则细核苏、松各处粮极重者大减之，漕项仍旧以增给军船经费，困顿苏而长官运丁皆可相安无事，此久安长治之业也。若不能者则清查现存屯田，力举盗卖盗典之法，反前此发价官赎姑息养奸旧事。严水次嫖赌及随帮索价之禁，并小帮，汰冗员，抉仓督漕督粮道书役之弊，裁沿途营缘催漕之差，使丁之困于盘验催攒，与州县之困于驳米加费者，皆可少纾，虽不能尽去浮勒，民困庶减大半，则亦小补之近功也。"文端叹息良久，卒不能见诸实行。

会试毕，访檀柘、大觉之胜，遂由西山边墙历易州、怀来、密云、顺义诸邑，乃作《畿辅形势论》及《密云税口说》报罢。六月出都。

十五年庚午，先生年三十六岁。

秋，先生挈眷至扬，寓于西门外之倚虹园。迎母夫人就养，并迎王氏妹归宗。先生食指日增，世路日窄，缟纻之投不可恃，惟刑钱两席修脯较丰，遂以此作游。母夫人命之曰："自少违众为有用之学，而数奇不能自为，借人手以济人，是亦一道也。吾为女时见捕役使盗贼扳良民覆人家。又见叔侄翁婿甥舅拘讼审断，后负者为耻，仇隙益深，酿成巨案。又闻查办亏空，承办认人受托多拨归已故之孤儿寡妇，不知当日衙门事，差役追迫，如狼似虎，结冤无可告。此数事儿尤慎之。”

是年，先生居扬州作《策河四略》，其一曰《救弊要略》，其目八曰：“堵御坝以浚运淤，疏引河以导湖溜，接长盖坝以发清势，补筑顺坝以杀黄怒，截港接堤以敌潮汐，外柳内芒以防漱漫，对坝逼溜以攻积淤，引溜归泓以减险工。”其二曰《守成总略》，其目六曰：“课官幕以慎要工，逐优娼以节浪费，核春工以杜虚险，稽垛牛以备黑泛，严守减闸以掣湖底，劝疏便民以备启坝。”其三曰《筹款至略》，其四曰《积贮本略》。

十六年辛未，先生年三十七岁。

春，应试入都，与阳湖恽子居相往还。子居为先生言新建余铁香之才，先生心识之。试春官毕，刑部尚书金光悌招先生至其第，襄核秋审册。

六月，出都返扬州，过清江，晤黎湛溪。时湛溪任淮海道，谓先生曰：“吾本不习河事，得君《筹河刍言》、《策河四略》读之，因仿其意为书与河帅，争必守倪家滩新堤，今竟决王营坝，致兴大役，可见河事原有把握。”先生曰：“非仅此役已也，上游南北两岸应再决。”时湛溪犹未深信。后七月初竟决棉拐山穿运；望后遂决李家楼。

秋，百文敏督两江，聘先生分司江西案牍兼办河工。先是长、戴两相国携先生所著《筹河刍言》至都，遍示朝贵。百公受命，即驰札郑敏，延先生议河事。先生至浦，首访郭大昌，郭君告先生接长盖坝、筑长堤两事。先生见百公，即发接长盖坝议，百公犹豫未决。先生曰：“盖坝成则大溜不入运，无险工，不利于河员。阁下明日临工次，某请从指示形势，有持不可者，为阁下面折之。”八月朔日，百公偕先生至东清坝，周回审视，计乃决。盖坝成，议筹荡，百公以荡事甚巨而无人能清其要领，委亲信大员督办，以先生司其进止。是年，百公欲保荐先生，先生力辞，遂与百公成隙。

十七年壬申，先生年三十八岁。

春，先生偕盐巡道至清江，百菊溪、陈竹香皆在李家楼督大工。河库系徐晴圃，湛溪调堤扬，杨迈功任淮海道，事多咨于先生。先生语湛溪，李家楼必合，然徐、凤、泗积方五六百里，势必开坝，五坝惟礼坝可开，然当加星修折所费不过二万金，便可保全下河七州县不被水。湛溪不然其说，先生每见辄言之，湛溪曰：“即修亦无石工好手。”先生曰："已革千总王研夫能胜此任。"间日，先生以语晴圃、迈功请共言之，以弭此患。晴圃曰："湛溪昨告我：慎伯四次劝吾修礼坝，谁知为荐友地也。"自此与湛溪有隙。夏，有为百菊溪画策于清江石马头外筑圈堰，上起御黄坝尾，下属之贴心坝。先生知之，遂入督辕告冯潮曰："今议筑圈堰，河宽千余丈，至此陡束为二百丈，大泛一至，非冲塌御黄坝，即冲开减坝。否则逆流决桃、宿、邳、睢，或迤下攻贴心坝。足下速以己意止，若一及余，则彼人且故欲成之，是罪反在余矣。"潮以告菊溪，得不行。画策又告湛溪，时湛溪已为河督，先生急谒湛溪，切言不可。湛溪答已入奏。明年秋涨，睢南桃北连决，及睢工甫竣而伏汛大至，御黄坝扫塌三次，溜势直趋贴心坝，抛碎石至一月，共费帑九十万始得无事。冬，文敏劾河督不实，辞牵苇荡。世宗命相国松文清公、尚书祁公彭龄来谳。松公与主荡事者有夙怨，持之至急。两淮盐政阿公、梅花书院山长洪公皆遣人告知先生家，当及早寄顿箱笼，悉检各官幕书札焚毁之。先生母夫人面复使者曰："吾儿所入唯修脯缟纻，簿记甚明晰，其往返书札皆为斟酌情形以济公事，无私语。果被查看，星使验出入帐目，知吾儿无贿入，验来往书札，公事尤得明白，何畏惧而为寄顿焚毁耶?"及事息，二公皆叹服。

是年，先生谒桐城姚惜抱先生于白门钟山书院，请为学之要。

十八年癸酉，先生年三十九岁。

四月，先生至安东，偕郭大昌策蹇行大堤，由云梯关六套渡河至八滩，存张君楷于署。郭君谓张君曰："海口高仰之说，自前明已见章奏。其云梯关外南北各数百里，自高文端公奏废修防之后，弃为沮洳，而上游每岁决口。自十三年，君以二百缗资吾二人济此巨艰，破文端之案，复文襄之绩，天下共知海口之本不高仰，长堤之并非阻碍，黄云遍野，老幼欢呼，岁得二麦千余万石，三人之心可以慰已。惟前凿蒋家坝以减潮，今又有查勘徐州虎山腰、段山腰之举以减黄。若人志卑轻物无利济之心，事在必行，则十年之后高堰殆且不守，吾不及见矣。"顾谓先生曰："吾子遇有力者，当时时切言之，预杜此患也。"

冬，先生自扬州携眷小住白门。存友生延方君补德诊病，补德曰："病在肝，方剂不能除，吾仅可使之少差耳。国家兴于大东，以木德王，今内外贵人什七八病肝气，此自关德运，非调摄失宜之咎也。"先生闻之叹此非医师语，因偕过补德医室，剧谈终日，深相结纳。

是年，先生游历下河，作《下河水利说》。

十九年甲戌，先生年四十岁。

春，应试入都，识同邑查崇华九峰先生。先生与九峰同邑，相距二十里，未尝谋面，至是始相识，议论如笙磬，相得甚欢。报罢出都。

是岁，江淮大旱，先生居金陵。先生谓秦侍读易堂曰："今岁枯旱不殊乙巳，宜早赞当事筹备荒政。"侍读素未明农，闻言不省，及见乡民宰豕醵饮名齐心酒，约以抢掠富室，乃大惊，属先生画策，倡举捐赈。而家居之太守某为梗，侍读报先生至其家议事，太守力言城内富室之苦，持其说甚坚，不可喻。方医士补德排闼入，厉声责太守曰："阁下以寒儒得大挑知县，洊擢知府，拥赃银三十余万以归，城中人莫不知者。日前阁下邻巷不戒于火，阁下家粉白黛绿者十数走避火搬笼，多至不可计，重至不可胜，人莫不见者。城内饥民十余万皆啧啧骂阁下阻赈事，万一有变，祸必首中阁下家。阁下年已七十余，何足惜！然面此粉白黛绿者为饥民群肆污辱，虽大度其能甘乎？"太守欲走，补德截止之曰："若明白否？"太守惴惴答曰："闻命如梦初醒，不敢再助富室阻捐矣。"而侍读辛苦孤立。时方葆岩尚书居忧在籍，补德为书三千言责之，尚书出助侍读。先生乃为侍读条画白门荒政五事，侍读上之总督百文敏公。文敏得侍读书，于八月初四日发帖延富绅于初六日集钟山书院议捐，文敏轻身莅书院，率同司府劝喻富室。始事之日，二李、陈、陶四家慨输十万两。后文敏知此策出自先生，心滋不悦。阅日再集富室数百，文敏曰："输金听便。"立时返署。是日仅得五千两。又数日，文敏过方葆岩尚书家，尚书怪问，文敏曰："前实有意吹散义赈，因事系旧友包某主持，不欲其布衣在局外成此大功。"尚书唯唯。

次日，尚书告先生曰："子可速去，节相于子深矣，迟将有变。"先生曰："祸福自召，非人所能为。"卒不他往，然捐赈之议遂止。而四城关庙报僵仆者七千八百人。先生窃念义赈已成，节相徒以己在局中故解散之，是此次死于冻馁之七千八百人断不能不任其罪戾，乃作书于文敏，侃侃而谈，毫不假借。侍读、尚书闻声力阻，惟方补德极力耸动之曰："事不可迟，迟延一日，此间必有非命者，谁执其咎？"先生深感其言，遂于十月二十日上书文敏。文敏得书深悔所为，即日延侍读尚书于廿四日重集书院，并命府县偕董事传集小绅商劝谕，共得捐项十七万一千两，遴委佐贰二十四人，举人二十四人，分十二路查户给票，遂于十一月初六日分六厂赈饥民共八万九千口，人钱四百文，小口半之，病者有医药，死者有棺敛。又赈流民九千人。

二十年乙亥，先生年四十一岁。

夏，与阳湖黄乙生小仲同客扬州。小仲攻书较先生更力，年亦较深，先生与小仲日相切磋而书日进。

秋，游海州，见海州之属镇集数百，以青口为大。乾隆五年，总督郝公奏明，赣榆一属所产豆石由青口出海，赴上海关纳税。其豆油豆饼鱼肉各货各有夹带，即为透私，然海沭各镇所用布匹纸张等物皆由青口转贩，青口行铺又以油坊为最大，油与豆饼皆属奉禁出口之货，然从未见其陆运赴淮，则其由海来往不问可知。先生建议不如于淮关分口内移一处于青口，乃作《青口税议》。

二十一年丙子，先生年四十二岁。

秋，晤武进朱昂之青立，昂之曰："作书须笔笔断而后起，吾子书环转处颇无断势。"又晤秀水王良士仲瞿，良士曰："吾内子梦神授笔法，管须向左迤后稍远，若指鼻准者，锋乃得中。"又晤吴江吴育山子，山子曰："吾子书专用笔尖直下，以墨裹锋，不假力于副毫，自以为藏锋内捋，只形薄怯。凡下笔须使毫平铺纸上，乃四面圆足，此少温篆法，书家真秘密语也。"先生以是分习互试，执笔宗小仲而辅以仲瞿；运锋用山子而兼及青立；结字宗顽伯以合于小仲，屏去模俗，专求古人逆入平出之势，书遂大进。

是年，沭阳王慈雨将赴京兆，过扬介张虚谷访先生于扬州寓庐，先生勉以自立，作书赠之。

二十二年丁丑，先生年四十三岁。

春，应试入都，始识余铁香，剧谈终夜，相得恨晚。铁香名鼎，新建人，少先生二十五岁。

年少负奇才，为诗文下笔数千言，又能持铁槊重十二斤，上马击刺，簌簌风旋。

九月出都，途中得王侍中《书诀》石本。

是岁大挑，有人阻之于成邸，卒不入选。

二十三年戊寅，先生年四十四岁。

是岁，先生家居。见黄修存藏《亭林遗书》十种，假归读之。

二十四年己卯，先生四十五岁。

是岁，与张翰风同客济南，得北朝碑版甚伙，因为《历下笔谈》，又作《论书十二绝句》。

二十五年庚辰，先生四十六岁。

春，先生入都。

夏，刑部尚书韩公出手谕，命司员将现行律例有未安者，各献其疑，以凭奏明修改。先生以知律有名于时，刑部总办主稿来问者十余人，先生各为条议数事。

道光元年辛巳，先生年四十七岁。

是岁，先生就江苏提刑诚公之聘。

二年壬午，先生年四十八岁。

冬，先生就直隶承宣使之聘，在署中调阅架存各州县所送地图贴说及漳河旧卷，乃将现行水道撮其大要为《直隶水道记》。

是岁，先生在都下过胡眉峰，时胡眉峰卧病破毡不能起而诗集刻适成，执先生手语曰："慎伯知我，为我序之。我住世七十二年，无一是处，读书万卷岂误我？我自误书耳！慎伯其明述之，使后世知所戒也。"按眉峰长州人，初名梅，后更名量。

三年癸未，先生年四十九岁。

四年甲申，先生年五十岁。

十一月十六日，先生自济南回扬州，时高堰决，永康熊兵备介兹夹濠而居。先生假西来庵以避高堰下注之水，即走晤熊公，嘱其告当事以部署护城之计。二十日水大至，而晤关坝跌翻成口，大溜直趋兴、奉、盐、阜，得不入城，人心稍定。熊公谓先生曰："己卯冬，在济南读吾子旧著《郭君传》，有十年后高堰不守之言，至今竟验，可谓灼见败征矣！能见败者必能救败，其何术以济此？"先生曰："今日虽以全力治之，病深时促，尚难必其万全，莫如暂举海运，不使人忧漕，不以漕害河。灼见黄病之源，大举攻沙之策，庶可期其底深溜急，易为消涨。消涨则河低，河低则淮高，淮高则清出有力。底淤刷动可以渐深，志桩水底而堰土自固。次则唯有借黄以蓄清，借土以济水，使全漕不误，然后可徐图治河也。"熊公曰："吾子心乎济物，何不献之当路，弭此大难？"先生曰："南河风气儇薄，多年不举大工，始遘艰屯，而闻用款无多之说，必百计阻挠于当路，岂能举乎？"先生乃书其语为《漆室答问》。

十二月望，齐郎中彦槐赴浦访先生，先生告以急筹海运，彦槐录先生稿以致汪宗伯。二十四日，先生闻颜尚书督漕，乃上书尚书，言举海运以专力治河。又买舟至江苏劝诚方伯预筹海运，方伯善其说而力不能举。

是岁，先生作《书品》，分五品。平和简静，遒丽天成曰神品；酝酿无迹，横直相安曰妙品；逐迹穷源，思力交至曰能品；楚调启歌，不谬风雅曰逸品；墨守迹象，雅有门庭曰佳品。妙品以降，各分上下两等，共九等凡九十一人，悉有清一代书家。

五年乙酉，先生年五十一岁。

是年，黄河尚未治，来年漕运舍海运更无他道。二月奉旨饬沙船，当事未悉底里，循例委员分投查看，有司更纵吏役恣意封船，沙船逃匿。时先生在扬州，乃作《海运十宜》。适新抚至吴，茫无津涯，得先生稿，依仿办理，海运事乃举。

冬，过丹阳，在荒市得《韩文蠡测》，携至舟中，尽夜读之。

是年，刻所著言河盐漕之书三卷，题曰《中衢一勺》。

六年丙戌，先生年五十二岁。

正月，先生客粤海关署。

二月，偕弟季怀入都。

三月，春闱事毕，先生谒朱虹舫阁学于米市胡同。朱公曰："吾子精熟河事，张芥航任南河，阅视海口，单衔具奏，请改河道而不改海口，以北堤为南堤，须饷三百万可于大泛前赶紧完工，主上已调芥航为南督，前往办理，吾子以为何如?"先生跃然曰："张公真豪杰！南河得此人，大难庶其有瘳乎？阁下可速出折稿快读之。"朱公曰："未见折稿，有折差赉至手书，略谓自安东门工起至龙王庙，皆改北堤为南堤，仍归入旧海口。堤外平地低于现在河身丈五尺，再挑河漕丈五尺，便有三丈，建瓴之势，可以掣溜倒跌，将安东以上七八十里受病高仰之河掣深，则黄水落低而御坝可启，湖水邕泛入河，高堰自不吃重云云。吾子视其说行之必效乎?"先生曰："其说难行。"朱公曰："然则何以为豪杰?"先生曰："张公初历其地，返往间未悉情形，故其说如此。然所见绝人，非豪杰不能及，如医师见症已真，唯立方尚未稳耳。今既调任南督，咨询考核必能斟酌尽善矣。"朱公曰："吾子策之如何?"先生曰："如张公所策非银八百余万不克成功，无论调拨甚艰，则大泛指日经临，一兴大工，钱粮人夫无暇他顾，万一变出意外，恐致盛业中阻。又道里太长，多集镇，迁徙绕道皆费措置，故其说为难行也。现今北沙以下河仍深通，其迂回太甚之处，业经大府据潘兵备所请，开挑引河，逢弯取直，发帑兴办，谅可不日完工。其北河以上至安东八九十里之间，河身本宽，堤岸亦高，尚可设法。唯自安东以上至高家湾，受病至深，宜就其地改北堤为南堤，而于其北三里之外另筑大堤，导至安东东门，归入旧河。较之安东以下生开河道，则减省十七八矣。计程不及百里，筑堤之费不过一百二三十万。又就黄河旧身移太平河口于李工，即借其工以为御坝，使清水出湖，荡荡东注。先开刘老涧，放中河水入六塘河，乃截河筑堤，挑挖引河头，移中河口于张家河、包家河之间，河身约二三十里，移盐河由南六塘河入总六塘河，移双金闸于雀镇，约计资迁买地及在安东开引河接盐河尾，挑上下引河头挑还中河，并情形较险之处预做防风，亦不过七八十万，宽为筹备，得三百万，各工皆臻充裕。然大泛经临只隔两月，估工拨饷断非泛前可以集事。”朱公曰：“仆承乏史馆十年，近又总纂《沟洫志》，于河渠公牍寻览殆遍，未有如吾子所言切要明晰者。即日当以吾子意作书告芥航，芥航为人有魄力而胸怀空洞，必能择善而执者也。”

报罢。六月偕季怀出都。九月十八日季怀卒，年四十二岁。季怀名世荣，先生从父弟，著有《学诗识小录》。

是年大挑，汪山阳又阻之。

七年丁亥，先生五十三岁。

四月，先生住吴门，邵阳魏默深述新任山东承宣贺公意代询东省治要。

是年，先生佐陶宫保办吴淞江工程。祀灶日，先生由工次返扬，顺道谒陶宫保于两江督署，呈筑野鸡墩之利益。

八年戊子，先生年五十四岁。

正月，先生复上书陶宫保，极言筑野鸡墩不过费银四千两，可以救通工五十万，且荐卢守备永盛。宫保得先生书，临工遍询，多以为不必，且言如书言力保卢君耳。遂罢其说。

八月，在白门，晤贺耦耕承宣，因湖水下注，淮阳危急，再三问救时之策。先生口指手画，曲陈形势，承宣叹绝。少顷朱虹舫阁学亦至，先生再为详说。翌日，朱、贺二公乃推先生意，各以书致河督。

是年，先生嫁女孟仪与阳湖张翰风之次子仲远。

九年己丑，先生年五十五岁。

春，先生入都。六月由都返扬，至馆陶，存张翰风于署。时翰风校其外舅宾鹭先生遗集，先生得尽读其书。由馆陶登舟沿卫溯汶入闸，乃作《闸河日记》。

六月廿四日，先生母夫人寿辰，先生初自都中归，母夫人命至书房款客。时江都张芰塘、李练江、殷古农、杨蕴生，仪征刘孟瞻、毕春源、君辅乔梓、王西御、勾生昆季、吴熙载、张司衡、甘泉杨季子悉在，扬城之秀，备于是矣。

八月，先生养疴寓园，日与孟开论古文节目，作《文谱》。

是年夏，两淮盐政忽有更替之信，运司不到任者阅三人。新使者驰书先生，询近日情形，先生乃著《小倦游阁杂说》答之。

十年庚寅，先生年五十六岁。

冬，户部以两淮鹾务宜改为民运民销，化莠为良，入奏。奉旨：命原奏之王尚书、宝侍郎驰驿之江南，会同督部定议。星使与督部皆委亲信之人员赴场灶查省情形。委员先见先生论盐务书，疑先生为发踪之处，微服过访。先生亦乐千年弊政庶可改革，遂作《改淮盐条略》二十五条以畀之。

是年，先生回里，奉郡学君迁葬江宁县南乡吉山之麓。拟居白门，编《小倦游阁文集》三十卷。

十年辛卯，先生年五十七岁。

四月，先生在旌德。

十二年壬辰，先生年五十八岁。

春，先生北上，迂道存翰风于馆陶署。翰风言境内漳神庙乃直隶、河南、山东三省奉旨致祭之大祠，今年河水涨盛，庙断不可守，吾子当有法止其冲塌，已具舆马，请前往相度之。庙去城三十里，先生至庙询，住持云："漳去庙前旧有二百丈，今山门前仅容一车，大约入夏必圮矣。"先生见直庙门二十余丈外河心有砖墩，周围四五十丈，乃本庙戏台，被冲入已三十年，竟能站住。先生遂相溜势，于庙之上游钉木桩三，返告翰风派丁住庙内，买乱砖依桩倾倒入河，听其斜分外游以坝尾平岸为度。计砖三道，用乱砖三万担可成，每担五六文，费约百五六十千耳。翰风即照办。五月，先生南返，再过馆陶。翰风言三坝十余日即成，经大水七八次，北滩已塌六十余丈，砖墩已淤与庙连，墩后并积淤二十余丈矣。

九月，桃南于家湾决口，塌二百丈。先生因全家侨居下游倚虹园，地势尤低，遂作书上陶宫保，极言救之之法。

是年，先生遇子佩于都下。子佩，岩夫犹子，录岩夫之诗欲梓行问世，乞先生为序。

十三年癸巳，先生年五十九岁。

四月，先生书《自跋草书问答》于小倦游阁。先生自言二十年来作小正书唯二种，其一此卷，其一嘉庆二十二年在都下为新建余铁香作《述书》。

夏，先生母夫人八十寿辰，尚书戴简恪公以楹联祝曰："天下共知此子，因有此母。同人竞揽其文，不尽其芳。"

是年，阳湖张翰风卒。十一月，榇至扬州，先生往哭之。

十四年甲午，先生年六十岁。

春，先生过常州。是岁，买宅江宁北门桥西北，自扬州移居。

十五年乙未，先生年六十一岁。

春，入都会试，值大挑，赴试，以等签江西。即就其乡士大夫在都下者，访吏治民风所宜。出都往江西，临行母夫人谓先生曰："儿数十年出游，受恩多矣，不图报，非也；如报恩而自陷于非义，亦非也。儿为诸侯客久，于民间及衙前情伪已悉。刑钱两席岁备千余金，儿居官可自领其事，节此千余金以当酬报戚鄙之用，虽数少，人尚可以相谅，且有限制。至地方旧有陋规为办公必需，苟非大不可者，毋轻言裁革，吾颇闻有卖陋规者，为后人唾骂，且办公不敷，势将他求，儿其慎之!"

十月十日，母夫人卒。

是年，先生游都下，因乌程凌堃厚堂识镇平黄香铁。香铁善诗，名满天下，诗集已刻十余年，及见先生，即托先生为序。

十六年丙申，先生年六十二岁。

守制家居。

十七年丁酉，先生年六十三岁。

守制家居。

十八年戊戌，先生年六十四岁。

夏，起服往江西，谒桐城张子畏太守于郡斋。秋，新喻缺出。此缺号简优，兼藩臬使因颠倒班次，以厚妾戚，而其人倚与上游有连，下车即助皂役凌藉庠序。以为钱漕地未示漕期，先禀本府开列邑中知名生监请府访拿。本府受愚，出示首列万国彩、胡尚友等三人，目为漕棍。其实新喻向无吃漕规事，而列示三人于棍皆无案据，实为凭空取闹，迫成京控。乃撤前任归案，而以先生接署。臬使护戚益掣，奉文之日，即委心腹驻县严提。国彩本系原告，知臬使左袒，是以避投审。先生视事，有来谒者，皆以礼接。久之，万国彩亦来谒，先生告以原告毋庸避匿，可料理家事，随我进省。万国彩应诺，订期前往。而省中管押年余之胡尚友逃归，遂不赴案。前任捕万国彩曾悬赏三百金无获，先生接辑以为即如臬司之意，以万为重犯亦不过罚俸轻议，乃抹杀前后情节，详请奏摘国彩顶带。后先生旋即卸事回省。月余，竟至用兵毁民房三百余家，万、胡二人逃至邻邑，邻邑令侦知所匿村庄，饬令交出，否即请兵焚庄。万国彩闻信夜逃，追至念里外，由旧匿之庄擒献。

十九年己亥，先生年六十五岁。

是年，先生卸新喻事。先是，先生任新喻时，银价已过千六百文，一两须赔数十文，一年奏销赔钱二千万。邑民聚钱如数禀偿，先生再三批驳。及毕后，又以钱无可归，只得批提外库，俟通邑有应办公事，由众绅公领办理。及卸事，接任者颇有黩名，先生惧为干没，即具禀解贮府库，声明归邑绅公禀请领。先生离江西时此款犹在府库。后中丞定案复奏，即指此为科派退还之据。

二十年庚子，先生年六十六岁。

是年，先生在豫章。

二十一年辛丑，先生年六十七岁。

正月二十四日，果勇侯佩参赞大臣印驰赴广东督办鸦片事，取道豫章，顾先生寓，询一切机宜。时两耳稍聋，先生作笔谈答之。

二十二年壬寅，先生年六十八岁。

是年，先生还山。先是先生任新喻时，粮道既收漕规，而细察先生漕政，遵例禁绝浮勒，阅四日退出小价不肯领回，粮道即拨归应征漕项而心终怏怏。学使与粮道连戚，恐他处亦以不夺人为法，则粮道为空做，遂明暗迭劾。中丞畏学使，即先期严参，本意于定案时开复。而庚子科场中丞以喻事忤众，士子万人齐上至公堂肆骂，大指皆以新喻参案为说，中丞愤甚，乃定见不与开复。学使出参折后采访舆论，惧有后患，访得新喻有诸五生，向以讼为主，自先生视事，即闭门搁笔，学使意必深恨，遣使以千金啖之，授词稿使其至衙门投递，五生以雷神不可当拒之。数日中夜有叩先生门来谒者，具言前事，欲讵其词稿及银禀请直揭，先生谢罢之。学使闻之尤惭，感嘱其门生与先生同官者委曲解说。适戴相国薨，学使力言于其嗣君，谓老师基碑非包君大手笔不足垂示百世，意先生必以此为荣也，未成。学使以谳楚狱去。新喻兵火之后，新臬以曾任临江守，特驻新喻，至学宫讲书，欲以感召万、胡使报案。正讲时，有人在明伦堂下桂花台弹月琴唱曲被捕，臬使饬随员赴县会审，而月琴已打破。其人名刘得祖，不识字，只能弹唱，因假三弦授之弹唱，乃新喻事，名曰《万岁牌楼记》，共十六回，第九至十三皆唱先生在任所办各事。随员回省说闻省中官幕，乃知先生毫无错证。刘得祖带省收禁，中丞过堂曾叫弹数回。

后湖南星使从袁州过江西谳烟案，路出新喻，有数千人环跪递呈。星使谕以明早去验火场，中夜鼓棹去，至省以呈词二十张咨交中丞，而摘词由入奏。星使行至安徽，接回折，折回江西谳此狱，一切无所更动，惟提刘得祖唱三日而开释之。临行谓其同年东乡令曰："包君我竟未识其面，然《万岁牌楼记》已听完，中有大小文武十八员，包君以一青天居十七狗子之间，而得免于刑戮，幸矣。"中丞心自不安，乃为先生了公私事，先生得以脱然无累。万国彩在监内闻先生还山，痛哭不止。

二十三年癸卯，先生年六十九岁。

冬，先生再过鄱阳，至陈伯游家，见《韩文考异》，假归读之，日尽两卷，凡读三过。

是年，魏默深作《圣武记》成，寄先生属为审定。

二十四年甲辰，先生年七十岁。

是年，先生就旌德谭氏讲席。裒生平著述为《管情三义》、《齐民四术》，并旧刻《中衢一勺》、《艺舟双楫》更加增益，名曰《安吴四种》，先用聚珍板印五百部。按先生自叙曰："年政七十，不能自已。以《说储》上篇体大事丛，不可分散，唯前后序及序目附论成文者，摘入附录，以示端绪。其下篇则与旧著类集之，其中不无繁碎，姑勿芟薙，庶几备有心世道采览而已。"

二十五年乙巳，先生年七十一岁。

二十六年丙午，先生年七十二岁。

夏，先生以《安吴四种》寄桐城姚柬之。

二十七年丁未，先生年七十三岁。

是年，先生以《安吴四种》授大兴范麟。麟请为学之要，先生曰："第一要究文法，盖不深明古人文法，则无以测古人立言之意而识其指归。"

二十八年戊申，先生年七十四岁。

二十九年己酉，先生年七十五岁。

三十年庚戌，先生年七十六岁。

咸丰元年辛亥，先生年七十七岁。

《安吴四种》重付剞劂，印二百部，版存金陵。

二年壬子，先生年七十八岁。

三年癸丑，先生年七十九岁。

《安吴四种》版毁于兵灾。

四年甲寅，先生年八十岁。

五年乙卯，先生年八十一岁。

按《三续疑年录》据阚氏仲韩述，是年先生卒。

同治十一年，先生之子诚觅得原书于鄂，再付梨枣。

后　记

包世臣是清嘉道年间著名的学者和思想家。他一生勤奋，才华横溢，著述颇丰，先后有《两渊》、《说储》、《小倦游阁集》和《安吴四种》等书问世。他还是一位多才的诗人、文学家和书法家。一生创作了大量的诗词、散文和书法作品，其“行、草、隶书，皆为世所珍贵”。本书主要收录包氏有关漕运、盐法、河工、币制、农政、吏治、科举等经济、政治和社会方面的文章。其中反映的改革思想、主张及其方案，不仅有助于我们对当时经济、政治和社会状况的了解，也是我们研究嘉道经世思潮的主要材料，具有重要的史料价值。

《安吴四种》初刻于1844年，印行五百部，嗣因讹字较多，1851年重校印行二百部，版存南京，后于太平天国运动时毁于兵灾，“书遂罕见”。1872年，包世臣的子嗣觅得原书，在鄂再刊。越十六年，至1888年夏，再次重校印行。本书采用的便是收藏于中国社会科学院近代史所的1888年重校印行本，同时参考了安徽黄山书社出版的《包世臣全集》。《说储》及《包世臣年谱》采用的是黄山书社《包世臣全集》的版本。在此，对于黄山书社尤其是负责点校和整理工作的李星、刘长桂先生表示衷心感谢！本书由我主持并撰写导言，刘平负责全书的点校整理，刘纯、杨智勇、朱映红、郭辉、邵华、黄秀蓉、贾小叶、任青等也承担了部分整理工作，最后由我和刘平统稿、定稿。

本书的出版，要感谢《中国近代思想家文库》编委会和中国人民大学出版社，尤其要感谢联系编辑王琬莹女士和责任编辑李红女士，没有她们的一再催促和认真负责的编辑工作，本书是很难与读者见面的。当然，书中的错误概由我负责。

郑大华

2013年1月3日于北京

中国近代思想家文库

方东树、唐鉴卷	黄爱平、吴杰　编
包世臣卷	刘平、郑大华　主编
林则徐卷	杨国桢　编
姚莹卷	施立业　编
龚自珍卷	樊克政　编
魏源卷	夏剑钦　编
冯桂芬卷	熊月之　编
曾国藩卷	董丛林　编
左宗棠卷	杨东梁　编
洪秀全、洪仁玕卷	夏春涛　编
郭嵩焘卷	熊月之　编
王韬卷	海青　编
张之洞卷	吴剑杰　编
薛福成卷	马忠文、任青　编
经元善卷	朱浒　编
沈家本卷	李欣荣　编
马相伯卷	李天纲　编
王先谦、叶德辉卷	王维江、李骛哲、黄田　编
郑观应卷	任智勇、戴圆　编
马建忠、邵作舟、陈虬卷	薛玉琴、徐子超、陆烨　编
黄遵宪卷	陈铮　编
皮锡瑞卷	吴仰湘　编
廖平卷	蒙默、蒙怀敬　编
严复卷	黄克武　编
夏震武卷	王波　编
陈炽卷	张登德　编
汤寿潜卷	汪林茂　编
辜鸿铭卷	黄兴涛　编

康有为卷　张荣华　编
宋育仁卷　王东杰、陈阳　编
汪康年卷　汪林茂　编
宋恕卷　邱涛　编
夏曾佑卷　杨琥　编
谭嗣同卷　汤仁泽　编
吴稚晖卷　金以林、马思宇　编
孙中山卷　张磊、张苹　编
蔡元培卷　欧阳哲生　编
章太炎卷　姜义华　编
金天翮、吕碧城、秋瑾、何震卷　夏晓虹　编
杨毓麟、陈天华、邹容卷　严昌洪、何广　编
梁启超卷　汤志钧　编
杜亚泉卷　周月峰　编
张尔田、柳诒徵卷　孙文阁、张笑川　编
杨度卷　左玉河　编
王国维卷　彭林　编
黄炎培卷　余子侠　编
胡汉民卷　陈红民、方勇　编
陈撄宁卷　郭武　编
章士钊卷　郭双林　编
宋教仁卷　郭汉民、暴宏博　编
蒋百里、杨杰卷　皮明勇、侯昂好　编
江亢虎卷　汪佩伟　编
马一浮卷　吴光　编
师复卷　唐仕春　编
刘师培卷　李帆　编
朱执信卷　谷小水　编
高一涵卷　郭双林、高波　编
熊十力卷　郭齐勇　编
任鸿隽卷　樊洪业、潘涛、王勇忠　编
蒋梦麟卷　左玉河　编
张东荪卷　左玉河　编

丁文江卷	宋广波　编
钱玄同卷	张荣华　编
张君劢卷	翁贺凯　编
赵紫宸卷	赵晓阳　编
李大钊卷	杨琥　编
李达卷	宋俭、宋镜明　编
张慰慈卷	李源　编
晏阳初卷	宋恩荣　编
陶行知卷	余子侠　编
戴季陶卷	桑兵、朱凤林　编
胡适卷	耿云志　编
郭沫若卷	谢保成、魏红珊、潘素龙　编
卢作孚卷	王果　编
汤用彤卷	汤一介、赵建永　编
吴耀宗卷	赵晓阳　编
顾颉刚卷	顾潮　编
张申府卷	雷颐　编
梁漱溟卷	梁培宽、王宗昱　编
恽代英卷	刘辉　编
金岳霖卷	王中江　编
冯友兰卷	李中华　编
傅斯年卷	欧阳哲生　编
罗家伦卷	张晓京　编
萧公权卷	张允起　编
常乃悳卷	查晓英　编
余家菊卷	余子侠、郑刚　编
瞿秋白卷	陈铁健　编
潘光旦卷	吕文浩　编
朱谦之卷	黄夏年　编
陶希圣卷	陈峰　编
钱端升卷	孙宏云　编
王亚南卷	夏明方、杨双利　编
黄文山卷	赵立彬　编

雷海宗、林同济卷　江沛、刘忠良　编
贺麟卷　高全喜　编
陈序经卷　田彤　编
徐复观卷　干春松　编
巨赞卷　黄夏年　编
唐君毅卷　单波　编
牟宗三卷　王兴国　编
费孝通卷　吕文浩　编

图书在版编目（CIP）数据

中国近代思想家文库. 包世臣卷/刘平，郑大华主编. —北京：中国人民大学出版社，2013.3

ISBN 978-7-300-17134-0

Ⅰ.①中… Ⅱ.①刘…②郑… Ⅲ.①思想史-研究-中国-近代②包世臣（1775～1855）-思想评论 Ⅳ.①B250.5

中国版本图书馆 CIP 数据核字（2013）第 039538 号

中国近代思想家文库
包世臣卷
刘 平 郑大华 主编
Bao Shichen Juan

出版发行	中国人民大学出版社		
社　　址	北京中关村大街 31 号	**邮政编码**	100080
电　　话	010－62511242（总编室）		010－62511770（质管部）
	010－82501766（邮购部）		010－62514148（门市部）
	010－62515195（发行公司）		010－62515275（盗版举报）
网　　址	http://www.crup.com.cn		
经　　销	新华书店		
印　　刷	涿州市星河印刷有限公司		
开　　本	720 mm×1000 mm 1/16	**版　　次**	2013 年 3 月第 1 版
印　　张	34.75 插页 1	**印　　次**	2024 年 7 月第 3 次印刷
字　　数	557 000	**定　　价**	99.00 元